Gottschalk C. G.

Jahrbuch für das Berg- und Hüttenwesen im Königreiche Sachsen

auf das Jahr 1880

Gottschalk C. G.

Jahrbuch für das Berg- und Hüttenwesen im Königreiche Sachsen

auf das Jahr 1880

Inktank publishing, 2018

www.inktank-publishing.com

ISBN/EAN: 9783747770429

Jahrbuch

für das

Berg- und Hüttenwesen

im Königreiche Sachsen

auf das Jahr

1880.

Auf Anordnung des Königlichen Finanz-Ministeriums
herausgegeben
von
C. G. Gottschalk,
K. S. Oberhüttenraiter und Professor.

Mit 2 lithographirten Tafeln.

Freiberg.
In Commission bei Craz & Gerlach.

Inhalt.

Erster Theil.

Abhandlungen aus dem Gebiete des Berg- und Hüttenwesens.

Zweiter Theil.

Statistische Mittheilungen über das Bergwesen.

Statistische Mittheilungen über das Hüttenwesen.

Die Königliche Bergakademie zu Freiberg.

Personalbestand bei dem Bergbau und dem Hüttenwesen.

Abhandlungen

aus dem Gebiete

des

Berg- und Hüttenwesens.

Ueber Giessereiroheisen.

Von Professor **A. Ledebur** in Freiberg.

Für die meisten Zwecke der Eisengiessereien wird ein Gusseisen verlangt, welches durch schneidende Werkzeuge ohne Schwierigkeit bearbeitbar ist, wenig schwindet, die Gussformen scharf ausfüllt und geringe Neigung besitzt, Gase zu lösen. Diese Eigenschaften erlangt dasselbe vornehmlich durch die Gegenwart einer gewissen Menge Graphit, des charakteristischen Bestandtheils des grauen Roheisens überhaupt, und dieser Graphitgehalt verdankt bekanntermaassen sein Entstehen der gleichzeitigen Anwesenheit von Silicium und Kohlenstoff neben einander im Roheisen. Erst durch die Gegenwart des Siliciums wird bei und nach dem Erstarren des Gusseisens Graphit ausgeschieden; siliciumfreies Roheisen behält auch bei langsamster Abkühlung seinen gesammten Kohlenstoffgehalt in gebundener Form bei.

Wenn man nun Gusseisen, welches die oben erwähnten Eigenschaften in erwünschtem Maasse besitzt, einem erneuten Schmelzprocesse im Cupol- oder Heerdflammofen unterwirft, so ändern sich dieselben in beachtenswerther Weise. Die Härte nimmt häufig schon nach dem ersten Umschmelzen merkbar zu; ebenso die Schwindung und die Fähigkeit, Gase zu lösen; und, wie ein Blick auf die Bruchfläche des Gusseisens lehrt, ist die Ursache dieser Veränderungen in einer Abnahme des Graphitgehalts zu suchen. Das Eisen ist feinkörniger, heller geworden; bei mehrmals wiederholtem Schmelzen wird es schliesslich hart, spröde, weiss und für die meisten Zwecke der Giesserei unbrauchbar.

Bekanntlich wendet man nun in den Eisengiessereien ein sehr einfaches Mittel an, um trotz dieser Einflüsse des Umschmelzprocesses das schon benutzte Gusseisen, bestehend in Abfällen, Ausschussstücken, zerbrochenen Gusstheilen und dergleichen, oder auch graphitärmeres Roheisen überhaupt verwendbar zu machen; man setzt beim Schmelzen so viel graphitreicheres Roheisen — Roheisen No. 1 genannt — zu, dass die Graphitabnahme dadurch ausgeglichen wird und das geschmolzene Gemisch wieder die richtige Beschaffenheit erlangt. Durch die Erfüllung dieser Aufgabe, die Abnahme des Graphitgehalts beim Umschmelzen von Gusseisen auszugleichen, wird jenes graphitreiche, grobkörnige Giessereiroheisen zu einem unentbehrlichen Materiale der Eisengiessereien: und da die Herstellungskosten und der Verkaufspreis desselben höher sind als diejenigen graphitärmerer Roheisensorten, man also bei der Verwendung desselben gern möglichst sparsam zu Werke geht, so wird von zwei verschiedenen Sorten solchen Roheisens offenbar dasjenige für die Giesserei das geeignetere sein, von welchem der geringere Zusatz für Erreichung des Zwecks ausreicht.

Da, wie schon oben hervorgehoben wurde, die Graphitbildung die Folge eines Siliciumgehalts im Roheisen ist, so könnte man auf die Vermuthung kommen, dass allein ein möglichst hoher Siliciumgehalt des Zusatzroheisens — der sich bekanntermaassen auf 10 % und darüber steigern lässt — ausreichend sein müsse, es für den genannten Zweck geeignet zu machen, mit andern Worten, dass der Werth des Giessereiroheisens stetig mit dem Siliciumgehalte zunehmen müsse. Das ist jedoch nicht der Fall. Steigt der Siliciumgehalt im Roheisen über eine gewisse Grenze — man wird durchschnittlich 3 % annehmen können — so verringert sich dadurch merklich die Fähigkeit des Eisens Kohlenstoff aufzunehmen und in Folge davon mit dem totalen Kohlenstoffgehalte auch der Graphitgehalt; solche übermässig siliciumreiche Roheisensorten würden deshalb nur als Zusatz zu sehr kohlenstoffreichem Roheisen brauchbar sein, welches in den Giessereien, zumal unter dem bereits umgeschmolzenen Eisen, nicht gerade häufig ist. Es möge hierbei ausserdem darauf hingewiesen werden, dass ein grosser Siliciumgehalt auf die Festigkeit des Gusseisens merkbar nachtheilig einwirkt, selbst die Härte desselben unmittelbar steigert und man deshalb in Gusswaaren nicht gern mehr als 1,5 bis höchstens 2 % Silicium sieht.

Auffallender Weise zeigen nun aber verschiedene Roheisensorten von gleichem Silicium- und Graphitgehalte doch nicht immer ein gleiches Verhalten beim Umschmelzen. Die einen verlieren rascher ihren Graphitgehalt und nehmen in Folge dessen auch rascher an Härte zu als die anderen; und in demselben Verhältnisse sind sie deshalb weniger als diese letzteren geeignet, als Zusatzmaterial zu schon umgeschmolzenem Gusseisen oder zu graphitärmerem Roheisen benutzt zu werden. Eine Kenntniss der Ursachen dieses abweichenden Verhaltens verschiedener Roheisensorten mit ursprünglich gleichem Graphitgehalte muss aber für den Producenten von Giessereiroheisen von Wichtigkeit sein. Dieselbe lässt sich nur durch ein sorgfältiges Studium der Einflüsse erlangen, welche der Schmelzprocess im Cupolofen auf die chemische Beschaffenheit dieser verschiedenen Roheisensorten ausübt.

Meines Wissens sind bisher derartige Untersuchungen in einem solchen Umfange, dass sie ein zuverlässiges Bild der stattfindenden Vorgänge lieferten, noch nicht angestellt worden. Abgesehen von solchen Versuchen, bei denen man sich begnügte, lediglich die physikalischen Veränderungen, die das Gusseisen beim wiederholten Umschmelzen erlitt, zu ermitteln, ohne auf die chemischen Aenderungen als die eigentlichen Ursachen der ersteren Rücksicht zu nehmen, beschränkte man sich meistens darauf, eine oder die andere

Roheisensorte vor und nach einem einmaligen Umschmelzen zu analysiren. Einen Vergleich der Einflüsse des Umschmelzens auf verschiedene Roheisensorten erlangte man solcherart nicht; auch muss man meines Erachtens, um trotz der unvermeidlichen Zufälligkeiten, welche im Schmelzofen auf das Gusseisen wirken können, richtige Durchschnittsresultate zu erlangen, entweder die nämlichen Versuche mehrmals mit dem gleichen Materiale wiederholen oder, was einen noch schärfern Vergleich des Verhaltens verschiedener Roheisensorten liefern dürfte, jede derselben verschiedentliche Male hinter einander dem Umschmelzen aussetzen und von jedem Gusse eine Probe zur Untersuchung nehmen.

Eine solche Reihe von Versuchen erfordert, wenn die Ergebnisse wissenschaftlichen Werth erhalten sollen, Zeit, Umsicht und nicht ganz unerhebliche Kosten. Nur in einer Eisengiesserei lassen sich die Versuchsschmelzen ausführen; und um Vermischung der Proben mit anderen Gusseisensorten zu vermeiden, darf der betreffende Cupolofen bei jedem Schmelzen nur mit der einen zu prüfenden Eisensorte beschickt werden.

Um so dankenswerther musste es mir deshalb erscheinen, als auf meine Anregung Herr Ingenieur Scheffer zu Gutehoffnungshütte in Sterkrade sich erbot, trotz dieser Schwierigkeiten die Versuche mit drei verschiedenen Roheisensorten durchzuführen, während mir die Aufgabe zufiel, die chemische Untersuchung der Proben vorzunehmen.

Der für unsere Versuche benutzte Cupolofen besass einen cylindrischen Schacht von 450 mm Durchmesser und 2,3 m Höhe, 4 Windformen à 65 mm Durchmesser, durch welche der Wind aus einem gemeinschaftlichen ringförmigen Kanale in den Ofen gelangte; die Höhe der Formen über dem Boden betrug 785 mm. Man benutzte beste westphälische Schmelzcoaks (Zeche Hasewinkel), verwendete zum Füllen bei jedem Schmelzen 150 kg Coaks und setzte dann auf je 12 kg Coaks 100 kg Roheisen. Die Windpressung betrug 57 cm Wassersäule und das Eisen schmolz sehr heiss ein.

Aus dem geschmolzenen Gusseisen wurden nun folgende Proben gegossen:

1) ein Gussstück, bestehend aus 4 parallelen Stäben von je 200 mm Länge und abweichenden Querschnitten (40 × 40 mm, 40 × 30 mm, 30 × 30 mm und 30 × 10 mm), welche wie die Zinken eines Kamms von einem gemeinschaftlichen Querstücke ausliefen. Dasselbe sollte hauptsächlich zur Beurtheilung des Verhaltens des Gusseisens in verschieden starken Querschnitten und zur Entnahme der Proben für die chemische Untersuchung dienen.
2) einige Probestäbe à 30 mm im Quadrate stark, 1,2 m lang zur Ermittelung der Bruchfestigkeit.
3) einige dergleichen zur Ermittelung der Zerreissungsfestigkeit, in der Mitte 25 mm im Quadrate stark, nach beiden Seiten in breitere Enden zum Einspannen in die Probirmaschine auslaufend.

Von dem Gussstücke No. 1 wurden die für die chemische Untersuchung bestimmten Proben abgeschlagen. Die Probestäbe No. 2 wurden zur Ermittelung der Schwindungscoefficienten gemessen; das übrig bleibende Gusseisen wurde dann einem erneuerten Umschmelzen unter ganz denselben Verhältnissen unterzogen.

Jede der drei Roheisensorten wurde solcherart im Ganzen vier Male umgeschmolzen; die Versuche noch weiter auszudehnen, hielten wir für entbehrlich, da unsers Erachtens der Hauptzweck unserer Versuche, die chemischen Veränderungen des Gusseisens beim Cupolofenschmelzen zu studiren, durch ein viermaliges Schmelzen ausreichend genau erreicht werden konnte.

Die drei von uns zu den Versuchen benutzten Roheisensorten waren Coltness I, Gutehoffnungshütte I (aus den Hochöfen zu Oberhausen) und ein graues Roheisen aus Gleiwitz, welches bei dem Betriebe auf Puddelroheisen gefallen war.

Das Coltnessroheisen bildet bekanntlich ein auch in deutschen Giessereien vielfach benutztes vortreffliches Material für Gusswaaren mannigfacher Art. Aus schottischen gerösteten Kohleneisensteinen mit rohen Steinkohlen erblasen besitzt es die Eigenschaft, auch bei wiederholtem Umschmelzen grau und leicht bearbeitbar zu bleiben, wenig zu schwinden, zeigt geringe Neigung zum Auflösen von Gasen, schmilzt dünnflüssig ein und besitzt in Gussstücken eine mittlere Festigkeit und besonders eine grosse Widerstandsfähigkeit gegen Zerspringen unter der Einwirkung plötzlicher Erschütterungen oder Stösse.[1])

Das Gutehoffnungshütter Roheisen wird aus einer Gattirung von Nassauer Rotheisenerzen, Essener Kohleneisenerzen und Holländer Raseneerzen unter Zuschlag von Kalkstein mit westphälischen Coaks bei einer Windtemperatur von 450° C. erblasen.

Das Gleiwitzer Roheisen entstammt einer Gattirung von Brauneisenerzen, Sphärosideriten und Schweissofen- oder Puddelschlacken und wird mit schlesischen Coaks bei einer Windtemperatur von 300° C. erzeugt. Der Wunsch, Roheisensorten mit erheblich abweichendem Mangangehalte den Versuchen zu unterwerfen, veranlasste die Zuziehung dieses manganreichern Gleiwitzer Roheisens, welches, obschon nicht für die Giesserei bestimmt, im Aeussern alle Merkmale eines grobkörnigen Giessereiroheisens besass und seitens der Königlichen Hüttenverwaltung uns bereitwilligst für unsere Zwecke überlassen wurde.

Die chemischen Untersuchungen wurden fast ohne Ausnahme zwei Mal angestellt und, wenn sich dabei Differenzen ergaben, ein drittes Mal wiederholt.

Die Ergebnisse unserer Untersuchungen sind in nachstehender Tabelle zusammengestellt.

---

[1]) Man rühmt ebenfalls nicht selten als einen eigenthümlichen Vorzug des Coltness- und allgemein des bessern schottischen Giessereiroheisens die Beständigkeit in der chemischen Zusammensetzung desselben. Diesem Lobe kann ich meinen Erfahrungen zufolge nicht ganz beistimmen. Mir liegen drei zuverlässige Durchschnittsanalysen von verschiedenen Anlieferungen des Coltnessroheisens No I vor, welche folgende Zusammensetzung ergeben:

Kohle	3,50	1,86	2,64
Silicium	3,50	2,58	4,18
Mangan	1,58	1,27	1,30
Kupfer	0,14	0,05	—
Phosphor	0,08	0,12	0,84

Die Zusammensetzung zeigt demnach — besonders in Betreff des Siliciumgehalts — kaum geringere Schwankungen als diejenige vieler deutscher Roheisensorten. Wohl aber glaube ich aus Gründen, welche unten erörtert sind, dass das schottische Roheisen trotz dieser wechselnden Zusammensetzung ein gleichmässigeres Verhalten beim Umschmelzen als manche Sorten deutschen Roheisens zeigen wird; und hierin liegt thatsächlich ein nicht zu unterschätzender Vorzug desselben.

	Chemische Zusammensetzung.					Prüfung auf Bruchfestigkeit.			Zerreissungsfestigkeit per qmm	Schwindung auf 1000 mm Länge
	Kohle	Silicium	Mangan	Kupfer	Phosphor	Bruchfestigkeit per qmm	Absolute Durchbiegung der Stäbe bei 30 mm Stärke und 1 m freier Auflage	Bleibende Durchbiegung der Stäbe bei 30 mm Stärke und 1 m freier Auflage		
						in kg	mm	mm	in kg	mm
Coltness I.										
Roheisen	4,059	2,523	1,273	0,053	0,726	—	—	—	—	—
Nach einmaligem Schmelzen	3,945	2,406	1,122	0,034	0,796	22,61	13,60	1,9	11,34	9,58
„ zweimaligem „	3,464	2,446	0,879	0,032	0,763	22,88	15,71	1,9	12,97	9,33
„ dreimaligem „	3,409	2,266	0,631	0,133	nicht best.	22,41	14,30	1,2	10,25	8,50
„ viermaligem „	3,490	2,079	0,463	0,079	0,871	25,76	16,60	2,1	11,50	8,56
Gutehoffnungshütte I.										
Roheisen	4,154	2,056	0,768	0,066	0,610	—	—	—	—	—
Nach einmaligem Schmelzen	3,682	1,846	0,537	0,053	0,568	22,98	19,1	2,7	11,61	9,30
„ zweimaligem „	3,641	1,688	0,441	0,066	0,638	22,18	16,3	2,2	13,83	9,63
„ dreimaligem „	3,560	1,619	0,326	0,053	0,722	24,52	16,5	2,2	12,19	9,53
„ viermaligem „	3,463	1,549	0,126	0,053	nicht best.	20,81	12,9	1,2	11,13	10,70
Gleiwitz, graues Roheisen.										
Roheisen	4,173	1,528	2,084	0,079	0,331	—	—	—	—	—
Nach einmaligem Schmelzen	3,586	1,447	1,599	0,150	nicht best.	17,27	13,0	1,3	9,63	9,50
„ zweimaligem „	3,860	1,370	1,399	0,080	„ „	19,37	13,7	1,4	10,13	9,34
„ dreimaligem „	3,763	1,378	1,038	0,079	„ „	21,70	15,1	1,7	12,95	10,50
„ viermaligem „	3,686	1,334	0,736	0,079	0,475	21,36	14,6	1,5	11,43	10,34

Sämmtliche Gusseisensorten zeigten sich nach dem vierten Umschmelzen auch in dünnern Querschnitten (30 mm × 10 mm) noch grau und bearbeitbar; am wenigsten hart erwies sich Coltness, am härtesten Gutehoffnungshütte, doch war der Unterschied nicht beträchtlich.

Hinsichtlich der chemischen Veränderungen beim Umschmelzen ergiebt sich Folgendes.

Der Kohlenstoff zeigt bei allen drei Roheisensorten eine ziemlich stetige Abnahme. Dieselbe beträgt in allen vier Schmelzen zusammen:

bei Coltness 0,569 %,
„ Gutehoffnungshütte 0,611 %,
„ Gleiwitz 0,487 %.

Woher die auffallende Verminderung des Kohlenstoffgehalts bei Gleiwitz nach dem ersten Umschmelzen rührt, konnte nicht aufgeklärt werden. Jedenfalls steht die Kohlenstoffabnahme beim Cupolofenschmelzen im geraden Verhältnisse zu der Temperatur im Ofen, da bekanntermaassen das Vereinigungsbestreben des Kohlenstoffs zum Sauerstoff mit der Temperatur zunimmt. Bei den angestellten Versuchsschmelzen wurde, wie ich schon oben mittheilte, auf sehr hohe Temperatur gehalten; es lässt sich mit Sicherheit behaupten, dass in Cupolöfen mit weniger hoher Temperatur auch die Kohlenstoffabnahme im Allgemeinen geringer sein, ja sogar nicht selten eine Zunahme des procentalen Kohlenstoffgehalts in Folge des Umstands sich ergeben wird, dass durch stärkeren Abbrand anderer Bestandtheile des Roheisens sich die gesammte Menge des Kohlenstoffs bei jedem Schmelzen auf weniger Roheisen vertheilen muss. Sogar bei vielen Fein- und Frischprocessen ist bekanntlich während des Einschmelzens eine solche Zunahme des Procentgehalts an Kohlenstoff in Folge der Oxydation anderer Bestandtheile des Roheisens nachgewiesen worden, und bei Versuchen über die Veränderungen manganhaltigen Roheisens bei einmaligem Schmelzen im Cupolofen, mitgetheilt durch E. von Köppen in Dingler's Journal, Band 232 S. 53, ergab sich ebenfalls bei sechs untersuchten Roheisensorten regelmässig eine Zunahme des Procentgehalts an Kohle, welche bei den verschiedenen Sorten 0,04 bis 0,34 % betrug.[1])

[1]) Da auf diese Versuche unten nochmals Bezug genommen werden wird, sei es gestattet, die Ergebnisse derselben kurz mitzutheilen. Es enthielt:

	Graues Bessemerroheisen			Spiegeleisen		
	C	Si	Mn	C	Si	Mn
Das Roheisen	1,58	2,21	3,07	3,98	0,14	14,81
Das einmal umgeschmolzene Eisen	1,67	2,44	2,58	4,13	0,50	8,51

	Spiegeleisen			Spiegeleisen		
	C	Si	Mn	C	Si	Mn
Das Roheisen	1,49	0,12	14,25	4,48	0,12	11,98
Das einmal umgeschmolzene Eisen	1,84	0,10	10,52	1,60	0,41	11,06

	Spiegeleisen			Spiegeleisen		
	C	Si	Mn	C	Si	Mn
Das Roheisen	1,62	0,40	16,24	3,63	0,33	14,98
Das einmal umgeschmolzene Eisen	1,96	0,166	10,08	3,07	0,14	12,63

Der **Siliciumgehalt** wie der **Mangangehalt** zeigen ebenfalls bei allen drei Sorten eine stetige Abnahme, und zwar beträgt die totale Verringerung dieser beiden Körper während aller vier Schmelzen

	Siliciumabnahme	Manganabnahme
bei Coltness	0,444 %	0,810 %
„ Gutehoffnungshütte . .	0,507 „	0,642 „
„ Gleiwitz	0,194 „	1,348 „

Zwischen diesen Ziffern lässt sich bei aufmerksamer Betrachtung eine gewisse gegenseitige Beziehung nicht verkennen. Es zeigt sich nämlich, dass die Verringerung des Mangangehalts im geraden Verhältnisse zu der ursprünglichen Menge desselben, die Verringerung des Siliciumgehalts aber im umgekehrten Verhältnisse zu dem ursprünglichen Mangangehalte steht; mit andern Worten, dass **der Siliciumgehalt um so langsamer abnimmt, je mehr Mangan das Roheisen besitzt.** Das manganarme Oberhausener Roheisen büsst in derselben Zeit 0,507 Gewichtstheile Silicium ein, wo das an Mangan reichste Gleiwitzer Roheisen nur 0,194 Gewichtstheile verliert. Ein gleiches Ergebniss erhält man, wenn man die Siliciumabnahme nicht auf die Roheisenmenge, sondern auf den ursprünglichen Siliciumgehalt bezieht; es verliert nämlich in den vier Schmelzen:

Coltness	17,6 %	seines ursprünglichen Siliciumgehaltes,
Gutehoffnungshütte	24,4 „	„ „ „
Gleiwitz	12,7 „	„ „ „

Die Ursache dieser Erscheinung liegt offenbar in der Thatsache, dass Mangan in den Temperaturen über Roheisenschmelzhitze ein stärkeres Vereinigungsbestreben zum Sauerstoff als Silicium besitzt, dass es, kürzer ausgedrückt, leichter oxydirbar ist. Eine Ausnahme hiervon könnte bei Gegenwart sehr basischer Schlacke stattfinden, für deren Bildung im Cupolofen sich jedoch unter gewöhnlichen Verhältnissen kaum Gelegenheit finden dürfte. Diese leichtere Oxydirbarkeit des Mangans schützt den Siliciumgehalt um so wirksamer vor Oxydation, je grösser der Mangangehalt des Roheisens ist; ja bei grossem Mangangehalte kann sehr leicht der Fall eintreten, dass aus kieselsäurehaltiger Schlacke oder dem Ofenfutter Silicium durch Mangan reducirt wird und der Siliciumgehalt des Roheisens solcherart nicht ab- sondern zunimmt, wie die oben mitgetheilten Köppen'schen Untersuchungen übereinstimmend beweisen. Auf einem solchen Vorgange beruht meiner Ueberzeugung nach auch einzig und allein die viel besprochene Umwandlung des Spiegeleisens in graues Roheisen, wenn dasselbe längere Zeit im hocherhitzten Zustande flüssig erhalten wird. Denn selbst beim Schmelzen im Tiegel findet das Eisen Gelegenheit, Mangan, vielleicht auch Kohlenstoff gegen Silicium einzutauschen; es hinterbleibt also ein manganärmeres und siliciumreicheres Product, welches um so stärkere Graphitbildung zeigen wird, je grösser das Maass jener Aenderung der chemischen Zusammensetzung war. Seit Karsten pflegte man bekanntlich diese Graphitausscheidung im Spiegeleisen lediglich molekularen Aenderungen unter dem Einflusse der hohen Temperatur zuzuschreiben, eine Annahme, welche meiner Ueberzeugung nach irrig ist.

Auch die Abnahme des Kohlenstoffgehalts steht bei den drei zur Untersuchung gezogenen Roheisensorten im umgekehrten Verhältnisse zu dem ursprünglichen Mangangehalte, und es lässt sich mit einiger Wahrscheinlichkeit folgern, dass auch der Kohlenstoff des Roheisens unter sonst gleichen Verhältnissen durch Anwesenheit von Mangan vor Verbrennung geschützt werden kann.

Ich halte dieses Verhalten des Mangans, diesen Schutz, welchen die Gegenwart desselben dem Silicium- und vielleicht auch dem Kohlenstoffgehalte des Roheisens gegen Oxydation beim Cupolofenschmelzen gewährt, für nicht unwichtig bei der Darstellung von Giessereiroheisen. Denn von zwei Sorten grauen Roheisens mit gleichem Silicium- und Kohlenstoff- aber abweichendem Mangangehalte wird bei wiederholtem Umschmelzen offenbar das manganreichere länger als das manganärmere grau bleiben; und so lange deshalb der Mangangehalt im Giessereiroheisen eine gewisse Grenze nicht übersteigt, bei welcher die unmittelbaren Einflüsse desselben — Steigerung der Härte, Sprödigkeit, Schwindung und der Fähigkeit, Gase zu lösen — allzu merklich werden, muss derselbe als wohlthätig für die Eigenschaften des zum Umschmelzen bestimmten Roheisens bezeichnet werden. Ich bin der Ueberzeugung, dass die gerühmte Güte des schottischen Giessereiroheisens zum grossen Theile dem niemals fehlenden Mangangehalte desselben von durchschnittlich 1,6 Procent zuzuschreiben ist; und wenn unsere deutschen Hochofenwerke ein für die gewöhnlicheren Zwecke dem schottischen ebenbürtiges Giessereimaterial liefern wollen, so müssen sie nicht allein darnach trachten, ihrem Roheisen einen gleichen Silicium- und Kohlenstoffgehalt wie im schottischen Roheisen, sondern auch einen gewissen Mangangehalt zu verleihen.

Jene Grenze, über welche hinaus ein Mangangehalt des als Zusatzmaterial beim Umschmelzen bestimmten Roheisens eher nachtheilig als vortheilhaft wirkt, ist offenbar zum Theile von dem Mangangehalte des mit verschmolzenen Brucheisens etc. abhängig; in Rücksicht auf den Umstand jedoch, dass bei Anwendung manganreichern Roheisens auch bald der durchschnittliche Mangangehalt des in einer Giesserei fallenden Brucheisens zunehmen wird, dürfte es räthlich sein, in keinem Falle über 2 Procent Mangan des Zusatzroheisens hinauszugehen.

Eine merkliche Verringerung des Kupfergehalts findet bei keiner der untersuchten Roheisensorten statt. Die bemerkbaren Schwankungen sind wohl theils auf Zufälligkeiten beim Schmelzen und Giessen, theils auf kleine, in Rücksicht auf die geringen Mengen des Kupfers verzeihliche Differenzen bei der Untersuchung zurückzuführen.

Bei dem Phosphorgehalte dagegen ergiebt sich deutlich stetige Zunahme. Der Grund hierfür ist der, dass Phosphor unter den Einflüssen des Cupolofenschmelzens nicht oxydirt wird, der Procentgehalt desselben also in Folge des Abbrandes andrer Körper steigt. Auch eine Reduction aus der Asche phosphorhaltiger Coaks ist nicht ausgeschlossen.

Der Schwefelgehalt war bei allen untersuchten Roheisensorten so gering, dass sich zuverlässige Schlüsse aus der wiederholten Bestimmung desselben nicht würden haben ziehen lassen; es unterliegt kaum einem Zweifel, dass derselbe sich ähnlich wie Phosphor verhalten wird, da die Schlacke des Cupolofens nicht basisch genug gehalten werden kann, um Entschwefelung zu bewirken, wohl aber bei Anwendung schwefelreicher Coaks eine Anreicherung im Roheisen möglich ist.

Die bei den Festigkeitsversuchen erlangten Ziffern finden ihre Erklärung durch die chemische Zusammensetzung der betreffenden Sorten. Sowohl ein grosser Silicium- und Graphitgehalt als ein grosser Gehalt an Mangan und gebundener Kohle beeinträchtigen die Festigkeit, Elasticität und Zähigkeit des Roheisens; aber ein gewisser Siliciumgehalt ist sogar nothwendig, um die noch schädlicher wirkende Anwesenheit reichlicher Mengen gebundenen Kohlenstoffs zu verhindern. Daher finden wir bei allen drei Roheisensorten eine anfängliche Zunahme der genannten Eigenschaften durch wiederholtes Umschmelzen, durch welches der Gehalt an Silicium, Mangan und Graphit verringert wird; aber eine Grenze tritt ein, sobald in Folge der Siliciumverringerung der Gehalt an gebundener Kohle steigt. Bei dem verhältnissmässig reinen Gutehoffnungshütter Roheisen ist diese Grenze schon nach dem dritten Umschmelzen erreicht; das siliciumreiche Coltness zeigt auch nach dem vierten Umschmelzen eine Steigerung der Bruchfestigkeit und Durchbiegung; bei dem siliciumarmen und manganreichen Gleiwitzer Roheisen wird die Festigkeit nach den ersten zwei Schmelzen offenbar durch den noch zu hohen Mangangehalt beeinträchtigt, während eine Zunahme desselben nach dem dritten Schmelzen bereits durch die Anwesenheit eines reichlichen Kohlenstoffgehaltes neben verhältnissmässig wenig Silicium, also die Anreicherung gebundener Kohle bei erneutem Umschmelzen gehindert wird. Augenscheinlich wirkt der höhere Phosphorgehalt des Coltnessroheisens weniger benachtheiligend als jenes Missverhältniss zwischen Kohle, Mangan und Silicium im Gleiwitzer Eisen; je graphitreicher ein Roheisen ist oder, richtiger ausgedrückt, je weniger gebundenen Kohlenstoff es enthält, desto weniger empfindlich ist es auch für einen bestimmten Phosphorgehalt.

Bei ferner erneutem Umschmelzen der Gusseisensorten würde nach Verbrennung des Mangans rasch das Silicium verschwinden und in Folge davon weisses, hartes und sprödes Eisen entstehen; endlich durch Verringerung des Kohlenstoffgehaltes dieses sich in grelles, unbrauchbares Eisen umwandeln.

Der Schachtausbau

und

die Motive zu der Wahl desselben bei dem Niedererzgebirgischen Steinkohlenbau-Verein „Teutonia“.

(Fortsetzung des Aufsatzes „Querschnitte und Profile etc.“, S. 120 des vor. Jahrg.)

Vom Bergwerksdirector **Dannenberg.**

Hierzu Tafel I und II.

Die Gründung und das Unternehmen des Niedererzgebirgischen Steinkohlenbau-Vereins Teutonia bei Gersdorf stützte sich auf den seiner Zeit allgemein als richtig angenommenen Aufschluss, der 1861 durch das Bohrloch bei Bernsdorf gemacht sein sollte. Hiernach wurde und musste angenommen werden, wie dies ja unter Anderen auch von Herrn Professor Dr. Geinitz geschehen ist, (Geologie der Steinkohlen Deutschlands und anderer Länder Europas mit Hinblick auf ihre technische Verwerthung, München 1865, S. 70), dass die Flötze des Lugau-Gersdorf-Oelsnitzer Steinkohlenbeckens, gleichwie dies nach Süden zu geschieht, auch nach Norden zu sich wieder herausheben.

Es wurden deshalb die Schächte der einen Abtheilung des Vereines so angesetzt, dass sie bei der geringsten Teufe im Felde den nördlichsten Muldenflügel aufschliessen und dass sie mit der Chemnitz-Zwickauer Chaussee einestheils, sowie mit der damals projectirten Eisenbahnlinie Hohenstein-Oelsnitz anderntheils leicht verbunden werden konnten.

Die zweite Gruppe der Schächte, Abtheilung B, musste jedoch in die Mitte des über 3000 m lang ausgedehnten Feldes gelegt werden, weil das an der südlichen Feldgrenze gelegene und von der Gesellschaft erworbene Areal von dritter Seite streitig gemacht war und dieses event. für eine dritte Schachtgruppe reservirt werden sollte.

Zu jeder Gruppe der beiden Schachtanlagen gehörten zwei Schächte mit einem lichten Durchmesser von 3,5 m, die von Mitte zu Mitte 42 m von einander entfernt lagen und von denen je ein Schacht zur Fahrung, zur Wasserhaltung, zum Eintreiben von Material und zum Treiben von je 20 Ctr. Kohlenlast eingerichtet und bestimmt war, während der andere Schacht ausschliesslich zur Förderung, und zwar mit jedem Zuge 40 Ctr., und zur Wetterführung dienen sollte.

Durch periodische Verbindung der zu einander gehörenden beiden Schächte unter einander konnten durch diese Stellung die Schächte schon beim Abteufen sich gegenseitig unterstützen, und es brauchte auch nur auf dem einen Schachte die Wasserhaltung unterhalten zu werden.

Eingedenk der grossen Vorzüge, die bei tief liegenden Flötzen mit runden, ausgemauerten Schächten erzielt worden waren, wurde in beiden Schachtanlagen die runde Schachtform gewählt und für das Abteufen ein Durchmesser von $4{,}_{572}$ m in Anwendung gebracht, so dass eine Ausmauerung mit $0{,}_{586}$ m starkem Mantel unter allmäliger Wegnahme der Zimmerung in hinlänglich bekannter Weise stattfinden konnte.

Zu dem provisorischen Ausbau wurden eichene Kränze von 141 × 141 mm Stärke verwendet, deren Segmentstücke, vielleicht 17—24 Stück, über Tage derartig vorgerichtet wurden, dass aus den einzelnen Theilen mit Hilfe von 35 mm starken Pfostenstücken 4 Kranztheile gebildet wurden. Entgegengesetzt der sonst üblichen Methode wurden diese 4 Kranztheile nicht mit Pfostenstücken zusammengepasst und vernagelt, sondern sie wurden mit eisernen Laschen und Schrauben versehen, so dass die so vorgerichteten 4 Kranztheile im Schachte nur zu einem Ganzen zusammengeschraubt zu werden brauchten. Abgesehen davon, dass der Einbau solcher Kränze leichter und bequemer war, so war auch die Wiedergewinnung derselben leichter und die Kränze waren immer wieder sofort verwendbar und litten bei der Wiedergewinnung ausserordentlich wenig.

Das Ausmauern des Schachtes erfolgte auf eichenen Mauerkränzen, die gewöhnlich aus 8 einzelnen Theilen zusammengeschraubt waren und bis zu 200 mm Stärke und 500 mm Breite hatten. War ein solcher Kranz genau eingelothet und mit 8 bis zu 2 m langen eisernen Spiessen verspiesst, dann wurde er zunächst mit weichen Holzkeilen, demnächst mit harten Holzkeilen und zuletzt mit eisernen Keilen in die gehörige Spannung gebracht und mit Cement vergossen.

Zu der Mauerung wurden Ziegel mit gewöhnlichem Format und sogenannte Keilziegel verwendet. Letztere hatten die gewöhnliche Länge von 280 mm, eine Stärke von 100 mm und waren vorn 170 mm, hinten 140 mm breit. Diese so geformten Keilziegel wurden bei der Streckerschicht verwendet.

Zum Ablassen der Wasser wurden conische, verschliessbare Rohre periodisch in die Mauerung gelegt.

Das Abteufen und der provisorische Ausbau kam im Durchschnitt pro Meter

an Löhnen	auf M.	134, 25
„ Material	„ „	105, 65
in Sa.	auf M.	239, 90

zu stehen.

Die Ausmauerung eines Meters kostete im Durchschnitt

an Löhnen	M.	31, 60
„ Materialien	„	93, 90
in Sa.	M.	125, 50.

Auf der nördlicher gelegenen Gruppe — Abtheilung A. — (Tafel I) waren bei 100 m Teufe die Wasser so gut wie durchteuft. Es wurde deshalb bei 107 m Teufe ein 42 m langes Wasserort mit 3 m Höhe und $2{,}_{5}$ m

Weite zur Aufnahme der Wasser von den beiden Schächten A^1 und A^2 getrieben. Bei 108 m Teufe wurden sodann in die Schachtmauer schmiedeeiserne Drucksatzträger von je 5 m Länge und 1 m Höhe gelegt, mit gusseisernen Sohlplatten verschraubt und auf diese sodann der Drucksatz gestellt.

Auf Abtheilung B (Tafel II) hingegen wurden mit dem einen Schachte im Jahre 1871 bei 28 m Teufe schwimmende Gebirgslagen mit bis 120 Kubikfuss Wasser pro Minute erschroten, so dass die eingebaute Zimmerung nicht weggenommen und die Ausmauerung nicht fortgesetzt werden konnte. Es wurde daher, besonders um Raum zu ersparen, für $28_{,197}$ m Schachthöhe gusseiserne Cuvelage in Anwendung gebracht. Dieser Schachtausbau bestand aus 49 einzelnen eisernen Kränzen von 563 mm Höhe, 140 mm Breite und 30 mm Eisenstärke: jeder Kranz, im Gewichte von annähernd 90 Ctr., bestand wiederum aus 8 einzelnen Segmenten, die mit einer horizontalen Mittelrippe und drei verticalen Rippen von je 30 mm Stärke verstärkt waren. Ausser diesen Rippen hatten die Tubbings 25 mm vorspringende Randrippen sowohl an den horizontalen Fugen, um ein bequemes Aufsetzen, als auch an den verticalen Fugen, um ein geeignetes Uebereinandergreifen der Segmente zu ermöglichen. Die für die Schachteinstriche etc. erforderlichen Consolen waren mit eingegossen. Die Tubbings waren von der Sächsischen Maschinenfabrik in Chemnitz sauber und vorzüglich in einander passend gegossen und geliefert. Die durch den Einbau entstandenen, in den einzelnen Kränzen wechselnden verticalen, sowie auch die horizontalen Fugen wurden mit 6 mm starken Fichtenbretchen versetzt und wurden erstere ausserdem mit eichenen Plattkeilen, deren Zahl sich nach der Weite der Fugen richtete, verkeilt. Der Raum hinter den Tubbings wurde mit Beton vergossen und gelang es durch diesen Schachtausbau, die Schachtwasser bis auf 22 Kubikfuss zu reduciren.

Die auf Tafel II wiedergegebenen Schachtdurchschnitte sollen den Schachtausbau und die Auflagerung der Tubbings auf die Mauerung, sowie den Uebergang von der eisernen Cuvelage wiederum in die Mauerung verdeutlichen.

Inzwischen war das Abteufen und Ausmauern der beiden Schächte der nördlicher gelegenen Gruppe mit sehr günstigen Erfolgen — z. B. das Ausmauern des Schachtes mit einer Tagesleistung von 2 m, das Abteufen mit im Durchschnitt $0_{,9}$ m — fortgesetzt worden, als plötzlich die betrübenden Aufschlüsse auf dem benachbarten Werke Hohndorf-Bernsdorf es für gerathen erscheinen liessen, einestheils um rascher, anderntheils um billiger zu einem Aufschlusse zu kommen, auch auf Abth. A in dem Schachtausbau eine Aenderung vorzunehmen. Immerhin konnte es trotz der negativen Aufschlüsse auf Hohndorf-Bernsdorf und Königsgrube doch noch möglich sein, dass die beiden zu Abth. A gehörenden Schächte auf Kohlen standen. Es musste deshalb neben der Aufgabe „schnell und billig“ zu teufen auch auf einen soliden Ausbau gesehen werden und das erreichte man am besten mit einem Ausbau mit schmiedeeisernen Kränzen. Von 220 m Tiefe, unmittelbar an den Mauerkranz der 220 m hohen Schachtmauer anschliessend, wurde mit ⊔förmigen schmiedeeisernen Kränzen, die einen Durchmesser von $3_{,6}$ m hatten, deren Höhe 176 mm, deren Stärke

44 mm und deren Gewicht ca. 7 Ctr. betrug, weiter geteuft. Diese Kränze wurden einschliesslich Laschen und Bolzen von dem Hoerder Bergwerks- und Hüttenverein pro Stück franco Werk für 94 Mark geliefert. Die Kränze kamen in Entfernungen von 1 m unter einander zu liegen; sie wurden sodann unter einander mit schmiedeeisernen Spindeln, wie Taf. I Fig. 5 und 6 verdeutlicht, verschraubt, sowie durch hölzerne, ausgeblattete, kantige Bolzen und durch einen Verzug mit 50 mm starken und 220 mm breiten fichtenen Pfosten unter einander verbunden.

Sämmtliche Schmiedearbeiten für das Fertigstellen eines solchen Schachtkranzes incl. der erforderlichen Spindeln, der Schrauben und Muttern, sowie das Anfertigen der Einstrichwinkel, der Einstrichschrauben, der Fahrthaspen, der Wetterluttenbänder, der Luttenhängeeisen, überhaupt alle Eisenarbeiten wurden pr. Meter Abteufen und Ausbauen im Gedinge mit 4 M. 20 Pf. bezahlt.

Das Abteufen und Ausbauen selbst wurde

pro	Meter	im	Schieferthon	mit	102 M.
„	„	„	Sandstein	„	126 „
„	„	„	Conglomerat	„	160 „

bezahlt.

Abgeteuft wurde mit Hülfe einer schwebenden Bühne, die für das Durchlassen der Treibetonnen mit beweglichen Klappen und zur Sicherheit für die darauf arbeitende Mannschaft mit Fangvorrichtungen versehen war. Die Bühne hing in einem Drahtrundseile von 30 mm Stärke aus patentirtem Gussstahldraht. Bewegt wurde Seil und Bühne mit Hülfe eines Vorlegehaspels, dessen Seiltrommel eine Länge von $1_{,35}$ m hatte und dessen Durchmesser $0_{,8}$ m betrug, dessen Tragfähigkeit auf 100 Ctr. berechnet und der mit Sperrad und doppelter Bremsvorrichtung versehen war.

Es wurden mit diesem Ausbau innerhalb 14 Monaten 491 m geteuft, also im Durchschnitt monatlich 35 m.

Das Meter Abteufen kam an Löhnen und Material auf

276 Mark 40 Pf.

zu stehen.

Technische Fortschritte und Verbesserungen beim Freiberger Bergbau.

Vom Bergamtsauditor und Bergschullehrer **A. Fr. Wappler.**

Hierzu Tafel III, IV und V.

Aus der Zahl der aus den letzten Jahren datirenden technischen Fortschritte und Verbesserungen beim hiesigen Bergbau[1]) greift der Verfasser, welcher vorliegende Veröffentlichung fortzusetzen gedenkt, für den nachstehenden ersten Beitrag die folgenden heraus.

1. Die Steinmühlen bei Himmelsfürst Fundgrube hinter Erbisdorf.

Die bei Himmelsfürst Fundgr. aufgestellten zwei Steinmühlen sind nach den Aufträgen des Herrn Betriebsdirector Neubert von Herrn Franz Fröbel, Eigenthümer der Eisengiesserei und Maschinenfabrik „Constantinhütte" zu Kleinschirma bei Freiberg, construirt und gebaut und haben den Zweck, lieferbare, beim Setzen abgehobene, theils milde, glanzige, d. h. vorwiegend aus Bleiglanz bestehende, theils feste, dürrerzige, d. h. vorwiegend aus Schwefelkies, Blende, Quarz und Braunspath bestehende Graupen und Griese zu lieferfertigen Mehlen zu zerkleinern.

Ueber die Gründe, welche zur Anwendung der Mühlen führten, enthält der Geschäftsbericht über das obengenannte Berggebäude auf das Jahr 1878 S. 18 f. Folgendes: „Schwierig war es, die enormen Massen, welche zur Aufbereitung gelangten, zu bewältigen; 18293 cbm wurden aufbereitet, im Vorjahr dagegen nur 13353 cbm, also über 37% mehr. Man war deshalb genöthigt, sowohl beim Lade des Bundes Schacht, als auch beim Vertrau auf Gott Schacht je noch eine Scheidebank einzurichten. Dem entsprechend fiel auch mehr Walzerz und es musste daher das Walzwerk, welches sonst nur in den Sommermonaten im Betriebe war, vom II. Quartal an unausgesetzt

[1]) Als solche seien angeführt: Die Anwendung der Ventilsteuerung bei Förderdampfmaschinen, der Schulze'schen Kesselfeuerung (vgl. Wochenschrift des Ver. deutscher Ing. 1879. S. 332), des Jachen-Cohnfeld'schen automatischen Zuspeiseapparates, die ausgedehnte Verwendung von Eisenbahnschienen zu Förstenkästen und anderen Unterstützungen, die Einbauung kleiner, durch Strecken- oder durch in Circulation versetzte Hubwasser beaufschlagter Wasserräder zum Umtriebe von Haspeln und Ventilatoren, die weitere Benutzung eines Kunstgestänges als Fahrkunst, die Anbauung eiserner Gestänge an Stelle wandelbar gewordener hölzerner, die Einbauung einer unterirdischen Dampfpumpe und die weitere Anwendung des Teuchert'schen rotirenden Klaubtisches.

im Gange erhalten bleiben. Bei diesem, sowie bei den Setzwäschen, häuften sich schliesslich Vorräthe von verschiedenen Aftern, da das Trockenpochwerk nicht ausreichte, und man sah sich dringend genöthigt, noch eine Maschine zum Zerkleinern einzurichten. Das stärkste Korn dieser Aftern erreichte etwa die Grösse einer Zuckererbse und deshalb wählte man zur weiteren Aufbereitung derselben, statt eines Pochwerkes, eine Steinmühle."

Wie weiter aus dem angezogenen Geschäftsberichte S. 19 hervorgeht, hat eine im IV. Quartal 1878 angelieferte Steinmühle zwar im Allgemeinen ihrem Zwecke vollständig entsprochen; nur in Hinsicht der Abstellung machte sich noch eine Aenderung nöthig, weil dabei zeitweiliger Stillstand der anderen Aufbereitungsmaschinen des Dampfwalzwerks, nämlich des Walzwerkes selbst, der Setzmaschinen und des Trockenpochwerkes, verursacht wurde. Die demgemäss abgeänderte, jetzige erste Steinmühle ist Mitte des I. Quartals 1879 in Betrieb gesetzt worden. Aus den gleichen Gründen, wie diese Steinmühle, und um ferner die Wasserkraft der oberen Setzwäsche auch während der Nachtschicht auszunützen, wurde im III. Quartal 1879 daselbst die zweite Steinmühle, von welcher die beigegebenen Abbildungen (Tafel III) entnommen sind, aufgestellt und in Betrieb gesetzt.

Die Fröbel'schen Steinmühlen gehören in die Classe der Steinmühlen mit concentrischen Steinen. Der Bodenstein *L* ist der Läufer. Er ist oberhalb seines Schwerpunctes mittelst einer in ihm eingelassenen stählernen Pfanne auf einem im oberen Ende der Mühlspindel oder des Mühleisens *E* sitzenden Stahlzapfen aufgehängt. Mit ihrem Spurstift steht die Mühlspindel auf einem Fusslager, welches durch den Hebel *H* und die Zugstange *Z* mittelst zweier Griffräder *G* in der Leitung *I* gehoben oder gesenkt werden kann. Hierdurch geschieht die Feinstellung des Steines *L*. Dieselbe ist, wie aus der Anordnung der Griffräder hervorgeht, sowohl von der Aufgebesohle als von der Austragesohle aus möglich. Die obere Führung und genaue Verticalstellung erhält die Mühlspindel im Mühllaufe *M*. Es halten nämlich die innerhalb des Mühllaufgerinnes angegossenen Arme *A* eine Lagerbüchse *B*, welche 3 Rothgussschalen enthält, die von aussen durch Stellschrauben gegen die Mühlspindel so fixirt werden, dass dieselbe genau senkrecht steht. Die gedachte Lagerbüchse ist oben durch eine eingesenkte Deckelscheibe, deren Einsenkung mit Talg ausgedrückt wird, und von unten durch eine Scheibe und eine die Mühlspindel innerhalb des Sammeltrichters umgebende Röhre vor Mehl geschützt. Die Uebertragung der Umdrehungsbewegung der Mühlspindel auf den Läufer *L* geschieht durch 2 Treiber oder Mitnehmer *T*, welche in einem warm auf das obere Ende der Mühlspindel aufgezogenen Ringe *R* sitzen und in entsprechende Aussparungen des Läufers eingreifen. Eine Mühlhaue fehlt also. Zur leichten und sicheren Erzielung der nöthigen Centrirung der Steine gegen einander ist die Mahlfläche des Läufers flach kegelförmig, die des Obersteins *O* entsprechend trichterförmig. Nebenbei wird durch diese Conicität der Mahlflächen eine Vergrösserung derselben erreicht. Der Oberstein liegt fest; es sind nämlich an seiner Aussenseite 3 gabelige Nasen angegossen, in deren Schlitze Schraubenbolzen eingelegt werden, deren unteres ösenförmiges Ende sich um einen in je 2 an der Aussenseite des Mühllaufs *M* angegossenen Flantschen steckenden

Bolzen dreht; durch aufgeschraubte Muttern wird der Oberstein auf dem Mühllauf befestigt. Durch unter den Nasen auf die Schraubenbolzen aufgesteckte gusseiserne Scheiben *S*, welche mit fortschreitender Abnutzung der Steine nach und nach abgenommen werden, wird die Grobstellung der Steine erzielt. Der erwähnte Mühllauf enthält in einem einzigen Gussstück den Armstern *A* sammt der Lagerbüchse *B* für die Mühlspindel, das Mühllaufgerinne *C* mit durchbrochenem Boden, niedriger Innen- und hoher Aussenborde, an der Aussenseite letzterer die bereits erwähnten Flantschen für die Drehbolzen der Obersteinschrauben und eine kreisförmige Flantsche mit den beiden Platten für die Fundamentschrauben *F*. Der Läufer greift mit einer angegossenen ringförmigen Borde ins Mühllaufgerinne herein.

Die Mahlflächen der Steine sind geschärft. Für die Construction der Schärfe dürften die Schwahn'schen Hauschläge[1]) für Niedermendiger Mühlsteine zum Vorbilde gedient haben. Die Schärfe ist nämlich aus 28 (bei der 1.) oder 24 (bei der 2. Steinmühle) 12 mm breiten, kreisbogenförmigen Furchen derart construirt, dass die Steine einerseits gut schlucken und anderseits die Kraftcomponente zum Zerschneiden des Mahlgutes von innen nach aussen abnimmt, während die Kraftcomponente zum Auswerfen des Mehles von innen nach aussen zunimmt. Wie aus Fig. 4, welche eine Projection der Mahlfläche des Läufers der ersten Steinmühle mit theilweise eingpunctirten Furchen des Obersteins darstellt, zu ersehen ist, wird ersteres, das Schlucken des Mahlgutes, dadurch erreicht, dass die Furchen, nach dem Scheitel der Steine verlängert gedacht, in einer gewissen Entfernung an demselben vorbei gehen, letzteres, das Abnehmen der Schnittkraft und Zunehmen der Schubkraft von innen nach aussen, dadurch, dass die Kreuzungswinkel zwischen den Furchen des Läufers und denen des Obersteins von innen nach aussen wachsen. Die Mittelpuncte der Furchenbögen liegen auf einem zur Steinperipherie concentrischen Constructionskreis *c*.

Wenn fernerweit v. Rittinger sagt[2]): „Mahlmühlen mit gusseisernen Mühlsteinen sind aus dem Grunde unbrauchbar, weil sie sich nicht schärfen lassen", so hat Herr Franz Fröbel diese Schwierigkeit an seinen Mühlsteinen auf die einfachste Weise überwunden. Es sind nämlich bei der ersten Mühle die Furchen 100 mm, bei der zweiten 80 mm tief und werden dieselben vor der Inbetriebsetzung fest mit Holz ausgekeilt. Da sich die Holzfütterung etwas ausmahlt, so ist die Mahlfläche bis zur vollständigen Abnutzung der Rippen ein für allemal geschärft. Diese Holzfütterung der Furchen hat noch den Nebenvortheil, dass sie Böhrerköpfe und Nägelstücke, welche sich im glanzigen Abhube finden, aufnimmt, dadurch die Mahlfläche schont und Brüchen vorbeugt; man findet die Eisenstückchen am innern Ende der Furchen fest ins Holz eingepresst.

Da das Mahlgut vom Setzen herrührt, so ist es nöthig, es vor dem Mahlen durch Ausbreiten auf dem Boden eines zugigen Raumes zu trocknen. Es kann jedoch, was für die kalte Jahreszeit von Belang ist, das Mahlgut noch einen deutlich fühlbaren Nässgehalt behalten, ohne den Gang der Mühle

[1]) Schwahn, Lehrbuch der practischen Mühlenbaukunde, 3. Abth., S. 19.
[2]) Lehrbuch der Aufbereitungskunde, S. 53.

zu beeinträchtigen. Die **Aufgabe des Mahlgutes** erfolgt durch das Auge des Obersteins vermittelst eines Aufgebetrichters *D*, welcher von einem auf das Auge aufgesetzten Rohre *K* getragen wird. Ueber die Trichterröhre lässt sich perspectivartig ein an der untern Mündung verstärkter Centrifugalaufschütter *N* mittelst Aufhängering, Hebel, Zugstange und Griffrad verschieben. Die aus der Getreidemüllerei entlehnten Centrifugalaufschütter haben vor andern Aufgaberegulatoren die Vorzüge, dass die Aufgabemenge möglichst genau abgemessen werden kann und die Aufgabe selbst am ganzen Schluckkreis gleichmässig stattfindet. Durch Lösung der die beiden Hälften des Rohres *K* zusammenziehenden Schrauben und Herausziehen des Drehbolzens des Stellhebels lässt sich eine Hälfte des Rohres abnehmen und somit die Aufgaberegulirung schnell und bequem revidiren.

Zur Verhütung des Verstäubens wird der ringförmige Zwischenraum zwischen dem Oberstein und der äussern Borde des Mühllaufs mit passend geschnittenen Holzklötzchen ausgelegt. Das Mehl fällt durch den durchbrochenen Boden des Mühllaufgerinnes in den Sammeltrichter und gleitet von da durch einen Schlund in eine sechsseitig-prismatische, geneigte Siebtrommel mit 1 mm Maschenweite. Die Trommel ist, um Verstäuben möglichst zu verhüten, in ein Gehäuse eingeschlossen, in dessen Boden 2 Austragtrichter hängen, während das in geringer Menge von der Trommel ausgeworfene Schrot durch eine Ruschel aus dem Trommelgehäuse geleitet und in einer untergestellten Korbe aufgefangen wird, um von Neuem aufgegeben zu werden. Die Bewegung der Siebtrommel erfolgt durch Riemen- und Zahnradbetrieb von der horizontalen Transmissionswelle, auf welcher zugleich die Daumenscheiben für die Stauchsetzsiebe sitzen, aus und ist in der Zeichnung nicht näher ausgeführt worden.

Anders beschaffen war bis vor Kurzem in dieser Beziehung die Anordnung bei der ersten Steinmühle. Dieselbe war nämlich statt mit einer Siebtrommel mit einem Schüttelrätter ausgestattet, auf welchen das Mehl durch Streicheisen und Ruschel geleitet wurde; das abfallende Schrot wird durch ein Becherwerk in den Aufgebetrichter zurückgehoben. Diese Anordnung hat sich jedoch nicht bewährt, denn einestheils verursachen die Streicheisen durch Abbrechen und wegen des zeitweilig vorzunehmenden Tieferrückens und das Becherwerk durch Hängenbleiben und Schadhaftwerden sehr häufige Betriebsstörungen, anderntheils scheidet der Schüttelrätter, da sich seine Maschen sehr rasch verstopfen, das Mehl ungenügend ab, so dass mit dem Schrot Mehl in's Becherwerk fällt. Dies, wie insbesondere auch die heftige Bewegung der Luft durch die vibrirende Bewegung des Rätters hatte die Bildung von Staubluft zur Folge, bisweilen in dem Grade, dass der Aufenthalt in dem Mühlraume unerträglich wurde.[1]) Bei der Anwendung einer rotirenden umschlossenen Siebtrommel dagegen rinnt das Mehl in geschlossenen Strömen aus den Austragtrichtern. Um den Forderungen der Hygieine gerecht zu werden, wird der Raum unter den Austragtrichtern durch

[1]) Auch den mittelalterlichen Steinmühlen macht Johann Mathesius lebensgefährdende Staubbildung zum Vorwurf: „Die alten haben jre goltquertz vnd zwitter gemahlen vnd viel leut mit dem staube vmbbracht.“ (Sarepta. 1564. 12. Predigt. S. 208.)

3

Verschläge vor Zugluft geschützt und dadurch der Bildung von Staubluft möglichst vorgebeugt.

Die *Ausrückung* der ersten Mühle erfolgt durch Aufziehen des auf der Mühlspindel sitzenden Zahnrades mittelst Hebel, Zahnstange und Zahnrädchen. Die Ausrückung der zweiten Mühle geschieht auf folgende Weise. An den beiden Schraubenbolzen U sitzen oberhalb der an der stehenden Transmissionswelle W befestigten Platte P Zahnrädchen, in die eine auf der Platte gelagerte Schraube ohne Ende eingreift. Durch Drehen eines Drehlings, der auf das vierkantige Ende der Schraube aufgesteckt wird, werden die Schraubenbolzen U aufwärts geschraubt und dadurch das angehängte conische Rad Q ausgerückt.

Der Läufer der ersten Mühle macht 130 Touren pro Minute und hat 0,72 m Durchmesser, also 4,901 m Umfangsgeschwindigkeit. Der Läufer der zweiten Mühle macht 120 Touren pro Minute, während die Setzdaumenwelle, von der die Bewegung abgeleitet wird, 37 Touren macht. Da der Steindurchmesser 0,8 m ist, so ist die Umfangsgeschwindigkeit des Läufers 5,026 m.

Die zweite Mühle wird wegen des geringen zur Verfügung stehenden Aufschlagwassers nur in der Nachtschicht und zwar durch ein oberschlächtiges Rad bei einem Gefälle von 6,51 m mit 1 Rad Wasser oder 37,85 l pro Secunde Aufschlag getrieben. Unter Annahme des Wirkungsgrades $\eta = 0{,}65$ würde sich hiernach der *Kraftbedarf* der Mühle sammt Transmission zu nur 2,135 Pferdestärken berechnen. Genauere dynamometrische Ermittelungen über die Fröbel'schen Steinmühlen stehen noch aus.

Ueber die *Kosten* der Mühlenanlage im Dampfwalzwerk enthält der Geschäftsbericht für das in Rede stehende Berggebäude auf das Jahr 1878 S. 26 die Angabe, dass für die Steinmühle 1988 Mark 23 Pf. und für das oben erwähnte Becherwerk 332 Mark 68 Pf. verausgabt worden sind. Wie der Verfasser aus dem betreffenden Zechenregister ersehen hat, ist jener sich durch die manichfachen, eingangsgedachten Aenderungen noch erhöhende Preis durch die zu überwindenden Schwierigkeiten in der Transmission und Ausrückung wesentlich beeinflusst worden: auch sind darin Monteurlöhne inbegriffen.

Bezüglich der Steinmühle in der oberen Setzwäsche ist aus dem betreffenden Zechenregister ersichtlich, dass das *Gewicht*

der eigentlichen Mühle, das auf die Mühlspindel aufgekeilte Stirnrad mit 35 Eisenzähnen inbegriffen . . . . . . 1609,2 kg

der stehenden Transmissionswelle sammt Stirnrad mit 58 Holzzähnen, conischem Rad mit 30 Eisenzähnen, Ausrückung, Lagertraverse, Pfanne, Spurstift und Rothgussschalen . . . . 402,6 „

und der Siebtrommel sammt ihrer Transmission und den Eisentheilen des Trommelgehäuses . . . . 173,0 „

in Summa 2184,8 kg

bei der Anlieferung betragen hat und dass der *Preis* der ganzen Mühle, in welchem die Kosten für die Verkämmung des genannten Rades mit 58 weissbuchenen Zähnen und für das Siebtrommelgehäuse inbegriffen, dagegen

Monteurlöhne nicht enthalten sind, von der Maschinenfabrik mit 1182 Mark 52 Pf. berechnet worden ist.

Die **Betriebs- und Unterhaltungskosten** der Steinmühle im Dampfwalzwerk lassen sich, da die auf die Mühle fallende Quote des Aufwandes beim Motor wegen des gleichzeitigen Mitbetriebes des Walzwerkes, der Setzmaschinen und des Trockenpochwerkes sich nicht ermitteln lässt, nicht genau feststellen. Indess hat sich im Kohlenverbrauch beim Mitbetrieb der Mühle ein Mehrbedarf von täglich nur 1 hl herausgestellt. Dieses günstige Resultat findet theils darin, dass die Fröbel'schen Steinmühlen, wie oben dargethan, im Verhältniss zu anderen Erzzerkleinerungsmaschinen wenig Betriebskraft erfordern, theils darin, dass gegenwärtig der Kesseldampf ¼ Atm. höher gespannt gehalten wird als früher, seine Erklärung.

Dagegen ist die Steinmühle in der oberen Setzwäsche, da der Aufschlag für den gleichzeitigen Betrieb der Setzmaschinen und Steinmühle nicht ausreicht und letztere deshalb nur für den Nachtbetrieb bestimmt ist, für die Berechnung des **Gesammtaufwandes**, mithin auch der **Mahlkosten** pro Ctr. Erz, geeignet. Bei derselben ergaben sich nämlich im III. Quartal 1879 in 80 achtstündigen Betriebsschichten

76 Mark	80 Pf.		Gedinglöhne an den Müller für 2560 Ctr. Erz zu mahlen, pro Ctr. 3 Pf.,
32 „	53 „		Aufwand für Materialien, als: Siebgewebe, Kolbennägel, Schmieröl, Graphit, Putzwolle und Besen,
54 „	15 „		Quote betreffs Abnutzung der Steine[1]) und
22 „	50 „		Wasserzinsquote.[2])
185 Mark	98 Pf.		Kosten in Summa.

Unter Zugrundelegung vorstehender Summe, welche sich bei Berücksichtigung der Abnutzung der Maschinentheile excl. Mühlsteine, der Gebäude- und Wasserleitungsunterhaltungskosten und der Verzinsung des Anlagecapitals nur wenig erhöhen dürfte, berechnen sich die Mahlkosten pro Ctr. Erzgraupen auf nur

$7_{,26}$ Pf.

Dieser Satz wird sich künftig noch erniedrigen, weil die Mühle in dem in Rede stehenden Quartale aufgestellt wurde, daher nur während 80 achtstündiger Schichten in Betrieb war, während der Wasserzins auf das ganze Quartal eingerechnet ist: ebenso ist der Schmierverbrauch für den Betriebsanfang ein höherer.

---

[1]) Die Furchentiefe der Steine von ursprünglich, wie oben erwähnt, je 80 mm hatte durch das Vermahlen von 2560 Ctr. Erz um je 25 mm abgenommen. Die Steine wogen bei der Anlieferung zusammen $666_{,5}$ kg und kosten, da Mühlsteine derzeit (3. Quartal 1879) mit 26 Pf. pro kg von der Giesserei berechnet werden, zusammen 173 Mark 29 Pf. Durch den Abrieb hatten die Steine somit um $\frac{173_{,29} \cdot 50}{160} = 54_{,15}$ Mark an Werth eingebüsst. Der endliche sehr geringe Verkaufswerth der abgenutzten Steine kann vernachlässigt werden.

[2]) Der Wasserzins für die Wasserkraft der oberen Setzwäsche beläuft sich auf vierteljährlich 45 Mark. Davon fällt die Hälfte auf die Mühle, da die Setzwäsche bei Tage, die Mühle bei Nacht in Betrieb ist.

3*

Wir kommen nunmehr zum Aufbringen der Steinmühlen. Das erste Mühlsteinpaar der Steinmühle im Walzwerke hat vom 15. Februar 1879 bis zum 16. September desselben Jahres ausgehalten.

Dieser Zeitraum umfasst

wirkliche Betriebszeit	$1451^1/_4$ Stunden,	
Aufsetzstunden	$103^3/_4$ „	und
Stillstandszeit wegen Reparaturen oder Mangel an Mahlgut	$483^3/_4$ „	
zusammen	$2038^3/_4$ Stunden,	

und sind mit diesen Steinen vermahlen worden:

Glanzgraupen .	537,8 Ctr.	
Bleierzgraupen .	593,7 „	und
Dürrerzgraupen	9987,2 „	
zusammen	11118,7 Ctr.	

also pro Stunde wirkliche Betriebszeit durchschnittlich

7,66 Ctr.

Der hierbei stattgehabte Abrieb der Steine ergiebt sich aus nachstehender Zusammenstellung.

Stein.	Gewicht vor der Abnutzung.	Gewicht nach der Abnutzung.	Abrieb pro Stein.	Abrieb pro Centner Erz.
	kg	kg	kg	kg
Oberstein . .	630	357	273	0,024
Läufer	721,5	327	394,5	0,035
	1351,5	684	.	

Bei der Setzwäscher Mühle ergiebt sich das aus nachstehender Zusammenstellung ersichtliche Aufbringen.

Graupensorte.	Achtstündige Schichten.	Wirkliche Betriebszeit.	Gesammt-Aufbringen.	Aufbringen pro Stunde Betriebszeit.
	Zahl.	Stunden.	Centner.	Centner.
Glanz	6	40	353	8,825
Dürrerz . . .	72	480	2207	4,598
	80	520	2560	.

Ein Rückblick in der Geschichte der Aufbereitungskunde zeigt uns, dass die ältesten Erzzerkleinerungsmaschinen gleichfalls aus der Getreidemüllerei direct entlehnte Steinmühlen mit concentrischen Steinen gewesen sind. Georg Agricola beschreibt eine solche, wie folgt[1]): „Eben in diser wellen (nämlich der Wasserradwelle) ist auch ein kamp rad gschlossen, welches kimen (Kämme) bey der seitten eingschlagen seindt, dise treibett auch das fürgelege, welches auss einem sehr vesten holtz ist. Diss fürgeleg aber ist vmb die eiserne wellen, die zu vnderst hatt ein zapffen, der in dem eisernen pfenlin eines pfulbaums vmbghet, zu oberst aber hatt es ein müleisen, welches den mülstein halt. Derhalben so des kamprads kimen das fürgeleg treibendt, so ghet der mülstein zu rings weiss herumb, den der zeug, so über ihm hengt, durch die giess (Aufgebetrichter) das ärtz gibet, welchs zumal gemalen, auss dem lauff in mälwinckel (Austragerusehel) geschuttet wirt, vnd darauss auff den boden herab der mülen gfallen, gehauffet, vnnd von dannen gefürt, zur wesch behalten: dieweil aber dise weise goldt ärtz vnd zwitter zu malen erfordere, dass der mülestein jetz auffgehaben, jetz nidergelassen werdt, zwen balcken die mitt hebbeumen auffgehaben vnnd nidergelassen mögen werden, haltendt den pfulbaum, in welches eisern pfenlin der zapffen der eisern spillen vmbghet.“ Es liegt sonach in den Fröbel'schen Steinmühlen eines jener zahlreichen Beispiele vor, dass ein altbekanntes Princip, mit den Hilfsmitteln der heutigen Technik ausgestattet, in verjüngter Gestalt sich wieder Geltung verschafft.

Die Steinmühlen treten in eine Parallele zu den Nassmühlen[2]) der neueren Aufbereitung, denn wie diesen die gemischten, so fallen jenen die lieferbaren Setzabhübe zur Zerkleinerung zu. Wie die Nassmühlen für den bezeichneten Zweck erfolgreich mit dem Nasspochwerk concurriren, so machen die Steinmühlen, wenn es sich um die Zerkleinerung von Graupen und Griesen handelt, den Trockenpochwerken das Feld streitig, zumal es eine viel bestätigte Erfahrung ist, dass die im Verhältniss zum Kraftaufwand überhaupt geringe Leistung der Pochwerke mit abnehmender Pochgutgröbe abnimmt. Dagegen ist die Frage, ob sich die Steinmühle auch für die Zerkleinerung der Stufferze vom Handscheiden, etwa durch Combination mit einem vorschrotenden Brecher oder Walzwerke, mit Vortheil gegenüber dem direct zum Ziele führenden Trockenpochen dienstbar machen lasse, noch zu entscheiden.

Zum Schluss gestattet sich der Verfasser, auf zwei Puncte hinzuweisen, bei deren Berücksichtigung sich eine Steigerung der Leistung und eine Abnahme des Aufwandes erwarten lassen dürfte. Haben auch die Mühlentechniker die Frage, bei welcher Schärfe das Mahlgut am besten zerschnitten und vorwärts geschoben und zu diesen Operationen die kleinstmögliche mechanische Arbeit aufgewendet wird, noch nicht entschieden[3]), so dürfte sich dennoch die Erprobung der sog. amerikanischen Virtelschärfe an Stelle der

---

[1]) Vom Bergkwerck, 8. Buch, S. 235 f. Mühlsteine mittelalterlicher Steinmühlen, deren z. B. bei Grundgrabungen auf den Muldner Schmelzhütten und nahe der Ausmündung des Münzbachthales aufgefunden worden sind, sind in einer Nische der Hausflur der hiesigen Königlichen Bergacademie aufgestellt. Vergl. auch Gätzschmann, Aufbereitung I, S. 540, T. XII, Fig. 2.

[2]) Vgl. Habermann, Dingey's Patentmühle, verbessertes System Humboldt. Oesterr. Zeitschr. 1878. S. 223, 247, 256. Heberle's Mühle: Oesterr. Zeitschr. 1879. S. 535 und Berg- und Hüttenm. Z. 1878. S. 159.

[3]) Vgl. M. Rühlmann, Allgem. Maschinenlehre, 2. Band, § 26. S. 175.

jetzt angewandten Centralschärfe empfehlen, freilich nur aus theoretischen Wahrscheinlichkeitsgründen. Andererseits wird, wie die Erfahrungen zeigen, welche in Przibram durch die Wahl verschiedener Bessemerstahl- und Hartgusssorten für die Läuferplatten der Dingeymühle gemacht worden sind[1]), auf das Material der Steine ein ganz besonderes Augenmerk zu richten sein.

2. Die Himmelsfürster Mengmaschine.

Die Grube Himmelsfürst besass schon längst eine Mengmaschinerie im unteren Menghause, bestehend aus einem von der Welle des unteren Trockenpochwerkes aus zu bewegenden, söhligen Gestänge, dessen hin- und hergehende Bewegung durch Schubstangen in die schaukelnde Bewegung dreier hinter einander liegender Rätter umgesetzt wird. Das Mehl wird von Rätter zu Rätter fortgestochen. Hiernach hat man bei dieser Maschine einestheils eine Vervollkommnung der Mengung im Auge gehabt, da durch die Schaukelrätter die im Mehl enthaltenen Bätzchen zerkleinert werden, anderntheils eine Erleichterung der Handarbeit, da das Fortstechen in die Rätter keine besondere Geübtheit erfordert.[2])

Die neue Mengmaschine wurde nach dem Entwurfe des Herrn Betriebsdirectors Neubert von der Maschinenfabrik von F. A. Münzner in Obergruna gebaut. Ist dieselbe auch zur Zeit noch nicht in den currenten Betrieb eingestellt worden, so rechtfertigen doch die Richtigkeit ihres Princips und die qualitativ guten Proberesultate die Aufnahme in vorliegende Abhandlung.

Die Maschine hat den Zweck, das für die Erzielung eines Durchschnittsgehaltes nöthige, mehrmalige, daher kostspielige Fortstechen der trockengepochten oder gemahlenen Erze durch eine wohlfeile einmalige Manipulation zu ersetzen.

Sie besteht nach der beigegebenen Tafel IV aus einer Aufgebeschüssel A, deren Boden von der durchbrochenen Scheibe S gebildet wird. Zur Befestigung der Schüssel auf der Scheibe dienen Flantschen mit Schraubenverbindung. Die Scheibe S hat einen Durchmesser von 70 cm und enthält in vier concentrischen Ringflächen, die durch drei erhabene Rippen R von einander getrennt sind, 80 trapezförmige Lochungen, welche, damit sie ungefähr gleiche Flächenräume erhalten, von der innern nach der äusseren Ringfläche zu an Breite zu-, an Höhe abnehmen und so angeordnet sind, dass die Lochungen des 1. und 3. Ringes mit denen des 2. und 4. Ringes alterniren. An der Unterseite der Scheibe S sind 5 concentrische Scheider angegossen, deren äusserer die vier Fundamentflantschen F trägt; die drei mittleren Scheider entsprechen den oberseitigen Rippen R; der innere Scheider enthält den Steg mit dem Fusslager L des Quirles Q. Um die Lochungen

[1]) Oesterr. Z. 1878. S. 257. 136.

[2]) Die Hoffnungen, welche F. Mohs (Beschreibung des Grubengebäudes Himmelsfürst. 1804. S. 107.) auf diese Mengmaschine setzt, indem er sagt: „Die Obersteiger auf Himmelsfürst, welchen das Wohl der Mannschaft so sehr als der Flor des Grubengebäudes am Herzen liegt, sind darauf bedacht, das Erzmengen durch eine Maschine verrichten zu lassen. Sie werden dies sehr bald ins Werk richten und dadurch nicht nur den Dank der von diesem beschwerlichen Geschäfte erlösten Arbeiter, sondern auch den Beifall eines jeden gutgesinnten Bergmannes erwerben,“ konnte dieselbe nicht erfüllen.

nach Bedarf verengern zu können, lässt sich über jeder Ringfläche der Scheibe *S* ein in gleicher Weise durchbrochener Ring verschieben und durch je 3 Schrauben gegen die feste Scheibe fixiren. Unter der Scheibe *S* hängt der aus starkem Blech zusammengenietete Mengtrichter *T*. Der Quirl *Q*, durch Zahnrad- und Riemen-, besser Schnurbetrieb, in langsame Umdrehung versetzt, trägt den kegelförmigen Hut *H*, welcher das Fusslager möglichst vor Mehl zu schützen bestimmt ist, und die beiden, den Rippen *R* entsprechend ausgezackten Streicher *I*, an welche nach oben ragende Zinken *Z* angeschraubt sind.

Vor dem Mengen werden die Lochungen weit oder eng gestellt, je nachdem es gilt, leichte Dürrerze oder schwere Bleierze zu mengen. Das körbenweise aufgegebene Mehl wird von den Zinken durchgekrält und von den Streichern herumgeführt. Das Mehl fällt in getrennten, intermittirenden, dünnen Strömen, deren Zahl im Wesentlichen von der Flottigkeit des Aufgebens abhängt, herab auf die Trichterfläche, wobei Bätzchen, welche etwa von den geschärften Rändern der Lochungen nicht zerschnitten worden sind, zerstieben. In zwei entgegengesetzten Strömen, deren jeder infolge des im Trichter vor sich gehenden Zerstiebens und Ineinanderfliessens der Theilströme auf einen Durchschnittsgehalt gebracht ist, schiesst das Mehl aus der Mündung des Trichters; nahe unter derselben durchdringen sich dieselben gegenseitig und fallen als ein sich nach unten etwas ausbreitender und infolge der Quirlbewegung eine schraubende Bewegung machender, nicht stäubender Strom auf den Scheitel des sich im untergelaufenen Karren bildenden Kegels.

In der Zerkleinerung der Bätzchen, der innigen Durchdringung der Mehlströme, der Ausbreitung über den Kegel, der durch die maschinelle Bewegung des Quirls herbeigeführten Gleichmässigkeit und Continuität des Austragens und endlich in der der Natur des Mehles anpassbaren Regulirbarkeit der Austragmenge ist der Effect der Neubert'schen Mengmaschine begründet, während sich geringer Kraft- und Raumbedarf, Wohlfeilheit und Leichtigkeit der Bedienung, Einfachheit des Apparates und Verminderung des Verstäubungsverlustes als weitere Vorzüge namhaft machen lassen.

Bei einem Probemengen von rothen Dürrerzen vom Kalb Stehenden mit grauen bleiischen Erzen — des Farbenunterschiedes wegen gewählt — wurde sofort ein gleichmässig braun gefärbtes Gemenge erzielt, welches auch beim Halbiren des Kegels keine Farbenunterschiede erkennen liess.

Weitere Mittheilungen über diese Maschine und die mit ihr erzielbaren Resultate bleiben vorbehalten.

3. Die Schlichzerkleinerungsmaschine.

Die auf Tafel V wiedergegebene Schlichzerkleinerungsmaschine wurde im Auftrage des Herrn Betriebsdirectors Neubert von Herrn Franz Fröbel gebaut, nachdem mehrere Versuche, mit anders construirten Maschinen Schlich zu zerkleinern, nicht zum gewünschten Ziele geführt hatten und Herr Fröbel Seiten des Herrn Betriebsdirectors Neubert auf das Dreschmaschinenprincip aufmerksam gemacht worden war. Seit der Einführung der Maschine bei

Himmelsfürst Fundgrube im Jahre 1878 hat dieselbe auch in den Wäschen von Alte Hoffnung Gottes zu Kleinvoigtsberg, Gesegnete Bergmanns-Hoffnung zu Obergruna und Churprinz Friedrich August Erbstolln zu Grossschirma Eingang gefunden.

Die Schlichzerkleinerungsmaschine hat den Zweck, die fest zusammengestossenen, in Batzen abgestochenen Schliche vom Mittelschlamm-, Satz- oder Grabenschlamm- und Sumpfschlammstossen behufs der Mengung und Trocknung zu lauterem Mehl zu zerkleinern.

Für den Constructeur hat, wie unverkennbar, die Dreschmaschine zum Vorbild gedient. Eine Trommel von $0{,}_{15}$ m Länge und $0{,}_{335}$ m Durchmesser, gebildet durch 2 mit der Welle *W* durch Müffe und Schrauben verbundene Endscheiben, 8 parallel zur Welle liegende Stege *S* und den um die letzteren gelegten Trommelmantel *T*, trägt auf jedem Steg 8 Stifte. Dieselben sind in alternirender Ordnung auf den Stegen vertheilt, werden innerhalb der Trommel durch Muttern angezogen und überragen die Trommel um 5 cm. Die Stifte sind etwas ausgezogen; ihre nach vorn gerichtete Fläche fällt nicht in den Trommelhalbmesser, sondern ist der Bewegungsrichtung abgekehrt. Um zum Behufe des Anziehens der Stiftmuttern und des Einwechselns neuer Stifte ins Innere der Trommel greifen zu können, haben die Endscheiben 4 längliche Oeffnungen, denen in der Gestellplatte *G* die Oeffnung *O* entspricht. Der Fuss der Lager *L* der Trommelwelle ist an den Gestellplatten angegossen. Die beiden Gestellplatten bilden mit den 4 Ankern *A* das Gestell der Maschine. Der Korb *K*, aus einer gusseisernen Schale bestehend, liegt concentrisch zur Trommel. Die Entfernung zwischen Korb und Trommel lässt sich durch die Schrauben *C* reguliren. Der Korb ist auf seiner Innenseite mit 38 an der Aussenseite mit Muttern angezogenen Gegenstiften besteckt, welche in 5 Reihen alternirend und derart gestellt sind, dass die nicht in den Korbradius fallende Seite der Gegenstifte der Bewegungsrichtung der Trommel zugewendet ist und dass jeder Stift der Trommel knapp zwischen je 5 Stiften des Korbes hindurchläuft. Wegen des infolge der schaufelweisen Aufgabe des Schliches sehr ungleichmässigen Widerstandes ist auf die Trommelwelle ein Schwungrad aufgekeilt.

Der in Batzen abgestochene Schlich wird in neben der Maschine befindlichen Ständen zu Quantitäten von etwa 5 Fuhren oder 3 cbm angesammelt, was bei der Wahl des Aufstellungsortes der Maschine zu berücksichtigen ist. Der Schlich wird mit der Schaufel auf die Trommel aufgegeben, von den Stiften in das Maul hereingerissen und theils durch Aufgeschleudertwerden auf die Gegenstifte und die Korbwandung zerschellt, theils bei dem harten Vorbeistreichen der Stifte an den Gegenstiften zerrieben und fällt als Mehl unten aus dem Maule auf einen Haufen, von dem es mit der Schaufel in Karren gestochen und ins Menghaus gelaufen wird, wenn es nicht möglich ist, die Maschine direct auf einem Mengboden aufzustellen.

Es hat sich der Uebelstand herausgestellt, dass sich an der oberhalb des Korbes sich anschliessenden, senkrechten, aus einem Pfostenstücke *P* bestehenden Wand ein Schlichansatz bildet, welcher das Maul verengt und öfters vom Aufgebenden mit der Schaufel abgestossen werden muss. Da hierdurch Zeitverluste entstehen, überdies die Schaufel leicht in den Bereich der Stifte geräth und schartig wird, so brachte Herr Wäschsteiger Neubert auf Churprinz Friedrich August Erbstolln über dem Maule einen mit 3 Zinken versehenen, hin und herfahrenden Rechen an, welcher durch Kurbel, Stange und Winkelhebel von der Transmissionswelle aus bewegt wird, und erzielt durch diese Vorrichtung nicht nur, dass sich kein Ansatz über dem Maule bilden kann, sondern auch, dass der aufgegebene Schlich auf die ganze Breite des Maules vertheilt wird.

Die Trommel macht vortheilhaft 1000 Touren pro Minute. Bei namhaft geringerer Umdrehungsgeschwindigkeit tritt die zerschellende Wirkung der Maschine mehr und mehr zurück und das Aufbringen sinkt rasch.

Der Kraftbedarf ist auf 3/4 Pferdestärke anzuschlagen.

Wenn, wie meist der Fall, die Bewegung der Schlichzerkleinerungsmaschinen von langsam umlaufenden Herdwellen abgeleitet werden muss, so werden die Anlagekosten durch die Umsetzung wesentlich beeinflusst. Die Maschine für sich kostet 150 Mark. Wenn nach dem Geschäftsberichte über das Berggebäude Himmelsfürst Fundgr. auf 1878 S. 27 die dortige Maschine auf 275 Mark excl. Transmission zu stehen gekommen ist, so liegt dies darin, dass sie auch für Handbetrieb construirt war, was in einer Unterschätzung der Festigkeit der Schliche seiten des Constructeurs seine Erklärung findet.

Zur Bedienung sind 5 bis 6 Leute nöthig, nämlich 2 Jungen, welche die grössten Schlichbatzen etwas zerschlagen und zufördern, einer, der aufgiebt, einer, der das ausgetragene Mehl in die Karren füllt, und je nach der Länge des Transportweges 1 oder 2 Karrenläufer.

Das Aufbringen der Maschine ergibt sich bei Himmelsfürster Dürrerzschlichen zu 67,5 Ctr. pro Stunde.

Die Vortheile, welche durch die Anwendung der Schlichzerkleinerungsmaschine erwachsen, sind im Wesentlichen zweierlei.

1) Der Schlich wird zu einem lauteren Mehle zerkleinert, während er beim Losziehen mit dem Krätzel zerbrockt wird. Infolge dessen ist mit dem Krätzel losgezogener Schlich durch vielmaliges, daher kostspieliges Fortstechen zu mengen, während sich der mit der Maschine zerkleinerte Schlich schon durch die blose Zerkleinerung als so gut gemengt herausgestellt hat, dass z. B. bei Himmelsfürster Dürrerzen sich gar keine weitere Mengung nöthig macht, da die probirten Gehalte keine beachtenswerthen Differenzen aufweisen.

2) Die Betriebspausen während der Entleerung der Herde werden wesentlich abgekürzt. Ein Mann sticht nach Erhebungen in der Mittelwäsche von Himmelsfürst in einer halben Stunde einen vollen Herdbelag von 21 Ctr. in Batzen ab, während zwei Jungen mit dem Krätzel pro 1 Stunde nur 12,9 Ctr. loszogen. Betriebspausen von 1½ bis 2 Stunden für das Losziehen mit dem Krätzel sind Regel. Hiernach ist die Schlichzerkleinerungsmaschine dazu angethan, den allen Vollherden gemachten Vorwurf, dass sie in Folge ihrer Betriebspausen nicht gestatten, die Betriebskraft einer Wäsche möglichst vollständig auszunutzen, bedeutend abzuschwächen.

4

Es geschah oben der Aehnlichkeit der Schlichzerkleinerungsmaschine mit einer Dreschmaschine Erwähnung. In Wirklichkeit ist sie nichts Anderes als die Dreschmaschine des Amerikaners Moffitt, welche in den Jahren 1854 und 1855 viel von sich reden machte, jetzt aber in der Landwirthschaft ausser Gebrauch gekommen ist. Nach Rühlmann[1]) war an der gedachten Dreschmaschine die Stellung und Zahl der Stifte so gewählt, „dass keine Aehre durch die in Bewegung gesetzte Maschine gehen konnte, ohne ihre Körner an den Stiften auszustreifen oder gleichsam wie zwischen zwei Fingern auszureiben".

Zum Schluss erfüllt der Verfasser die angenehme Pflicht, Herrn Kanzleirath Albert in Freiberg als Grubenvorstands-Vorsitzendem von Himmelsfürst Fdgr., Herrn Betriebsdirector Neubert auf Himmelsfürst Fdgr. und Herrn Maschinenfabrikant Fröbel in Kleinschirma für die Erlaubniss zu vorstehenden Veröffentlichungen und die dabei gewährte Unterstützung auch an dieser Stelle seinen Dank zu sagen.

[1]) Allgem. Maschinenlehre, 2. Band, S. 158.

Beitrag

zur

Geschichte der Grube Himmelsfürst Fdgr. hinter Erbisdorf.

Vom Betriebsdirector **Neubert.**

Hierzu Tafel VI.

Das Grubenfeld von Himmelsfürst Fdgr. ist im ganzen Freiberger Bergrevier das einzige, welches seit seiner vor mehr als 300 Jahren erfolgten Aufnahme nicht nur ununterbrochen im Ausbringen geblieben ist und worin fortgesetzt neue Aufschlüsse in steigendem Umfange gemacht worden sind, sondern auch in diesem langen Zeitraume fast durchgängig, namentlich aber in den letzten 150 Jahren mit nur wenig Ausnahmen regelmässig Ueberschüsse für die Bergwerksunternehmer abgeworfen hat.

Dasselbe umfasst den südwestlichen Theil des als erzführend bekannten, der Gneisregion angehörigen Gebirges des genannten Reviers und den bergmännisch wichtigsten Theil desselben bildet die von Herrn Oberbergrath Müller mit „Himmelsfürster Gneis" bezeichnete besondere Varietät dieses Gesteins, welche nach verschiedenen Richtungen wieder von verschiedenen anderen Gneis-Varietäten begrenzt wird. Sehr ausführlich sind die geologischen Verhältnisse dieses Grubenfeldes, wie die darin aufsetzenden Gänge von den Herren Oberbergrath Müller und Bergmeister Förster in dem Werke „Beiträge zur geognostischen Kenntniss des Erzgebirges, III. Heft" beschrieben, und es hat das letztere auch bei Aufstellung der hier beigegebenen Tafel VI als Grundlage gedient, in welcher die geognostischen Verhältnisse des ganzen Grubenfeldes und die in demselben aufsetzenden Erzgänge in dem Niveau der Rothschönberger Stollnsohle und die neuesten, mit dem Neuschacht gemachten Aufschlüsse im Profil dargestellt sind.

Gegenwärtig theilt man dieses Feld in ein östliches und ein westliches Revier. Das letztere bildet das ursprüngliche Himmelsfürster Grubenfeld, während das erstere die Felder der einzelnen, durch Consolidation zu Himmelsfürst Fdgr. gekommenen, kleineren Gruben umfasst.

Beide Feldtheile sind in Bezug auf die Formationen der in ihnen aufsetzenden Erzlagerstätten insofern verschieden, als im östlichen Revier mit ganz untergeordneten Ausnahmen nur Gänge der kiesigen Bleiformation, im westlichen Revier dagegen theils Gänge der edlen Blei- oder Braunspathformation allein, theils auch solche in Verbindung mit der kiesigen Bleiformation auftreten.

1*

Ueber die erste Muthung oder Belehnung von Himmelsfürst sind Nachrichten zwar nicht vorhanden; es lässt sich aber die Zeit derselben mit ziemlicher Genauigkeit finden. Da nämlich Himmelsfürst Fdgr. eine von den Gruben ist, von welchen die Stadt Freiberg zwei Freikuxe besitzt, und die Stadt Freiberg von Churfürst August am 14. August 1554 mit Freikuxen beliehen worden ist (Köhler, Rechte und Verfassung beim Bergbau 1824, p. 369, § 12 „Zwei Freikuxe gemeiner Stadt nach Befehl an den Bergmeister vom 14. August 1554 nicht anders, als unter dieser Bedingung zu verleihen"), so kann die Verleihung des Grubenfeldes erst nach dieser Zeit, andererseits muss dieselbe aber auch vor dem Jahre 1573 erfolgt sein, weil die Grube in diesem Jahre bereits in den Ausbeutbögen als Ausbeutgrube aufgeführt ist.

Bergbau ist jedoch schon vorher in diesem Felde umgegangen, da bei den damaligen Muthungen das Anhalten vielfach bei alten Pingen und Haldenzügen genommen oder auf solche hingewiesen worden ist.

Die erste bei Himmelsfürst bebaute und daher auch in den Annalen als der „Fund und Vater" der Grube bezeichnete Erzlagerstätte ist der Teich flache Gang; namentlich ist als Fundpunct das Kreuz desselben mit dem Neuglück Spat zu bezeichnen, in dessen Nähe der bis jetzt noch als Fahrschacht benutzte Fund- oder alte Teich-Kunstschacht niedergebracht ist. Auf dem Teich Flachen, welcher der Braunspathformation angehört, scheint das Silber meist gediegen oder in Form von Glaserz und anderen reichen Silbererzen gebrochen zu haben; die hierüber noch vorhandenen Aufzeichnungen, Bruchstücke von Zechenprotocollen vom Jahre 1770 an, besagen, dass pro Quartal 1—8 Centner gewachsenes Haar- und Drahtsilber und Glaserz zur Hütte geliefert worden sind. Ferner ist in den Generalbefahrungsprotocollen vom 31. Mai bis 4. Juni 1779 erwähnt, dass „in der First der 2. Gezeugstrecke auf dem Teich Flachen Nieren von Glaserz anstünden und sie zur Sicherheit auf 29 Lachter verzogen sei", und dass die sogenannten Silberörter (Feldörter über 2. Gezeugstrecke aus dem 160 m vom Fundschachte südlich gelegenen Klemmschachte) „noch ein Mittel von 1 Fahrt Höhe und 2 bis 3 Lachter Länge begriffen, wo ebenfalls in der First und auf der Sohle gewachsenes Silber anstehe".

Auf dem Gange selbst befindet sich zwischen 1. und 2. Gezeugstrecke im Glasschachte, der die Fortsetzung des Fundschachtes unter dem Thelersberger Stolln bis 2. Gezeugstrecke bildet, eine Fundtafel eingehauen, nach welcher daselbst im Jahre 1749 im Quartale Crucis 7. Woche (in Frenzel's mineralogischem Lexicon für Sachsen und in Merkel's Erdbeschreibung von Chursachsen p. 75 ist hierfür der 12. August 1749 angegeben) eine Stuffe „fein Silber 1¼ Centner schwer", welche, wie Frenzel angiebt, auf 2566½ Thaler taxirt gewesen, gefunden worden ist. Von dieser Silbermasse befindet sich heute noch ein Stück von 6 Pfund 18 Loth im geologisch-mineralogischen Museum zu Dresden; dasselbe ist dem Churfürsten August II. durch den Schichtmeister Zeis überreicht worden. (Vergl. Merkel's Erdbeschreibung.) Auch bei der Grube selbst wird noch eine Stufe gediegenen Silbers, 1,885 kg schwer, aufbewahrt, von der nach dem Register im Quartale Crucis 1818 die Hälfte abgesägt und von einer Deputation von Himmelsfürst Fdgr.

dem Könige Friedrich August dem Gerechten überreicht wurde, das sich jetzt im Grünen Gewölbe zu Dresden befindet und dessen Gewicht mit 3 Pfund $22_{,5}$ Loth, also dem auf der Grube noch aufbewahrten Schwesterstücke fast gleich, angegeben wird. Ueber den Punct und die Zeit der Gewinnung dieser Silberstufe liegen jedoch Nachrichten bei der Grube nicht vor.

Bis Mitte des 18. Jahrhunderts bot der Teich Flache die einzige Fundstätte für das Ausbringen von Himmelsfürst Fdgr., später erst trug auch der im Jahre 1746 gemuthete Wiedergefunden Glück Stehende zur Erzlieferung bei. Beide Gänge scheint man übrigens anfänglich für einen Gang gehalten zu haben und nur erst im Jahre 1785 erhielt man hierüber Aufklärung, als man gewahrte, dass der von der Nachbargrube „Weisser Schwan und volle Rose" bebaute Fabian Stehende identisch mit dem Schneider Stehenden sei, welcher letztere wieder für den Wiedergefunden Glück Stehenden gehalten wurde. Hierdurch entspann sich auch eine grosse Gangstreitigkeit zwischen den Gruben Himmelsfürst und Weisser Schwan, zu welcher Sachverständige vom Harz berufen wurden und worüber erst im Jahre 1790 das k. k. Berggericht zu Joachimsthal und der Bergschöppenstuhl zu Clausthal entschied, während schliesslich der Streit mit dem Ankauf der genannten Grube durch Himmelsfürst endete.

Während bis zur Anfahrung des Wiedergefunden Glück Stehenden die Betriebe sich meist nach Norden erstreckt hatten, begann nach derselben die Aufschliessung auch des südlichen Feldes; auch benutzte man den hier aufsetzenden Concordia Morgengang nun als Schlüssel zum Eindringen in das westliche Feld, in welchem man bereits nördlich vom Neuglück Spat früher den Kalb Stehenden entdeckt und schon den 3. September 1605 gemuthet hatte.

Oestlich von dem Fundpuncte des Teich Flachen bauete Himmelsfürst zu dieser Zeit bereits das Beilehn Junger Himmelsfürst, dessen Baue lediglich auf dem „Hoffentlich" oder auch „Hoffend Glück" Stehenden verführt wurden.

Wie sich allmälig die Grube immer mehr in söhliger Richtung ausbreitete, war dies auch nach der Teufe der Fall. Der Fundschacht, welcher überhaupt nur bis ½4. Gezeugstrecke niedergebracht wurde, ist nur bis 2. Gezeugstrecke zur Wasserhaltung benutzt worden, denn für diese ward auf demselben Gange 128 m nördlicher der Frankenschacht angelegt, welcher gegen Mitte des vorigen Jahrhunderts die erwähnte Teufe auch schon erreichte. Im Jahre 1763 stand sein Vorgesümpfe schon ¼ Fahrt unter 4. Gezeugstrecke, während der Fundschacht sein Tiefstes schon lange vorher erreicht haben mochte.

Der Frankenschacht war im Jahre 1780 bis 5. Gezeugstrecke, im Jahre 1785 bis 6. Gezeugstrecke, im Jahre 1799 bis 7. Gezeugstrecke, 1839 bis 9. Gezeugstrecke und 1854 bis ½11. Gezeugstrecke niedergebracht, d. i. bis 419 m unter Tage oder $61_{,4}$ m über dem Spiegel der Ostsee.

Ausser dem östlich vom Teich flachen Gange liegenden Beilehn Junger Himmelsfürst nahm man im Jahre 1775 noch den von den Vorfahren schon bebauten Dorothea Stehenden auf und untersuchte denselben durch den

Dorothea Tageschacht, der im Jahre 1779 bereits die 3. Gezeugstrecke und im Jahre 1782 die 4. Gezeugstrecke erreichte. Auch wegen dieses Ganges, der die nördliche Fortsetzung des Grüne Rose Stehenden ist, war Himmelsfürst (in den Jahren 1724 und 1768) mit der Grube Weisser Schwan und volle Rose, welche den Grüne Rose Stehenden in Lehn hatte, in Processe gerathen; dieselben endeten aber zu Gunsten von Himmelsfürst.

Bis zum Jahre 1779 erfolgte die Förderung bei Himmelsfürst Fdgr. auf allen Schächten nur durch Menschenhände; erst in diesem Jahre baute man im Frankenschachte über den beiden Kunsträdern ein Kehrrad ein und benutzte dasselbe durch Stangenvorgelege zum Betriebe eines Göpels in dem erwähnten, 82 m östlich vom Frankenschacht gelegenen Dorothea Tageschachte, legte sodann über dem, den Frankenschacht in der halb 1. Gezeugstrecke ersinkenden Richtschachte, welcher als Hängeschacht diente, interimistisch einen Pferdegöpel an, und im Jahre 1782 fand das erwähnte Kehrrad auch in diesem Schachte zum Betriebe eines Göpels Anwendung; man trieb damals je nach Bedürfniss mit demselben Kehrrad entweder im Dorothea Schachte oder im Frankenschachte. Gegenwärtig ist nur noch der Göpel in letzterem im Gange, da der Dorothea Schacht gänzlich unbenutzt liegt.

Die bergamtliche Genehmigung zum Einbau dieses ersten Kehrrades war an die Bedingung geknüpft, dass die Förderung in der Grube zum Treibeschachte nicht mehr mittels Karren, sondern durch ungarische Hunde erfolge, die bis dahin noch nicht in dem Freiberger Bergrevier Eingang gefunden hatten. Die ersten ungarischen Hunde sind dann auch bei Himmelsfürst noch im Jahre 1779 gefertigt und angewendet worden.

Der nächste Hauptschacht, der angelegt wurde, war der Vertrau auf Gott Schacht, 360 m südlich vom Fundschachte, auf dem bereits 1705 gemutheten, schon früher bebauten Gange gleichen Namens. Dieser Schacht lag im Felde des Beilehns Junger Himmelsfürst; er wurde im Jahre 1779 aufgenommen und, nachdem mit ihm im Quartale Trinitatis 1781 die Sohle des Thelersberger Stollns erteuft worden war, kurze Zeit darauf mit diesem Stolln selbst durchschlägig. Im Jahre 1786 hatte man bereits die 3. Gezeugstrecke, 1792 die 5., 1835 die 7., 1845 die 9. und 1859 die halb 11. Gezeugstrecke erreicht. Die auf dem Gange liegenden alten Baue führten besonders nahe unter Tage viel Wasser zu und desshalb wurde bereits im Jahre 1780 in diesem Schachte ein Wasserrad für die Hebung der Grundwasser eingebaut, jedoch zugleich als Kehrrad eingerichtet, um später damit fördern zu können. Dieser Wassergöpel ist bis Mitte des Jahres 1854 benutzt worden, wo dann eine 20 pferdige Dampfmaschine zur Förderung in Anwendung kam, während das Wasserrad für die Aufbereitung Verwendung fand.

Im Jahre 1810 fuhr man in der 3. Gezeugstrecke östlich vom Vertrau auf Gott Flachen den Jupiter Stehenden an und legte auf diesem Gange den Reichelt Schacht an, der im Jahre 1812 die 4. und 1826 die 6. Gezeugstrecke erreichte; 1835 bis 1837 hat man ihn dann bis 7. Gezeugstrecke niedergebracht, hierauf aber das Abteufen eingestellt.

Nachdem Himmelsfürst südöstlich vom Reicheltschachte durch neue Muthungen und den Ankauf kleiner Gruben nach und nach ein zusammenhängendes und bedeutendes Grubenfeld erhalten hatte, zur Ausbreitung in demselben aber der Wassergöpel im Reicheltschachte namentlich auch in Folge des öfteren Wassermangels nicht ausreichte, so erwarb man im Jahre 1854 die mit ihrem Felde angrenzende Grube Gelobt Land Fundgrube, welche nicht nur im Besitze einer Wasserkraft zum Betriebe einer Wäsche, sondern auch im Besitze eines Dampfgöpels auf dem Lade des Bundes Schachte war, und benutzte man diesen Schacht, um das östliche Feld rasch aufzuschliessen und die Baue desselben mit denen des alten Feldes in Verbindung zu bringen. Bei der Uebernahme der Grube Gelobt Land stand das Tiefste des genannten Schachtes in der 3. Gezeugstrecke; 1859 wurde dann die ½5., 1861 die 6., 1865 die 7., 1867 die 9. und Ende Januar 1873 die ½11. Gezeugstrecke ersunken, auch im Jahre 1863 die auf demselben stehende 10pferdige Dampfmaschine durch eine 20pferdige ersetzt.

Der inzwischen stattgefundene, sehr umfängliche Betrieb im westlichen Felde und namentlich die Entdeckung beträchtlicher Silbermengen in demselben auf dem August Flachen im Jahre 1857, veranlassten die Anlegung eines Centralschachtes für dieses Feld. Man entschied sich dabei für einen Richtschacht und legte denselben in dem Hangenden des Bär Flachen in 680 m westlicher Entfernung vom Fundschachte so an, dass man mit dem sehr aussichtsvollen, fast seiger fallenden August Flachen immer im Contact war. Im Herbst 1859 erfolgte der erste Spatenstich zu dieser Neuschacht benannten Anlage, aber bereits Ende 1861 musste der Betrieb bei $35_{,0}$ m Teufe unter Tage wegen bedeutender Wasserzugänge sistirt werden. Zu derselben Zeit wurde auch das über 3. Gezeugstrecke zur rascheren Erreichung des Zweckes mit in Schlag genommene Ueberhauen eingestellt, dessen Aufnahme erst im Jahre 1870 wieder erfolgte. 1871 erreichte man die Moritz-Stollnsohle, 1873 erfolgte die offene Verbindung mit dem Segen Gottes Stolln, von welchem aus man sowohl abgeteuft, wie überhauen hatte, und im Jahre 1875 wurde man mit dem Tageschachte durchschlägig, worauf dann dessen Regulirung und Ausmauerung begann und schliesslich bis zum Jahre 1878 auch die Aufsattelung beendet wurde. Die Verteufung unter 3. Gezeugstrecke begann 1871 und da in den tiefer gelegenen Sohlen vorgearbeitet wurde, so traten die Durchschläge 1873 mit der 5. Gezeugstrecke, 1875 zwischen 5. und 7., 1877 mit der 8., 1878 mit der 9. Gezeugstrecke ein, und Mitte 1880 wird man bereits in die ½11. Gezeugstrecke einkommen.

Während also Mitte des vorigen Jahrhunderts das Tiefste der Grube etwa in der 2. Gezeugstrecke anstand, Ende desselben aber die 7. Gezeugstrecke erreicht hatte und die Abbaue zwischen 1. und ½6. Gezeugstrecke sich bewegten, erstreckten sich Mitte des jetzigen Jahrhunderts die Betriebe, von dem seit 1839 unter Wasser stehenden Separattiefsten auf dem David Stehenden in der 10. Gezeugstrecke abgesehen, schon bis in die Sohle der 9. Gezeugstrecke, und gegenwärtig sind von den Hauptschächten vier, nämlich der Franken-Kunst- und Treibeschacht, der Vertrau auf Gott Treibeschacht, der Lade des Bundes Treibeschacht und der Neuschacht, nicht nur in 10 Etagen mit einander in offene Verbindung gebracht, sondern es ist auch der Streckenbetrieb in dem jetzigen tiefsten Horizont, in der ½11. Gezeugstrecke, bereits soweit vorgerückt, dass, den südöstlichen Grubenfeldtheil ausgenommen, alle bisher bekannten Gänge angefahren, untersucht und beziehentlich in Abbau gezogen sind: im westlichen Felde ist man sogar schon sehr bedeutend in das unverritzte, d. h. in das in den oberen Sohlen noch gar nicht bebaute Feld eingedrungen, denn das Grubenfeld ist, vom Fundschachte aus gerechnet, in diesen Sohlen circa 1100 m nach Nord, 1200 m nach Süd. 900 m nach West und 1800 m nach Südost hin aufgeschlossen.

Für die nächste Zukunft ist die Verteufung des Neuschachtes, auf welchem eine 40pferdige Förder-Dampfmaschine aufgestellt werden wird, bis in das Niveau des Ostseespiegels, d. i. bis 12. Gezeugstrecke, die man im Jahre 1882 zu erreichen hofft, geplant, um in dieser Sohle zunächst die in den letzten zwei Decennien mit sehr gutem Erfolge bebauten Hauptgänge, den „Silberfund“ und den „Kalb Stehenden“, aufzusuchen, auf welchem ersteren auch bereits zwei Separatabteufen unter halb 11. Gezeugstrecke im Betriebe und z. Z. schon 14 und resp. 26 m niedergebracht sind. Gleichzeitig soll aber auch das Feld nach Osten aufgeschlossen werden, und zum Zwecke einer rascheren Verbindung der projectirten und der jetzigen Tiefbausohle hat man bereits auf dem in der Nähe des Neuschachtes aufsetzenden „Meta Stehenden“ 31 m unter halb 11. Gezeugstrecke abgeteuft.

Was nun den Umfang der Ausrichtungsarbeiten, der Versuchs- und Hilfsbaubetriebe und den Abbau auf den verschiedenen Gängen des Himmelsfürster Grubenfeldes anlangt, so sind nach der, Seite 34—35 hier beigefügten Uebersicht in der Zeit von 1852 bis mit 1878, also in einem Zeitraume von 27 Jahren, in demselben 54 690,$_{6}$ m vor Oertern und 5203,$_{2}$ m in Abteufen und Ueberhauen, zusammen also circa 8 deutsche Meilen, aufgefahren und in den Abbauen 453 305,$_{122}$ qm Gangfläche ausgehauen worden, wobei durch die Versuchs- und Hilfsbaue selbst in den Jahren 1856 bis 1878 bei Durchfahrung bauwürdiger Erzmittel 29 532,$_{632}$ qm Gangfläche mit ausgehauen wurden. Die bei diesem Betriebsumfange in den angegebenen 27 Jahren ausgebrachten und zu den Hütten gelieferten Erze betrugen an Gewicht 1 761 724,$_{2115}$ Centner und die Bezahlung dafür erreichte incl. der Nachzahlungen aus den Hüttenüberschüssen die Höhe von 22 233 901,$_{54}$ Mark.

Auf den sechsmal grösseren Zeitraum von 1710 bis mit 1878 beträgt die Gesammteinnahme für das Ausbringen 51 061 020,$_{05}$ Mark.

In der 10jährigen Periode von 1869 bis mit 1878 war im Vergleich zu früheren Jahren der Versuchsbaubetrieb am stärksten, namentlich zeigt die Uebersicht Seite 34—35 als jährliche Auffahrung in den Jahren 1872 bis 1878 2659,$_{4}$ bis 2960,$_{92}$ m und dieser entsprechen von den Vorjahren nur die von 1858 bis 1860, wobei noch in Rücksicht zu ziehen ist, dass in dieser die Gesammtbelegung durchschnittlich höher war, als in jener. Im Ganzen wurden in dem erwähnten 10jährigen Zeitabschnitte 23473,$_{6}$ m vor Oertern und 2197,$_{88}$ m in Abteufen und Ueberhauen, also überhaupt circa 3,$_{5}$ deutsche Meilen aufgefahren und der Aushieb in den Abbauen betrug 140212,$_{166}$ qm, während durch die Versuchs- und Hilfsbaue 12565,$_{092}$ qm in Erz mit ausgehauen wurden. An Erzen gelangten in dieser Zeit 683343,$_{3802}$ Centner im Gesammtwerthe von 9779596 Mark 95 Pf. zur Ablieferung.

Die aufgefahrenen Längen und abgesunkenen Teufen in dem ganzen Freiberger Revier betrugen im Jahre 1872 (Jahrbuch für das Berg- und Hüttenwesen auf das Jahr 1874) beziehentlich 11817,$_{68}$ m und 1517,$_{35}$ m, in Summa

13335,03 m und im Jahre 1875 (vergl. Jahrbuch auf das Jahr 1877) beziehentlich 8724,205 m und 769,81 m, in Summa 9494,015 m; hiervon sind nun bei Himmelsfürst Fdgr. allein im ersteren 22,2 % und im letzteren 28% aufgefahren worden.

Die Ziffer der Auffahrung bei Himmelsfürst Fdgr. ist in den letzten beiden Jahren 1877 und 1878 etwas zurückgegangen, weil ein Theil von dem hier verwendeten Personal bei Vorrichtungsarbeiten, namentlich für die Förderanlage im Neuschachte verwendet wurde, dessen Leistung aber, da sie nach anderem Maasse berechnet wurde, hier füglich nicht zugerechnet werden konnte; immerhin aber hat Himmelsfürst von den im Jahre 1877 im Freiberger Bergrevier aufgefahrenen Längen und Teufen (Jahrbuch für 1879, Seite 139) an beziehentlich 8712,66 m und 818,97 m, überhaupt 9531,63 m, d. s. 29,7 % hergestellt.

Was ferner das Verhältniss der aufgeschlossenen Längen und Teufen zu dem Aushieb in den Abbauen betrifft, so ergiebt sich aus erwähnter Uebersicht, dass dasselbe in dem bezeichneten 10jährigen Zeitraume auch ein sehr günstiges war, während in dieser Beziehung von den früheren Jahren nur die Ziffer des Jahres 1860 besonders hervortritt.

Hierbei muss aber noch hervorgehoben werden, dass gegenwärtig dieses Verhältniss sich weit anders, als vor 3 bis 4 Jahrzehnten gestaltet und dass daher auch die sich ergebenden Verhältnisszahlen in diesen grösseren Zeiträumen an Vergleichungsfähigkeit verlieren: die Gesammtziffer der Auffahrung erscheint nämlich bei den Versuchs- und Hilfsbauen jetzt dadurch etwas niedriger, dass die Abstände, die man jetzt den Hauptstrecken giebt, grössere sind, um die Querschläge und die Unterhaltung der Förderstrecken zu vermindern, sowie mehr Abbaufläche zu erzielen, wodurch zugleich weniger Zwischenschächte nöthig werden, während die in den erlangten grösseren Abbauflächen zu Umgehung von tauben Mitteln zu treibenden Feldörter und Ueberhauen jetzt als Abbauvorörter und Abbauschächte mit zu dem Abbau und nicht mehr, wie dies früher geschehen ist, zu den Versuchs- und Hilfsbauen gezählt werden.

Auch durch den in der neuern Zeit stattfindenden umfänglichen Betrieb auf Gängen der kiesigen Bleiformation, welcher sich in dem in der Uebersicht Seite 35 ersichtlichen, vermehrten Bleiausbringen bei verminderter Silberproduction ausspricht, wird diese Aenderung in dem Verhältniss zwischen Versuchs- und Abbaubetrieb nur theilweise wieder ausgeglichen.

Ueber die in dem Jahre 1878 aufgefahrenen Längen und ausgehauenen Gangflächen endlich ist hier Seite 36 eine specielle Uebersicht beigefügt, welche zugleich den neuesten Stand des ganzen Betriebes nach den verschiedenen Sohlen kennzeichnet und namentlich angiebt, in welchen Teufen gegenwärtig die Aufschliessungsarbeiten und der Abbau stattfinden, sowie nach welchem procentalen Verhältniss alle diese Betriebe auf die verschiedenen Horizonte sich vertheilen.

Die in der Abtheilung *a* dieser Uebersicht bei den verschiedenen Sohlen angegebenen Teufen sind die Seigerteufen im Neuschachte, von der Landsohle desselben gemessen.

Uebersicht der Betriebsresultate

Jahr.	Gesammt-Belegung der Grube.	Häuer-Belegung der Versuchsbaue.	Auffahrung vor Oertern.	Auffahrung in Abteufen und Ueberhauen.	Häuer-Belegung der Abbaue.	Aushieb in den Abbauen.	Aushieb in den Versuchsbauen.	Geliefertes Erz.	
	Mann.	Mann.	Meter.	Meter.	Mann.	Quadratmeter.	Quadratmeter.	Centner.	Pfund.
1852	1134		1138,78	131,06		18429,640		46778	14,00
1853	1243		1448,74	145,22		16366,640		50212	13,00
1854	1345		1328.00	123.62		17309,740		56976	51,00
1855	1437		1679,48	148.70		20344.750	.	65373	13,70
1856	1467		2022,82	189.54		21140.914	1168.000	74618	43.00
1857	1452		1881.98	73.16		21063,576	1243,080	69345	58,80
1858	1603		2649,50	338,38		25392.748	1409,800	68890	38,96
1859	1496	.	2670,90	338.88	.	23317.704	1038,280	72865	46.72
1860	1468	272	2441,78	316,72	342	14867.520	1197,880	73063	81,9[illegible]
1861	1500	236	1961,64	304.48	378	16892.396	1362,680	87977	29,30
1862	1323	198	1724,90	151,02	387	17800,988	1412.800	63985	95.08
1863	1276	183	1538,28	94.44	392	17735.684	1420,000	63386	56.78
1864	1301	214	1758,82	164.04	378	16310.260	1320,000	60237	66.86
1865	1304	228	1681.40	159.54	382	16584.268	1402,640	53774	41,18
1866	1275	170	1570.68	50.66	446	18360.576	1175.480	55124	52,52
1867	1308	176	1874.48	105.48	474	16134,648	1344.000	59821	64,90
1868	1355	229	1844.82	169.78	380	15040.904	1472,000	55949	16,00
1869	1363	283	1691.24	195.00	409	15587.776	1581,848	52133	59,70
1870	1375	244	1817.50	132.42	401	14590.312	1208,144	56917	87.00
1871	1335	255	1856,44	113.76	360	12826.428	916,000	58481	5,90
1872	1272	358	2648.02	312,90	261	9521,420	756,000	56308	57,60
1873	1224	328	2767,80	164.80	275	11460,260	923,000	46833	66,00
1874	1219	300	2643.40	212,90	292	12779.700	995,000	63171	57,60
1875	1246	279	2435,20	224.20	316	12757,500	1140,000	64730	22,42
1876	1420	285	2649,70	273.30	369	15392,620	1360,000	77067	8,00
1877	1582	295	2559,50	274.20	429	16791.860	2015.000	97737	91,00
1878	1595	268	2404.80	294,10	466	18504,280	1671,000	109961	82,80
Sa.	.	.	54690,60	5203.20		453305,129	29532.652	1761724	21,15

auf die Jahre 1852 bis 1878.

Durchschnittlicher Silber-Gehalt	Durchschnittlicher Blei-Gehalt	Auf 100 Pfund Silber aufgefahrene Längen und Teufen	Auf 100 Quadratmeter abgebauter Gangfläche aufgefahrene Längen und Teufen	Durchschnittliche taxmässige Erz-Bezahlung pro Centner	Brutto-Einnahme pro Quadratmeter abgebauter Gangfläche
‰	%	Meter.	Meter.	Mark.	Mark.
17,4	1,1	15,55	6,89	11,457	28,770
15,8	1,8	19,97	9,74	10,380	31,210
14,1	2,3	17,68	8,38	9,306	30,560
13,7	2,5	20,40	8,98	8,708	27,830
15,1	3,3	19,21	10,46	10,105	33,800
16,5	6,7	17,03	9,28	11,403	35,720
18,9	6,0	22,85	11,76	13,688	35,209
19,1	4,7	21,62	12,90	13,410	40,120
15,1	4,6	24,89	18,55	10,047	45,685
11,8	6,5	21,66	13,41	7,820	37,708
13,3	10,1	21,91	10,53	9,506	31,660
13,9	8,8	18,40	9,20	10,072	33,387
14,9	9,3	21,10	11,79	10,673	36,470
15,3	12,3	22,26	11,10	11,557	34,555
19,8	18,5	14,78	8,83	15,934	44,930
15,3	11,9	21,57	12,27	11,827	40,495
19,8	17,6	18,13	13,39	15,563	52,730
19,[illegible]	17,7	18,36	12,10	15,440	46,880
19,4	12,4	17,62	13,36	14,048	52,775
20,6	10,6	16,30	15,36	15,365	67,530
19,3	12,5	27,18	31,09	15,016	82,270
19,5	11,7	32,10	25,59	15,244	57,660
16,5	10,7	27,37	22,35	12,316	56,600
16,9	11,2	24,28	20,84	12,683	59,186
16,0	11,5	23,68	18,99	11,685	53,786
13,3	12,3	21,65	16,87	9,990	51,947
11,82	11,08	20,76	14,58	7,527	41,037

Uebersicht

der

im Jahre 1878 in den verschiedenen Sohlen vor Oertern und durch Ueberhauen und Abteufen aufgefahrenen Längen und der in den Abbauen ausgehauenen Gangflächen.

Auffahrung		Aushieb		Bausohle.
Meter.	procental.	Quadratmeter.	procental.	
				a. Ortsbetriebe.
9,20	0,38			Thelersberger Stolln, 56,432 m unter Tage.
—	—			Segen Gottes Stolln, 76,632 m. unter Tage.
134,80	5,61			2. Gezeugstrecke oder Moritz Stolln, 129,946 m unter Tage.
270,50	11,25			3. Gezeugstrecke, 151,056 m unter Tage.
230,00	9,56			Halb 5. Gezeugstrecke, 197,886 m unter Tage.
9,70	0,40			5. Gezeugstrecke, 216,818 m unter Tage.
222,50	9,25			6. Gezeugstrecke oder Rothschönberger Stolln, 245,076 m unter Tage.
323,40	13,45			7. Gezeugstrecke, 288,856 m unter Tage.
132,30	5,50			8. Gezeugstrecke, 320,623 m unter Tage.
384,30	15,98			9. Gezeugstrecke, 354,995 m unter Tage.
18,50	0,77			10. Gezeugstrecke, 381,500 m unter Tage.
667,40	27,75			Halb 11. Gezeugstrecke, 410,044 m unter Tage.
2,20	0,09			Viertel 12. Gezeugstrecke, 433 m unter Tage.
—	—			12. Gezeugstrecke (Spiegel der Ostsee), 472,474 m unter Tage.
2404,80	100	.		Summe.
				b. Abteufen und Ueberhauen, resp. Aushieb in den Abbauen.
—	—	28,46	0,15	über dem Thelersberger Stolln.
—	—	50,76	0,27	über 2. Gezeugstrecke (Moritz Stolln).
—	—	56,00	0,31	über 3. Gezeugstrecke.
7,60	2,58	1545,02	8,35	über halb 5. Gezeugstrecke.
6,30	2,14	—	—	über 5. Gezeugstrecke.
46,60	15,83	1829,33	9,90	über 6. Gezeugstrecke (Rothschönberger Stolln).
84,20	28,60	3710,02	20,04	über 7. Gezeugstrecke.
—	—	4010,38	21,67	über 8. Gezeugstrecke.
18,00	6,11	4835,96	26,14	über 9. Gezeugstrecke.
115,70	39,30	874,84	4,73	über 10. Gezeugstrecke.
—	—	1563,57	8,45	über halb 11. Gezeugstrecke.
16,00	5,44	—	—	über viertel 12. Gezeugstrecke.
294,40	100	18504,28		Summe.

Untersuchung der Gase der Freiberger Bleiöfen.

Von Dr. **Arnulf Schertel**, Vorstand des K. Hüttenlaboratoriums.

Um über die Ausnutzung des Brennstoffes in den achtförmigen Rundöfen, System Pilz, Erfahrung zu gewinnen, sind auf den Königlichen Schmelzhütten bei Freiberg in den letzten Jahren Untersuchungen der Hohofengase ausgeführt worden. Die Ergebnisse derselben darzulegen ist die Absicht dieses Berichtes.

Die Arbeiten, welche über den Hohöfen der Freiberger Hütten betrieben werden, sind:

1) Erzarbeit, bei welcher die in Sinterröstofen gerösteten Erze mit etwa dem gleichem Gewichte Schlacken derselben Arbeit und einem Zuschlage von zugebranntem Stufkiese zu Werkblei und kupferhaltigem Bleistein verschmolzen werden;

2) Schlackenarbeit, bei welcher die Schlacken der Erzarbeit mit 10 bis 20 % unvollkommen geröstetem Bleistein durchgesetzt und arm gemacht werden. (Die Schlacken der Erzarbeit halten 3—6 % Blei und $0{,}005$—$0{,}01$ % Silber.)

Die Dimensionen der Hohöfen, an welchen die Versuche angestellt wurden, sind folgende: Der I. Hohofen auf Halsbrückner Hütte hat vom Formenmittel bis zum Beschickungsboden eine Höhe von $5{,}7$ m, vom Formenmittel bis zu der Röhre, welche die Gase nach den Flugstaubkammern führt: $3{,}83$ m; der Durchmesser vor den Formen ist $1{,}3$ m; nach oben erweitert sich der Ofen bis auf $1{,}8$ m. Der II. und III. Hohofen der Muldner Hütte messen vom Formenmittel bis zum Schichtboden $7{,}2$ m, vom Formenmittel bis zur Mitte der $0{,}85$ m weiten Abzugsröhre $5{,}3$ m, der Schmelzraum vor den Formen hat $1{,}5$ m Durchmesser; der IV. Hohofen derselben Hütte hat zwischen dem Formenmittel und dem Beschickungsboden eine Höhe von $3{,}92$ m und $1{,}6$ m Durchmesser im Schmelzraume. Die Gicht desselben ist mit einem Lange'schen Aufgebetrichter versehen.

Für die meisten Versuche wurden die Gase aus dem Abzugsrohre, dicht bei dem Austritte aus dem Ofen entnommen. Man darf erwarten, von dieser Stelle annähernd eine Durchschnittsprobe der im Hohofen aufsteigenden Gase zu erhalten. Bei den wenigen Versuchen, bei welchen die Gase aus der Tiefe des Ofens gesogen wurden, diente mit grossem Vortheile die von Cl. Winkler in seiner „Anleitung zur chemischen Untersuchung der Industrie-Gase", 2. Abtheilung, S. 7 empfohlene eiserne Röhre mit Wasserkühlung. Nur eine kleine Abänderung hat sich nöthig erwiesen. Die im Inneren der weiten Röhre zum Zuflusse des Wassers und zum Abzuge der Gase dienenden engeren Röhren lässt Winkler nur im unteren, etwa 1,5 m langen Röhrenstücke von Eisen sein, während er für die erforderliche Verlängerung über die Enden der engen Röhren lange Kautschukschläuche zu schieben und durch das aufzuschraubende weite Eisenrohr hindurchzustecken vorschlägt. Es ist aber nothwendig, auch die Verlängerung der inneren Röhren durch verschraubbare eiserne Ansatzstücke zu bewirken. Da Flugstaub die enge Gasableitungsröhre leicht verstopft, so wird dieselbe durch einen Asbestpfropfen geschlossen niedergelassen bis auf das unterste Niveau, aus welchem man Gase ziehen will, und dann der Pfropfen mit einem starken Eisendrahte durchgestossen. Will man auch aus geringeren Tiefen Proben nehmen, so geschieht dieses beim Herausziehen der Röhre mit dem erwünschten Vortheile, die Proben in rascher Aufeinanderfolge zu erhalten.

Die Untersuchung der Gase wurde anfänglich theils nach der Methode Bunsens, theils mit Winklers Gasbürette ausgeführt. Später wurden die von Dr. Walther Hempel[1]) beschriebenen Apparate und Methoden fast ausschliesslich benutzt. Dieselben gestatten bequemes, rasches und genaues Arbeiten, und wenn auch bei den sehr geringen Mengen von Sumpfgas und Wasserstoff, welche in Coakshohöfen auftreten, mit der sinnreich construirten Explosionspipette nicht völlig scharfe Resultate erhalten werden, so wird doch die wichtige Bestimmung des Stickstoffes mit hinlänglicher Genauigkeit ermöglicht.

Die folgenden Tabellen enthalten in der 1. Gruppe die Zusammensetzung der Gase nach Volumprocenten. Um die verschiedenen Analysen unter sich vergleichbar zu machen, wurden in bereits üblicher Weise die wichtigeren Bestandtheile auf eine unveränderliche Grösse bezogen. Als solche bietet sich der Stickstoff dar, welcher in seinem Gesammtbetrage aus dem zugeblasenem Winde stammt und während des Durchganges durch den Ofen keine beachtenswerthe Zunahme oder Abnahme erfährt. Deshalb wird in der 2. Gruppe der Gehalt der Gase an Kohlensäure und Kohlenoxyd auf 100 Vol. Stickstoff berechnet aufgeführt. Die 3. Gruppe begreift die in den genannten beiden Gasen enthaltenen Volumen Kohlenstoff und Sauerstoff, gleichfalls auf 100 Vol. Stickstoff berechnet. Die letzte Horizontalcolumne, als Sauerstoffüberschuss bezeichnet, weist die Zunahme oder Abnahme des Sauerstoffes gegenüber dem in der Atmosphäre zwischen Sauerstoff und Stickstoff herrschenden Verhältnisse (26,5 Vol. Sauerstoff auf 100 Vol. Stickstoff) nach. Die Abnahme ist durch „—" angedeutet. In der 3. Gruppe ist der Kohlenstoff als hypothetischer Kohlenstoffdampf, 1 Liter = 1,0727 Gramm, angenommen.

Zunächst mögen noch die analytischen Belege für die nach Bunsens Methode ausgeführten Analysen folgen. In den Tabellen sind dieselben mit den Nummern I, III, V—IX, XIV bezeichnet; II und IV sind mit Winklers Bürette, die übrigen nach Hempels Methoden untersucht.

Die beobachteten Gasvolumina sind auf 0° und 1 m Quecksilberdruck reducirt.

[1]) Walther Hempel: Ueber technische Gasanalyse, Habilitationsschrift. Dresden 1877. — Neue Methoden zur Analyse der Gase von Dr. Walther Hempel, Braunschweig. Fr. Vieweg u. Sohn 1880 — Winkler a. a. O. S. 224.

Tabelle A. I.

Gichtgas von der Erzarbeit über dem I. Hohofen der Halsbrückner Hütte.

13. Juni 1876.

	Beob. Volum.	Temperatur.	Druck.	Reducirtes Volum
Angewandtes Volumen	122,9	19,0° C.	0,6811	78,77
nach Absorption der Kohlensäure	102,1	18,5	0,6790	65,16
in das Eudiometer gefüllt	293,1	18,9	0,2363	64,88
nach Zulassung von Sauerstoff	332,1	19,0	0,2727	84,76
nach Verpuffung mit Knallgas	327,4	20,3	0,2655	80,91
nach Absorption der Kohlensäure	308,6	19,0	0,2635	76,02
nach Zulassung von Wasserstoff	384,8	19,2	0,3372	121,22
nach Verpuffung	298,7	18,7	0,2515	71,16

Tabelle A. III.

Gichtgas von der Erzarbeit über dem I. Hohofen der Halsbrückner Hütte.

1. August 1876.

	Beob. Volum.	Temperatur.	Druck.	Reducirtes Volum.
Angewandtes Volumen	125,6	14,5° C.	0,6873	81,95
nach Absorption von Kohlensäure	106,1	13,0	0,6732	68,39
nach Absorption von Kohlenoxyd mittels Kupferchlorür	101,5	13,8	0,6583	63,60
in das Eudiometer gefüllt	260,1	13,1	0,2862	71,11
nach Zulassung von Sauerstoff	297,9	12,5	0,3290	93,72
nach Verpuffung mit Knallgas	295,9	13,0	0,3270	92,30
nach Absorption von Kohlensäure	283,9	10,7	0,3359	91,77
nach Zulassung von Wasserstoff	376,0	12,0	0,4243	152,80
nach Verpuffung	285,4	11,9	0,3283	89,79

Tabelle A. V.

Gase aus dem I. Hohofen der Halsbrückner Hütte, 5 m unter der Gicht von der Wand abgesogen.

6. Mai 1877.

	Beob. Volum.	Temperatur.	Druck.	Reducirtes Volum.
Angewandtes Volumen	172,1	17,2° C.	0,7026	113,70
nach Absorption der Kohlensäure	148,1	17,2	0,6797	94,70
in das Eudiometer gefüllt	138,7	17,8	0,3882	50,57
nach Zulassung von Sauerstoff	168,2	18,0	0,4172	65,85
nach Verpuffung mit Knallgas	162,8	18,2	0,4115	62,83
nach Absorption von Kohlensäure	152,2	19,0	0,4139	58,88
nach Zulassung von Wasserstoff	222,1	19,1	0,4865	100,89
nach Verpuffung	159,7	19,8	0,4253	63,35

Tabelle A. VI.

Gase derselben Arbeit, mittels einer in der Mitte des Ofens niedergelassenen Röhre aus 5 m Tiefe unter der Gicht entzogen.

	Beob. Volum.	Temperatur.	Druck.	Reducirtes Volum.
Angewandtes Volumen	167,4	15,6° C.	0,7019	111.19
nach Absorption der Kohlensäure	138,9	15,5	0,6886	90,51
in das Eudiometer gefüllt	151,9	15,4	0,3920	56.38
nach Zulassung von Sauerstoff	173,4	14,8	0,4159	68,42
nach Verpuffung mit Knallgas	158,2	15,2	9,3995	59,84
nach Absorption der Kohlensäure	124,9	15.4	0.3774	44,63
nach Zulassung von Wasserstoff	162,2	14,9	0.4211	64,76
nach Verpuffung	140,7	15,3	0,4014	53,47

Tabelle A. VII.

Gas derselben Arbeit aus $5._{5}$ m Tiefe der Mitte des Ofenquerschnittes entzogen.

	Beob. Volum.	Temperatur.	Druck.	Reducirtes Volum.
Angewandtes Volumen	140,9	20,2° C.	0,6953	91,23
nach Absorption der Kohlensäure	76,3	19,2	0,6396	45,57
in das Eudiometer gefüllt	79,6	18,7	0,3218	23,97
nach Zulassung von Sauerstoff	113,8	18,3	0,3608	39,18
nach Verpuffung	87.2	18,0	0,3317	27,13
nach Absorption der Kohlensäure	24,3	17,5	0,2788	6,37
nach Zulassung von Wasserstoff	82.9	17,7	0,3374	26,90
nach Verpuffung	53,2	19,2	0.3065	15.23

Tabelle B. VIII.

Gichtgase von der Erzarbeit über dem III. Hohofen der Muldner Hütte
13. August 1878.

	Beob. Volum.	Temperatur.	Druck.	Reducirtes Volum.
Angewandtes Volumen	116,7	13,5° C.	0,6597	73,36
nach Absorption der Kohlensäure	97,8	12.7	0,6598	61,47
in das Eudiometer gefüllt	131,6	13,0	0,3838	48,21
nach Zulassung von Sauerstoff	153,9	13,6	0,4058	59,52
nach Verpuffung mit Knallgas	149,1	14,3	0.3929	55,67
nach Absorption der Kohlensäure	133,7	14,0	0,3899	49,04
nach Zulassung von Wasserstoff	178,8	13,0	0,4360	74,42
nach Verpuffung	136.7	12.6	0,3884	50,76

Tabelle C. XIII.

Gichtgas von der Schlackenarbeit über dem III. Hohofen der Muldner Hütte
28. August 1878.

	Beob. Volum.	Temperatur.	Druck.	Reducirtes Volum.
Angewandtes Volumen	143,4	19,1° C.	0,6971	93,47
nach Absorption der Kohlensäure	123,6	18,8	0,6890	79,60
in das Eudiometer gefüllt	113,7	18,9	0,3573	37.97
nach Zulassung von Sauerstoff	146,2	17,5	0,3928	53,97
nach Verpuffung mit Knallgas	141.3	17,3	0.3847	51,12
nach Absorption von Kohlensäure	127,6	17,3	0,3857	46.27
nach Zulassung von Wasserstoff	188,4	16,3	0.4483	79,70
nach Verpuffung	114,5	15,3	0.3687	39.98

Tabelle A.

Gase von der Erzarbeit über dem I. Hohofen der Halsbrückner Hütte.

		I.	II.	III.	IV.	V.	VI.	VII.
		Gicht.	Gicht.	Gicht.	Gicht.	5 m unter der Gicht, von der Wand	5 m unter der Gicht, aus der Mitte.	5,5 m unter der Gicht, aus der Mitte.
Tag der Probenahme		13./6. 1876	15./6. 1876	1./8. 1876	6./2. 1877	6./5. 1877	6./5. 1877	6./5. 1877
Nach Volumprocenten 1.	Stickstoff	76,12	.	77,01	.	76,31	59,00	5,16
	Kohlensäure	16,72	17,5	16,47	16,8	16,66	18,60	50,05
	Kohlenoxyd	6,27	5,6	5,71	6,1	5,78	21,49	42,46
	Sumpfgas	—		0,51	.	0,61	0,38	0,81
	Wasserstoff	0,82		0,30		0,58	0,58	1,52
Auf 100 Vol. Stickstoff 2.	Kohlensäure	21,9		21,4		22,1	31,5	1001,0
	Kohlenoxyd	8,2		7,4		7,6	36,4	821,6
3.	Kohlenstoff	15,0		14,4		14,8	34,0	911,3
	Sauerstoff	26,1		25,1		25,7	49,7	1411,8
4.	Sauerstoffüberschuss	−0,4		−1,37		−0,6	23,2	1385,3

Tabelle B.

Gichtgase von der Erzarbeit auf Muldner Hütte.

		VIII.	IX.	X.	XI.	XII.
Tag der Probenahme		13./8. 1878	31./7. 1879	1./8. 1879	5./8. 1879	6./8. 1879
Nummer des Hohofens		III.	III.	III.	IV.	IV.
Nach Volumprocenten 1.	Stickstoff	72,73	75,3	75,2	71,4	70,8
	Kohlensäure . . .	16,26	17,8	17,2	15,3	14,8
	Kohlenoxyd	10,06	5,2	5,4	9,9	10,4
	Sumpfgas	0,36	0,1	0,7	0,8	0,9
	Wasserstoff . . .	0,59	1,6	1,5	2,5	3,0
Auf 100 Vol. Stickstoff 2.	Kohlensäure . . .	22,35	23,7	22,9	21,4	20,9
	Kohlenoxyd	13,83	6,9	7,2	14,0	14,7
3.	Kohlenstoff	18,09	15,3	15,0	17,7	17,8
	Sauerstoff	29,28	27,1	26,5	28,4	28,2
4.	Sauerstoffüberschuss .	2,82	0,6	—	1,9	1,7

Tabelle C.

Gichtgase von der Schlackenarbeit auf Muldner Hütte.

		XIII.	XIV.	XV.	XVI.	XVII.	XVIII.
Tag der Probenahme		28. 8. 1878	26./7. 1879	30./7. 1879	31. 7. 1879	1./8. 1879	5./8. 1879
Nummer des Hohofens		III.	II.	II.	II.	II.	II.
Nach Volumprocenten. 1.	Stickstoff . .	74,20	75,0	76.4	75,7	76,0	75,1
	Kohlensäure . .	14,72	16,4	17.0	16.6	17,4	18,5
	Kohlenoxyd .	10,47	7.0	4.3	5,9	4.3	3,5
	Sumpfgas . .	0,40	—			.	0,3
	Wasserstoff .	0,22	1,9				2,6
Auf 100 Vol. Stickstoff. 2.	Kohlensäure . .	19,8	21,9	22,2	21,9	22.9	24,7
	Kohlenoxyd .	14.1	9.3	5,6	7,8	5.7	4.7
3.	Kohlenstoff	16,9	15,6	13,8	14,8	14,2	14,7
	Sauerstoff	26.0	26.7	25,0	25,6	25,6	27,0
1.	Sauerstoffüberschuss	— 0,4	0.2	— 1,5	— 0.9	— 0,9	0.5

Tabelle D.

XIX. Gase von dem Glättfrischen über dem III. Hohofen der Muldner Hütte 6. November 1879.

Nach Volumprocenten.	
Stickstoff	67,4
Kohlensäure	22,7
Kohlenoxyd	5,6
Auf 100 Vol. Stickstoff.	
Kohlensäure . .	30,5
Kohlenoxyd . .	7,5
Kohlenstoff . .	19,0
Sauerstoff	34,2
Sauerstoffüberschuss .	7,7.

Wenn der gesammte Sauerstoff der Luft mit Kohle Kohlensäure bildet, so enthält das neu entstandene Gasgemenge auf 100 Vol. Stickstoff 26,5 Vol. Kohlensäure, welche aus 13,25 Vol. Kohlenstoffdampf und 26,5 Vol. Sauerstoff verdichtet sind; wird bei der Verbrennung nur Kohlenoxyd gebildet, so treffen in den Verbrennungsgasen auf 100 Vol. Stickstoff 53 Vol. Kohlenoxyd, aus 26,5 Vol. Kohlenstoffdampf und 26,5 Vol. Sauerstoff zusammengesetzt. In den Gichtgasen herrscht, wie die Tabellen zeigen, zwischen Stickstoff und Kohlenstoff ein Verhältniss, welches dem durch ausschliessliche Verbrennung zu Kohlensäure bedingten nahe steht (auf 100 Stickstoff 13,8 bis 18,0 Kohlenstoff); auch unterscheiden sich die Gichtgase nicht wesentlich von dem Gase V, welches 1 m über den Formen von der Wand abgezogen worden ist. Es muss sonach vor den Formen selbst überwiegend Kohlensäure entstehen; denn wäre das Verbrennungsproduct Kohlenoxyd, so müsste auch in den abziehenden Gasen das Verhältniss von 26,5 Kohlenstoff auf 100 Stickstoff sichtbar werden, da während des Durchganges durch den Ofen kein Vorgang denkbar ist, durch welchen den Gasen Kohlenstoff entzogen wird. In den Eisenhohöfen tritt bekanntlich vor den Formen oder doch in geringer Höhe über denselben vorzugsweise Kohlenoxyd auf. Da in denselben auf die Gewichtseinheit Coaks etwa 2—2,5 Gewichtseinheiten Erz und Zuschläge gegeben werden, während in den Bleiöfen 1 Gewichtstheil Coaks das 10—16fache Gewicht an Schmelzmasse trägt, so ergiebt sich der Schluss, dass, wenigstens bei der im Bleiofen herrschenden Temperatur, die Bedingungen für die Bildung von Kohlenoxyd oder Kohlensäure lediglich durch die grössere oder geringere Berührungsfläche zwischen Wind und Brennmaterial gegeben sind. Da nach den Versuchen von Plattner für die Bildung von Bleischlacke aus geröstetem Bleierz, Rohstein und Schlacke eine Temperatur von 1208° C. erforderlich ist,[1]) so darf man vor den Formen des Pilz'schen Ofens sicher 1300° C. annehmen.

Eine Bekräftigung des Gesagten liefert der Vergleich der Gase, welche im Jahre 1878 auf Muldner Hütte genommen worden sind, mit den im Jahre 1879 entzogenen. Man hatte dort in der Zwischenzeit bei dem II. und III. Hohofen das Verhältniss zwischen Coaks und Schmelzmasse von 1 : 13,9 auf 1 : 15,6 gebracht. Nach den weiter unten angestellten Berechnungen war der Erfolg hiervon, dass das Verhältniss des Kohlenstoffes im entströmenden Kohlenoxyde zur Gesammtmenge des verbrannten Kohlenstoffes von 0,381 (in No. VIII) auf 0,228 (in No. IX) herabsank, während die aus der Gewichtseinheit Coaks entwickelten Wärmeeinheiten von 5187 auf 6070 stiegen, d. i. auf die Gewichtseinheit Schmelzmasse berechnet von 317 auf 326.

Eine vorbereitende Reduction der Erze in höheren Ofenschichten durch die Gase findet bei der Beschickung der Bleiöfen nicht oder nur in untergeordneter Weise statt, indem die Erze bei der Röstung in den Fortschauflungsöfen schliesslich bis zum Sintern gebracht werden, und damit eine so dichte Form erlangen, dass sie der Einwirkung reducirender Gase nicht mehr zugänglich sind. Es ist daher der Schmelzbetrieb mit Coaks, welche weniger Kohlenoxyd entstehen lassen, in jeder Hinsicht günstiger. Bleiische Vorschläge, sowie zugebrannter Stein und Stufkiese werden allerdings eine theilweise Reduction durch Kohlenoxyd erfahren.

Für die Analysen V, VI und VII sind die Proben aus grösseren Tiefen des I. Hohofens der Halsbrückner Hütte genommen worden, indem gleichzeitig zwei Röhren, eine an der Wand, die andere in der Mitte des Ofens hinabgelassen wurden. In der Höhe von 0,7 m über der Form zeigt das von

[1]) Siehe: Erhard und Schertel, die Schmelzpuncte der Prinsep'schen Legirungen u. s. w. Dieses Jahrbuch, 1879, S. 169.

der Wand abgesogene Gas eine normale, den Gichtgasen ähnliche Zusammensetzung; die aus gleichem Horizonte der Mitte entnommene Probe hat dagegen einen hohen Gehalt an Kohlenoxyd (21,5 Volumprocente) und einen sehr bedeutenden, bei Gichtgasen nie in gleicher Menge auftretenden Sauerstoffüberschuss (23,3), während die 0,2 m über der Form aus der Mitte gewonnene Probe fast nur aus Kohlensäure und Kohlenoxyd besteht. Aehnliche Verhältnisse sind bei den Eisenhohöfen an den Gasen des Tümpels beobachtet worden. Diese erst befremdende Erscheinung erklärt sich dadurch, dass die Verbrennung der Coaks durch den Wind nicht in einem horizontalen Querschnitte des Ofens vor sich geht, sondern auf einer nach oben convexen Schale, weil der eingeblasene Luftstrom seine lebendige Kraft rasch verliert und dadurch bestimmt wird, dem Zuge aufwärts zu folgen. Unter dieser Schale, d. h. also unter dem Winde, stagniren die Gase, es findet nur eine Reaction zwischen noch unverbrannten Coaks und oxydischen Massen statt mit spärlicher Einmischung von Wind. Die Gestalt der Verbrennungszone wird wesentlich von der Weite des Ofens zwischen den Formen und der Windpressung bedingt sein. Man kann daher nahe der Wand des Ofens aus einer gewissen Entfernung über den Formen Gase erhalten, welche unter der vollen Einwirkung des Windes auf die Coaks entstanden sind, während in der Mitte des gleichen Horizontes kohlenstoffreiche und stickstoffarme Gase auftreten. Auf die Zusammensetzung der Gichtgase üben die letzteren nur wenig Einfluss, da sie an der Bewegung im Ofen nur sehr geringen Antheil nehmen können.

Weil der Bleigehalt der gerösteten Erzbeschickung nur in seltneren Fällen 35 % überschreitet, so ist bei dem hohen Aequivalentgewichte dieses Metalles und bei seiner niedrigen Oxydationsstufe erklärlich, dass der Sauerstoffüberschuss der Gase, d. h. diejenige Menge Sauerstoff, welche durch die Reduction der Erze in die Gase eingetreten ist, nicht gross werden kann. Zuweilen tritt bei der Erzarbeit sogar ein Minus an Sauerstoff auf, bei den Gasen der Schlackenarbeit wird dieses zur Regel. Der Stickstoffgehalt der Coaks ist durchaus ungenügend zur Erklärung dieser Erscheinung, die Hauptursache ist vielmehr in Röstprocessen zu suchen, welche die nur unvollkommen geröstete Beschickung oder der neugebildete Stein in der Nähe der Formen erfahren. Ein Theil der hierbei gebildeten Oxyde wird in die Schlacke übergehen, ein geringer Theil auch in den Flugstaub, und die Menge des in Verbindung getretenen Sauerstoffes erscheint in den Gasen als Verlust. Bei der Schlackenarbeit muss dieser Verlust besonders sichtbar werden, da die Oxyde in der Beschickung zurücktreten. Die beiden Gase XIV und XVIII der Schlackenarbeit, welche einen geringen Sauerstoffüberschuss aufweisen, sind durch einen sehr hohen Gehalt an Wasserstoff ausgezeichnet; sie verdanken also sichtlich den höheren Sauerstoffgehalt der atmosphärischen Feuchtigkeit des Windes, welche beim Contacte mit den glühenden Coaks zersetzt wurde.

Auffallen wird, dass ein Gehalt der Gase an schwefliger Säure nicht angegeben ist, obwohl die Entstehung dieser Verbindung stattfinden muss, und der Geruch der Gase die Anwesenheit derselben, wenn auch meistens nur schwach, doch deutlich kennzeichnet. Die Bestimmung derselben mittelst der von Bunsen angegebenen Methoden ist auch oftmals versucht worden, doch zeigten sich fast stets verschwindend geringe Mengen (im Maximum 0,15 Vol. %). Sie muss also beim Hinwegstreichen über glühende Coaks zum grössten Theile reducirt und der Schwefel von der niedergehenden Beschickung gebunden werden.

Zur Beurtheilung der Brennstoffverwerthung in den Hohöfen dienen neben den Resultaten der Gasanalysen und den Angaben der Beschickungsverhältnisse die Temperatur der abziehenden Gase, die Menge und Temperaturzunahme des Wassers, welches die eisernen Kühlringe des Schmelzraumes durchströmt und ausserdem die Schmelzwärme der Schlacken. Die Wärmeverluste durch Strahlung sind unsicherer Bestimmung wegen hier vernachlässigt.

Die Kühlung der Formwände, wie dieselbe bei den Hohöfen der Freiberger Schmelzhütten eingeführt ist, wurde von R. Schwamkrug im Jahrbuche für 1878 beschrieben. In den folgenden Berechnungen ist die Menge des die Kühlringe durchströmenden Wassers aus dem Mittel mehrerer Versuche zu 90 Liter in der Minute mit einer Temperaturerhöhung von 22° C. angenommen.

Die Schmelzwärme der Schlacken wurde calorimetrisch = 295 W. E. gefunden, die Schmelztemperatur mittels Prinsep'scher Legirungen = 1030° C. Die zu dem Versuche ausgewählte Schlacke von Muldner Hütte besass folgende Zusammensetzung:

Kieselsäure . .	23,95
Schwefel . . .	1,46
Bleioxyd . .	2,87
Kupferoxyd . .	0,86
Eisenoxydul . .	44,11
Maganoxydul . .	0,92
Zinkoxyd . . .	14,81
Thonerde . . .	4,45
Kalk	4,75
Magnesia . . .	0,51
	102,02
	— 2,23 Sauerstoffaequivalent des Schwefels.
	99,79

I. Erzarbeit über dem III. Hohofen der Muldner Hütte

am 13. August 1878.

(Gasanalyse VIII.)

In 24 Stunden wurden verschmolzen:

550 Ctr.	geröstetes Bleierz,
50 „	Rothglasabbrände,
550 „	Schlacken der Erzarbeit,
1150 Ctr.	

mit einem Aufwande von 83 Ctr. Coaks, welcher 88,5% Kohlenstoff, 0,3% Wasserstoff und 9,5% Asche hielt.

Die abziehenden Gase hatten die Temperatur von 70° C., während die Temperatur des Windes etwa 20° C. war.

1 cbm der abziehenden Gase enthielt[1])

	Volumen.	Gewicht.	Kohlenstoffgehalt.
Stickstoff	727,3 l	913,911 gr	
Kohlensäure	162,6 „	319,775 „	87,212 gr
Kohlenoxyd	100,6 „	125,900 „	53,958 „
Sumpfgas	3,6 „	2,576 „	1,930 „
Wasserstoff	5,9 „	0,529 „	
	1000,0 l	1362,691 gr	143,100 gr

Auf 1 kg Coaks entwichen also $\frac{1362,69 \times 0,885}{143,1} = 8,433$ kg Gase.

1 kg Coaks entwickelte im Ofen:

durch Bildung von Kohlensäure: $\frac{87,212 \times 8080 \times 0,885}{143,1} = 4361$ W. E.

„ „ „ Kohlenoxyd: $\frac{53,958 \times 2473 \times 0,885}{143,1} = 826$ „ „

5187 W. E.

Durch das Kühlwasser gehen in der Minute $90 \times 22 =$

1980 W. E. verloren, d. i. auf 1 kg Coaks $\frac{1980 \times 1440}{4150} = 686,9$ W. E.

in der Temp. der Gase verlassen den Ofen auf 1 kg Coaks (wenn die spec. W. d. Gase $= 0,2397$) $8,433 \times 50 \times 0,2397 =$ 101,1 „ „

788 W. E.

Es bleiben somit 4400 W. E., d. i. auf jedes kg Schmelzmasse $\frac{4400 \times 4150}{57500} = 317,6$ W. E.

Die Verbrennungswärme der abziehenden Gase berechnet sich wie folgt:

	Gewicht.	Verbrennungswärme der Gewichtseinheit.	Product.
Kohlenoxyd	125,900	2403	302290
Sumpfgas[2])	2,576	11700	30140
Wasserstoff	0,529	29000	15341
			347771

Sonach $\frac{347771}{1362,7} = 255,2$ W. E. auf die Gewichtseinheit des Gases oder $255,2 \times 8,433 = 2152$ W. E. auf 1 kg Coaks.

Aus dem Stickstoffgehalte des Gases lässt sich die Menge des eingepressten Windes berechnen. Da 100 Vol. Stickstoff 126,5 Vol. atmo-

[1]) Diesen Berechnungen sind die Tabellen und Formeln in Bunsens gasometrischen Methoden zu Grunde gelegt.

[2]) Die Verbrennungswärmen für Sumpfgas und Wasserstoff sind unter der Voraussetzung angenommen, dass das bei der Verbrennung entstandene Wasser sich nicht condensire.

sphärischer Luft entsprechen und in der Minute 2882 gr Coaks verbrannt wurden, so hat man:

$$\frac{0,7273}{143,1} \times 1,265 \times 0,885 \times 2882 = 16,409 \text{ cbm in der Minute}$$

(eine Temperatur von 0° C. und normalen Barometerstand vorausgesetzt).

II. Erzarbeit über dem III. Hohofen der Muldner Hütte

am 31. Juli 1879.

(Gasanalyse IX.)

In 24 Stunden wurden durchgesetzt:

550 Ctr. geröstetes Bleierz,
12 „ bleiische Vorschläge,
500 „ Schlacken der Erzarbeit,
1062 Ctr.

mit einem Aufwande von 68 Ctr. Coaks, welcher 89,5% Kohlenstoff, 0,3% Wasserstoff und 8,8% Asche enthielt.

Die Temperatur der abziehenden Gase war 75° C., die des Windes etwa 20° C.

1 cbm der abziehenden Gase enthielt:

	Volumen.	Gewicht.	Kohlenstoffgehalt.
Stickstoff	753 l	946,204 gr	
Kohlensäure	178 „	350,056 „	95,471 gr
Kohlenoxyd	52 „	65,078 „	27,890 „
Sumpfgas	1 „	0,715 „	0,536 „
Wasserstoff	16 „	1,433 „	
	1000 l	1363,486 gr	123,897 gr

Auf 1 kg Coaks entwichen sonach $\frac{1363,49}{123,9} \times 0,895 = 9,849$ kg Gase.

1 kg Coaks entwickelte im Ofen:

durch Bildung von Kohlensäure $\frac{95,471 \times 8080 \times 0,895}{123,9} = 5572$ W. E.,

„ „ „ Kohlenoxyd $\frac{27,890 \times 2473 \times 0,895}{123,9} = 498$ „ „

6070 W. E.

Durch das Kühlwasser gehen auf je 1 kg Coaks verloren:

$\frac{1980 \times 1440}{3400} =$ 838,6 W. E.

in der Temp. der abziehenden Gase, deren spec. W = 0,2406 ist, entweichen $9,849 \times 55 \times 0,2406 =$ 130,3 „ „

968,9 W. E.

Sonach bleiben 5101 W. E. d. i. auf 1 kg Beschickung:

$$\frac{5101 \times 3400}{53100} = 326,6 \text{ W. E.}$$

Verbrennungswärme der abziehenden Gase:

	Gewicht.	Verbrennungswärme der Gewichtseinheit.	Product.
Kohlenoxyd	65,078	2403	156380
Sumpfgas	0,715	11700	8366
Wasserstoff	1,433	29000	41366
			206112

somit $\frac{206112}{1363,5} = 151,2$ W. E. für die Gewichtseinheit des Gases oder $151,2 \times 9,849 = 1489$ W. E. Verlust auf 1 kg Coaks.

Aus dem Stickstoffgehalte des Gases erhält man das Windquantum, da in der Minute 2361 gr Coaks verbrannt wurden, mit

$$\frac{0,753}{123,9} \times 1,265 \times 0,895 \times 2361 = 16,24 \text{ cbm pro Minute.}$$

III. Schlackenarbeit über dem II. Hohofen der Muldner Hütte

am 6. August 1879.

(Gasanalyse XVIII.)

In 24 Stunden wurden durchgesetzt:

850	Ctr.	Schlacken der Erzarbeit,
180	„	gerösteter Bleistein,
43	„	bleiische Vorschläge
1073	Ctr.	

mit einem Aufwande von 72 Ctr. Coaks (89,5 % C, 0,3 % H, 8,8 % Asche).

Die Temperatur der abziehenden Gase betrug 75° C, die Temperatur des Windes etwa 20° C.

1 cbm der abziehenden Gase enthielt:

	Volumen.	Gewicht.	Kohlenstoff.
Stickstoff	751 l	943,691 gr	
Kohlensäure	185 „	363,828 „	99,054 gr
Kohlenoxyd	35 „	43,802 „	21,900 „
Sumpfgas	3 „	2,146 „	1,876 „
Wasserstoff	26 „	2,329 „	
	1000 l	1355,796 gr	122,830 gr

Auf 1 kg Coaks entwichen $\frac{1355,8}{122,83} \times 0,895 = 9,881$ kg Gase, deren spec. Wärme = 0,2431 war.

1 kg Coaks entwickelte im Ofen:

durch Bildung von Kohlensäure $\frac{99,054}{122,83} \times 0,895 \times 8080 = 5833$ W. E.

„ „ „ Kohlenoxyd $\frac{21,900}{122,83} \times 0,895 \times 2473 = 395$ „ „

6228 W. E.

Auf 1 kg Coaks gehen verloren:

durch das Kühlwasser: $\frac{1980 \times 1440}{3600} = \quad . \quad . \quad . \quad . \quad 792$

durch die Temp. der abziehenden Gase: $9,881 \times 0,2431 \times 55 = 132$

924 W. E.

somit bleiben von jedem kg Coaks 5304 W. E., d. i. auf 1 kg Beschickung:

$$\frac{5304 \times 3600}{53650} = 356 \text{ W. E.}$$

Verbrennungswärme der abziehenden Gase:

	Gewicht.	Verbrennungswärme der Gewichtseinheit.	Product.
Kohlenoxyd	$43,_{802}$	2403	105254
Sumpfgas	$2,_{146}$	11700	25108
Wasserstoff	$2,_{329}$	29000	67541
			197903

somit: $\frac{197903}{1355,_{8}}$ = 146 W. E. für jede Gewichtseinheit des Gases oder $146 \times 9,_{881} = 1442$ W. E. Verlust auf 1 kg Coaks.

Aus dem Stickstoffgehalte des Gases erhält man für das in jeder Minute eingeblasene Windquantum, da in jeder Minute 2500 gr Coaks verbraunt wurden:

$$\frac{0,_{751}}{122,_{83}} \times 1,_{265} \times 0,_{895} \times 2500 = 17,_{3} \text{ cbm.}$$

Die in Rechnung ausgeführten Beispiele behandeln die Extreme der bisher beobachteten Verhältnisse. Es schwanken in denselben die Wärmemengen, welche aus der Gewichtseinheit Kohlenstoff entwickelt worden sind, zwischen den Zahlen: 5863, 6782 und 6960, also zwischen 100 und 119. Mit der Temperatur der abziehenden Gase gehen beim II. und III. Hohofen der Muldner Hütte nicht mehr als etwa 2% der entwickelten Wärme verloren; durch das Kühlwasser werden $12,_{7}$% (Beispiel III) bis $13,_{8}$% (Beispiel II) entzogen. Bei den Oefen der Halsbrückner Hütte wird die geringere Höhe bemerkbar, indem die Gase beim Ausgange eine Temperatur von etwa 150° C. besitzen; es werden daselbst auf 1 kg Coaks 11—12 kg Beschickung gegeben. Noch weniger günstig erweisen sich die Verhältnisse des IV. Ofens auf Muldner Hütte, welcher auf 1 kg Coaks nur 9—10 kg Schmelzmasse durchsetzt. Doch dürfte die Schuld hieran nicht allein der geringen Höhe zuzuschreiben sein, sondern auch der Einrichtung der Gicht, welche eine passende Vertheilung der Beschickung nicht gestattet.

Mittheilungen

über die

Versuche zur Beseitigung des Hüttenrauchs

bei der

Schneeberger Ultramarinfabrik zu Schindler's Werk bei Bockau in Sachsen.

Von Bergrath Professor Dr. **Clemens Winkler.**

Hierzu Tafel VII.

Gleich der Geschichte der deutschen Literatur hat auch eine jede andere Geschichte ihre „Sturm- und Drangperiode" aufzuweisen, in der wir jenem Ringen und Kämpfen gegen widrige Geschicke begegnen, welches, mit Beharrlichkeit fortgesetzt, Früchte der edelsten Art zu zeitigen und Fortschritte herbeizuführen vermag, die ohne den Zwang äusserer feindlicher Einflüsse vielleicht nie erreicht worden wären. Die Sturm- und Drangperiode, die der Hüttenmann zu durchleben hatte, fällt in jene Zeit, wo das Gespenst der Rauchschädenklage sein Gorgonenhaupt erhob, um die Weiterentwickelung, ja das Fortbestehen ganzer mächtiger Etablissements geradezu in Frage zu stellen. Heute kann der Hüttenmann mit Genugthuung auf den Kampf wider das schlangenköpfige, zählebige Ungethüm zurückblicken, denn mit dem Schwerte der Intelligenz hat er es zu Boden geschlagen. In einer verhältnissmässig kurzen Zeitspanne ist auf dem Gebiete der Hüttenrauchbeseitigung geradezu Staunenswerthes geleistet worden und die Summen, welche im Laufe der letzten Jahre mit erklärlichem Widerstreben auf die Durchführung grossartiger Versuche verwendet werden mussten, haben bereits begonnen, ihre Zinsen zu tragen. Dieselben Dämpfe aber, welche ehemals Wälder und Fluren verwüsteten, sie düngen nun in Gestalt von Superphosphat den Acker des Landwirths und so ist denn heute in gewissem Grade der Kläger dem Beklagten tributpflichtig geworden.

Bei dem Interesse und dem unleugbaren Nutzen, welche eine Schilderung der Mittel und Wege in sich schliesst, deren man sich unter verschiedenen Verhältnissen bediente, um sich der Schädigungen durch Hüttenrauch zu erwehren, dürfte eine Mittheilung über die zu solchem Zwecke bei der Schneeberger Ultramarinfabrik zu Schindler's Werk durchgeführten Versuche nicht unwillkommen sein. Es sei mir gestattet, diese im Nachfolgenden zu geben, doch muss ich gleich im Voraus bemerken, dass es sich hier nicht im Entferntesten um so grossartige Verhältnisse handelt, wie dies s. Z. bei den Freiberger fiscalischen Hüttenwerken der Fall war. Dagegen lagen auf Schindler's Werk die Verhältnisse insofern ungemein schwierig, als sich dort die Beseitigung stark verdünnter und überdies massenhaft mit Russ beladener schwefligsaurer Gase nöthig machte, für welche sich keine der bekannten Methoden eignete. Von gleicher Calamität werden ja auch andere Ultramarinfabriken betroffen und die Frage, in welcher Weise diesen immer mehr um sich greifenden Rauchschäden zu begegnen sei, hat deshalb bei einer am 24. Juni 1877 abgehaltenen Versammlung deutscher Ultramarinfabrikanten einen ersten Gegenstand der Tagesordnung gebildet.

Die heutige Schneeberger Ultramarinfabrik, dem Sächsischen Privatblaufarbenwerks-Verein gehörig, war ursprünglich Kobalt- und Blaufarbenwerk und wurde als solches im Jahre 1649 durch Erasmus Schindler in's Leben gerufen.[1]) Als mit der Einbürgerung des sogenannten künstlichen Ultramarins der Verwendung blauer Kobaltfarben eine unberechenbare Concurrenz zu erwachsen drohte, entschloss sich der Sächsische Privatblaufarbenwerks-Verein zur Errichtung einer eigenen Ultramarinfabrik und zwar wandelte man 1855 eben jenes Schindler'sche Blaufarbenwerk in eine solche um und setzte sie 1856 in Betrieb.

Anfänglich war die Fabrikation eine ziemlich lückenhafte, durch vielfache Versuche unterbrochene; überdies bediente man sich damals und zwar bis zum Jahre 1860 jener Fabrikationsmethode, bei welcher man zunächst im Rauhbrande grünes Ultramarin erhält, das man durch den darauf folgenden Feinbrand erst in Blau überführt. Es erfordert diese Methode einen verhältnissmässig geringen Schwefelaufwand und sie lieferte dementsprechend auch nur wenig schweflige Säure, so dass sich an den kräftigen Waldbeständen der Umgebung nicht die mindeste Beschädigung bemerkbar machte. Vom Jahre 1860 ab begann man jedoch nach einem anderen, ungleich zweckmässigeren Verfahren zu arbeiten, welches in einem einzigen Brande blaues Ultramarin lieferte, dafür aber das Doppelte der früheren Schwefelmenge erforderte, die ihrerseits etwa zur Hälfte zur Verbrennung gelangte und als schweflige Säure mit den Schürgasen durch die Schornsteine in's Freie entwich.

Nur zu bald sollten sich die Folgen dieser Betriebsveränderung bemerkbar machen. Zunächst waren es die dem Werke zugehörigen Gärten und Wiesenabhänge, die bei ungünstiger Windrichtung eine oft überraschend plötzlich eintretende, aber auch wieder verschwindende Beschädigung erlitten, allmälig aber wurde der verderbliche Einfluss auch auf fremdem Gebiet sichtbar. Bei den obwaltenden Terrainverhältnissen konnte dies auch kaum anders sein. Das Schindler'sche Werk liegt in einem ziemlich engen Thale, welches sich, dem Laufe der es durchfliessenden Zwickauer Mulde folgend, in der Richtung von Süden nach Norden bis Aue erstreckt. Zu beiden Seiten desselben steigen die Bergabhänge steil und hoch an, so dass die durchschnittliche Windrichtung derjenigen des Flusslaufes entspricht. Namentlich schiebt sich die Luftströmung und mit ihr der Hüttenrauch an dem westlichen Gehänge hin, welches zu dem Rittergute Albernau gehört und sich damals im Besitze des Majors von Petrikowsky befand, der es einige Jahre später auf seinen Enkel Herrn von Trebra vererbte. Das auf dem rechten Ufer

[1]) Kurt Alexander Winkler, Sachsens Kobalt- und Blaufarbenwesen, Wissenschaftl. Beilage der Leipziger Zeitung 1858, No. 71, Seite 285.

7*

der Mulde geleg ene, den östlichen Bergabhang bildende Terrain ist Eigenthum des Sächsischen Forstfiscus und der Windströmung ungleich weniger ausgesetzt. Beide Berglehnen sind mit Fichtenwaldung bestanden, die bis dahin vollkommen gesund gewesen war und nur auf der westlichen Seite in Folge mangelhafter Bodenbeschaffenheit oder ungenügender Cultur ein etwas dürftiges Ansehen zeigte. Letzteres war namentlich der Fall bei einer unterhalb des Werks gelegenen jungen Cultur und an dieser, sowie an mehreren in ihrer Nähe stehenden hochstämmigen Lärchenbäumen machte sich denn auch der verderbliche Einfluss des Hüttenrauchs zunächst bemerkbar. Aber, einmal begonnen, frass dieser Rauchschaden in rapider Weise weiter um sich und in Kurzem hatte er auch den von Trebra'schen Hochwald ergriffen, so dass dessen dem Werke zunächst gelegener Theil allmälig zum vollkommenen Absterben gelangte und nur noch nackte, ihrer Rinde und ihrer Nadeln gänzlich entkleidete Stämme aufwies. Widerstandsfähiger erwies sich die oben erwähnte jüngere Anpflanzung, deren früherer Nadelwuchs zwar vom Stamme aus längs der Aeste abdorrte, die aber doch noch immer frische Maien ansetzte, wiewohl diese von Jahr zu Jahr dürftiger wurden. Auch die genannten alten Lärchenbäume vermochte der Rauch nicht ganz zu ertödten; obwohl mit weitragenden, kahlen, dürren Aesten dastehend, trieben sie alljährlich einige spärliche, kaum bemerkbare Nadelbüschel und es möge dieses Verhaltens nur deshalb Erwähnung gethan werden, weil diese alten Bäume später, nach Beseitigung der schwefligen Säure, ihre volle Triebkraft zurückerhielten und heute wieder vollkommen gesundbelaubt dastehen.

An dem raschen Umsichgreifen des Rauchschadens scheiterten alle Versuche der Werksverwaltung, einen gütlichen Vergleich mit dem geschädigten Waldbesitzer herbeizuführen, und so wurde denn Herr von Trebra im Jahre 1863 gegen den Sächsischen Privatblaufarbenwerks-Verein als den Besitzer der Schneeberger Ultramarinfabrik klagbar. Fast gleichzeitig erhob aber auch der Sächsische Forstfiscus Beschwerde über Waldbeschädigung, doch wurde diese in Anbetracht der Geringfügigkeit des Objects auf Verordnung des Königlichen Finanzministeriums wieder zurückgenommen oder doch vertagt.

So sah man sich denn vor die Alternative gestellt, die Fabrik zu schliessen, oder mit thunlichster Beschleunigung Abhilfe zu schaffen. Naturgemäss entschied man sich für letzteren Ausweg und zwar betrauten die Bevollmächtigten des Sächsischen Privatblaufarbenwerks-Vereins mich mit der Ausarbeitung eines Verfahrens zur Entfernung der schwefligen Säure aus den Schürgasen der Ultramarinöfen. Diese Aufgabe war an sich, in rein chemischer Hinsicht, schon eine ungemein schwierige, aber durch Fabrikationsverhältnisse, durch die isolirte Lage des Werkes, durch Missgeschick aller Art wurde sie überaus reich an Verwickelungen. Zwei wohldurchdachte, im Kleinen völlig erprobte Absorptionsmethoden mussten, nachdem man sie unter Aufwand bedeutender Geldsummen in Scene gesetzt hatte, wieder aufgegeben werden und erst ein drittes Verfahren führte zum Ziele. Es erstrecken sich diese hochinteressanten Arbeiten auf ein volles Decennium, welches reich an Erfahrungen, freilich aber auch reich an Enttäuschungen, Mühen und Sorgen aller Art gewesen ist. Und wenn es schliesslich gelang, die schädlichen Dämpfe zu bannen, so bin ich es durchaus nicht allein, dem solches Verdienst zuzuschreiben ist, sondern mindestens gleichen Antheil daran haben Herr Friedensrichter und Drahtwerksbesitzer Carl Emil Bonitz in Schwarzenberg, der unermüdlich thätige Specialbevollmächtigte des Werkes, der Director der Fabrik, Herr Carl Klemm, welcher sich in wahrhaft aufopfernder Weise der practischen Durchführung der in Frage kommenden Ideen annahm, und Herr Buchhalter Hermann Schmidt, dessen mechanisches Talent wiederholt die zweckmässigsten Einrichtungen schuf.

Bevor ich nun auf die chemischen Processe näher eingehe, mit deren Hilfe man die Beseitigung der in den Rauchgasen der Schneeberger Ultramarinfabrik enthaltenen schwefligen Säure zu erreichen suchte, dürften einige Worte über die Entstehung und Beschaffenheit dieser Gase selbst am Platze sein. Der Glühprocess, welcher, wie erwähnt, direct blaues Ultramarin liefert, wird in zwei Hütten mit zusammen 48 Oefen betrieben. Diese beiden Hüttengebäude stossen rechtwinkelig auf einander und dort vereinigen sich die Hauptcanäle, welche, längs der Ofenreihen hinlaufend, die Gase sämmtlicher in Betrieb befindlicher Oefen an einem Puncte zusammenführen. Diese Stelle wurde naturgemäss zum Anbau der Absorptionsanlage ausersehen. Einschliesslich des Beschickens und Entleerens der Oefen nimmt ein jeder Brand die Zeitdauer von 4 bis 5 Tagen in Anspruch und da der Betrieb ein continuirlicher ist, so wird, während die eine Ofenreihe entleert und frisch beschickt wird, eine zweite sich in der Periode des Schürens befinden, eine dritte aber der Abkühlung unterliegen. Die Eigenartigkeit des übrigens nur wenige Stunden andauernden Schürprocesses hat die Entstehung überaus russiger Verbrennungsproducte zur Folge, denen eine bedeutende Menge schwefliger Säure beigemischt ist; aber die Entwickelung des schwefligsauren Gases dauert auch dann noch lange fort, wenn die Abschürung erfolgt ist und die Oefen der Abkühlung unterliegen. In Folge dieser vielfach wechselnden Verhältnisse und des Umstandes, dass das Schüren der Oefen nur bei Tage vorgenommen wird, die Bildung der schwefligen Säure aber auch über Nacht fortschreitet, ist der Gehalt der Gase an dieser sehr beträchtlichen Schwankungen unterworfen und dadurch schon wird die regelrechte Führung einer Absorptionsanlage ungemein erschwert.

Aus dem mittleren Kohlenverbrauch von $1_{,6}$ t und dem Schwefelverbrand von 133 kg täglich berechnet sich der Durchschnittsgehalt des Gases an schwefliger Säure zu etwa $0_{,3}$ Procent, doch vermag dieser Gehalt aus den angegebenen Gründen zeitweilig auf ein Minimum zu sinken, oder auch andererseits, wie z. B. in der letzten Periode des Schürprocesses, bis auf 2 Procent und darüber zu steigen und in gleichem Maasse wächst dann natürlich auch die vegetationsschädliche Wirkung des Rauches, woraus sich die localen Verwüstungen erklären, die dieser, namentlich bei ungünstiger Windrichtung, zuweilen binnen weniger Stunden an Gärten und Obstbäumen anzurichten vermochte. Die Aufgabe bestand nun also darin, diesen verhältnissmässig geringen Betrag an schwefliger Säure der gesammten Gasmasse durch geeignete chemische Mittel zu entziehen, wobei aber gleichzeitig eine thunlichst weitgehende Deckung des erwachsenden Kostenaufwandes durch Erzeugung eines nutzbaren Productes in's Auge gefasst werden musste.

Die Anwendung alkalischer Absorptionsmittel, wie Soda und Kalkmilch, war von vornherein ausgeschlossen, da diese einen viel zu grossen laufenden Aufwand verursacht haben würde: auch war zu bedenken, dass das Gas neben schwefliger Säure stark überwiegende Mengen Kohlensäure enthält und dass diese, namentlich bei Anwendung von Kalkmilch, einen überaus störenden Einfluss zu üben vermag, indem sie die Bildung von dichtem, krystallinischem kohlensaurem Kalk veranlasst.

Als das Naheliegendste und dabei Einfachste und Billigste erschien es anfänglich, die zu reinigenden Rauchgase durch grosse, reichlich mit Wasser überrieselte Coaksthürme zu führen und so der schwefligen Säure Gelegenheit zu geben, in wässerige Lösung überzugehen, welche letztere man durch eine unterirdische Schleusse abführen und unter dem Spiegel der Mulde austreten lassen wollte. Aber Versuche, die in dieser Richtung angestellt wurden, ergaben ein höchst klägliches Resultat. Geringe Wassermengen waren ohne wesentliche Wirkung und obwohl das abfliessende Wasser sehr stark nach schwefliger Säure roch, erlitt doch der Procentgehalt des Gases fast keine Abnahme. Verstärkte man den Wasserzufluss, so wurde selbstverständlich auch mehr schweflige Säure zurückgehalten, aber selbst bei förmlicher Ueberfluthung des Absorptionsthurmes bezifferte sich deren Betrag nur auf etwa ein Drittel des Gesammtquantums. Gleichzeitig trat aber auch ein totales Stocken des Zuges ein und überdiess besass das abfliessende Wasser einen so intensiven Geruch und liess trotz der herrschenden Verdünnung so viele schweflige Säure abdunsten, dass der Rauchschaden, dem man begegnen wollte, unzweifelhaft den Flusslauf entlang weiter geschleppt worden wäre, wodurch nur neue Verwickelungen entstehen konnten. Es trat überhaupt bei diesen Versuchen recht deutlich zu Tage, dass, wenn man die Unschädlichmachung eines Gases auf dem Wege der blossen Verdünnung bewirken will, das einzig geeignete Verdünnungsmittel die atmosphärische Luft ist, die sich zu Millionen von Cubikmetern über dem Entstehungsheerde erhebt, in steter Bewegung begriffen ist und ausserdem als gasförmiges Medium durch Diffusion wirkt. Aber leider ist die vernichtende Wirkung der schwefligen Säure eine so grosse, dass es in Wirklichkeit schwierig und nur unter ganz besonders günstigen localen Verhältnissen gelingt, eine Verdünnung bis unter die Schädlichkeitsgrenze zu erreichen.

Im Anschluss an die Mittheilung über jene ersten Versuche, welche den Zweck hatten, die Entfernung der schwefligen Säure durch blosses Wasser, also in denkbar billigster Weise, herbeizuführen, möchte ich einer Idee gedenken, welche Herr Professor Dr. Alexander Müller in Berlin vor einiger Zeit gegen mich aussprach und welche behufs Beseitigung der bei der Poudrettefabrikation auftretenden üblen Gerüche bereits erfolgreiche practische Anwendung gefunden haben soll. Ein angemessen grosses, einigermaassen wasserführendes Terrain wird in bekannter Weise drainirt und dadurch mit wenig Kosten ein Absorptionsapparat hergestellt, der, einer Lunge vergleichbar, ausserordentliche Wirksamkeit besitzt. In dieses Drainagesystem wird das dünne schwefligsaure Gas mittelst eines Exhaustors eingeblasen und findet dann ganz von selbst seinen Weg durch die mannigfachen Rohrverzweigungen, indem es sich an Stelle des innerhalb dieser stetig zusammenrieselnden Wassers setzt, zum Theil von diesem gelöst wird und im Uebrigen, soweit seine Bestandtheile absorbirbar sind, in der Ackerkrume zur Aufnahme gelangt, die ja bekanntermaassen ein ausgezeichnetes Absorptionsmittel darstellt und insbesondere auch die Oxydation der vorhandenen schwefligen Säure und die chemische Bindung der gebildeten Schwefelsäure vermittelt. Man würde auf solche Weise voraussichtlich alle schweflige Säure in äusserst verdünnte, so gut wie unschädliche Schwefelsäure und in neutrale Sulfate überführen können und es dürfte deshalb dieses originelle Verfahren in der That eines Versuches werth sein.

Nachdem sich bei der Schneeberger Ultramarinfabrik die Absorption der in den Rauchgasen enthaltenen schwefligen Säure durch Wasser als practisch unausführbar erwiesen hatte, handelte es sich darum, ein geeignetes Verfahren ausfindig zu machen, welches diese chemisch zu binden und womöglich in ein verwerthbares Product überzuführen gestattete. Letztgenanntes Ziel ist trotz jahrelanger Bemühungen insofern nicht ganz erreicht worden, als die Betriebskosten der Anlage den Werth des ausgebrachten Productes stets erheblich überstiegen, weshalb man sich endlich entschloss, auf die Nutzbarmachung der schwefligen Säure überhaupt zu verzichten. Aber da die angewendeten Processe chemisch interessant sind und — wenigstens soweit es den einen derselben betrifft — meiner festen Ueberzeugung nach noch lebensfähig und lucrativ gestaltet werden können, so sollen sie hier mit Erwähnung finden. Demgemäss zerfällt das nachstehend Mitzutheilende in drei Capitel, aus deren Bezeichnung gleich der Weg ersichtlich wird, auf dem man das gesteckte Ziel zu erreichen suchte und welcher bestand in

1) der Verarbeitung der Rauchgase auf Schwefelsäure,
2) der Verarbeitung der Rauchgase auf Schwefel,
3) der Entfernung der in den Rauchgasen enthaltenen schwefligen Säure auf dem Wege der einfachen Absorption.

1. Verarbeitung der Rauchgase auf Schwefelsäure.

Bei Gelegenheit von Versuchen, welche den Zweck hatten, Klarheit über die chemischen Vorgänge im Gay-Lussac-Thurm zu erlangen und deren Ergebniss in einem besonderen Schriftchen[1]) veröffentlicht worden ist, hatte ich die Beobachtung gemacht, dass Nitrosulfonsäure in Gestalt von sogenannter nitroser Schwefelsäure (Thurmsäure) schwefligsaures Gas direct in concentrirte Schwefelsäure überzuführen vermag, während andererseits Stickoxyd entbunden wird. Ist hierbei gleichzeitig überschüssiger Sauerstoff vorhanden, so wirkt dieser auf das freigewordene Stickoxyd oxydirend ein und die Folge hiervon ist eine stete Rückbildung der vorübergehend zerlegten Nitrosulfonsäure. Reduction und Oxydation folgen dabei in stetem, momentanem, unmittelbarem Wechsel auf einander; ein dauerndes Freiwerden und mithin ein Entweichen von Stickoxyd, ein Verlust an dem werthvollen Sauerstoffträger, kann nicht eintreten und nur in dem Maasse, als neugebildete Schwefelsäure zur ursprünglichen Flüssigkeit hinzutritt und somit der Procentgehalt an

[1]) Cl. Winkler, Untersuchungen über die chemischen Vorgänge in den Gay-Lussac'schen Condensationsapparaten der Schwefelsäurefabriken. Freiberg 1867.

Nitrosulfonsäure sich vermindert, wird deren Wirksamkeit eine Abnahme erleiden und man wird schliesslich an einem Punct anlangen, wo die nitrosen Verbindungen sich in einer so grossen Schwefelsäuremasse vertheilt finden, dass es aus practischen Gründen zweckmässig erscheint, die Flüssigkeit einmal abzusetzen und den Betrieb mit frischer Thurmsäure weiterzuführen. Theoretisch müsste sich mit einer gegebenen Menge Thurmsäure ein unbegrenztes Quantum schwefliger Säure auf diesem Wege in Schwefelsäure überführen lassen, wobei selbstverständlich ein entsprechender, eben ausreichender Feuchtigkeitsgehalt des Gases vorausgesetzt wird.

Bei der Schneeberger Ultramarinfabrik waren die diesem Verfahren zu Grunde liegenden Bedingungen sämmtlich gegeben. Die aus den Ultramarinöfen abziehenden Rauchgase besassen einen relativ niedrigen Gehalt an schwefliger Säure und einen überwiegenden an Sauerstoff; sie enthielten so viel Wasser, dass dieses zuverlässig zur Schwefelsäurebildung ausreichen musste; ihr Kohlensäuregehalt kam als indifferent nicht in Frage und der Russ, mit dem sie beladen waren, konnte, falls es nicht gelang, ihn völlig zurückzuhalten, die entstehende Schwefelsäure höchstens schwärzen, ohne sie deshalb für gewisse Zwecke, z. B. für die Superphosphat-Fabrikation, untauglich zu machen. Es liess sich deshalb mit vieler Sicherheit erwarten, dass es mit Hilfe der erwähnten Methode gelingen werde, den vegetationsschädlichen Gasen ihren Gehalt an schwefliger Säure zu entziehen und diese in Gestalt einer Schwefelsäure auszubringen, deren minimaler Gehalt an nitrosen Verbindungen gerade bei der in Aussicht genommenen Fabrikation künstlicher Düngemittel eher nützlich als schädlich gewesen wäre.

Um über die practische Ausführbarkeit der Methode die erforderlichen Erfahrungen zu sammeln, wurde zunächst ein kleiner bleierner Versuchsthurm hergestellt, über dessen Coaksfüllung nitrose Schwefelsäure floss, während von unten dünnes schwefligsaures Gas zugeleitet wurde, welches man durch Verbrennen von Schwefel in einem raschen Luftstrom erzeugt hatte. Die Absorption der schwefligen Säure war eine totale und namentlich erwies sie sich als unfehlbar, wenn man mit stark verdünntem Gase arbeitete. Am Austrittsrohre des Thurmes liess sich weder schweflige Säure, noch Stickoxyd nachweisen, das Säurequantum mehrte sich während des Verlaufs einer Woche mit befriedigendster Constanz und obwohl naturgemäss der Gehalt der Absorptionsflüssigkeit an salpetriger Säure im gleichen Verhältniss abnahm, blieb doch die Wirksamkeit ungeschwächt dieselbe. Die Concentration der ausgebrachten Schwefelsäure veränderte sich ebensowenig, ja man beobachtete ein allmäliges Steigen derselben von 60° auf 61° B.

Zu dem nämlichen Ergebniss gelangte man, als die Rauchgase der Schneeberger Ultramarinfabrik durch den erwähnten Versuchsthurm geleitet wurden und so trug man denn kein Bedenken, den Process in grösseren Maassstab zu übertragen.

Um die Gase nach Möglichkeit von ihrem Russgehalte zu befreien, führte man sie zunächst in eine grössere aus Bruchsteinen aufgemauerte und mit Coulissen versehene Flugstaubkammer (Russkammer), in der dieselben gleichzeitig Gelegenheit fanden, sich abzukühlen und zu mischen. Von dieser aus nahmen sie ihren Weg in den Absorptionsthurm, welcher vollkommen die Einrichtung der Gay-Lussac-Thürme besass und bei einer Höhe von 9 m eine Weite von $1_{,7}$ m hatte. Eine Coaksfüllung wagte man diesem Thurm nicht zu geben, weil diese sich im Laufe der Zeit hätte verändern, mit Russ verstopfen und dadurch Anlass zu Zugstörungen hätte geben können, die in Rücksicht auf das Weiterbrennen der Oefen auf jeden Fall vermieden werden mussten. Man entschloss sich vielmehr, die Vertheilung der Absorptionsflüssigkeit durch gezahnte Bleidächer zu bewirken, wie solche bei den Freiberger Fällthürmen Anwendung finden und zwar bedurfte man deren 340 Stück, um den Thurm seiner ganzen Höhe nach damit zu füllen. Die regelmässige Vertheilung der nitrosen Schwefelsäure wurde durch 9 Schaukeltröge, der Zu- und Abzug der Gase durch einen heissen Schornstein vermittelt, in welchen letzteren das Austrittsrohr des Thurmes mündete.

Im Februar 1868 wurde die Anlage in Betrieb gesetzt. Als Absorptionsmittel verwendete man 60grädige Schwefelsäure, welcher man 2 Procent Salpetersäure ($N_2\ O_5$) zugesetzt hatte. Bei Einwirkung der schwefligen Säure ging nämlich, wie Vorversuche gezeigt hatten, eine derartige Mischung sehr leicht in Nitrosulfonsäure über und wirkte dann ganz so, wie die Säure der Gay-Lussac-Thürme. Durch zeitweiliges Nachsetzen von etwas Salpetersäure sollte ihre Wirksamkeit aufrecht erhalten werden und es hätte sich solchergestalt der Betrieb zu einem überaus einfachen und billigen gestalten müssen. Aber die grossen Hoffnungen, mit denen man an's Werk gegangen war, sollten sich nicht erfüllen und an Stelle des erwarteten Erfolges trat bittere Enttäuschung. Zwar fand anfänglich eine unverkennbare Absorption der schwefligen Säure bis zu etwa 70 Procent von deren Gesammtmenge statt, aber nur zu bald traten braune Dämpfe von salpetriger Säure auf und gleichzeitig erlitt die Schwefelsäure eine sich von Stunde zu Stunde steigernde Verdünnung, indem sie sich des in den Verbrennungsproducten der Steinkohle enthaltenen Wasserdampfes in gieriger Weise bemächtigte. Die Einwirkung dieses Wasserdampfes war zwar vorhergesehen, aber sie war, wie sich jetzt ergab, ganz ausserordentlich unterschätzt worden. Es blieb jetzt nur ein Mittel zur Abhilfe übrig: Man musste die Gase vor dem Eintritt in den Thurm einer ausreichenden Trocknung unterwerfen und sie zu diesem Zwecke mit einem Schwefelsäureregen in Berührung bringen. Bevor man jedoch zu dieser Abänderung schritt, wiederholte man die Versuche, die im Kleinen ein so befriedigendes Ergebniss geliefert hatten, im grossen Maassstabe. Durch Verbrennen von Schwefel in der Flugstaubkammer stellte man sich ein relativ trocknes schwefligsaures Gas von 1 bis 2 Procent Gehalt her und unterwarf dieses der Einwirkung der nitrosen Schwefelsäure. Als solche benutzte man diesmal auch wirkliche Nitrosulfonsäure in Gestalt von Thurmsäure der Freiberger Schwefelsäurefabriken, wie solche auf ein an das Königliche Oberhüttenamt gerichtetes Gesuch in bereitwilligster Weise zur Verfügung gestellt worden war. Aber auch unter diesen möglichst günstig gestalteten Verhältnissen blieb der Erfolg weit hinter demjenigen des Vorversuches zurück. Erlitt die Schwefelsäure auch keine Verdünnung mehr, so wurden doch im günstigsten Falle nur 50 bis 60 Procent der in den Gasen enthaltenen schwefligen Säure aufgenommen und man gelangte im Allgemeinen zu der Ueberzeugung, dass der Process verhältnissmässig langsam verlaufe, sein

8

Gelingen somit die Anwendung sehr umfänglicher Absorptionsapparate voraussetze, dass man sich mit einem Worte in den Verhältnissen getäuscht habe. Hätte der erbaute Thurm eine vielleicht zehnmal grössere Absorptionsfläche besessen, so würde aller Voraussicht nach die Rückhaltung der schwefligen Säure eine eben so vollkommene gewesen sein, wie bei den Vorversuchen im Kleinen; aber eine Umgestaltung der Anlage zu solchen Dimensionen würde nur mit sehr grossen Geldopfern möglich gewesen sein und ausserdem hätte es dafür geradezu an Platz gemangelt. So entschloss man sich denn angesichts des erlittenen Misserfolges, den betretenen Weg überhaupt zu verlassen und die Erreichung des Ziels unter Anwendung eines anderen Verfahrens und unter fortgesetzter Benutzung der nun einmal geschaffenen Anlage anzustreben.

2. Verarbeitung der Rauchgase auf Schwefel.

In der That würde man auch durch einen immerhin aufhältlichen Umbau der Anlage zu viel Zeit verloren haben. Die Verhältnisse forderten gebieterisch Abhilfe, denn die Waldverwüstung griff in geradezu erschreckender Weise um sich und das erlittene Fiasco war wenig geeignet gewesen, die geschädigten Werksnachbarn versöhnlicher zu stimmen. Eine wenn auch nur vorübergehende Betriebseinstellung aber hätte die geschäftlichen Errungenschaften der Fabrik wieder zunichte gemacht, die mit Recht erfreuliche genannt werden durften. Denn während die Production des Werkes anfänglich 1800 bis 2000 Ctr. Ultramarin betrug, war sie inmittelst auf 3200 Ctr. angewachsen und die Nachfrage nach dem anerkannt vorzüglichen Fabrikate stieg noch immer von Tag zu Tage. Das Absehen musste somit nicht allein auf einen ungestörten Fortbetrieb der Fabrikation, sondern auch auf eine beträchtliche Erweiterung derselben gerichtet sein und doch war an letztere unter den obwaltenden Umständen nicht zu denken.

Wenn es nun galt, mit thunlichster Beschleunigung ein neues Verfahren ausfindig zu machen, welches besser als das frühere geeignet war, den aus den Ultramaringlühöfen entweichenden Gasen den Gehalt an schwefliger Säure zu entziehen, so war doch die Brauchbarkeit dieses Verfahrens nicht allein von dem erzielten Erfolge, sondern auch von der Bedingung abhängig, dass es sich selbst bezahlt mache, indem es ein Product lieferte, dessen Werth den aufgewendeten Betriebskosten, wenn nicht ganz, so doch nahezu gleichkam.

Bekanntermaassen liefert die Ultramarinfabrikation als Auslaugeproduct der Rohfarbe beträchtliche Mengen Glaubersalz in Gestalt einer concentrirten Lösung, die sich durch Abdampfen nur mangelhaft verwerthen lässt. Das erste Absehen war nun darauf gerichtet, dieses Glaubersalz mit Hilfe der beim Glühprocess entweichenden schwefligen Säure in unterschwefligsaures Natron überzuführen, welches zu jener Zeit ein begehrter und verhältnissmässig gut bezahlter Artikel war. Anfänglich gedachte man Sodarückstände von auswärts zu beziehen, diese zur Absorption der schwefligen Säure zu benutzen und hierauf das entstandene unterschwefligsaure Calcium mit der vorhandenen Glaubersalzlösung umzusetzen, wobei man unlöslichen Gyps und andererseits unterschwefligsaures Natron erhielt, welches letztere durch

Krystallisation gewonnen werden konnte. Es erwies sich indessen, dass dieser Weg zu kostspielig sei, namentlich weil sich keine Sodafabrik in der Nähe befand und die erforderlichen Sodarückstände im feuchten Zustande von Heinrichshall bei Gera hätten herbeigeholt werden müssen.

Man entschloss sich deshalb zu einer Abänderung derart, dass man das zur Verfügung stehende Glaubersalz durch Reduction mit Kohle in Schwefelnatrium überführte und dieses in Lösung brachte, um es direct als Absorptionsmittel für die schweflige Säure zu benutzen und es auf diese Weise in unterschwefligsaures Natron überzuführen. Um über die Ausführbarkeit dieses Verfahrens Gewissheit zu erlangen, nahm ich zunächst Versuche in kleinem Maassstabe vor. Es wurde ein hölzerner Absorptionsthurm von $3_{,5}$ m Höhe und $0_{,6}$ m Weite aufgestellt, den man mit Coaks füllte und mit Schwefelnatriumlösung überrieselte. Unterhalb der Coaksfüllung traten die Rauchgase ein, die man in einem kleinen, neben dem Thurm aufgestellten Ofen erzeugte, in welchem man ein Gemenge von Steinkohle und Stangenschwefel verbrannte. Der erforderliche Zug wurde dadurch erzeugt, dass man das obere Austrittsrohr des Thurmes in einen gut saugenden Schornstein ausmünden liess. Auf solche Weise waren die auf Schindler's Werk obwaltenden Verhältnisse ziemlich treu nachgeahmt worden und mit grosser Befriedigung nahm man wahr, dass die Absorption der schwefligen Säure eine überaus vollkommene, eine geradezu tadellose war. Das Gasgemenge, welches mit einem Gehalte von durchschnittlich $1_{,5}$ Procent schwefliger Säure in den Thurm eintrat, gab bei seinem Austritt aus demselben kaum noch eine Reaction auf schweflige Säure und ebensowenig liess sich darin Schwefelwasserstoff nachweisen. Man konnte dasselbe stundenlang durch einen Reich'schen Apparat führen, ohne dass Entfärbung der Jodstärkelösung eingetreten wäre. Die ursprünglich gelbe Schwefelnatriumlösung floss unten aus dem Thurme farblos und nur durch ausgeschiedenen Schwefel getrübt ab; bei geeigneter Regelung des Zuflusses roch sie fast nicht nach schwefliger Säure und lieferte nach entsprechendem Concentriren einen reichen Anschuss von unterschwefligsaurem Natron. Dampfte man dieselbe ohne Weiteres unter Zusatz von Steinkohlenpulver zur Trockne und erhitzte hierauf den erhaltenen Rückstand zum Glühen, so erhielt man ein höher geschwefeltes Natriumsulfid, welches, in Lösung übergeführt und innerhalb des Thurmes mit dem schwefligsauren Gase behandelt, wiederum unterschwefligsaures Natrium und eine entsprechend reichlichere Schwefelausscheidung lieferte. Dieses Verhalten führte erklärlicherweise auf den Gedanken, statt auf die Gewinnung von unterschwefligsaurem Natron auf diejenige von Schwefel hinzuarbeiten und so ein Product zu erzielen, welches gleich bei der Ultramarinfabrikation selbst wieder verwendet werden konnte. Man brauchte die aus dem Thurme abfliessenden Laugen nur zum Kochen zu erhitzen, wobei der darin suspendirte Schwefel eine Verdichtung erfuhr, und dieselben sodann ein Sandfilter passiren zu lassen. Der Schwefel blieb auf diesem zurück, die klar abfliessende Salzlösung floss direct auf eine Abdampfpfanne, wurde dort mit Steinkohlenpulver gemischt und zur Trockne verdampft, worauf man den Rückstand der Schmelzung zu unterwerfen hatte, um ihn wieder in wirksames Schwefelnatrium zurückzuverwandeln. Das war

8*

der Plan, der sich aus dem Verlaufe jener Vorversuche entwickelte und der sich umsomehr befestigte, als die Fortführung der Versuchsarbeiten im Kleinen das Zutreffen aller Voraussetzungen zweifellos nachwies.

Nach diesen vorläufigen und sehr gründlichen Erörterungen ging man daran, die neue Methode im Grossen practisch zu erproben, indem man die bei der Ultramarinfabrikation entstehenden Rauchgase in den auf Schindler's Werk erbauten Bleithurm eintreten liess und diesen von jetzt ab mit einer Schwefelnatriumlösung von 15° B. speiste. Bevor ich jedoch über den Ausfall dieses Versuches berichte, möge es mir gestattet sein, einige Worte über die Darstellung des erforderlichen Schwefelnatriums einzuschalten.

a. Darstellung des Schwefelnatriums.

Die Reduction des Glaubersalzes zu Schwefelnatrium erfolgte durch Steinkohlenpulver in der Glühhitze. Der Kohlezuschlag belief sich auf 25 bis 30 Procent; man wählte eine gute, möglichst aschenarme Zwickauer Kohle und mengte diese entweder mit dem vorher calcinirten Glaubersalz, oder man trug sie in eine concentrirte Glaubersalzlösung von bekanntem Gehalte ein, worauf man in einer eisernen Pfanne soweit abdampfte, bis die Masse breiige Beschaffenheit angenommen hatte und sich mit Schaufeln ausstechen liess. Das eine wie das andere Gemenge wanderte hierauf in den Ofen, um bei mässig starker Glühhitze der reducirenden Schmelzung unterworfen zu werden. Dieser Ofen war ein kleiner Flammofen, dessen Arbeitsöffnung der Feuerbrücke gegenüber lag, damit die durch dieselbe einströmende Luft direct in den Fuchs abziehen konnte, ohne auf das Schmelzgut einzuwirken. Viel Mühe und Lehrgeld kostete die Ausfindigmachung eines geeigneten, widerstandsfähigen Heerdmaterials. Bekanntlich wirkt glühendflüssiges Schwefelnatrium ungemein fressend und ein Sand- oder Ziegelheerd war nach wenigen Chargen total zerstört, das Schwefelnatrium selbst aber durch reichliche Silicatbildung fast unbrauchbar geworden. Heerde aus gepochtem Kalkstein oder gebranntem Kalk erhielten auch bei starkem Einbrennen keine genügende Bindung und wurden infolge dessen von dem flüssigen Schwefelnatrium gehoben und erst als man sich dazu entschloss, einen Heerd aus grossen glattbehauenen Blöcken von Fürstenberger Marmor zusammenzufügen und die verbliebenen Ritzen mit Kalk fest auszustopfen, wurde die gewünschte Widerstandsfähigkeit erreicht. Es wurde hierbei die ganze Heerdsohle aus einem einzigen muldenartig vertieften Marmorblock gebildet, in den seitlich die Stichöffnung eingebohrt war, und auf diesem ruhte der aus kleineren Stücken bestehende Heerdkranz, der zeitweiliger Erneuerung oder doch Ausbesserung bedurfte. Das Einbrennen dieses Heerdes erfolgte mit grösster Sorgfalt und glückte auch vollkommen, ohne dass die Kalksteinblöcke rissig wurden.

Der Schmelzprocess selbst verlief rasch und glatt; nur musste, sobald oberflächliche Schmelzung eingetreten war, mit einem eisernen Gezäh fleissig umgerührt werden, damit der vorhandene Kohleüberschuss das Verbrennen des gebildeten Schwefelnatriums verhinderte. Sobald vollkommene Reduction eingetreten war, wurde der vorher dickflüssige Ofeninhalt mit einem Male dünnflüssig und begann nun eigenthümlich zu phosphoresciren. Eintretendes

Funkensprühen deutete auf Verbrennung, die man jedoch sofort dämpfen konnte, wenn man eine Hand voll Steinkohlenpulver auf das flüssige Bad warf. Man schritt, sobald jene Erscheinungen sich bemerkbar machten, zum Abstechen des Schwefelnatriums, welches einem glühenden Metall gleich abfloss und in eisernen Schüsseln aufgefangen wurde, worauf man es sogleich mit etwas Kohlenstaub und einem eisernen Blech bedeckte.

Der auf Schindler's Werk befindliche kleine Flammofen, welcher übrigens kaum die Hälfte des Jahres in Betrieb zu sein brauchte, um den Bedarf zu decken, lieferte täglich 12 bis 15 Ctr. Schwefelnatrium mit einem Kostenaufwande von ca. — M. 50 Pf. pro Ctr., wobei natürlich der Werth des immer wieder zurückgewonnenen Glaubersalzes nicht mit in Rechnung gezogen ist.

Das fertige Schwefelnatrium wurde noch warm zu faustgrossen Stücken zerschlagen und in Fässer verpackt, in denen es sich lange Zeit unverändert aufbewahren liess. Mit Wasser gab es eine dunkelgelbe Lösung, die immer nur nach Bedarf hergestellt wurde, da die atmosphärische Luft zersetzend auf dieselbe einwirkte. Uebrigens hatte die Herstellung der Schwefelnatriumlösung anfänglich ihre grossen Schwierigkeiten, weil die nie fehlenden Verunreinigungen auf der Oberfläche der Stücke zur Ausscheidung gelangten und eine zähe Schlammumhüllung bildeten, welche den lösenden Angriff des Wassers behinderte. Vorherige Zerkleinerung der Schwefelnatriumstücke im Pochwerk oder auf dem Kollergang war unthunlich, weil dabei gar nicht zu hemmende Entzündung des Schwefelnatriumpulvers erfolgte, die in einem Falle das Pochwerksgebäude bedrohte und nur dadurch noch bewältigt werden konnte, dass man das pyrophorisch glimmende Schwefelnatrium ohne Verzug in dichte Fässer packte und diese zuschlug. Als man dieselben jedoch mehrere Tage darauf zu öffnen versuchte, gerieth ihr Inhalt auch sofort wieder in's Glimmen. Nicht weniger unglücklich verlief der Versuch, das Schwefelnatrium in noch glühendem, halbweichem Zustande in's Wasser zu werfen, wobei von mächtigem Knalle begleitete Explosionen eintraten. Zuletzt gelang es, die Auflösung des Schwefelnatriums auf die Weise mühelos zu bewerkstelligen, dass man letzteres in grosse Lattentrommeln brachte, die, zur Hälfte in das Wasser eintauchend, in den Lösebottichen hingen und mittelst einer Kurbel zeitweilig gedreht werden konnten, wobei die Schlammbedeckung der Stücke abgescheuert wurde.

In dieser Weise stellte man das Schwefelnatrium und dessen Lösung auf Schindler's Werk von 1868 bis 1875, also sieben Jahre hindurch dar, worauf man es vorzog, zu einer anderen Bereitungsweise überzugehen. Vielfache Unregelmässigkeiten bei dem unten zu beschreibenden Thurmbetrieb hatten nämlich ergeben, dass man hinsichtlich der Qualität des ausgebrachten Schwefelnatriums vollkommen von der Gewissenhaftigkeit der den Flammofen bedienenden Arbeiter abhängig sei und dass bei einiger Unachtsamkeit sehr leicht ein weitgehendes Verbrennen des Schwefelnatriums eintrete. Der Gehalt der durch die Flammofenesse entweichenden Gase an schwefliger Säure, der bei normalem Betrieb nur $0_{,01}$ Vol.-Procent oder auch noch weniger betrug, konnte dann eine gefährliche Höhe erreichen, ganz abgesehen davon, dass der Wirkungswerth des Schwefelnatriums eine beträchtliche Abminderung erfuhr. Dazu kam noch, dass das Schwefelnatrium in der Glühhitze etwas flüchtig ist, wie denn auch der beim Auflösen sich bildende voluminöse und zähe Schlamm, der aus Kohle, Kieselsäure, Schwefelcalcium und Schwefeleisen bestand, ein höchst lästiges Nebenproduct bildete.

Diese Uebelstände, vor Allem aber der Wunsch, mit einer Schwefelnatriumlösung von sich stetig gleichbleibender Beschaffenheit arbeiten zu können und dadurch einer Controle überhoben zu sein, welche geradezu einen eigens für diesen Zweck angestellten Beamten erfordert hätte, dies Alles wurde Veranlassung zur Einführung einer neuen Methode der Schwefelnatriumdarstellung. Es beruhte diese auf der Umsetzung zwischen Glaubersalz und Schwefelbarium in concentrirter warmer Lösung, Absetzenlassen des gebildeten Niederschlags von schwefelsaurem Baryt und Rückverarbeitung desselben auf Schwefelbarium. Sobald die klare, jetzt völlig reine Schwefelnatriumlösung abgezogen war, wusch man gedachten Niederschlag ganz oberflächlich aus, mischte ihm ein zu seiner Reduction ausreichendes Quantum Steinkohlenpulver unter, überliess das Gemenge der Austrocknung durch abgehende Wärme und stampfte es in Thontiegel ein, die in grosser Zahl in einen geeigneten Glühofen eingesetzt wurden. Nach erfolgtem Brande erhielt man ein tadelloses Schwefelbarium, welches zu Klumpen von der Kegelgestalt der Tiegel zusammengesintert war, aber doch noch so viel Porosität besass, dass es sich mit Leichtigkeit in warmem Wasser auflöste. Allerdings hinterliess es hierbei etwa 20 Procent Rückstand; aber es bestand derselbe in der Hauptsache aus Schwerspath und Kohle und konnte ohne Weiteres zur eigenen Arbeit zurückgegeben werden.

Die Darstellung des Schwefelbariums auf dem Wege der Tiegelglühung könnte auffällig erscheinen und doch bildete sie die einzige Methode, welche ein wirklich gutes, brauchbares Product lieferte. Uebrigens erwies sich dieselbe durchaus nicht als besonders kostspielig, da die angewendeten Tiegel keinen Angriff erlitten und eine grosse Anzahl von Bränden aushielten, bevor sie zu Bruch gingen. Es wurden diese Tiegel in der Fabrik selbst aus feuerfestem Thon gedreht; sie waren schwach conisch, fast cylindrisch, 24 bis 28 cm hoch, oben 11 cm weit und von 8 bis 10 mm Wandstärke. Die Glühöfen standen in einer Reihe neben einander und zwar war die Einrichtung getroffen, dass immer nur einer derselben geschürt wurde, die abziehenden Verbrennungsgase aber den nächstfolgenden passiren mussten, bevor sie in den Schornstein entwichen, und auf diesem Wege ihre Wärme an dessen Füllung abgaben. Hierdurch erreichte man nicht allein eine Brennmaterialersparniss, sondern auch eine sehr bedeutende Schonung der sich nun allmälig erwärmenden Glühtöpfe.

Ein jeder Ofen fasste 495 Stück Tiegel und diese wieder nahmen 1375 kg = $27_{,5}$ Ctr. des Gemenges auf, eine Quantität, die nach erfolgtem Brande 865 kg = $17_{,3}$ Ctr. rohes Schwefelbarium lieferte. Die Schürzeit betrug gegen 24 Stunden. Innerhalb der ersten 10 bis 12 Stunden erfolgte sehr allmälig die Anwärmung und schliesslich die Steigerung bis zu der zur Reduction erforderlichen Temperatur, welche sich der Weissgluth näherte. Man erhielt sodann — vielleicht überflüssig lange — den Hitzgrad fernere 12 Stunden auf dieser Höhe und überliess schliesslich den Ofen sammt seiner

Füllung der Abkühlung, worauf die Tiegel entleert und frisch beschickt wurden.

Die Kosten eines Brandes ergeben sich aus folgender Zusammenstellung:

1057,5 kg Schwerspath	17 M.	23 Pf.
317,5 „ Steinkohlenpulver	5 „	29 „
10 hl Steinkohlen	12 „	50 „
Tiegelaufwand, Ofenreparaturen, Löhne für das Mengen, Beschicken, Schüren und Entleeren	4 „	50 „
	39 M.	52 Pf.

Da das Ausbringen sich, wie bereits mitgetheilt, auf 865 kg rohes Schwefelbarium beziffert, so kosten also von diesem

100 kg 4 M. 56 Pf.,
1 Ctr. 2 „ 28 „

und dieser Preis reducirt sich wieder fast auf die Hälfte, wenn man die bei der Schwefelnatriumdarstellung thatsächlich erfolgende Zurückgewinnung des Schwerspaths in Rechnung zieht.

b. Absorption der schwefligen Säure durch Schwefelnatriumlösung.

Wie oben bereits des Weiteren ausgeführt worden ist, sollte die Lösung des Schwefelnatriums zur Absorption der in den Rauchgasen der Schneeberger Ultramarinfabrik enthaltenen schwefligen Säure dienen, wobei man die Absicht hatte, auf die Gewinnung von unterschwefligsaurem Natrium, oder besser noch auf diejenige von Schwefel hinzuarbeiten. Dass dies möglich sei, hatten die Vorversuche zweifellos ergeben; um so grösser war die Verwunderung, ja die Bestürzung, als man bei der Uebertragung des Processes in den grossen Maassstab zu total anderem Ergebniss gelangte. Als nämlich der früher erwähnte bleierne Absorptionsthurm mit Schwefelnatriumlösung gespeist wurde, während die Gase der Ultramarinöfen von unten in denselben eintraten, erfolgte zwar eine vollkommen befriedigende Absorption der schwefligen Säure, aber die Flüssigkeit floss ungefärbt und wasserklar ab. Das Schwefelnatrium war vollkommen verschwunden, aber keine Spur einer Schwefelabscheidung wollte sich zeigen. Ebensowenig trat eine solche ein, wenn man die Flüssigkeit mit einer stärkeren Säure versetzte, ein Beweis, dass auch kein unterschwefligsaures Natron gebildet worden war. Und wie oft man auch den Versuch wiederholen, wie vielfach man in den Verhältnissen variiren mochte, das Ergebniss blieb immer dasselbe: die schweflige Säure verschwand, aber es gelang nicht, sie in nutzbarer Gestalt wieder auszubringen und damit war das Ziel natürlich nur halb erreicht.

Obwohl es nicht ausbleiben konnte, dass angesichts dieses abermaligen Misserfolges Verdammungsurtheile über den neubetretenen Weg laut wurden, so war doch mit der thatsächlichen Beseitigung der schwefligen Säure ein grosser Schritt vorwärts gethan und da letztere nicht verschwunden sein konnte, so mussten sich andere Producte als die erwarteten gebildet haben. Es wurde also zunächst, unbekümmert um die verursachten Kosten, in gleicher Weise fortgearbeitet und inmittelst ein sorgfältiges Studium der verhältnissmässig wenig bekannten Polythionsäuren vorgenommen. Dieses ergab denn auch, dass beim Zusammenwirken von schwefliger Säure und Schwefelnatriumlösung die Temperatur einen ganz ausserordentlichen, bisher nicht beachteten Einfluss übt. Während bei mittlerer Temperatur unter Schwefelabscheidung unterschwefligsaures Natron gebildet wird, entsteht bei 40° ausschliesslich tetrathionsaures Natron nach der Gleichung:

$$Na_2\,S + 3\,SO_2 = Na_2\,S_4\,O_6.$$

Nun führten aber die in den Absorptionsthurm eintretenden Verbrennungsgase der Flüssigkeit so viel Wärme zu, dass deren Temperatur auf 40° und selbst darüber stieg, und was bei den Vorversuchen nicht der Fall gewesen war, trat hier ein, es wurde nicht mehr Schwefel und unterschweflige Säure, sondern es wurde vorwiegend Tetrathionsäure gebildet.

Kaum gemacht, sollte diese Wahrnehmung auch schon eine höchst willkommene practische Bestätigung erfahren, die gleichzeitig einen Fingerzeig für die Verarbeitung der aus dem Thurm abfliessenden Flüssigkeit, der sogenannten zersetzten Lauge, gab. Als nämlich eine grössere Quantität dieser zersetzten Lauge in einem eisernen Kessel zur Krystallisation abgedampft werden sollte, begann dieselbe sich gelb zu färben und schied gleich darauf massenhaft tadellos schönen und reinen Schwefel ab, der anfänglich als lockerer voluminöser Schaum obenauf schwamm, bald aber beträchtliche Verdichtung erlitt und sich als körniges Pulver zu Boden setzte. Bei dieser Zersetzung ging das tetrathionsaure Natron in Glaubersalz über, während sich gleichzeitig schweflige Säure entwickelte:

$$Na_2\,S_4\,O_6 = Na_2\,SO_4 + SO_2 + 2\,S.$$

So hatte sich denn ein chemischer Process von ziemlicher Einfachheit herausgebildet, der es ermöglichte, die in den Rauchgasen in grosser Verdünnung auftretende schweflige Säure in elementaren Schwefel und damit wieder in nutzbare Form überzuführen. Es zerfiel dieser Process in vier Operationen:

1) Darstellung des Schwefelbariums ($Ba\,SO_4 + 4\,C = Ba\,S + 4\,CO$).
2) Umsetzung des Schwefelbariums mit Glaubersalz zu Schwefelnatrium und schwefelsaurem Baryt ($Ba\,S + Na_2\,SO_4 = Na_2\,S + Ba\,SO_4$).
3) Absorption der in den Rauchgasen enthaltenen schwefligen Säure unter Bildung von tetrathionsaurem Natron ($Na_2\,S + 3\,SO_2 = Na_2\,S_4\,O_6$).
4) Zerlegung des tetrathionsauren Natrons in Glaubersalz, schweflige Säure und Schwefel ($Na_2\,S_4\,O_6 = Na_2\,SO_4 + SO_2 + 2\,S$).

Es geht aus dieser Zusammenstellung hervor, dass Schwerspath und Glaubersalz ihrer ganzen Menge nach wieder ausgebracht wurden, während von der schwefligen Säure sich nur zwei Drittel in Schwefel verwandelten, das dritte Drittel hingegen zwar absorbirt, aber bei der Operation 4 wieder in Freiheit gesetzt wurde. Es musste dem Thurme wieder zugeführt werden und bildete somit einen continuirlichen Durchläufer. Der thatsächliche Material-Aufwand erstreckte sich einzig auf die Steinkohle, die bei der Darstellung des Schwefelbariums als Reductionsmittel und Heizmaterial erfordert wurde und deren man ausserdem zum Kochen der zersetzten Laugen behufs Freimachung des Schwefels bedurfte.

Wenn nun auch die oben aufgestellte Formelgleichung im Allgemeinen ein richtiges Bild von dem chemischen Vorgange beim Absorptionsprocess giebt, so vollzogen sich doch innerhalb des Thurmes zweifellos noch Nebenreactionen und bei der Inconstanz der Verhältnisse konnte das auch gar nicht anders erwartet werden. Der Gehalt der Gase an schwefliger Säure, wie auch an Kohlensäure, und die Temperatur derselben waren einem stetigen Wechsel unterworfen und wenn sich auch nie eine Schwefelausscheidung innerhalb des Thurmes zeigte, unterschwefligsaures Natron sich in untergeordneter, tetrathionsaures Salz sich in vorwiegender Menge bildete, so wurde doch häufig das Auftreten von etwas Schwefelwasserstoff in den aus dem Thurm abziehenden Gasen beobachtet. Dieses Gas erwies sich bei der Verdünnung, mit der es in die Atmosphäre entwich, als effectiv vegetationsunschädlich, aber seine Bildung kam einem Verluste an Schwefel gleich, der vermieden werden musste. Man suchte deshalb den Betrieb derartig abzuändern, dass man das abziehende Gas vor seinem Entweichen in die Luft noch einmal einen Regen von zersetzter, mit schwefliger Säure beladener Lauge passiren liess und erreichte dies zunächst durch den Einbau mehrerer Scheider in den Absorptionsthurm und Berieselung der auf solche Weise geschaffenen Abtheilungen mit verschiedenen Flüssigkeiten. Der Erfolg war ein befriedigender, nur erwies sich die Absorptionsfläche des Thurmes nicht mehr als ausreichend. Da letzterer ausserdem sehr baufällig geworden war, so entschloss man sich 1876 zur Errichtung einer neuen und grösseren Absorptionsanlage, die auf Grund der gemachten Erfahrungen eine ganz veränderte Gestaltung erhielt. An Stelle des hohen Bleithurms errichtete man wenig über dem Erdboden drei geräumige Kammern, die man einfach aus Holz aufführte und durch Bekleidung mit getheerter Dachpappe hinreichend gasdicht erhielt. Diese Kammern wurden mit Reissig und Ruthenwerk gefüllt, welches man durch einen einfachen, aber sehr zweckmässigen Zerstäubungsmechanismus, der aus einer rasch rotirenden Welle mit Flügelrädern bestand, mit der auf letztere sich ergiessenden Flüssigkeit überaus vollkommen berieselte. Auf die Anbringung eines saugenden Schornsteins am Ende der Anlage verzichtete man und zog es vor, die Gase durch einen durch eine kleine Turbine getriebenen Ventilator von den Oefen ab- und durch die Absorptionskammern hindurch zu saugen. Ueberhaupt suchte man durch die getroffenen mechanischen Einrichtungen einen möglichst regelmässigen, ungestörten Betrieb der Anlage herbeizuführen, wie dieselben denn auch das stetige Heben der Absorptionsflüssigkeiten besorgten, welche man wiederholt der Einwirkung der schwefligen Säure aussetzte, bevor man sie der Weiterverarbeitung überwies. Es war dies schon um deshalb nöthig, weil bedeutende Flüssigkeitsmengen über das Ruthenwerk fliessen mussten, wenn sich auf diesem nicht Russ ablagern sollte.

Von den drei angelegten Kammern wurde nur die mittlere mit Schwefelnatriumlösung gespeist und in ihr vollzog sich somit die eigentliche Reaction. Die aus derselben abfliessende zersetzte Lauge gelangte sodann auf die erste Kammer, woselbst sie sich theils chemisch, theils mechanisch mit schwefliger Säure sättigte, und von da aus liess man sie auf die dritte Kammer, die das Ende des Systems bildete, fliessen, damit sie die bei der Zersetzung des

Schwefelnatriums etwa entstandenen geringen Mengen Schwefelwasserstoff aufnehme. Durch dieses Arrangement erreichte man eine sehr befriedigende, sich bis auf 90 Proc. beziffernde Absorption der schwefligen Säure, so dass der Gehalt der entweichenden Gase bis unter die Schädlichkeitsgrenze herabgezogen wurde, umsomehr als die gefundenen minimalen Mengen schwefliger Säure zum guten Theil in unschädlichen Schwefelwasserstoff umgewandelt waren, welcher bei Anwendung der Reich'schen Untersuchungsmethode ebenfalls entfärbend auf die Jodlösung wirkt.

c. Verarbeitung der zersetzten Lauge.

Die aus den Absorptionskammern abfliessende zersetzte Lauge, welche schon in diesen durch die Wärme des Gasstromes eine beträchtliche Abdampfung erfahren hatte, war farblos, zeigte mässigen Geruch nach schwefliger Säure und führte nicht unbeträchtliche Russmengen mit sich fort, die man dadurch entfernte, dass man die Flüssigkeit durch ein Kiesfilter laufen liess. Hierauf sammelte man sie in grossen Bottichen an und liess sie bis zum nächsten Tage stehen, wobei sie ihren Geruch durch weitere Tetrathionsäurebildung vollkommen verlor. Gleichzeitig begann sie sich gelb zu färben und bei längerer Ruhe Schwefel abzuscheiden. Um diese Schwefelabscheidung rasch herbeizuführen, brachte man die Lauge auf einen eisernen Kessel und erhitzte sie zum wallenden Sieden. Bald darauf begann sie sich milchig zu trüben und allmälig bedeckte sich ihre Oberfläche mit einer förmlichen Haube von schön gelbem, voluminösem Schwefel, der in dem Maasse, als die Concentration der Flüssigkeit wuchs, in ein dichtes sandiges Pulver überging und sich zu Boden senkte. Die sich während des Kochens entwickelnde schweflige Säure machte sich wenig bemerkbar, doch war durch einen über dem Kessel angebrachten und diesen völlig umschliessenden Hut mit Klappe und Abzugslutte Vorsorge getroffen, sie in die Absorptionskammer abzuleiten.

Sobald aller Schwefel sich abgeschieden hatte und zu hinlänglicher Verdichtung gelangt war, liess man den Kesselinhalt durch eine einfache Filtrirvorrichtung abfliessen.* Dieselbe wurde durch einen Bottich mit falschem Boden gebildet, in welchen man als Filtrirschicht eine starke Lage grobgeschrotenen Stangenschwefel gebracht hatte. Die concentrirte heisse Glaubersalzlösung floss dabei rasch ab und wurde durch Zusatz von Schwefelbarium wieder in eine Auflösung von Schwefelnatrium umgewandelt; den erhaltenen Schwefel wusch man mit geringen Wassermengen aus und überliess ihn dann auf hölzernen Horden der freiwilligen Abtrocknung, worauf er bei der Ultramarinfabrikation verwendet wurde. Er besass keine rein gelbe, sondern bräunliche Farbe, war aber im Uebrigen genügend rein; eine Untersuchung desselben ergab z. B. folgende Zusammensetzung:

Schwefel	=	98,85,
Glaubersalz	=	0,58,
Bitumen	=	0,42,
Asche	=	0,15,
		100,00.

Fragt man nun nach dem Erfolge, welcher durch die Anwendung des im Vorstehenden beschriebenen Absorptionsverfahrens erzielt wurde, so kann dieser, soweit es die Beseitigung der den Ultramarinöfen entströmenden schwefligen Säure betrifft, als ein vollkommener bezeichnet werden. Denn dass letztere trotz ihrer grossen Verdünnung zum Verschwinden gebracht und somit unschädlich gemacht wurde, das ergaben nicht allein die täglich mehrmals ausgeführten Gasuntersuchungen[1]), sondern vor Allem ging es hervor aus einem geradezu überraschenden Wiedererwachen der das Werk umgebenden Vegetation. Der zeither dürre, vergilbte Graswuchs des Bergabhanges verwandelte sich wieder in saftiges Grün und gestattete eine regelmässige Heuernte; die braunen, halbverdorrten Fichtenbestände setzten frische, kräftige Triebe an, deren Wachsthum sich mit jedem Jahre vermehrte, und nur soweit die Waldung vollständig abgestorben war, musste sie abgetrieben und durch eine neue Anpflanzung ersetzt werden, die nun im gedeihlichen, ungestörten Heranwachsen begriffen ist. Infolgedessen wurde nicht allein ein Ausgleich mit den ehemals geschädigten Nachbarn, sondern auch eine Erweiterung der Ultramarinfabrik möglich, deren Production inmittelst eine Steigerung auf 5000 Centner jährlich erfahren hat.

Aber diesen Erfolgen gegenüber fielen die Opfer schwer in's Gewicht, welche zu ihrer Erreichung gebracht werden mussten, nicht die Opfer an Baucapital, an Mühen, Aergernissen und Fabrikationsstörungen aller Art, die ja gern verschmerzt worden wären, sondern diejenigen an laufendem Betriebsaufwand. Es stellte sich heraus, dass das Absorptionsverfahren, welches ja ein rein chemisches war, unbedingt der Ueberwachung durch einen erfahrenen Chemiker bedurfte und ein solcher war auf Schindler's Werk eben so wenig vorhanden und im Uebrigen eben so wenig nöthig, wie ein chemisches Laboratorium. Hierin lag die grösste Erschwerniss für eine lucrative Handhabung der an sich vollkommen lebensfähigen Methode und in dem Maasse, als die vorhandenen Beamtenkräfte sich auf den in steter Steigerung begriffenen Fabrikationsbetrieb concentriren mussten und der Absorptionsanlage nur noch nebensächliche Aufmerksamkeit zuwenden konnten, sank auch das Schwefelausbringen, welches sich längere Zeit hindurch auf ziemlich befriedigender Höhe gehalten hatte. Sonderbarerweise erfuhr das Schwefelausbringen eine ganz entschiedene Abminderung, als man die vergrösserte Absorptionseinrichtung in Betrieb nahm, und zwar lag die Ursache hiervon hauptsächlich darin, dass der abgesaugte Gasstrom ganz beträchtliche Mengen der feinzerstäubten Salzlösung mit sich fortführte. Die dadurch bedingten Verluste an werthvollem tetrathionsaurem Natron würden sich zwar durch den Anbau ausreichender Condensationskammern oder durch eine Waschung des Gases haben vermeiden lassen, aber einestheils war man des kostspieligen

[1]) Bei diesen Untersuchungen bediente man sich des erprobten Reich'schen Verfahrens in etwas abgeänderter Gestaltung. Aber trotz der unanfechtbaren, überzeugenden Zahlenbelege, welche dieses lieferte, gab es noch unbekehrbare Zweifler. Als Curiosum möge in dieser Hinsicht erwähnt werden, dass sich eines Tages über dem Abzuge des Absorptionsapparates in der Luft schwebend eine — Fichte vorfand. Es war dies eine der wenigen heiteren Episoden in der sonst so ernsten und an Sorgen reichen Zeit der Rauchschädenbeseitigung auf Schindler's Werk!

9*

Experimentirens müde und anderntheils ging der allgemeine Wunsch dahin, an Stelle des bisherigen, stetiger Ueberwachung bedürfenden Absorptionsverfahrens ein anderes gesetzt zu sehen, welches sich, wenn auch mit einem gewissen mässigen Geldaufwand und unter Verzichtleistung auf ein Ausbringen, doch in einfacherer und bequemerer Weise, mit einer Art Selbstthätigkeit, betreiben lasse. Die aus diesem bei den obwaltenden Verhältnissen nur zu gerechtfertigten Wunsche hervorgegangenen Bestrebungen führten zur Ausarbeitung der im Nachfolgenden zu beschreibenden Absorptionsmethode, welche denn das angestrebte Ziel in der That in höchst befriedigender Weise erreichen liess.

3. Entfernung der in den Rauchgasen enthaltenen schwefligen Säure auf dem Wege der einfachen Absorption.

Wenn es sich darum handelte, die in den Rauchgasen der Schneeberger Ultramarinfabrik enthaltene schweflige Säure durch Ueberführung in ein neutrales Salz zu entfernen, so konnte als das billigste aller alkalischen Absorptionsmittel nur der Kalk in Frage kommen. Aber in kaustischem Zustande, als Kalkmilch, liess sich derselbe, wie frühere Erörterungen schon ergeben hatten, keinesfalls verwenden, weil der Kostenaufwand ein viel zu beträchtlicher gewesen wäre. Schon die schweflige Säure allein würde zu ihrer Bindung eine relativ grosse Kalkmenge erfordert haben; schwerer wiegend war jedoch der Umstand, dass die Gase, um deren Reinigung es sich im vorliegenden Falle handelte, im Wesentlichen aus den Verbrennungsproducten der Steinkohle bestanden und dass die in ihnen enthaltene Kohlensäure ihrer ganzen Masse nach mit zur Absorption gelangt sein würde. Versuche hatten dargethan, dass der hierbei entstehende kohlensaure Kalk bald dicht und krystallinisch wird, dass er sich als sandiges Pulver absetzt und sich in Folge dieser Beschaffenheit der hinterherigen Zersetzung durch die schweflige Säure entzieht. Man hätte also, um letztere zu binden, fast sämmtliche Kohlensäure mitabsorbiren müssen, was einen enormen Kostenaufwand verursacht und ganze Berge unnützen Abfalls geliefert haben würde.

Dagegen erschien bei näherer Erwägung die Idee aussichtsvoll, an Stelle von gelöschtem Kalk Kalkstein zur Absorption der schwefligen Säure zu benutzen, der ja schon mit Kohlensäure gesättigt und überdiess in beliebiger Menge und zu sehr billigem Preise in der Nähe der Schneeberger Ultramarinfabrik zu haben ist. Allerdings war ein Erfolg nur unter Einhaltung gewisser Bedingungen zu erwarten. Der Kalkstein musste dem zu reinigenden Gase in Stückenform und in grosser Masse dargeboten und er musste gleichzeitig reichlich mit Wasser überrieselt werden, dessen absorbirende Wirkung auf die schweflige Säure sich dann mit der neutralisirenden des Kalksteins zu vereinigen vermochte und welches seiner Menge nach im Stande war, die gebildeten schwerlöslichen Salze, schwefligsaures und schwefelsaures Calcium, in gelöstem Zustande fortzuführen. Ob diese Bedingungen sich würden einhalten lassen, konnte nur durch einen Versuch im Grossen entschieden werden und so entschloss man sich denn im Jahre 1877, denselben zur Ausführung zu bringen.

Man bediente sich für diesen Zweck einer der früher beschriebenen ähnlichen Einrichtung, wie sie aus den Abbildungen auf Tafel VII ersichtlich ist. Aus Bruchsteinen und Ziegelmauerwerk wurde eine grosse Absorptionskammer aufgeführt, deren Sohle man schwache Neigung gab und welche durch die Scheider *S* und *S*[1] in die Abtheilungen *K*, *K*[1] und *K*[2] getheilt wurde, die man ihrerseits bis oben hinan mit groben Kalksteinstücken füllte. Die Decke der Kammer wurde aus hölzernen Bohlen zusammengefügt und mit einem niedrigen Bord umgeben, so dass sie einen sehr flachen Trog darstellte, in dessen Boden man nun eine grosse Anzahl gleichmässig vertheilter Oeffnungen einbohrte. Es wurde dieser Trog durch entsprechend geregelten Wasserzufluss gefüllt erhalten und in Folge dessen ergoss sich durch die Bodenöffnungen ein stetiger, gleichmässiger Wasserregen über die Kalksteinfüllung der Kammer, um, am Boden angelangt, durch den Canal *C* in eine unterirdische Schleusse abzufliessen.

Die aus den Ultramarinöfen abziehenden Gase liess man bei *E* in die Absorptionseinrichtung eintreten. Dem Zuge des an deren Ende angebrachten Ventilators folgend, bewegten sie sich in der durch Pfeile angedeuteten Richtung durch die Kammern *K*, *K*[1] und *K*[2] langsam vorwärts und kamen auf diesem Wege in die innigste Berührung nicht allein mit einem reichlichen Wasserregen, sondern gleichzeitig auch mit der grossen Kalksteinmasse, die sich ihnen darbot.

Der Erfolg konnte kaum günstiger sein, ja er übertraf eigentlich alle Erwartung. Die hässlichen, erstickend riechenden und mit Russ beladenen Rauchgase der Ultramarinöfen traten aus den Absorptionskammern gründlich gereinigt und gesäubert aus; ihr Russgehalt war vollkommen verschwunden; verschwunden war aber auch — und das war ungleich wichtiger — ihr Geruch nach schwefliger Säure. Man konnte in dem austretenden Gase ohne Beschwerde athmen und bemerkte hierbei nur den theerig-brenzlichen Geruch des Steinkohlenrauchs, den sonderbarerweise ein äusserst schwacher, aber unverkennbarer Schwefelwasserstoffgeruch begleitete. Bis jetzt hat die Ursache dieser minimalen, auch durch Reagentien nachweisbaren Schwefelwasserstoffbildung nicht ermittelt werden können; sicher aber ist, dass diese selbst eher nützlich als schädlich wirken muss, da sie den verbliebenen Spuren von schwefliger Säure hinterher noch Gelegenheit zur Umsetzung in unschädliche Producte giebt. Ueber den Gehalt der ein- und austretenden Gase an schwefliger Säure liegen ganze Reihen von Bestimmungen vor, welche durch Herrn Carl Klemm mit besonderer Sorgfalt und unter Anwendung beträchtlicher Gasvolumina durchgeführt worden sind. Dieselben weisen eine erfreuliche Constanz auf, derzufolge unter allen Verhältnissen 90 Procent der in den Gasen enthaltenen schwefligen Säure zur Absorption gelangen, was in Anbetracht des ursprünglich niedrigen Gehaltes der Gase eine ausserordentliche Leistung zu nennen ist. Als Mittel aus sämmtlichen Bestimmungen ergiebt sich der Gehalt der Gase an schwefliger Säure

beim Eintritt in die Absorptionskammern $= 0{,}_{360}$ Vol.-Proc.,
beim Austritt aus den Absorptionskammern $= 0{,}_{039}$ „ „

Wer sich jemals mit Versuchen über Absorption der schwefligen Säure beschäftigt hat, wird bemessen können, wie schwer es ist, eine so weitgehende Herabziehung des Gehaltes zu erreichen und wie befriedigend demgemäss der im vorliegenden Falle erzielte Erfolg genannt werden muss.

Aber auch im Uebrigen liess der Betrieb der Anlage nicht das Mindeste zu wünschen übrig. Vor Allem empfand man es als eine wahre Wohlthat, dass derselbe keiner wesentlichen Beaufsichtigung bedurfte. War der Ventilator in Gang gesetzt und der Wasserzufluss geregelt, so verlief der Absorptionsprocess ohne weiteres Zuthun ganz von selbst und es wurde nur zeitweilig nöthig, die Holzdecke der Absorptionskammern zu heben und eine neue Lowryladung Kalkstein nachzufüllen. Denn unter dem gleichzeitigen Einfluss von Wasser und schwefliger Säure wurden die Kalksteinstücken förmlich benagt und gelangten allmälig zum gänzlichen Verschwinden, so dass stete Ergänzung stattfinden musste. Eine Incrustirung des Kalksteins mit schwefligsaurem Kalk oder Gyps trat nie ein, im Gegentheil wurden die gebildeten schwerlöslichen Salze vollkommen vom durchfliessenden Wasser fortgenommen, ohne sich jemals wieder in unliebsamer oder schädigender Weise bemerkbar zu machen, wie dies nun durch zweijährige Erfahrung mit Sicherheit festgestellt ist. Es ergiebt sich hieraus das Unzutreffende der von der Chemiker-Zeitung[1]) geübten, absprechenden Kritik, derzufolge das Verfahren höchstens für die Unschädlichmachung solcher saurer Gase anwendbar sein soll, welche, wie Salzsäure und Salpetersäure, lösliche Kalksalze bilden. Selbstverständlich wird die Absorption dieser sich schon bei Gegenwart verhältnissmässig geringer Wassermengen vollziehen, aber auch Gyps und schwefligsaures Calcium besitzen genügende Löslichkeit, um durch einen stärkeren Wasserregen entfernt werden zu können. Es wird sich deshalb das beschriebene Verfahren auch in allen den Fällen bewähren, wo es sich um die Beseitigung dünner schwefligsaurer Gase handelt, sobald geeignetes und billiges Absorptionsmaterial in Gestalt von Kalkstein, Marmor, Dolomit, Kalktuff u. dergl., sowie ausreichende Wassermengen zur Verfügung stehen, und aus diesem Grunde hat es der Sächsische Privatblaufarbenwerks-Verein für geboten erachtet, sich das Verwerthungsrecht für die aus einer langen Reihe kostspieliger Versuche hervorgegangene Vorrichtung zur Unschädlichmachung verdünnter saurer Gase oder Dämpfe durch Patentnahme (D. R.-P. No. 7174 vom 20. October 1878) zu sichern.

---

[1]) Chemiker-Zeitung. 1879. No. 48, S. 721.

Die Hüttenknappschaft zu Freiberg.

Vom Professor **Gottschalk.**

Hierzu Tafel VIII und IX.

Der hohe Werth, von welchem sich die bei dem Berg- und Hüttenwesen seit geraumer Zeit bestehenden Knappschaftscassen für die Berg- und Hüttenleute selbst, wie für die Berg- und Hüttenwerke und namentlich auch für die Gemeinden erwiesen haben, welchen die Berg- und Hüttenarbeiter-Familien angehören, und die weitere Entwickelung, welcher so manche dieser Cassen in der neueren Zeit mit der Ausdehnung der Betriebe und inmitten von Arbeitermangel und Arbeitsnoth entgegengeführt worden ist, lassen es motivirt erscheinen, im Anschlusse an die in den Jahrgängen 1861, 1866, 1870 und 1874 enthaltenen Aufsätze über die bei den fiscalischen Hüttenwerken bei Freiberg bestehende Hüttenknappschaftscasse und die Einrichtung derselben hier einen weiteren folgen zu lassen und darin die bei diesem Institute inzwischen vorgenommenen Aenderungen in der Verfassung, sowie die bei demselben gemachten Erfahrungen oder erzielten Resultate mitzutheilen.

Wie die meisten Knappschaftscassen, so ist bekanntlich auch die Casse der Freiberger Hüttenknappschaft nicht sowohl eine reine Versicherungsanstalt, bei welcher die zu zahlenden Prämien (Beiträge) für frei gewählte Renten (Pensionen) in jedem einzelnen Falle besonders bestimmt werden; sie hat vielmehr einen administrativen Charakter, der in der Sicherung des Betriebes, wie des betheiligten Aufsichts- und Arbeiterpersonals begründet ist, und gewährt bestimmte Pensionen an Invaliden, Wittwen und Waisen gegen bestimmte summarisch geordnete Beiträge der Aufseher und Hüttenarbeiter, welche als Mitglieder in dieselbe aufgenommen werden, und der Werke, bei denen sie beschäftigt sind.

Dabei sind allerdings Bestrebungen nicht ausgeschlossen, das ganze Institut durch Ansammelung eines entsprechenden Fonds allmälig einem Zustande nahe zu bringen, der die Gewährung aller eingegangenen Verpflichtungen schon allein durch die Höhe dieses Fonds garantirt.

Von vielen anderen, namentlich auch den jüngeren Knappschaftscassen unterscheidet sich die Freiberger Hüttenknappschaftscasse wesentlich durch ihre specielle Bestimmung für Pensionszwecke, da ihr die Uebertragung von Kosten für Gesundheitspflege, wie namentlich von Krankenlöhnen, Cur- und Medicinalkosten nicht obliegt, dergleichen Kosten vielmehr bei den fiscalischen Hüttenwerken lediglich von diesen selbst mit bestritten werden.

Die Knappschaftsverfassung, welche schon im Jahre 1873 eine wesentliche Aenderung dadurch erfahren hat, dass die vorher nach der Höhe der verdienten Löhne oder nach bestimmten Lohnclassen geordnet gewesenen Beiträge der activen Mitglieder gänzlich abgeschafft und dafür feste Wochenbeiträge eingeführt wurden, auch dabei zugleich eine neue, von Dienstjahr zu Dienstjahr steigende Invalidenpensionsscala an Stelle der früheren nach fünfjährigen Intervallen construirten eintrat, hat im Jahre 1879 einer abermaligen Reform unterlegen, welche letztere zum Erlass des hier folgenden, vom Jahre 1880 an in Wirksamkeit tretenden Regulativs geführt hat.

Knappschaftsregulativ bei den fiscalischen Hüttenwerken zu Freiberg.

Nach erfolgter Revision des unterm 1. Juli 1873 erlassenen Hüttenknappschafts-Regulativs ist für den bei den fiscalischen Hüttenwerken zu Freiberg bestehenden Knappschafts-Verband mit Genehmigung des Königlichen Finanz-Ministeriums folgendes Regulativ festgestellt worden, welches an Stelle des bisher in Kraft gewesenen mit dem Jahre 1880 in Wirksamkeit tritt.

I. Zweck des Hüttenknappschafts-Verbandes und Theilnahme an demselben.

§ 1. **Knappschafts-Verband.** Die bei den fiscalischen Hüttenwerken zu Freiberg nebst zubehörigen Anstalten angestellten Werksschreiber und Steiger, sowie die bei denselben beschäftigten ständigen Hüttenarbeiter bilden eine besondere Knappschaft unter dem Namen Freiberger Hüttenknappschaft.

Inwiefern auch Officianten, welche nicht Staatsdiener sind, die Aufnahme in die Knappschaft zugestanden werden soll, bleibt in jedem Falle besonderer oberhüttenamtlicher Entschliessung vorbehalten.

Für die Mitglieder der Knappschaft besteht eine besondere Unterstützungscasse, welche durch Beiträge von den genannten Werken und Anstalten und durch Beiträge von den Knappschaftsmitgliedern erhalten und unter dem Namen Hüttenknappschaftscasse in Freiberg verwaltet wird.

§ 2. **Charakter und Zweck der Casse.** Die Hüttenknappschaftscasse bezweckt die Gewährung von laufenden Knappschaftsgeldern und anderen Unterstützungen an die Knappschaftsmitglieder und deren Familien in den im vorliegendem Regulative § 11 flgd. bestimmten Fällen.

Ausserdem können aber auch für Zwecke, welche das Interesse oder das Ansehen der gesammten Hüttenknappschaft im Allgemeinen zu fördern geeignet sind, Verwilligungen aus der Hüttenknappschaftscasse erfolgen.

§ 3. **Beginn der Mitgliedschaft.** Jeder Werksschreiber, Steiger und ständige Arbeiter bei den fiscalischen Hüttenwerken zu Freiberg nebst zubehörigen Anstalten tritt vom Tage seiner Verpflichtung an in den Hüttenknappschaftsverband und somit in die Pflichten und Rechte ein, welche dieses Regulativ vorschreibt.

§ 4. **Aufhören der Mitgliedschaft.** Die Mitgliedschaft und die damit verbundenen Pflichten und Rechte hören auf, wenn ein Knappschaftsmitglied freiwillig seinen Dienst bei den fiscalischen Hüttenwerken und den dazu gehörigen Anstalten aufgiebt, wenn es in Folge von Kündigung ausscheidet oder abgelegt wird, oder während und so lange ein Knappschaftsmitglied zum Militärdienst einberufen wird. Denjenigen Knappschaftsmitgliedern, welche im Dienste der fiscalischen Hüttenwerke die Staatsdiener-Eigenschaft erlangen oder in Folge von Kündigung ausscheiden, ingleichen denjenigen, welche in Folge ihrer Militärpflicht am Wiedereintritt in die Hüttenarbeit verhindert werden, resp. deren Hinterlassenen, sind die eingezahlten Beiträge als Austrittsgelder (§ 26) zu restituiren, hierbei aber diejenigen Knappschaftsgelder in Abzug zu bringen, welche das betreffende Mitglied während seiner Knappschaftsangehörigkeit bereits bezogen hat.

§ 5. **Unterbrechung der Mitgliedschaft.** Wird ein Knappschafts-Mitglied zum Militär einberufen, so scheidet es auf diese Zeit aus dem Knappschaftsverbande aus, es tritt jedoch nach Rückkehr in den Hüttendienst in diesen Verband sofort wieder ein, wenn es noch körperlich tüchtig und zur Arbeit fähig ist, wobei ihm nicht nur die frühere Dienstzeit, sondern auch die Zeit bis zum Wiedereintritte mit als Dienstzeit anzurechnen ist, auf die Zeit der Abwesenheit aber die Beiträge nach dem bei dem Abgange geleisteten Betrage in ungetrennter Summe oder binnen einer vom Königlichen Oberhüttenamte zu bestimmenden Zeit nachzuzahlen sind.

Wird ein aus dem Hüttendienst abgegangenes Mitglied der Knappschaft später bei demselben wieder angenommen, so tritt dasselbe ebenfalls in den Knappschaftsverband wieder ein, dies darf jedoch erst nach Ablauf eines Jahres vom wieder erfolgten Dienstantritt an gerechnet und nur dann geschehen, wenn der Gesundheitszustand des Betreffenden eine baldige Invalidität nicht befürchten lässt.

Bei diesem Wiedereintritt in die Knappschaft bleibt es der Entschliessung des Königlichen Oberhüttenamts vorbehalten, ob der Betreffende in seine frühere Anciennetät wieder eintreten soll oder nicht. Im ersteren Falle sind von demselben sowohl die Beiträge auf die Zeit der Abwesenheit nach dem bei dem Abgange geleisteten Betrage in ungetrennter Summe nachzuzahlen, als auch die eventuell bei seinem Austritt aus dem Hüttendienst erhaltenen Austrittsgelder zur Knappschaftscasse wieder einzuzahlen. Im letzteren Falle fängt dessen Mitgliedschaft im Knappschaftsverbande erst von dem Tage des Wiedereintritts in die Hüttenarbeit an und findet alsdann keinerlei Nachzahlung statt.

Ein Knappschaftsmitglied, welches auf Anordnung seiner Dienstbehörde auf einige Zeit in eine nicht zum Knappschaftsverbande gehörige Branche versetzt oder beurlaubt wird, verbleibt Mitglied unter Mitanrechnung der Zeit seiner Abwesenheit als Dienstzeit, hat aber auch seine Beiträge fortzuleisten oder bei der Rückkehr nachzuzahlen.

II. Einkünfte der Knappschaftscasse.

§ 6. **Beitrag der Knappschaftsmitglieder.** Jedes Mitglied der Knappschaft hat, so lange es bei den fiscalischen Hüttenwerken und den dazu gehörigen Anstalten im Dienst ist oder Krankenlohn bezieht, einen Beitrag zur Knappschaftscasse zu entrichten.

Derselbe ist gegenwärtig bei dem Werksschreiber- und Steiger-Personale auf 120 Pfennige und bei dem Hüttenarbeiter-Personale auf 60 Pfennige pro Woche bestimmt, kann jedoch nach Zustand und Bedürfniss der Casse unter Zustimmung der Knappschaftsverordneten erhöht oder vermindert werden.

Die auf Grund besonderer Genehmigung in die Knappschaft aufgenommenen Officianten sind sowohl hinsichtlich ihrer Beitragsleistung, als auch hinsichtlich ihrer Pensionsansprüche (§ 11 flgd.) dem Werksschreiber- und Steiger-Personale gleichgestellt.

§ 7. **Entrichtungsweise des Beitrages.** Die Beiträge der bei den verschiedenen Werken beschäftigten Knappschaftsmitglieder werden von den Werksadministrationen lohntägig vom Lohne der Mitglieder in Abrechnung gebracht und zur Knappschaftscasse abgeliefert.

Die Beiträge der Mitglieder, welche nicht aus Werkscassen gelohnt werden, sind von den Mitgliedern selbst quartalig zur Knappschaftscasse einzuzahlen.

§ 8. **Fiscalische Beiträge.** Von den fiscalischen Hüttenwerken und den zugehörigen Anstalten wird ein Beitrag an die Knappschaftscasse geleistet, welcher zur Zeit auf $1^1/_6$ des Beitrages der bei ihnen beschäftigten Knappschafts-Mitglieder festgesetzt ist.

10

Ausserdem fliesst der Erlös für Erlaubnisskarten zum Besuch der fiscalischen Hüttenwerke durch Fremde ebenfalls in die Knappschaftscasse.

§ 9. **Capital-Zinsen.** Die weiteren Einnahmen bei der Knappschaftscasse bestehen in den Zinsen von den im Besitze der Knappschaft befindlichen Staats- und anderen diesen gleich zu rechnenden Creditpapieren und von den gegen Hypothek ausgeliehenen Capitalien.

III. Gewährungen aus der Knappschaftscasse.

§ 10. **Eintheilung der knappschaftlichen Gewährungen.** Die Knappschaftscasse gewährt:

1) regulativmässige Knappschaftsgelder oder Pensionen,
2) temporäre Unterstützungen,
3) Beiträge zum Schulgeld für die schulfähigen Waisen verstorbener Knappschaftsmitglieder,
4) Beiträge zu den Begräbnisskosten,
5) einen Beitrag zur Freiberger Bibelgesellschaft,
6) Administrationskosten und Regieaufwand, sowie
7) Austrittsgelder.

§ 11. **Berechtigung der Mitglieder zum Genusse des Knappschaftsgeldes.** Zum Genusse des regulativmässigen Knappschaftsgeldes ist ein Mitglied berechtigt:

a) wenn dasselbe das 40. Dienstjahr zurückgelegt hat und
b) wenn es nach Ablauf des für die Verabreichung von Krankenlohn in der Fabrikordnung vorgeschriebenen Zeitraumes nach der, auf das Gutachten des Hüttenarztes gegründeten Entscheidung des Königlichen Oberhüttenamts nicht wieder arbeitsfähig ist (vergl. auch § 16):

nach Punkt b ist aber nur derjenige berechtigt, welcher entweder bereits fünf Jahre im Dienste gewesen oder welcher bei der Arbeit verunglückt ist.

Gegen die vom Königlichen Oberhüttenamte ausgesprochene Versetzung eines Knappschaftsmitgliedes in das Knappschaftsgeld ist weder von Seiten des Mitgliedes, noch von Seiten der Knappschafts-Verordneten, noch von Seiten des Knappschafts-Vorstandes ein Einwand zulässig.

§ 12. **Anmeldung zum Knappschaftsgeld.** Die Anmeldungen von Knappschaftsmitgliedern zum Eintritt in das Knappschaftsgeld haben bei dem Knappschafts-Vorstande durch den betreffenden Werksvorsteher unter Beifügung einer Declaration nach dem Schema sub ○ zu erfolgen.

Diese Declaration ist vom Knappschafts-Vorsteher dem Königlichen Oberhüttenamte zur Beschlussfassung vorzulegen.

Ohne auf diesem Wege geschehene Anmeldung und Autorisation durch das Königliche Oberhüttenamt ist Knappschaftsgeld nicht zu verabreichen.

○

Name und Function.	Wohnort.	Verpflichtungstag.	Dienstjahre.	Beitragsleistung pro Woche.	Wöchentliches Knappschaftsgeld.		Tag des Eintritts in dasselbe.
				Pfg.	Mark	Pfg.	

§ 13. **Eintritt in das Knappschaftsgeld, sowie Austritt aus demselben.** Der Eintritt in den Genuss des Knappschaftsgeldes beginnt von demjenigen Tage an, von welchem ab der Gehalt, das Lohn oder Krankenlohn des betreffenden Mitgliedes in Wegfall gekommen ist, und hört auf mit dem Tage, an welchem der Empfänger wieder in Dienst oder Arbeit tritt, oder mit der Sterbewoche.

§ 14. **Berechnung des Knappschaftsgeldes.** Die Höhe des Knappschaftsgeldes ist zu bestimmen nach der Dienstzeit und nach dem Satze (§ 6), nach welchem das betreffende Knappschafts-Mitglied den Beitrag entrichtet hat.

Als Dienstzeit wird hierbei auch die Zeit des Krankenlohn-Bezugs mit angerechnet, die Zeit jedoch, auf welche das betreffende Knappschafts-Mitglied bereits Knappschaftsgeld bezogen hat, darf nicht mit als Dienstzeit aufgezogen werden.

Die Scala, nach welcher die Knappschaftsgelder an zeitweilig oder bleibend invalide Knappschaftsmitglieder zu gewähren sind, ist für Mitglieder, welche pro Woche 60 Pfennige Beitrag leisten, folgende:

Nach dem erfüllten	Knappschaftsgeld pro Woche, wenn der Eintritt erfolgt im Jahre											
	1880		1881		1882		1883		1884		1885 oder später	
	ℳ	₰	ℳ	₰	ℳ	₰	ℳ	₰	ℳ	₰	ℳ	₰
5. Dienstjahre	2	—	2	10	2	20	2	30	2	40	2	60
6. „	2	10	2	20	2	30	2	50	2	60	2	70
7. „	2	20	2	30	2	40	2	60	2	70	2	80
8. „	2	30	2	40	2	50	2	70	2	80	3	—
9. „	2	40	2	50	2	70	2	80	3	—	3	20
10. „	2	50	2	60	2	80	2	90	3	10	3	30
11. „	2	60	2	70	2	90	3	10	3	30	3	50
12. „	2	70	2	80	3	—	3	20	3	40	3	60
13. „	2	80	2	90	3	10	3	30	3	50	3	70
14. „	2	90	3	—	3	20	3	40	3	60	3	80
15. „	3	—	3	20	3	40	3	60	3	80	4	—
16. „	3	10	3	30	3	50	3	70	3	90	4	10
17. „	3	20	3	40	3	60	3	80	4	—	4	30
18. „	3	30	3	50	3	70	3	90	4	10	4	40
19. „	3	40	3	60	3	80	4	—	4	30	4	60
20. „	3	60	3	80	4	—	4	20	4	50	4	80
21. „	3	80	4	—	4	20	4	40	4	70	5	—
22. „	3	90	4	10	4	30	4	60	4	90	5	20
23. „	4	—	4	20	4	40	4	70	5	—	5	30
24. „	4	10	4	30	4	60	4	90	5	20	5	50
25. „	4	20	4	40	4	70	5	—	5	30	5	60
26.	4	30	4	60	4	90	5	20	5	50	5	80
27. „	4	50	4	80	5	10	5	40	5	70	6	—
28. „	4	60	4	90	5	20	5	50	5	80	6	20
29. „	4	80	5	10	5	40	5	70	6	—	6	40
30. „	5	—	5	30	5	60	5	90	6	20	6	50
31. „	5	10	5	40	5	70	6	—	6	30	6	70
32. „	5	20	5	50	5	80	6	10	6	40	6	80
33. „	5	30	5	60	5	90	6	20	6	60	7	—
34. „	5	40	5	70	6	—	6	40	6	80	7	20
35. „	5	50	5	80	6	10	6	50	6	90	7	30
36. „	5	60	5	90	6	30	6	70	7	10	7	50
37. „	5	70	6	—	6	40	6	80	7	20	7	60
38. „	5	80	6	10	6	50	6	90	7	30	7	70
39. „	5	90	6	20	6	60	7	—	7	40	7	80
40. „	6	—	6	40	6	80	7	20	7	60	8	—

Für Mitglieder, welche pro Woche 120 Pfennige Beitrag leisten, gelten die doppelten Beträge der in vorstehender Scala enthaltenen Sätze.

Knappschaftsmitglieder, welche in Folge Verunglückung durch äussere Verletzung im Dienst dauernd arbeitsunfähig werden, das fünfte Dienstjahr aber noch nicht zurückgelegt haben, sind nach dem Betrage der niedrigsten Altersclasse zu pensioniren.

Bei Knappschaftsmitgliedern, welche bei ihrer Pensionirung eine längere als die in dieser Scala überhaupt angegebene Dienstzeit erreicht haben, bleibt die Verwilligung eines höheren Knappschaftsgeldes dem Beschlusse des Königl. Oberhüttenamtes und der Zustimmung der Knappschafts-Verordneten vorbehalten.

§ 15. **Kürzung des Knappschaftsgeldes.** Hat ein Knappschaftsgeld-Empfänger noch einen erheblichen Nebenverdienst durch Privatarbeit oder andere Geschäfte, so kann von Seiten des Knappschafts-Vorstandes und der Knappschafts-Verordneten auf Kürzung des Knappschaftsgeldes, äussersten Falls bis zur Hälfte desselben, angetragen und nach Befinden eine solche Kürzung auf die Dauer jenes Nebenverdienstes durch das Königliche Oberhüttenamt verfügt werden.

§ 16. **Entziehung des Knappschaftsgeldes.** Wird ein Knappschaftsgeld-Empfänger zum Dienst wieder tauglich befunden — worüber das Königl. Oberhüttenamt, nach Befinden unter Gehör des Hüttenarztes, zu entscheiden hat — und kehrt nach der von dem betreffenden Werksvorsteher erhaltenen Aufforderung binnen vierzehn Tagen in den Dienst nicht zurück, so hat der Letztere dies dem Knappschaftsvorstand schriftlich zu notificiren und es ist hierauf der Betreffende als aus dem Knappschaftsverbande ausgetreten und somit aller Ansprüche an die Knappschaftscasse verlustig zu betrachten.

Auch wird ein Knappschaftsgeld-Empfänger aller Ansprüche an die Knappschaftscasse für seine Person verlustig, wenn derselbe wegen eines vor seiner Versetzung in das Knappschaftsgeld begangenen, aber erst nach derselben entdeckten Verbrechens oder Vergehens verurtheilt wird, welches, wäre es während seiner Dienstzeit zur Untersuchung gekommen, nach § 8 der Fabrikordnung dessen sofortige Ablegung, ohne Rückzahlung der von ihm zur Hüttenknappschaftscasse gezahlten Beiträge, zur Folge gehabt hätte.

§ 17. **Berechtigung und Anmeldung der Wittwen und Waisen zum Genusse des Knappschaftsgeldes.** Die Wittwen und Waisen von Knappschaftsmitgliedern sind berechtigt, in den Genuss des (§ 19) festgesetzten Knappschaftsgeldes zu treten:

a) wenn der Ehemann oder resp. Vater im activen Dienst oder während des Krankenlohn-Genusses und

b) wenn derselbe als Knappschaftsgeld-Empfänger verstorben ist.

Wittwen, welche sich mit Knappschaftsmitgliedern verheirathet hatten, die bei der Verheirathung bereits im Knappschaftsgelde standen oder über 60 Jahre alt waren, und Wittwen, die über 20 Jahre jünger waren, als ihre Ehemänner, dafern letztere sie erst nach erreichtem 50. Lebensjahre geheirathet haben, sind vom Genusse des Knappschaftsgeldes ausgeschlossen. Dasselbe gilt auch für die aus solchen Ehen stammenden Kinder.

Verheirathet sich eine Wittwe während der Perceptionszeit ihrer Kinder, so verbleibt den Letzteren das Knappschaftsgeld ungekürzt.

Uneheliche oder angenommene, sowie adoptirte Kinder haben keinen Anspruch auf knappschaftliche Unterstützungen. Durch nachfolgende Heirath legitimirte Kinder sind den ehelichen gleichzustellen.

Die Anmeldung der Wittwen und Waisen in das Knappschaftsgeld erfolgt bei dem Knappschaftsvorsteher unter Beifügung der nöthigen Kirchenzeugnisse über legale Ehe und den Geburtstag.

§ 18. **Eintritt der Hinterlassenen in das Knappschaftsgeld, sowie Austritt aus demselben.** Der Eintritt der Hinterlassenen in den Genuss des

Knappschaftsgeldes beginnt bei im Dienst oder im Krankenlohngenuss verstorbenen Knappschaftsmitgliedern von derjenigen Woche an, von welcher ab das Sterbelohn nicht mehr verabreicht wird; bei verstorbenen Knappschaftsgeld-Empfängern dagegen nach Ablauf der Sterbewoche.

Der Genuss des Knappschaftsgeldes schliesst bei den Wittwen mit der Woche der anderweiten Verheirathung oder mit der Sterbewoche, bei den Waisen mit der Woche, in welcher sie das 14. Lebensjahr erreichen, oder mit der Sterbewoche. Werden eheliche Kinder erst nach dem Ableben des Vaters geboren, so beziehen dieselben das Knappschaftsgeld von der Woche an, in welche der Geburtstag fällt.

§ 19. **Betrag des Knappschaftsgeldes für die Wittwen und Waisen.** Als Knappschaftsgeld für die empfangsberechtigten Wittwen und Waisen verstorbener Knappschaftsmitglieder sind nachstehende Sätze festgesetzt.

Es empfängt eine Hüttenarbeiters-Wittwe wöchentlich bei einem Alter:

bis zum erfüllten 50. Jahre	— Mark	80	Pf.
von über 50 bis mit 60 Jahren	— „	90	„
„ „ 60 „ „ 70 „	1 „	10	„
„ „ 70 „ „ 80 „	1 „	30	„
„ „ 80 Jahren	1 „	60	„

und eine Hüttenarbeiter-Waise

wöchentlich 65 Pfennige.

Wittwen und Waisen von Steigern und Werksschreibern oder überhaupt von Mitgliedern, welche die doppelten Beiträge der Arbeiter geleistet haben, empfangen das Doppelte der hier für die Arbeiter-Wittwen und Waisen bestimmten Sätze.

Die Waisen empfangen ausserdem die nach Maassgabe des betreffenden Statuts zu gewährende Unterstützung aus dem Sieghardtschen Gestift.

§ 20. Hinsichtlich des Knappschaftsgeldes der vor dem Jahre 1880 eingetretenen Invaliden, Wittwen und Waisen und hinsichtlich der Vormänner, Probenstösser u. s. w., welche zeither das Doppelte der Arbeiter-Beiträge geleistet haben, vergl. § 39 der nachstehenden vorübergehenden Bestimmungen.

§ 21. **Temporäre Unterstützungen.** In einzelnen dringenden Fällen können an Knappschaftsgeld-Empfänger, namentlich bei Theuerung der Lebensmittel, bei hohem Alter, bei völliger Arbeitsunfähigkeit oder bei anhaltender Krankheit, vom Knappschaftsvorstand mit Genehmigung des Königlichen Oberhüttenamts ausserordentliche Unterstützungen bis zum Betrage von 15 Mark pro Person verabreicht werden.

§ 22. **Beitrag zum Schulgeld.** Die Knappschaftsgeld beziehenden schulfähigen Waisen erhalten, ohne Unterschied des Geschlechts und der Bedürftigkeit einen Zuschuss zum Schulgelde von wöchentlich 6 Pfennigen für jedes Kind bis zur Confirmation, ausserdem werden auch noch auf besonderen Antrag des betreffenden Ortsschullehrers 50 Pfennige bis 1 Mark für den Vorbereitungsunterricht ganz unbemittelter Katechumenen verabreicht.

§ 23. **Begräbnissgelder.** Beim Ableben eines Knappschaftsmitgliedes, sei es im activen Dienst, während des Krankenlohn- oder während des Knappschaftsgeld-Genusses, werden an die Hinterlassenen 3 Mark als Beitrag zu den Begräbnisskosten gezahlt.

§ 24. **Vertheilung von Bibeln.** Die Freiberger Bibelgesellschaft erhält aus der Knappschaftscasse zur Zeit jährlich 18 Mark und giebt dafür eine angemessene Anzahl Bibeln zur Vertheilung an arme und fleissige Schulkinder an den Knappschaftsvorstand ab.

§ 25. **Administrationsaufwand.** Für die Verwaltung der Hüttenknappschaftscasse und die Rechnungsführung über dieselbe sind folgende Dienstbezüge festgesetzt.

Es erhält:

1) der Knappschaftsvorsteher $^1/_2$ Procent und

2) der Knappschaftscassirer 2 Procent

von den Geldeinkünften an Beiträgen und Zinsen.

Ferner erhalten

3) die Knappschaftsverordneten für die Mühwaltung bei Vertheilung der Knappschaftsgelder eine Entschädigung von $^2/_3$ Procent des vertheilten Betrags (mit Ausnahme der nach § 21 verwilligten Unterstützungen); auch wird denselben der Lohnsverlust aus der Hüttenknappschaftscasse vergütet, welcher ihnen durch Arbeitsversäumniss bei Abwartung von knappschaftlichen Terminen erwächst.

4) Für die Defectur der jährlichen Hüttenknappschaftsrechnung wird dem betreffenden Defectanten eine Gebühr von jährlich 21 Mark

gewährt.

§ 26. **Austrittsgelder.** Wenn Knappschaftsmitglieder nach § 4 mit Anspruch auf Austrittsgelder aus dem Knappschaftsverbande ausscheiden, so wird die Höhe der geleisteten Knappschaftsbeiträge von der betreffenden Werksadministration auf Grund des Lohnbüchels berechnet und hierauf der Restitutionsbetrag von dem Königlichen Oberhüttenamte, resp. unter Kürzung der bereits bezogenen Knappschaftsgelder, zur Auszahlung angewiesen.

IV. Verwaltung und Rechnungsführung.

§ 27. **Oberaufsicht.** Die Oberaufsicht über die Hüttenknappschaft führt das Königliche Oberhüttenamt.

Dasselbe hat

1) über die regulativmässige Verwaltung der Knappschaftscasse und über die ungeschwächte Erhaltung ihrer regulativmässigen Leistungsfähigkeit zu wachen,

2) dem Knappschaftsvorstande Autorisation zu werbender Anlegung, resp. Wiedereinziehung von Geldern zu ertheilen,

3) über Anstellung und resp. Entlassung der Verwaltungs-Officianten Beschluss zu fassen und deren Remunerirung unter Gehör der Verordneten festzustellen,

4) für Defectur der Rechnung zu sorgen,

5) über Justificationsertheilung der Knappschaftsrechnung zu entscheiden,

6) die Revidirung der Knappschaftscasse und

7) die Anordnung der Wahlen der Knappschaftsverordneten zu bewirken, sowie

8) über die vom Knappschaftsvorstande beantragt werdenden ausserordentlichen Ausgaben (§ 31 Punct 5) zu entscheiden.

§ 28. **Verwaltungs-Vorstand.** Die specielle Verwaltung der Knappschaftscasse geschieht durch einen Knappschafts-Vorstand, bestehend in einem Vorsteher und einem Cassirer, unter Concurrenz von Knappschafts-Verordneten. Die beiden Knappschaftsvorstands-Mitglieder werden von dem Königlichen Oberhüttenamte nach vorgängig hierzu von dem Königlichen Finanz-Ministerium eingeholter Genehmigung angestellt, die Knappschafts-Verordneten von den Knappschaftsmitgliedern aus ihrer Mitte gewählt. Diese Wahl erfolgt in der Weise, dass in jedem der vier Rollenbezirke, in welche die Umgebung der Hüttenwerke eingetheilt ist, 2 Verordnete aus dem Mittel der darin wohnhaften Arbeiter und 1 Verordneter aus dem Mittel der daselbst wohnhaften, nicht zum Arbeiterstand gehörigen Knappschafts-Mitglieder gewählt werden.

Sollte in einem Bezirke zur Zeit der Wahl kein dem Aufseherstande angehöriges Knappschafts-Mitglied wohnhaft sein, so bleibt der betreffende Bezirk in dieser Beziehung unvertreten. Ist dagegen in einem Bezirke nur ein dergleichen Mitglied wohnhaft, so ist dasselbe nur dann als Knappschafts-Verordneter anzusehen, wenn es bei der Wahl mindestens die Hälfte der abgegebenen Stimmen für sich hat.

Für diese 12 Knappschaftsverordneten sind nach dem nämlichen Verhältnisse gleichzeitig 12 Ersatzmänner zu wählen.

Die Wahl der Knappschaftsverordneten und deren Ersatzmänner ist nur auf drei Jahre giltig, also nach Ablauf von je drei Jahren neu vorzunehmen, doch sind die Ausscheidenden bei der Neuwahl wieder wählbar.

Für die beiden Knappschafts-Vorstands-Mitglieder ist ein Stellvertreter zu bestellen, welcher in Behinderungs-Fällen des einen oder anderen Vorstandsmitgliedes einzutreten hat, damit die § 29 und 30 geordnete Cassen-Controle keine Unterbrechung erleide.

§ 29. **Obliegenheiten des Knappschafts-Vorstehers.** Der Knappschafts-Vorsteher hat

1) die erforderlichen Versammlungen des Knappschafts-Vorstandes und der Knappschafts-Verordneten zu veranstalten und in denselben den Vorsitz zu führen;
2) dem Königlichen Oberhüttenamte die Ergebnisse der gepflogenen Berathungen, in dringenden Fällen mündlich, ausserdem aber schriftlich anzuzeigen, oder auch durch aufgenommene Protocolle vorzulegen und sich dabei nach Befinden selbst gutachtlich mit auszusprechen;
3) die Documente aller Art, Pretiosen und die über 1500 Mark betragende Casse (§ 30, 2.) gemeinschaftlich mit dem Cassirer unter doppeltem Verschluss sicher aufzubewahren und zu vertreten. Die au porteur-Papiere, mit Ausnahme der Zinsleisten, sind bei der Finanz-Hauptcasse zu Dresden verwahrlich niederzulegen;
4) über die vom Cassirer bei der Hüttenknappschaftscasse vereinnahmten und verausgabten Gelder ein summarisches Cassenbuch zu führen, um zu jeder Zeit den vorhanden sein sollenden Cassenbestand übersehen und nachweisen zu können;
5) gemeinschaftlich mit dem Cassirer für zinsbare Unterbringung der disponiblen Cassenbestände Sorge zu tragen, zu dem Ende bei Ausleihung von Capitalien auf Grundstücke die zur Beurtheilung der Beschaffenheit der Hypothek nöthigen Unterlagen sich zu verschaffen, dieselben zu prüfen und über die Darlehnsgesuche, sowie über den Ein- oder Verkauf von Staats- und anderen Creditpapieren gemeinschaftlich mit dem Cassirer Beschluss zu fassen und dazu die oberhüttenamtliche Genehmigung auszubringen;
6) bei nothwendig werdender Einklagung von Zinsen und Kündigung von Capitalien gemeinschaftlich mit dem Cassirer unter Signatur des Königl. oberhüttenamtlichen Directoriums die nöthige Vollmacht für den Rechtsanwalt auszustellen, sowie bei Capital-Rückzahlungen auch die betreffenden Quittungen mit zu vollziehen und in Löschung von Hypotheken zu willigen (vergl. § 30, 5.);
7) die Richtigkeit der vom Cassirer für jeden Vertheilungstermin ausgeworfenen Knappschaftsgelderbeträge zu prüfen und zu attestiren;
8) die quartaligen Cassenextracte und die jährliche Knappschaftsrechnung nach vorgängiger Prüfung zu contrasigniren und mit zu vertreten;
9) die letztere vor der Defectur jedesmal 8 Tage lang zur Einsichtnahme und Erklärung für die Knappschaftsverordneten (§ 31, 6.) auszulegen, die von diesen abzugebende schriftliche Erklärung aber und ihre dazu gemachten Bemerkungen dem Königl. Oberhüttenamte vorzulegen;
10) die von den fiscalischen Hüttenwerken und Anstalten, sowie nach Befinden die von einzelnen Mitgliedern selbst (§ 7) zur Knappschaftscasse eingerechneten Knappschaftsbeiträge auf Grund der oberhüttenamtlichen Protocolle über die Veränderungen im Personalbestand der Arbeiter auf die Richtigkeit zu prüfen;
11) über diejenigen Waisen verstorbener Mitglieder, welche aus der Hüttenknappschaftscasse Schulgelder-Zuschüsse (§ 22) erhalten, Listen zu führen, diesserhalb die Anmeldungen der neu aufzunehmenden Kinder entgegen-

zunehmen und solche in die Listen nach den betreffenden Ortsschulen einzutragen, die verstorbenen oder confirmirten Kinder dagegen in denselben zu löschen.

Die betreffenden Listen sind vom Knappschaftsvorsteher mit den von den Orts-Schulgelder-Einnehmern quartalig an den Cassirer eingereichten Quittungen zu vergleichen, die etwa stattfindenden Unrichtigkeiten auf's Wahre zu setzen, unangemeldete Kinder aber ohne Weiteres zu streichen. Alljährlich sind übrigens von ihm die vorgeschriebenen bezüglichen statistischen Tabellen anzufertigen und im Monat Februar beim Königlichen Oberhüttenamte einzureichen.

§ 30. **Obliegenheiten des Knappschafts-Cassirers.** Der Knappschafts-Cassirer hat

1) das gesammte Rechnungswesen der Knappschaftscasse zu führen, zu dem Ende quartalige Rechnungsextracte und eine Jahresrechnung zu fertigen und gemeinschaftlich mit dem Vorsteher bei dem Königlichen Oberhüttenamte einzureichen.

Er ist

2) für die Richtigkeit des Rechnungswerks und für das Knappschaftsvermögen gemeinschaftlich mit dem Knappschaftsvorsteher, für die ihm bis zum Betrage von 1500 Mark überlassene Handcasse jedoch allein verantwortlich.

Bezüglich dieser Handcasse ist von demselben eine Caution von 600 Mark entweder baar oder in Werthspapieren bei der Verwaltung der Haupthüttencasse zu deponiren.

Ferner hat er

3) die Vereinnahmung und Verausgabung aller bei der Knappschaftscasse eingehenden oder zu verabreichenden Gelder zu bewirken; er darf aber nur solche Ausgaben verschreiben, welche sich auf das gegenwärtige Regulativ oder auf besondere Verordnungen oder Protocolle gründen;
4) nach jedem Lohntage das Cassenbuch abzuschliessen und dem Knappschaftsvorsteher zur Kenntnissnahme vorzulegen;
5) sofern sich Hypothekenschuldner in der Zinsenzahlung säumig erweisen oder die Sicherheit eines Capitals gefährdet erscheint, gemeinschaftlich mit dem Vorsteher über Einklagung der Zinsen und Kündigung der betreffenden Capitalien zu berathen, eventuell in Gemeinschaft mit demselben und unter Signatur des Königl. oberhüttenamtlichen Directoriums die nöthige Vollmacht für den Rechtsanwalt auszustellen, sowie über zurückgezahlte Capitalien gemeinschaftlich mit dem Vorsteher zu quittiren und in Löschung von Hypotheken zu willigen (vergl. § 29, 6.);
6) die Knappschaftsgelder auf Grund der von den betreffenden Werksvorstehern ihm zugehenden Unterlagen nach den Vorschriften des gegenwärtigen Regulativs auszuwerfen und zu verschreiben und die darüber zu führende Hauptliste bei jedem Lohntage mit den von den Knappschaftsverordneten zu führenden Speciallisten zu vergleichen, auch vor jedem Lohntage die Hauptliste mit den nöthigen Unterlagen dem Knappschaftsvorsteher (§ 29, 7.) zur Prüfung und Attestation vorzulegen, übrigens aber die Auszahlung dieser Gelder Seiten der Verordneten thunlichst zu überwachen;
7) an den Verhandlungen und Berathungen, die vom Vorsteher veranstaltet werden, Theil zu nehmen, nach Befinden Auskunft über die, die Knappschaftscasse betreffenden Gegenstände zu geben und im Falle des Auftrags über die Verhandlungen zu protocolliren.

§ 31. **Obliegenheiten der Knappschafts-Verordneten.** Die Knappschafts-Verordneten haben:

1) die specielle Austheilung der Knappschaftsgelder zu bewirken. Für diese Geschäfte ist in jedem der vier Rollenbezirke ein in denselben wohnhafter Knappschafts-Verordneter zu bestimmen;

2) die mit der Auszahlung der Knappschaftsgelder beauftragten Verordneten haben die vorgeschriebenen Rollen über die Knappschaftsgeld - Empfänger ihres Bezirks zu führen, die vorgefallenen Veränderungen darin ortsgerecht anzumerken und die Knappschaftsgelder-Beträge, welche in Gemässheit des Regulativs den verschiedenen Percipienten lohntägig zu gewähren sind, in die von ihnen zu führenden Special-Listen einzutragen, auch
3) die ihnen bekannt werdenden Veränderungen in Bezug auf Ableben von Invaliden, Wittwen und Waisen, sowie in Bezug auf Wiederverheirathung der Wittwen dem Knappschaftsvorstande anzuzeigen.

Ferner haben die gesammten Knappschafts-Verordneten

4) darüber zu wachen, dass nicht Knappschaftsgeld an gesunde und arbeitsfähige Mitglieder oder überhaupt nicht empfangsberechtigte Personen gewährt werde;
5) Anträge auf ausserordentliche Ausgaben aus der Knappschaftscasse, deren Betrag 30 Mark übersteigt, behufs der Genehmigungseinholung beim Königl. Oberhüttenamte (§ 27), zu begutachten;
6) die abgelegte, bei dem Knappschafts-Vorsteher 8 Tage lang ausliegende Jahresrechnung über die Knappschaftscasse durch Abgeordnete ihres Mittels durchgehen und über den Erfolg Erklärung schriftlich abgeben zu lassen;
7) über Veränderungen in den Bestimmungen des Knappschaftsregulativs auf Erfordern des Königlichen Oberhüttenamtes oder des Knappschaftsvorstandes gutachtliche Erklärungen abzugeben

und endlich

8) den Knappschaftsmitgliedern Auskunft über Knappschafts-Angelegenheiten zu ertheilen.

§ 32. **Austheilung des Knappschaftsgeldes.** Die Auszahlung des Knappschaftsgeldes geschieht quartalig dreimal, nämlich Freitags in der 4., 8., 13. und resp. 14. Woche jeden Quartals durch einen Knappschaftsverordneten des betreffenden Bezirks.

Das Knappschaftsgeld ist von dem Empfänger persönlich an den betreffenden Austheilorten abzuholen.

Sind die Empfänger an der persönlichen Abholung behindert, so kann ihnen der Knappschaftsverordnete das Knappschaftsgeld, jedoch unter seiner eigenen Verantwortung, auch durch Beauftragte einhändigen lassen.

Zusendungen durch die Post dürfen nur auf Kosten der Empfänger erfolgen.

Knappschaftsgelder, welche binnen 8 Tagen nach dem Auszahlungstermine nicht abgehoben worden, sind von dem betreffenden Verordneten an den Cassirer wieder einzuliefern und von diesem einstweilen aufzubewahren, bis von dem betreffenden Verordneten die Ursache der Nichtabholung ermittelt worden ist. Es hat hiernach die nachträgliche Auszahlung oder die Wiedervereinnahmung bei der Knappschaftscasse zu erfolgen.

Jeder mit der Auszahlung der Knappschaftsgelder beauftragte Knappschafts-Verordnete hat über die vom Cassirer empfangenen Gelder zu quittiren und zur Belegung der Knappschafts-Rechnung alljährlich über die in seinem Bezirke zur Vertheilung gelangten Knappschaftsgelder auf Grund der in seinen Händen verbleibenden Special-Liste eine Hauptbescheinigung auszustellen.

V. Schlussbemerkungen.

§ 33. **Verfahren bei vorkommenden Anträgen auf Abänderungen des Regulativs.** Anträge auf Abänderung des Regulativs können von den Knappschaftsverordneten, dem Knappschaftsvorstande und dem Königlichen Oberhüttenamte ausgehen, sowie es auch dem Königlichen Finanz-Ministerium vorbehalten bleibt, dergleichen Abänderungen anzuregen.

Gehen Anträge von den Verordneten aus, so haben sie zunächst an den Knappschaftsvorstand zu gelangen, welcher sie ebenso wie die von ihm selbst ausgehenden dergleichen bei dem Königlichen Oberhüttenamte anzubringen hat.

11

Letzteres hat über diese und seine eigenen Anträge, nach Befinden auf vorgängiges Gehör der Verordneten, Bericht zum Königlichen Finanz-Ministerium zu erstatten, welchem die Entscheidung in allen auf Abänderung des Regulativs bezüglichen Angelegenheiten zusteht.

§ 34. Von diesem Regulative ist jedem Knappschaftsmitgliede ein Exemplar zur Nachachtung einzuhändigen.

Freiberg, den 1. October 1870.

Das Königliche Oberhüttenamt.
K. Merbach.

Vorübergehende Bestimmungen.

§ 35. **Die Hinterlassenen von früheren Hüttenofficianten betreffend.** Die Hinterlassenen von, dem knappschaftlichen Verbande nach der früheren Verfassung angehörig gewesenen Hüttenstaatsdienern erhalten die ihnen nach der früheren Verfassung geordneten Knappschaftsgelder fortgewährt, und zwar erhält:

a) von den Hinterlassenen der bis zum 1. October 1854 verstorbenen Officianten wöchentlich

eine Wittwe	3 Mark	8 Pfennige	
„ Waise	1 „	3 „	und
„ erwachsene Tochter .	1 „	54 „	

b) von den Hinterlassenen der nach dem 1. October 1854 verstorbenen Officianten wöchentlich

eine Wittwe	3 Mark	— Pfennige	
„ Waise	1 „	— „	und
„ erwachsene Tochter .	1 „	50 „	

Diese Unterstützung dauert

a) bei den Wittwen bis zur anderweiten Verheirathung, ausserdem aber auf Lebenszeit derselben;

und

b) bei den erwachsenen Töchtern, welche vor dem 1. November 1851 geboren worden, bis zur Verheirathung oder, dafern sie nicht heirathen, auf Lebenszeit, ohne Rücksicht auf ihre pecuniären Verhältnisse.

Die seit dem 1. November 1851 geborenen Töchter erhalten über das 14. Lebensjahr hinaus diese Unterstützung nur bei notorischer Armuth und völliger Arbeitsunfähigkeit auf die Dauer solcher Verhältnisse, oder bis zur Verheirathung.

Zur Uebertragung der hier geordneten Knappschaftsgelder wird vom Jahre 1859 an aus der Haupthüttencasse ein besonderer Beitrag an die Hüttenknappschaftscasse geleistet, welcher der Hälfte des Betrags dieser Knappschaftsgelder entspricht.

§ 36. **Die Hüttenknappschaftsältesten betreffend.** Die gegenwärtig noch vorhandenen Knappschaftsältesten haben, wie jedes andere Knappschaftsmitglied, bei ihrer Invalidität für sich selbst nur das im vorstehenden Regulative (§ 14) festgesetzte Knappschaftsgeld zu beanspruchen. Es erhalten jedoch die Wittwen der bis zum 1. October 1854 verstorbenen und die Wittwen der zu diesem Zeitpuncte verheirathet gewesenen Knappschaftsältesten, ohne Rücksicht auf ihr Lebensalter, bis zu ihrer anderweiten Verheirathung oder, dafern sie nicht wieder heirathen, auf Lebenszeit ein Knappschaftsgeld von 1 Mark 58 Pfennigen pro Woche.

Die Wittwen und Waisen von Knappschaftsältesten aus den seit dem 2. October 1854 geschlossenen Ehen unterliegen den Bestimmungen in § 17, 18 und 19 dieses Regulativs.

§ 37. **Extraordinäre Knappschaftsgelder.** Diejenige bestimmte Anzahl erwachsener vaterloser Hüttenarbeiterkinder, welche wegen köperlicher und geistiger Gebrechen sich ihren Lebensunterhalt auf keine Weise erwerben können und daher nach der früheren Verfassung eine laufende Unterstützung von wöchentlich

26 Pfennigen bis 1 Mark 3 Pfennigen

aus der Knappschaftscasse beziehen, erhalten diese Unterstützungen auch ferner bis zu ihrem Ableben, wenn nicht Umstände eintreten, welche die Einziehung dieser Unterstützung auf Antrag des Knappschaftsvorstandes und Genehmigung des Königlichen Oberhüttenamtes früher zulässig machen.

Dergleichen ausnahmsweise Unterstützungen sind aber seit dem Jahre 1859 weder zu vermehren noch neu zu bewilligen.

Die jetzt noch bestehenden Unterstützungen dieser Art werden vom Jahre 1859 an aus der Haupthüttencasse der Hüttenknappschaftscasse wieder restituirt.

§ 38. Dem gegenwärtigen Knappschaftscassirer bleibt die ihm auf Grund des bisherigen Regulativs zugestandene Mitgliedschaft bei der Knappschaftscasse auch ferner erhalten, doch hat derselbe nach Erlass dieses Regulativs in die Classe von 120 Pfennigen Wochenbeitrag einzutreten.

§ 39. Denjenigen Knappschaftsmitgliedern, welchen auf Grund der früheren Verfassung seit dem Jahre 1859 gestattet war, den Beitrag nach dem früheren durchschnittlichen Wochenverdienst zu entrichten, und welchen ebenso wie denjenigen in festem Wochenlohne stehenden Arbeitern, welche vorher schon einen Beitrag von mehr als 45 Pfennigen pro Woche geleistet hatten, gestattet worden ist, nach Erlass des Regulativs vom 1. Juli 1873 in die Classe von 90 Pfennigen Wochenbeitrag einzutreten und davon Gebrauch gemacht haben, bleibt das Recht erhalten, auch künftig den bisherigen Beitrag von 90 Pfennigen pro Woche zur Hüttenknappschaftscasse zu leisten und behalten dafür den Anspruch auf die in dem Regulative vom 1. Juli 1873 § 11—16 geordneten Invaliden-Knappschaftsgelder, deren Hinterlassene aber den Anspruch auf die daselbst § 17—19 geordneten Wittwen- und Waisen-Knappschaftsgelder, jedoch nicht nach dem $1^{2}/_{3}$fachen, sondern nach dem doppelten Betrage der dort für die Hüttenarbeiter-Wittwen und Waisen fixirten Sätze. Ebenso bleibt das Regulativ vom 1. Juli 1873 mit den darin geordneten Knappschaftsgeldersätzen für alle vor dem Jahre 1880 eingetretenen Invaliden, Wittwen und Waisen unverändert bestehen.

Die hervorragendste Aenderung, die mit diesem neuen Regulative bei der Hüttenknappschaftscasse eintritt, ist eine Erhöhung der Beiträge um $^{1}/_{3}$ der zeitherigen Sätze, sowie eine derselben entsprechende Aufbesserung der Pensionen für Invaliden, Wittwen und Waisen, welche den jetzt activen und den neu eintretenden Mitgliedern entstammen, so dass also für die dermaligen Percipienten die bisherigen Pensionssätze bestehen bleiben. Doch sollen auch von den neuregulirten höheren Pensionen nur die Wittwen- und Waisenpensionen mit den höheren Beiträgen gleichzeitig eintreten, die Invalidenpensionen dagegen nur successive steigen und erst nach 5 Jahren die normale Höhe erreichen, um die zu einer so gesteigerten Leistung der Casse nothwendige Vermehrung des Vermögens hauptsächlich schon in den ersten Jahren eintreten zu lassen.

Es verdient übrigens als ein sehr erfreuliches Zeichen der Zeit dabei besonders hervorgehoben zu werden, dass die Initiative zu der höheren Beitragsleistung zur Sicherung höherer Pensionen von den Knappschaftsgenossen selbst ausgegangen ist.

Uebergehend zu den in einem längeren Zeitraume bei dem gedachten Institute gesammelten Erfahrungen und erzielten Resultaten, so finden sich dieselben in der hier beigefügten Uebersicht Seite 91 bis 109, in der Hauptsache in derselben Weise, wie dies in früheren Mittheilungen bis zum Jahre 1868 geschehen, für die 10 Jahre 1869 bis 1878 zusammen- und diesen zugleich die des Jahres 1859 und, soweit dies möglich war, auch die des

Jahres 1849 vorangestellt, wobei allerdings für die Beurtheilung der letzteren Resultate nicht unerwähnt gelassen werden kann, dass vor dem Jahre 1849 die Zahl der activen Knappschaftsmitglieder sehr klein gewesen ist, und z. B. im Jahre 1845 nur 512, im Jahre 1840 sogar nur 463 betragen hat.

Aus dem Abschnitt II dieser Uebersicht wie auch aus der, Seite 108 derselben erfolgten Berechnung der gewährten vollen Jahrespensionen geht hervor, dass sich die Hüttenknappschaft innerhalb der letzten 10 Jahre sowohl hinsichtlich der activen Mitglieder, als auch hinsichtlich der Invaliden und der Waisen in einem Zustande befunden hat, der dem sogenannten Beharrungszustande, in welchem die Personal-Bestände, sowie die Zu- und Abgänge von Jahr zu Jahr gleich sein sollen, sehr nahe liegt; denn es haben sich in dieser Zeit die jährlichen Bestandszahlen der activen Mitglieder, von dem in mancher Beziehung so abnormen Jahre 1873 abgesehen, nur zwischen circa 900 und circa 800, die der Invaliden nur zwischen 150 und 166 und die der Waisen zwischen 151 und 165 bewegt. Auch der Uebertritt von activen Mitgliedern in den Pensionsgenuss (in 1859/78 382 Mann) ist dem Ableben von Invaliden (in 1859/78 373 Mann) fast gleich. Nur hinsichtlich der Wittwen scheint der Beharrungszustand noch nicht erreicht zu sein, da diese in den jährlichen Bestandszahlen noch von 268 bis auf 303 gestiegen sind und erst in den letzten Jahren die höchsten Bestände zeigen, obwohl die Zunahme selbst in den letzten 4 Jahren auch hier nur sehr klein gewesen ist. Daher werden auch die in dem ersten Abschnitt Seite 92 bis 97 der gedachten Uebersicht auftretenden gesteigerten Einnahmen und Ausgaben bei der Hüttenknappschaftscasse und im Speciellen auch die vermehrten Zahlungen für Pensionen weniger durch Vermehrung der Contribuenten und Percipienten selbst, als vielmehr hauptsächlich durch Verfassungsänderungen und durch andere Umstände motivirt. Auf die Einnahmen wirkten vermehrend ein: die im Jahre 1872 eingetretene Erhöhung der Beiträge der Werke, welche vorher den Beiträgen der Mitglieder gleich waren, aber dann auf 1 ⅙ des Betrages der Mitgliederbeiträge normirt wurden, ferner die mit der Umwandlung der Mitgliederbeiträge nach den Lohnsätzen in fixirte Wochenbeiträge im Jahre 1873 gleichzeitig verbundene, wenn auch nicht beträchtliche Erhöhung der Mitgliederbeiträge selbst, welche gleichzeitig eine weitere Steigerung der Beiträge der fiscalischen Hüttenwerke nach sich zog; ausserdem wurde dadurch, dass der Hüttenknappschaftscasse im Jahre 1871 der Antheil der fiscalischen Hütten an dem Vermögen der früheren Freiberger Bergmagazinanstalt überwiesen wurde, eine bedeutende Vermehrung des Knappschaftscapitals und der Zinseneinnahmen herbeigeführt.

Bei den Ausgaben waren es besonders die höheren Pensionssätze, welche ihre Steigerung bewirkten, und zwar nicht nur die aus Anlass der bereits erwähnten Ueberweisung des Antheils der Hütten an dem Bergmagazin-Vermögen auf die Hüttenknappschaftscasse im Jahre 1872 eingeführten höheren Pensionssätze für die Wittwen und Waisen, wodurch, wie aus Abschnitt VI Seite 109 ersichtlich ist, der Betrag der durchschnittlichen Jahrespension der Wittwen von 30 auf 40 und der der Waisen von 15 auf 26 Mark, d. i. um mehr als 30 %, resp. 60 % stieg, sondern auch die in Verbindung mit den eingeführten fixirten Wochenbeiträgen der Mitglieder geordnete neue

Pensionsscala für die Invaliden, da unter der Einwirkung derselben, wie ebenfalls Seite 109 nachgewiesen, auch die durchschnittliche Jahrespension der Invaliden in den letzten 5 Jahren, in abgerundeten Beträgen ausgedrückt, von 176 auf 200 Mark in die Höhe ging: denn der Einfluss der Thatsache, dass nach Abschnitt III Seite 103 in den letzten Jahren Mannschaften von durchschnittlich höherem Dienstalter (mehr als 26 Jahren) aus der Activität in die Invalidität übergetreten sind, hat den Betrag der durchschnittlichen Jahrespension deshalb nur wenig beeinflusst, weil die Zahl der Uebertritte nach Abschnitt II Seite 99 in den gedachten Jahren verhältnissmässig sehr klein war und daher auch das in Abschnitt IV, Seite 105 ersichtliche mittlere Dienstalter der verbliebenen Invaliden-Bestände sich nur wenig geändert hat.

Von den übrigen Positionen der Seite 92 bis 97 verzeichneten Einnahmen und Ausgaben nehmen die Pensionen für Hinterlassene von Hüttenofficianten und die zu Uebertragung derselben in die Casse geflossenen besonderen Beiträge, sowie die Administrationskosten noch einen, wenn auch weniger hervorragenden Rang ein. Die ersteren zeigen eine fortlaufende Verminderung sowohl der Zahlungen an Pensionen seit 1873 bis 1877, als der dazu eingenommenen Beiträge auf den ganzen 10jährigen Zeitraum 1869/78 und dieses Verhalten motivirt sich dadurch, dass in den beiden Jahren 1871 und 1878 die letzten Percipienten, welchen nach der früheren Verfassung noch Ansprüche an die Hüttenknappschaftscasse zustanden, in den Pensionsgenuss eingetreten sind und dass nun die Abwickelung der noch aus der früheren Verfassung übernommenen Verpflichtungen sich immer mehr und mehr vollzieht und daher von Jahr zu Jahr kleinere Beträge erfordert. Die Administrationskosten dagegen, welche im Allgemeinen nach Seite 93 gestiegen sind, zeigen diese Zunahme nur in der absoluten Zahl und im Durchschnitt pro Mitglied, weil der grösste Theil derselben nach der Grösse des Umsatzes, und zwar namentlich nach Procenten der Einnahmen resp. nach Procenten der Zahlungen geordnet ist; nach der procentalen Berechnung Seite 97 dagegen zeigen sich in 1869/78 in den einzelnen Jahren fast gleiche Beträge und durchgängig noch niedrigere als in den Jahren 1849 und 1859.

In den Altersverhältnissen der activen Mitglieder, der Invaliden, Wittwen und Waisen, welche in den Abschnitten III und IV zusammengestellt sind, zeigen sich zwar in den einzelnen Jahren mitunter ziemlich bedeutende Differenzen, so z. B. bei den aus dem activen Dienst ausgeschiedenen Mannschaften, bei welchen nach Seite 103 ein Mal, und zwar im Jahre 1873, das mittlere Lebensalter auf die äusserst niedrige Ziffer von $31_{,65}$ und das mittlere Dienstalter auf die im Vergleich zu anderen Jahren ebenfalls sehr niedrige Ziffer von $7_{,67}$ Jahren herabgesunken ist, ein Umstand, der lediglich in den Seite 99 ersichtlichen, in diesem Jahre stattgehabten massenhaften Kündigungen seine Erklärung findet; im Allgemeinen aber sind auch die Altersverhältnisse derart, dass sie annähernd dem Beharrungszustande entsprechen, denn es hat das mittlere Lebensalter in den am Schlusse der Jahre verbliebenen Beständen

bei den activen Mitgliedern nur	zwischen	34	und	36	Jahren,
„ „ Invaliden	„	$55^1/_2$	„	$57^1/_2$	„
„ „ Wittwen	„	$57^1/_3$	„	$58^1/_4$	„
„ „ Waisen	„	$8^2/_3$	„	$9^1/_4$	„

und das mittlere Dienstalter

bei den activen Mitgliedern nur zwischen 10½ und 12 Jahren,

„ „ Invaliden . . „ 23 „ 25⅓ „

geschwankt. Als ein sehr günstiges Moment ist aber hinsichtlich der Altersverhältnisse hervorzuheben, dass ein so niedriges Durchschnittsalter der Invaliden, wie es das Jahr 1849 aufweist ($49{,}_{66}$ und resp. $18{,}_{46}$ Jahre), in den folgenden 29 Jahren überhaupt nicht wieder aufgetreten und dass besonders in den letzten drei Jahren das mittlere Lebens- und Dienstalter der in die Knappschaftspension neu eingetretenen Mannschaft auch den vorherigen 7 Jahren gegenüber ein z. Th. ansehnlich höheres gewesen ist.

Die Resultate der in den 20 Jahren 1859/78 angestellten speciellen Beobachtungen über das Verhalten der dem Hüttendienste sich widmenden und in den Hüttenknappschaftsverband eintretenden Mannschaft haben übrigens zur Aufstellung der Seite 110 hier beigefügten Activitäts- und Invaliditäts-Tabelle VII[1]) geführt, welche in ihrer Abtheilung B zugleich in der lithographirten Tafel VIII graphisch dargestellt ist und zu deren Erläuterung Folgendes dienen mag.

In ihrer Abtheilung A sind in den Rubriken b—e die activen Mitglieder nach den Dienstjahren eingetragen, welche sie bei ihrem innerhalb der letzten 20 Jahre erfolgten Ausscheiden aus dem knappschaftlichen Verbande zurückgelegt hatten, sowie unter g die am Schlusse des letzten Jahres in Activität befindlichen nach den Dienstjahren, welche sie bis zu diesem Zeitpuncte erreicht hatten, woraus dann für jedes Dienstalter die Summe der ausgeschiedenen Mitglieder in Rubrik f und die Summe der eingetretenen in der Rubrik a gebildet wurde. Aus der Abtheilung A wurde dann nach dem Grundsatze, dass alle in dem angegebenen Zeitraume ausgeschiedenen, wie alle am Ende desselben noch activen Mitglieder, als zu einer und derselben Zeit in den Knappschafts-Verband eingetreten zu betrachten seien, die Abtheilung B gebildet, indem jede der Rubriken b, c, d etc. der Abtheilung A für sich von unten nach oben addirt wurde.

Die so entstandene Tabelle giebt nun in ihrer Abtheilung B an, dass von den in den Hüttendienst und in die Knappschaft eingetretenen 2081 Mann nach einem Jahre nur noch 1976, nach zwei Jahren nur noch 1786 u. s. f., nach 50 Jahren nur noch 2 Mann activ waren, nach dem 53. Jahre aber der letzte ausschied, dass ferner von jener Summe der Eingetretenen überhaupt 1250 Mann ausschieden, während 831 Mann in Activität verblieben, von welchen letzteren 794 Mann am Ende des ersten, 741 Mann am Ende des zweiten und dritten Jahres, 613 am Ende des vierten u. s. f. und 2 Mann am Ende des 33. Jahres activ gewesen sind und dass dies bei einem Mann auch nach Ablauf des 34. und 35 Jahres noch der Fall war. Weiter giebt die gedachte Tabelle folgende Ordnung des aus 1250 Fällen ermittelten Ausscheidens aus der Zahl der activen Mitglieder an. Von 1250 eintretenden activen Mitgliedern treten 223 = 18% durch freiwilligen Abgang oder durch Ablegung wieder aus und verlieren dadurch

[1]) In dieser Tabelle sind drei Mann, die nach kurzer Dienstzeit in Pension getreten und in den Jahren 1859 und 1861 als Invaliden freiwillig abgegangen sind, als extreme Fälle ganz ausser Ansatz geblieben.

alle Ansprüche an die Knappschaftscasse, 516 = 41% scheiden durch Kündigung aus und erhalten ihre eingezahlten Beiträge ohne Zinsen als Austrittsgelder restituirt, während die für sie eingezahlten Werksbeiträge der Knappschaftscasse verbleiben, 129 = 10% sterben nach und nach, ohne selbst in den Pensionsgenuss zu gelangen und für diese kommt bei der Knappschaftscasse nur die Zahlung von Wittwen- und Waisenpensionen in Frage, und 382 Mann oder 31% treten später in Invaliden-Pension. Nach Ablauf des ersten Dienstjahres befinden sich nach Rubrik f von 1250 eingetretenen Mitgliedern noch 1182 in Activität, wovon 183 ohne Ansprüche, 491 durch Kündigung, 126 durch den Tod ausscheiden, während 382 später in Pension zu erwarten sind u. s. f., sodass also die Tabelle angiebt, in Rubrik f: wie viel von den in die Knappschaft eingetretenen Mitgliedern nach Ablauf eines jeden Dienstjahres überhaupt noch activ sind und dann in Rubrik b, c, d und e: wie viel davon ohne Anspruch, durch Kündigung, durch den Tod ausscheiden, resp. wie viel davon später zu pensioniren sein werden. In letzterer Beziehung zeigt die Tabelle, dass nach den Beobachtungen der letzten 20 Jahre von 382 Mann, die von 1250 Eingetretenen als Invaliden zu erwarten sind, z. B. 106 Mann das 30., 50 Mann das 35., 15 Mann das 40. und 2 Mann das 50. Dienstjahr überschreiten.

Vermag auch die gedachte Tabelle, weil sie sich nur auf Verhältnisse gründet, wie sie bei der hiesigen Hüttenindustrie stattfinden, ein allgemeines Anhalten nicht zu gewähren und kann sie selbst für diese nicht als ein ermitteltes Gesetz angesehen werden, nach welchem fortdauernd die Personalveränderungen stattfinden, zumal da die ihr zu Grunde liegende Beobachtungszeit das besonders hinsichtlich des Abganges durch Kündigung ganz abnorme und in seinem Ergebnisse nur durch die schwachen Abgänge von den Jahren 1859/65 zum Theile wieder ausgeglichene Jahr 1873 einschliesst und weil ausserdem auch Verfassungsänderungen, Aenderungen im Betriebe u. s. w. auf die Personalbewegung von wesentlichem Einfluss sich erweisen, so giebt dieselbe doch ein deutliches Bild davon, welche Verhältnisse bei einer Knappschaft schon allein hinsichtlich ihrer Mitglieder oder ihrer Contribuenten zusammenwirken und die Beitragsleistung beeinflussen.

In letzterer Beziehung mag hier nur des Umstandes gedacht werden, dass die in der Abtheilung B der Tabelle VII in den Rubriken b bis e eingestellten Werthe zugleich die Zahl der von den betreffenden Ausscheidungsclassen zu erwartenden vollen Jahresbeiträge ausdrücken und dass z. B. die Summirung jeder der Rubriken b bis f, unter Weglassung der bei 0 eingestellten Zahlen,[1]) zu Resultaten führt, nach welchen von 1250 eintretenden Mitgliedern auf die ganze Zeit ihrer Knappschaftsangehörigkeit 14 815 volle Jahresbeiträge geleistet werden, davon aber überhaupt

11 154 oder 75% auf die der Knappschaft treu bleibenden Mitglieder, nämlich

9319 auf die in Pension tretenden und

1835 „ „ die Pensionirung nicht erlebenden

und nicht weniger als

[1]) Eigentlich sind auch diese, jedoch nur nach ihrer Hälfte mit aufzuziehen.

3661, also nahezu 25 % auf die der Knappschaft nicht treu bleibenden Mitglieder, nämlich
915 auf die ohne Ansprüche und
2746 „ „ mit Austrittsgeldern ausscheidenden, entfallen.

Die ausserdem auf Seite 111 unter VIII enthaltene Activitäts- und Invaliditäts-Tabelle ist ganz in derselben Weise, wie die auf Seite 110 unter B befindliche Tabelle nach dem Dienstalter gebildet wurde, nach dem Lebensalter zusammengestellt, und zwar nach dem Grundsatze, dass alle in den 20 Jahren 1859/78 ausgeschiedenen, wie alle am Ende dieses Zeitraumes noch activen Mitglieder als zu einer und derselben Zeit geboren betrachtet werden können; daher geht auch die Bedeutung der in ihr enthaltenen Zahlenreihen aus der das Dienstalter behandelnden Tabelle VII, Abtheilung B, unmittelbar hervor. Diese Tabelle VIII zeigt z. B. an, dass von den aus der Hüttenknappschaft ausgeschiedenen 1250 Mann 254 nach dem erfüllten 50., 59 nach dem erfüllten 60., 4 nach dem erfüllten 70. Lebensjahre noch activ gewesen sind und dass von den letzteren noch ein Mann das 76. Lebensjahr in der Activität überschritten hat, oder dass von den am Ende der 20jährigen Periode activ gebliebenen 831 Mann: 94 Mann am Ende ihres 50., 29 Mann am Ende ihres 55. und 3 Mann am Ende ihres 60. Lebensjahres noch activ gewesen sind und dass von dieser gesammten Mannschaft Einer bereits das 65. Lebensjahr im Dienst zurückgelegt hat.

Bei der Darstellung des Verhaltens der activen Mitglieder hat natürlich auch die Sterblichkeit unter denselben mit Berücksichtigung gefunden; dieselbe ist, wie die unter den Percipienten beobachtete, auf Seite 106 in ihren Durchschnittsziffern nach den einzelnen Jahren angegeben. Ausserdem hat die Absicht, die relative Sterblichkeit unter der dem hüttenmännischen Berufe treu bleibenden Mannschaft mit der relativen Sterblichkeit des männlichen Geschlechts bei anderen Berufsarten vergleichen zu können, noch dazu Veranlassung gegeben, aus den innerhalb der 20 Jahre 1859/78 als active Mitglieder der Hüttenknappschaft verstorbenen 129 und den als Hütteninvaliden verstorbenen 373 Mann die auf Seite 112 unter IX enthaltene Mortalitätstabelle zu bilden, und dieser die für das männliche Geschlecht und für ganz verschiedene Berufsarten geltende Mortalitätstabelle Leipzigs (Vergl. Sammlung mathematischer Tafeln von Dr. Hülsse, 1849, Seite 611) gegenüber zu stellen. Dabei war es nöthig, die letztere Tabelle auf die für einen solchen Vergleich allerdings verhältnissmässig kleine Zahl der verstorbenen Hüttenleute zu reduciren; da jedoch die Zahl der unter dem Lebensalter von 21 Jahren in den Hüttendienst Eintretenden nur sehr klein ist, so erfolgte die Reduction nur erst vom 21. Lebensjahre an.

Diese Tabelle ist zugleich in ihren Rubriken a und b in der beiliegenden Tafel IX graphisch dargestellt, in welcher Tafel die Zahl derer, welche das Leben während der Dienstzeit beschliessen, durch die Curve c und die Zahl derer, welche es als Invaliden beschliessen, durch den Abstand der Curve a von der Curve c bezeichnet, während die Grenze zwischen der Activitäts- und der Pensionsbezugszeit der Invaliden durch die Curve d angedeutet wird.

Es giebt diese Tabelle IX an, dass von 502 verstorbenen Hüttenleuten

500	am	Ende	des	21.	Jahres,
475	„	„	„	30.	„
413	„	„	„	40.	„
299	„	„	„	50.	„
182	„	„	„	60.	„
66	„	„	„	70.	„
13	„	„	„	80.	„
1	„	„	„	86.	„

noch gelebt haben, während nach der in Vergleich gezogenen allgemeinen Mortalitätstabelle von 500 Mann des Alters von 21 Jahren

437	Mann	am	Ende	des	30.	Jahres,
363	„	„	„	„	40.	„
281	„	„	„	„	50.	„
189	„	„	„	„	60.	„
91	„	„	„	„	70.	„
21	„	„	„	„	80.	„
5	„	„	„	„	86.	„
1	„	„	„	„	93.	„

als noch lebend anzunehmen sind. Hiernach ist die relative Sterblichkeit unter dem Hüttenmannsstande im jüngeren Mannesalter weit kleiner und dafür im höheren Alter wieder grösser, als bei den der allgemeinen Mortalitätstabelle zu Grunde liegenden verschiedenen Berufsarten. In den Altersjahren 55 bis 59 findet nahezu Gleichheit statt, sodass an dieser Stelle in Tafel IX die beiden Curven der Mortalitätstabellen sich durchschneiden.

Muss auch die für den hüttenmännischen Beruf aufgestellte Mortalitätstabelle deshalb an Ungenauigkeit leiden, weil ihr nur eine verhältnissmässig geringe Zahl von Todesfällen zu Grunde gelegt werden konnte, so sind ihre Resultate im Vergleich zu den ihr gegenüber gestellten doch immerhin bezeichnend.

Zum Schlusse mögen hinsichtlich der Pensionsbezugszeit, welche bei den aus dem Pensionsgenuss wieder ausgeschiedenen Percipienten beobachtet und für die 10 Jahre 1869/78 nach dem jährlichen Austritt Seite 106 angegeben ist, hier noch diejenigen Erfahrungszahlen Platz finden, welche die in dieser Richtung stattgefundenen, nun 30jährigen Beobachtungen ergeben haben.

Nach den Verhältnissen, unter welchen die betreffenden Abgänge in dem Zeitraume 1849/78 stattfanden, bezieht bei der Hüttenknappschaftscasse ein Invalid im Durchschnitt 6 Jahre lang Pension. Diese unmittelbar aus den Abgangsfällen ermittelte Ziffer wird allerdings durch eine Berechnung nach dem Lebensalter des Eintritts in den Pensionsgenuss und dem des Austritts aus demselben nicht erhalten; vielmehr ergiebt die letztere Berechnung eine höhere. Da indessen ein grosser Theil der in den letzten 20 Jahren invalid gewordenen 382 Mann, welche Zahl auf die in der gleichen Zeit verstorbenen Invaliden von 373 Mann reducirt und zur Bildung der in Tafel IX ersichtlichen Activitätsgrenze d benutzt wurde, zur Zeit noch in Pension lebt, während andererseits unter den verstorbenen Invaliden auch die vor 20 Jahren bereits in Pension gewesenen mit enthalten sind, so ist die Differenz erklärlich

12

und daher bis auf Weiteres das Resultat der directen Ermittelung als das richtigere anzusehen. Uebrigens beziehen Invaliden, die erst in höherem Alter in Pension treten, diese durchschnittlich länger, als solche, die schon im jüngeren Alter in dieselbe eintreten; denn, wie der die Pensionsbezugszeit andeutende Abstand der Mortalitäts-Curve a von der Activitätsgrenze d zeigt, ist die Pensionsbezugszeit durchschnittlich anzunehmen z. B.

zu 3—4 Jahren bei den mit dem 45. Lebensjahre,
„ 4—5 „ „ „ „ „ 50. „
„ 7—8 „ „ „ „ „ 55. „
„ 10—12 „ „ „ „ „ 60. „

in Pension eintretenden Mitgliedern.

Bei den Wittwen, deren Eintritt in den Pensionsgenuss auf je 100 verstorbene active Mitglieder und Invaliden sich auf 76 stellt, wurden $11,_{79}$ Jahre und bei den Waisen, deren Eintrit auf je 100 verstorbene active Mitglieder und Invaliden sich auf 96 stellt, $5,_{62}$ Jahre als mittlere Pensionsbezugszeit durch directe Ermittelung, und zwar aus 357 und resp. 619 Austrittsfällen constatirt.

Uebersicht

der

Ergebnisse bei der Hüttenknappschaftscasse zu Freiberg

in den 10 Jahren 1869 bis mit 1878, unter Gegenüberstellung derjenigen der Jahre 1849 und 1859.

I. Bezüge und Leistungen, sowie Vermögens-

A. Ergebnisse nach den

	1849	1859	1869
	Mark	Mark	Mark
1. Einnahmen.			
a) Beiträge von den Knappschaftsmitgliedern	6380,65	10520,76	17683,99
b) Beiträge aus den Werks- und aus anderen fiscalischen Cassen	1850	10775,18	17918,77
Beiträge von Lieferanten und Fuhrleuten	8162,67	.	.
c) Beiträge von Hüttenofficianten und aus fiscalischen Cassen zu Uebertragung der nach der früheren Verfassung noch zu gewährenden Pensionen für Hinterlassene von Hüttenofficianten	1094,93	1705,26	1069,32
d) Fiscalische Beiträge zu Uebertragung der nach der früheren Verfassung noch zu gewährenden ausserordentlichen Unterstützungen	—	782,26	471,12
Summe der Beiträge	17788,25	23783,16	37143,20
e) Capitalzinsen	4965,07	7256,04	6627,23
f) Zufällige Einnahmen, als Geschenke, Coursgewinn etc.	37,03	947,40	145,95
Ueberweisung des Antheils der fiscalischen Hütten an dem Vermögen der aufgehobenen Bergmagazinanstalt	—	—	—
Summe der Einnahmen	22790,35	31986,90	43916,38
2. Ausgaben.			
g) Invaliden-, Wittwen-, und Waisenpensionen	11445,69	29497,40	37071,15
h) Ausserordentliche Unterstützungen nach der früheren Verfassung	1139,84	782,26	471,12
i) Temporäre Unterstützungen	172,50	46,50	19,50
k) Schulgelderbeiträge	1091,02	686,24	386,44
l) Begräbnisskostenbeiträge	43,12	54	90
m) Impfkosten	36,29	60,50	76
n) Beitrag zur Bibelgesellschaft	18	18	18
Summe der Unterstützungen an die dem Aufseher- und Arbeiterpersonale entstammenden Knappschafts-Verwandten	13946,46	31144,90	38132,51
o) Pensionen an Hinterlassene von Hüttenofficianten nach der früheren Verfassung	3076,26	2310,36	1188,72
p) Administrationskosten	880,24	1180,78	1427,06
q) Zufällige Ausgaben, als Abgaben, Coursverluste etc.	32	912,49	75,87
Summe der Ausgaben	17934,96	35548,53	40824,16
Daraus ergiebt sich:			
Ueberschuss oder Mehreinnahme	4855,39	—	3092,22
Zuschuss oder Mehrausgabe	—	3561,63	—
Ausserdem wurden verwendet:			
Zu Beitragsrestitutionen an ausgeschiedene Mitglieder	—	—	4040,93
Der Abschluss ergab daher:			
Zunahme des Vermögens	4855,39	—	—
Abnahme des Vermögens	—	3561,63	948,71
3. **Das Knappschafts-Vermögen** betrug am Jahresschlusse	166120,50	164802,98	168316,16

bestand der Hüttenknappschaftscasse, und zwar:

abgelegten Rechnungen.

1870	1871	1872	1873	1874	1875	1876	1877	1878
Mark	Mark	Mark	Mark	Mark	Mark	Mark	Mark	Mark
17072,56	18354,67	18959,68	18547,70	21114,14	20068,63	19997,54	20044,35	20623,60
17579,67	18926,41	22713,19	22335,04	25330,52	24073,15	23857,92	23878,51	24619,51
.	.	.	.	.	.	.	.	.
1045,13	1028,14	1028,41	846,96	823,59	761,66	744,72	710,59	591,24
468,26	441,60	431,60	431,60	407,22	338	338	338	278,37
36165,62	38751,12	43162,91	42161,24	47675,77	45240,84	44938,18	44971,75	46113,02
6653,58	9926,21	10112,40	10076,17	9871,52	9988,94	9981,81	10118,98	10084,15
—	328,15	60	46,50	—	106,50	1254,75	489,40	148,70
—	80191,58	—	—	—	—	—	—	—
42819,20	129197,06	53335,31	52283,91	57547,29	55336,28	56174,74	55580,13	56345,90
38917,12	38398,03	43645,60	45075,83	44034,97	46983,64	49747,11	49638,18	48704,06
468,26	441,60	431,60	431,60	407,22	338	338	338	278,37
19,50	25,50	19,50	7,50	22,50	7,50	22,50	7,50	7,50
362,06	409,20	368,42	363,94	417,50	387,96	398,36	403,88	397,35
87	66	78	87	87	81	48	69	78
76,50	70,50	153,50	108	136	16	—*)	—	—
18	18	18	18	18	18	18	18	18
39948,44	39428,83	44714,52	46091,87	45123,49	47832,10	50571,97	50474,56	49483,25
1259,22	1344,72	1344,72	1275,72	1264,90	1140,44	1106,56	1070,82	1182,48
1388,37	1526,05	1703,08	1670,28	1803,07	1763,28	1811,86	1762,48	1793,16
27,75	631,50	170	106,50	274,10	123	149	98,17	97,20
42623,78	42934,10	47932,32	49144,37	48465,56	50858,82	53639,39	53106,03	52556,41
195,42	86262,96	5402,09	3139,54	9081,73	4477,46	2535,35	2174,10	3789,49
—	—	—	—	—	—	—	—	—
2677,23	2524,87	5244,65	9606,50	2994,71	4863,07	2607,12	427,86	1112,82
—	83738,09	158,34	—	6087,02	—	—	1746,24	2676,67
2481,81	—	—	6466,96	—	385,61	71,77	—	—
165834,65	249572,74	249731,08	243264,12	249351,14	248965,53	248893,76	250640	253316,67

*) Sind nach dem neuen Impfgesetz weggefallen.

B. Durchschnitts-Ergebnisse pro Mann

Die Zahl des activen Knappschafts-Personals, d. i. des verpflichteten Aufseher- und Arbeiter-Personals, betrug im Mittel (berechnet aus den anfänglichen und den schliesslichen Jahresbeständen unter Abzug der erst kurz vor Jahresschluss neu eingetretenen Mannschaft) . . . . .

Hierauf berechnen sich die vorstehend unter A ersichtlichen Ergebnisse im Durchschnitt pro Mann wie folgt:

1. Einnahmen.

a) Mitgliederbeiträge . . . .
b) Beiträge aus den Werks- und aus anderen fiscalischen Cassen . . . .
Beiträge von Lieferanten und Fuhrleuten . . . .
c) und d) Ausserordentliche Beiträge zur Uebertragung von Unterstützungen, welche nach der früheren Verfassung noch fortzugewähren sind . . . .

Summe der Beiträge

e) Zinsen vom Knappschafts-Vermögen . . .
f) Zufällige Einnahmen . . . . . .

Summe der Einnahmen

2. Ausgaben.

g) Invaliden-, Wittwen- und Waisen-Pensionen . . . .
h) Ausserordentliche Unterstützungen nach der früheren Verfassung . . . .
i) Temporäre Unterstützungen . . . .
k) Schulgelderbeiträge . . . .
l) Begräbnisskostenbeiträge . . . .
m) und n) Impfkosten und Beitrag zur Bibelgesellschaft . . . .

Summe dieser 7 Positionen

Ferner:

o) Pensionen an Hinterlassene von Hüttenofficianten nach der früheren Verfassung . . . .
p) Administrationskosten . . . .
q) Zufällige Ausgaben . . . .

Summe der Ausgaben

Daraus ergiebt sich:

Ueberschuss oder Mehreinnahme . . . .
Zuschuss oder Mehrausgabe . . . .

Hierüber:

Verwendung zu Beitragsrestitutionen an ausgeschiedene Mitglieder . . . . .
3. Vermögensbestand am Jahresschlusse . . . . .

des activen Knappschafts-Personals.

1849	1859	1869	1870	1871	1872	1873	1874	1875	1876	1877	1878
694	781	890	882	887	900	846	811	814	834	815	830
Mark	Mark	Mark	Mark	Mark	Mark	Mark	Mark	Mark	Mark	Mark	Mark
9,20	13,47	19,87	19,86	20,60	21,06	21,92	26,03	24,65	23,97	24,59	24,85
2,67	13,80	20,13	19,93	21,34	25,27	26,40	31,23	29,57	28,61	29,30	29,66
12,19											
1,58	3,18	1,73	1,72	1,65	1,62	1,51	1,52	1,35	1,30	1,29	1,05
25,64	30,45	41,73	41,01	43,68	47,95	49,85	58,78	55,57	53,88	55,18	55,56
7,15	9,29	7,45	7,54	11,20	11,24	11,91	12,17	12,27	11,97	12,42	12,15
0,05	1,21	0,16	—	0,37	0,07	0,06	—	0,13	1,56	0,60	0,18
32,84	40,95	49,34	48,55	55,25	59,26	61,80	70,95	67,97	67,35	68,98	67,89
16,49	37,77	41,65	44,12	43,29	48,50	53,28	54,80	57,72	59,65	60,91	58,68
1,64	1	0,53	0,53	0,50	0,48	0,51	0,50	0,41	0,40	0,41	0,34
0,25	0,06	0,02	0,02	0,03	0,02	0,01	0,03	0,31	0,03	0,01	0,01
1,57	0,88	0,43	0,41	0,46	0,41	0,43	0,51	0,48	0,48	0,50	0,18
0,06	0,07	0,10	0,10	0,07	0,09	0,10	0,11	0,10	0,06	0,09	0,09
0,08	0,10	0,11	0,11	0,10	0,19	0,15	0,19	0,04	0,02	0,02	0,02
20,09	39,88	42,84	45,29	44,45	49,69	54,48	55,64	58,76	60,64	61,04	59,62
4,43	2,96	1,34	1,43	1,51	1,49	1,51	1,56	1,40	1,33	1,31	1,42
1,27	1,51	1,60	1,57	1,72	1,89	1,97	2,22	2,17	2,17	2,16	2,16
0,04	1,16	0,09	0,03	0,72	0,19	0,13	0,34	0,15	0,18	0,12	0,12
25,84	45,51	45,87	48,32	48,40	53,26	58,09	59,76	62,18	64,32	65,53	63,32
7,00	—	3,47	0,23	6,85 *)	6,00	3,71	11,19	5,50	3,03	2,67	4,57
—	4,56	—	—	—	—	—	—	—	—	—	—
—	—	4,64	3,03	2,84	5,83	11,35	3,69	5,97	3,13	0,63	1,34
39,37	211,02	189,12	188,02	281,38	277,48	287,55	307,46	305,85	298,44	307,53	305,20

*) Ausserdem 90 Mark 41 Pf. durch den überwiesen erhaltenen Theil des Bergmagazin-Vermögens.

C. Nach allgemeinen Durchschnittszahlen, und zwar

Die **Einnahmen** bestanden nach Procenten:

a) in Mitgliederbeiträgen . . . .
b) in Beiträgen aus den Werks- und aus anderen fiscalischen Cassen . . . .
in Beiträgen von Lieferanten und Fuhrleuten . . . .
c) und d) in ausserordentlichen Beiträgen zu Uebertragung von Unterstützungen, welche nach der früheren Verfassung noch fortzugewähren sind . . . .

in Beiträgen überhaupt . .

ferner:

e) in Zinsen vom Knappschafts-Vermögen .
f) in zufälligen Einnahmen . . . .

Summe

Die **Ausgaben**, nach Procenten der Einnahme berechnet, ergaben:

g) Invaliden-, Wittwen- und Waisen-Pensionen . . . .
h) Ausserordentliche Unterstützungen . . . .
i) Temporäre Unterstützungen . . . .
k) Schulgelderbeiträge . . . .
l) Begräbnisskostenbeiträge . . . .
m) und n) Impfkosten und Beitrag zur Bibelgesellschaft . . . .

überhaupt an Unterstützungen für die dem Aufseher- und Arbeiterpersonale entstammenden Knappschafts-Verwandten . . . .

ferner:

o) Pensionen an Hinterlassene von Hüttenofficianten, nach der früheren Verfassung . . .
p) Administrationskosten . . . .
q) Zufällige Ausgaben . . . .

Summe

Demnach resultiren als

Ueberschuss oder Mehreinnahme . . . . .
Zuschuss oder Mehrausgabe . . . . . .

Ausserdem betrugen

die gewährten Beitragsrestitutionen an ausgeschiedene Mitglieder . .

Mithin sind

dem Knappschafts-Vermögen zugewachsen . . . .
dem Knappschafts-Vermögen zu Deckung der Ausgaben entnommen worden

nach Procenten der jährlichen Gesammt-Einnahme.

1849	1859	1869	1870	1871	1872	1873	1874	1875	1876	1877	1878
28	32,89	40,27	39,87	37,46	35,55	35,48	36,69	36,27	35,60	36,06	36,00
8,12	33,69	40,80	41,06	38,62	42,64	42,71	44,03	43,50	42,47	42,96	43,70
37,13	.	.	.	.	.	.	.	.	.	.	.
4,80	7,77	3,51	3,53	3	2,74	2,45	2,13	1,99	1,93	1,39	1,54
78,05	74,35	84,58	84,46	79,07	80,93	80,64	82,85	81,76	80	80,91	81,34
21,79	22,69	15,09	15,54	20,26	18,96	19,27	17,15	18,05	17,77	18,21	17,90
0,16	2,96	0,33		0,67	0,11	0,09	—	0,19	2,23	0,88	0,26
100	100	100	100	100	100	100	100	100	100	100	100
50,22	92,21	84,41	90,89	78,36	81,83	86,21	76,59	84,91	88,56	89,31	86,44
5	2,45	1,07	1,09	0,90	0,81	0,82	0,71	0,61	0,60	0,61	0,49
0,76	0,14	0,05	0,05	0,05	0,04	0,01	0,04	0,01	0,04	0,01	0,01
4,79	2,15	0,88	0,85	0,84	0,69	0,69	0,73	0,79	0,71	0,73	0,71
0,19	0,17	0,21	0,20	0,13	0,15	0,17	0,15	0,15	0,09	0,12	0,14
0,24	0,25	0,21	0,22	0,18	0,32	0,26	0,26	0,06	0,93	0,03	0,03
61,20	97,37	86,83	93,30	80,46	83,84	88,16	78,41	86,44	90,63	90,81	87,82
13,50	7,22	2,71	2,94	2,74	2,52	2,44	2,20	2,06	1,97	1,93	2,10
3,86	3,69	3,25	3,24	3,11	3,19	3,20	3,13	3,19	3,22	3,17	3,18
0,14	2,85	0,17	0,06	1,30	0,32	0,20	0,48	0,22	0,26	0,18	0,14
78,70	111,13	92,96	99,54	87,61	89,87	94	84,22	91,91	95,48	96,09	93,26
21,30	—	7,04	0,46	12,39	10,13	6	15,78	8,09	4,52	3,91	6,72
—	11,13	—	—	—	—	—	—	—	—	—	—
—	—	9,20	6,95	5,15	9,85	18,37	5,21	8,79	4,64	0,77	1,97
21,30	—	—	—	7,24 *)	0,28	—	10,57	—	—	3,14	4,75
—	11,13	2,16	5,79	—	—	12,37	—	0,70	0,12	—	—

*) Ausser dem überwiesen erhaltenen Theil des Bergmagazin-Vermögens.

13

II. Bewegung in den Personalbeständen

A. Bewegung in den Beständen

a) Am Anfange des Jahres waren dem Knappschafts-Verbande angehörige Aufseher und Hüttenarbeiter bei den fiscalischen Hüttenwerken beschäftigt . . . .

Zuwachs im Laufe des Jahres:

b) beurlaubt gewesene und in den Knappschafts-Verband wieder eingetretene Arbeiter . . . .
c) durch Verpflichtung in denselben neu aufgenommene Mannschaft . . . . . .

Summe

Abgang im Laufe des Jahres:

als invalid traten zeitweilig oder bleibend in den Pensionsgenuss . . . . . .
dagegen kehrten aus der Invalidität zur Arbeit wieder zurück . . . . .

d) von dem activen Personale wurden daher bleibend invalid . . . .
e) in Folge von Kündigung schieden unter Bezug von Austrittsgeldern wieder aus . . . . .
f) freiwillig gingen von der Hüttenarbeit ab . . . .
g) durch Ablegung von der Hüttenarbeit wurden aus der Knappschaft ausgeschlossen . . .
h) als active Mitglieder sind im Dienst oder während des Krankenlohnbezuges verstorben . . .

Summe des Abganges an activen Knappschaftsgenossen

Hiernach ergiebt sich:

i) Anzahl der activen Knappschafts-Mitglieder am Jahresschlusse .

B. Bewegung in den

k) Anzahl der Invaliden am Anfange des Jahres . . . .
l) im Laufe des Jahres traten zeitweilig oder bleibend in Knappschaftspension . . .

m) es empfingen sonach Knappschaftspension in Summe . . .

Davon gingen ab:

n) durch Rückkehr zur Hüttenarbeit . . . . . .

o) es verblieb daher Knappschaftspension zu zahlen an . . . . . .

Davon sind

p) im Laufe des Jahres verstorben . . . .

Es betrug daher:

q) die Zahl der Invaliden am Jahresschlusse . . . .

Im Durchschnitt berechnet sich hiernach auf die am Anfange des Jahres activen Mitglieder (a):
das Invalidwerden (l) pro 100 active Mitglieder zu . . . . . .
das Wiederactivwerden (n) „ 100 „ „ „ . . . . .
das Invalidbleiben (d) „ 100 „ „ „ . . . .

und es befanden sich von 100 Knappschaftsgenossen (i und q) am Jahresschlusse:
als Aufseher oder als Hüttenarbeiter (i) im activen Dienst .
als Invaliden (q) in Knappschaftspension . . . . .

der Hüttenknappschaft, und zwar:

der activen Mitglieder.

1849	1859	1869	1870	1871	1872	1873	1874	1875	1876	1877	1878
Mann	Mann	Mann	Mann	Mann	Mann	Mann	Mann	Mann	Mann	Mann	Mann
618	751	910	903	895	933	904	788	834	867	802	829
.	—	—	—	1	—	—	—	—	—	—	—
.	103	79	58	94	77	22	125	138	—	55	38
618	854	989	961	990	1010	926	913	972	867	857	867
12	41	49	62	44	41	35	25	53	33	22	27
11	21	27	33	22	24	19	8	15	17	10	10
1	20	22	29	22	17	16	17	38	16	12	17
.	—	51	26	21	64	106	38	47	34	8	7
.	9	1	3	7	12	8	15	13	7	1	1
.	5	6	2	1	—	1	2	3	6	—	1
7	8	6	6	6	13	7	7	4	2	7	10
8	42	86	66	57	106	138	79	105	65	28	36
739	812	903	895	933	904	788	834	867	802	829	831

Invaliden-Beständen.

1849	1859	1869	1870	1871	1872	1873	1874	1875	1876	1877	1878
57	153	152	150	154	160	162	155	150	163	166	161
12	41	49	62	44	41	35	25	53	33	22	27
69	194	201	212	198	201	197	180	203	196	188	188
11	21	27	33	22	24	19	8	15	17	10	10
58	173	174	179	176	177	178	172	188	179	178	178
7	10	24	25	16	15	23	22	25	13	17	19
51	163	150	154	160	162	155	150	163	166	161	159
1,85	5,45	5,38	6,86	4,92	4,39	3,87	3,17	6,35	3,81	2,74	3,26
1,69	2,79	2,97	3,65	2,46	2,57	2,10	1,01	1,80	1,96	1,25	1,21
0,16	2,66	2,41	3,21	2,46	1,82	1,77	2,16	4,56	1,85	1,49	2,05
93,54	83,28	85,75	85,32	85,36	84,80	83,56	84,76	84,17	82,85	83,74	83,94
6,46	16,72	14,25	14,68	14,64	15,20	16,44	15,24	15,83	17,15	16,26	16,06

13*

C. Bewegung in den

a) Anzahl der Wittwen am Anfange des Jahres . . . .
b) in Folge Ablebens der Ehemänner traten im Laufe des Jahres ferner ein . . . . .
c) Wittwenpension empfingen sonach . . . .
d) von dieser Anzahl von Wittwen verheiratheten sich wieder . . . . . .
e) in Knappschaftspension verblieben daher noch . . . .
f) davon sind im Laufe des Jahres verstorben . . . .
g) Anzahl der Wittwen am Jahresschlusse . . . .

D. Bewegung in den

h) Anzahl der Waisen am Anfange des Jahres . . . .
i) im Laufe des Jahres wurden durch das Ableben von activen Mitgliedern und Invaliden vaterlos .
k) Waisenpension war daher zu gewähren an . . . .
l) davon legten das 11. Lebensjahr zurück und traten daher wieder aus . . . .
m) in Knappschaftspension verblieben daher . . . .
n) davon sind im Laufe des Jahres verstorben . . . .
o) Anzahl der Waisen am Jahresschlusse . . . .

Im Durchschnitt traten von 100 verstorbenen activen Mitgliedern und Invaliden in Knappschaftspension ein:

Wittwen . . . .
Waisen . . . .

E. Gesammtzahl

die Zahl der pensionirten Invaliden, Wittwen und Waisen betrug am Jahresschlusse . .

Procental setzte sich dieselbe zusammen aus:

Invaliden . . . .
Wittwen . . . .
Waisen . . . .

Pro 100 Mann der am Jahresschlusse activen Mitglieder waren gleichzeitig in Knappschaftspension:

Invaliden . . . .
Wittwen . . . .
Waisen . . . .

Mithin hatte man auf 100 Contribuenten gleichzeitig an Percipienten . . . . . .

Es kam daher im Durchschnitt:

je ein Invalid auf eine Anzahl activer Mitglieder von . . . . . .
„ eine Wittwe „ „ „ „ „ „ . . . . . .
„ „ Waise „ „ „ „ „ „ . . . . . .

oder

je ein Percipient auf eine Anzahl Contribuenten von . .

Wittwen-Beständen.

1849	1859	1869	1870	1871	1872	1873	1874	1875	1876	1877	1878
130	190	258	268	276	272	280	289	296	301	302	306
11	10	26	21	14	23	23	26	23	15	21	16
141	200	284	289	290	295	303	315	319	316	323	322
3	3	3	4	6	3	—	6	2	2	5	4
138	197	281	285	281	292	303	309	317	314	318	318
6	7	13	9	12	12	14	13	16	12	12	15
132	190	268	276	272	280	289	296	301	302	306	303
Waisen-Beständen.											
100	132	145	153	159	155	163	161	161	165	161	155
5	8	31	31	16	31	19	33	31	15	30	15
105	140	176	181	175	186	182	194	192	180	191	170
17	18	22	24	19	23	20	32	25	17	32	17
88	122	154	160	156	163	162	162	167	163	159	153
—	4	1	1	1	—	1	1	2	2	4	2
88	118	153	159	155	163	161	161	165	161	155	151
78,57	55,56	86,67	67,74	63,64	82,14	76,66	89,65	79,31	100	87,50	55,17
35,71	44,44	103,88	100	72,73	110,71	63,33	114,14	106,89	100	125	51,72
der Percipienten.											
271	471	571	589	587	605	605	607	628	629	622	613
18,82	34,61	26,27	26,14	27,26	26,78	25,62	24,71	25,96	26,39	25,88	25,94
48,71	40,34	46,94	46,86	46,34	46,28	47,57	48,77	47,77	48,01	49,20	49,43
32,47	25,05	26,79	27	26,40	26,94	26,61	26,52	26,27	25,60	24,92	24,63
6,90	20,07	16,61	17,21	17,15	17,92	19,67	17,99	18,80	20,70	19,42	19,13
17,86	23,39	29,68	30,84	29,15	30,97	36,67	35,49	34,60	37,65	36,91	36,46
11,91	14,53	16,94	17,76	16,61	18,03	20,43	19,30	19,03	20,07	18,70	18,16
36,67	57,99	63,23	65,81	62,91	66,92	76,77	72,78	72,43	78,42	75,03	73,75
14,49	4,98	6,02	5,81	5,83	5,58	5,08	5,56	5,32	4,83	5,15	5,23
5,50	4,27	3,37	3,24	3,43	3,23	2,73	2,82	2,89	2,65	2,71	2,74
8,99	6,88	5,90	5,63	6,02	5,55	4,89	5,18	5,25	4,98	5,35	5,50
2,72	1,72	1,68	1,52	1,59	1,49	1,30	1,37	1,38	1,28	1,33	1,35

III. Altersverhältnisse

Das durchschnittliche **Lebensalter** der activen Mitglieder betrug:

1) bei der am Anfange des Jahres activ gewesenen Mannschaft . . . . . .
2) „ „ im Laufe des Jahres in den Knappschafts-Verband neu aufgenommenen . .
3) „ „ im Laufe des Jahres überhaupt aus dem activen Dienst ausgeschiedenen Mannschaft .

und zwar:

bei der in Folge von Kündigung ausgeschiedenen .
„ „ freiwillig abgegangenen .
„ „ von der Hüttenarbeit abgelegten . . . .
„ „ im Dienst oder während des Krankenlohnbezuges verstorbenen .
„ „ im Laufe des Jahres bleibend invalid gewordenen Mannschaft

und endlich:

4) bei der am Schlusse des Jahres in Activität verbliebenen Mannschaft . . .

Das **Dienstalter** dagegen betrug im Durchschnitt:

zu 1) bei der am Anfange des Jahres activ gewesenen Mannschaft . . . . . .
„ 3) „ „ im Laufe des Jahres überhaupt aus dem activen Dienste ausgeschiedenen Mannschaft .

und zwar:

bei der durch Kündigung ausgeschiedenen . . .
„ „ freiwillig abgegangenen . . .
„ „ von der Hüttenarbeit abgelegten . . . .
„ „ im Dienst oder während des Krankenlohnbezuges verstorbenen .
„ „ im Laufe des Jahres bleibend invalid gewordenen . .

und endlich:

zu 4) bei der am Schlusse des Jahres in Activität verbliebenen Mannschaft . .

der Contribuenten.

1849	1859	1869	1870	1871	1872	1873	1874	1875	1876	1877	1878
Jahre	Jahre	Jahre	Jahre	Jahre	Jahre	Jahre	Jahre	Jahre	Jahre	Jahre	Jahre
	35,71	35,02	35,03	34,96	34,54	34,60	35,93	35,17	34,11	35,11	35,13
	24,71	24,11	22,29	22,90	23,09	22,23	23,66	23,19	—	23,75	25,13
	43,31	35,44	38,48	37,46	34,40	31,55	34,62	36,08	34,55	40,95	39,50
	—	28,75	28,85	30,43	29,34	29,15	29,16	29,55	26,71	27,88	27
	30,44	27	22,67	30,43	27,25	24,25	30,07	25,08	24,71	23	24
	30,75	32,83	39,50	26	—	24,50	32	33	34	—	23
.	32,57	39,50	36,85	38	44,77	41,57	43	41	36	39,71	35,10
45,80	56	50,95	49,03	46,77	50,53	47,19	47,71	47,61	55,56	51,83	48,94
	34,50	35,08	34,96	34,54	34,40	35,93	35,17	34,11	35,11	35,13	35,48
	10,02	10,67	10,64	10,78	10,45	10,74	12,09	11,51	10,55	11,64	11,70
	16,49	11,11	13,57	13,75	9,06	7,07	9,05	12,07	9,98	16,11	16,03
.	—	5,45	6,15	6,95	5,13	5,50	4,39	5,15	3,73	2,88	6,43
.	5	6,0	3,0	9,14	3,50	2,25	3,27	2,23	2,29	3	0,33
.	3	7,50	7,50	1,0	—	2,50	1	9,67	9,50	—	3
.	9,5	14,50	11,33	17,67	17,61	15,86	17,57	15,25	11	15,71	10,80
21,25	27,80	24,51	22,20	21,26	21,21	21,51	22,01	23,84	26,69	26,25	24,76
	9,01	10,64	10,78	10,45	10,74	12,09	11,51	10,55	11,61	11,50	11,97

IV. Altersverhältnisse

A. Invaliden.

Das durchschnittlich erreichte Lebens- und Dienstalter der nach Tabelle II sub A Punct d in Knappschaftspension getretenen Mitglieder ist vorstehend unter III Punct 3 ersichtlich.

Die nach Tabelle II sub B Punct p im Laufe des Jahres verstorbenen Invaliden

waren alt . . . .
hatten gedient . . . .

Die nach derselben Tabelle II Punct q am Jahresschlusse im Knappschaftsgeld verbliebenen Invaliden hatten durchschnittlich erreicht:

ein Lebensalter von . . . .
„ Dienstalter von . . . .

Es waren nämlich von dieser Mannschaft pensionirt worden:

im 1. bis 5. Dienstjahre . . . .
„ 6. „ 10. „ . . . .
„ 11. „ 15. „ . . . .
„ 16. „ 20. „ . . . .
„ 21. „ 25. „ . . . .
„ 26. „ 30. „ . . . .
„ 31. „ 35. „ . . . .
„ 36. „ 40. „ . . . .
„ 41. Dienstjahre und darüber . . . .

B. Wittwen.

Von den Wittwen, deren Anzahl nach Eintritt, Austritt und Bestand in Tabelle II unter C speciell angeführt ist, betrug das mittlere Lebensalter:

bei den im Laufe des Jahres neu eingetretenen . . . . . .
„ „ „ „ „ „ wieder ausgeschiedenen, und zwar:

bei den wieder verheiratheten . . . . . .
„ „ verstorbenen . . . .

und

bei den am Jahresschlusse im Knappschaftsgelde verbliebenen Wittwen . . . .

Nach den Altersclassen der Wittwenpensionsscala standen nämlich von den letzteren Ende des Jahres 1878:

in dem Alter von 50 Jahren und darunter . . . .
„ „ „ „ über 50 bis zu 60 Jahren . . . . . .
„ „ „ „ „ 60 „ „ 70 „ . . . . . .
„ „ „ „ „ 70 „ „ 80 „ . . . . . .
„ „ „ „ „ 80 Jahren . . . .

C. Waisen.

Von den nach Tabelle II sub D angeführten, am Schlusse des Jahres in Pension verbliebenen Waisen betrug das mittlere Lebensalter . . . .

der Percipienten.

1849	1859	1869	1870	1871	1872	1873	1874	1875	1876	1877	1878
Jahre	Jahre	Jahre	Jahre	Jahre	Jahre	Jahre	Jahre	Jahre	Jahre	Jahre	Jahre
.	56,60	56,55	58,04	59,63	58,20	56,87	54,82	54,76	52,46	54,47	60,87
.	26,62	22,21	25,27	28,89	22,21	26,72	19,38	21	22,33	22,09	26,48
49,66	55,45	57,19	56,78	56,08	56,29	56,31	56,46	55,52	56,75	57,65	57,41
18,46	22,78	25,35	24,77	23,88	23,75	23,09	23,50	23,97	24,36	24,74	24,54
	Mann	Mann	Mann	Mann	Mann	Mann	Mann	Mann	Mann	Mann	Mann
.	12	4	4	4	4	3	1	2	2	—	—
.	18	11	10	10	10	10	9	9	8	8	8
.	16	11	10	15	15	16	15	14	13	12	13
.	12	26	30	32	33	33	31	31	31	31	28
.	16	15	25	33	37	38	40	40	40	36	36
.	39	33	30	23	21	20	20	28	34	38	40
.	31	28	25	25	24	21	21	25	24	23	24
.	19	20	18	16	15	12	11	9	10	9	6
.	—	2	2	2	3	2	2	5	4	4	4
Jahre	Jahre	Jahre	Jahre	Jahre	Jahre	Jahre	Jahre	Jahre	Jahre	Jahre	Jahre
	49,70	48	48,48	51	47,61	52,29	47,77	48	47,67	46,81	46,44
.	37,66	38	42,25	45,50	41,33	—	41	29	36	33	41
62,66	63,71	65,23	64	73,08	68,67	68,79	61,23	75,12	68,25	64,75	67,13
57,95	55,30	57,32	57,62	57,38	57,72	57,73	58,02	57,52	57,75	58,11	58,26
.	.	.	.	.	.	.	.			.	75
.	.	.	.	.	.	.	.			.	99
.	.	.	.	.	.	.	.			.	78
.	.	.	.	.	.	.	.			.	47
.	.	.	.	.	.	.	.			.	4
9,57	9,07	8,89	8,67	8,91	8,81	9,23	9,02	8,88	9,25	8,98	9,15

V. Sterblichkeits-Verhältnisse unter den Contribuenten und

Nach Tabelle II sub A bis D sind überhaupt verstorben:

1) active Knappschafts-Mitglieder . . .
2) Invaliden . . . . . .
3) Wittwen . . .
4) Waisen . . . . .

Summe

Die Sterblichkeit betrug durchschnittlich, in Procenten ausgedrückt:

unter den activen Knappschafts-Mitgliedern
„ „ Invaliden . . . . .
„ „ Wittwen . . . .
„ „ Waisen . . . .

Die mittlere procentale Sterblichkeit auf alle 4 Classen berechnet sich zu .

Die mittlere Pensionsbezugszeit der verstorbenen Invaliden, Wittwen und Waisen, sowie der anderweit verheiratheten Wittwen und mit dem erreichten 14. Lebensjahre ausgeschiedenen Waisen stellt sich wie folgt heraus.

Es hatten die Knappschaftspension im Durchschnitt genossen:

1) die verstorbenen Invaliden .
2) die ausgeschiedenen Wittwen .

nämlich:

a) die verstorbenen Wittwen . . . .
b) die Wittwen, welche sich anderweit verheiratheten

und

3) die verstorbenen oder in Folge Zurücklegung des 14. Altersjahres ausgeschiedenen Waisen

Percipienten und durchschnittliche Pensions-Bezugszeit der Letzteren.

849	1859	1869	1870	1871	1872	1873	1874	1875	1876	1877	1878
	.										
7	8	6	6	6	13	7	7	4	2	7	10
7	10	24	25	16	15	23	22	25	13	17	19
6	7	13	9	12	12	14	13	16	12	12	15
—	4	1	1	1	—	1	1	2	2	4	2
20	29	44	41	35	40	45	43	47	29	40	46
%	%	%	%	%	%	%	%	%	%	%	%
1,08	1,07	0,69	0,69	0,69	1,47	0,88	0,83	0,50	0,25	0,81	1,19
2,37	5,75	13,79	13,07	9,09	8,47	12,92	12,79	13,30	7,27	9,55	10,67
1,05	3,55	4,83	3,14	4,22	4,11	4,62	4,31	5,06	3,83	3,77	4,72
—	3,28	0,65	0,62	0,63	—	0,62	0,62	1,20	1,23	2,52	1,31
2,14	2,33	2,90	2,75	2,33	2,61	3,13	2,90	3,05	1,99	2,68	3,08
Jahre	Jahre	Jahre	Jahre	Jahre	Jahre	Jahre	Jahre	Jahre	Jahre	Jahre	Jahre
4,31	5,63	7,78	5,71	5,37	8,38	6,82	6,88	6,79	4,21	7,85	9,42
—	13,08	12,87	9,71	15,15	12,60	16,21	9,97	12,88	12,80	7,21	12,98
7,93	16,53	14,07	13,10	18,12	14,78	16,21	12,71	13,96	14,20	8,97	15,38
1,75	5,25	4,99	2,18	9,21	3,87	—	4,05	4,34	4,38	2,97	4,01
5,13	6,67	4,39	5,19	6,11	6,20	4,99	5,12	6,33	5,49	5,91	4,95

VI. Berechnung der gewährten vollen Jahrespensionen und der einer Wittwe und

A. Anzahl der verabreichten Jahrespensionen.

Knappschaftsgeld empfingen:

die Invaliden auf eine Anzahl von Wochen . . . .
„ Wittwen „ „ „ „ „ . . . .
„ Waisen „ „ „ „ „ . . . .

„ Invaliden, Wittwen und Waisen zusammen auf eine Anzahl von Wochen . .

Das Jahr wurde abgeschlossen mit einer Wochenzahl von . . . .

Hiernach ergeben sich:

volle Invaliden-Jahrespensionen oder jährliche Invaliden . . . . . .
„ Wittwen-Jahrespensionen oder jährliche Wittwen . . . . . .
„ Waisen-Jahrespensionen oder jährliche Waisen . . . . . .

„ Invaliden-, Wittwen- und Waisenpensionen oder jährliche Percipienten . .

Auf 100 Mann der im Mittel activ gewesenen Knappschaftsmitglieder beträgt dies im Durchschnitt:

jährliche Invaliden oder volle Invaliden-Jahrespensionen . . . . . .
„ Wittwen oder volle Wittwen-Jahrespensionen . . . . . .
„ Waisen oder volle Waisen-Jahrespensionen . . . . . .

„ Percipienten oder volle Percipienten-Jahrespensionen . . . . . .

B. Höhe der Jahrespensionen.

Die nach Tabelle I sub A gewährten Pensionssummen (g) vertheilen sich:

auf die Invaliden mit . . . .
„ „ Aufseher- und Hüttenarbeiter-Wittwen mit . .
„ „ Aufseher- und Hüttenarbeiter-Waisen mit . .

Es bestanden dieselben daher nach Procenten ausgedrückt:

in Invaliden-Pensionen . . . .
„ Wittwen-Pensionen . . . .
„ Waisen-Pensionen . . . .

so dass pro Mann der nach Tabelle I sub B bei den Werken bestandenen mittleren Belegschaft durchschnittlich entfielen:

Invaliden-Pensionen . . . .
Wittwen-Pensionen . . . .
Waisen-Pensionen . . . .

Aus der angegebenen Pensionszahlung an die Invaliden, Wittwen und Waisen und der unter A hier berechneten Anzahl der betreffenden Jahrespensionen berechnen sich im Durchschnitt:

1) als Betrag einer Invaliden-Jahrespension . . . .
2) „ „ „ Wittwen-Jahrespension . . . .
3) „ „ „ Waisen-Jahrespension . . . .

und endlich:

4) als Betrag der durchschnittlichen Pension eines jährlichen Percipienten .

durchschnittlichen Höhe der Jahrespension eines Invaliden, einer Waise.

1849	1859	1869	1870	1871	1872	1873	1874	1875	1876	1877	1878
2815	8326	7945	8374	8212	8455	8601	8175	8384	8735	8538	8290
6876	9925	13701	14250	14229	14332	14873	15427	15628	15743	15796	15711
1991	6223	7749	8237	8090	8301	8461	8343	8308	8396	8251	7693
11682	24571	29395	30861	30561	31088	31935	31945	32320	32874	32585	31691
52	52	52	52	52	52	52	53	52	52	52	52
54,13	160,11	152,79	161,04	158,50	162,60	165,40	154,25	161,23	167,98	161,19	159,42
132,23	190,86	263,48	274,04	273,63	275,61	286,02	291,08	300,54	302,75	303,77	302,14
95,08	121,60	149,02	158,10	155,58	159,63	162,71	157,41	159,77	161,16	158,67	147,94
282,34	472,57	565,29	593,48	587,71	597,84	614,13	602,74	621,54	632,19	626,63	609,50
7,79	20,50	17,17	18,26	17,87	18,07	19,55	19,02	19,81	20,11	20,15	19,81
19,05	24,18	29,60	31,07	30,85	30,62	33,81	35,89	36,92	36,20	37,27	36,40
13,82	15,57	16,74	17,96	17,54	17,74	19,23	19,41	19,63	19,36	19,47	17,82
40,66	60,50	63,51	67,29	66,26	66,43	72,59	74,32	76,56	75,80	76,89	73,43
Mark	Mark	Mark	Mark	Mark	Mark	Mark	Mark	Mark	Mark	Mark	Mark
787,38	21915,99	26933,63	28279,86	27712,36	28298,22	29247,82	27749,95	30558	33294,60	33299,69	32575,24
089,58	5672,12	7813,12	8166,16	8258,67	11196,78	11597,51	12123,52	12232,04	12214,02	12193,32	12265,16
568,43	1909,29	2324,70	2471,10	2427	4150,50	4230,50	4161,50	4193,60	4238,49	4144,97	3863,06
%	%	%	%	%	%	%	%	%	%	%	%
50,57	74,30	72,65	72,67	72,17	64,83	61,88	63,02	65,04	66,93	67,09	66,89
35,73	19,23	21,08	20,98	21,51	25,66	25,73	27,52	26,03	24,55	24,56	25,18
13,70	6,47	6,27	6,35	6,32	9,51	9,39	9,45	8,93	8,52	8,35	7,93
Mark	Mark	Mark	Mark	Mark	Mark	Mark	Mark	Mark	Mark	Mark	Mark
8,34	28,06	30,26	32,06	31,24	31,44	34,57	34,21	37,54	39,92	40,86	39,25
5,89	7,26	8,78	9,26	9,31	12,44	13,71	14,95	15,03	14,64	14,91	14,78
2,26	2,44	2,61	2,90	2,73	4,61	5	5,13	5,15	5,08	5,09	4,65
106,92	136,87	176,28	175,61	174,64	174,04	176,32	179,90	189,30	198,21	202,81	204,34
30,93	29,72	29,65	29,80	30,18	40,63	40,54	41,65	40,70	40,34	40,14	40,59
16,37	15,70	15,60	15,60	15,60	26	26	26,44	26,25	26,25	26,12	26,12
40,54	62,42	65,58	65,57	65,33	73	73,89	73,05	75,59	78,69	79,21	79,91

VII. Activitäts- und Invaliditäts-Tabelle

nach dem Dienstalter.

A. Special-Ansätze.

Dienstalter.	Ausgeschiedene Mitglieder: freiwillig abgegangene oder abgelegte.	Ausgeschiedene Mitglieder: durch Kündigung ausgeschiedene.	Ausgeschiedene Mitglieder: im Dienst verstorbene.	Ausgeschiedene Mitglieder: bleibend invalid gewordene.	Summe.	Noch active Mitglieder.	Summe der überhaupt eingetretenen Mitglieder.
Jahre	b	c	d	e	f	g	a
0	40	25	3	-	68	37	105
1	60	71	6		137	53	190
2	24	86	6	-	116	..	116
3	15	63	5		83	98	181
4	16	56	2		74	67	141
5	12	35	7		54	36	90
6	9	25	2		36	17	53
7	3	21	3	-	27	42	69
8	11	27	1	7	46	24	70
9	3	18	5	1	27	41	68
10	3	10	5	3	21	24	45
11	5	9	3	11	28	19	47
12	5	16	6	6	33	23	56
13	2	14	6	4	26	13	39
14	1	16	8	10	35	32	67
15	5	6	6	9	26	41	67
16	1	3	4	14	22	13	35
17	2	1	5	19	27	8	35
18	1	5	1	18	25	11	36
19		1	5	15	21	41	62
20	1	2	3	16	22	22	44
21	-	1	5	15	21	12	33
22	1	2	6	19	28	19	47
23		1	5	16	22	5	27
24		1	8	17	26	7	33
25	1	-	3	15	19	29	48
26	1	—	5	16	22	4	26
27	1	1	1	22	25	19	44
28	0	0	0	10	10	29	39
29		-		13	13	18	31
30				21	21	6	27
31			1	10	11	12	23
32			-	12	12	7	19
33		—		7	7	1	8
34		--	1	6	7	—	7
35		—		9	9	1	10
36				10	10	0	10
37			1	7	8		8
38			1	6	7		7
39		-	0	3	3		3
40				6	6		6
41				4	4		4
42				1	1		1
43							
44		—		1	1		1
45	—	—		—			..
46	—	—		1	1		1
47	—						
48							
49			-				
50				1	1	—	1
51							-
52				—			—
53				1	1		1
54				0	0		0
Sa.	223	516	129	382	1250	831	2081

B. Summation der Special-Ansätze sub A.

Dienstalter.	Eingetretene Mitglieder, resp. von denselben verbliebene Anzahl.	Ausgeschiedene Mitglieder: ohne jeden Anspruch an die Casse.	Ausgeschiedene Mitglieder: durch Kündigung.	Ausgeschiedene Mitglieder: durch den Tod.	Ausgeschiedene Mitglieder: durch Eintritt in den Pensionsgenuss.	Summe.	In Activität verbliebene Mitglieder.
Jahre	a	b	c	d	e	f	g
0	2081	223	516	129	382	1250	831
1	1976	183	491	126	382	1182	794
2	1786	123	420	120	382	1045	741
3	1670	99	334	114	382	929	741
4	1489	84	271	109	382	846	643
5	1348	68	215	107	382	772	576
6	1258	56	180	100	382	718	540
7	1205	47	155	98	382	682	523
8	1136	44	134	95	382	655	481
9	1066	33	107	94	375	609	457
10	998	30	89	89	374	582	416
11	953	27	79	84	371	561	392
12	906	22	70	81	360	533	373
13	850	17	54	75	354	500	350
14	811	15	40	69	350	474	337
15	744	14	24	61	340	439	305
16	677	9	18	55	331	413	264
17	642	8	15	51	317	391	251
18	607	6	14	46	298	364	243
19	571	5	9	45	280	339	232
20	509	5	8	40	265	318	191
21	465	4	6	37	249	296	169
22	432	4	5	32	234	275	157
23	385	3	3	26	215	247	138
24	358	3	2	21	199	225	133
25	325	3	1	13	182	199	126
26	277	2	1	10	167	180	97
27	251	1	1	5	151	158	93
28	207	0	0	4	129	133	74
29	168	.	.	4	119	123	45
30	137	.	.	4	106	110	27
31	110	.	.	4	85	89	21
32	87	.	.	3	75	78	9
33	68	.	.	3	63	66	2
34	60	.	.	3	56	59	1
35	53	.	.	2	50	52	1
36	43	.	.	2	41	43	0
37	33	.	.	2	31	33	.
38	25	.	.	1	24	25	.
39	18	.	.	0	18	18	.
40	15	.	.	.	15	15	.
41	9	.	.	.	9	9	.
42	5	.	.	.	5	5	.
43	4	.		.	4	4	.
44	4	.		.	4	4	.
45	3	.		.	3	3	.
46	3	.		.	3	3	.
47	2	.		.	2	2	.
48	2	.		.	2	2	.
49	2	.		.	2	2	.
50	2	.		.	2	2	.
51	1	.		.	1	1	.
52	1	.		.	1	1	.
53	1	.		.	1	1	.
54	0	.		.	0	0	.

VIII. Activitäts- und Invaliditäts-Tabelle
nach dem Lebensalter.

Lebensalter.	Eingetretene Mitglieder, resp. von denselben verbliebene Anzahl.	Ausgeschiedene Mitglieder: ohne jeden Anspruch an die Casse.	durch Kündigung.	durch den Tod.	durch Eintritt in den Pensionsgenuss.	Summe.	In Activität verbliebene Mitglieder.
Jahre	a	b	c	d	e	f	g
18	2081	223	516	129	382	1250	831
19	2079	223	515	129	382	1249	830
20	2057	217	506	128	382	1233	824
21	2019	210	489	127	382	1208	811
22	1959	201	461	123	382	1167	792
23	1894	191	440	120	382	1133	761
24	1832	177	415	119	382	1093	739
25	1739	150	381	117	382	1030	709
26	1646	136	344	115	382	977	669
27	1577	127	323	111	382	943	634
28	1492	109	297	107	382	895	597
29	1396	93	253	105	382	833	563
30	1318	83	223	104	381	791	527
31	1238	70	178	103	381	732	506
32	1171	62	151	101	379	693	478
33	1111	49	136	98	376	659	452
34	1058	40	119	97	374	630	428
35	1006	32	103	93	372	600	406
36	963	32	91	88	369	580	383
37	903	22	84	84	360	550	353
38	857	20	70	78	356	524	333
39	803	15	51	73	352	491	312
40	752	13	39	69	342	463	289
41	709	12	32	64	331	439	270
42	669	11	26	60	325	422	247
43	637	10	23	54	313	400	237
44	579	8	19	46	293	366	213
45	533	7	16	39	283	345	188
46	490	5	11	34	274	324	166
47	461	4	7	30	267	308	153

Lebensalter.	Eingetretene Mitglieder, resp. von denselben verbliebene Anzahl.	Ausgeschiedene Mitglieder: ohne jeden Anspruch an die Casse.	durch Kündigung.	durch den Tod.	durch Eintritt in den Pensionsgenuss.	Summe.	In Activität verbliebene Mitglieder.
Jahre	a	b	c	d	e	f	g
48	416	4	6	30	248	288	128
49	384	4	6	26	238	274	110
50	348	4	3	24	223	254	94
51	305	3	2	20	201	226	79
52	270	2	0	17	185	204	66
53	230	2		12	167	181	49
54	201	1		12	152	165	36
55	170	0		9	132	141	29
56	143			8	113	121	22
57	113			5	92	97	16
58	98			4	83	87	11
59	76			3	68	71	5
60	62			2	57	59	3
61	53			1	49	50	3
62	41			1	37	38	3
63	35			1	32	33	2
64	28			1	26	27	1
65	21	—		0	20	20	1
66	12	—	—		12	12	0
67	12	—			12	12	
68	10				10	10	
69	6			—	6	6	—
70	4			—	4	4	
71	4				4	4	
72	4		—	—	4	4	
73	2	—	—	—	2	2	—
74	1	—	—	—	1	1	—
75	1			—	1	1	—
76	1				1	1	—
77	0				0	0	—

IX. Mortalitäts-Tabelle.

Lebensalter.	Freiberger Hüttenknappschaft.		Reducirte allgemeine Mortalitäts-Tabelle.		Lebensalter.	Freiberger Hüttenknappschaft.		Reducirte allgemeine Mortalitäts-Tabelle.	
	Lebende.	Verstorbene.	Lebende.	Verstorbene.		Lebende.	Verstorbene.	Lebende.	Verstorbene.
Jahre	a		b		Jahre	a		b	
19	502	1			57	219	10	217	10
20	501	1			58	209	15	207	9
21	500	4	500	7	59	194	12	198	9
22	496	3	493	8	60	182	12	189	9
23	493	1	485	8	61	170	11	180	10
24	492	2	477	7	62	159	16	170	10
25	490	3	470	7	63	143	8	160	11
26	487	4	463	6	64	138	22	149	11
27	483	4	457	7	65	116	18	138	11
28	479	2	450	6	66	98	8	127	9
29	477	2	444	7	67	90	6	118	10
30	475	1	437	6	68	84	5	108	8
31	474	3	431	7	69	79	13	100	9
32	471	5	424	6	70	66	5	91	7
33	466	3	418	8	71	61	10	84	9
34	463	8	410	7	72	51	8	75	8
35	455	7	403	9	73	43	7	67	8
36	448	10	394	7	74	36	3	59	8
37	438	8	387	8	75	33	5	51	8
38	430	9	379	8	76	28	4	43	6
39	421	8	371	8	77	24	4	37	6
40	413	11	363	6	78	20	3	31	6
41	402	12	357	8	79	17	4	25	4
42	390	10	349	9	80	13	5	21	3
43	380	19	340	7	81	8	4	18	4
44	361	14	333	9	82	4	2	14	3
45	347	12	324	9	83	2	0	11	3
46	335	7	315	7	84	2	1	8	1
47	328	7	308	10	85	1	0	7	2
48	321	11	298	7	86	1	1	5	1
49	310	11	291	10	87	0		4	2
50	299	12	281	7	88			2	1
51	287	14	274	9	89			1	0
52	273	11	265	9	90			1	0
53	262	10	256	9	91			1	0
54	252	12	247	10	92			1	0
55	238	7	237	11	93			1	1
56	231	12	226	9	94			0	

Beitrag

zu

einer vergleichenden Unfallstatistik

für den

englischen und sächsischen Steinkohlenbergbau.

Von Bergrath Professor **Kreischer.**

Officielle statistische Erörterungen und Zusammenstellungen über den Bergwerksbetrieb Englands existiren zwar seit mehreren Jahrzehnten, doch sind sie nicht durchgehend in übereinstimmender Weise ausgeführt worden und eignen sich daher nicht zu Ermittelung von Durchschnittswerthen aus einer grösseren Jahresreihe.

Nachdem durch das Gesetz vom 14. August 1850 die dauernde Anstellung von Bergwerksinspectoren und zwar zunächst nur für den Steinkohlenbergbau in England und Schottland angeordnet war, erschienen jährliche Reports, welche hauptsächlich statistische Untersuchungen enthielten.

Anfänglich bezogen sich dieselben ausschliesslich auf die Untersuchung der stattgefundenen Unglücksfälle, während die Angaben über Grösse der Belegschaft und Förderung noch fehlten.

Später kamen auch diese hinzu; doch konnten sie bis zum Jahre 1873 keinen Anspruch auf Vollständigkeit und Zuverlässigkeit machen, da die Besitzer und Vertreter von Gruben bis dahin nicht gezwungen waren, die Annual Returns of persons employed etc. einzureichen.

Erst durch die neuen Berggesetze, für Kohlengruben (The Coal Mines Regulation Act) vom 10. August 1872 und für die Erzgruben (The metalliferous Mines Regulation Act) von demselben Tage, welche mit Beginn des Jahres 1873 in Kraft traten, wurde das Alles geordnet und auch Irland mit in das Bereich der Inspectionen gezogen; auch fand damals eine neue Gruppirung der Gruben statt, indem die auf flötzartig gelagertem Eisensteine, feuerfestem Thone und verschiedenen Schiefern bauenden Zechen den Steinkohlengruben beigezählt wurden.

Die von 1873 an erschienenen „Reports of the Inspectors of Mines to Her Majesty's Secretary of State" liefern ein vollständigeres, richtigeres und gleichförmig geordnetes Material und dienten als Unterlagen bei Aufstellung der folgenden 3 Tabellen.

15

I.

England, Schottland und Irland. Personal und Production.

Jahr.	Personal			Production in Tonnen à 1016 kg					Leistung pro Mann und Jahr $\left(\frac{b}{a}\right)$	
	in der Grube	über Tage	Summa a	Steinkohlen	feuerfeste Thone	Eisenstein	diverse Schiefer etc.	Summa b	in Tonnen à 1016 kg	in Centnern à 50 kg
1873	407 808	106 341	514 149	128 680 131	1 742 193	12 094 827	524 095	143 041 246	278,41	5653,22
1874	428 611	110 218	538 829	126 590 108	2 067 791	11 693 186	362 747	140 713 832	261,15	5306,52
1875	427 017	108 828	535 845	133 306 485	1 932 294	12 018 594	442 940	147 700 313	275,64	5601,00
1876	409 229	105 303	514 532	134 125 166	2 071 983	12 159 580	632 656	148 989 385	290,23	5897,46
1877	395 025	99 366	494 391	134 179 968	1 813 541	12 014 356	838 395	148 846 260	301,07	6117,74
1878	382 979	92 350	475 329	132 612 063	1 625 586	10 747 227	813 262	145 798 138	306,73	6232,78
Sa.	2 450 669	622 406	3 073 075	789 493 921	11 253 388	70 727 770	3 614 095	875 089 174	284,76	5786,34
Nach 6jährigem Durchschnitt	408 445	103 734	512 179	131 582 320	1 875 565	11 787 962	602 349	145 848 196		
				90,2 %	1,3 %	8,1 %	0,4 %			
				der Gesammt-Förderung.						

Wir ersehen zunächst aus dieser Tabelle, dass nach dem 6jährigen Durchschnitte von 1873—1878 in England, Schottland und Irland bei den unter der Coal Mines Regulation Acte stehenden Gruben ein jährliches Personal von

512 179 Mann

thätig war, durch welches eine Production von jährlich

145 848 196 Tonnen = 2 963 635 342 oder nahezu 3000 Millionen Centnern

bewirkt wurde, und es betrug die Jahresproduction pro Mann

$284,_{76}$ Tonnen oder $5786,_{3}$ Centner.

Von der Gesammtproduction kamen

auf Steinkohlen . . .	$90,_{2}$ %,
auf feuerfeste Thone .	$1,_{3}$ "
auf Eisensteine . . .	$8,_{1}$ "
auf diverse Schiefer	$0,_{4}$ "
	100.

Die zweite Tabelle (Seite 116) enthält die nummerischen Angaben über die in dem angenommenen Zeitraume stattgefundenen Unglücksfälle und die dadurch verursachten tödtlichen Verletzungen.

Im 6jährigen Durchschnitte kommen nach dieser Tabelle in England auf 1000 Mann

$2,_{2528}$ tödtliche Verletzungen pro Jahr,

oder es verunglückten tödtlich pro Jahr unter 1 Million Bergleuten

$2252,_{8}$ Mann,

und zwar speciell:

1) in Schlagwettern	$514,_{14}$ Mann,	
2) durch Erstickung in anderen bösen Wettern	$27,_{99}$ "	
in bösen Wettern überhaupt . . .		$542,_{13}$ Mann,
3) durch Gesteinsfall in der Grube .		$887,_{71}$ "
4) in Schächten		$281,_{80}$ "
5) durch diverse Unfälle in der Grube		$349,_{16}$ "
6) " " " über Tage .		$192,_{00}$ "
	Sa. w. o.	$2252,_{80}$ Mann

pro 1 Million Bergleute.

Von sämmtlichen Verunglückungen kommen nach dem 6jährigen Durchschnitte:

1) auf Schlagwetterexplosion . .	$22,_{8}$ %,	
2) " Erstickung in anderen Gasen .	$1,_{3}$ "	
" böse Wetter überhaupt		. $24,_{1}$ %,
3) " Gesteinsfall in der Grube		. $39,_{4}$ "
	Latus	$63,_{5}$ %,

15*

II.

Unfallstatistik für England, Schottland und Irland in den unter der Coal Mines Regulation Acte stehenden Gruben.

Jahr.	Zahl der Unglücksfälle								Zahl der tödtlichen Verletzungen								Zahl der tödtl. Verletzungen pro 1000 Mann.
	durch böse Wetter								durch böse Wetter								
	durch Schlagwetter-explosion.	durch Erstickung.	in Summa.	durch Gesteinsfall in der Grube.	in Schächten.	durch diverse Veranlassungen in der Grube.	über Tage.	in Summa.	durch Schlagwetter-explosion.	durch Erstickung.	in Summa.	durch Gesteinsfall in der Grube.	in Schächten.	durch diverse Veranlassungen in der Grube.	über Tage.	in Summa.	
1873	44	7	51	474	158	204	86	973	100	9	109	491	171	212	86	1069	2,0752
1874	44	14	58	403	145	186	103	895	166	18	184	413	154	196	109	1056	1,9598
1875	41	13	54	439	153	183	98	927	288	32	320	458	172	195	99	1244	2,2214
1876	42	3	45	430	120	143	101	839	95	3	98	449	129	146	111	933	1,8133
1877	45	7	52	432	117	165	98	864	345	15	360	448	129	172	99	1208	2,1134
1878	31	6	37	456	94	140	84	811	586	9	595	469	111	152	86	1413	2,9727
Sa.	247	50	297	2634	787	1021	570	5309	1580	86	1666	2728	866	1073	590	6923	2,2528

	Transport	$63{,}_5\,\%$,
4) auf Unfälle in Schächten	.	$12{,}_5$ „
5) „ diverse Unfälle in der Grube		$15{,}_5$ „
6) „ „ „ über Tage	.	$8{,}_5$ „
		100.

Fassen wir die diversen Verunglückungen in der Grube und über Tage zusammen, so erhalten wir folgende Zusammensetzung:

1) durch böse Wetter	$24{,}_1\,\%$,
2) „ Gesteinsfall in der Grube .	$39{,}_4$ „
3) „ Unfälle in Schächten . . .	$12{,}_5$ „
4) „ diverse Unfälle über und unter Tage .	$24{,}_0$ „
	100.

Vergleichung der Zahl der Unglücksfälle mit der Zahl der verursachten tödtlichen Verletzungen.

1) Jede Schlagwetterexplosion erforderte im 6jährigen Durchschnitt	$6{,}_1$	Menschenleben,	
2) jeder anderweitige Unfall in irrespirablen Gasen	$1{,}_{73}$	„	
also jeder Unfall in bösen Wettern überhaupt	$5{,}_{61}$	„	
3) jeder Gesteinsbruch . . .	$1{,}_{04}$	„	
4) „ Unfall in Schächten	$1{,}_1$	„	
5) „ anderweitige Unfall in der Grube	$1{,}_{05}$	„	} $1{,}_{045}$.
6) „ Unfall über Tage	$1{,}_{04}$	„	
Endlich kommen im grossen Durchschnitt auf jeden Unfall . .	$1{,}_{301}$	„	

Hieraus ersieht man, dass die Wetterunfälle im Durchschnitte die meisten Opfer ($5{,}_{61}$) verlangt haben und von allen Unfällen bei dem Bergbaubetrieb die Schlagwetterexplosionen die gefährlichsten waren ($6{,}_1$), während alle übrigen Unfälle grösstentheils nur einzelne Personen betrafen.

Uebrigens muss hier noch erwähnt werden, dass die Intensität der Schlagwetterunfälle nach den bis jetzt geführten und durch die officiellen Zusammenstellungen in den Reports bedingten Untersuchungen nicht in aller Schärfe hervortritt, vielmehr abgeschwächt wird durch Vereinigung aller unter der schon erwähnten Coal Mines Regulation Acte begriffenen Gruben und der darauf bezüglichen statistischen Angaben. Zwar werden die Producte: Kohle, Eisenstein, feuerfeste Thone und Schiefer aller Art, getrennt aufgeführt, nicht aber die Arbeiter, welche die Production bewirkten. Hier ist man summarisch verfahren, indem man nur zwischen den Gruben, welche der Coal Mines- und Metalliferous Mines Regulation Acte angehören, unterschied. Nur nach Geschlecht, Alter und Beschäftigung über und unter Tage hat man die Angaben getrennt gehalten, nicht aber nach der Natur des zu gewinnenden Fossils.

Vor 1873 wurden wenigstens die Unglücksfälle und tödtlichen Verletzungen in den Kohlengruben und den den Inspectionen unterstellten Eisensteingruben getrennt aufgeführt: eine Angabe von Personal und Production in den Eisensteingruben ist aber auch in diesen Berichten nicht enthalten und doch wäre sie sehr wichtig für eine genaue Kritik der Verunglückungen in Schlagwettern, vorzüglich, wenn es sich um eine Vergleichung mit Angaben handelt, die nur dem Steinkohlenbergbau entnommen sind.

Da directe Angaben nicht vorhanden sind, bleibt nichts übrig, als zu einer Schätzung zu greifen, die auf bestimmte und verwandte Angaben in den Reports gestützt ist.

Ein solches Anhalten gewährt die Production von Steinkohlen und die anderer Fossilien der unter dem neuen englischen Berggesetz stehenden Gruben.

Da die Lagerungs- und Abbauverhältnisse bei den sämmtlichen, hier in Betracht kommenden Fossilien übereinstimmend sind, so ist man zu der Annahme berechtigt, die Belegschaft proportional dem Ausbringen zu rechnen.

Da nun nach Tabelle 1 die Kohlenproduction 90,2 % der Gesammtproduction der erwähnten Gruben bildet, mithin 9,8 % auf Eisenstein entfallen, so waren obiger Annahme gemäss während der Jahre 1873—1878

$$\frac{3073075 \, . \, 90{,}_2}{100} = 2771914$$

Personen beim Steinkohlenbergbau beschäftigt.

Fassen wir ferner die Wetterverunglückungen, welche sich wohl fast ausschliesslich auf Steinkohlengruben beziehen dürften, speciell in's Auge, so können nur die in der Grube selbst beschäftigt gewesenen Arbeiter in Betracht kommen, so dass sich fast sämmtliche Wetterunfälle auf

$$\frac{2450669 \, . \, 90{,}_2}{100} = 2210503$$

Personen vertheilen.

Aus den mir zur Benutzung dienenden älteren Reports ersehe ich, dass auf den Eisensteingruben Englands und Schottlands in den Jahren 1871 und 1872 je eine Wetterverunglückung vorkam.[1]

Wagt man also den Schluss, dass die nächstfolgenden 6 Jahre sich gleich verhalten haben werden, so müssten 6 Verunglückungen von der Gesammtsumme (1666) in Abzug gebracht werden, und es kämen demnach auf 2 210 503 Mann Grubenpersonal 1660 Wetterverunglückungen, oder auf 1 Million Grubenpersonal

750,96 Todesfälle durch böse Wetter pro Jahr

gegenüber den früher berechneten 542,13 Fällen.

Tabelle III enthält eine Vergleichung der Unglücksfälle und tödtlichen Verletzungen mit der Mannschaft und Förderung. Ihre Einrichtung bedarf keiner weiteren Erklärung.

[1]) Nachträglich stellte sich noch heraus, dass 1873 kein derartiger Unfall vorkam.

III.

Vergleichung der Unglücksfälle und tödtlichen Verletzungen mit der Mannschaft und Förderung bei den in England, Schottland und Irland unter der Coal Mines Regulation Acte stehenden Gruben.

Jahre.	Mannschaft.	Förderung in Tonnen.	Anzahl der Unglücksfälle.	Anzahl der tödtlichen Verletzungen.	Zahl der Gruben.	$\left(\frac{a}{c}\right)$ Zahl der Arbeiter pro Unglücksfall.	$\left(\frac{a}{d}\right)$ Zahl der Arbeiter pro tödtl. Verletzung.
	a	b	c	d	e	f	g
1873	514 149	143 041 246	973	1069	3938	526	479
1874	538 829	140 713 832	895	1056	4332	602	510
1875	535 845	147 700 313	927	1244	4501	578	430
1876	514 532	148 989 385	839	933	4385	613	551
1877	494 391	148 846 260	864	1208	4231	572	409
1878	475 329	145 798 138	811	1413	3968	586	336
Sa.	3 073 075	875 089 174	5309	6923	25355	578,84	443,89

Aus der vorstehenden Tabelle ist zu ersehen, dass

1) auf einen Unglücksfall 579 Mann,

2) auf einen Todesfall 444 Mann

des gesammten Personals kommen.

Ausserdem ergiebt sich aus der Vergleichung der 6 jährigen Summe der Zahl der Gruben mit den Summen der Rubriken a—c, dass auf eine Grube pro Jahr kommen:

1) 121 Mann Officianten und Arbeiter,

2) 34 513,$_{17}$ Tonnen = 701 314 Centner Förderung,

3) 0,$_{21}$ Unfälle, oder circa aller 5 Jahre 1 Unfall,

4) 0,$_{273}$ tödtliche Verunglückungen, oder aller 3—4 Jahre 1 Fall.

Ferner kommen auf jeden Unfall:

164 831 Tonnen = 3 349 366 Centner Förderung

und auf jeden Todesfall:

126 404,$_{8}$ Tonnen = 2 568 535 Centner Förderung.

Unfallstatistik für den sächsischen Steinkohlenbergbau.

Obwohl übereinstimmende Unterlagen auf weitere Jahre zurück bei uns existiren, ist es jedoch hier nicht zulässig, einen anderen als für die englischen Gruben gewählten Zeitraum anzunehmen, um eine Vergleichung der Resultate daran knüpfen zu können.

Die Gliederung der im Jahrbuche für das Berg- und Hüttenwesen im Königreiche Sachsen verzeichneten Angaben ist allerdings z. Th. eine andere, als in den englischen Reports. Besonders ist in unserem Jahrbuche keine scharfe Trennung zwischen Gruben- und Tagepersonal enthalten.

Im Abschnitt II des statistischen Theiles „Am Schlusse des Jahres beschäftigt gewesenes Personal" werden unter B nur unterschieden:

1) technische Beamten und Officianten,

2) kaufmännische Beamten und Officianten,

3) Arbeiter bei der Gewinnung,

4) „ „ „ Förderung,

5) „ „ „ Zimmerung und Mauerung,

6) „ „ „ Maschinen-, Zeug- und Schmiedearbeit,

7) „ „ „ Aufbereitung,

8) „ „ „ Coaks- und Briquettfabrikation,

9) „ „ den Platzgeschäften.

Um nun wenigstens annähernd Uebereinstimmung mit der Gruppirung in den englischen Reports zu erzielen, wurde in nachfolgender Tabelle alles unter 1, 3, 4 und 5 aufgeführte Personal der Grube zugewiesen und das übrige als über Tage arbeitend angesehen. Die Trennung ist nicht ganz scharf, besonders in den Abtheilungen 1 und 6; doch werden sich die Fehler fast aufheben, zumal sie in nummerisch schwachen Gruppen auftreten.

IV.

Beim sächsischen Steinkohlenbergbau beschäftigt gewesenes Personal und erzielte Production.

Jahr.	In der Grube					Ueber Tage						Gesammtsumme des Personals.	Steinkohlen in Centnern.	Leistung pro Mann in Centnern.
	technische Beamte und Officianten.	bei der Gewinnung.	bei der Förderung.	bei der Zimmerung und Mauerung.	überhaupt.	kaufmännische Beamte und Officianten.	bei der Maschinen-, Zeug- und Schmiede-Arbeit.	bei der Aufbereitung.	bei der Coaks- und Briquette-Fabrication.	bei den Platzgeschäften.	überhaupt.	a	b	$\left(\frac{b}{a}\right)$
1873	435	7340	3433	1494	12 702	166	1025	1360	212	964	3727	16 429	63 321 518	3854.3
1874	432	7954	3306	1580	13 272	174	1165	1477	205	1006	4027	17 299	60 946 159	3523.1
1875	416	7868	3369	1570	13 223	183	1193	1420	196	1057	4049	17 272	61 225 504	3544.8
1876	416	7569	3306	1631	12 922	180	1147	1547	167	983	4024	16 946	60 757 076	3585.3
1877	393	7676	2867	1573	12 509	173	1107	1408	180	1137	4005	16 514	57 996 937	3512.0
1878	385	7491	2737	1663	12 276	158	1152	1392	174	1166	4042	16 318	61 766 677	3785.2
Sa.	2477	45898	19018	9511	76 904	1034	6789	8604	1134	6313	23874	100 778	366 013 871	3631.9
Nach 6jährigem Durchschnitt	413	7649	3170	1585	12 817	172	1132	1434	189	1052	3979	16 796	61 002 312	3631.9

Vorstehende Tabelle zeigt uns, dass im Durchschnitt der 6jährigen Periode ein jährliches Personal von

16 796 Mann

beim sächsischen Steinkohlenbergbau beschäftigt war und derselben eine Förderung von

61 002 312 Centnern

entsprach, so dass sich die Leistung pro Mann zu

3631,9 Centnern

ergiebt.

Ebenso ist aus den Angaben des Jahrbuches die gegenüberstehende V. Tabelle zusammengestellt worden. Sie ist der II. Tabelle für England analog gebildet; nur wurde es unterlassen, eine besondere Rubrik für Verunglückungen über Tage beizufügen, da die betreffenden Fälle im Jahrbuche nicht getrennt aufgeführt, sondern in die Rubrik „diverse Verunglückungen" mit aufgenommen worden sind und eine Auseinanderhaltung der Fälle hier nicht von wesentlichem Interesse ist.

Nach den in nebenstehender Tabelle enthaltenen Zusammenstellungen ereigneten sich in dem Zeitraume von 1873—1878 im Ganzen

286 Unfälle mit 292 tödtlichen Verletzungen,

nämlich:

1) 18 Schlagwetterexplosionen, durch welche 55 Mann getödtet wurden,

2) 6 Erstickungsfälle in irrespirablen Gasen mit 11 Todesfällen,

in Summe also

24 Wetterunfälle,

welche

66 Opfer

forderten.

3) 99 Gesteinsbrüche mit 101 tödtlichen Verletzungen,

4) 42 Unfälle in Schächten mit 53 tödtlichen Verletzungen,

5) 71 diverse Unfälle über und unter Tage mit 72 tödtlichen Verletzungen.

Es kommen somit auf einen Unfall im Durchschnitt 1,11 Menschenleben, im Speciellen aber auf

1) jede Schlagwetterexplosion . .	3,06	
2) jeden Unfall in irrespirablen Gasen	1,83	
also auf jeden Wetterunfall	2,5	Menschenleben
3) jeden Gesteinsfall in der Grube	1,02	„
4) „ Unfall in Schächten	1,26	„
5) „ anderweitigen Unfall . .	1,014	„

Es sind also auch beim sächsischen Steinkohlenbergbau die Wetterunfälle die gefährlichsten (2,5) und verlangen unter ihnen die Schlagwetterexplosionen die meisten Opfer (3,06), während alle übrigen Unfälle grösstentheils nur einzelne Personen betrafen.

V.

Unfallstatistik für den sächsischen Steinkohlenbergbau.

Jahr.	Zahl der Unglücksfälle: durch böse Wetter: durch Schlagwetter-explosion.	durch Erstickung.	in Summa.	durch Gesteinsfall in der Grube.	in Schächten.	durch diverse Veranlassungen unter und über Tage.	in Summa.	Zahl der tödtlichen Verletzungen: durch böse Wetter: durch Schlagwetter-explosion.	durch Erstickung.	in Summa.	durch Gesteinsfall in der Grube.	in Schächten.	durch diverse Veranlassungen unter und über Tage.	in Summa.	Zahl der tödtl. Verletzungen pro 1000 Mann.
1873	3	1	4	20	2	17	43	4	5	9	20	2	17	48	2,922
1874	2	3	5	15	7	13	40	2	3	5	15	17	13	50	2,890
1875	1	2	3	17	10	16	46	3	3	6	17	10	17	50	2,396
1876	7*)	—	7	20	10	8	45	40	—	40	21	10	8	79	4,662
1877	—	—	—	19	8	10	37	—	—	—	20	8	10	38	2,405
1878	5	—	5	8	5	7	25	6	—	6	8	6	7	27	1,651
Sa.	18	6	24	99	42	71	236	55	11	66	101	53	72	292	2,497

*) 1 Fall 2 Mann (Concordia).
1 „ 9 „ (Concordia).
1 „ 25 „ (Windberg).
4 Fälle à 1 „

16*

Ferner ersehen wir aus Tabelle V, dass im Durchschnitt der 6jährigen Periode auf 1000 Bergleute

2,897

oder auf eine Million

2897

tödtliche Verunglückungen kommen.

Diese vertheilen sich in folgender Weise

1) durch Schlagwetterexplosion . .	546	
2) „ Erstickung in irrespirablen Gasen .	109	
„ böse Wetter überhaupt		655
3) „ Gesteinsfall in der Grube . . .		1002
4) „ Unfälle in Schächten		526
5) „ diverse Unfälle unter und über Tage		714
	Sa.	2897

tödtliche Verunglückungen auf eine Million Bergleute.

Von sämmtlichen Verunglückungen kommen daher nach unserem sechsjährigen Durchschnitte

1) auf Schlagwetterexplosion	18,8 %	
2) „ Erstickung in Schwaden	3,8 %	
„ Unfälle in bösen Wettern . .		22,6 %
3) „ Gesteinsfall in der Grube . .		34,6 „
4) „ Unfälle in Schächten		18,1 „
5) „ anderweitige Unfälle		24,7 „
		100.

Die gegenüberstehende Tabelle VI ist analog der Tabelle III für die englische Unfallstatistik eingerichtet. Sie enthält eine Vergleichung der Unglücksfälle und tödtlichen Verletzungen mit der Mannschaft und Förderung und eine Rubrik für die Zahl der in Betrieb gewesenen Gruben.

Wir ersehen aus dieser Tabelle, dass

1) auf einen Unglücksfall 427 und
2) auf einen Todesfall 345

Mann des gesammten Personals kommen.

Ferner ergiebt sich aus der Vergleichung der 6jährigen Summe der Zahl der Gruben mit den Summen der Rubriken a, b und c, dass auf eine Grube pro Jahr kommen

1) 202 Mann Officianten und Arbeiter,
2) 732 028 Centner Förderung,
3) 0,472 Unglücksfälle oder in etwas mehr als 2 Jahren ein Unglücksfall,
4) 0,584 tödtliche Verunglückungen oder circa alle 2 Jahre ein Fall.

Endlich kommen auf jeden Unfall

1 550 906 Centner Förderung

und auf einen Todesfall

1 253 480 Centner Förderung.

VI.

Vergleichung der Unglücksfälle und tödtlichen Verletzungen mit Mannschaft und Förderung bei den sächsischen Steinkohlengruben.

Jahr.	Mannschaft.	Förderung in Centnern.	Anzahl der Unglücksfälle.	Anzahl der tödtlichen Verletzungen.	Zahl der Gruben.	$\left(\frac{a}{c}\right)$ Zahl der Arbeiter pro tödtliche Verletzung.	$\left(\frac{a}{d}\right)$ Zahl der Arbeiter pro Unglücksfall.
	a	b	c	d	e	f	g
1873	16 429	63 321 518	43	48	93	382.1	342.4
1874	17 299	60 946 159	40	50	92	432.5	316.9
1875	17 272	61 225 501	46	50	89	375.5	345.44
1876	16 946	60 757 076	45	79	80	376.56	214.5
1877	16 514	57 996 937	37	38	77	446.3	434.5[illegible]
1878	16 318	61 766 677	25	27	69	652.72	604.4
Sa.	100 778	366 013 871	236	292	500	427.0	315.1

Am Schlusse dieses Abschnittes mag noch eine Tabelle (Seite 127) über die Verunglückungen mit Rücksicht auf die vorliegenden Verschuldungen Platz finden.

Derselben eine analoge Tabelle für den englischen Steinkohlenbergbau entgegenzustellen, war allerdings nicht möglich, da alle hierzu nöthigen Angaben in den englischen Reports fehlen und dem Verfasser auch keine anderweitigen Unterlagen zu Gebote standen, denen er die nöthigen Werthe hätte entnehmen können.

Dieselbe gehört daher auch streng genommen nicht in den Rahmen der gegenwärtigen Untersuchung, doch ist sie an und für sich so wichtig, dass ihre Einschaltung gewiss zulässig erscheint.

Es kommen demnach auf 1000 Arbeiter:

(a) $1{,}3829$ tödtliche Verletzungen ohne irgend ein Verschulden,
(b) $1{,}0320$ " " durch eigenes oder Mitverunglückter Verschulden,
$0{,}3274$ " " bei welchen es zweifelhaft geblieben ist, ob sie (a) oder (b) beizuzählen sind,
$0{,}0496$ " " durch Verschulden dritter Personen,
$0{,}0893$ " " durch vorschriftswidrige Einrichtungen,
$0{,}0099$ " " durch vorschriftswidrige Anordnungen;

oder es erfolgten von sämmtlichen Verunglückungen

(a) $47{,}95$ % ohne irgend ein Verschulden,
(b) $35{,}62$ " durch eignes oder Mitverunglückter Verschulden,
$11{,}30$ " zweifelhaft, ob (a) oder (b) zuzurechnen,
$1{,}71$ " durch Verschulden dritter Personen,
$3{,}08$ " durch vorschriftswidrige Einrichtungen,
$0{,}31$ " durch vorschriftswidrige Anordnungen,

Zusammenstellung der für den englischen und sächsischen Steinkohlenbergbau erhaltenen statistischen Resultate und Vergleichung derselben.

In der der Untersuchung unterworfenen Periode waren beim sächsischen Steinkohlenbergbau im Durchschnitt pro Jahr beschäftigt:

16 796 Mann,

hingegen beim englischen Steinkohlenbergbau

512 179 Mann.

Das beschäftigt gewesene englische Personal ist daher

$30{,}5$ mal

grösser als das sächsische.

Die Production Englands an Fossilien, die unter der Coal Mines Regulation Acte stehen, betrug pro Jahr

2 963 635 342 Centner,

hingegen beim sächsischen Steinkohlenbergbau im Durchschnitt

61 002 312 Centner,

mithin war die englische Production

$48{,}6$ mal

so gross, als die sächsische.

Jahr.	Beschäftigt gewesenes Personal.	Es verunglückten von der Belegschaft													
		a		b		c		d		e				Summa	
		ohne irgend ein Verschulden		durch eigenes oder Mitverunglückter Verschulden		zweifelhaft ob unter a oder b gehörig		durch Verschulden dritter Personen		durch Verschulden der Grubenverwaltung					
										in Folge vorschriftswidriger Einrichtungen		in Folge vorschriftswidriger Anordnungen			
		Mann	unter 1000	Mann	unter 1000	Mann	unter 1000	Mann	unter 1000	Mann	unter 1000	Mann	unter 1000	Mann	unter 1000
1873	16429	18	1,096	23	1,400	6	0,356	1	0,061	—	—	—	—	48	2,922
1874	17299	21	1,214	16	0,921	12	0,694	1	0,058	—	—	—	—	50	2,890
1875	17272	26	1,505	17	0,984	5	0,289	2	0,119	—	—	—	—	50	2,895
1876	16946	42	2,48	23	1,35	3	0,18	1	0,66	9*)	0,53	1	0,06	79	4,662
1877	16514	23	1,393	10	0,605	5	0,302	—	—	—	—	—	—	38	2,301
1878	16318	10	0,61	15	0,919	2	0,123	—	—	—	—	—	—	27	1,654
	100778	140	1,3892	104	1,0320	33	0,3274	5	0,0496	9	0,0893	1	0,0099	292	2,8974

*) Nach Ansicht des Bergamtes, wenn schon zu Einleitung eines strafrechtlichen Verfahrens gegen den betreffenden Beamten Veranlassung nicht gefunden worden ist.

Wären alle Verhältnisse bei den betreffenden Gruben in England und Sachsen gleich, so dürfte dieselbe nur $30_{,5}$ mal so gross sein, als in Sachsen. Da sie aber $48_{,6}$ mal so gross ist, kommt auf England ein Plus von

$$\frac{48_{,6} \cdot 100}{30_{,5}} - 100 = 43\,\%$$

Worin diese grössere Production ihren Grund hat, werde ich später zu erklären versuchen.

Nach den Erläuterungen zu Tabelle II und V kommen tödtliche Verunglückungen

in England	in Sachsen
auf 1000 Mann $2_{,2528}$	auf 1000 Mann $2_{,897}$
oder auf eine Million $2252_{,8}$	oder auf eine Million 2897.

Dieselben vertheilen sich in beiden Ländern wie folgt:

	England:	Sachsen:
1) auf Schlagwetterexplosionen . .	$514_{,14}$ Mann,	546 Mann,
2) „ Erstickung in andern bösen Wettern	$27_{,99}$ „	109 „
daher auf böse Wetter überhaupt	$542_{,13}$ Mann,	655 Mann,
3) auf Gesteinsfälle in der Grube .	$887_{,71}$ „	1002 „
4) „ Verunglückungen in Schächten	$281_{,80}$ „	526 „
5) „ diverse Unfälle über und unter Tage . . .	$541_{,16}$ „	714 „
	$2252_{,8}$ Mann.	2897 Mann.

Hieraus ergiebt sich die procentale Zusammensetzung für

	England		Sachsen	
1) tödtliche Verletzungen in Schlagwettern	$22_{,8}$ %		$18_{,8}$ %	
2) tödtliche Verletzungen durch Erstickung	$1_{,3}$ „		$3_{,8}$ „	
durch böse Wetter überhaupt		$24_{,1}$ %		$22_{,6}$ %
3) tödtliche Verletzungen durch Gesteinsfall in der Grube		$39_{,4}$ „		$34_{,6}$ „
4) tödtliche Verletzungen in Schächten . .		$12_{,5}$ „		$18_{,1}$ „
5) tödtliche Verletzungen durch diverse Unfälle unter und über Tage		$24_{,0}$ „		$24_{,7}$ „
		100.		100.

Es verunglückten hiernach unter 1 Million Bergleuten in Sachsen

644,2 Mann mehr

als in England, und zwar:

1) in Schlagwettern .	$31_{,86}$ Mann mehr,	
2) in anderen bösen Wettern	$81_{,01}$ „ „	
in bösen Wettern überhaupt . . .		$112_{,87}$ Mann mehr,
3) durch Gesteinsfall in der Grube .		$114_{,29}$ „ „
4) in Schächten		$214_{,20}$ „ „
5) durch diverse Unfälle unter und über Tage		$172_{,84}$ „ „
	Sa.	$644_{,20}$ Mann mehr.

oder nach Procenten der Gesammtsumme in Sachsen:

1) durch Schlagwetterexplosion .	2,0 %	weniger	als	in	England,
2) durch Erstickung in bösen Wettern	1,5 „	mehr	„	„	„
überhaupt in bösen Wettern .	1,5 „	weniger	„	„	„
3) durch Gesteinsfall in der Grube	4,8 „	weniger	„	„	„
4) in Schächten	5,5 „	mehr	„	„	„
5) durch diverse Unfälle unter und über Tage	0,7 „	mehr	„	„	„

Jeder mit Verlust an Menschenleben verbundene Unfall forderte

verursacht durch	in England	in Sachsen	
1) Schlagwetterexplosionen	6,34	3,06	Menschenleben.
2) Erstickung in bösen Wettern . .	1,72	1,83	
böse Wettern überhaupt	5,61	2,50	
3) Gesteinsfall	1,04	1,02	
4) Unfälle in Schächten	1,10	1,26	
5) diverse Unfälle unter und über Tage	1,045	1,014	
im grossen Durchschnitt	1,304	1,11	

Aus der Vergleichung der Resultate der Tabelle 3 und 6 ergiebt sich schliesslich noch folgende Zusammenstellung.

Es kamen

1) auf 1 Unfall mit tödtlicher Verletzung
in England 579 Mann des Gesammtpersonals,
„ Sachsen 427 „ „ „

2) auf 1 tödtliche Verletzung
in England 444 Mann des Gesammtpersonals,
„ Sachsen 345 „ „ „

Es war

3) im Durchschnitt jede Grube belegt
in England mit 121 Mann,
„ Sachsen „ 202 „

und lieferte

4) an Producten
in England 701314 Centner,
„ Sachsen 732028 „

5) An Unfällen mit tödtlichen Verletzungen kommen auf eine Grube
in England 0,21 Fall pro Jahr,
„ Sachsen 0,472 „ „ „

6) an tödtlichen Verletzungen aber auf eine Grube
in England 0,273 Fall pro Jahr,
„ Sachsen 0,584 „ „ „

Schliesslich kommt

7) auf jeden Unfall
in England 3 349 366 Centner Förderung,
„ Sachsen 1 550 906 „ „

und

8) auf jeden Todesfall
in England 2 568 535 Centner Förderung,
„ Sachsen 1 253 480 „ „

Aus allen diesen, aus den officiellen Unterlagen für England und Sachsen zusammengestellten und entwickelten Resultaten geht zunächst hervor, dass in Sachsen unter ungünstigeren Verhältnissen Steinkohlenbergbau getrieben wird, als in England.

Zunächst darf die grössere Förderung gegenüber der Belegschaft nicht etwa lediglich durch die grössere Leistungsfähigkeit der englischen Arbeiter erklärt werden, da es selbst angezweifelt werden kann, ob eine solche überhaupt existirt.

Hingegen wird jedem, der englische Steinkohlengruben besucht hat, sehr bald klar geworden sein, dass die natürlichen Verhältnisse in England weit günstiger sind, als in Sachsen.

Zunächst haben die Flötze in England im Durchschnitt eine geringere Mächtigkeit, als bei uns, ohne unter die Grenze des bequemen und rentablen Abbaues herabzugehen; auch sind die Schächte durchschnittlich weniger tief, als in Sachsen. Ferner ist das Dachgebirge der englischen Steinkohlenflötze fast durchgängig ein überaus gutes und bedarf einer viel geringeren Unterstützung durch künstliche Mittel, wie Zimmerung, Mauerung oder Eisenausbau, als hier zu Lande. Wäre in englischen Gruben ein solcher Gebirgsdruck vorhanden, wie beim sächsischen Steinkohlenbergbau und hätten die englischen Bergleute dementsprechend starke Zimmerung etc. einzubauen und zu unterhalten, so würde von einer Concurrenz der englischen Kohle in Deutschland mit der einheimischen gewiss keine Rede sein, und dies um so weniger, als England selbst kein Holz producirendes Land ist und alle Zimmerungshölzer aus Frankreich und Norwegen zu hohem Preise beziehen muss, starke Stämme, wie sie etwa zu Kunstgestängen nöthig sind, sogar aus Amerika herbeiholt. Die in englischen Gruben eingebauten Thürstöcke, Bolzen, Stempel etc. haben durchschnittlich eine weit geringere Stärke als die Hölzer, welche bei uns nöthig sind. Dies deutet zur Genüge an, welch widerstandsfähiges Dachgebirge über den Kohlenflötzen Englands lagert, und häufig genug sieht man lange Strecken und Abbaustösse ohne jegliche künstliche Unterstützung. Dieser Umstand gestattet eine Abbauweise, welche die Gewinnung ungemein begünstigt und der bequemen Förderung und Ventilation grossen Vorschub leistet.

Hierzu kommt noch, um das Maass der Vorzüge voll zu machen, ein fast gänzlicher Mangel jener den Betrieb so überaus störenden und lästigen Verwerfungen, die bei unserm sächsischen, besonders dem erzgebirgischen Steinkohlenbergbau in so grosser Menge vorhanden sind und selbst bei grossem Kohlensegen die Gewinnung sehr erschweren, die Production wesentlich vermindern und die Gestehungskosten bedeutend erhöhen.

Diese günstigen Lagerungsverhältnisse der englischen Steinkohlenflötze äussern ihre wohlthätige Wirkung aber nicht etwa blos nach der jetzt besprochenen Richtung, sondern auch bezüglich der Sicherheit des ganzen Betriebes und zwar in mehr als einer Beziehung.

Zunächst ist der Arbeiter vor seinem Orte besser geschützt, als unter einem so druckhaften Dache, wie es in Sachsen fast durchgängig existirt. Brüche des Dachgebirges müssten daher in England eigentlich zu den Seltenheiten gehören. Wenn trotzdem die procentale Zusammensetzung der Verunglückungsarten einen höheren Procentsatz an Gesteinsunfällen für England, als für Sachsen ($39,_4$% gegen $34,_6$%) nachweist, so ist dies nur erklärlich durch die überaus sparsam angewandte Zimmerung, durch welche der Vortheil eines so guten Daches über die Maassen ausgebeutet wird.

Eine andere nicht zu unterschätzende Segnung erwächst dem englischen Steinkohlenbergbaubetriebe in Folge der erwähnten Lagerungsverhältnisse bezüglich der Ventilation und Förderung. Die Strecken können in bequemeren, grösseren Dimensionen aufgefahren werden, ohne durch Druck aus Dach und Sohle verunstaltet und im Querschnitt vermindert zu werden, wie es bei unserem Steinkohlenbergbau so häufig vorkommt. Es wird hierdurch dem Wetterstrome ein bequemerer, weit weniger widerstandsvoller Weg geboten, um die unterirdischen Baue zu durchziehen; seine Geschwindigkeit wird weniger vermindert und in Summe gehört eine geringere Betriebskraft dazu, die ganze Wetterwirthschaft in erwünschtem Schwunge zu erhalten. Endlich bleiben die Fördersohlen in Ordnung und kann die Förderung selbst mit geringerer Anstrengung und mit geringerem Kostenaufwande als bei uns erfolgen.

Es ist daher wohl erklärlich, dass ein Plus von 13% in Bezug auf Leistungsfähigkeit der englischen Steinkohlengruben sich herausstellt.

Ich würde diesen scheinbar unwesentlichen Punct im Bereich meiner gegenwärtigen Untersuchung nicht so genau beleuchtet haben, wenn er nicht zugleich den Schlüssel zu Erklärung anderer auf die Unfallstatistik bezüglichen Puncte abgäbe.

Die Kohlen Englands sind grösstentheils gasreich, die Gruben der Bildung von Schlagwettern also ausgesetzt und es gehören Schlagwetterexplosionen ja in England zu den häufigsten und gefürchtetsten Unfällen. Es ist daher auch erklärlich, dass die procentale Zusammensetzung der Unglücksfälle Englands trotz des weitverbreiteten Sicherheitslampendienstes eine grössere Zahl für Schlagwetterunfälle aufweist, als Sachsen ($22,_8$% gegen $18,_8$% in Sachsen), obwohl verschiedene Theile des erzgebirgischen Steinkohlenbassins in Bezug auf Gasreichthum kaum hinter England zurückstehen dürften.

Ungünstiger zeigen sich die Zahlen für Sachsen bezüglich der Unfälle in irrespirablen Gasen; doch ist in dieser Beziehung zweierlei zu berücksichtigen.

Einmal ist der Procentsatz überhaupt so gering, dass einige Verunglückungen mehr schon einen bedeutenden Aufschlag geben (es kamen in 6 Jahren überhaupt nur 11 Fälle vor), dann aber kann man auch einen wichtigen Erklärungsgrund für die höhere Zahl in der durch die Lagerungsverhältnisse gebotenen Abbauweise in Sachsen finden. Bei den mächtigeren, wenig Berge liefernden Flötzen Sachsens kann nur der Pfeilerbau, bei

17*

welchem das Zusammenbrechen der ausgewonnenen Räume Bedingung ist, angewandt werden, während man bei den weniger mächtigen Flötzen Englands den Strebbau (Long wall work) und einen combinirten Streb- und Pfeilerbau (Stall and pillar work) anwenden kann. Ersterer, nämlich der Pfeilerbau, begünstigt die Entstehung von Grubenbränden weit mehr als letztere Abbaumethode und im Gefolge der Grubenbrände finden sich stets Schwaden und Brandgase, die beiden Hauptursachen der Erstickungsunfälle; ausserdem scheint die sächsische Kohle zur Selbstentzündung mehr geneigt zu sein, als die englische.

Alle Wetterverunglückungen zusammengefasst, steht Sachsen indess trotzdem noch günstiger da, als England, denn von allen in England geschehenen Verunglückungen kommen $24,_{0}$ % auf Wetterunfälle, während für Sachsen nur $22,_{6}$ % sich herausrechnen.

Procental gleichmässiger sind die diversen Verunglückungen unter und über Tage in beiden Ländern vertheilt, während die Verunglückungen in Schächten einen höheren Procentsatz für Sachsen zeigen, als für England ($18,_{1}$ gegen $12,_{5}$).

Um den Ursachen dieser Erscheinung nachspüren zu können, bedarf es einer möglichst sachgemässen und hauptsächlich auch übereinstimmenden Gruppirung der betreffenden Fälle für beide Länder. Nun finden sich zwar Einzelangaben sowohl in den englischen Reports, als auch in dem sächsischen Jahrbuche; dieselben sind aber nicht übereinstimmend, weshalb die Interpretation erschwert und ihr Ergebniss unsicher gemacht wird. Da es aber die einzigen Anhaltepuncte sind, die uns zu Gebote stehen, habe ich die betreffenden Angaben in folgender Tabelle VII vereinigt und die nöthigen Berechnungen durchgeführt.

Wir ersehen zunächst aus dieser Tabelle, dass der 1. Rubrik (l) für Sachsen „Fallen von der Fahrt“ keine Rubrik für England entspricht, weil die Benutzung der Fahrten beim englischen Kohlenbergbau eine weit geringere ist, als bei uns und in Folge dessen Unglücksfälle zu selten vorkommen, als dass sie zur Bildung einer Gruppe im statistischen Zahlenwerke Veranlassung geben könnten. Den Rubriken „Fallen vom Seile“ (m) und „Fallen von der Fahrkunst“ (n) entspricht etwa die Rubrik (c) „Beim Ein- und Ausfahren durch Maschine“.

Hier kommen

auf England $21,_{3}$ %.
„ Sachsen $11,_{32}$ „

Da aber in Sachsen ein Theil der Belegschaft auf Fahrten ein- und aus- oder wenigstens einfährt und auf diese Art der Fahrung $9,_{13}$ % der Verunglückungen in Schächten kommen, so stehen für das Ein- und Ausfahren der Mannschaft überhaupt die Zahlen $21,_{3}$ und $20,_{75}$ als Maass da.

Der Rubrik „durch Sturz beim Arbeiten im Schachte“ (r), auf welche $26,_{42}$ % aller Schachtverunglückungen in Sachsen kommen, entspricht keine Rubrik für England genau. Einen Vergleich erlaubt jedoch die Rubrik (f) „durch Sturz im Schachte“, welche $20,_{55}$ % aufweist. Bedenkt man, dass die Mannschaftsförderung in England am Seile erfolgt, dass also nur Zimmer-

VII.

Verunglückungen in Schächten.

Jahr.	In England										In Sachsen										
	durch Antreiben.	durch Seil- und Kettenbrüche.	beim Ein- und Ausfahren mit Maschine.	durch Sturz von Tage in den Schacht.	durch von Tage hereingefallene Gegenstände.	durch Sturz im Schachte.	durch Fall von Gegenständen im Schachte.	durch diverse Unfälle.	Summa.	unter 1000 Mann.	durch Fallen von der Fahrt.	durch Fallen vom Seile.	durch Fallen von der Fahrkunst.	durch Bruch der Fahrt.	durch Bruch des Seiles.	durch Bruch der Fahrkunst.	durch Sturz beim Arbeiten im Schachte.	durch Fortgehen von Materialien.	auf sonstige Weise.	Summa.	unter 1000 Mann.
	a	b	c	d	e	f	g	h	i	k	l	m	n	o	p	q	r	s	t	u	v
1873	5	15	40	27	9	37	9	29	171	0,333	—	—	—	—	—	—	1	—	1	2	0,122
1874	7	11	35	17	4	45	11	24	154	0,286	1	2	—	—	5	—	2	—	7	17	0,942
1875	4	6	41	18	13	33	23	34	172	0,321	2	1	—	—	1	—	4	2	—	10	0,579
1876	3	3	20	19	10	23	20	31	129	0,251	1	—	—	—	—	—	4	1	4	10	0,5[illegible]
1877	4	4	21	15	5	31	20	29	129	0,261	1	1	—	—	1	—	3	—	2	8	0,485
1878	14	4	26	13	3	9	21	21	111	0,234	—	2	—	—	2	—	—	1	1	6	0,[illegible]
Sa.	37	43	183	109	44	178	104	168	866	0,282	5	6	—	—	9	—	14	4	15	53	0,523
In Procenten der Gesammtsumme	4,27	4,97	21,13	12,59	5,08	20,55	12,01	19,40	100	—	9,43	11,32	0,00	0,00	16,98	0,00	26,42	7,55	28,30	100	
pro Million	12	14	60	35	14	58	34	55	282	—	50	59	0,00	0,00	89	0,00	139	40	149	529	—

linge, Maurer, Maschinenarbeiter und Wärter sich sonst noch im Schachte zu bewegen haben, so dürfte die Bedeutung beider Rubriken eine ziemlich gleiche sein, und es wäre demnach auch hier ein Plus von circa 6% zu Ungunsten Sachsens vorhanden.

Der Rubrik (s) „durch Fortgehen von Materialien" müssen die beiden Rubriken (e) und (g) gegenübergestellt werden.

Wir erhalten dann

für England (e) 5,08 %,
(g) 12,01 „
Sa. 17,09 %

und

für Sachsen (s) 7,55 %,

also

9,54 %

zu Ungunsten Englands.

Der Rubrik (d) „durch Sturz von Tage in den Schacht" entspricht keine besondere Rubrik für Sachsen und muss mit (h) vereinigt werden, um eine Vergleichung mit Rubrik (t) zu ermöglichen.

Es ergiebt sich dann

für England (d) 12,59 %,
(h) 19,40 „
Sa. 31,99 %

und

für Sachsen (t) 28,30 %,

also ebenfalls

3,69 %

zu Ungunsten Englands.

Aus dieser Zusammenstellung und Vergleichung ergiebt sich also zunächst, dass in Sachsen Verunglückungen durch Seilbrüche und durch Sturz beim Arbeiten im Schachte procental häufiger vorkommen, als in England, dort hingegen Verunglückungen durch Hereingehen von Materialien etc. in den Schacht häufiger sind.

Dass die Verunglückungen durch Seilbrüche in Sachsen häufiger vorkommen, als in England, mag doch wohl seinen Grund vorzüglich in dem Umstande haben, dass bei hiesigem Steinkohlenbergbau die Mannschaftsförderung noch nicht durchgängig eingeführt ist und Viele unerlaubter Weise an solchen Seilen ein- und ausfahren, welche den Bedingungen für die Mannschaftsförderung nicht entsprechen.

Was aber die grössere Zahl von Verunglückungen durch Sturz beim Arbeiten im Schachte anlangt, so liegt ganz sicher der Grund in der bei uns noch so häufig üblichen Verwendung des Holzes zum Ausbau der Schächte. Die geringe Dauerbarkeit desselben macht häufige Reparaturarbeiten, Auswechselung der verschiedenen Zimmerungstheile etc. nöthig und müssen diese Arbeiten in der Regel auch so rasch als möglich ausgeführt werden, um die Förderung nicht allzusehr zu schädigen. Es gehören aber diese

Arbeiten zu den gefahrvollsten, weil geringe Vernachlässigungen in der Beobachtung der nöthigen Sicherheit sofort verhängnissvoll werden können. England besitzt wenig Holz, dafür aber viel Eisen, und ist der englische Bergmann somit durch die natürlichen Verhältnisse seines Landes auf die umfangreichere Verwendung des letzteren angewiesen. Mit Eisen ausgebaute Schächte sind daher in England weit häufiger als bei uns. Bei ihnen fallen aber die erwähnten Reparaturarbeiten zum grössten Theile oder sogar ganz weg, wenn, wie es in neuester Zeit geschieht, aller Holzeinbau vermieden und sogar die Gerüstleitung durch gespannte Drahtseile ersetzt wird.

Gleiche Vorzüge haben die gemauerten Schächte.

Beide Arten des Ausbaues finden auch in Sachsen in der neuesten Zeit immer häufiger Anwendung und darf man sich daher der gerechten Hoffnung hingeben, dass auch bei unserem Steinkohlenbergbau die erwähnten Verunglückungen sich in Zukunft vermindern werden.

Die Vergleichung der Unfälle mit den verursachten tödtlichen Verletzungen führt zu günstigeren Resultaten für Sachsen als für England, was besonders bei den Schlagwetterexplosionen auffällig hervortritt. Jeder Unfall dieser Art verlangte in England mehr als doppelt so viel Menschenleben als in Sachsen ($6,_{4}$ gegen $3,_{06}$).

Das grellste und ungünstigste Licht wirft hingegen auf die Bergbauverhältnisse in Sachsen die Berechnung der Verunglückungen pro Million Belegschaft, wie die Tabellen mehrfach zeigen.

Es kommen nach diesen Zusammenstellungen auf Sachsen pro 1 Million Bergleute 646 Todesfälle mehr, als auf England oder auf die Belegschaft reducirt nicht ganz 11 Fälle pro Jahr mehr, d. h. wenn in Sachsen pro Jahr circa 11 Verunglückungen weniger vorkämen, als es wirklich der Fall ist, würden bei uns wie in England auf 1000 Mann $2,_{2528}$ Todesfälle kommen.

Am Schlusse dieser Untersuchung ist nur noch die Frage zu erörtern, woher dieses Uebermaass wohl kommen könne.

Dass die ungünstigeren Lagerungsverhältnisse des Steinkohlengebirges in Sachsen zu der Vermuthung berechtigen, es werde deshalb der Betrieb mit grösseren Verlusten an Menschenleben verbunden sein, ist schon im Verlauf der Untersuchung hervorgehoben worden; ebenso haben sich die bei uns noch häufig vorhandenen hölzernen Schächte wegen ihrer grösseren Reparaturbedürftigkeit als ungünstig herausgestellt. Mehrfach verzeichnete unerlaubte Benutzung der Seilförderung hat anderweitige Beiträge geliefert und endlich müssen noch 2 Puncte hervorgehoben werden, welche gewiss nicht ohne Einfluss sind.

Es ist dies

1) die Dichte der Belegschaft einer Grube. (Analog der Dichte der Bevölkerung.) Als Maassstab hat man das Verhältniss der Grösse der Belegschaft zur Grösse des Grubenfeldes anzusehen.

Aus den Zusammenstellungen ergiebt sich zunächst, dass die englische Durchschnittsgrube beim Steinkohlenbergbau mit 121, die sächsische aber mit 202 Mann belegt ist, dass mithin letztere eine 67% stärkere Belegschaft hat, als erstere.

Die Grösse der englischen Grubenfelder ist in den Reports nicht verzeichnet und fehlen darauf bezügliche Angaben auch in den Miscellaneous Statistics of the United Kingdom. Der Verfasser musste sich deshalb, da ihm andere statistische Unterlagen fehlten, auf die Angaben beschränken, welche sich in dem Werke von Ed. Hull „The Coal Fields of Great Britain, London 1873" und einer Arbeit von Palmer „Coal and Coal Supply" in der Vereinsschrift der „British Society of Mining Students" vom Jahre 1878 befinden. Aus den darin enthaltenen Angaben konnte folgende, allerdings nur auf England und Wales bezügliche Tabelle zusammengestellt werden. Die der letztgenannten Arbeit entnommenen Zahlen sind in Parenthese gesetzt.

	Fläche in engl. Quadratmeilen	
	Unbedecktes Kohlenfeld.	Von jüngerem Gebirge bedecktes Kohlenfeld.
South Wales . . .	906	—
Bristol und Somersetshire	45	105
Forest of Dean . .	34	—
Coalbrook Dale, Shropshire	28	—
Denbighshire .	47	(20)
Flintshire . . .	35	—
South Staffordshire . .	93	—
North „	75	(20)
South Lancashire	217	(25)
Cumberland .	25	(3)
Warwickshire .	30	(91)
Leicestershire	15	(46)
Notts, Derbishire und Yorkshire	760	(400)
Durham und Northumberland	460	{225 {111 unter der See.
Sa.	2770	1046
	3816 Quadratmeilen.	

Für die kleineren Kohlenfelder von Forest of Wyre, Shrewsbury, Anglesea, Cheadle, Cheshire, Burnley, Parksgate, Clee Hills, Ingleton, Burton etc. fehlen die Angaben des Flächenraumes und konnten dieselben daher auch in obiger Tabelle nicht mit berücksichtigt werden, obwohl Kohlenbergbau in ihnen umgeht.

Hiernach umfasst das Kohlengebirge in England und Wales einen Flächenraum von 3816 Quadratmeilen.

Lässt man aber alle von jüngerem Gebirge überdeckten Theile des Gebietes weg, zieht also 1046 Quadratmeilen ab und bleiben alle kleineren, in obiger Aufstellung nicht mit angeführten Kohlenbecken ausser Betracht, so sind für England und Wales 2770 Quadratmeilen oder 717 153 ha in Rechnung zu bringen.

Das gesammte Personal der unter dem neuen Kohlenbergbaugesetz stehenden Gruben betrug nach dem Report für 1878 475 329 Mann und zieht man hiervon ,die auf Schottland und Irland entfallenden Quoten von 66 386 und 1222 Mann ab, so verbleiben für England und Wales 407 721 Mann.

Es beträgt somit die Dichte der Belegschaft für dieses Gebiet

$$\frac{407\,721}{717\,153} = 0_{,57}.$$

Zur Ermittelung der Dichte der Belegschaft für den sächsischen Steinkohlenbergbau ist folgende Tabelle (Seite 138) zusammengestellt worden.

Aus derselben ersehen wir, dass die Dichte mit geringen Schwankungen in beständigem Wachsen gewesen ist, am geringsten im Dresdner ($0_{,85}$), am grössten im Zwickauer Inspectionsbezirk ($4_{,13}$) war und für die sämmtlichen Steinkohlengebiete Sachsens im Jahre 1878

$$1_{,89}$$

betrug.

Vergleichen wir hiermit die für die Dichte der Belegschaft beim englischen Steinkohlenbergbau gefundene Zahl ($0_{,57}$), so ersehen wir, dass die Dichte der Belegschaft beim sächsischen Steinkohlenbergbau über 3mal so gross war, als beim englischen Steinkohlenbergbau. Selbst wenn nur die Hälfte des für England und Wales angenommenen Flächenraumes in Betracht gezogen würde, resultirte doch eine mehr als $1_{,5}$ mal so grosse Dichte der Belegschaft für Sachsen.

Hiernach wären also die sächsischen Steinkohlengruben im Durchschnitte nicht nur stärker, sondern auch weit dichter belegt, ein Umstand, welcher bei Beurtheilung der durch die Unfallstatistik gegebenen Zahlenwerthe nicht zu unterschätzen ist, denn mit der Dichte der Belegschaft wächst die Zahl der Verunglückungen (die Abbaupuncte sind zahlreicher und liegen einander näher; Schächte und Strecken, überhaupt alle Förderwege sind stärker benutzt; bei Wetterexplosionen und dem Auftreten irrespirabler Gase werden auf derselben Flächeneinheit mehr Arbeiter betroffen etc.).

2) darf nicht unterlassen werden zu erwähnen, dass bei einer vergleichenden Unfallstatistik eine ganz übereinstimmende Definition des Begriffs „tödtliche Verletzung" und eine strenge Beachtung der Definition bei Beurtheilung der einzelnen Fälle in beiden Ländern vorausgesetzt werden muss, wenn die Resultate irgend wie von Werth sein sollen.

In Sachsen versteht man unter tödtlicher Verunglückung nicht nur die mit sofortigem Verluste von Menschenleben verbundenen Unfälle, sondern auch alle Sterbefälle, welche nachträglich während der ärztlichen Behandlung der Verletzten vorkommen und geht somit bis an die äusserste noch zulässige Grenze der Deutung, denn es darf nicht unerwähnt bleiben, dass dann alle Missgriffe in der Behandlung und Pflege der Verletzten und die Folgen aller sonstigen, zufällig hinzutretenden oder schon vorher im Körper des Verletzten vorhanden gewesenen Krankheitszustände mit auf das Conto

Jahr.	Flächeninhalt der Grubenfelder in ha beim Steinkohlenbergbau				Personal beim Steinkohlenbergbau				Belegschaft pro ha			
	im Chemnitzer	im Dresdner	im Zwickauer	in Sachsen.	im Chemnitzer	im Dresdner	im Zwickauer	in Sachsen.	im Chemnitzer	im Dresdner	im Zwickauer	beim sächsischen Steinkohlenbergbau überhaupt.
	Berginspectionsbezirke.				Berginspectionsbezirke.				Berginspectionsbezirke.			
1873	4539	5707	2334	12 580	3155	3611	9663	16 429	0,69	0,63	4,14	1,31
1874	4510	5700	2339	12 549	3682	3724	9893	17 299	0,82	0,65	4,23	1,37
1875	4990	5637	2344	12 971	3804	3501	9967	17 272	0,76	0,62	4,25	1,32
1876	3682	5626	2204	11 512	3727	3450	9769	16 946	1,01	0,61	4,43	1,47
1877	3216	5496	2233	10 945	3536	3287	9691	16 514	1,09	0,59	4,34	1,51
1878	2657	3773	2191	8 621	3404	3214	9700	16 318	1,28	0,85	4,43	1,89

des Bergbaubetriebes kommen und die Columnen für tödtliche Verletzungen mit füllen helfen.

Die Coal Mines Regulation Acte schreibt zwar in § 39 ebenfalls vor, dass nicht nur bei Todesfällen und Körperverletzungen, die durch Wetter-, Pulver- oder Dampfkesselexplosionen verursacht werden, sondern auch bei Todesfällen und schweren Körperverletzungen, hervorgerufen durch andere Unfälle, binnen 24 Stunden Anzeige an den Districtsinspector zu erstatten sei und dass eine solche Anzeige auch nöthig werde, wenn eine Körperverletzung, welche dieser Bestimmung gemäss angezeigt werden musste, den Tod der verletzten Person zur Folge habe.

Es wird hier also zwischen Körperverletzung im Allgemeinen (personal injury) und schwerer Körperverletzung (serious personal injury) unterschieden. Nur letztere kommen, wenn durch andere Unfälle als Explosion verursacht, zur Anzeige. Wird die anfängliche Verletzung daher für leicht erklärt und keine Anzeige erstattet, so ist auch keine Anzeige bei erfolgtem Tode nöthig und die Unfallstatistik hat einen Fall weniger zu verzeichnen.

Dass aber die Grubenverwaltungen geneigt sind, den Begriff einer schweren Verletzung in dieser Beziehung möglichst eng zu fassen, liegt zu sehr im Interesse derselben, da sie hierdurch manche unbehagliche Erörterung des Inspectors und Coroners (§ 50 der Acte) vermeiden. Hierdurch mag in England mancher Fall für die Unfallstatistik verloren gehen, welcher in Sachsen pünctlichst gebucht worden wäre.

Dass aber auch den Inspectoren selbst nicht an der Anzeige jedes zweifelhaften Falles gelegen sein kann, ergiebt sich aus dem Thätigkeitskreise derselben, welcher hier etwas genauer beleuchtet werden mag, um zugleich eine Vorstellung von der Intensität der staatlichen Beaufsichtigung des Bergbaues in beiden Ländern zu gewinnen.

England besitzt nach unserem 6jährigen Durchschnitte 4226 Gruben, die unter der Coal Mines Regulation Acte stehen und hatte im Jahre 1878 ausserdem 1382 Gruben, welche der Metalliferous Mines Regulation Acte angehören (nämlich 1296 in England und Wales, 50 in Schottland und 36 in Irland). Nehmen wir diese Zahl, da mir die Angaben für die übrigen Jahre vor der Hand fehlen, anstatt eines 6jährigen Durchschnittes, was auch für vorliegenden Zweck genügen dürfte, da es gewiss eine Minimalzahl ist, indem in den letzten Jahren viele Erzgruben in Folge der niedrigen Metallpreise zum Erliegen gekommen sind, so hat England überhaupt 5608 Gruben (Tagebaue nicht mit inbegriffen), welche von 14 Inspectoren beaufsichtigt werden. Es kommen somit auf jeden Inspector im Durchschnitt 400 Gruben.

Sachsen besitzt nach dem 6jährigen Durchschnitte 83 Steinkohlengruben und hatte im Jahre 1878 281 Erz- und 141 Braunkohlengruben (darunter viele Tagebaue), mithin in Summa 505 Gruben, also deren nicht viel mehr, als ein einziger Inspector in England zu beaufsichtigen hat, wenn man die Tagebaue unberücksichtigt lässt. Es theilen sich aber bei uns in dieses Geschäft 7 Inspectoren, so dass auf jeden im Durchschnitt circa 73 Gruben entfallen. Dass unter solchen Verhältnissen in Sachsen eine viel gründlichere und sorgfältigere Inspection nicht nur möglich ist, sondern auch wirklich ausgeübt wird, bedarf kaum der Erwähnung.

Ferner: Die 6jährige Periode ergab für Englands
Kohlenbergbau . . . . . 6923 tödtl. Verletzungen und für den
Erzbergbau in derselben Zeit 580 „ „

in Sa. also 7503 tödtl. Verletzungen
oder im Durchschnitt pro Jahr 1250 „ „

d. h. pro Inspector und Jahr circa 90 Untersuchungen und ausserdem die verschiedenen Verhandlungen mit den Coroners. Bedenkt man ferner die enorme Ausdehnung der einzelnen Reviere, (sie beträgt z. B. für den Inspectionsbezirk von Cornwall und Devonshire in der grössten Längenerstreckung über 40 geographische Meilen) und die überaus grosse Zahl der Gruben, so ist einerseits das Bestreben, alle unnöthigen Untersuchungen zu vermeiden, andererseits zweifelhafte Fälle nicht erst zur Anzeige zu bringen, gewiss erklärlich. Ja selbst strafbare Verheimlichungen sind bei den grossen Entfernungen schwerer zu entdecken.

Dagegen kommen auf Sachsens gesammten Bergbau in der 6jährigen Untersuchungsperiode 374 Todesfälle, pro Jahr also im Durchschnitte 62 Fälle und pro Inspector und Jahr nicht mehr als 9 Fälle.

Kommen wir also auf den Ausgangspunct unserer Untersuchung zurück, so dürfen wir der Vermuthung Raum geben, dass nicht alle jene Fälle in England verzeichnet werden, welche in Sachsen zur Anzeige gelangen würden, dass somit eine Differenz besteht, welche die sächsischen Bergbauverhältnisse in ungünstigerem Lichte erscheinen lässt, als sie es verdienen.

Zusammenstellung
derjenigen reichs- und landesrechtlichen Bestimmungen,
durch welche
Vorschriften des allgem. Berggesetzes vom 16. Juni 1868 und der zugehörigen Ausführungsverordnung
aufgehoben, abgeändert oder ergänzt worden sind.

Von Bergamtsrath und Professor Dr. **Leuthold** in Freiberg.

Seit der Erlassung des allgemeinen Berggesetzes vom 16. Juni 1868 und der dazu gehörigen Ausführungsverordnung vom 2. December desselben Jahres sind eine grössere Anzahl theils bundes- und reichsgesetzlicher, theils landesrechtlicher Normen erlossen, welche zwar den eigentlichen Kern des Bergrechts nicht berührt, doch aber viele für die Praxis bedeutungsvolle Bestimmungen des Berggesetzes und der erwähnten Ausführungsverordnung aufgehoben, abgeändert oder ergänzt haben. Während die das Berggesetz und die Ausführungsverordnung enthaltenden Nummern des Gesetz- und Verordnungsblattes (Stücke 14 und 31 vom Jahre 1868) sich im Besitze aller Bergwerkseigenthümer, Grubenvorstände und Betriebsbeamten befinden, dürften die verschiedenen neueren, die Berggesetzgebung modificirenden Vorschriften, welche in den Bundes-, Reichs- und Landesgesetzblättern des letzten Decenniums zerstreut sind, dem practischen Bergmanne nicht allenthalben zugänglich sein. Daher ist demselben vielleicht die nachfolgende Zusammenstellung der fraglichen Bestimmungen nicht unwillkommen. Dieselben sind nach der Folge der Abschnitte im Berggesetze, deren Ueberschrift sich jedesmal beigesetzt findet, gruppirt und in der Regel dem Wortlaute nach wiedergegeben. Ihrer besonderen practischen Wichtigkeit halber wurden einige schon vor dem allgemeinen Berggesetze publicirte, aber neben demselben fortgeltende Normen (hauptsächlich bürgerliches Recht, Besteuerung, Sonntagsfeier und Behördencompetenz betreffend) mit in die Zusammenstellung aufgenommen. Schliesslich möge ausdrücklich betont werden, dass die letztere, welche selbstverständlich auch auf wissenschaftlichen Werth keinen Anspruch erhebt, durchaus den Charakter einer Privatarbeit trägt.

Zu Abschnitt I.
Allgemeine Bestimmungen.
(Gesetz §§ 1—6. Ausführungsverordnung §§ 1—5.)

a) Artikel 334 des sächs. revidirten Strafgesetzbuchs vom 1. October 1868 (Gesetz- und Verordnungsblatt von 1868, Bd. II., S. 1000): „Die unbefugte

Aneignung von metallischen Mineralien im unverliehenen Felde zieht Gefängnissstrafe bis zu sechs Monaten nach sich." —

§ 370 des Reichsstrafgesetzbuchs (in der Redaction des Gesetzes vom 26. Februar 1876, Reichsgesetzblatt 1876, S. 25): „Mit Geldstrafe bis zu einhundertfünfzig Mark oder mit Haft wird bestraft: . . . 2) wer unbefugt . . . aus Grundstücken, welche einem Anderen gehören, . . . Mineralien, zu deren Gewinnung es einer Verleihung, einer Concession oder einer Erlaubniss der Behörde nicht bedarf, . . . wegnimmt;" . . .

b) Die in § 1 der Ausführungsverordnung vorgeschriebenen Anzeigen über Unternehmen zu Aufsuchung und beziehendlich Gewinnung von Stein- oder Braunkohlen und über Wiederaufnahme oder dauernde Einstellungen von Stein- oder Braunkohlenbauen sind in kleinen Städten und auf dem platten Lande den Bürgermeistern bez. Gemeindevorständen (Gutsvorstehern) zu erstatten und von diesen der Amtshauptmannschaft vorzulegen: Verordnung, die in Folge der neuen Organisation der Verwaltungsbehörden eintretenden veränderten Competenzverhältnisse betr., — sogen. Competenzverordnung — vom 22. August 1874 (Gesetz- und Verordnungsblatt 1874, S. 125) § 17, d).

Zu Abschnitt II.

Von der Betheiligung am Bergbaue.

(Gesetz §§ 7—17. Ausführungsverordnung §§ 6—14.)

a) (Zu § 9 Absatz 3 des Berggesetzes:) bürg. Gesetzbuch vom 2. Jan. 1863, § 56 (Gesetz- und Verordnungsblatt 1863, S. 1 folg.): „Juristische Personen hören auf, wenn ihnen der Staat das Recht der Persönlichkeit entzieht, wenn sie auf dieses Recht mit Einwilligung des Staates verzichten, und, soviel Personenvereine betrifft, wenn sämmtliche Mitglieder gestorben sind."

Gesetz, die juristischen Personen betr., vom 15. Juni 1868 (Gesetz- und Verordnungsblatt 1868, Bd. I., S. 315) § 1: „Gegenwärtiges Gesetz leidet Anwendung auf alle juristischen Personen mit Ausnahme der dem öffentlichen Rechte angehörigen oder durch besondere Gesetze bereits geregelten juristischen Personen, z. B. . . . Berggewerkschaften, . . ." Für solche bleiben die darauf bezüglichen besonderen Vorschriften massgebend.

b) (Zu § 15 des Berggesetzes:) Reichs - Civilprocessordnung vom 30. Januar 1877, § 19 (Reichs-Gesetzblatt 1877, S. 86): . . . Gewerkschaften haben den allgemeinen Gerichtsstand bei dem Gerichte, in dessen Bezirke das Bergwerk liegt. . . . Neben dem durch die Vorschriften dieses Paragraphen bestimmten Gerichtsstande ist ein durch Statut oder in anderer Weise besonders geregelter Gerichtsstand zulässig."

c) Bundes- (jetzt Reichs-) Gesetz, betr. die Commanditgesellschaften auf Actien und die Actiengesellschaften, vom 11. Juni 1870, § 1 (Bundesgesetzblatt 1870, S. 375):

„Artikel 5. Die in Betreff der Kaufleute gegebenen Bestimmungen gelten in gleicher Weise in Betreff der Handelsgesellschaften, insbesondere auch der Commanditgesellschaften auf Actien und der Actiengesellschaften. . . ."

„Artikel 174. Eine Commanditgesellschaft auf Actien gilt als Handelsgesellschaft, auch wenn der Gegenstand des Unternehmens nicht in Handelsgeschäften besteht. . . ."

„Artikel 208. Eine Actiengesellschaft gilt als Handelsgesellschaft, auch wenn der Gegenstand des Unternehmens nicht in Handelsgeschäften besteht.“ [1])

d) Die in § 13 der Ausführungsverordnung vorgeschriebenen Mittheilungen über die Bergwerksvertreter ergehen für kleine Städte und das platte Land an die Amtshauptmannschaften.

Zu Abschnitt III.

Von der unmittelbaren Erwerbung des Bergbaurechts bei dem Erzbergbaue.

(Gesetz §§ 18—17. Ausführungsverordnung §§ 15—44.)

a) An Stelle des Lachters ist das Metermass getreten: Maass- und Gewichtsordnung für den Norddeutschen Bund (jetzt für das deutsche Reich) vom 17. August 1868, Artikel 1, 3 (Bundesgesetzblatt 1868. S. 473). Das Lachter war in Sachsen = 2 Meter (s. zuletzt Gesetz vom 12. März 1858, § 8, Absatz 2, sowie Verordnung, Markscheider und das Risswesen beim Bergbaue betr., vom 3. December 1868, § 12, Absatz 4).

b) Die Aufsicht über die Schurfarbeiten, welche den Ortsverwaltungsbehörden obliegt, ist für Städte, auf welche die Städteordnung für mittlere und kleine Städte vom 24. April 1873 Anwendung leidet, und für das platte Land dem Bürgermeister, bez. Gemeindevorstande übertragen; dies gilt namentlich von den in § 23 des Gesetzes, §§ 22 und 25 Absatz 2 der Ausführungsverordnung gedachten Geschäften. Angezogene Competenzverordnung vom 22. August 1874, § 17, a). Die den genannten Beamten zu erstattenden Anzeigen sind der Amtshauptmannschaft alsbald vorzulegen. Dagegen sind

c) gemäss § 1 der obengenannten Verordnung, wonach alle den Gemeindebehörden nicht ausdrücklich zugewiesenen vordem gerichtsamtlichen Verwaltungsgeschäfte in die Zuständigkeit der Amtshauptmannschaften gehören, an diese die Anzeigen Beliehener von Angriffnahme eines unterirdischen Hülfsbaues im unverliehenen Felde (Ausführungsverordnung § 34) und die Mittheilungen des Bergamts über Verleihung neuer Berggebäude (ebenda § 40) zu richten.

d) (Zu § 41 Schlusssatz:) Ueber die processrechtlichen Grundsätze wegen der Kostenerstattung s. u. die Bemerkung c) zu Abschnitt VIII.

e) (Zu § 45 Schlusssatz des Berggesetzes:) Ueber die Wiedereinsetzung in den vorigen Stand vergl. §§ 211 folg. der angez. Reichscivilprocessordnung vom 30. Januar 1877 (Reichsgesetzblatt 1877, Seite 120 folg.). Nach § 211 ist die Wiedereinsetzung auf Antrag zu ertheilen, wenn eine Partei an Einhaltung einer Nothfrist durch Naturereignisse oder andere unabwendbare Zufälle verhindert worden ist. Der Antrag muss binnen zweiwöchiger Frist gestellt werden, welche mit dem Tage beginnt, an welchem das Hinderniss gehoben ist, und kann nach Ablauf eines Jahres, vom Ende der versäumten Nothfrist an, nicht mehr gestellt werden (§ 212). Die Kosten trägt, soweit sie nicht durch unbegründeten Widerspruch des Gegners entstanden sind, der Antragsteller (§ 216).

[1]) Also auch, wenn sie lediglich Bergbau treibt.

Anhang: **Bergwerksbesteuerung** (vergl. § 40 des Berggesetzes).

I. Gesetz, die von dem Regalbergbaue zu erhebenden Steuern betr., vom 10. October 1864 (Gesetz- und Verordnungsblatt 1864, Seite 338 folg.):

„§ 6. Von jedem verliehenen Grubenfelde ist eine **Grubenfeldsteuer** zu entrichten. Sie beträgt vierteljährlich für jede Maasseinheit

a) wenn das Grubenfeld auf Gold und Silber verliehen ist, 30 Pfennige (drei Neugroschen),

b) wenn es auf andere Metalle verliehen ist, 20 Pfennige (zwei Neugroschen).

§ 7. Wenn verschiedene Verleihungen eines und desselben Grubenfeldes an verschiedene Personen in Bezug auf verschiedene Mineralien stattgefunden haben, so ist die Grubenfeldsteuer von denselben nach Anzahl der Verleihungen mehrfach zu entrichten.

§ 8. Die Grubenfeldsteuer kann von dem Finanzministerium in einzelnen Fällen wegen besonderer Bedrängniss zeitweise erlassen oder ermässigt werden.

§ 9. Von jedem Schurffelde ist eine **Schurfsteuer** von vierteljährlich 10 Pfennigen (einem Neugroschen) für je 4000 Quadratmeter (1000 Quadratlachter) Schurffeld zu entrichten. Weniger als 4000 Quadratmeter (1000 Quadratlachter) werden für 4000 Quadratmeter (1000 Quadratlachter), der Theil eines Vierteljahres wird für ein ganzes Vierteljahr gerechnet."

Dazu: Ausführungsverordnung vom 6. December 1864 (Gesetz- und Verordnungsblatt 1864, S. 422):

„§ 11. Die Grubenfeldsteuer ist vor Ablauf eines jeden Quartals an die Hauptbergcasse abzuführen, und hat es hierunter im Uebrigen bei dem, was in §§ 165 bis 167 der Ausführungsverordnung vom 16. December 1851 (Gesetz- und Verordnungsblatt vom Jahre 1851, Seite 454 folg.) vorgeschrieben ist, jedoch mit der Abänderung zu bewenden, dass an die Stelle der dort erwähnten Zehntenämter die Hauptbergcasse tritt.

Etwaige Erlassgesuche sind bei den Bergämtern, welche darüber gutachtlichen Bericht zu erstatten haben, anzubringen.

§ 12. Die Schurfsteuer ist im Voraus jedesmal auf mindestens ein Vierteljahr an die bergamtlichen Gebührencassen zu entrichten und von diesen alsbald nach Schluss jeden Jahres mit Specification an die Hauptbergcasse einzurechnen."

Die Ausführungs-Verordnung vom 16. December 1851 lautet in den angezogenen Stellen:

„§ 165. Die Bergämter haben nach Schluss eines jeden Quartals ein Verzeichniss über die in dem vorhergegangenen Quartale neuverliehenenen und freigewordenen Masseinheiten (vergl. § 51 des Gesetzes)[1]) an die Zehntenämter abzugeben.

Nach diesem Verzeichnisse haben letztere die Grubenfeldsteuer für das laufende Quartal zu erheben und zu vereinnahmen.

Für dasjenige Quartal, in welchem die Verleihung einer Grube oder einzelner Maasseinheiten erfolgt ist, hat der Grubeneigenthümer keine Grubenfeldsteuer zu entrichten.

[1]) Jetzt § 40 des allgemeinen Berggesetzes.

Dagegen ist dieselbe für dasjenige Quartal, in welchem eine Grube oder einzelne Maasseinheiten losgesagt oder frei erklärt werden, voll zu entrichten.

§ 166. Der Termin für Abentrichtung der Grubenfeldsteuer läuft bis zum Schlusslohntage jeden Quartals. Die Zehntenämter sind berechtigt, diese Steuern in angemessenen Raten vom Beginne des Quartals an von den Erzbezahlungsgeldern abzuziehen.

§ 167. Wenn verschiedene Mineralien in demselben Felde durch dieselbe oder durch verschiedene Verleihungen an eine Person verliehen worden sind, so wird die Feldsteuer nur einmal und zwar, dafern unter den verliehenen Mineralien Gold oder Silber sich befinden, nach dem höheren Satze erhoben."

II. Bestimmungen der allgemeinen Steuergesetzgebung, welche sich speciell auf den Bergbau beziehen:

a) Gesetz, die Einführung des neuen Grundsteuersystems betreffend, vom 9. September 1843 (Gesetz- und Verordnungsblatt 1843, S. 97):

„§ 2. Gegenstände der Grundbesteuerung sind: a) der eigentliche Grund an Boden, an Aeckern, . . ., sowie andere ertragsfähige Oberflächen, z. B. der Berg- und Hüttenwerke mit ihren Halden, Wasserbehältern und Zimmerplätzen, der . . . . Stein- und Braunkohlengruben etc.; b) Teiche und für Gewerbe bestimmte Gewässer und c) Gebäude."

„§ 4. Befreit von der Grundsteuer bleiben: . . . d) Oedungen und keiner Benutzung fähige Flächen, als . . . . ungangbare Haldensturze, ..."

b) Einkommensteuergesetz vom 2. Juli 1878 (Gesetz- und Verordnungsblatt 1878, Seite 129):

„§ 4. Beitragspflichtig sind ferner . . . . .

2. Actiengesellschaften, Commanditgesellschaften auf Actien, Berggewerkschaften . . . hinsichtlich der Ueberschüsse, welche als Actienzinsen oder Dividenden, gleichviel unter welcher Benennung, unter die Mitglieder vertheilt oder zur Bildung von Reservefonds oder zur Schuldentilgung verwendet werden; . . ."

„§ 17. Im Einzelnen sind bei Einschätzung des Einkommens folgende Hauptquellen zu unterscheiden: . . . b) Capitalzinsen, . . . Dividenden von Actien oder Kuxen, . . . : . . . d) Handel, Gewerbe, . . . und jede andere Erwerbsthätigkeit."

„§ 36. Wer für die Zwecke seiner Haushaltung oder bei Ausübung seines Berufs andere Personen dauernd gegen Gehalt oder Lohn beschäftigt, ist verpflichtet, über das von ihm herrührende Einkommen derselben Auskunft zu ertheilen. . . .

Die Pflicht zur Aufstellung und Einreichung solcher Nachweisungen liegt namentlich auch den Actiengesellschaften, Commanditgesellschaften auf Actien, . . . und Berggewerkschaften bezüglich der von ihnen angestellten oder gegen Lohn beschäftigten Personen ob." . . .

Aus der zugehörigen Ausführungsverordnung vom 11. October 1878 (ebenda S. 225):

„§ 8. Zu den in § 17 unter b des Gesetzes bezeichneten Einkünften sind auch die . . . Kohlenzehnten zu rechnen."

c) Gesetz, die directen Steuern betreffend, vom 3. Juli 1878 (Gesetz- und Verordnungsblatt 1878 S. 153):

„Artikel 1. Das Gewerbe- und Personalsteuergesetz vom 24. December 1845, die dazu erlassenen Erläuterungs- und Ergänzungsgesetze vom . . . . , ingleichen die §§ 2 bis mit 5 des Gesetzes, die von dem Regalbergbaue zu erhebenden Steuern betreffend, vom 10. October 1864, sowie alle zu deren Ausführung erlassenen Bestimmungen werden, vorbehältlich ihrer ferneren Anwendung zur Verfolgung der unter ihrer Herrschaft bereits entstandenen Steuerforderungen des Staatsfiscus, aufgehoben."

Zu Abschnitt IV.

Rechtliche Bestimmungen hinsichtlich des Bergbaurechts.

(Gesetz §§ 18—54. Ausführungsverordnung §§ 45—51.)

a) Die in § 45 der Ausführungsverordnung angezogene Frist zur Einreichung der Vertragsurkunde beim Grundbuchsrichter beträgt 2 Monate von Zeit des Vertragsschlusses an. „Die Unterlassung zieht für jeden Vertragschliessenden eine Geldstrafe im Betrage von 1/4 Procent der versprochenen Kaufsumme oder bei anderen als Kaufverträgen von 1/4 Procent des letzten bekannten Kaufpreises nach sich. Ist die Zeit des Vertragsschlusses nicht zu ermitteln, so ist die Zeit der geschehenen Uebergabe des Grundstücks oder der Besitzergreifung von Seiten des Erwerbers dafür anzunehmen und darnach jene zweimonatliche Frist zu berechnen." (§ 198 der Verordnung vom 9. Januar 1865.)

b) Zu § 49 des Gesetzes ist ausser auf die Vorschriften des bürgerlichen Gesetzbuchs über das Immobiliarsachenrecht (Eigenthumserwerb §§ 276 bis 287; Eigenthumsverlust §§ 288—294; Hypothekenrecht §§ 369—465; Reallasten §§ 505—514; Dienstbarkeiten §§ 520 folg.) noch auf folgende Bestimmungen der Verordnung, das Verfahren in nicht streitigen Rechtssachen betreffend, vom 9. Januar 1865 (Gesetz- und Verordnungsblatt S. 3 folg.) hinsichtlich der Zusammenschlagung (Consolidation) zu verweisen:

„§ 206. Der Eigenthümer mehrerer unter der Gerichtsbarkeit derselben Grund- und Hypothekenbehörde gelegenen Grundstücke kann, soweit nicht gesetzliche Bestimmungen entgegenstehen,[1]) die Grundstücke zusammen auf Ein Folium im Grund- und Hypothekenbuche eintragen lassen.

§ 210. Soll zu einem Grundstücke ein unter der Gerichtsbarkeit einer anderen Grund- und Hypothekenbehörde gelegenes Grundstück geschlagen werden, so ist dazu die Einwilligung dieser letzteren erforderlich.

§ 211. Mit dem Antrage auf Hinzuschlagung eines Grundstücks zu einem unter Gerichtsbarkeit einer anderen Grund- und Hypothekenbehörde gelegenen Grundstücke hat sich der Eigenthümer an die Grund- und Hypothekenbehörde dieses letzteren Grundstücks zu wenden, welche, wenn der Hinzuschlagung kein Bedenken entgegensteht, mit der Grund- und Hypotheken-

[1]) Hier möge die Bemerkung Platz finden, dass das Königl. sächs. Bergrecht die bergbehördliche Bestätigung der Consolidation von Bergwerken nicht kennt und dass auch Bergwerke, deren Felder nicht aneinander grenzen, consolidirt werden dürfen. Vergl. Motive zu § 51 des Entwurfs eines allgemeinen Berggesetzes (Landtagsmittheilungen 1866/68 I. Kammer, 1. Band S. 816).

behörde des hinzuzuschlagenden Grundstücks wegen Erlangung ihrer Einwilligung in Vernehmung zu treten hat." . . .

c) (Zu § 50 des Gesetzes): Bergwerksnutzungen des Niessbrauchsberechtigten:

Bürgerliches Gesetzbuch § 609: „Der Niessbraucher darf die bei Entstehung seines Niessbrauches vorhandenen Bergwerke, Stein-, Schiefer- und Kalkbrüche, Sand-, Kies-, Lehm-, Thon-, Mergel-, Torfgruben und ähnliche Werke fortbauen und die Ausbeute als Nutzung an sich behalten. Neue Werke dieser Art darf er nur anlegen, wenn das Grundstück dadurch nicht wesentlich geändert wird. Die Vortheile, welche dem Eigenthümer des Grundstücks von Berg- und Steinkohlenwerken dritter Personen nach den Gesetzen gebühren, erhält der Niessbraucher, die Werke mögen vor oder nach Entstehung des Niessbrauches angelegt worden sein."

§ 630. . . . „Ebenso fallen von einem dem Niessbrauche unterliegenden Kuxe die Ausbeute und der wiedererstattete Verlag dem Niessbraucher zu, er hat jedoch die Zubusse zu entrichten."

d) (Zu § 53 Absatz 2 des Gesetzes, Betriebsvorschüsse betreffend): Bürgerliches Gesetzbuch § 519 lautet: „Gläubiger, deren Hypothek dem Auszuge, der Leibrente oder dem eisernen Capitale[1]) dem Alter nach vorgeht, sind, wenn sie nicht in die Belegung des Grundstücks mit diesen Lasten eingewilligt haben, zu verlangen berechtigt, dass das Gericht die Zwangsversteigerung unter Annahme doppelter Gebote, einmal auf das Grundstück mit der Last des Auszuges, der Leibrente oder des eisernen Capitales, sodann auf das Grundstück ohne diese Lasten bewerkstellige. Ergiebt sich, dass die älteren hypothekarischen Gläubiger durch Ueberweisung dieser Lasten an den Ersteher benachtheiligt werden, so ist das Grundstück ohne dieselben dem Ersteher zuzuschlagen, im entgegengesetzten Falle die Versteigerung mit diesen Lasten fortzusetzen."

e) Zu § 54 des Gesetzes, Bergwerkskonkurs betreffend, ist von Einfluss folgende Vorschrift der Reichskonkursordnung vom 10. Februar 1877 (Reichsgesetzblatt 1877 S. 362):

„§ 39. Zur abgesonderten Befriedigung dienen die Gegenstände, welche in Ansehung der Zwangsvollstreckung zum unbeweglichen Vermögen gehören, insoweit ein dingliches oder sonstiges Recht auf vorzugsweise Befriedigung aus denselben besteht.

Den Umfang der Immobiliarmasse, sowie den Umfang und die Rangordnung der aus derselben zu berichtigenden Ansprüche bestimmen die Reichsgesetze und Landesgesetze."

Hiernach ist die Bestimmung in § 54 des Berggesetzes rücksichtlich der nicht zur Immobiliarmasse gehörigen Theile des Bergwerksvermögens für erledigt zu achten und sind letztere nach den allgemeinen konkursrechtlichen Grundsätzen zu behandeln. Welche Sachen und Rechte in Ansehung der Zwangsvollstreckung zum unbeweglichen Vermögen gehören, bestimmt sich zur Zeit nach den Landesgesetzen (Reichs-Civilprocessordnung vom 30. Januar 1877, § 757).

[1]) Hier also: der Betriebsvorschusshypothek.

f) Die in § 47 Absatz 3 und § 49 Absatz 1 der Ausführungsverordnung vorgeschriebenen Mittheilungen an die Ortsverwaltungsbehörde (von Besitzveränderungen und Bestellung von Special-Nachlassvertretern bei Berggebäuden) ergehen für das platte Land und die kleinen Städte an die Amtshauptmannschaft (Competenzverordnung § 4).

Zu Abschnitt V.

Von dem Betriebe des Bergbaues.

(Gesetz §§ 55—90. Ausführungsverordnung §§ 52—97).

Zu Capitel I. Von dem Betriebe.

a) Die allgemeinen Bergpolizeivorschriften, welche in § 52 der Ausführungsverordnung erwähnt werden, sind zur Zeit die:

Vorschriften für die Bergwerksbesitzer, Beamten, Officianten und Aufseher zur Verhütung von Unglücksfällen bei dem Regalbergbaue. Gedruckt Dresden, C. Heinrich 1867.

Vorschriften für die Bergarbeiter zur Verhütung von Unglücksfällen bei dem Regalbergbaue. Gedruckt Freiberg, Wolf'sche Buchdruckerei. o. J.

Vorschriften für die Bergwerksbesitzer, Beamten, Officianten und Aufseher zur Verhütung von Unglücksfällen bei dem Stein- und unterirdischen Braunkohlen-Bergbaue. Gedruckt Dresden, C. Heinrich 1867. Dazu Bekanntmachung des Königlichen Oberbergamts vom 7. März 1868 (Schachtbrüche betr.; gedruckt in der Zeitschrift für Bergrecht Bd. 10, S. 318) sowie (separat gedruckte) Nachträge, erlassen vom Königlichen Bergamte Freiberg unter'm 20. October 1869 (selbstthätigen Abschluss der Fördertrümer betr.) und 12. August 1871 (neue Redaction des XI. Abschnitts, von der Wetterversorgung, betr.).

Vorschriften für die Bergarbeiter zur Verhütung von Unglücksfällen bei dem Stein- und unterirdischen Braunkohlen-Bergbaue. Gedruckt Dresden, C. Heinrich 1867.

Vorschriften zur Verhütung von Unglücksfällen für die Eigenthümer, Beamten, Officianten und Aufseher der Braunkohlentagebaue. Gedruckt Dresden, C. Heinrich 1867.

b) Selbstverständlich liegt den Bergwerksbesitzern bei ihrem Betriebe auch die Befolgung der einschlägigen allgemeinen Polizeivorschriften ob. Unter den letzteren können hier nur die nachstehenden, welche speciell des Bergbaubetriebes gedenken, Erwähnung finden:

A. Baupolizeiordnung für Städte vom 27. Februar 1869 (Gesetz- und Verordnungsblatt 1869, S. 55) § 28 (und sachlich übereinstimmend Baupolizeiordnung für Dörfer von demselben Tage, § 24, a): „Der Bau mit nicht massiven Umfassungen ist gestattet: . . . c) bei lediglich zum Bergbau-, Hütten- und mineralischen Fabrikbetriebe dienenden Gebäuden ohne Feuerungsanlagen, deren Zwecke eine massive Bauart nicht entspricht, oder eine solche ohne unverhältnissmässige Kosten nicht gestattet, z. B. Kauen, Wäschen, Spülen, Treibegöpeln auf Halden u. s. w., wenn dieselben mindestens 20 Ellen (jetzt nach der Verordnung vom 21. März 1870, das Metermass in seiner Anwendung auf die baupolizeilichen Massvorschriften betr., Gesetz-

und Verordnungsblatt 1870, S. 85: 11 Meter 40 Centimeter) von anderen fremden Gebäuden und mindestens 6 Ellen (3 Meter 40 Centimeter) unter sich entfernt zu stehen kommen."

§ 42 (übereinstimmend Baupolizeiordnung für Dörfer, § 39, a): „Die Auflegung weicher Dachungen von Stroh, Rohr, Lehm- und Holzschindeln, sowie überhaupt Holzbedeckungen aller Art, Dorn'sche Masse und sonstige nicht feuersichere Materialien sind nur ausnahmsweise gestattet: a) bei . . . lediglich zum Bergbaue, Hütten- und mineralischem Fabrikbetriebe dienenden Gebäuden ohne Feuerungsanlagen, wie Kauen, Wäschen, Spülen, Treibegöpeln auf Halden u. s. w., wenn dieselben wenigstens 60 Ellen (34 Meter) von fremden Gebäuden, welche nicht ebenfalls zu dieser Kategorie von Betriebsgebäuden gehören, entfernt stehen. Bei derartigen Betriebsgebäuden unter sich ist die Bestimmung § 28 Lit. c (Baupolizeiordnung für Dörfer § 24, Lit. a) massgebend."

B. Bekanntmachung des Reichskanzlers, betr. allgemeine polizeiliche Bestimmungen über die Anlegung von Dampfkesseln, vom 29. Mai 1871 (Reichsgesetzblatt 1871, S. 122; Gesetz- und Verordnungsblatt 1871, S. 174) § 14: „Dampfkessel, welche für mehr als 4 Atmosphären Ueberdruck bestimmt sind, und solche, bei welchen das Product aus der feuerberührten Fläche in Quadratmetern und der Dampfspannung in Atmosphären Ueberdruck mehr als 20 beträgt, dürfen unter Räumen, in welchen Menschen sich aufzuhalten pflegen, nicht aufgestellt werden. Innerhalb solcher Räume ist ihre Aufstellung unzulässig, wenn dieselben überwölbt oder mit fester Balkendecke versehen sind.

An jedem Dampfkessel, welcher unter Räumen, in welchen Menschen sich aufzuhalten pflegen, aufgestellt wird, muss die Feuerung so eingerichtet sein, dass die Einwirkung des Feuers auf den Kessel sofort gehemmt werden kann.

Dampfkessel, welche aus Sicderöhren von weniger als 10 Centimeter Weite bestehen, und solche, welche in Bergwerken unterirdisch oder in Schiffen aufgestellt werden, unterliegen diesen Bestimmungen nicht."

C. Wegen der Sonntagsfeier s. unten unter f). – Ausserdem berücksichtigen wir wegen ihrer besonderen Wichtigkeit für den Bergwerksbetrieb noch die Vorschriften der

D. Verordnung, den Verkehr mit Sprengstoffen betreffend, vom 3. November 1879 (Gesetz- und Verordnungsblatt 1879, S. 393), über Lagerung explosiver Stoffe:

„§ 27. Wer mit Pulver, Pulvermunition, Feuerwerkskörpern und Zündungen Handel treibt, darf

1) im Kaufladen nicht mehr als 1 Kilogramm,
2) im Hause ausserdem nicht mehr als 5 Kilogramm vorräthig halten.

Auf Nachweis eines besonderen Bedürfnisses kann die Erhöhung des Vorraths unter 2 zeitweilig bis auf 10 Kilogramm gestattet werden.

Die Aufbewahrung desselben darf nur in einem auf dem Dachboden (Speicher) belegenen, mit keinem Schornsteinrohre in Verbindung stehenden, abgesonderten Raume, der beständig unter Verschluss zu halten ist und mit

Licht nicht betreten werden darf, erfolgen. Die Behältnisse müssen den Bestimmungen in § 4, Absatz 1 und 2[1]) entsprechen und bedeckt sein.

§ 28. Personen, welche nicht unter die Bestimmung des § 27 fallen, bedürfen behufs der Aufbewahrung von mehr als 1 Kilogramm der polizeilichen Erlaubniss.

§ 29. Grössere, als die im § 27 bezeichneten Mengen sind ausserhalb der Ortschaften in besonderen Magazinen aufzubewahren, von deren Sicherheit die Polizeibehörde und, soweit es sich um militärische Magazine handelt, die Polizeibehörde in Gemeinschaft mit der Militärbehörde sich überzeugt hat.

Es kann angeordnet werden, dass die Schlüssel zu diesem Locale in den Händen der Behörde bleiben. . .

§ 30. Die Aufbewahrung an der Herstellungsstätte, sowie an der Verbrauchsstätte unterliegt den im § 31 gegebenen Vorschriften.

§ 31. Die im § 2 aufgeführten explosiven Stoffe[2]) dürfen nur an der Herstellungstätte, Dynamit und Nitrocellulose ausser an der Herstellungsstätte nur an denjenigen Orten, wo diese Stoffe behufs eines gewerblichen Betriebes zur unmittelbaren Verwendung gelangen, oder in besonderen Magazinen aufbewahrt werden.

Für die Aufbewahrung an der Herstellungsstätte sind die bei Ertheilung der Concession — § 16 der Gewerbeordnung vom 21. Juni 1869 — vorgeschriebenen Bedingungen, in Ermangelung solcher Vorschriften die Weisungen der Polizeibehörde zu beachten.

Die Niederlagen an der Verbrauchsstätte, sowie die besonderen Magazine bedürfen der polizeilichen Genehmigung und sind nach den von der Polizeibehörde zu ertheilenden Vorschriften einzurichten. . . .

Es kann angeordnet werden, dass die Schlüssel zu dem Magazin in den Händen der Behörden bleiben."[3])

c) (Zu § 61 des Gesetzes, § 66 der Ausführungsverordnung:) Die Markscheider betreffend, bestimmt die Reichsgewerbeordnung vom 21. Juni 1869:

„§ 34. Die Landesgesetze können vorschreiben, dass . . . ., ingleichen dass das Gewerbe der Markscheider nur von Personen betrieben werden darf, welche als solche geprüft und concessionirt sind.

§ 40. Die in den §§ 29 bis 34 erwähnten Approbationen und Genehmigungen dürfen weder auf Zeit ertheilt, noch, vorbehältlich der Bestimmungen in den §§ 53 und 143, widerrufen werden.

[1]) „Explosive Stoffe sind in hölzerne Kisten oder Tonnen, deren Fugen so gedichtet sind, dass ein Ausstreuen nicht stattfinden kann, und welche nicht mit eisernen Reifen oder Bändern versehen sind, fest zu verpacken.

Pulver kann in metallene Behälter (ausgeschlossen solche von Eisen) verpackt werden."

[2]) Nitroglycerin als solches, abtropfbare Gemische von Nitroglycerin, sowie Gemische von Nitroglycerin mit an sich explosiven Stoffen, als nitrirter Cellulose, Pulversätzen etc.; explosive Gemische, welche chlorsaure und pikrinsaure Salze enthalten; Knallquecksilber, Knallsilber und die damit dargestellten Präparate.

[3]) Die Verordnungen über den Transport von Pulver vom 16. März 1856, 24. April 1857 und 20. October 1871, sowie die Verordnung über Aufbewahrung, Handhabung und Transport des Nitroglycerins und der Nitroglycerinpräparate vom 30. März 1872 sind durch § 34 der Verordnung vom 3. November 1879 aufgehoben.

Gegen Versagung der Genehmigung zum Betriebe eines der in den §§ . . . 34 . . . . erwähnten Gewerbe ist der Recurs zulässig. Wegen des Verfahrens und der Behörden gelten die Vorschriften der §§ 20 und 21.

§ 53. Die in dem § 29 bezeichneten Approbationen können von der Verwaltungsbehörde nur dann zurückgenommen werden, wenn die Unrichtigkeit der Nachweise dargethan wird, auf deren Grund solche ertheilt worden sind.

Ausser aus diesem Grunde können die in den §§ . . . . 34 . . . . bezeichneten Genehmigungen und Bestallungen in gleicher Weise zurückgenommen werden, wenn aus Handlungen oder Unterlassungen des Inhabers der Mangel derjenigen Eigenschaften, welche bei der Ertheilung der Genehmigung oder Bestallung nach der Vorschrift dieses Gesetzes vorausgesetzt werden mussten, klar erhellt. . . . .

§ 72. Polizeiliche Taxen sollen, soweit nicht ein Anderes nachstehend angeordnet worden, künftig nicht vorgeschrieben werden; da, wo sie gegenwärtig bestehen, sind sie . . . . . aufzuheben.

§ 147 (in der Fassung des Reichsgesetzes vom 17. Juli 1878, Art. 2). Mit Geldstrafe bis zu 300 Mark und im Unvermögensfalle mit Haft wird bestraft:

1) wer den selbstständigen Betrieb eines stehenden Gewerbes, zu dessen Beginn eine besondere polizeiliche Genehmigung (Concession, Approbation, Bestallung) erforderlich ist, ohne die vorschriftsmässige Genehmigung unternimmt oder fortsetzt, oder von den in der Genehmigung festgesetzten Bedingungen abweicht; . . . . . .“

Zu § 34 verfügt die Königl. sächs. Ausführungsverordnung zur Gewerbeordnung vom 16. September 1869, § 22, Absatz 3 (Gesetz- und Verordnungsblatt 1869, S. 266):

„In Betreff der Voraussetzungen, an welche der Betrieb des Gewerbes der Markscheider gebunden ist, sind die Vorschriften in § 61 des allgemeinen Berggesetzes vom 16. Juni 1868 und Abschnitt I der Verordnung, die Markscheider und das Risswesen bei dem Bergbaue betr., vom 3. December 1868 massgebend.“

d) (Zu § 64 des Gesetzes:) Die vorgeschriebene Anzeige an die Ortspolizeibehörde über Betriebsereignisse von polizeilicher Wichtigkeit[1]) ist in kleinen Städten und auf dem platten Lande dem Bürgermeister bez. Gemeindevorstand zu erstatten, welcher dieselbe alsbald der Königl. Amtshauptmannschaft vorzulegen hat. Competenz-Verordnung § 17 sub d und Schlusssatz.

e) (Zu § 65 des Gesetzes und § 76 der Ausführungsverordnung:) In Bezug auf die Abgrenzung der polizeilichen Befugnisse der Bergbehörde

[1]) Welche Ereignisse hierher gehören, ist nicht erschöpfend bestimmt. Jedenfalls sind dahin zu rechnen: die Auffindung eines Todten oder scheinbar todten Körpers eines Menschen ausserhalb bewohnter Räume, Todesfälle aus anscheinend nicht natürlichen Ursachen und ausserordentliche Ereignisse, welche wie Explosionen, Einsturz von Gebäuden, Brunnen, Schächten und Brücken, Eisenbahnunfälle, Feuersbrünste etc. die Befürchtung rechtfertigen, dass Menschen dabei verunglückt seien, nach der Verordnung, die Aufhebung von Todten etc. betr., vom 21. September 1874 (Gesetz- und Verordnungsblatt 1874, S. 311) § 1 und Unglücksfälle, welche den Tod oder die schwere Verletzungen einer oder mehrerer Personen herbeigeführt haben, nach § 73 der zum allgemeinen Berggesetze gehörigen Ausführungsverordnung.

einerseits, der Ortspolizeibehörde anderseits sind gemäss § 76 der Ausführungsverordnung vom 2. December 1868 unter Erstreckung auf den Kohlenbergbau die folgenden Bestimmungen der Verordnung, einige Bestimmungen über die polizeiliche Competenz der Bergämter betr., vom 8. Mai 1856 (Gesetz- und Verordnungsblatt 1856, S. 82) massgebend geblieben:

„§ 1. In Ansehung der allgemeinen Polizei auf Bergwerksräumen — im Gegensatze zu der den Bergämtern . . . . zugewiesenen eigentlichen Bergpolizei — verbleibt den Bergämtern auch ferner in Gemässheit des Gesetzes D. vom 30. Januar 1835, § 36, 2, d) die polizeiliche Aufsicht innerhalb der zum Betriebe des Bergbaues selbst bestimmten gangbaren Tag- und Grubengebäude, Locale und Räume neben der . . . . Competenz der Ortspolizeibehörden und ohne Schmälerung der gesetzlichen Befugnisse der letzteren.

Hiernach haben die Bergämter zwar neben den competenten Ortspolizeibehörden die Befolgung der polizeilichen Vorschriften in und auf jenen Räumen zu überwachen und wahrgenommene Unregelmässigkeiten abzustellen; sie haben sich jedoch einer weiter gehenden Einmischung in die Handhabung der Polizeipflege zu enthalten und namentlich die Bestrafung wirklicher Polizeivergehen den Ortspolizeibehörden zu überlassen.

Dagegen haben sich die Ortspolizeibehörden hinsichtlich obiger Räume, sowie bei Verwaltung der Wohlfahrts- und Nahrungspolizei vor Erlassung polizeilicher Verfügungen und allgemeiner Anordnungen, wodurch das bergmännische Interesse berührt wird, oder berührt werden könnte, jedesmal mit den zuständigen Bergbehörden zu vernehmen, auch bei Localexpeditionen in vorgedachten Räumen die jedesmal anwesenden Grubenvorsteher oder deren Beauftragte zuzuziehen.

§ 2. Wenn auf einer Grube durch irgend einen Unglücksfall ein Arbeiter oder sonst Jemand verletzt oder tödtlich beschädigt worden, so ist . . . die Untersuchung darüber: ob und welche natürliche Verhältnisse den Unglücksfall herbeigeführt haben, ob die getroffenen Betriebsveranstaltungen und beziehentlich Sicherheitsvorrichtungen in der erforderlichen Weise hergestellt gewesen und ob hierunter in dienstlicher Beziehung etwas versäumt worden? von dem Bergamte, die Erörterung der Frage aber, ob der Unglücksfall durch Jemandes Vorsatz oder Fahrlässigkeit veranlasst worden und daher die Sache an die zuständige Criminalbehörde abzugeben sei? ingleichen die Aufhebung todter Körper und die Erstattung der vorschriftsmässigen Anzeigen an die oberen Polizeibehörden von der Ortspolizeibehörde[1]) vorzunehmen. . . .

Beide Behörden haben sich unverweilt an Ort und Stelle zu begeben, bei obigen Erörterungen, soweit thunlich, in Gemeinschaft zu verfahren und sich gegenseitig zu unterstützen und jede von ihnen hat, wenn nicht Gefahr im Verzuge ist, dafür zu sorgen, dass die andere die locale Sachlage noch unverändert vorfinde.“ . . .

f) Sonntagsarbeit beim Bergbaue (zu § 76, Absatz 2 und 3 der Ausführungsverordnung), einschliesslich des Kohlenbergbaues.

[1]) In kleinen Städten der Bürgermeister, auf dem Lande der Gemeindevorstand. Vergl. Verordnung des Königl. Ministeriums des Innern vom 9. August 1875 (Zeitschr. f. Rechtspfl. und Verw., Band 42 S. 285.)

Gesetz, die Sonn-, Fest- und Busstagsfeier betreffend, vom 10. September 1870 (Gesetz- und Verordnungsblatt 1870 S. 313): „§ 4. An Sonn-, Fest- und Busstagen sind gewöhnliche Handtierungen und die Wochenarbeiten im Bereiche der Landwirthschaft und des Gewerbebetriebes, wenn sie ausserhalb der Wohnungen und Oeconomiegebäude der betreffenden Arbeitsunternehmer und Landwirthe stattfinden, die Arbeiten in Fabriketablissements überhaupt, ebenso wie jede Arbeit, welche sich durch Geräusch nach Aussen hin bemerkbar macht, verboten.

Dem nurerwähnten Verbote unterliegen jedoch nicht: . . .

5) die Arbeiten in Bergwerken, Fabriken und gewerblichen Etablissements, welche ohne Nachtheil oder Gefahr für die Gesundheit oder das Leben der Arbeiter nicht unterbleiben können;

6) die Vornahme unaufschieblicher Reparaturen; jedoch ist von der Vornahme derselben vorher der Obrigkeit Anzeige zu machen;

7) dringliche Arbeiten; es ist jedoch zu denselben die Genehmigung der Obrigkeit vorher einzuholen, soweit nicht deren sofortige Vornahme durch einen Nothstand geboten erscheint; . . ."

Hierzu Ausführungsverordnung vom 10. September 1870 (ebenda S. 317) § 5:

„1) Bei unterirdisch betriebenem Bergbaue, und zwar sowohl auf Erz, als auf Stein- und Braunkohlen, sind der regelmässige volle Betrieb und die mit diesem zusammenhängenden Arbeiten an Sonn-, Fest- und Busstagen mindestens von früh 6 Uhr bis Abends 6 Uhr, und bei mehreren hinter einander folgenden Festtagen mindestens von früh 6 Uhr des ersten bis Abends 6 Uhr des letzten derselben unbedingt einzustellen.

Es ist jedoch bei den mit Schlagwettern behafteten unterirdischen Werken gestattet, diejenigen Grubenbaue, in welchen schlagende Wetter sich wahrnehmen lassen, auch an Sonn-, Fest- und Busstagen mit Lösung der Belegschaft vor Ort im Betriebe zu halten.

2) Die nach § 3 der Verordnung, die polizeiliche Competenz der Bergämter betreffend, vom 8. Mai 1856 zu Gunsten des Erzbergbaues ertheilten und durch § 76 der Ausführungsverordnung zum allgemeinen Berggesetze vom 2. December 1868 auf den Kohlenbergbau ausgedehnten Bestimmungen über die Statthaftigkeit bergmännischer Arbeiten bei dem Betriebe von Bergwerksmaschinen an Sonn-, Fest- und Feiertagen bestehen ferner fort.

3) In Berg- und Kohlenwerken sind an Sonn- und Feiertagen auch diejenigen Arbeiten, welche nöthig sind, zu gestatten, damit der Betrieb in den Wochentagen sogleich wieder aufgenommen und ununterbrochen fortgesetzt werden kann, z. B. der Betrieb von Wasserhaltungsmaschinen, das Reinigen der Dampfmaschinen und die Vornahme von solchen Reparaturen, zu denen die zeitweilige Sistirung des gewöhnlichen Grubenbetriebes benutzt werden muss.

4) Das Bergamt zu Freiberg, sowie die Ortspolizeibehörden sind ermächtigt, nicht blos in den § 3 unter b der obigen Verordnung vom 8. Mai 1856 bezeichneten Fällen, sondern auch in anderen Fällen, wo die Gestattung einer Ausnahme von den Bestimmungen des Werksbetriebs an Sonn- und Feiertagen sich nöthig macht und darum nachgesucht wird, von diesen Be-

stimmungen zu dispensiren und den Werkführern einen Erlaubnissschein auszustellen. Den Ortspolizeibehörden wird überlassen, soweit nöthig, zuvor sich mit dem betreffenden Berginspector zu vernehmen und dessen Gutachten zu hören.

Von Seiten des Bergamts ist von den durch dasselbe ertheilten Dispensationen der betreffenden Ortspolizeibehörde auf kürzestem Wege Kenntniss zu geben.

Das Befugniss des Bergamts, den Berginspectoren eine Ermächtigung im Sinne von § 76, Absatz 2 der vorgedachten Ausführungsverordnung zum allgemeinen Berggesetze zu ertheilen, wird im Einverständnisse mit dem Finanzministerium hiermit aufgehoben."

Der oben mehrfach angezogene, fortgeltende § 3 der Verordnung vom 8. Mai 1856 (Gesetz- und Verordnungsblatt 1856 S. 83) lautet: „Um . . ., werden hiermit folgende Bestimmungen getroffen:

a) Das allgemeine Verbot des Arbeitens an Sonn-, Fest- und Feiertagen gilt für den Betrieb

aa) der Nasspochwerke

α) an den ersten Feiertagen der 3 hohen Feste, den Busstagen, dem Charfreitage und dem Todtenfestsonntage während des ganzen Tags und daher von 12 Uhr der vorhergehenden bis 12 Uhr der folgenden Nacht,

β) an allen anderen Sonn-, Fest- und Feiertagen von 7 Uhr Morgens (insofern nicht an einzelnen Orten der Vormittagsgottesdienst vor 7 Uhr beginnt, welchen Falls der Betrieb mit dem Einläuten der Kirche, zu deren Parochialbezirke das Werk gehört, einzustellen ist) bis 12 Uhr Vormittags und von 1 Uhr bis 3 Uhr Nachmittags,

bb) der Wasser- und Dampfgöpel, der Trockenpochwerke, der Heerdwäschen und ähnlicher Maschinen an allen Sonn- und Feiertagen ebenfalls während des ganzen Tags.

b) Den Bergämtern bleibt jedoch nachgelassen, bei Wassermangel oder in sonst nach pflichtmässigem Ermessen für dringend zu erachtenden Fällen ausnahmsweise den Betrieb

aa) der Nasspochwerke

α) an gewöhnlichen Sonn- und Festtagen während des ganzen Tags,

β) an den ersten Feiertagen der drei hohen Feste ausserhalb der unter a, aa, β) gedachten Zeiten,

bb) der Wasser- und Dampfgöpel, der Trockenpochwerke, der Heerdwäschen und ähnlicher Maschinen an gewöhnlichen Sonn- und Festtagen ebenfalls ausserhalb der unter a, aa, β) gedachten Zeiten

zu gestatten.

c) In Fällen der unter b erwähnten Art haben die Bergämter den Werkführern einen schriftlichen Erlaubnissschein mit bestimmter Bezeichnung der Zeit, für welche er gelten soll, auszustellen.

d) Werkführer, welche sich durch eine solche schriftliche Erlaubniss gegen die revidirenden Polizeibeamten nicht legitimiren können, verfallen der

Bestrafung . . . durch die Ortspolizeibehörde, welche überhaupt für diesfällsige Zuwiderhandlungen competent ist.“

g) Ueber die Ergebnisse der wegen der Unglücksfälle beim Bergbaue angestellten Erörterungen (Gesetz § 66, Ausführungsverordnung §§ 77 und 73, Absatz 2) hat 1) der Berginspector jedesmal die betreffenden Ortspolizeibehörden (Gemeindebehörden) sofort auf thunlichst kurzem Wege zu benachrichtigen (bergamtliche Verfügung vom 19. Juli 1875, siehe auch Zeitschrift für Rechtspflege und Verwaltung a. a. O.), 2) die Ortspolizeibehörde, wenn die betreffenden Unglücksfälle den Tod oder die schwere Verletzung einer oder mehrerer Personen herbeigeführt haben — auch falls nur vom Tage aus betriebene Baue in Frage kommen — dem Bergamte Mittheilung zu machen (Verordnung des Königlichen Ministeriums des Innern, Erörterungen über Unglücksfälle beim Bergbaue betreffend, vom 22. August 1870, Gesetz- und Verordnungsblatt 1870, Seite 307), 3) das Bergamt der Ortspolizeibehörde Kenntniss zu geben und dem Königlichen Finanzministerium Anzeige zu erstatten (Ausführungsverordnung § 77, Absatz 2), 4) die Ortspolizeibehörde, wenn Todesfall vorliegt, der Staatsanwaltschaft bez. dem etwa näher gelegenen Amtsgerichte (Verordnung vom 21. September 1874, Gesetz- und Verordnungsblatt Seite 311, § 5), der oberen Polizeibehörde (Kreis-, bez. Amtshauptmannschaft), dem Standesbeamten und dem Pfarramte (ebenda § 9) Anzeige zu machen.

Zu Capitel II. Von dem Personale.

a) Hinsichtlich der Zuständigkeit der verschiedenen Ortsverwaltungsbehörden der kleinen Städte und der Dörfer im Bereiche des gegenwärtigen Capitels bestimmt § 18 der sogenannten Competenzverordnung vom 22. August 1874 das Folgende:

„1. Von den nach §§ 69 bis 90 des allgemeinen Berggesetzes und den dazu gehörigen Bestimmungen in §§ 78 bis 97 der Ausführungsverordnung den Ortsverwaltungsbehörden — („Verwaltungsbehörden — Ortsobrigkeiten — Ortspolizeibehörden — Ortsbehörden — Behörden —“) — obliegenden Geschäften, soweit dieselben seither von den Gerichtsämtern zu besorgen gewesen sind, werden den Amtshauptmannschaften zugewiesen:

a) die Gestattung von Ausnahmen von der Vorschrift über Zulassung von Kindern zu Arbeiten in der Grube (Gesetz § 72),

b) die Prüfung der Arbeiterordnungen (Gesetz § 78, Ausführungsverordnung §§ 86 und 87),

c) die Aufsicht über die Unterstützungscassen (Gesetz § 84, Ausführungsverordnung §§ 90 bis 96),

d) die Entscheidung der in § 88 des Gesetzes gedachten Differenzen zwischen Bergwerksbesitzern und deren Arbeitern.

2) Im Uebrigen tritt bezüglich der vorstehend bei 1. im Eingange erwähnten Geschäfte, welche zur Arbeiterpolizei gehören und seither von den Gerichtsämtern zu erledigen gewesen sind, in Gemässheit Artikel IV § 12 bei f) der Städteordnung für mittlere und kleine Städte vom 24. April 1873 und § 74 bei f) der revidirten Landgemeindeordnung vom selbigen Tage

20*

die Zuständigkeit der Bürgermeister, bez. Gemeindevorstände ein. Dieselben haben insbesondere auch

a) die Einwilligung der Eltern und Vormünder zu Eingehung eines Arbeitsvertrags durch Unmündige entgegenzunehmen (Ausführungsverordnung § 82) und in den geeigneten Fällen zu suppliren (Gesetz § 74),

b) die Arbeitsbücher auszustellen (Gesetz § 75, Ausführungsverordnung § 83) und deshalb auch die zu deren Erlangung in § 83, cit. Absatz 6 vorgeschriebene Anzeige durch Vermittelung der Amtshauptmannschaft an das Gendarmerie-Wirthschafts-Depot zu erstatten."

b) Aus der Reichsgewerbeordnung vom 21. Juni 1869[1]) leiden auf die Bergarbeiter nachstehende Vorschriften, durch welche ein Theil der Bestimmungen des Berggesetzes und der Ausführungsverordnung (Gesetz §§ 72, 73, 75, 79; Ausführungsverordnung § 79) Abänderung erfahren, Anwendung:

„§ 115. Die Gewerbetreibenden sind verpflichtet, die Löhne ihrer Arbeiter baar in Reichswährung auszuzahlen.

Sie dürfen denselben keine Waare creditiren. Die Verabfolgung von Lebensmitteln an die Arbeiter fällt, sofern sie zu einem die Anschaffungskosten nicht übersteigendem Preise erfolgt, unter die vorstehende Bestimmung nicht; auch können den Arbeitern Wohnung, Feuerung, Landnutzung, regelmässige Beköstigung, Arzneien und ärztliche Hilfe, sowie Werkzeuge und Stoffe zu den ihnen übertragenen Arbeiten unter Anrechnung bei der Lohnzahlung verabfolgt werden.

§ 116. Arbeiter, deren Forderungen in einer dem § 115 zuwiderlaufenden Weise berichtigt worden sind, können zu jeder Zeit Zahlung nach Massgabe des § 115 verlangen, ohne dass ihnen eine Einrede aus dem an Zahlungsstatt Gegebenen entgegengesetzt werden kann. Letzteres fällt, soweit es noch bei dem Empfänger vorhanden oder dieser daraus bereichert ist, derjenigen Hilfscasse zu, welcher der Arbeiter angehört, in Ermangelung einer solchen einer anderen zum Besten der Arbeiter an dem Orte bestehenden, von der Gemeindebehörde zu bestimmenden Casse und in deren Ermangelung der Ortsarmencasse.

§ 117. Verträge, welche dem § 115 zuwiderlaufen, sind nichtig.

Dasselbe gilt von Verabredungen zwischen den Gewerbetreibenden und den von ihnen beschäftigten Arbeitern über die Entnahme der Bedürfnisse der letzteren aus gewissen Verkaufsstellen, sowie überhaupt über die Verwendung des Verdienstes derselben zu einem anderen Zwecke als zur Betheiligung an Einrichtungen zur Verbesserung der Lage der Arbeiter oder ihrer Familien.

§ 118. Forderungen für Waaren, welche dem § 115 zuwider creditirt worden sind, können von dem Gläubiger weder eingeklagt, noch durch Anrechnung oder sonst geltend gemacht werden, ohne Unterschied, ob sie zwischen den Betheiligten unmittelbar entstanden oder mittelbar erworben

---

[1]) §§ 115—139 und §§ 146 folg. in der Fassung des Reichsgesetzes vom 17. Juli 1878, § 141 in derjenigen des Reichsgesetzes vom 8. April 1876 (Reichsgesetzblatt 1878, Seite 199, bez. 1876 Seite 134).

sind. Dagegen fallen dergleichen Forderungen der in § 116 bezeichneten Casse zu.

§ 119. Den Gewerbetreibenden im Sinne der §§ 115 bis 118 sind gleich zu achten deren Familienglieder, Gehilfen, Beauftragte, Geschäftsführer, Aufseher und Factoren, sowie andere Gewerbetreibende, bei deren Geschäft eine der hier erwähnten Personen unmittelbar oder mittelbar betheiligt ist.

Unter den in §§ 115 bis 118 bezeichneten Arbeitern werden auch diejenigen Personen verstanden, welche für bestimmte Gewerbetreibende ausserhalb der Arbeitsstätten der letzteren mit der Anfertigung gewerblicher Erzeugnisse beschäftigt sind.

§ 135. Kinder unter 12 Jahren dürfen in Fabriken nicht beschäftigt werden.

Die Beschäftigung von Kindern unter 14 Jahren darf die Dauer von 6 Stunden täglich nicht überschreiten.

Kinder, welche zum Besuche der Volksschule verpflichtet sind, dürfen in Fabriken nur dann beschäftigt werden, wenn sie in der Volksschule oder in einer von der Schulaufsichtsbehörde genehmigten Schule und nach einem von ihr genehmigten Lehrplane einen regelmässigen Unterricht von mindestens 3 Stunden täglich geniessen.

Junge Leute zwischen 14 und 16 Jahren dürfen in Fabriken nicht länger als 10 Stunden täglich beschäftigt werden.

Wöchnerinnen dürfen während 3 Wochen nach ihrer Niederkunft nicht beschäftigt werden.

§ 136. Die Arbeitsstunden der jugendlichen Arbeiter (§ 135) dürfen nicht vor $5\frac{1}{2}$ Uhr Morgens beginnen und nicht über $8\frac{1}{2}$ Uhr Abends dauern. Zwischen den Arbeitsstunden müssen an jedem Arbeitstage regelmässige Pausen gewährt werden. Die Pausen müssen für Kinder $\frac{1}{2}$ Stunde, für junge Leute zwischen 14 und 16 Jahren Mittags 1 Stunde, sowie Vormittags und Nachmittags je $\frac{1}{2}$ Stunde mindestens betragen.

Während der Pausen darf den jugendlichen Arbeitern eine Beschäftigung in dem Fabrikbetriebe überhaupt nicht und der Aufenthalt in den Arbeitsräumen nur dann gestattet werden, wenn in denselben diejenigen Theile des Betriebes, in welchen jugendliche Arbeiter beschäftigt sind, für die Zeit der Pausen völlig eingestellt werden.

An Sonn- und Festtagen, sowie während der von dem ordentlichen Seelsorger für den Katechumenen- und Confirmanden-, Beicht- und Communion-Unterricht bestimmten Stunden dürfen jugendliche Arbeiter nicht beschäftigt werden.

§ 137. Die Beschäftigung eines Kindes in Fabriken ist nicht gestattet, wenn dem Arbeitsgeber nicht zuvor für dasselbe eine Arbeitskarte eingehändigt ist. Eines Arbeitsbuches bedarf es daneben nicht.

Die Arbeitskarten werden auf Antrag oder mit Zustimmung des Vaters oder Vormundes durch die Ortspolizeibehörde kosten- und stempelfrei ausgestellt; ist die Erklärung des Vaters nicht zu beschaffen, so kann die Gemeindebehörde die Zustimmung desselben ergänzen. Sie haben den Namen, Tag und Jahr der Geburt, sowie die Religion des Kindes, den Namen, Stand und letzten Wohnort des Vaters oder Vormundes und ausserdem die zur Erfüllung der gesetzlichen Schulpflicht (§ 135) getroffenen Einrichtungen anzugeben.

Der Arbeitgeber hat die Arbeitskarte zu verwahren, auf amtliches Verlangen jederzeit vorzulegen und am Ende des Arbeitsverhältnisses dem Vater oder Vormund wieder auszuhändigen. Ist die Wohnung des Vaters nicht zu ermitteln, so erfolgt die Zustellung der Arbeitskarte an die Mutter oder den sonstigen nächsten Angehörigen des Kindes.

§ 138. Sollen jugendliche Arbeiter in Fabriken beschäftigt werden, so hat der Arbeitgeber vor dem Beginn der Beschäftigung der Ortspolizeibehörde eine schriftliche Anzeige zu machen.

In der Anzeige sind die Fabrik, die Wochentage, an welchen die Beschäftigung stattfinden soll, Beginn und Ende der Arbeitszeit und der Pausen, sowie die Art der Beschäftigung anzugeben. Eine Aenderung hierin darf, abgesehen von Verschiebungen, welche durch Ersetzung behinderter Arbeiter für einzelne Arbeitsschichten nothwendig werden, nicht erfolgen, bevor eine entsprechende weitere Anzeige der Behörde gemacht ist.

In jeder Fabrik hat der Arbeitgeber dafür zu sorgen, dass in den Fabrikräumen, in welchen jugendliche Arbeiter beschäftigt werden, an einer in die Augen fallenden Stelle ein Verzeichniss der jugendlichen Arbeiter unter Angabe ihrer Arbeitstage, sowie des Beginnes und Endes ihrer Arbeitszeit und der Pausen ausgehängt ist. Ebenso hat er dafür zu sorgen, dass in den bezeichneten Räumen eine Tafel ausgehängt ist, welche in der von der Centralbehörde zu bestimmenden Fassung und in deutlicher Schrift einen Auszug aus den Bestimmungen über die Beschäftigung jugendlicher Arbeiter enthält.

§ 139. Wenn Naturereignisse oder Unglücksfälle den regelmässigen Betrieb einer Fabrik unterbrochen haben, so können Ausnahmen von den in § 135 Absatz 2 bis 4 und in § 136 vorgesehenen Beschränkungen auf die Dauer von 4 Wochen durch die höhere Verwaltungsbehörde, auf längere Zeit durch den Reichskanzler nachgelassen werden. In dringenden Fällen solcher Art, sowie zur Verhütung von Unglücksfällen kann die Ortspolizeibehörde, jedoch höchstens auf die Dauer von 14 Tagen, solche Ausnahmen gestatten.

Wenn die Natur des Betriebes oder Rücksichten auf die Arbeiter in einzelnen Fabriken es erwünscht erscheinen lassen, dass die Arbeitszeit der jugendlichen Arbeiter in einer anderen als der durch § 136 vorgesehenen Weise geregelt wird, so kann auf besonderen Antrag eine anderweite Regelung hinsichtlich der Pausen durch die höhere Verwaltungsbehörde, im Uebrigen durch den Reichskanzler gestattet werden. Jedoch dürfen in solchen Fällen die jugendlichen Arbeiter nicht länger als 6 Stunden beschäftigt werden, wenn zwischen den Arbeitsstunden nicht Pausen von zusammen mindestens 1 stündiger Dauer gewährt werden.

Die auf Grund vorstehender Bestimmungen zu treffenden Verfügungen müssen schriftlich erlassen werden.

§ 139a. Durch Beschluss des Bundesrathes kann die Verwendung von jugendlichen Arbeitern sowie von Arbeiterinnen für gewisse Fabrikationszweige, welche mit besonderen Gefahren für Gesundheit oder Sittlichkeit verbunden sind, gänzlich untersagt oder von besonderen Bedingungen abhängig gemacht werden. Insbesondere kann für gewisse Fabrikationszweige die Nachtarbeit der Arbeiterinnen untersagt werden.

Durch Beschluss des Bundesraths können für Spinnereien, für Fabriken, welche mit ununterbrochenem Feuer betrieben werden, oder welche sonst durch die Art des Betriebes auf eine regelmässige Tag- und Nachtarbeit angewiesen sind, sowie für solche Fabriken, deren Betrieb eine Eintheilung in regelmässige Arbeitsschichten von gleicher Dauer nicht gestattet oder seiner Natur nach auf bestimmte Jahreszeiten beschränkt ist,[1]) Ausnahmen von den in § 135, Absatz 2 bis 4 und in § 136 vorgesehenen Beschränkungen nachgelassen werden. Jedoch darf in solchen Fällen die Arbeitszeit für Kinder die Dauer von 36 Stunden und für junge Leute die Dauer von 60, in Spinnereien von 66 Stunden wöchentlich nicht überschreiten.

Die durch Beschluss des Bundesraths getroffenen Bestimmungen sind dem nächstfolgenden Reichstage vorzulegen. Sie sind ausser Kraft zu setzen, wenn der Reichstag dies verlangt.

§ 139b. Die Aufsicht über die Ausführung der Bestimmungen der §§ 135 bis 139a, . . . ist ausschliesslich oder neben den ordentlichen Polizeibehörden besonderen von den Landesregierungen zu ernennenden Beamten[2]) zu übertragen. Denselben stehen bei Ausübung dieser Aufsicht alle amtlichen Befugnisse der Ortspolizeibehörden, insbesondere das Recht zur jederzeitigen Revision der Fabriken zu. Sie sind, vorbehaltlich der Anzeige von Gesetzwidrigkeiten, zur Geheimhaltung der amtlich zu ihrer Kenntniss gelangenden Geschäfts- und Betriebsverhältnisse der ihrer Revision unterliegenden Fabriken zu verpflichten.

Die Ordnung der Zuständigkeitsverhältnisse zwischen diesen Beamten und den ordentlichen Polizeibehörden bleibt der verfassungsmässigen Regelung in den einzelnen Bundesstaaten vorbehalten.

Die erwähnten Beamten haben Jahresberichte über ihre amtliche Thätigkeit zu erstatten. Diese Jahresberichte oder Auszüge aus denselben sind dem Bundesrath und dem Reichstag vorzulegen.

Auf Antrag der Landesregierungen kann für solche Bezirke, in welchen Fabrikbetriebe gar nicht oder nur in geringem Umfange vorhanden sind, durch Beschluss des Bundesraths von der Anstellung besonderer Beamten abgesehen werden.

Die auf Grund der Bestimmungen der §§ 135 bis 139a . . . . auszuführenden amtlichen Revisionen müssen die Arbeitgeber zu jeder Zeit, namentlich auch in der Nacht, während die Fabriken im Betriebe sind, gestatten.

[1]) Eine bezügliche Bekanntmachung ward wegen der Walz- und Hammerwerke vom Reichskanzler am 23. April 1879 erlassen; siehe Centralblatt für das deutsche Reich 1879, S. 303, sächs. Gesetz- und Verordnungsblatt 1879, S. 198.

[2]) Für den Bergbau („die unter der Aufsicht besonderer Bergbehörden stehenden Anlagen") sind die Revierbeamten als Aufsichtsbeamte rücksichtlich der Ausführung der Bestimmungen in §§ 135—139a berufen gemäss Beschlusses des Bundesrathes vom 19. December 1878. In Sachsen üben sie die fragliche Aufsicht neben den ordentlichen Polizeibehörden und in Gemässheit der vom Königlichen Bergamte erlassenen Instruction vom 3. März 1879 aus.

§ 141f. Den Bestimmungen der §§ 141 bis 141c[1]) unterliegen auch diejenigen bei Bergwerken, Aufbereitungsanstalten und Brüchen oder Gruben beschäftigten Arbeiter und Arbeitgeber, für welche eine sonstige gesetzliche Verpflichtung zur Bildung von Hülfscassen und zur Betheiligung an denselben nicht besteht. Arbeitgeber der hier bezeichneten Art werden den Fabrikinhabern (§ 141c No. 2) gleichgeachtet.

Auf Arbeiter und Arbeitgeber, welche bei den auf Grund berggesetzlicher Vorschriften gebildeten Hülfscassen betheiligt sind, finden die Bestimmungen der §§ 141 bis 141e keine Anwendung.

§ 146. Mit Geldstrafe bis zu 2000 Mark und im Unvermögensfalle mit Gefängniss bis zu 6 Monaten werden bestraft:

1) Gewerbetreibende, welche bei der Zahlung des Lohnes oder bei dem Verkaufe von Waaren an die Arbeiter dem § 115 zuwiderhandeln;

2) Gewerbetreibende, welche den §§ 135, 136 oder den auf Grund der §§ 139, 139a getroffenen Verfügungen zuwider Arbeiterinnen oder jugendlichen Arbeitern Beschäftigung geben.

Die Geldstrafen fliessen der im § 116 bezeichneten Casse zu.

§ 150. Mit Geldstrafe bis zu 20 Mark und im Unvermögensfalle mit Haft bis zu 3 Tagen für jeden Fall der Verletzung des Gesetzes wird bestraft: . . . .

2) wer den Bestimmungen dieses Gesetzes in Ansehung der . . . Arbeitskarten zuwiderhandelt.

§ 152. Alle Verbote und Strafbestimmungen gegen Gewerbetreibende, ... oder Fabrikarbeiter wegen Verabredungen und Vereinigungen zum Behuf der Erlangung günstiger Lohn- und Arbeitsbedingungen, insbesondere mittelst Einstellung der Arbeit oder Entlassung der Arbeiter, werden aufgehoben.

Jedem Theilnehmer steht der Rücktritt von solchen Vereinigungen und Verabredungen frei, und es findet aus letzteren weder Klage noch Einrede statt[2]).

§ 153. Wer Andere durch Anwendung körperlichen Zwanges, durch Drohungen, durch Ehrverletzung oder durch Verrufserklärung bestimmt oder zu bestimmen versucht, an solchen Verabredungen (§ 152) Theil zu nehmen, oder ihnen Folge zu leisten, oder Andere durch gleiche Mittel hindert oder zu hindern versucht, von solchen Verabredungen zurückzutreten, wird mit Gefängniss bis zu 3 Monaten bestraft, sofern nach dem allgemeinen Strafgesetz nicht eine härtere Strafe eintritt.[2])

§ 154. . . . . (Absatz 3:) In gleicher Weise finden Anwendung die Bestimmungen der §§ 115 bis 119 und 135 bis 139b auf die Besitzer und Arbeiter von Bergwerken, Salinen, Aufbereitungsanstalten und unterirdisch betriebenen Brüchen oder Gruben.

Arbeiterinnen dürfen in Anlagen der in Absatz 3 bezeichneten Art nicht unter Tage beschäftigt werden. Zuwiderhandlungen unterliegen der Strafbestimmung des § 146."

Zur Ausführung der Bestimmungen der Reichsgewerbeordnung bezüglich der jugendlichen Arbeiter etc. ist für Sachsen die Verordnung, die

[1]) Die gewerblichen Hülfscassen betreffend.

[2]) §§ 152 und 153 leiden auf den Bergbau Anwendung nach § 6 der Gewerbeordnung (s. o. zu Abschn. VIII, d.).

Arbeitsbücher und Arbeitskarten für gewerbliche Arbeiter und einige damit zusammenhängende Bestimmungen betr., vom 15. November 1878 (Gesetz- und Verordnungsblatt 1878 S. 483) ergangen, aus welcher für den Bergmann insbesondere die folgenden Vorschriften von Wichtigkeit sind:

§ 1. In Ansehung der Verpflichtung der Bergarbeiter zu Führung von Arbeitsbüchern bewendet es auch ferner bis auf weitere Bestimmung bei den Vorschriften in §§ 83, 84, 85, 97 der Verordnung zu Ausführung des allgemeinen Berggesetzes vom 2. December 1868 und bei der in Betreff dieser Arbeitsbücher getroffenen Einrichtung.[1]) Diese Arbeitsbücher sind vom 1. Januar 1879 an auch von den jungen Bergarbeitern im Alter zwischen 14 und 16 Jahren zu führen, wogegen auf die in Bergwerken beschäftigten Kinder unter 14 Jahren von gedachtem Zeitpuncte an die Bestimmungen des Gesetzes vom 17. Juli 1878 über die Führung von Arbeitskarten Anwendung zu leiden haben.

§ 15. Die Arbeitskarten werden von den in § 5 bezeichneten Behörden[2]) für die in ihrem Bezirke beschäftigten Kinder nach dem von dem Ministerium des Innern dafür aufgestellten Muster ausgestellt. . . . . .

§ 16. Die Ausstellung einer Arbeitskarte setzt voraus, dass der Vater oder Vormund des Kindes den Antrag gestellt oder ihm zugestimmt, oder dass die Gemeindebehörde die Zustimmung des Vaters nach Art. 1, § 137 des Gesetzes[3]) ergänzt hat.

Der Altersnachweis ist durch Beibringung einer Geburtsbescheinigung des Kindes zu führen. Derselben bedarf es nur dann nicht, wenn für das Kind schon früher eine Arbeitskarte ausgestellt worden ist und diese vorgelegt wird.

§ 19. Die Beschäftigung von Kindern . . . . und jungen Leuten . . . . setzt voraus, dass der Arbeitgeber der Ortspolizeibehörde (§ 5)[2]) die . . . . Anzeige erstattet hat. In diesen Anzeigen sind die vorgedachten beiden Classen jugendlicher Arbeiter (Kinder und junge Leute) getrennt von einander zu halten.

Ungenügende Anzeigen sind von der Behörde zur Verbesserung oder Vervollständigung zurückzugeben. Ueber diese Anzeigen sind für jede Fabrik und die ihr gleichstehende Betriebsstätte gesonderte Acten zu halten.

§ 20. Das . . . auszuhängende Verzeichniss der . . . beschäftigten jugendlichen Arbeiter hat dem angefügten Formulare unter C, die in den Fabrikräumen auszuhängende Tafel dem angefügten Formulare unter D zu entsprechen. Beide müssen so angebracht und eingerichtet, namentlich auch so deutlich gedruckt, bez. geschrieben sein, dass sie gut gesehen und gelesen werden können.

Das Verzeichniss nach Formular C ist zu erneuern, so oft der Wechsel in dem Arbeiterpersonal, oder Veränderungen in den Arbeitsstunden, namentlich beim Wechsel der Jahreszeiten, erheblichere Abänderungen in den Einträgen erforderlich machen.

[1]) Die hiernach geltenden umfänglichen Vorschriften sind in jedem Bergarbeitsbuche abgedruckt, deshalb aber hier nicht speciell wieder aufgenommen.

[2]) Stadtrath, Bürgermeister, Gemeindevorstand.

[3]) d. h. § 137 der Gewerbeordnung in der Fassung des Gesetzes vom 17. Juli 1878 Art. 1.

§ 21. Der Bedarf an den in §§ . . . 20 gedachten Formularen . . C, D kann gegen Bezahlung von der Schröer'schen Buchdruckerei in Dresden bezogen werden."

c) Schulbesuch jugendlicher Bergarbeiter. Competenzverordnung vom 22. August 1874, § 20:

„An Stelle der in § 73, Absatz 1 des allgemeinen Berggesetzes und in § 81 der Ausführungsverordnung angezogenen Bestimmungen in § 9 des Elementarvolksschulgesetzes vom 6. Juni 1835, sowie in §§ 7 und 14d der Ausführungsverordnung dazu vom 9. Juni 1835 kommen die im neuen Schulgesetze vom 26. April 1873, § 15, Absatz 3 (S. 358 des Gesetz- und Verordnungsblattes vom Jahre 1873) verbunden mit § 33, Absatz 6 der Ausführungsverordnung zu demselben enthaltenen Vorschriften in Anwendung.

Insbesondere darf auch in Werkschulen der Unterricht niemals am Abend, sondern nur in frühen Morgen- oder in den ersten Nachmittags-Stunden ertheilt werden.

Die in § 73, Absatz 3 des Berggesetzes vorgeschriebene, seither durch die Ortsobrigkeit zu bewirkende zweimalige Aufforderung hat künftig in Städten mit der Städteordnung für mittlere und kleine Städte und auf dem Lande durch die Amtshauptmannschaft zu erfolgen.

Uebrigens leidet die Vorschrift in § 4, Absatz 8 und § 14, Absatz 6 des neuen Schulgesetzes über den Besuch einer Fortbildungsschule auch auf die aus Werkschulen entlassenen Knaben und Mädchen Anwendung. Die Vereinigung von Werkschulen mit Fortbildungsschulen ist gestattet, doch ist solchenfalls der in § 14, Absatz 5 des neuen Schulgesetzes enthaltenen Vorschrift nachzugehen."

Hierzu verdienen von den citirten schulrechtlichen Vorschriften folgende Erwähnung: Schulgesetz § 15, Absatz 3: „Die Errichtung von Fabrikschulen darf nur dann genehmigt werden, wenn eine ganz unabweisbare Nothwendigkeit vorliegt." . . . .

Ausführungsverordnung vom 25. August 1874 zum Schulgesetze § 33, Absatz 3: „Auch die Errichtung einer Fabrikschule bedarf der besonderen Genehmigung der obersten Schulbehörde, welche nur in dringenden Fällen, auf Grund eines geprüften und bestätigten Specialregulativs, ertheilt wird."

Schulgesetz § 14, Absatz 5: „Die Vereinigung derartiger Fortbildungsschulen mit einer gewerblichen, landwirthschaftlichen oder handelswissenschaftlichen Fortbildungschule ist zwar gestattet, doch ist in diesem Falle Sorge zu tragen, dass denjenigen Schülern, welche eine solche Fachbildung nicht suchen, ein dem allgemeinen Fortbildungszwecke entsprechender Unterricht zu Theil werde.

d) (Zu § 85 des Gesetzes): Haftpflicht.

Das Reichsgesetz, betreffend die Verbindlichkeit zum Schadenersatz für die bei dem Betriebe von Eisenbahnen, Bergwerken etc. herbeigeführten Tödtungen und Körperverletzungen, vom 7. Juni 1871 (Reichsgesetzblatt 1871 S. 207) bestimmt:

„§ 2. Wer ein Bergwerk, einen Steinbruch, eine Gräberei (Grube) oder eine Fabrik betreibt, haftet, wenn ein Bevollmächtigter oder ein Repräsentant oder eine zur Leitung oder Beaufsichtigung des Betriebes oder der Arbeiter angenommene Person durch ein Verschulden in Ausführung der Dienstverrichtungen den Tod oder die Körperverletzung eines Menschen herbeigeführt hat, für den dadurch entstandenen Schaden.

§ 3. Der Schadenersatz (§§ . . 2) ist zu leisten:

1) Im Falle der Tödtung durch Ersatz der Kosten einer versuchten Heilung und der Beerdigung, sowie des Vermögensnachtheils, welchen der Getödtete während der Krankheit durch Erwerbsunfähigkeit oder Verminderung der Erwerbsfähigkeit erlitten hat. War der Getödtete zur Zeit seines Todes vermöge Gesetzes verpflichtet, einem Andern Unterhalt zu gewähren, so kann dieser insoweit Ersatz fordern, als ihm in Folge des Todesfalles der Unterhalt entzogen worden ist;

2) im Fall einer Körperverletzung durch Ersatz der Heilungskosten und des Vermögensnachtheils, welchen der Verletzte durch eine in Folge der Verletzung eingetretene zeitweise oder dauernde Erwerbsunfähigkeit oder Verminderung der Erwerbsfähigkeit erleidet.

§ 4. War der Getödtete oder Verletzte unter Mitleistung von Prämien oder anderen Beiträgen durch den Betriebs-Unternehmer bei einer Versicherungsanstalt, Knappschafts-, Unterstützungs-, Kranken- oder ähnlichen Casse gegen den Unfall versichert, so ist die Leistung der letzteren an den Ersatzberechtigten auf die Entschädigung einzurechnen, wenn die Mitleistung des Betriebs-Unternehmers nicht unter einem Drittel der Gesammtleistung beträgt.

§ 5. Die in den §§ . . 2 bezeichneten Unternehmer sind nicht befugt, die Anwendung der in den §§ 1 bis 3 enthaltenen Bestimmungen zu ihrem Vortheil durch Verträge (mittelst Reglements oder durch besondere Uebereinkunft) im Voraus auszuschliessen oder zu beschränken.

Vertragsbestimmungen, welche dieser Vorschrift entgegenstehen, haben keine rechtliche Wirkung."

§ 6 (ist aufgehoben durch das Reichs-Einführungsgesetz zur Civilprocessordnung vom 30. Januar 1877, Reichsgesetzblatt 1877, S. 244, § 13, 3).[1])

§ 7. Das Gericht hat unter Würdigung aller Umstände über die Höhe des Schadens, sowie darüber, ob, in welcher Art und in welcher Höhe Sicherheit zu bestellen ist, nach freiem Ermessen zu erkennen. Als Ersatz für den zukünftigen Unterhalt oder Erwerb ist, wenn nicht beide Theile über die Abfindung in Capital einverstanden sind, in der Regel eine Rente zuzubilligen.

Der Verpflichtete kann jederzeit die Aufhebung oder Minderung der Rente fordern, wenn diejenigen Verhältnisse, welche die Zuerkennung oder Höhe der Rente bedingt hatten, inzwischen wesentlich verändert sind. Ebenso kann der Verletzte, dafern er den Anspruch auf Schadenersatz innerhalb der Verjährungsfrist (§ 8) geltend gemacht hat, jederzeit die Erhöhung oder Wiedergewährung der Rente fordern, wenn die Verhältnisse, welche für die Feststellung, Minderung oder Aufhebung der Rente massgebend waren, wesentlich verändert sind.

---

[1]) Sachlich findet sich der Grundsatz des aufgehobenen § 6 wiederholt in dem nunmehr gültigen § 259 der Reichs-Civilprocessordnung.

Der Berechtigte kann auch nachträglich die Bestellung einer Sicherheit oder Erhöhung derselben fordern, wenn die Vermögensverhältnisse des Verpflichteten inzwischen sich verschlechtert haben.

§ 8. Die Forderungen auf Schadenersatz (§§ 1 bis 3) verjähren in 2 Jahren vom Tage des Unfalls an. Gegen denjenigen, welchem der Getödtete Unterhalt zu gewähren hatte (§ 3 Nr. 1), beginnt die Verjährung mit dem Todestage. Die Verjährung läuft auch gegen Minderjährige und diesen gleichgestellte Personen von denselben Zeitpunkten an, mit Ausschluss der Wiedereinsetzung.

§ 9. Die Bestimmungen der Landesgesetze, nach welchen ausser den in diesem Gesetz vorgesehenen Fällen der Unternehmer einer der in den §§ 1 und 2 bezeichneten Anlage oder eine andere Person, insbesondere wegen eines eigenen Verschuldens für den bei dem Betriebe der Anlage durch Tödtung oder Körperverletzung eines Menschen entstandenen Schaden haftet, bleiben unberührt.

Die Vorschriften der §§ 3, 4, (6) bis 8 finden auch in diesen Fällen Anwendung, jedoch unbeschadet derjenigen Bestimmungen der Landesgesetze, welche dem Beschädigten einen höheren Ersatzanspruch gewähren."

Zu § 9 vergleiche aus dem sächsischen bürgerlichen Gesetzbuche vom 2. Januar 1863 namentlich:

„§ 1483. Wer einem Anderen an dessen Körper . . . durch eine widerrechtliche Handlung, es sei absichtlich oder aus grober oder geringer Fahrlässigkeit, Schaden zufügt, ist zum Schadenersatz verpflichtet.

§ 1484. Die Verpflichtung zum Schadenersatz setzt eine Begehungshandlung voraus. Es ist gleich, ob die Handlung unmittelbar den Schaden verursacht, oder ob sie bewirkt, dass der Andere ohne eigene Verschuldung sich . . . beschädigt, oder dass ein Dritter den Schaden widerrechtlich zufügt, oder dass ein Zufall Schaden verursacht.

§ 1486. Die Verpflichtung zum Schadenersatze tritt auch ein, wenn Jemand dadurch Schaden verursacht, dass er eine begonnene erlaubte Begehungshandlung nicht vollendet, obwohl er zur Vollendung verbunden war, oder zur Abwendung der schädlichen Folgen einer erlaubten Begehungshandlung ihm obliegende Vorsichtsmassregeln zu treffen unterlässt.

§ 1487. Die Handlung, durch welche Schaden zugefügt wird, muss eine an sich widerrechtliche sein. . . .

§ 1489. Wer durch seine Verschuldung Jemanden an dessen Körper verletzt, ist verpflichtet, dem Beschädigten . . . ein angemessenes Schmerzensgeld zu bezahlen. . . .

§ 1490. Hat die Körperverletzung eine Verunstaltung oder Verstümmelung zur Folge, so ist auch deshalb Schadenersatz . . . zu leisten."

Zu Abschnitt VI.
Vom Revierverbande.

(Gesetz §§ 91—116, Ausführungsverordnung §§ 98—117.)

a) Ausführungsverordnung vom 16. September 1869 (Gesetz- und Verordnungsblatt 1869 Seite 257) zur Reichsgewerbeordnung, § 2: „Es bewendet auch ferner bei der Bestimmung, dass die Bergbau-, Eisenbahn- und

Schifffahrtsunternehmungen, sowie die nunmehr ohnehin ohne jegliche Beschränkung der Bundesgewerbeordnung unterstehenden Gewerbeunternehmungen des Staates an der allgemeinen Vertretung gewerblicher Interessen Theil nehmen und daher die Vorschriften im § 17 des Gesetzes vom 23. Juni 1868 auf sie Anwendung leiden."

Aus letztgedachtem § 17 des Gesetzes, die Abänderung mehrerer Bestimmungen des Gewerbegesetzes vom 15. October 1861 betreffend, vom 23. Juni 1868 (Gesetz- und Verordnungsblatt 1868, Band I, Seite 335) sei hervorgehoben, dass für die Handelskammern stimmberechtigt und wählbar sind alle Vertreter und Besitzer der im Bezirke belegenen Bergwerksunternehmungen, welche 25 Jahre alt, nicht vom Stimmrechte in der Gemeinde oder in Folge der Verübung eines Verbrechens von den staatsbürgerlichen Rechten ausgeschlossen und (vergl. Gesetz, einige durch die Reform der directen Steuern bedingte Abänderungen gesetzlicher Vorschriften betreffend, vom 2. August 1878, Gesetz- und Verordnungsblatt 1878, Seite 211, Artikel III.) im Ortskataster mit einem, nach § 17 d) und § 21 des Einkommensteuergesetzes vom 2. Juli 1878 (ebenda Seite 129 folg.) abgeschätzten Einkommen von über 1900 Mark eingetragen sind.

b) Wegen der Aufsicht über die Revierknappschaftscassen (zu Gesetz 109) vergl. oben zu Abschnitt V, Capitel II. unter a).[1]

Zu Abschnitt VIII.

Von den Verhältnissen zwischen den Bergbautreibenden und den Grundeigenthümern.

(Gesetz §§ 122—151, Ausführungsverordnung §§ 120—126.)

a) (Zu § 134 des Gesetzes:) In Berg-Enteignungs- (und Schäden-) Sachen ist für kleine Städte und das platte Land die Amtshauptmannschaft (bez. amtshauptmannschaftliche Delegation) zuständig. Competenzverordnung vom 22. August 1874 § 1.

b) (Zu § 134 folg. des Gesetzes): „An die Stelle der in § 134, § 135 Absatz 2 (vergl. mit § 147) des allgemeinen Berggesetzes vorgeschriebenen 10tägigen Frist zu Einwendung eines Recurses tritt die in § 131 Absatz 3 des Organisationsgesetzes vom 21. April 1873 (Seite 282 des Gesetz- und Verordnungsblattes vom Jahre 1873) bestimmte 14tägige Recursfrist.

Uebrigens bewendet es bei der in § 134 Absatz 2 geordneten gemeinsamen Zuständigkeit der dort genannten Ministerien." (Competenzverordnung § 19.)

c) (Zu § 138 des Gesetzes:) Die Verwaltungsbehörden erster Instanz (Stadträthe und Amtshauptmannschaften) können wegen des erstinstanzlichen Verfahrens betreffs Expropriation zu Bergbauzwecken und Vergütung von Bergschäden einschliesslich der gewöhnlichen Verläge, jedoch abgesehen von Separatgebühren (z. B. Kosten sachverständiger Begutachtung) einen Bauschkostenbetrag von 10 bis 150 Mark, für Verhandlungen über

[1]) Zur Zeit führt die Aufsicht über die Revierknappschaftscassen für Freiberg, Marienberg und Schneeberg der Stadtrath, über diejenigen für Altenberg und Johanngeorgenstadt der Bürgermeister daselbst, über diejenige für Scheibenberg die Königliche Amtshauptmannschaft Zwickau, über diejenige für Voigtsberg der Stadtrath zu Schneeberg.

Widersprüche in Expropriationssachen, sofern die Kosten derselben von den Widersprechenden zu tragen sind, 3 bis 30 Mark, in Ansatz bringen; vergl. Nr. 6, c und d, der Gebührentaxe für die Kostenberechnungen der Verwaltungsbehörden erster Instanz, publicirt durch Verordnung vom 24. September 1876 (Gesetz- und Verordnungsblatt 1876, Seite 438).

Ueber die processrechtlichen Vorschriften, welche wegen Ab- und Erstattung der im Falle eines Widerspruchs und im Rechtswege auflaufenden Kosten massgebend sind, vergl. Civilprocessordnung für das deutsche Reich vom 30. Januar 1877 §§ 87 folg. (Reichsgesetzblatt 1877, Seite 98).

(d) Zu § 145 des Gesetzes und § 125 der Ausführungsverordnung:) Mit dem Inkrafttreten der Gewerbeordnung haben sich die Bestimmungen des Gewerbegesetzes vom 15. October 1861 sowie die §§ 1 bis 15 des Abänderungsgesetzes vom 23. Juni 1868 nebst den Ausführungsbestimmungen erledigt (sächsische Ausführungsverordnung vom 16. September 1869 § 1). Die Reichsgewerbeordnung leidet, vorbehaltlich der Bestimmungen in §§ 152, 153 und 154 (siehe oben zu Abschnitt V Capitel II sub b), keine Anwendung auf das Bergwesen (Gewerbeordnung § 6.) Doch bedürfen einer gewerbepolizeilichen Genehmigung nach näherer Vorschrift von §§ 16 folg. der Gewerbeordnung und des Reichsgesetzes vom 2. März 1874 (Reichsgesetzblatt 1874 Seite 19) Anlagen zur Bereitung von Zündstoffen aller Art, Anlagen zur Bereitung von Braunkohlentheer, Steinkohlentheer und Coaks, sofern sie ausserhalb der Gewinnungsorte des Materials errichtet werden, Asphaltkochereien unter gleicher Voraussetzung, Anlagen zur Gewinnung roher Metalle, Röstöfen, Metallgiessereien, sofern sie nicht blosse Tiegelgiessereien sind, Hammerwerke, chemische Fabriken aller Art, Stauanlagen für Wasserbetriebwerke, Anlagen von Dampfkesseln, dieselben mögen zum Maschinenbetriebe bestimmt sein oder nicht (vergl. oben zu Abschnitt V, Capitel I. sub b). Sobald eine Veränderung der Betriebsstätte vorgenommen wird, ist anderweite Genehmigung nothwendig (§ 25). — Die Ausführungsbestimmungen für Sachsen enthält §§ 10 folg. der mehrgenannten Ausführungsverordnung vom 16. September 1869.

Zu Abschnitt X.
Von dem Erlöschen des Bergbaurechts und den auflässigen Berggebäuden.

(Gesetz §§ 168—173; Ausführungsverordnung §§ 131—147).

a) Die Mittheilung vom Erlöschen eines Bergbaurechts (Ausführungsverordnung § 137) ergeht für kleine Städte und das platte Land vom Bergamte an die Amtshauptmannschaft.

b) Ebenda liegt die Aufsicht über die Einebnung ungangbarer Halden (§ 173 des Gesetzes, §§ 143, 145, 146 der Ausführungsverordnung) den Bürgermeistern, bez. Gemeindevorständen ob, welchen auch die in § 143 der Ausführungsverordnung, Absatz 2, erwähnten Bescheinigungen über die bergamtliche Genehmigung zur Einebnung ungangbarer Halden vorzuzeigen sind. (Competenzverordnung vom 22. August 1874 unter b und e).

c) § 118 der Verordnung, das Verfahren in nichtstreitigen Rechtssachen betreffend, vom 9. Januar 1865: „Befinden sich auf einem Grundstücke ungangbare Halden, auflässige Bergwerkstaggebäude und sonstige früher zu Bergbauzwecken gebrauchte Räume, welche nicht mehr zum Bergbaue dienen, so ist dies auf dem Folium des Grundstücks zu bemerken". — Auch, wenn das Grundstück dem Bergreservate unterliegt, wird die Bemerkung dieser Last auf dem betreffenden Folium in der I. Rubrik eingeschrieben (§ 121, 8) derselben Verordnung, Gesetz- und Verordnungsblatt 1865, Seite 3).

Zu Abschnitt XI.
Von den Behörden.

(Gesetz §§ 174—179, Ausführungsverordnung §§ 118—157.)

a) Zu § 152 der Ausführungsverordnung: Von den in diesem § angezogenen Vorschriften der Verordnung, den Uebergang der zeitherigen Gerichtsbarkeit der Bergämter an die ordentlichen Gerichte betreffend, vom 8. Mai 1856 (Gesetz- und Verordnungsblatt 1856, Seite 78) kommen im Wesentlichen nur noch die folgenden für das Grundbuchswesen in Betracht:

§ 4. Bei unterirdischen Bauen und Bergwerksanlagen entscheidet in Betreff der Bestimmung über das Gericht, auf welches die bergamtliche Gerichtsbarkeit übernommen werden soll, überall die Lage des Huthauses, oder, wenn ein solches nicht vorhanden, des Hauptförderschachts und beziehentlich Stollnmundlochs.

§ 5. Wasserleitungen, Eisenbahnen und ähnliche langgestreckte Bergwerksanlagen über Tage, welche mehrere Gerichtsbezirke berühren, fallen der Gerichtsbarkeit eines jeden dieser Königlichen Gerichte insoweit zu, als sie dem Bezirke desselben ihrer Lage nach angehören.

§ 6. Sind kleinere Bergwerksanlagen, z. B. Halden, Lagerplätze u. s. w. auf der Grenze zweier Gerichtsbezirke gelegen, so ist die Gerichtsbarkeit über sie und auf ihnen, so lange sie im Bergwerksgebrauche sich befinden, nur einer Behörde zuzuweisen." —

Die in § 152 Absatz 3 der Ausführungsverordnung dem Bezirksappellationsgerichte bez. dem Königlichen Justizministerium überwiesene Bestimmung steht jetzt dem Königlichen Oberlandesgerichte zu; vergl. § 9 des Gesetzes, Bestimmungen zur Ausführung des Gerichtsverfassungsgesetzes u. s. w. enthaltend, vom 1. März 1879 (Gesetz- und Verordnungsblatt 1879, S. 59).

b) (Zu § 176 Absatz 2 des Gesetzes:) „Recurse gegen die in § 176 des Gesetzes erwähnten Beschlüsse und Anordnungen der Bergämter sind auch ferner binnen 10 Tagen von Eröffnung der Entscheidung an einzuwenden." (Competenzverordnung vom 22. August 1874, § 19, Absatz 3.)

c) Strafen (zu § 177 des Gesetzes; §§ 153—155 der Ausführungsverordnung).

Das Reichsstrafgesetzbuch enthält, abgesehen von der oben zum I. Abschnitte unter a) bereits wiedergegebenen noch folgende, speciell den Bergbau berührende Bestimmungen:

§ 308. „Wegen Brandstiftung wird mit Zuchthaus bis zu 10 Jahren bestraft, wer vorsätzlich . . . Bergwerke, . . . in Brand setzt, wenn diese Gegenstände entweder fremdes Eigenthum sind, oder zwar dem Brandstifter eigenthümlich gehören, jedoch ihrer Beschaffenheit und Lage nach geeignet sind, das Feuer einer der im § 306, No. 1 bis 3, bezeichneten Räumlichkeiten oder einem der vorstehend bezeichneten fremden Gegenstände mitzutheilen.

Sind mildernde Umstände vorhanden, so tritt Gefängnissstrafe nicht unter 6 Monaten ein."

§ 309. „Wer durch Fahrlässigkeit einen Brand der in den §§ 306 und 308 bezeichneten Art herbeiführt, wird mit Gefängniss bis zu 1 Jahre oder mit Geldstrafe bis zu 900 Mark und, wenn durch den Brand der Tod eines Menschen verursacht worden ist, mit Gefängniss von 1 Monat bis zu 3 Jahren bestraft."

§ 321. „Wer vorsätzlich Wasserleitungen, Schleusen, Wehre . . . oder andere Wasserbauten . . . oder dem Bergwerksbetriebe dienende Vorrichtungen zur Wasserhaltung, zur Wetterführung oder zum Ein- und Ausfahren der Arbeiter zerstört oder beschädigt . . . und durch eine dieser Handlungen Gefahr für das Leben oder die Gesundheit Anderer herbeiführt, wird mit Gefängniss nicht unter 3 Monaten bestraft.

Ist durch eine dieser Handlungen eine schwere Körperverletzung verursacht worden, so tritt Zuchthausstrafe bis zu 5 Jahren und, wenn der Tod eines Menschen verursacht worden ist, Zuchthausstrafe nicht unter 5 Jahren ein.

§ 325. „Neben der nach den Vorschriften der §§ . . . 308, . . . 321 . . . erkannten Zuchthausstrafe kann auf Zulässigkeit von Polizei-Aufsicht erkannt werden."

§ 326. „Ist eine der in den §§ 321 . . . bezeichneten Handlungen aus Fahrlässigkeit begangen worden, so ist, wenn durch die Handlung ein Schaden verursacht worden ist, auf Gefängniss bis zu 1 Jahre und, wenn der Tod eines Menschen verursacht worden ist, auf Gefängniss von 1 Monat bis zu 3 Jahren zu erkennen." (Reichsstrafgesetzbuch in der Redaction vom 26. Februar 1876, Reichsgesetzblatt 1876, S. 39).

Die allgemeinen Vorschriften des letzteren leiden im Uebrigen auch auf die Beurtheilung der nach den berggesetzlichen Bestimmungen strafbaren Handlungen und Unterlassungen Anwendung (vergl. Verordnung, den Einfluss des Bundesstrafgesetzbuchs auf Polizeisachen betr., vom 14. December 1870, Gesetz- und Verordnungsblatt 1870, S. 373, § 1 und § 155 der Ausführungsverordnung)[1]. Die Competenz der Bergbehörde und der Ortsverwaltungs-

[1]) Berggesetzliche, noch gültige Strafbestimmungen siehe in den §§ 23 Absatz 2, 76 Absatz 2 und 177. Auch eine von der zuständigen Behörde innerhalb ihres Befugnisses erlassene Strafandrohung ist in gleicher Weise wie ein formelles Gesetz als genügende Grundlage zur polizeilichen Bestrafung anzusehen (Verordnung vom 14. December 1870 § 3). Daher gelten auch jetzt fort die Strafandrohungen in den §§ 1, 2, 31, 52, 65, 73, 80, 85, 88, 96, 141, 145 der Ausführungsverordnung vom 2. December und in § 21 der auf die Markscheider und das Risswesen bezüglichen Verordnung vom 3. December 1868. Auf Verweis (siehe Ausführungsverordnung § 154) kann jetzt nur noch gegen Personen unter

behörde zur Ahndung einzelner Straffälle, sowie das Verfahren hierbei regelt sich nach den Vorschriften der **Strafprocessordnung** für das deutsche Reich vom 1. Februar 1877 (Reichsgesetzblatt 1877, S. 253) §§ 453 folg. in Verbindung mit dem Gesetze, das Verfahren in Verwaltungsstrafsachen betr., vom 8. März 1879 (Gesetz- und Verordnungsblatt 1879, S. 87) nebst Ausführungsverordnung vom 15. September 1879 (ebenda S. 351)[1]). Doch wird das Befugniss der Polizeibehörden, zur Durchführung einer für den einzelnen Fall getroffenen Verfügung Zwangsstrafen anzudrohen und zu vollstrecken ingleichen auf Grund der ihnen zustehenden Dienst- und Disciplinargewalt über die von ihnen im Allgemeinen oder in Ansehung gewisser Geschäfte ressortirenden Personen Ordnungsstrafen zu verhängen, hierdurch nicht berührt (Gesetz vom 8. März 1879, § 8)[2]).

---

18 Jahren in besonders leichten Fällen von Vergehen oder Uebertretungen erkannt werden (Verordnung vom 14. December 1870 § 11). Die in § 155 der Ausführungsverordnung angezogenen strafgesetzlichen Bestimmungen wegen Concurrenz mehrerer Contraventionen sind durch die §§ 73 bis 79 des Reichsstrafgesetzbuchs ersetzt; Rückfallstrafen, wie sie § 155 Absatz 2 der Ausführungsverordnung voraussetzt, kennt das letztere (der hier allein in Betracht kommenden Regel nach) nicht. Wegen des Verhältnisses zwischen Geld- und Freiheitsstrafe bei Umwandlung siehe Reichsstrafgesetzbuch § 29.

[1]) Hiernach kann die Verwaltungsbehörde nur dann strafend einschreiten, wenn eine Uebertretung, d. h. eine Handlung in Frage kommt, welche mit Haft (Höchstbetrag 6 Wochen) oder Geldstrafe bis 150 Mark bedroht ist. Ist dagegen die in Frage stehende Handlung mit einer höheren Strafe bedroht (vergl. Berggesetz § 177, Ausführungsverordnung § 65), so ist richterliche Zuständigkeit begründet. Selbst in Uebertretungsfällen ist aber die Polizeibehörde — abgesehen von den landesgesetzlich für die Bürgermeister und Gemeindevorstände bestehenden weiteren Beschränkungen, sowie davon, dass sie überhaupt nicht genöthigt ist, Strafverfügung zu erlassen, sondern auch die in ihre Zuständigkeit fallenden Sachen sogleich an das Gericht abgeben kann, — nur berechtigt, Haft bis zu 14 Tagen oder Geldstrafe und diejenige Haft, welche an Stelle nicht einzutreibender Geldstrafe tritt (sowie eine etwa verwirkte Einziehung), zu verhängen, während andernfalls die Sache der richterlichen Zuständigkeit anheimfällt. Gegen die Strafverfügung der Polizeibehörde (Strafbescheide kann dieselbe ausser in Steuerstrafsachen nicht mehr erlassen) steht binnen einwöchiger Frist Antrag auf richterliche Entscheidung (anzubringen bei der betreffenden Polizeibehörde oder dem Amtsgerichte ihres Sitzes) zu. Gesuche um Erlass, Minderung oder Verwandelung von Strafen hat das Königliche Bergamt dem Königlichen Finanzministerium zur Entschliessung anzuzeigen (Ausführungsverordnung vom 15. September 1879 § 12, B. 3; wegen der bei den Ortsverwaltungsbehörden angebrachten Gesuche siehe ebenda sub A.) Was die processuale Behandlung zusammenhängender Strafsachen anlangt, welche zur Zuständigkeit verschiedener Kategorien von Strafgerichten (zu welchen hier die Polizeibehörden mit zu rechnen sein werden) gehören, so ist an Stelle von § 153 der Ausführungsverordnung vom 2. December 1868 jetzt § 269 der Strafprocessordnung („das Gericht darf sich nicht für unzuständig erklären, weil die Sache vor ein Gericht niederer Ordnung gehöre") und § 2 desselben Reichsgesetzes verbunden mit § 11 sub b der obenerwähnten sächs. Ausführungsverordnung vom 15. September 1879 (Zulässigkeit der Verbindung materiell zusammenhängender Sachen beim Gerichte höherer Zuständigkeit) massgebend.

[2]) Vergl. in ersterer Beziehung (Executiv- oder Zwangsstrafen) §§ 68 und 177 (soweit dieselben die daselbst von der eigentlichen Repressivstrafe nicht scharf geschiedene Executivstrafe betreffen), in letzterer Hinsicht (Disciplinargewalt) § 105 des Berggesetzes. In beiden Fällen kommen die Normen der Strafprocessgesetzgebung wegen Erlassung einer Strafverfügung, Befugniss des Bezüchtigten, auf gerichtliche Entscheidung anzutragen, Begrenzung der Strafmittel, deren Androhung zulässig ist, auf 14 Tage Haft oder Geldstrafe

Zu Abschnitt XII.
Schlussbestimmungen.

(Gesetz §§ 180—184; Ausführungsverordnung §§ 158—172.)

a) Die Aufsicht über Raseneisenstein-Gräbereien (§ 180 des Gesetzes, § 159 der Ausführungsverordnung) steht in kleinen Städten den Bürgermeistern, auf dem platten Lande den Gemeindevorständen zu. (Competenzverordnung vom 22. August 1874, § 17, c).

b) Dagegen ist zur Mitwirkung bei der Verleihung gemeinfliessender Wasser für Bergwerkszwecke (§ 181 des Gesetzes, §§ 160 folg. der Ausführungsverordnung) die Amtshauptmannschaft für kleine Städte und das platte Land zuständig. (Angezogene Competenzverordnung § 1.)

bis zu 150 Mark, nicht zur Anwendung. Dasselbe gilt natürlich auch von den in § 53 Absatz 2 der Ausführungsverordnung vom 2. December 1868 gedachten Bestrafungen der Arbeiter durch die Arbeitgeber auf Grund der Arbeiterordnung (§ 86 unter i) daselbst und § 78 des Gesetzes.) Denn diese Strafen tragen überhaupt nicht den Charakter von öffentlichen Strafen, sondern sind Conventionalstrafen.

Notiz

über die

Errichtung einer anemometrischen Station

in

Freiberg.

Das Königliche Finanzministerium hat in Freiberg eine anemometrische Station errichten lassen, welche die Prüfung und Richtigstellung der Formel der beim Bergbau zur Controle der Wetterversorgung zu benutzenden Anemometer gegen eine Gebühr übernehmen und im Mai des laufenden Jahres eröffnet werden soll.

Dem bergbautreibenden Publikum wird hiervon schon jetzt unter dem Bemerken Kenntniss gegeben, dass Näheres über die Eröffnung fraglicher Station seiner Zeit in der Leipziger Zeitung bekannt gemacht werden wird.

Freiberg, den 21. Januar 1880.

Das Königliche Bergamt.
Braunsdorf.

Besprechungen.

Oesterreichisches Montan-Handbuch für das Jahr 1880. 21. Jahrgang. Herausgegeben vom K. K. Ackerbau-Ministerium. Wien 1880.

Bei der Bedeutung und der Vielseitigkeit des montanistischen Betriebes in der österreichischen Monarchie ist ein wohlgeordnetes Nachschlagebuch über die Ressortverhältnisse, über Lage, Grösse, sowie über Besitzer und Beamte der einzelnen Werke, Werkscomplexe u. s. w., wie es in dem auf Verfügung Sr. Excellenz des Herrn Ackerbauministers Julius Graf Falkenhayn neubearbeiteten Montan-Handbuche vorliegt, ein wirkliches Bedürfniss. Betreffs des Inhaltes dieses Werks geben wir folgende Uebersicht: I. Ackerbau-Ministerium, Bergwerksproducten-, Verschleissdirection, chemisch-hüttenmännisches Laboratorium, Schwefelsäure-Fabriksverwaltung in Unter-Heiligenstadt. II. Bergbehörden. III. Montanwerke in Oesterreich unter der Enns, in Oesterreich ob der Enns, in Salzburg, in Mähren, in Schlesien, in Bukowina, in Tirol und Vorarlberg, in Kärnten, in Steiermark, in Krain, in Görz, Gradiska und dem Gebiete von Triest, in Istrien und Dalmatien, in Böhmen, in Krakau und in Galizien, geordnet nach den Revierbergämtern. Montan-

22*

unternehmungen, deren Verwaltungsräthe oder Centraldirectionen ihren Sitz in Wien haben. IV. Montanistische Lehranstalten. V. Finanz-Ministerium, Salzerzeugungsämter, Hauptmünzamt, General-Probieramt, Haupt-Punzirungsamt und Filiale. VI. Geologische Reichsanstalt. VII. Berggerichtsbehörden. VIII. Montanistische Vereine, Personen-Verzeichniss, Firmen-Verzeichniss.

M. Hantken Ritter von Prudnick. Die Kohlenflötze und der Kohlenbergbau in den Ländern der ungarischen Krone. Im Auftrage des Königl. ungarischen Ministeriums für Agricultur etc. verfasst. Aus dem ungarischen Original in's Deutsche übertragen. Mit 4 Karten, 1 Tafel mit Profilen und 67 Figuren in Zinkotypie. 8. Budapest. 1878. 354 Seiten.

Der Herr Verfasser ist, wie er in der Vorrede angiebt, bestrebt gewesen, die geologischen Verhältnisse der in den Ländern der ungarischen Krone vorkommenden Kohlenbildungen sowie den gegenwärtigen Kohlenbergbau möglichst detaillirt darzustellen. Für diesen Zweck konnte er sich nicht nur auf die Ergebnisse zahlreicher eigener Localuntersuchungen stützen, sondern auch auf eine umfängliche, in ungarischen und deutschen Werken zerstreute Literatur, auf vielfältige Mittheilungen von Werksadministrationen und auf die an das Ministerium gelangenden Jahresberichte der Königl. Berghauptmannschaften. Es stand ihm also zur Lösung seiner Aufgabe ein ungewöhnlich reiches Material zur Verfügung und da es ihm nun überdies gelungen ist, dieses Material in sehr übersichtlicher Weise zu gruppiren, so bietet er mit seiner Monographie eine ausserordentlich werthvolle Gabe dar, für welche ihm alle Geologen, Bergleute und Techniker, die sich in irgend welcher Hinsicht über ungarische Kohlen zu unterrichten wünschen, dankbar sein werden.

Das Werk zerfällt in vier Abschnitte. Der erste derselben enthält eine Geschichte der Entwickelung des ungarischen Kohlenbergbaues. Hieran schliesst sich im zweiten Abschnitte eine durch eine kleine Uebersichtskarte erläuterte Uebersicht über die geographische Lage und die Production der Kohlengebiete Ungarns, Siebenbürgens, Croatiens und Slavoniens an. Den Inhalt des dritten Abschnittes bildet eine Uebersicht über das geologische Alter der Kohlenflötze Ungarns, während sich der vierte und letzte Abschnitt, in welchem der Schwerpunkt des Werkes liegt, mit der speciellen Beschreibung der Kohlenlager Ungarns befasst. Zweiunddreissig Kohlengebiete, geordnet nach ihrem geologischen Alter, werden hier geschildert und dabei werden für jedes einzelne vorgeführt: die auf die Entwickelung des betreffenden Kohlenbergbaues bezüglichen geschichtlichen Daten, die geologischen Verhältnisse unter specieller Berücksichtigung der in den kohlenführenden Schichtensystemen vorkommenden Versteinerungen, ferner die Grubenbaue und Gewinnungsmethoden, die Resultate der Kohlenanalysen, die Resultate der bei den Eisenbahnen vorgenommenen Probefahrten, die Productionsquanten und, soweit die grösseren Werke in Betracht kommen, auch deren gesellschaftliche Institutionen (Schulen, Bibliotheken, Arbeitervereine etc).

Aus den beiden letzten Abschnitten ergiebt sich, dass in Ungarn beinahe sämmtliche überhaupt vorhandene Formationen, von der productiven Steinkohlenformation angefangen bis zu den jüngsten Tertiärgebilden, in gewissen Gegenden abbauwürdige Flötze enthalten. Unter diesen letzteren haben indessen die ältesten, also diejenigen der productiven Steinkohlenformation, nur eine untergeordnete Bedeutung; sie werden bis jetzt lediglich im Banat abgebaut. Ein um so hervorragenderes Interesse bieten dagegen der Flötze der Liasformation, die zwar nur im südlichen Theile von Ungarn und Siebenbürgen vorhanden sind, hier aber die Basis eines so grossartigen Kohlenbergbaues bilden, dass sie für Ungarn eine ähnliche Bedeutung gewinnen, wie die Flötze der älteren productiven Steinkohlenformation für die übrigen kohlenproducirenden Länder Europas. Diesen liasischen Kohlen stellen sich die tertiären zur Seite, die ihre Hauptentwickelung in den mittelungarischen Gebirgen gefunden haben und hier seit Anfang dieses Jahrhunderts abgebaut werden.

A. S.

Die neue Freiberger Aufstellung des Grubentheodolits. Das mechanische Institut von Aug. Lingke & Co. in Freiberg in Sachsen hat in jüngster Zeit für die Aufstellung des Theodolits bei Grubenmessungen eine sehr sinnreich erdachte Untersatzconstruction ausgeführt, welche nicht nur allen Anforderungen genügt, die bei rationeller Ausführung von Theodolitmessungen in der Grube gestellt werden müssen, sondern auch sich durch grosse Einfachheit und bequeme Handhabung vortheilhaft auszeichnet. Diese neue Aufstellung ist mit der Bezeichnung als „Freiberger Aufstellung" in die markscheiderische Praxis eingeführt worden und darf ihrem Princip nach wohl als das Resultat langjähriger Erfahrungen und vielfacher practischer Versuche, sowie theoretischer Untersuchungen betrachtet werden, welche während dreier Decennien von Freiberger Markscheidern und akademischen Lehrern der Markscheidekunst gemacht worden sind.

Die erste ausführliche Abbildung und Beschreibung dieser neuen Aufstellung nebst den zugehörigen Grubentheodolit- und Signal-Constructionen von Lingke & Co. findet sich in der am Schluss des Jahres 1879 erschienen 6. Auflage der Elemente der Vermessungskunde von Dr. C. M. von Bauernfeind Band I., Seite 322 folg.

Als ein besonderer Vorzug dieser neuen Aufstellung ist hervorzuheben, dass jeder Feldtheodolit mittlerer Grösse ohne wesentliche Abänderung mit ihr in Verbindung gebracht und dadurch für den Gebrauch in der Grube eingerichtet werden kann, so dass also auch ein und derselbe Theodolit bald als Feldtheodolit mit der bei Tagemessungen üblichen Stativaufstellung, bald als Grubentheodolit mit Spreizen- oder Consol-Aufstellung verwendbar ist. Die beiden Hauptbestandtheile der neuen Construction bilden das Aufstellungsprisma, welches beim Gebrauch in eine entsprechende Bohrung einer Rundholzspreize eingesetzt und mittelst einer Flügelschraube in dieser befestigt wird, und ein dreiarmiger Untersatz, dessen Armenden die Fussspitzen der Dreifussschrauben des Theodolits aufnehmen. Der mittlere cylindrisch geformte Theil des Untersatzes kann mit seinem unteren Ende auf das Prisma der Aufstellungsschraube aufgesteckt werden, während er in seinem oberen Theile mit einer cylindrischen Höhlung versehen ist, deren Längenachse mit der verticalen Achse des Aufstellungsprisma's zusammenfällt und das kugelförmig abgerundete Ende der Centralbüchse des Theodolit-Dreifusses aufzunehmen bestimmt ist. Durch diese Anordnung ist die Bildung eines Kugelgelenks gelungen, welches die Horizontirung des Theodolits ermöglicht, ohne dass hierbei die centrische Lage der Alhidadenachse zur Spitze des Aufstellungsprisma's geändert wird, welche letztere ihrerseits in einem entsprechenden Hohlraume bis nahezu in den Kugelmittelpunct vortritt. Solcher Untersätze sind im Ganzen drei Stück erforderlich, einer für den Theodolit und je einer für die beiden Signale.

Um weiter an den verschiedenen auf einander folgenden Instrumentstandorten überall gleiche Visir- und Signalhöhen bei der Verticalwinkelmessung zu erhalten, haben die Signale je ein festes Dreifussbein erhalten, während am Theodolit durch Einschrauben eines gesondert beigegebenen Zwischenstücks die eine Fussschraube in gleicher Höhe mit den festen Signalbeinen festgestellt werden kann. Diese gleich hohen Dreifussbeine werden bei der Vertauschung des Theodolits und der Signale auf ihren Standorten resp. Untersätzen immer auf einen bestimmten Untersatzarm gestellt, welcher durch ein besonderes Unterlagsscheibchen ausgezeichnet ist. Die Horizontirung des Theodolits und der Signale kann nunmehr allerdings nur mit den zwei übrigen beweglichen Dreifussschrauben bewirkt werden, eine Absonderlichkeit, an welche sich der Messende sehr bald gewöhnt.

Bei dieser Einrichtung der Theodolitaufstellung kann die Verticalmessung mit der Horizontalmessung in höchst practischer Weise vereinigt werden, da sich die abgelesenen Höhenwinkel ohne besondere Nebenarbeiten zur Reduction der zwischen den Spitzen der Aufstellungsprismen zu messenden flachen Stationslängen sowie zur Berechnung der Seigerteufen unmittelbar verwerthen lassen.

Auf diese Weise ist durch die neue Freiberger Aufstellung des Grubentheodolits eine nicht unbeträchtliche Vereinfachung der Zugmessung in der Grube erreicht und in Folge davon eine dem praktischen Markscheider gewiss höchst willkommene

Ersparniss an Zeit und Arbeitsaufwand unter gleichzeitiger Erhöhung der Sicherheit des Messverfahrens ermöglicht mit Umgehung jeglicher wesentlicher Abänderung der altbewährten, typischen Construction des Feldtheodolits.

M. Sch.

Hermann Recke's in Freiberg patent. Anemometer mit festliegender Flügelradaxe und neuer Ausrückevorrichtung des Zählwerkes. Diese neue Construction des Anemometers bezweckt einen möglichst leichten Gang, Verminderung der Abnutzung und öfterer Justirungen, Anwendbarkeit in allen Lagen, Sicherung vor Irrthümern beim Aus- und Einrücken des Zählwerkes und Erleichterung des Ablesens und es ist dem Herrn Erfinder gelungen, diese Zwecke in einer Weise zu erreichen, dass das genannte neue Anemometer als eine wesentliche Verbesserung des Combes'schen Anemometers zu bezeichnen ist.

Die hauptsächlichsten Verbesserungen bestehen in Folgendem: An Stelle von 4 Flügeln besitzt das neue Instrument deren acht und dieselben sind nicht fest gelöthet, sondern in einer Weise befestigt, dass denselben durch Versuche derjenige Stosswinkel gegeben werden kann, bei welchem das Instrument die grösste Empfindlichkeit besitzt. Um das Flügelrad gegen Beschädigungen zu sichern, ist dasselbe von einem starken Messingring umgeben. Die Welle desselben wird nicht, wie bei den Pariser Anemometern, aus- und eingerückt, sondern ruht fest in ihren Lagern, wodurch die vollständige Garantie dafür geboten wird, dass während einer Beobachtung das Flügelrad seine Stellung gegen den Windstrom nicht ändern kann. Während bei der älteren Construction 2 Schnuren, eine zum Einrücken, die andre zum Ausrücken des Zählwerkes, angebracht sind, ist hier nur eine Schnur vorhanden, und es wird durch einen kurzen Zug an dieser Schnur das Zählwerk eingerückt, durch den darauf folgenden Zug aber wieder ausgelöst, sodass bei dieser Einrichtung jeder Verwechslung vorgebeugt ist.

Die Zahl der Umgänge der Flügelradwelle wird an einem doppelten Zifferblatt abgelesen, wovon das eine die Zahlen von 0 bis 100, das andere die Hunderte bis 5 Tausend abzulesen gestattet.

Die Axen des Zählwerkes und die Flügelradwelle laufen in Steinlagern, was nicht nur einen sehr leichten Gang bewirkt, sondern auch die Abnutzung dieser Theile so vermindert, dass derartige Anemometer lange Zeit in brauchbarem Zustande bleiben werden, ehe eine Veränderung ihrer Constanten zu befürchten ist.

Endlich nimmt das Combes-Recke'sche Anemometer so wenig Raum ein, dass es leicht in die Grube zu transportiren und überall zu verwenden ist; auch ist die Lage, in welcher dasselbe aufgestellt werden mag, ohne Einfluss auf seine Empfindlichkeit.

B.

Statistische Mittheilungen

über das

Bergwesen.

I. Uebersicht der im Jahre 1878 bestandenen Berggebäude, deren Besitzer, Vertreter, Verwaltungsbeamten, sowie der Betriebsverhältnisse und Production derselben.

Im Jahre 1878 hat sich im Königreiche Sachsen die Zahl der verliehenen Gruben bei dem Erzbergbau von 306 auf 281, die Zahl der Steinkohlen- und Anthracitwerke von 77 auf 69 und die der Braunkohlenwerke von 152 auf 141 vermindert. Der Flächeninhalt der verschiedenen Grubenfelder der nachverzeichneten Berggebäude betrug 31891 Hectare, gegen 38624 im Jahre 1877, und zwar:

21240 Hect. oder 53100 Maaseinheiten, à 4000 Quadratmeter, an berggesetzlichen Verleihungen bei dem Erzbergbau, nämlich:
- 33952 Maaseinheiten, einschliesslich 14800 bei den fiscalischen Gruben, in dem Bergrevier Freiberg, gegen 38682,
- 4444 dergleichen in dem Bergrevier Altenberg, bestehend aus den Revierabtheilungen Altenberg, Berggiesshübel und Glashütte, gegen 8898,
- 3462 dergleichen in dem Bergrevier Marienberg, bestehend aus den Revierabtheilungen Annaberg, Marienberg, Geyer und Ehrenfriedersdorf, gegen 3569 und
- 11242 dergleichen in dem Bergrevier Schwarzenberg, bestehend aus den Revierabtheilungen Johanngeorgenstadt, Schwarzenberg, Eibenstock, Schneeberg, Scheibenberg, Hohenstein und Oberwiesenthal, gegen 12898 im Vorjahre;

8621 Hect. (gegen 10945 im Vorjahre) bei dem Steinkohlen- und Anthracitbergbau, davon 2657 in dem Chemnitzer, 3773 in dem Dresdner und 2191 in dem Zwickauer Berginspectionsbezirke, sowie

2030 Hect. (gegen 2061 im Vorjahre) bei dem Braunkohlenbergbau, davon 1119 in dem Berginspectionsbezirke Chemnitz und 911 in dem Berginspectionsbezirke Dresden.

Die mit gesetzlichen Communbergbaugeldern betriebenen Gruben des Erzbergbaues sind in diesem Verzeichnisse mit Co. bezeichnet.

Die hinsichtlich der Besitzer, deren Vertreter, sowie der Betriebsleiter und anderen Werksbeamten im Jahre 1879 eingetretenen Personalveränderungen haben in dieser Uebersicht bereits mit Berücksichtigung gefunden, soweit darüber Mittheilungen erlangt wurden.

Von denjenigen Berggebäuden, bei welchen über die erfolgte Capital-Einzahlung oder Ueberschuss-Vertheilung in dieser Uebersicht nichts angegeben ist, sind Mittheilungen darüber nicht eingegangen.

No.	Name des Berggebäudes.	Amts-gerichts-bezirk.	Orts-verwaltungs-behörde.	Besitzer.	Vertreter*) des Besitzers.

A. Erzbergbau.

I. Freiberger Bergrevier, zugleich Berginspectionsbezirk**) Freiberg.

No.	Name des Berggebäudes.	Amts-gerichts-bezirk.	Orts-verwaltungs-behörde.	Besitzer.	Vertreter*) des Besitzers.
1	**Adolph** zu Miltitz.	Meissen.	Amtshauptmannschaft Meissen.	v. Heynitz, R., Rittergutsbesitzer auf Miltitz.	—
2	**Alte Hoffnung Erbstolln** zu Schönborn, Co.	Mittweida.	Amtshauptmannschaft Rochlitz.	Gesellenschaft.	Rössler, C. J., Stadtrath in Freiberg, Bevollmächtigter.
3	**Alte Hoffnung Gottes** zu Kleinvoigtsberg.	Freiberg.	Amtshauptmannschaft Freiberg.	Gewerkschaft.	Wiedemann, E., Stadtrath in Freiberg, Vorsitzender des Grubenvorstandes.
4	**Augustus vereinigt Feld** zu Weigmannsdorf. (Hat bis 30. März 1880 Betriebsfrist.)	Brand.	Amtshauptmannschaft Freiberg.	Haubold, E., Gutsbesitzer in Weigmannsdorf.	—
5	**Aurora Erbstolln** am linken Weisseritzufer zwischen der Hosen- und Winkelmühle bei Grossdorfhain.	Tharand.	Amtshauptmannschaftl. Delegation Potschappel.	Neubert, G. A., Bergarbeiter in Kleindorfhain.	—
6	**Beihilfe Erbstolln** zu Hals.	Freiberg.	Amtshauptmannschaft Freiberg.	Königl. Sächs. Staatsfiscus.	Tittel, A. Th., Betriebsdirector in Freiberg, Administrator.
7	**Beistand Gottes Erbstolln** zu Klingenberg.	Tharand.	Amtshauptmannschaftl. Delegation Potschappel.	Gewerkschaft.	Scherffig, A., Zinngiessermeister in Dresden, Vorsitzender des Grubenvorstandes.

*) Bei gewerkschaftlichen Gruben und Actienwerken, deren Grubenvorstände, Directorien, Aufsichtsräthe etc. aus mehreren Mitgliedern bestehen, sind in dieser Rubrik nur die Namen der Vorsitzenden derselben enthalten.

**) Soweit in dieser Uebersicht die Berginspectionsbezirke bei den einzelnen Gruben selbst in einer besonderen Rubrik anzugeben waren, sind dieselben nur mit ihren Anfangsbuchstaben bezeichnet, und zwar: Altenberg mit A. Chemnitz mit Ch, Dresden mit D, Freiberg mit F, Marienberg mit M, Schneeberg mit S und Zwickau mit Z.

Betriebsleiter und andere Werksbeamte.	Mannschaftszahl. Beamte und Officianten.	Arbeiter: ständige.	Arbeiter: unständige.	Ausbringen im Jahre 1878. Namen der Producte.	Menge derselben. Centner.	Geldwerth. M	Geldwerth. Pf	Im Jahre 1878 erfolgte Capital- oder Zubuss-Einzahlung. M	Pf	Ueberschuss-Vertheilung. M	Pf
Lorenz, C. H., Factor in Miltitz.	—	—	2	Silbererze.	.	—	—	334	46	—	—
Hesse, Th. E., Königl. Bergfactor in Freiberg. Fritzsche, Obersteiger.	8	170	7	Silber- und Bleierze. Schaustufen.	13525,7	190476 6	82 82	—	—	3750	—
Tittel, A. Th., Betriebsdirector i. Freiberg. Dehne, Fr. E., Obersteiger.	6	306	24	Silber-, Blei- und Schwefelerze. Schaustufen.	19791,57	266136 —	62 80	—	—	51200	—
Schiffel, Fr. H., Rechnungsführer in Freiberg.	—	—	—	Silbererze.	.	—	—	9	49	—	—
Ilgen, G. A., Steiger in Dorfhain, Schichtmeisterdienstversorger.	—	1	—	Silbererze.		—	—	611	23	—	—
Tittel, A. Th., Betriebsdirector. Gläser, C. A., Schichtmeister in Freiberg, Rechnungsführer. Richter, Obersteiger.	2	78	—	Silber- und Bleierze.	.	—	—	129411	17	—	—
Mäcke, M. Cl., Steiger in Kleindorfhain, Schichtmeisterdienstversorger.	—	2	—	Silbererze.		—	—	1986	—	—	—

1*

No.	Name des Berggebäudes.	Amts-gerichts-bezirk.	Orts-verwaltungs-behörde.	Besitzer.	Vertreter des Besitzers.
8	**Bergmanns Lust Fundgr.** bei dem neuen Teiche vor der Stadt. (Mannschaftszahl etc. ist bei Himmelfahrt Fundgr. mit berücksichtigt.)	Freiberg.	Stadtrath zu Freiberg.	Die Gewerkschaft in Himmelfahrt Fdgr. bei Freiberg.	Albert, C. F., Canzleirath in Freiberg, Vorsitzender des Grubenvorstandes.
9	**Beschert Glück Fundgr.** hinter den drei Kreuzen.	Freiberg und Brand.	Amtshauptmannschaft Freiberg.	Gewerkschaft.	Der Revierausschuss zu Freiberg in Vertretung der Gnadengroschencasse daselbst, Vorsitzender des Grubenvorstandes.
10	**Christbescherung Erbstolln** bei Grossvoigtsberg. (Besitzt bestätigte Statuten.)	Freiberg.	Amtshauptmannschaft Freiberg.	Gewerkschaft.	Wolan, A. O., Kaufmann in Leipzig, Vorsitzender des Grubenvorstandes.
11	**Churprinz Friedrich August Erbstolln** zu Grossschirma.	Freiberg.	Amtshauptmannschaft Freiberg.	Königl. Sächs. Staatsfiscus.	Tittel, A. Th., Betriebsdirector in Freiberg, Administrator.
12	**Concordia** zu Etzdorf. (Hatte bis 29. November 1878 Betriebsfrist.)	Rosswein.	Amtshauptmannschaft Döbeln.	Kaufmann, G. H., Rechtsanwalt in Chemnitz.	—
13	**Constantin** bei Kleinwaltersdorf. (Hat bis Schluss 1879 Betriebsfrist.)	Freiberg.	Amtshauptmannschaft Freiberg.	Gewerkschaft.	Milde, H., Rechnungsführer in Kleinwaltersdorf, Vorsitzender des Grubenvorstandes.
14	**Dörnthaler Wasserleitung s. ober. Wasserversorgungsanstalten.** (Ohne Grubenfeld.)	Sayda und Lengefeld.	Amtshauptmannschaftl. Delegation Sayda und Amtshauptmannschaft Marienberg.	Freiberger Bergrevier.	Der Revierausschuss zu Freiberg.
15	**Einigkeit Fundgr.** bei Brand.	Brand.	Amtshauptmannschaft Freiberg.	Gewerkschaft.	Münch, M., Gutsbesitzer in St. Michaelis, Vorsitzender des Grubenvorstandes.

Betriebsleiter und andere Werksbeamte.	Mannschafts-zahl. Beamte und Officianten.	Arbeiter: ständige.	Arbeiter: unständige.	Ausbringen im Jahre 1878. Namen der Producte.	Menge derselben. Centner.	Geldwerth. ℳ	₰	Im Jahre 1878 erfolgte Capital- oder Zubuss-Einzahlung. ℳ	₰	Ueberschuss-Vertheilung. ℳ	₰
Wengler, R., Betriebsdirector auf Himmelfahrt Fdgr. bei Freiberg. Kretzschmar, Cassirer. Lorenz, Controleur.	—	—	—	Silbererze.		—	—	—	—	—	—
Wagner, C. G., Betriebsdirector auf Beschert Glück. Rast, Vice-Obersteiger.	6	252	28	Silber-, Blei- und Schwefelerze.	7076,56	188478	71	—	—	—	—
				Schaustufen.	.	27	96				
Pilz, L. M., Bergverwalter in Freiberg. Grämer, Obersteiger.	5	68	—	Silber- und Schwefelerze.	3897,64	51328	71	5340	59	—	—
				Schaustufen.		3	—				
Tittel, A. Th., Betriebsdirector. Hesse, Th. E., Königl. Bergfactor in Freiberg, Rechnungsbeamter. Ziegs, Ch. F., Viceobersteiger.	7	384	26	Silber-, Blei- und Kupfererze.	16618,52	171307	20	61166	77	—	—
				Bleiglanz.	37	703	—				
				Schwerspath.	1522	605	64				
				Schaustufen.	.	12	—				
—	—	—	—	Eisenerze.		—	—	—	—	—	—
Hinkelmann, C. G., Maschinenwärter, interim. Betriebsleiter. Weinhold, J. E., Rechnungs- und Cassenführer.	—	—	—	Silber- und Bleierze.	.	—	—	1382	27	—	—
Bornemann, K. R., Kunstmeister in Freiberg, Stollnfactor. Hesse, Th. E., Königl. Bergfactor in Freiberg, Rechnungsbeamter. Band, Obersteiger.	5	4	11	.		—	—	—	—	—	—
Wagner, C. G., Betriebsdirector auf Beschert Glück Fundgr. Wagner, E. Br., Obersteiger.	2	21	1	Silber-, Blei- und Schwefelerze.	774,77	8772	55	2587	40	—	—

No.	Name des Berggebäudes.	Amts-gerichts-bezirk.	Orts-verwaltungs-behörde.	Besitzer.	Vertreter des Besitzers.
16	**Eleonore Fundgr.** bei Langenstriegis.	Hainichen.	Amtshauptmannschaft Döbeln.	Kaufmann, O., Kaufmann in Berlin.	Täschner, A., Rechtsanwalt in Freiberg, Generalbevollmächtigter.
17	**Emanuel Erbstolln** bei Reinsberg.	Nossen.	Amtshauptmannschaft Meissen.	Straube, E. L., Bauunternehmer und Krauss, F. A., Maschinenschlosser in Siebenlehn.	—
18	**Erzengel Michael Erbstolln** im Mohorner Pfarrholze.	Tharand.	Amtshauptmannschaftl. Delegation Potschappel.	Gewerkschaft.	Liebscher, C. E., Fabrikant und Stadtrath in Sebnitz, Vorsitzender des Grubenvorstandes.
19	**Fortsetzung des Rothschönberger Stollns** im Innern des Freiberger Bergreviers. (Ohne Grubenfeld. Der Betrieb wird von den einzelnen Gruben geführt und ist bei jeder derselben mit berücksichtigt.)	Freiberg.	Amtshauptmannschaft Freiberg.	Freiberger Bergrevier.	Der Revierausschuss zu Freiberg.
20	**Freuden Glück** zu Klingenberg an der wilden Weisseritz.	Tharand.	Amtshauptmannschaftl. Delegation Potschappel.	Fritzsche, K. F., Bergarbeiter in Grossdorfhain.	—
21	**Friedrich August** zu Reichenau, Co.	Frauenstein.	Amtshauptmannschaft Dippoldiswalde.	Gewerkschaft.	Rössler, C. J., Stadtrath in Freiberg, Vertreter des Freiberger Bergbegnadigungsfonds.
22	**Friedrich Erbstolln** im Rammelsberge.	Freiberg.	Amtshauptmannschaft Freiberg.	Die Gewerkschaft in Junge hohe Birke Fundgr.	Der Stadtrath zu Freiberg, vertreten durch dessen Deputirten, Stadtrath Beyer daselbst, Vorsitzender des Grubenvorstandes.
23	**Frohe Hoffnung** zu Langenstriegis.	Hainichen.	Amtshauptmannschaft Döbeln.	Kaufmann, O., Kaufmann in Berlin.	Täschner, A., Rechtsanwalt in Freiberg, Generalbevollmächtigter.

Betriebsleiter und andere Werksbeamte.	Mannschaftszahl. Beamte und Officianten.	Arbeiter: ständige.	Arbeiter: unständige.	Ausbringen im Jahre 1878. Namen der Producte.	Menge derselben.	Geldwerth.		Im Jahre 1878 erfolgte Capital- oder Zubuss-Einzahlung.		Ueberschuss-Vertheilung.	
					Centner.	ℳ	₰.	ℳ	₰.	ℳ	₰.
Heuchler, E. R., Markscheider in Freiberg.	—	—	—	Eisen- und Bleierze.		—	—	211	20	—	—
—	—	—	—	Silbererze.		—	—	157	95	—	—
Wagner, C. G., Betriebsdirector auf Beschert Glück Fundgr. Schubert, A. Cl., Obersteiger.	1	29	4	Silber-, Blei- und Schwefelerze.	458,08	27290	5	3608	—	—	—
Bornemann, K. R., Kunstmeister in Freiberg, Stollnfactor. Hesse, Th. E., Königl. Bergfactor in Freiberg, Rechnungsbeamter.	—	—	—		—	—	—	—	—	—	—
Münzner, Doppelhäuer bei Samuel Erbstolln, Schichtmeisterdienstversorger.	—	—	—	Silbererze.		—	—	104	—	—	—
Vogel, H., Betriebsdirector in Freiberg. Wagner, C. G., Obersteiger.	3	34	2	Silber- und Schwefelerze.	703,53	12277	42	18166	32	—	—
Tittel, A. Th., Betriebsdirector in Freiberg. Heyne, F. H., Obersteiger.	1	7	—	Silber-, Blei- und Kupfererze.		—	—	15043	45	—	—
Heuchler, E. R., Markscheider in Freiberg.	—	—	—	Eisenerze.		—	—	56	—	—	—

No.	Name des Berggebäudes.	Amtsgerichtsbezirk.	Ortsverwaltungsbehörde.	Besitzer.	Vertreter des Besitzers.
24	**Gabe Gottes** zu Kleinwaltersdorf. (Hat bis zum 31. October 1879 Betriebsfrist.)	Freiberg.	Amtshauptmannschaft Freiberg.	Kaufmann, G. H., Rechtsanwalt in Chemnitz.	—
25	**Gesegnete Bergmanns-Hoffnung** bei Obergruna. (Besitzt bestätigte Statuten.)	Nossen.	Amtshauptmannschaft Meissen.	Gewerkschaft.	Albert, C. F., Canzleirath in Freiberg, Vorsitzender des Grubenvorstandes.
26	**Glücklicher Kalteborn Erbstolln** unterhalb Zella.	Nossen.	Amtshauptmannschaft Meissen.	Gewerkschaft.	Eichler, G., Hotelier in Döbeln, Vorsitzender des Grubenvorstandes.
27	**Gottes neue Hilfe Erbstolln und Grubenfeld** an der wilden Weisseritz oberhalb der Winkelmühle bei Grossdorfhain.	Tharand.	Amtshauptmannschaftl. Delegation Potschappel.	Gewerkschaft.	Weinhold, J. E., Rechnungsführer in Freiberg, Vorsitzender des Grubenvorstandes.
28	**Gottvertrauter Daniel Erbstolln** zu Hohentanne. (Besitzt bestätigte Statuten.)	Nossen.	Amtshauptmannschaft Meissen.	Gewerkschaft.	Heinicke, P., Banquier in Freiberg, Vorsitzender des Grubenvorstandes.
29	**Güte Gottes** zu Scharfenberg. (Besitzt bestätigte Statuten.)	Meissen.	Amtshauptmannschaft Meissen.	Gewerkschaft.	Tittel, A. Th., Betriebsdirector in Freiberg, Vorsitzender des Grubenvorstandes.
30	**Haselbacher Erbstolln** bei Mittelsaida. (Ohne Grubenfeld. Uebrigens beim nördlichen Stollnrevier berücksichtigt.)	Lengefeld.	Amtshauptmannschaft Marienberg.	Freiberger Bergrevier.	Der Revierausschuss zu Freiberg.
31	**Herzog August Fundgr.** bei den drei Kreuzen.	Freiberg.	Amtshauptmannschaft Freiberg.	Gewerkschaft.	Münch, M., Gutsbesitzer in St. Michaelis, Vorsitzender des Grubenvorstandes.
32	**Himmelfahrt Fundgrube** vor dem Donatsthore. (Besitzt bestätigte Statuten.)	Freiberg.	Stadtrath zu Freiberg.	Gewerkschaft.	Albert, C. F., Canzleirath in Freiberg, Vorsitzender des Grubenvorstandes.

Betriebsleiter und andere Werksbeamte.	Mannschaftszahl.			Ausbringen im Jahre 1878.				Im Jahre 1878 erfolgte			
	Beamte und Officianten.	Arbeiter: ständige.	Arbeiter: unständige.	Namen der Producte.	Menge derselben.	Geldwerth.		Capital- oder Zubuss-Einzahlung.		Ueberschuss-Vertheilung.	
					Centner.	ℳ	₰	ℳ	₰	ℳ	₰
Gängsteiger J. G. Fleischer in Kleinwaltersdorf, Betriebsleiter.	—	—	—	Silbererze.	.	—	—	118	79	—	—
Albert, C. R., Betriebsdirector in Obergruna. Graf, E. E., Obersteiger. Fischer, C. W., Cassirer.	6	285	23	Silber-, Blei-, Kupfer-, Zink- und Schwefelerze.	21314,07	297255	93	—	—	67200	—
Büttner, Rechnungsführer bei Himmelfahrt Fdgr., Schichtmeisterdienstversorger.	—	—	—	Silbererze. Schaustufen.	28,4 .	149 5	38 —	6820	5	—	—
Weinhold, J. E., in Freiberg, Cassen- und Rechnungsführer. Ilgen, Steiger, Betriebsleiter.	—	—	—	Silbererze.		—	—	2124	—	—	—
Vogel, H., Betriebsdirector in Freiberg. Illgen, C. G., Steigerdienstversorger.	1	9	—	Silber- und Bleierze.	130,1	1881	59	6604	—	—	—
Schneider, C. E., Obersteiger. Schiffel, Fr. H., Rechnungsführer.	1	31	5	Silber-, Blei- und Zinkerze. Schaustufen.	251,3	4287 —	65 80	20767	50	—	—
Bornemann, K. R., Kunstmeister in Freiberg, Stollnfactor. Hesse, Th. E., Bergfactor in Freiberg, Rechnungsbeamter.	—	—	—			—	—	—	—	—	—
Wagner, C. G., Betriebsdirector auf Beschert Glück Fundgr. Wagner, E., Obersteiger.	2	45	1	Silber-, Blei- und Schwefelerze.	591,1	3327	31	4524	16	—	—
Wengler, R., Betriebsdirector. Kretzschmar, Cassirer. Lorenz, Controleur. Arnold, C. E. M., und Wengler jun., prädic. Betriebsassistent, Obersteiger.	37	1832	189	Silber-, Blei-, Kupfer-, Zink-, Arsen- und Schwefelerze. Schwerspath. Schaustufen.	230297,07 2909,1 .	1293000 1462 18	50 68 —	—	—	102400	—

2

No.	Name des Berggebäudes.	Amtsgerichtsbezirk.	Ortsverwaltungsbehörde.	Besitzer.	Vertreter des Besitzers.
33	**Himmelsfürst Fundgr.** hinter Erbisdorf. (Besitzt bestätigte Statuten.)	Brand.	Amtshauptmannschaft Freiberg.	Gewerkschaft.	Albert, C. F., Canzleirath in Freiberg, Vorsitzender des Grubenvorstandes.
34	**Himmlisch Heer** zu Pretzschendorf. (Hat bis Schluss Rem. 1879 Betriebsfrist.)	Frauenstein.	Amtshauptmannschaft Dippoldiswalde.	Kluge, Fr. M., Stadtrath in Brand.	—
35	**Hoffnung Gottes Fundgr.** bei Langenau.	Brand.	Amtshauptmannschaft Freiberg.	Gewerkschaft.	Münzner, C. A., Obercommissar in Freiberg, Vorsitzender des Grubenvorstandes.
36	**Johann Gabriel Fundgr.** unterhalb der Oberschaarer Kirchenbrücke am rechten Ufer der Bobritzschbach. (Losgesagt und gelöscht.)	Freiberg.	Amtshauptmannschaft Freiberg.	Liebschner, J. H., Bergmaurer in Krummenhennersdorf.	—
37	**Isaak Erbstolln** zwischen der Sand- und Rothenfurther Mühle.	Freiberg.	Amtshauptmannschaft Freiberg.	Königl. Sächs. Staatsfiscus.	Tittel, A. Th., Betriebsdirector in Freiberg, Administrator.
38	**Junge hohe Birke Fundgr.** an der Münzbachhütte.	Freiberg.	Amtshauptmannschaft Freiberg.	Gewerkschaft.	Der Stadtrath zu Freiberg, vertreten durch seinen Deputirten, Stadtrath Beyer daselbst, Vorsitzender des Grubenvorstandes.
39	**Junger Fürst zu Sachsen Müdisdorfer Rösche s. unteren Wasserversorgungsanstalten.** (Ohne Grubenfeld.)	Brand, Freiberg, Sayda und Lengefeld.	Amtshauptmannschaft Freiberg und Marienberg, sowie Delegation Sayda.	Freiberger Bergrevier.	Der Revierausschuss zu Freiberg.

Betriebsleiter und andere Werksbeamte.	Mannschaftszahl. Beamte und Officianten.	Arbeiter: ständige.	unständige.	Ausbringen im Jahre 1878. Namen der Producte.	Menge derselben. Centner.	Geldwerth. ℳ	₰	Im Jahre 1878 erfolgte Capital- oder Zubuss-Einzahlung. ℳ	₰	Ueberschuss-Vertheilung. ℳ	₰
Neubert, W. E., Betriebsdirector. Fickert, E. G., Cassirer. Backofen, H., Controleur. Backofen, E. J., Schichtmeister. Eidner, K. O., und Kaufmann, R., Obersteiger. Böttcher, E. E., Viceobersteiger.	32	1313	234	Silber-, Blei-, Kupfer-, Zink-, Arsen- und Schwefelerze.	109961,82	993094	61	—	—	38400	—
				Schaustufen.	.	272	47				
Beckert, F., Doppelhäuer bei Friedrich Erbstolln.	—	—	—	Silber- und Schwefelerze.		—	—	1128	42	—	—
Wagner, K. G., Betriebsdirector auf Beschert Glück Fundgr. Korb, G. J., Steigerdienstversorger.	1	1	—	Silbererze.	39,6	1126	24	954	—	—	—
Jobst, Bergverwalter in Reinsberg.	—	—	—	Silbererze.		—	—	15	60	—	—
Tittel, A. Th., Betriebsdirector. Gläser, C. A., Schichtmeister in Freiberg, Cassen- und Rechnungsführer. Richter, Obersteiger auf Beihilfe Erbstolln.	—	7	—	Silbererze.		—	—	4558	56	—	—
Tittel, A. Th., Betriebsdirector in Freiberg. Heyne, F. H., Obersteiger.	7	295	53	Silber-, Blei-, Kupfer-, Arsen- und Schwefelerze.	40865,3	218723	69	—	—	—	—
				Schaustufen.		74	65				
Bornemann, K. R., Kunstmeister in Freiberg, Stollnfactor. Hesse, Th. E., Königl. Bergfactor in Freiberg, Rechnungsbeamter. Schumann, Obersteiger.	5	13	8	.		—	—	—	—	—	—

No.	Name des Berggebäudes.	Amtsgerichtsbezirk.	Ortsverwaltungsbehörde.	Besitzer.	Vertreter des Besitzers.
40	**Koch's Grubenfeld** zu Tharand. (Besitzt bestätigte Statuten.)	Tharand.	Amtshauptmannschaftl. Delegation Döhlen.	Gewerkschaft.	Koch, K. A., Nagelschmiedemeister in Dresden, Vorsitzender des Grubenvorstandes.
41	**König August Erbstolln** zu Randeck.	Brand.	Amtshauptmannschaft Freiberg.	Gewerkschaft.	Reichelt, J. M., Privatus in Freiberg, Vorsitzender des Grubenvorstandes.
42	**König David Erbstolln** zu Scharfenberg. Co. (Nur Erbstolln.)	Meissen.	Amtshauptmannschaft Meissen.	Der Freiberger Bergbegnadigungsfond.	Rössler, C. J., Stadtrath in Freiberg, Bevollmächtigter.
43	**Kröner Fundgrube** über dem Schafhofe vor der Stadt.	Freiberg.	Amtshauptmannschaft Freiberg.	Die Gewerkschaft in Junge hohe Birke Fdgr.	Der Stadtrath zu Freiberg, vertreten durch dessen Deputirten, Stadtrath Beyer daselbst, Vorsitzender des Grubenvorstandes.
44	**Lobegott Fundgr.** bei Grossdorfhain.	Tharand.	Amtshauptmannschaftl. Delegation Potschappel.	Neubert, F. W., Bergarbeiter in Grossdorfhain.	—
45	**Martelbacher Rösche** zu Dittmannsdorf. (Ohne Grubenfeld. Uebrigens bei der Dörnthaler Wasserleitung berücksichtigt.)	Sayda.	Amtshauptmannschaftl. Delegation Sayda.	Freiberger Bergrevier.	Der Revierausschuss zu Freiberg.
46	**Morgenstern Erbstolln** am Muldenberge. (Wie bei Nr. 8.)	Freiberg.	Stadtrath zu Freiberg.	Die Gewerkschaft in Himmelfahrt Fundgr.	Albert, C. F., Canzleirath in Freiberg, Vorsitzender des Grubenvorstandes.
47	**Muldenwasserversorgung.** (Ohne Grubenfeld.)	Freiberg.	Amtshauptmannschaft Freiberg.	Freiberger Bergrevier.	Der Revierausschuss zu Freiberg.

Betriebsleiter und andere Werksbeamte.	Mannschaftszahl.			Ausbringen im Jahre 1878.				Im Jahre 1878 erfolgte			
	Beamte und Officianten.	Arbeiter: ständige.	Arbeiter: unständige.	Namen der Producte.	Menge derselben.	Geldwerth.		Capital- oder Zubuss-Einzahlung.		Ueberschuss-Vertheilung.	
					Centner.	M	Pf.	M	Pf.	M	Pf.
Kaden, C. W., Schichtmeisterdienstversorger. Liebscher, Rechnungsexpedient in Freiberg, Rechnungsführer.	—	—	—	Silbererze.		—	—	—	—	—	—
Vogel, G. H., Schichtmeisterdienstversorger. Schiffel, Fr. H., Cassen- und Rechnungsführer.	1	1	—	Silber- und Bleierze. Schaustufen.	56,7	369 2	86 50	5789	—	—	—
Vogel, H., Betriebsdirector in Freiberg.	—	—	—	Silber- und Bleierze.		—	—	—	—	—	—
Tittel, A. Th., Betriebsdirector in Freiberg. Heyne, F. H., Obersteiger.	1	8	—	Silber- und Schwefelerze.	561,4	511	38	11344	86	—	—
Fritzsche, C. F., Schichtmeisterdienstversorger.	—	—	—	Silbererze.		—	—	—	—	—	—
Bornemann, K. R., Kunstmeister in Freiberg, Stollnfactor. Hesse, Th. E., Königl. Bergfactor in Freiberg, Rechnungsbeamter. Band, Obersteiger.	—	—	—			—	—	—	—	—	—
Wengler, R., Betriebsdirector auf Himmelfahrt Fundgr. Kretzschmar, Cassirer. Lorenz, Controleur. Arnold, C. E. M., auf Abrahamschacht, Obersteiger.	—	—	—	Silbererze.		—	—	—	—	—	—
Bornemann, K. R., Kunstmeister in Freiberg, Stollnfactor. Hesse, Th. E., Königl. Bergfactor in Freiberg, Rechnungsbeamter. Fischer, Steiger.	1	—	1			—	—	—	—	—	—

No.	Name des Berggebäudes.	Amts-gerichts-bezirk.	Orts-verwaltungs-behörde.	Besitzer.	
48	**Neujahres-Wechsel** am linken Gehänge der Weisseritz unterhalb der Hosenmühle.	Tharand.	Amtshauptmannschaftl. Delegation Potschappel.	Fritzsche, C. Fr., Bergarbeiter in Grossdorfhain.	
49	**Nördliches Stollnrevier.** (Ohne Grubenfeld.)	Freiberg und Brand.	Amtshauptmannschaft Freiberg.	Freiberger Bergrevier.	Der F ber
50	**Oberes neues Geschrei Fundgrube** zu Tuttendorf. (Wie bei Nr. 8.)	Freiberg.	Amtshauptmannschaft Freiberg.	Die Gewerkschaft in Himmelfahrt Fdgr.	Alb in des
51	**Prophet Samuel Fundgrube** vor der Stadt. (Wie bei Nr. 8.)	Freiberg.	Stadtrath zu Freiberg.	Die Gewerkschaft in Himmelfahrt Fdgr.	Alb in des
52	**Radegrube Fundgrube** bei Burkersdorf.	Nossen.	Amtshauptmannschaft Meissen.	Die Gewerkschaft in Gesegnete Bergmanns Hoffnung Fundgr.	Alb in des
53	**Romanus** zu Siebenlehn.	Nossen.	Amtshauptmannschaft Meissen.	Die Gewerkschaft in Segen Gottes zu Gersdorf.	Wa Nie ber Gru
54	**Rothschönberger Stolln.**	Freiberg, Nossen und Wilsdruff.	Amtshauptmannschaft Meissen und Freiberg.	Königl. Sächs. Staatsfiscus.	Mül in
55	**Rudolph Erbstolln** an der Mulde bei Halsbach. (Wie bei Nr. 8.)	Freiberg.	Amtshauptmannschaft Freiberg.	Die Gewerkschaft in Himmelfahrt Fdgr.	Alb in des

Betriebsleiter und andere Werksbeamte.	Mannschaftszahl. Beamte und Officianten.	Arbeiter: ständige.	Arbeiter: unständige.	Ausbringen im Jahre 1878. Namen der Producte.	Menge derselben. Centner.	Geldwerth. ℳ	₰	Im Jahre 1878 erfolgte Capital- oder Zubuss-Einzahlung. ℳ	₰	Ueberschuss-Vertheilung. ℳ	₰
Münzner, Doppelhäuer bei Samuel Erbstolln, Schichtmeisterdienstversorger.	—	1	—	Silbererze.		—	—	970	45	—	—
Bornemann, K. R., Kunstmeister in Freiberg, Stollnfactor. Hesse, Th. E., Königl. Bergfactor in Freiberg, Rechnungsbeamter. Butze, W. O., Obersteiger.	1	2	—			—	—	—	—	—	—
Wengler, R., Betriebsdirector auf Himmelfahrt Fundgr. Kretzschmar, Cassirer. Lorenz, Controleur.	—	—	—	Silber- und Bleierze.		—	—	—	—	—	—
Wengler, R., Betriebsdirector auf Himmelfahrt Fundgr. Kretzschmar, Cassirer. Lorenz, Controleur.	—	—	—	Silbererze.		—	—	—	—	—	—
Albert, C. R., Betriebsdirector in Obergruna.	—	6	—	Silbererze.		—	—	6229	89	—	—
Vogel, H., Betriebsdirector in Freiberg.	—	—	—	Silbererze.		—	—	410	91	—	—
Müller, H., Oberbergrath in Freiberg. Gläser, F. A., Schichtmeister in Freiberg, Cassen- und Rechnungsführer. Jobst, Bergverwalter in Reinsberg, Obersteiger.	1	6	—	Nickelerze.		—	—	16057	7	—	—
Wengler, R., Betriebsdirector auf Himmelfahrt Fundgr. Kretzschmar, Cassirer. Lorenz, Controleur.	—	—	—	Silbererze.		—	—	—	—	—	—

No.	Name des Berggebäudes.	Amtsgerichtsbezirk.	Ortsverwaltungsbehörde.	Besitzer.	Vertreter des Besitzers.
56	**Samuel Erbstolln** am Grundflüssel unweit Niederbobritsch. (Besitzt bestätigte Statuten.)	Freiberg.	Amtshauptmannschaft Freiberg.	Gewerkschaft.	Steyer, C. L., Erbgerichtsbesitzer in Nanndorf, Vorsitzender des Grubenvorstandes.
57	**Saxonia s. Morgenröthe Fundgr.** zu Seiffen und Deutschcatharinenberg. (Besitzt bestätigte Statuten.)	Sayda.	Amtshauptmannschaftl. Delegation Sayda.	Gewerkschaft.	Haubick, A., Ingenieur in Dresden, Vorsitzender des Grubenvorstandes.
58	**Schönberg Erbstolln** zu Niederreinsberg. (Besitzt bestätigte Statuten.)	Nossen.	Amtshauptmannschaft Meissen.	Gewerkschaft.	Wagner, A., Kaufmann in Freiberg, Vorsitzender des Grubenvorstandes.
59	**Segen Gottes** an der wilden Weisseritz oberhalb Tharand. (Losgesagt.)	Tharand.	Amtshauptmannschaftl. Delegation Potschappel.	Gewerkschaft.	Vogel, H., Betriebsdirector in Freiberg, Officialbevollmächtigter.
60	**Segen Gottes** zu Gersdorf. (Besitzt bestätigte Statuten.)	Rosswein und Nossen.	Amtshauptmannschaft Döbeln und Meissen.	Gewerkschaft.	Wappler, R. B., Mineralienniederlagsfactor in Freiberg, Vorsitzender des Grubenvorstandes.
61	**Silbersegen** zu Grossdorfhain.	Tharand.	Amtshauptmannschaftl. Delegation Potschappel.	Obersteiger Mäcko's in Grossdorfhain Erben.	—
62	**Südliches Stollnrevier.** (Ohne Grubenfeld.)	Brand und Freiberg.	Amtshauptmannschaft Freiberg.	Freiberger Bergrevier.	Der Revierausschuss zu Freiberg.
63	**Tiefer Hilfe Gottes Stolln** unterhalb der Obergrunaer Mühle. Co. (Ohne Grubenfeld.)	Nossen.	Amtshauptmannschaft Meissen.	Der Freiberger Bergbegnadigungsfond.	Rössler, C. J., Stadtrath in Freiberg, Bevollmächtigter.
64	**Treue Einigkeit** zu Langenstriegis.	Hainichen.	Amtshauptmannschaft Döbeln.	Kaufmann, O., Kaufmann in Berlin.	Täschner, A., Rechtsanwalt in Freiberg, Generalbevollmächtigter.

Betriebsleiter und andere Werksbeamte.	Mannschaftszahl.			Ausbringen im Jahre 1878.				Im Jahre 1878 erfolgte			
	Beamte und Officianten.	Arbeiter: ständige.	Arbeiter: unständige.	Namen der Producte.	Menge derselben.	Geldwerth.		Capital- oder Zubuss-Einzahlung.		Ueberschuss-Vertheilung.	
					Centner.	M	Pf	M	Pf	M	Pf
Heuchler, R., Betriebsbeamter. Münzner, Doppelhäuer, Steigerdienstversorger	—	—	—	Silbererze.	.	—	—	1158	75	—	—
Zickmantel, G. H., Betriebsleiter und Steigerdienstversorger in Deutschcatharinenberg. Schiffel, F. H., Rechnungsführer in Freiberg.	1	6	—	Zinn-, Silber- und Kupfererze.		—	—	11330	95	—	—
Fauchert, A. F., Steiger und Bergverwalterdienstversorger.	1	10	—	Silbererze. Schaustufen.	206,47 .	1112 63	24 10	5494	50	—	—
Pilz, Schichtmeister- und Steigerdienstversorger. Hertwig, H. Br., in Freiberg, Rechnungsführer.	—	—	—	Silbererze.	.	—	—	1167	—	—	—
Vogel, H., Betriebsdirector in Freiberg. Friedrich, G. Tr., Obersteiger in Gersdorf.	6	31	1	Silber-, Blei- und Kupfererze. Bleiglanz. Schwerspath.	3286,68 3,18 866,2	15455 62 389	86 62 79	—	—	—	—
—	—	1	2	Silbererze.		—	—	1310	95	—	—
Bornemann, K. R., Kunstmeister in Freiberg, Stollnfactor. Hesse, Th. E., Königl. Bergfactor in Freiberg, Rechnungsbeamter. Holze, F., Obersteiger.	1	2	—	.		—	—	—	—	—	—
Hesse, Th. E., Königl. Bergfactor in Freiberg.	—	—	—		.	—	—	—	—	—	—
Heuchler, E. R., Markscheider in Freiberg.	1	—	—	Eisenerze.	.	—	—	192	80	—	—

No.	Name des Berggebäudes.	Amts-gerichts-bezirk.	Orts-verwaltungs-behörde.	Besitzer.	Vertreter des Besitzers.
65	**Unverhofft Glück** an der wilden Weisseritz.	Tharand.	Amtshauptmannschaftl. Delegation Potschappel.	Gewerkschaft.	Lindig, M., Privatus in Dresden, Vorsitzender des Grubenvorstandes.
66	**Vereinigt Feld** bei Brand.	Brand und Freiberg.	Amtshauptmannschaft Freiberg.	Gewerkschaft.	Krüger, B., Stadtrath in Freiberg, Vorsitzender des Grubenvorstandes.
67	**Vereinigt Feld** bei Siebenlehn.	Nossen.	Amtshauptmannschaft Meissen.	Gewerkschaft.	Opp, Ch. F. H., Privatus in Siebenlehn, Vorsitzender des Grubenvorstandes.
68	**Vergnügte Hoffnung Erbstolln** in Kleinwaltersdorf. (Hatte bis zum Schluss des Jahres 1878 Betriebsfrist.)	Freiberg.	Amtshauptmannschaft Freiberg.	Gewerkschaft.	Wolf, H., Rentier in Dresden, Vorsitzender des Grubenvorstandes.
69	**Wagner's Grubenfeld** bei Kleindorfhain.	Tharand.	Amtshauptmannschaftl. Delegation Potschappel.	Fritzsche, C. A., Bergarbeiter in Dorfhain.	—
70	**Wahl Erbstolln** zu Krummenhennersdorf. (Ohne Grubenfeld.)	Freiberg.	Amtshauptmannschaft Freiberg.	Königl. Sächs. Staatsfiscus.	Müller, H., Oberbergrath in Freiberg, Administrator
71	**Zenith** bei Oberschöna. (Besitzt bestätigte Statuten.)	Freiberg.	Amtshauptmannschaft Freiberg.	Heinicke, P., Bankier in Freiberg.	—

Betriebsleiter und andere Werksbeamte.	Mannschaftszahl. Beamte und Officianten.	Arbeiter: ständige.	un-ständige.	Ausbringen im Jahre 1878. Namen der Producte.	Menge derselben. Centner.	Geldwerth. M	₰	Im Jahre 1878 erfolgte Capital- oder Zubuss-Einzahlung. M	₰	Ueberschuss-Vertheilung. M	₰
Fritzsche, F. W., Betriebsleiter und Steiger.	2	5	2	Silbererze.	1247,3	2663	45	3053	85	—	—
Buschick, Th., Betriebsdirector in Erbisdorf. Porsdorfer, Obersteiger auf Reicher Bergsegen. Richter, Obersteiger auf Alte Mordgrube.	10	332	16	Silber-, Blei-, Kupfer-, Arsen- und Schwefelerze.	25135,52	190534	88	—	—	—	—
Illgen, Oberstg. Schiffel, F. H., Rechnungsführer.	1	9	—	Silbererze. Schaustufen.	122,03 .	2394 6	63 5	5412	90	—	—
Liebscher, Fr. F., Buchhalter, Betriebsleiter.	—	—	—	Silbererze.		—	—	517	50	—	—
Münzner, C. G., Doppelhäuer bei Samuel Erbstolln, Schichtmeister- und Steigerdienstversorger.	—	1	—	Silbererze.	.	—	—	330	8	—	—
Müller, H., Oberbergrath in Freiberg. Gläser, C. A., Schichtmeister in Freiberg, Cassen- und Rechnungsführer. Jobst, Bergverwalter in Reinsberg, Obersteiger.	—	—	—		.	—	—	—	—	—	—
Vogel, H., Betriebsdirector in Freibergsdorf. Fischer, C. G., Doppelhäuer in Oberschöna, Steigerdienstversorger.	—	5	3	Silbererze.	13,3	210	78	5274	63	—	—
Sa. I. 71 Gruben im **Freiberger Bergrevier.**	166	5613	643		502292,61	3975884	94	364137	47	262950 incl. 6105 auf Freikuxe.	— —

3*

No.	Name des Berggebäudes.	Amtsgerichtsbezirk.	Ortsverwaltungsbehörde.	Besitzer.	Vertreter des Besitzers.
	II. Altenberger Bergrevier, zugleich Berginspectionsbezirk **Altenberg.**				
72	**Bertha Fundgr.** zu Berggiesshübel. (Hat bis zum 31. Mai 1880 Betriebsfrist.)	Pirna.	Amtshauptmannschaft Pirna.	Spalteholz, A. O., Holzhändler in Pirna.	—
73	**Beschert Glück Erbstolln** bei Sadisdorf. (Ohne Grubenfeld.)	Dippoldiswalde.	Amtshauptmannschaft Dippoldiswalde.	Die Gewerkschaft des Pöbler Bergbauvereins.	Wohlfarth, J. O., med. pract. in Dippoldiswalde, gewerkschaftl. Bevollmächtigter.
74	**Carl Anton und Leopold Erbstolln** zu Zinnwald. (Ohne Grubenfeld.)	Altenberg.	Amtshauptmannschaft Dippoldiswalde.	Graf v. Hohenthal-Püchau auf Lauenstein.	Schneider, Güterdirector zu Schloss Püchau bei Wurzen, Generalbevollmächtigter.
75	**St. Christoph Fundgr.** in der Bärenhecke.	Dippoldiswalde.	Amtshauptmannschaft Dippoldiswalde.	Gewerkschaft.	Trautzsch, O., Bäckermeister in Altenburg, Vorsitzender des Grubenvorstandes.
76	**Edle Krone Fundgr.** zu Höckendorf.	Dippoldiswalde.	Amtshauptmannschaft Dippoldiswalde.	Gewerkschaft.	Einenckel, M., Fabrikant in Dresden, Vorsitzender des Grubenvorstandes.
77	**Eisenmann** bei Bärenburg. (Hat bis 1. December 1879 Betriebsfrist.)	Altenberg.	Amtshauptmannschaft Dippoldiswalde.	Sächs. Eisenindustriegesellschaft zu Pirna in Liquidation.	Fritsch, H., Director in Pirna, Mitliquidator.
78	**Friedrich Burkhard** bei Maxen.	Pirna.	Amtshauptmannschaft Pirna.	Hennig, L., Privatus in Dresden.	—
79	**Ferdinands Zeche** bei Gottleuba. (Mannschaftszahl etc. bei Gottes Zeche Fdgr. mit berücksichtigt.)	Pirna.	Amtshauptmannschaft Pirna.	Die Gewerkschaft in Gottes Zeche Fdgr.	Topf, Fr. F., Stadtcassirer in Gottleuba, Vorsitzender des Grubenvorstandes.
80	**Gottes Zeche Fundgr.** bei Gottleuba.	Pirna.	Amtshauptmannschaft Pirna.	Gewerkschaft.	Topf, Fr. F., Stadtcassirer in Gottleuba, Vorsitzender des Grubenvorstandes.

Betriebsleiter und andere Werksbeamte.	Mannschaftszahl. Beamte und Officianten.	Arbeiter: ständige.	Arbeiter: unständige.	Ausbringen im Jahre 1878. Namen der Producte.	Menge derselben. Centner.	Geldwerth. ℳ	₰	Im Jahre 1878 erfolgte Capital- oder Zubuss-Einzahlung. ℳ	₰	Ueberschuss-Vertheilung. ℳ	₰
Querner, C. G., Schichtmeister- und Steigerdienstversorger.	—	—	—	Eisenerze.		—	—	919	—	—	—
Städter, E. E. L., Markscheider in Altenberg.	—	—	—			—	—	—	—	—	—
Städter, E. E. L., Markscheider in Altenberg.	—	—	—			—	—	164	—	—	—
Ehrlich, F. Tr. E., Schichtmeister in Bärenstein. Graf, F. H., Steigerdienstversorger.	2	9	—	Silbererze.		—	—	8250	—	—	—
Wagner, C. G., Betriebsdirector auf Beschert Glück Fundgr. bei Freiberg. Liebscher, F., in Freiberg, Rechnungsführer. Menzer, F. A., Steigerdienstversorger.	1	10	—	Silbererze.		—	—	10716	—	—	—
Henker, A. O., Schichtmeister- und Steigerdienstversorger.	—	—	—	Eisenerze.		—	—	359	78	—	—
—	—	—	—	Blei- und Kupfererze.		—	—	—	—	—	—
—	—	—	—	Silbererze.		—	—	—	—	—	—
Henker, A. O., in Berggiesshübel, Schichtmeister- und Steigerdienstversorger.	1	4	—	Silbererze.		—	—	3312		—	—

No.	Name des Berggebäudes.	Amtsgerichtsbezirk.	Ortsverwaltungsbehörde.	Besitzer.	Vertreter des Besitzers.
81	**Hammerzeche Vereinigt Feld** zu Berggiesshübel. (Hat bis Schluss Crucis 1879 Betriebsfrist.)	Pirna.	Amtshauptmannschaft Pirna.	Actiengesellschaft der Sächs. Gussstahlfabrik zu Döhlen.	Grahl, R., Director in Döhlen, Procurist.
82	**Himmelfahrt Erbstolln** zu Löwenhain. (Ohne Grubenfeld.)	Lauenstein.	Amtshauptmannschaft Dippoldiswalde.	Die Gewerkschaft in Segen Gottes Fundgr. zu Löwenhain.	Voigt, F. A., Ortsrichter und Mühlenbesitzer in Geising, Officialbevollmächtigter.
83	**Himmelfahrt Fundgrube** am Hirschberge bei Löwenhain.	Lauenstein.	Amtshauptmannschaft Dippoldiswalde.	Gewerkschaft.	Richter, C. H., Stollnfactor in Altenberg, Officialbevollmächtigter.
84	**Hockstein Erbstolln** bei Hohnstein.	Schandau.	Amtshauptmannschaft Pirna.	Städter, E. E. L., Markscheider in Altenberg.	—
85	**Tiefer Hiob Erbstolln** bei Stadt Bärenstein. (Ohne Grubenfeld.)	Lauenstein.	Amtshauptmannschaft Dippoldiswalde.	Gesellenschaft.	Städter, E. E. L., Markscheider in Altenberg, Bevollmächtigter.
86	**St. Johannes Fundgrube** in der Zeidelweide bei Fürstenau.	Lauenstein.	Amtshauptmannschaft Dippoldiswalde.	Gewerkschaft.	Jentsch, A. G., Kaufmann in Leipzig, Vorsitzender des Grubenvorstandes.
87	**König Anton** bei Niederseidewitz und Friedrichswalde. (Hat bis zum 21. Februar 1880 Betriebsfrist.)	Pirna.	Amtshauptmannschaft Pirna.	Sächs. Eisenindustrie-Gesellschaft z. Pirna, in Liquidation.	Fritsch, H., in Pirna, Mitliquidator.
88	**Kupfergrübner Erbstolln** bei Naundorf.	Dippoldiswalde.	Amtshauptmannschaft Dippoldiswalde.	Die Gewerkschaft des Pöbler Bergbauvereins.	Wohlfarth, J. O., med. pract. in Dippoldiswalde, gewerkschaftl. Bevollmächtigter.
89	**Louisen Zeche** bei Gottleuba. (Hatte bis 30. October 1878 Betriebsfrist.)	Pirna.	Amtshauptmannschaft Pirna.	Des Rechtsanwalt Carl Lorenz in Dresden Nachlassconcurs.	—

Betriebsleiter und andere Werksbeamte.	Mannschaftszahl. Beamte und Officianten.	Arbeiter: ständige.	Arbeiter: unständige.	Ausbringen im Jahre 1878. Namen der Producte.	Menge derselben. Centner.	Geldwerth. M	Pf	Im Jahre 1878 erfolgte Capital- oder Zubuss-Einzahlung. M	Pf	Ueberschuss-Vertheilung. M	Pf
Hengst, C. F., Obersteiger in Berggiesshübel, Schichtmeisterdienstversorger. Weinholdt, F. A., Steiger.	—	—	—	Eisenerze.		—	—	493	22	—	—
Grumbt, M. F., Schichtmeister in Fürstenau.	—	—	—	Zinn.	.	—	—	—	—	—	—
Grumbt, M. F., Schichtmeister in Fürstenau.	—	—	—	Zinn.		—	—	36	—	—	—
—	—	—	—	Silbererze.		—	—	—	—	—	—
—	—	—	—	.		—	—	—	—	—	—
Grumbt, M. F., Schichtmeister- und Steigerdienstversorger.	1	3	—	Zinn.	.	—	—	1946	60	—	—
Henker, A. O., Schichtmeister- und Steigerdienstversorger.	—	—	—	Eisenerze.		—	—	86	3	—	—
Städter, E. E. L., Markscheider in Altenberg. Kirsten, F. T., Steiger.	—	—	—	Silbererze.		—	—	—	—	—	—
—	—	—	—	Silbererze.	.	—	—	244	80	—	—

No.	Name des Berggebäudes.	Amtsgerichtsbezirk.	Ortsverwaltungsbehörde.	Besitzer.	Vertreter des Besitzers.
90	**Martinzeche Fundgr.** zu Berggiesshübel.	Pirna.	Amtshauptmannschaft Pirna.	Actiengesellschaft der Sächs. Gussstahlfabrik in Döhlen.	Grahl, R., Director in Döhlen, Procurist.
91	**St. Michaelis Erbst.** zu Höckendorf.	Dippoldiswalde.	Amtshauptmannschaft Dippoldiswalde.	Gewerkschaft.	Burkhardt, G., Hotelbesitzer in Löbau, Vorsitzender des Grubenvorstandes.
92	**Milde Hand Gottes Erbst.** (Ohne Grubenfeld.)	Dippoldiswalde.	Amtshauptmannschaft Dippoldiswalde.	Die Gewerkschaft des Pöbler Bergbauvereins.	Wohlfarth, J. O., med. pract. in Dippoldiswalde, gewerkschaftl. Bevollmächtigter.
93	**Mutter Gottes Vereinigt Feld s. Gott mit uns und Marie Louise Stolln** (Friedrich Erbstolln) zu Berggiesshübel.	Pirna.	Amtshauptmannschaft Pirna.	Actienverein Sächs. Eisenindustriegesellschaft zu Pirna, in Liquidation.	Fritsch, H., Kaufmann in Pirna, Mitliquidator.
94	**Nasslehn** am hohen Busch bei Altenberg. (Losgesagt und gelöscht.)	Altenberg.	Amtshauptmannschaft Dippoldiswalde.	Die Gewerkschaft in Segen Gottes zu Löwenhain.	Voigt, F. A., Ortsrichter und Mühlenbesitzer in Geising, Officialbevollmächtigter.
95	**Nasslehn s. Christi Himmelfahrt Erbst.** (Ohne Grubenfeld.)	Lauenstein.	Amtshauptmannschaft Dippoldiswalde.	Gesellenschaft.	Städter, E. E. L., Markscheider in Altenberg, Bevollmächtigter.
96	**Neue Hoffnung Erbst.** an der Höglitzhöhe. (Ohne Grubenfeld.)	Lauenstein.	Amtshauptmannschaft Dippoldiswalde.	Gesellenschaft.	Städter, E. E. L., Markscheider in Altenberg, Bevollmächtigter.
97	**Paradies Fundgr.** am Kahlenberge.	Altenberg.	Amtshauptmannschaft Dippoldiswalde.	Gewerkschaft.	Barthold, J. F., Lotteriecollecteur in Dresden, gewerkschaftl. Bevollmächtigter.

Betriebsleiter und andere Werksbeamte.	Mannschaftszahl.			Ausbringen im Jahre 1878.			
	Beamte und Officianten.	Arbeiter: ständige.	un-ständige.	Namen der Producte.	Menge derselben.	Geldwerth.	
					Centner.	M	Pf.
Hengst, C. F., in Berggiesshübel, Schichtmeisterdienstversorger.	1	—	2	Eisenstein.	.	—	—
Mäcke, M. Cl., Doppelhäuer in Grossdorfhain, Schichtmeisterdienstversorger.	—	3	—	Silbererze.		—	—
Städter, E. E. L., Markscheider in Altenberg. Kirsten, Fr. T., Steiger.	—	—	—	Zinn.	.	—	—
Henker, A. O., Steiger in Berggiesshübel, Betriebsleiter und Steigerdienstversorger.	2	49	29	Eisenstein.	11355	4258	13
—	—	—	—	Zinn.		—	—
Städter, E. E. L., Markscheider in Altenberg.	—	—	—	.		—	—
—	—	—	—	.		—	—
Städter, E. E. L., Markscheider in Altenberg. Lotze, H. H., Doppelhäuer, Steigerdienstversorger.	—	1	—	Zinn.		—	—

No.	Name des Berggebäudes.	Amts-gerichts-bezirk.	Orts-verwaltungs-behörde.	Besitzer.	Vertreter des Besitzers.
98	**Segen Gottes Erbstolln** zu Schellerhau. (Hat bis Schluss Crucis 1883 Betriebsfrist.)	Altenberg.	Amtshauptmannschaft Dippoldiswalde.	Die Gewerkschaft Vereinigt Feld im Zwitterstock zu Altenberg.	Otto, W. E., Rittergutsbesitzer auf Naundorf, Vorsitzender der gewerkschaftl. Direction.
99	**Segen Gottes Fundgr.** zu Löwenhain.	Lauenstein.	Amtshauptmannschaft Dippoldiswalde.	Gewerkschaft.	Voigt, F. A., Ortsrichter und Mühlenbesitzer in Geising, Officialbevollmächtigter.
100	**Silber Hoffnung s. Kupfergrube Fundgr.** Co.	Dippoldiswalde.	Amtshauptmannschaft Dippoldiswalde.	Gewerkschaft Pöbler Bergbauverein.	Wohlfarth, J. O., med. pract. in Dippoldiswalde, gewerkschaftl. Bevollmächtigter.
101	**Silberspath Erbstolln** bei Höckendorf. (Ohne Grubenfeld.)	Dippoldiswalde.	Amtshauptmannschaft Dippoldiswalde.	Die Gewerkschaft in Edle Krone Fundgr.	Einenckel, M., Fabrikbesitzer in Dresden, Vorsitzender des Grubenvorstandes.
102	**Tiefer Pöbler Hauptstolln.** (Ohne Grubenfeld.)	Dippoldiswalde.	Amtshauptmannschaft Dippoldiswalde.	Die Gewerkschaft des Pöbler Bergbauvereins.	Wohlfarth, J. O., med. pract. in Dippoldiswalde, gewerkschaftl. Bevollmächtigter.
103	**Tiefer Zwiesler Erbstolln** zu Berggiesshübel. (Ohne Grubenfeld.)	Pirna.	Amtshauptmannschaft Pirna.	Königl. Sächs. Staatsfiscus.	Henker, A. O., Steiger in Gottleuba.
104	**Vereinigter tiefer Hilfsstolln.** (Ohne Grubenfeld.)	Lauenstein.	Amtshauptmannschaft Dippoldiswalde.	Gesellenschaft.	Städter, E. E. L., Markscheider in Altenberg, Bevollmächtigter.
105	**Vereinigt Feld** im Zwitterstock zu Altenberg. (Besitzt bestätigte Statuten.)	Altenberg.	Amtshauptmannschaft Dippoldiswalde.	Gewerkschaft.	Otto, W. E., Rittergutsbesitzer auf Naundorf, Vorsitzender der gewerkschaftl. Direction.

Betriebsleiter und andere Werksbeamte.	Mannschaftszahl. Beamte und Officianten.	Arbeiter: ständige.	Arbeiter: unständige.	Ausbringen im Jahre 1878. Namen der Producte.	Menge derselben. Centner.	Geldwerth. ℳ	₰	Im Jahre 1878 erfolgte Capital- oder Zubuss-Einzahlung. ℳ	₰	Ueberschuss-Vertheilung. ℳ	₰
Steiner, E., Hüttenverwalter in Schmiedeberg. König, J. H., Steiger.	1	—	—	Eisenerze.	.	—	—	21	74	—	—
rumbt, M. F., Schichtmeister in Fürstenau.	—	1	—	Zinn.	.	—	—	479	25	—	—
tädter, E. E. L., Markscheider in Altenberg. Kirsten, Fr. T., Steiger.	2	6	—	Silbererze und Zinn. Molybdänglanz.	. 0,20	— 120	— 50	6906	—	—	—
lenzer, F. A., Steigerdienstversorger.	—	—	—		.	—	—	—	—	—	—
tädter, E. E. L., Markscheider in Altenberg. Kirsten, E. T., Steiger.	—	—	—		.	—	—	—	—	—	—
lenker, A. O., Steiger in Gottleuba.	—	—	—			—	—	36	16	—	—
tädter, E. E. L., Markscheider in Altenberg.	—	—	—			—	—	—	—	—	—
licolai, L. L., Bergfactor in Altenberg. Meude, C. R., Obersteiger.	25	177	20	Zinn. Wismuth.	1456,17 13,24	96014 8903	65 —	—	—	—	—

No.	Name des Berggebäudes.	Amtsgerichtsbezirk.	Ortsverwaltungsbehörde.	Besitzer.	Vertreter des Besitzers.
106	**Vereinigt Zwitterfeld Fdgr.** zu Zinnwald.	Altenberg.	Amtshauptmannschaft Dippoldiswalde.	Gesellenschaft.	Bachmann, F. A., Stadtältester in Altenberg, Bevollmächtigter.
107	**Vulcan** bei Berggiesshübel. (Verliehen im Juli 1878 und hat bis Juli 1882 Betriebsfrist.)	Pirna.	Amtshauptmannschaft Pirna.	Vereinigte Königs- und Laurahütte, Actiengesellschaft für Bergbau- und Hüttenbetrieb in Berlin.	Ehrhardt, Hüttendirector in Cainsdorf bei Zwickau, Bevollmächtigter für Sachsen.
108	**Vertrau auf Gott Fundgr.** zu Obercunnersdorf.	Dippoldiswalde.	Amtshauptmannschaft Dippoldiswalde.	Gewerkschaft.	Fröhlich, Ch. F., Schuhmachermeister in Dresden, Vorsitzender des Grubenvorstandes.
109	**Zinnfang Erbstolln.** (Ohne Grubenfeld.)	Dippoldiswalde.	Amtshauptmannschaft Dippoldiswalde.	Die Gewerkschaft des Pöbler Bergbauvereins.	Wohlfarth, J. O., med. pract. in Dippoldiswalde, gewerkschaftl. Bevollmächtigter.
110	**Zwitterstock's tiefer Erbstolln** zu Altenberg.	Altenberg.	Amtshauptmannschaft Dippoldiswalde.	Gewerkschaft.	Der Stadtrath zu Freiberg (Stadtrath Rössler, Deputirter), Vorsitzender des Grubenvorstandes.

Betriebsleiter und andere Werksbeamte.	Mannschaftszahl. Beamte und Officianten.	Arbeiter: ständige.	Arbeiter: unständige.	Ausbringen im Jahre 1878. Namen der Producte.	Menge derselben. Centner.	Geldwerth. ℳ	Geldwerth. ₰	Im Jahre 1878 erfolgte Capital- oder Zubuss-Einzahlung. ℳ	₰	Ueberschuss-Vertheilung. ℳ	₰
Grumbt, H. A., Schichtmeister in Zinnwald.	1	5	3	Zinn.	30,93	2061	78	750	—	—	—
				Wolfram.	264,55	1935	90				
				Quarz.	1626	1144	74				
				Halden- und Schottersteine etc.	.	44	17				
—	—	—	—	Eisenerze.		—	—	120	80	—	—
Ilgen, G. A., Schichtmeister und Steigerdienstversorger.	—	1	—	Silbererze.		—	—	1035	—	—	—
Städter, F. E. L., Markscheider in Altenberg. Kirsten, F. Tr., Steiger.	—	—	—	Zinn.		—	—	—	—	—	—
Richter, C. H., Stollnfactor in Altenberg. Schröer, Ch. F., Obersteiger.	6	11	2	Zinn.	207,98	13743	50	—	—	—	—
				Wismuth.	0,51	360	—				
				Hierüber: Kirchenzinn.	1,09	78	84				
Sa. II. 39 Gruben im **Altenberger Bergrevier.**	43	280	56	.	14955,67	128665	21	55023	5	—	—

No.	Name des Berggebäudes.	Amtsgerichtsbezirk.	Ortsverwaltungsbehörde.	Besitzer.	Vertreter des Besitzers.
	III. Marienberger Bergrevier, zugleich Berginspectionsbezirk **Marienberg.**				
	a. Annaberger Abtheilung.				
111	**Andreas Gegentrum Fdgr.** zu Grumbach. (Besitzt bestätigte Statuten.)	Annaberg.	Amtshauptmannschaft Annaberg.	Gewerkschaft.	Hinkel, G. L., Schichtmeister in Marienberg, Bevollmächtigter.
112	**Bäuerin Fundgr.** am Schottenberge. (Gelöscht.)	Annaberg.	Amtshauptmannschaft Annaberg.	Gewerkschaft, in Liquidation.	Böhme, C., Dr. jur., Rechtsanwalt in Annaberg, Liquidator.
113	**Bierschnabel-, Orgel-, Marcus Röhling-** und **Tiefer Junger Andreas Stolln** im Schreckenberge s. **Nicolaus Orgelstollnflügel** im Schottenberge. (Ohne Grubenfeld.)	Annaberg.	Amtshauptmannschaft Annaberg.	Königl. Sächs. Staatsfiscus.	Weiss, F. J., Markscheider in Marienberg, Administrator.
114	**Briccius Stolln** hinter dem Pöhlberge. (Besitzt bestätigte Statuten und hat auf die Jahre 1879 und 1880 Betriebsfrist.)	Annaberg.	Amtshauptmannschaft Annaberg.	Gewerkschaft.	Poller, H. G., Schichtmeister in Johanngeorgenstadt, Grubenvorstand.
115	**Getreue Nachbarschaft Fundgr.** bei Frohnau.	Annaberg.	Amtshauptmannschaft Annaberg.	Die Gewerkschaft in Himmelfahrt s. Drei Brüder Fundgr.	Püttner, J., Kaufmann in Leipzig, Vorsitzender des Grubenvorstandes.
116	**Geyern** und **Conrad** zu Buchholz. (Hat auf die Jahre 1879 und 1880 Betriebsfrist.)	Annaberg.	Amtshauptmannschaft Annaberg.	Petzold, A., Kaufmann in Waldenburg in Schlesien.	Poller, H. G., Schichtmeister in Johanngeorgenstadt, Bevollmächtigter.
117	**Gute Hoffnung Stolln** zu Mildenau. (Ohne Grubenfeld.)	Annaberg.	Amtshauptmannschaft Annaberg.	Mauersberger, E. Ph., Gutsbesitzer in Mildenau.	—

Betriebsleiter und andere Werksbeamte.	Mannschaftszahl. Beamte und Officianten.	Arbeiter: ständige.	Arbeiter: unständige.	Ausbringen im Jahre 1878. Namen der Producte.	Menge derselben. Centner.	Geldwerth. ℳ	₰	Im Jahre 1878 erfolgte Capital- oder Zubuss-Einzahlung. ℳ	₰	Ueberschuss-Vertheilung. ℳ	₰
Heyn, C. M., Steiger und interimist. Betriebsleiter.	1	4	—	Silber-, Nickel- und Kobalterze.		—	—	3048	—	—	—
—	—	—	—	Silber-, Nickel- und Kobalterze.		—	—	—	—	—	—
Weiss, F. J., Markscheider in Marienberg. Kircheisen, H. L., Steiger bei Krönung.	1	—	—			—	—	900	—	—	—
Poller, H. G., Schichtmeister in Johanngeorgenstadt. Heyn, C. W. A., Schichtmeister daselbst, Rechnungsbeamter. Förster, F. W., Steiger.	1	1	—	Silber- und Kupfererze.	6,8	20	30	735	27	—	—
Weiss, F. J., Markscheider in Ehrenfriedersdorf. Kircheisen, Steiger in Annaberg.	1	7	—	Silbererze.		—	—	—	—	—	—
Poller, H. G., Schichtmeister in Johanngeorgenstadt. Heyn, C. W. A., Schichtmeister daselbst, Rechnungsbeamter. Hildebrandt, C. F., Steiger.	1	—	—	Silbererze.		—	—	187	24	—	—
—	—	—	—			—	—	4	—	—	—

No.	Name des Berggebäudes.	Amtsgerichtsbezirk.	Ortsverwaltungsbehörde.	Besitzer.	Vertreter des Besitzers.
118	**Himmelfahrt s. Drei Brüder Fundgr.** bei Buchholz.	Annaberg.	Amtshauptmannschaft Annaberg.	Gewerkschaft.	Püttner, J., Kaufmann in Leipzig, Vorsitzender des Grubenvorstandes.
119	**Klemm's Hoffnung Erbstolln** zu Frohnau. (Ohne Grubenfeld.)	Annaberg.	Amtshauptmannschaft Annaberg.	Klemm, T. F., Hausbesitzer in Frohnau.	—
120	**König Dänemark Stolln** an der Fleischerleithe. Co.	Annaberg.	Amtshauptmannschaft Annaberg.	Annaberger Bergbegnadigungsfond.	Weisbach, R., Rechtsanwalt in Marienberg, Bevollmächtigter.
121	**Krönung Fdgr.** am Schreckenberge.	Annaberg.	Amtshauptmannschaft Annaberg.	Gewerkschaft in Himmelfahrt s. Drei Brüder Fundgr. zu Buchholz.	Püttner, J., Kaufmann in Leipzig, Vorsitzender des Grubenvorstandes.
122	**Lang's Hoffnung Erbstolln** bei Buchholz. (Ohne Grubenfeld.)	Annaberg.	Stadtrath zu Buchholz.	Grund, C. F., Kaufmann in Buchholz.	—
123	**Mönchsbrunnen** bei Schmalzgrube. (Hat bis April 1870 Betriebsfrist.)	Annaberg.	Amtshauptmannschaft Annaberg.	Sächs. Eisenindustrie-Gesellschaft in Pirna, in Liquidation.	Fritsch, H., Director in Pirna, Mitliquidator.
124	**Naumann's Hoffnung Stolln** zu Sehma. (Ohne Grubenfeld.)	Annaberg.	Amtshauptmannschaft Annaberg.	Naumann, C. F. E., Mühlenbesitzer in Sehma.	—
125	**Reicher Segen Gottes Stolln** zu Sehma. (Ohne Grubenfeld.)	Annaberg.	Amtshauptmannschaft Annaberg.	Naumann, C. F. E., Mühlenbesitzer in Sehma.	—
126	**St. Johannes Fdgr. s. Tiefer Preussen Stolln** am Bärenstein.	Annaberg.	Amtshauptmannschaft Annaberg.	Gewerkschaft in Himmelfahrt s. Drei Brüder Fundgr. zu Buchholz.	Püttner, J., Kaufmann in Leipzig, Vorsitzender des Grubenvorstandes.

Betriebsleiter und andere Werksbeamte.	Mannschaftszahl. Beamte und Officianten.	Arbeiter: ständige.	unständige.	Ausbringen im Jahre 1878. Namen der Producte.	Menge derselben.	Geldwerth.		Im Jahre 1878 erfolgte Capital- oder Zubuss-Einzahlung.		Ueberschuss-Vertheilung.	
					Centner.	ℳ	₰.	ℳ	₰.	ℳ	₰.
Weiss, F. J., Markscheider in Marienberg. Kircheisen, Steiger in Annaberg.	—	—	—	Silbererze.		—	—	3498	9	—	—
—	—	—	—			—	—	4	50	—	—
Weiss, F. J., Markscheider in Marienberg. Mehner, Steiger.	1	12	—	Silbererze.		—	—	10267	50	—	—
Weiss, F. J., Markscheider in Marienberg. Kircheisen, Steiger in Annaberg.	—	—	—	Silber-, Nickel- und Kobalterze.		—	—	1474	47	—	—
—	—	—	—			—	—	3	—	—	—
Henker, A. O., Steiger in Berggiesshübel, interimist. Betriebsleiter.	—	—	—	Eisenerze.		—	—	233	19	—	—
—	—	—	—	.	.	—	—	4	—	—	—
—	—	—	—		.	—	—	4	—	—	—
Weiss, F. J., Markscheider in Marienberg. Kircheisen, Steiger in Annaberg.	—	—	—	Silbererze.		—	—	327	15	—	—

5

No.	Name des Berggebäudes.	Amtsgerichtsbezirk.	Ortsverwaltungsbehörde.	Besitzer.	Vertreter des Besitzers.
127	**Segen Gottes Fundgr.** bei Schlettau. (Losgesagt.)	Scheibenberg.	Amtshauptmannschaft Annaberg.	Heitzig, J. H. J., in Buchholz.	—
128	**Stille Hoffnung** bei Cranzahl. (Hat bis Juli 1881 Betriebsfrist.)	Oberwiesenthal.	Amtshauptmannschaft Annaberg.	Société anonyme des mines et usines de Hof-Pilsen-Schwarzenberg.	Fritzsche, C. F., Bergdirector in Schwarzenberg, Bevollmächtigter.
129	**Sieben Brüder Stolln** zu Hermannsdorf. (Ohne Grubenfeld.)	Annaberg.	Amtshauptmannschaft Annaberg.	Hecker, R., Fräulein in Stollberg.	—
130	**Silberschnur Erbstolln** zu Schmalzgrube. (Ohne Grubenfeld.)	Annaberg.	Amtshauptmannschaft Annaberg.	Tröger, O., Berggeschworner in Herold bei Thum.	—
131	**Vulcan** bei Schmalzgrube. (Hat bis April 1879 Betriebsfrist.)	Annaberg.	Amtshauptmannschaft Annaberg.	Sächs. Eisenindustrie-Gesellschaft in Pirna, in Liquidation.	Fritsch, H., Director in Pirna, Mitliquidator.

b. Marienberger Abtheilung.

No.	Name des Berggebäudes.	Amtsgerichtsbezirk.	Ortsverwaltungsbehörde.	Besitzer.	Vertreter des Besitzers.
132	**Alte drei Brüder Fundgr.** im Kiessholze. (Mannschaftszahl etc. ist bei Vater Abraham mit berücksichtigt.)	Wolkenstein.	Amtshauptmannschaft Marienberg.	Marienberger Silberbergbau-Actien-Gesellschaft. (Besitzt bestätigte Statuten.)	Germann, B. F., Bürgermeister in Marienberg, Vorsitzender des Verwaltungsrathes.
133	**Bartholomäus** bei Reitzenhain. (Hat bis April 1879 Betriebsfrist.)	Marienberg.	Amtshauptmannschaft Marienberg.	Sächs. Eisenindustrie-Gesellschaft in Pirna, in Liquidation.	Fritsch, H., Director in Pirna, Mitliquidator.
134	**Drebach's Hoffnung bessrer Zeiten Fdgr.** bei Drebach.	Wolkenstein.	Amtshauptmannschaft Marienberg.	Gewerkschaft in Himmelfahrt s. Drei Brüder Fdgr. zu Buchholz.	Püttner, J., Kaufmann in Leipzig. Vorsitzender des Grubenvorstandes.

Betriebsleiter und andere Werksbeamte.	Mannschaftszahl. Beamte und Officianten.	Arbeiter: ständige.	un-ständige.	Ausbringen im Jahre 1878. Namen der Producte.	Menge derselben. Centner.	Geldwerth. ℳ	₰	Im Jahre 1878 erfolgte Capital- oder Zubuss-Einzahlung. ℳ	₰	Ueberschuss-Vertheilung. ℳ	₰
Köhler, Steiger.	—	—	—	Silbererze.		—	—	—	—	—	—
Pilz, F. R., Bergverwalter in Obersachsenfeld.	—	—	—	Eisenerze.		—	—	75	20	—	—
—	—	—	—			—	—	—	—	—	—
—	—	—	—			—	—	—	—	—	—
Henker, A. O., Steiger in Berggiesshübel, interimist. Betriebsleiter.	—	—	—	Eisenerze.		—	—	137	17	—	—
Weiss, F. J., Markscheider in Marienberg. Hinkel, G. L., Schichtmeister daselbst, Rechnungsbeamter. Lissner, G. A., Steigerdienstversorger.	—	—	—	Silbererze.		—	—	—	—	—	—
Henker, A. O., Steiger in Berggiesshübel, interimist. Betriebsleiter.	—	—	—	Eisenerze.		—	—	274	72	—	—
Weiss, F. J., Markscheider in Marienberg.	—	—	—	Silbererze.		—	—	514	29	—	—

No.	Name des Berggebäudes.	Amts-gerichts-bezirk.	Orts-verwaltungs-behörde.	Besitzer.	Vertreter des Besitzers.
135	**Eichner's Hoffnung Fdgr.** in Rübenau.	Zöblitz.	Amtshauptmannschaft Marienberg.	Glöss, D. G., Nagelschmiedemeister in Rübenau.	—
136	**Else** im Herbstgrunde bei Wolkenstein. (Hat bis März 1879 Betriebsfrist.)	Wolkenstein.	Amtshauptmannschaft Marienberg.	Sächs. Eisenindustrie-Gesellschaft in Pirna, in Liquidation.	Fritsch, H., Director in Pirna, Mitliquidator.
137	**Emilie** bei Schönbrunn.	Wolkenstein.	Amtshauptmannschaft Marienberg.	Tröger, O., Berggeschworner in Herold bei Thum.	—
138	**Fortuna** bei Boden. (Hat bis zum April 1879 Betriebsfrist.)	Marienberg.	Amtshauptmannschaft Marienberg.	Sächs. Eisenindustrie-Gesellschaft in Pirna, in Liquidation.	Fritsch, H., Director in Pirna, Mitliquidator.
139	**Friedrich Henning Fundgr.**	Grimma.	Amtshauptmannschaft Grimma.	Königin Marienhütte, Actiengesellschaft, zu Cainsdorf.	Hartung, A. E. A., Bergingenieur in Cainsdorf, Bevollmächtigter.
140	**Goldkrone** bei Pobershau. (Hat bis April 1879 Betriebsfrist.)	Zöblitz.	Amtshauptmannschaft Marienberg.	Sächs. Eisenindustrie-Gesellschaft in Pirna, in Liquidation.	Fritsch, H., Director in Pirna, Mitliquidator.
141	**Gottes Segen Fundgr.** bei Zöblitz.	Zöblitz.	Amtshauptmannschaft Marienberg.	Gewerkschaft.	Werzner, C. G., Gemeindevorstand in Ansprung, Grubenvorstand.
142	**Grauer Wolf** bei Schönbrunn.	Wolkenstein.	Amtshauptmannschaft Marienberg.	Tröger, O., Berggeschworner in Herold bei Thum.	—
143	**Grüner Zeuggraben** für Pobershau. (Ohne Grubenfeld.)	Zöblitz.	Amtshauptmannschaft Marienberg.	Marienberger Revierabtheilung.	Der Revierausschuss in Marienberg.

Betriebsleiter und andere Werksbeamte.	Mannschaftszahl. Beamte und Officianten.	Arbeiter: ständige.	Arbeiter: unständige.	Ausbringen im Jahre 1878. Namen der Producte.	Menge derselben. Centner.	Geldwerth. ℳ	₰	Im Jahre 1878 erfolgte Capital- oder Zubuss-Einzahlung. ℳ	₰	Ueberschuss-Vertheilung. ℳ	₰
Grämer, Steiger in Marienberg.	—	—	—	Silbererze.	.	—	—	4	80	—	—
Henker, A. O., Steiger in Berggiesshübel, interimist. Betriebsleiter.	—	—	—	Eisenerze.	.	—	—	103	21	—	—
—	—	—	—	Eisenerze.		—	—	24	—	—	—
Henker, A. O., Steiger in Berggiesshübel, interimist. Betriebsleiter.	—	—	—	Eisenerze.		—	—	86	56	—	—
Hartung, A. E. A., Bergingenieur in Cainsdorf. Schlegel in Cainsdorf, Rechnungsführer. Teinert, Eisensteingräbermeister.	—	—	—	Raseneisenerze.		—	—	83	60	—	—
Henker, A. O., Steiger in Berggiesshübel, interimist. Betriebsleiter.	—	—	—	Eisenerze.		—	—	139	82	—	—
Schönfelder, K. A. S., Steiger und Betriebsleiter.	1	2	—	Silbererze.		—	—	408	—	—	—
—	—	—	—	Eisenerze.		—	—	33	—	—	—
Ahner, C., Baumwollenspinnereibesitzer in Pobershau, Administrator. Hillig, Grabenwärter.	—	1	—	.	.	—	—	165	42	—	—

No.	Name des Berggebäudes.	Amts-gerichts-bezirk.	Orts-verwaltungs-behörde.	Besitzer.	Vertreter des Besitzers.
144	**Heilige Dreifaltigkeit Fdgr.** bei Zschopau. (Besitzt bestätigte Statuten und hat bis Schluss Rem. 1880 Betriebsfrist.)	Zschopau.	Amtshauptmannschaft Flöha.	Silberbergbau-Gesellschaft Heilige Dreifaltigkeit bei Zschopau.	Uhlmann, C. H., Fleischermeister in Zschopau, Vorstand.
145	**Hoffnung Erbstolln** im Königl. Steinbacher Forstrevier. (Besitzt bestätigte Statuten.)	Annaberg.	Amtshauptmannschaft Annaberg.	Gewerkschaft.	Haustein, J. F., Holzhändler in Annaberg, Vorsitzender des Grubenvorstandes.
146	**Loosen's Hoffnung Fundgr.** bei Wolkenstein. (Besitzt bestätigte Statuten.)	Wolkenstein.	Amtshauptmannschaft Marienberg.	Silberbergbau-Gewerkschaft Loosen's Hoffnung Fdgr.	Meyer, Bürgermeister in Wolkenstein, gewerkschaftlicher Bevollmächtigter.
147	**Neugeboren Kindlein Stolln** im Herbstgrunde bei Wolkenstein.	Wolkenstein.	Amtshauptmannschaft Marienberg.	Richter, F. H., Stockmühlenbesitzer und Schmidt, C. Ch., Oberstgr. em. in Freiberg.	Richter, F. H., Stockmühlenbesitzer in Freiberg, Bevollmächtigter.
148	**Neuglücker und Tropper Stolln** am Lerchenhübel und an der Zschopau. (Ohne Grubenfeld.)	Wolkenstein.	Amtshauptmannschaft Marienberg.	Königl. Sächs. Staatsfiscus.	Hinkel, G. L., Schichtmeister in Marienberg, Administrator.
149	**Palmbaumer Zeuggraben** bei Wolkenstein. (Ohne Grubenfeld.)	Wolkenstein.	Amtshauptmannschaft Marienberg.	Marienberger Revierabtheilung.	Der Revierausschuss zu Marienberg.
150	**Pobershauer Königl. Stölln,** und zwar: Wallfisch-, Wildemann- und Michaelis-, sowie Molchner-, Thomas-, Johannes- und Hieronymus-Stolln. (Ohne Grubenfeld.)	Zöblitz.	Amtshauptmannschaft Marienberg.	Königl. Sächs. Staatsfiscus.	Hinkel, G. L., Schichtmeister in Marienberg, Administrator.
151	**Reitzenhainer Zeuggraben** für Marienberg. (Ohne Grubenfeld.)	Marienberg.	Amtshauptmannschaft Marienberg.	Königl. Sächs. Staatsfiscus.	Hinkel, G. L., Schichtmeister in Marienberg, Administrator.

Betriebsleiter und andere Werksbeamte.	Mannschaftszahl. Beamte und Officianten.	Arbeiter: ständige.	Arbeiter: unständige.	Ausbringen im Jahre 1878. Namen der Producte.	Menge derselben. Centner.	Geldwerth. ℳ	₰	Im Jahre 1878 erfolgte Capital- oder Zubuss-Einzahlung. ℳ	₰	Ueberschuss-Vertheilung. ℳ	₰
Münzner, C. G., in Naundorf, Schichtmeister- und Steigerdienstversorger. Baldauf, Ch. F., Localaufseher.		1	—	Silber- und Bleierze.	6,9	80	84	1519	50	—	—
Bräuer, C. A., Schichtmeister- und Steigerdienstversorger.	1	4	—	Silbererze.		—	—	3831	—	—	—
Looso, Ch. F., Steiger in Gehringswalde.	—	—	—	Silbererze.	.	—	—	34	50	—	—
Loose, Ch. F., Steiger in Gehringswalde.	—	—	—	Eisenerze.		—	—	77	—	—	—
Hinkel, G. L., Schichtmeister in Marienberg.	—	—	—			—	—	132	52	—	—
—	—	—	—			—	—	—	—	—	—
Hinkel, G. L., Schichtmeister in Marienberg.	—	—	—	.	.	—	—	63	—	—	—
Hinkel, G. L., Schichtmeister in Marienberg. Jehmlich u. Erz, Grabenwärter.	—	2	2	.		—	—	154	16	—	—

No.	Name des Berggebäudes.	Amts-gerichts-bezirk.	Orts-verwaltungs-behörde.	Besitzer.	Vertreter des Besitzers.
152	**St. Johannes Fundgrube** bei Wolkenstein. (Besitzt bestätigte Statuten.)	Wolkenstein.	Amtshauptmannschaft Marienberg.	Gewerkschaft.	Pilz, K. G., Bürgerschuloberlehrer in Marienberg, Bevollmächtigter.
153	**Vater Abraham Fundgrube** am Stadtberge bei Marienberg.	Marienberg.	Stadtrath zu Marienberg.	Marienberger Silberbergbau-Actiengesellschaft.	Germann, B. F., Bürgermeister in Marienberg, Vorsitzender des Verwaltungsrathes.
154	**Weisstauber Stolln** am Rittersberge. (Ohne Grubenfeld.)	Zöblitz.	Amtshauptmannschaft Marienberg.	Königl. Sächs. Staatsfiscus.	Hinkel, G. L., Schichtmeister in Marienberg, Administrator.
	c. Geyer-Ehrenfriedersdorfer Abtheilung.				
155	**Elias Eisenfundgrube** bei Geyer. (Hat bis Januar 1881 Betriebsfrist.)	Ehrenfriedersdorf.	Amtshauptmannschaft Annaberg.	Evans, E., Fabrikbesitzer in Siebenhöfen bei Geyer.	—
156	**Ehrenfriedersdorfer Röhrgraben.**	Ehrenfriedersdorf.	Amtshauptmannschaft Annaberg.	Ehrenfriedersdorfer Revierabtheilung.	Der Revierausschuss in Marienberg.
157	**Ehrenfriedersdorfer Vereinigt Feld Fundgr.**	Ehrenfriedersdorf.	Stadtrath zu Ehrenfriedersdorf.	Martinson, Th., i. Dresden.	Weiss, F. J., Markscheider in Marienberg, Generalbevollmächtigter.
158	**Frischer Muth** bei Jahnsbach bei Thum. (Losgesagt und gelöscht.)	Ehrenfriedersdorf.	Amtshauptmannschaft Annaberg.	Gruson, H., Commerzienrath in Buckau bei Magdeburg.	Pilz, F. R., Bergverwalter in Obersachsenfeld, Bevollmächtigter.

Betriebsleiter und andere Werksbeamte.	Mannschaftszahl. Beamte und Officianten.	Arbeiter: ständige.	Arbeiter: unständige.	Ausbringen im Jahre 1878. Namen der Producte.	Menge derselben. Centner.	Geldwerth. M.	Geldwerth. Pf.	Im Jahre 1878 erfolgte Capital- oder Zubuss-Einzahlung. M.	Pf.	Ueberschuss-Vertheilung. M.	Pf.
Hinkel, G. L., Schichtmeister in Marienberg. Baldauf, C. F. E., Steiger.	1	1	—	Silbererze.		—	—	2718	—	—	—
Weiss, F. J., Markscheider in Marienberg. Hinkel, G. L., Schichtmeister daselbst, Rechnungsbeamter. Lissner, G. A., Steigerdienstversorger.	4	84	1	Silber- und Kupfererze. Schaustufen. Giftmehl. Schwerspath.	918,54 . 0,5 12	60412 158 1 6	27 — 30 —	—	—	—	—
Hinkel, G. L., Schichtmeister in Marienberg.	—	—	—		.	—	—	148	12	—	—
—	—	—	—	Eisenerze.		—	—	112	—	—	—
Weiss, F. J., Markscheider in Marienberg. Hahmann, Steiger in Ehrenfriedersdorf, Grabenwärter.	—	—	—			—	—	—	—	—	—
Weiss, F. J., Markscheider in Marienberg. Hahmann, Obersteiger.	1	6	—	Zinn. Giftmehl. Halden- und Schottersteine, sowie Heerdfluthschlämme.	0,70 0,40 .	52 3 718	75 60 40	5322	8	—	—
Pilz, F. R., Bergverwalter in Obersachsenfeld.	—	—	—	Eisenerze.	.	—	—	75	20	—	—

No.	Name des Berggebäudes.	Amtsgerichtsbezirk.	Ortsverwaltungsbehörde.	Besitzer.	Vertreter des Besitzers.
159	**Hochmuth Fundgr.** bei Geyer. (Losgesagt.)	Ehrenfriedersdorf.	Amtshauptmannschaft Annaberg.	Schreier, C. F., in Mittelbach und Münch, A. F., i. Niederrabenstein bei Chemnitz.	Schreier, C. F., in Mittelbach bei Chemnitz, Bevollmächtigter.
160	**Kiesgrube Fdgr.** bei Geyer. (Hat bis zum Schluss des Jahres 1880 Betriebsfrist.)	Ehrenfriedersdorf.	Stadtrath zu Geyer.	Kramsta's, G., Commerzienrath in Freiburg in Schlesien, Erben.	Weiss, F. J., Markscheider in Marienberg, Bevollmächtigter.
161	**Mittlere kleine Vierung Fdgr.** bei Neundorf.	Annaberg.	Amtshauptmannschaft Annaberg.	Gewerkschaft.	Lipfert, F., Banquier in Annaberg, Vorsitzender des Grubenvorstandes.
162	**Neuglück** bei Geyer. (Losgesagt.)	Ehrenfriedersdorf.	Amtshauptmannschaft Annaberg.	Gruson, H., Commerzienrath in Buckau b. Magdeburg.	Pilz, F. R., Bergverwalter in Obersachsenfeld, Bevollmächtigter.
163	**Röhrenbohrer Fdgr.** im Freiwalde bei Ehrenfriedersdorf.	Ehrenfriedersdorf.	Amtshauptmannschaft Annaberg.	Die Gewerkschaft in Mittlere kleine Vierung Fdgr. bei Neundorf.	Lipfert, F., Banquier in Annaberg, Vorsitzender des Grubenvorstandes.
164	**Sauberger Stolln** im Hüttengrunde bei Ehrenfriedersdorf. (Ohne Grubenfeld.)	Ehrenfriedersdorf.	Amtshauptmannschaft Annaberg.	Königl. Sächs. Staatsfiscus.	Weiss, F. J., Markscheider in Marienberg.
165	**Vereinigt Geschick Erbstolln** bei Geyer. (Ohne Grubenfeld.)	Ehrenfriedersdorf.	Stadtrath zu Geyer.	Graupner, L., Steiger in Geyer.	—
166	**Zwitterstockwerk** zu Geyer. (Hat bis Ende Juni 1880 Betriebsfrist.)	Ehrenfriedersdorf.	Amtshauptmannschaft Annaberg.	Krug, H. G., Maschinendirector in Chemnitz.	—

Betriebsleiter und andere Werksbeamte.	Mannschafts-zahl. Beamte und Officianten.	Arbeiter: ständige.	un-ständige.	Ausbringen im Jahre 1878. Namen der Producte.	Menge derselben.	Geldwerth.		Im Jahre 1878 erfolgte Capital- oder Zubuss-Einzahlung.		Ueber-schuss-Vertheilung.	
					Centner.	M.	₰.	M.	₰.	M.	₰.
—	—	—	—	Eisenerze.	.	—	—	—	—	—	—
Weiss, F. J., Markscheider in Marienberg.	—	—	—	Schwefelerze.	.	—	—	400	—	—	—
Weiss, F. J., Markscheider in Marienberg.	—	2	—	Zinn.		—	—	—	—	—	—
Pilz, F. R., Bergverwalter in Obersachsenfeld.	—	—	—	Eisenerze.		—	—	104	80	—	—
Weiss, F. J., Markscheider in Marienberg.	—	—	—	Zinn.	.	—	—	13	70	—	—
Weiss, F. J., Markscheider in Marienberg. Hahmann, J. F., Obersteiger.	—	—	—			—	—	22	80	—	—
—	—	—	—			—	—	7	80	—	—
Reichelt, H. M., Schichtmeister in Schwarzenberg. Graupner, L., Steiger in Geyer.	—	—	—	Zinn.		—	—	22	80	—	—
Sa. III. 56 Gruben im **Marienberger Bergrevier.**	14	127	3		945,84	61453	46	37499	18	—	—

6*

No.	Name des Berggebäudes.	Amts-gerichts-bezirk.	Orts-verwaltungs-behörde.	Besitzer.	Vertreter des Besitzers.

IV. Schwarzenberger Bergrevier, Berginspectionsbezirke **Schneeberg** und **Zwickau.**

a. Oberwiesenthal-Scheibenberg-Hohensteiner Abtheilung, Berginspectionsbezirk ***Schneeberg.***

No.	Name des Berggebäudes.	Amts-gerichts-bezirk.	Orts-verwaltungs-behörde.	Besitzer.	Vertreter des Besitzers.
167	**Beständige Einigkeit Fdgr.** am Scheibenberge.	Scheibenberg.	Amtshauptmannschaft Annaberg.	Kellermann, C. C., Rechtsanwalt in Scheibenberg.	—
168	**Eisengrube Fundgr.** bei Niederschindmaas. (Ist von der Theilnahme am Revierverbande dispensirt.)	Glauchau.	Amtshauptmannschaft Glauchau.	Gesellschaft.	Hieronymus, C. R., Gerichtsamts-Rendant in Meerane.
169	**Fridolin Fundgr.** am Zigeunerberge bei Pöhla. (Hat auf die Jahre 1879 und 1880 Betriebsfrist.)	Schwarzenberg.	Amtshauptmannschaft Schwarzenberg.	Petzold, A., Kaufmann in Waldenburg in Schlesien.	Poller, H. G., Schichtmeister in Johanngeorgenstadt, Bevollmächtigter.
170	**Friedrich Fundgr.** bei Langenberg.	Schwarzenberg.	Amtshauptmannschaft Schwarzenberg.	Merkel, J. G., Handelsmann in Raschau.	—
171	**Frisch Glück** zwischen Globenstein und Kleinpöhla.	Schwarzenberg.	Amtshauptmannschaft Schwarzenberg.	Société anonyme des mines et usines de Hof-Pilsen-Schwarzenberg.	Fritzsche, C. F., Bergdirector in Schwarzenberg, Bevollmächtigter.
172	**Gelber Zweig Fundgr.** s. **Julius Erbstolln** bei Langenberg.	Schwarzenberg.	Amtshauptmannschaft Schwarzenberg.	Société anonyme des mines et usines de Hof-Pilsen-Schwarzenberg.	Fritzsche, C. F., Bergdirector in Schwarzenberg, Bevollmächtigter.
173	**Glückauf** bei Schlettau.	Scheibenberg.	Amtshauptmannschaft Annaberg.	Société anonyme des mines et usines de Hof-Pilsen-Schwarzenberg.	Fritzsche, C. F., Bergdirector in Schwarzenberg, Bevollmächtigter.

Betriebsleiter und andere Werksbeamte.	Mannschaftszahl. Beamte und Officianten.	Arbeiter: ständige.	Arbeiter: unständige.	Ausbringen im Jahre 1878. Namen der Producte.	Menge derselben. Centner.	Geldwerth. ℳ	Geldwerth. ₰	Im Jahre 1878 erfolgte Capital- oder Zubuss-Einzahlung. ℳ	₰	Ueberschuss-Vertheilung. ℳ	₰
Krauss, C. G., Steigerdienstversorger.	—	—	—	Silber-, Nickel- und Kobalterze.		—	—	48	40	—	—
Oehme, H. A., Schichtmeister in Raschau.	—	—	—	Eisenerze.		—	—	4	—	—	—
Poller, H. G., Schichtmeister in Johanngeorgenstadt. Heyn, C. W. A., Schichtmeister daselbst, Rechnungsbeamter. Jacob, A. F., in Breitenbrunn, Steiger.	—	—	—	Silbererze.		—	—	40	35	—	—
Oehme, H. A., Schichtmeister in Raschau. Korb, F. A., Steigerdienstversorger.	2	2	—	Braunstein.	613	1839	—	—	—	—	—
Pilz, F. R., Bergverwalter in Obersachsenfeld. Schulz, Ch. L., in Raschau, Steiger.	3	13	—	Eisenerze.		—	—	9633	40	—	—
Pilz, F. R., Bergverwalter in Obersachsenfeld. Ficker, H. L., Steigerdienstversorger.	—	—	—	Eisenerze, Braunstein.		—	—	1	60	—	—
Pilz, F. R., Bergverwalter in Obersachsenfeld.	—	—	—	Eisenerze.		—	—	80	—	—	—

No.	Name des Berggebäudes.	Amtsgerichtsbezirk.	Ortsverwaltungsbehörde.	Besitzer.	Vertreter des Besitzers.
174	**Gnade Gottes vereinigt Feld** bei Langenberg.	Schwarzenberg.	Amtshauptmannschaft Schwarzenberg.	Zschierlich, E. G. H., Fabrikbesitzer in Geyer.	—
175	**Haustein's Hoffnung Fdgr.** zu Langenberg.	Schwarzenberg.	Amtshauptmannschaft Schwarzenberg.	Société anonyme des mines et usines de Hof-Pilsen-Schwarzenberg.	Fritzsche, C. F., Bergdirector in Schwarzenberg, Bevollmächtigter.
176	**Herkules Fundgr. s. Frisch Glück Stolln** und **Khiesel's Hoffnung Erbstolln** am Fürstenberge. (Besitzt bestätigte Statuten und hat auf die Jahre 1879 und 1880 Betriebsfrist.)	Schwarzenberg.	Amtshauptmannschaft Schwarzenberg.	Gewerkschaft.	Poller, H. G., Schichtmeister in Johanngeorgenstadt, Grubenvorstand.
177	**Himmelfahrt** bei Oberscheibe. (Hat bis 13. December 1880 Betriebsfrist.)	Scheibenberg.	Amtshauptmannschaft Annaberg.	Société anonyme des mines et usines de Hof-Pilsen-Schwarzenberg.	Fritzsche, C. F., Bergdirector in Schwarzenberg, Bevollmächtigter.
178	**Lampertus sammt Zubehör** bei Hohenstein. (Früher Römerzeche und Wille Gottes.)	Hohenstein-Ernstthal.	Amtshauptmannschaft Glauchau.	Gewerkschaft.	Böhmer, J., Rechtsanwalt in Hohenstein, Grubenvorstand.
179	**Lössnitzer Communstolln** bei Lössnitz. (Ohne Grubenfeld.)	Lössnitz.	Amtshauptmannschaft Glauchau.	Stadtgemeinde Lössnitz.	Der Stadtrath zu Lössnitz, Bürgermeister Dr. Krause, Bevollmächtigter.
180	**Meyers Hoffnung Fundgr.** bei Schwarzbach.	Scheibenberg.	Amtshauptmannschaft Annaberg.	Stengel, Frau Th. verw., Gutsbesitzerin auf Tännicht.	—
181	**Neue Silberhoffnung Fundgr.** bei Raschau.	Schwarzenberg.	Amtshauptmannschaft Schwarzenberg.	Königin Marienhütte, Actiengesellschaft in Cainsdorf.	Hartung, A. E. A., Bergingenieur in Cainsdorf, Bevollmächtigter.

Betriebsleiter und andere Werksbeamte.	Mannschaftszahl. Beamte und Officianten.	Arbeiter: ständige.	Arbeiter: unständige.	Ausbringen im Jahre 1878. Namen der Producte.	Menge derselben. Centner.	Geldwerth. ℳ	₰	Im Jahre 1878 erfolgte Capital- oder Zubuss-Einzahlung. ℳ	₰	Ueberschuss-Vertheilung. ℳ	₰
Mai, A., Obersteiger.	1	4	—	Braunstein. Farbenerde. Eisenstein. Eisenocker.	48 1012 470 37	252 3303 440 220	— — — —	1418	35	—	—
Pilz, F. R., Bergverwalter in Obersachsenfeld. Ficker, H. L., Steigerdienstversorger.	—	—	—	Eisenerze.		—	—	5	40	—	—
Poller, H. G., Schichtmeister in Johanngeorgenstadt. Heyn, C. W. A., Schichtmeister daselbst, Rechnungsbeamter. Weigel, G. F., in Bermsgrün, Steiger.	1	1	—	Silbererze.		—	—	232	59	—	—
Pilz, F. R., Bergverwalter in Obersachsenfeld.	—	—	—	Eisenerze.		—	—	70	20	—	—
Gätzschmann, M. F., Bergrath a. D. in Freiberg. Fröbe, E. J., Obersteiger in Hohenstein. (Huthaus Lampertus.)	1	12	1	Gold-, Silber-, Kupfer- und Arsenerze. Schaustufen.		— —	— 30	19238	—	—	—
Kröner, Obersteiger.	—	—	—	.		—	—	—	—	—	—
Oehme, H. A., Schichtmeister in Raschau. Korb, F. A., Steiger.	—	1	—	Eisenerze. Braunstein.	.	—	—	164	14	—	—
Oehme, H. A., Schichtmeister in Raschau. Wendler, F., Steiger in Pöhla.	1	13	—	Eisenstein.	20480	12328	96	7005	19	—	—

No.	Name des Berggebäudes.	Amts-gerichts-bezirk.	Orts-verwaltungs-behörde.	Besitzer.	Vertreter des Besitzers.
182	**Reichenbach Stolln** bei Lössnitz. (Hat von Luciae 1879 bis Schluss Crucis 1881 Betriebsfrist.)	Lössnitz.	Amtshauptmannschaft Glauchau.	Gewerkschaft.	Edelmann, C., Hüttenmeister auf Blaufarbenwerk Pfannenstiel, Vorsitzender des Grubenvorstandes.
183	**Riedel's Fundgr.** bei Langenberg.	Schwarzenberg.	Amtshauptmannschaft Schwarzenberg.	Société anonyme des mines et usines de Hof-Pilsen-Schwarzenberg.	Fritzsche, C. F., Bergdirector in Schwarzenberg, Bevollmächtigter.
184	**Rother Adler Stolln und Maassen** bei Rittersgrün.	Schwarzenberg.	Amtshauptmannschaft Schwarzenberg.	Königin Marienhütte, Actiengesellschaft in Cainsdorf.	Hartung, A. E. A., Bergingenieur in Cainsdorf, Bevollmächtigter.
185	**Rudolph Fundgr.** bei Grosspöhla. (Hat auf die Jahre 1879 und 1880 Betriebsfrist.)	Schwarzenberg.	Amtshauptmannschaft Schwarzenberg.	Petzold, A., Kaufmann in Waldenburg in Schlesien.	Poller, H. G., Schichtmeister in Johanngeorgenstadt, Bevollmächtigter.
186	**St. Lorenz** zu Elterlein.	Scheibenberg.	Stadtrath zu Elterlein.	Zschierlich, E. G. H., Fabrikbesitzer in Geyer.	—
187	**St. Richard Fdgr.** bei Rittersgrün. (Besitzt bestätigte Statuten und hat auf die Jahre 1879 und 1880 Betriebsfrist.)	Schwarzenberg.	Amtshauptmannschaft Schwarzenberg.	Gewerkschaft.	Poller, H. G., Schichtmeister in Johanngeorgenstadt, Grubenvorstand.
188	**Silberschwan Fundgr. und Erbstolln** bei Mittweida.	Schwarzenberg.	Amtshauptmannschaft Schwarzenberg.	Richter, H. E., Rentier in Scheibenberg.	—
189	**Wilkauer vereinigt Feld** bei Langenberg. (Hat bis Schluss 1880 Betriebsfrist.)	Schwarzenberg.	Amtshauptmannschaft Schwarzenberg.	Königin Marienhütte, Actiengesellschaft in Cainsdorf.	Hartung, A. E. A., Bergingenieur in Cainsdorf, Bevollmächtigter.
190	**Wunderbares Fürstenglück Stolln und Fundgrube** bei Mittweida.	Schwarzenberg.	Amtshauptmannschaft Schwarzenberg.	Kellermann, C. C., Rechtsanwalt in Scheibenberg.	—

Betriebsleiter und andere Werksbeamte.	Mannschaftszahl. Beamte und Officianten.	Arbeiter: ständige.	Arbeiter: unständige.	Ausbringen im Jahre 1878. Namen der Producte.	Menge derselben. Centner.	Geldwerth. ℳ	₰	Im Jahre 1878 erfolgte Capital- oder Zubuss-Einzahlung. ℳ	₰	Ueberschuss-Vertheilung. ℳ	₰
Oehme, H. A., Schichtmeister in Raschau. Kutzscher, F. A., Steiger.	1	2	—	Arsenkiese.	447	1117	50	1482	—	—	—
Pilz, F. R., Bergverwalter in Obersachsenfeld. Richter, C. G., Steiger.	1	17	—	Braunstein.		—	—	6301	55	—	—
Oehme, H. A., Schichtmeister in Raschau. Wagner, F. A., Obersteiger in Rittersgrün.	2	76	—	Eisenstein.	59060	29382	35	9575	2	—	—
Heyn, C. W. A., Schichtmeister in Johanngeorgenstadt. Jacob, A. F., Steiger.	—	—	—	Silbererze.	.	—	—	75	65	—	—
May, A., Obersteiger.	—	—	—	Eisen- und Schwefelerze.	162	732	—	111	—	—	—
Wie bei No. 169.	1	1	—	Silbererze.	.	—	—	126	11	—	—
Richter, H. E., in Scheibenberg. Weigel, F. A., Steiger.	1	1	—	Silbererze.	.	—	—	890	—	—	—
Oehme, H. A., Schichtmeister in Raschau. Wendler, F., Steiger in Pöhla.	—	—	—	Eisenerze.	.	—	—	783	63	—	—
Oehme, H. A., Schichtmeister in Raschau. Trommler, Steiger.	—	—	—	Silbererze.		—	—	64	—	—	—

7

No.	Name des Berggebäudes.	Amts-gerichts-bezirk.	Orts-verwaltungs-behörde.	Besitzer.	Vertreter des Besitzers.
	b. Johanngeorgenstadt-Schwarzenberg-Eibenstöcker Abtheilung, Berginspectionsbezirk Schneeberg.				
191	**Adolphus Fundgr.** im Fastenberge.	Johann-georgen-stadt.	Amtshaupt-mannschaft Schwarzen-berg.	Gewerkschaft.	Poller, H. G., Schichtmeister in Johanngeorgenstadt, Vorsitzender des Grubenvorstandes.
192	**Alexander Fdgr.** am Henneberge. (Hat auf die Jahre 1879 und 1880 Betriebsfrist.)	Schwar-zenberg.	Amtshaupt-mannschaft Schwarzen-berg.	Petzold, A., Kaufmann in Waldenburg in Schlesien.	Poller, H. G., Schichtmeister in Johanngeorgenstadt, Bevollmächtigter.
193	**Bergsegen** bei Bernsbach. (Hat bis Schluss 1879 Betriebsfrist.)	Schwar-zenberg.	Amtshaupt-mannschaft Schwarzen-berg.	Köthen, C., Kaufmann in Freiberg.	—
194	**Chemnitzer Eisensteingruben** am Fürstenberge bei Schwarzenberg. (Hat bis zum Schluss 1879 Betriebsfrist.)	Schwar-zenberg.	Amtshaupt-mannschaft Schwarzen-berg.	Zschierlich, E. G. H., Fabrikbesitzer in Geyer.	—
195	**Eiserner Hut** im Sachsenfelder Schlosswalde. (Hat bis Schluss 1879 Betriebsfrist.)	Schwar-zenberg.	Amtshaupt-mannschaft Schwarzen-berg.	Zschierlich, E. G. H., Fabrikbesitzer in Geyer.	—
196	**Erste Heinzenbinge Fundgr. s. St. Johannes Erbstolln** am Erla-Rothenberge.	Schwar-zenberg.	Amtshaupt-mannschaft Schwarzen-berg.	Gesellenschaft.	Breitfeld, C. E. G., in Erla, Bevollmächtigter.
197	**Friedefürst Erbstolln s. Osterlamm Fdgr.** am Brand- und Rabenberge.	Johann-georgen-stadt.	Amtshaupt-mannschaft Schwarzen-berg.	Gewerkschaft.	Schmidt, M., Kaufmann in Johanngeorgenstadt, Vorsitzender des Grubenvorstandes.
198	**Friedrich August Stolln** im Auersberger Grunde. (Hat bis 1. November 1879 Betriebsfrist.)	Eiben-stock.	Amtshaupt-mannschaft Schwarzen-berg.	Frau Ch. S. verw. Berggeschworner Tröger, in Johann-georgenstadt.	Tröger, O. R., Bergverwalter in Neustädtel, Bevollmächtigter.
199	**Frisch Glück Fundgr.** am Graul.	Schwar-zenberg.	Amtshaupt-mannschaft Schwarzen-berg.	Königin Marienhütte, Actiengesellschaft in Cainsdorf.	Hartung, A. E. A., Bergingenieur in Cainsdorf, Bevollmächtigter.

Betriebsleiter und andere Werksbeamte.	Mannschaftszahl. Beamte und Officianten.	Arbeiter: ständige.	unständige.	Ausbringen im Jahre 1878. Namen der Producte.	Menge derselben. Centner.	Geldwerth. ℳ	₰	Im Jahre 1878 erfolgte Capital- oder Zubuss-Einzahlung. ℳ	₰	Ueberschuss-Vertheilung. ℳ	₰
Hoyn, C. W. A., Schichtmeister in Johanngeorgenstadt. Hänel, C. W., Steiger.	2	4	—	Wismuth.		—	—	1139	25	—	—
—	—	—	—	Silbererze.		—	—	38	15	—	—
Holze, F., Stollnobersteiger in St. Michaelis. Lange, F. W., Zimmerling, Steigerdienstversorger.	—	—	—	Schwefelerze.		—	—	270	74	—	—
Mai, A., Obersteiger.	—	—	—	Eisenerze.		—	—	12	—	—	—
May, A., Obersteiger.	—	—	—	Eisenerze.		—	—	10	80	—	—
Reichelt, H. M., Markscheider in Schwarzenberg. Frenzel, Obersteiger.	—	—	3	Eisenstein.	1220	915	—	367	64	—	—
Poller, H. G., Schichtmeister in Johanngeorgenstadt. Jacob, C. A. W., Steiger.	1	—	—	Wismuth.		—	—	432	50	—	—
Müller, C. H. H., Steiger.	—	—	—	Eisenerze.		—	—	—	—	—	—
Oehme, H. A., Schichtmstr. in Raschau. Wendler, F., Steiger, und Korb, F., Steigerdienstversorger.	1	1	—	Eisenstein.	1818	645	39	618	80	—	—

7*

No.	Name des Berggebäudes.	Amts-gerichts-bezirk.	Orts-verwaltungs-behörde.	Besitzer.	Vertreter des Besitzers.
200	**Gelbe Birke Fdgr.** im Sauerwiesengrunde am Fürstenberge bei Schwarzenberg. (Hat auf die Jahre 1879 und 1880 Betriebsfrist.)	Schwarzenberg.	Amtshauptmannschaft Schwarzenberg.	Petzold, A., Kaufmann in Waldenburg in Schlesien.	Poller, H. G., Schichtmeister in Johanngeorgenstadt, Bevollmächtigter.
201	**Gewerken Hoffnung Fdgr.** am Erzengler Gebirge.	Johanngeorgenstadt.	Amtshauptmannschaft Schwarzenberg.	Gewerkschaft.	Poller, H. G., Schichtmeister in Johanngeorgenstadt, Vorsitzender des Grubenvorstandes.
202	**Glücksburg s. Zubehör** am Rehhübel.	Eibenstock.	Amtshauptmannschaft Schwarzenberg.	Gewerkschaft.	Schmidt, M., Kaufmann in Johanngeorgenstadt, Vorsitzender des Grubenvorstandes.
203	**Glücksburg Fdgr.** bei Grünstädtel.	Schwarzenberg.	Amtshauptmannschaft Schwarzenberg.	Reichelt, H. M., Markscheider in Schwarzenberg.	—
204	**Glückliche Gesellschaft Fundgr.** am Stinkenbache. (Hat bis Januar 1881 Betriebsfrist; übrigens losgesagt.)	Schwarzenberg.	Amtshauptmannschaft Schwarzenberg.	Krug, H. G., Maschinendirector in Chemnitz.	—
205	**Gnade Gottes Stolln** im vorderen Fastenberge.	Johanngeorgenstadt.	Amtshauptmannschaft Schwarzenberg.	Königl. Sächs. Staatsfiscus.	Reichelt, H. M., Markscheider in Schwarzenberg.
206	**Gottes Geschick vereinigt Feld** am Graul bei Raschau.	Schwarzenberg.	Amtshauptmannschaft Schwarzenberg.	Gewerkschaft.	Schmidt, M., Kaufmann in Johanngeorgenstadt, Vorsitzender des Grubenvorstandes.
207	**Gott segne beständig Erbst.** am rothen Hahn bei Langenberg.	Schwarzenberg.	Amtshauptmannschaft Schwarzenberg.	Société anonyme des mines et usines de Hof-Pilsen-Schwarzenberg.	Fritzsche, C. F., Bergdirector in Schwarzenberg, Bevollmächtigter.

Betriebsleiter und andere Werksbeamte.	Mannschaftszahl. Beamte und Officianten.	Arbeiter: ständige.	Arbeiter: unständige.	Ausbringen im Jahre 1878. Namen der Producte.	Menge derselben. Centner.	Geldwerth. ℳ	₰	Im Jahre 1878 erfolgte Capital- oder Zubuss-Einzahlung. ℳ	₰	Ueberschuss-Vertheilung. ℳ	₰
Heyn, C. W. A., Schichtmeister in Johanngeorgenstadt. Troll, C. R., Maschinenwärter, Steigerdienstversorger.	—	1	—	Silbererze.		—	—	938	13	—	—
Heyn, C. W. A., Schichtmeister in Johanngeorgenstadt. Ludwig, F. A., Steiger.	1	12	—	Wismuth.	22,16	15068	80	—	—	1230	—
Poller, H. G., Schichtmeister in Johanngeorgenstadt. Grosser, Steiger.	1	7	—	Eisenstein.	7920	2790	—	957	—	—	—
Reichelt, H. M., Markscheider in Schwarzenberg. Heinz, J., Steigerdienstversorger.	—	—	—	Silbererze.		—	—	58	20	—	—
—	—	—	—	Eisenerze.		—	—	—	—	—	—
Reichelt, H. M., Markscheider in Schwarzenberg. Schneider, Untersteiger bei Vereinigt Feld im Fastenberge.	1	—	—			—	—	—	—	—	—
Poller, H. G., Schichtmeister in Johanngeorgenstadt. Heyn, C. W. A., Schichtmeister daselbst, Rechnungsbeamter. Hünig, Obersteiger.	3	1	—	Silbererze. Ocker.	 100	— 275	— —	3647	53	—	—
Pilz, F. R., Bergverwalter in Obersachsenfeld. Wagner, W. R., in Crandorf, Rechnungsführer. Ficker, H. L., Steigerdienstversorger.	—	—	—	Eisenerze.		—	—	—	—	—	—

No.	Name des Berggebäudes.	Amts-gerichts-bezirk.	Orts-verwaltungs-behörde.	Besitzer.	Vertreter des Besitzers.
208	**Grosszeche Fdgr. s. Eibenstöcker Communstolln** am Auersberge.	Eibenstock.	Amtshauptmannschaft Schwarzenberg.	Gewerkschaft.	Heyn, C. W. A., Schichtmeister in Johanngeorgenstadt, Vorsitzender des Grubenvorstandes.
209	**Heinrich Stolln** an der Hoffnung. (Hat bis zum Schluss des Jahres 1880 Betriebsfrist.)	Eibenstock.	Amtshauptmannschaft Schwarzenberg.	Königin Marienhütte, Actiengesellschaft in Cainsdorf.	Hartung, A. E. A., Bergingenieur in Cainsdorf, Bevollmächtigter.
210	**Himmelfahrt** bei Johanngeorgenstadt. (Besitzt bestätigte Statuten.)	Johanngeorgenstadt.	Amtshauptmannschaft Schwarzenberg.	Gewerkschaft.	Wagner, C. F., Markscheider in Zwickau, Vorsitzender des Grubenvorstandes.
211	**Henneberg tiefer Erbstolln** zu Jugel. (Hat bis Schluss 1880 Betriebsfrist.)	Johanngeorgenstadt.	Amtshauptmannschaft Schwarzenberg.	Frau Ch. S. verw. Berggeschworner Tröger, in Johanngeorgenstadt.	Tröger, O. R., Bergverwalter in Neustädtel, Bevollmächtigter.
212	**Menschenfreude s. St. Johannes Erbstolln** am Schwarzwasser. (Besitzt bestätigte Statuten und hat auf die Jahre 1879 und 1880 Betriebsfrist.)	Schwarzenberg.	Amtshauptmannschaft Schwarzenberg.	Gewerkschaft.	Poller, H. G., Schichtmeister in Johanngeorgenstadt, Grubenvorstand.
213	**Pauline tiefer Erbstolln** bei Steinbach. (Hat bis Schluss des Jahres 1881 Betriebsfrist.)	Johanngeorgenstadt.	Amtshauptmannschaft Schwarzenberg.	Königin Marienhütte, Actiengesellschaft in Cainsdorf.	Hartung, A. E. A., Bergingenieur in Cainsdorf, Bevollmächtigter.
214	**Riesenberg tiefer Erbstolln** im Neudecker Grunde.	Eibenstock.	Amtshauptmannschaft Schwarzenberg.	Königin Marienhütte, Actiengesellschaft in Cainsdorf.	Hartung, A. E. A., Bergingenieur in Cainsdorf, Bevollmächtigter.
215	**Rothenberg** bei Crandorf und Bermsgrün. (Hat bis Schluss 1879 Betriebsfrist.)	Schwarzenberg.	Amtshauptmannschaft Schwarzenberg.	Zschierlich, E. G. H., Fabrikbesitzer in Geyer.	—
216	**Rother Löwe Fundgrube** am Galgenberge.	Schwarzenberg.	Amtshauptmannschaft Schwarzenberg.	Die Gewerkschaft in Vorsicht Stolln bei Schwarzenberg.	Borges, G. A., Stadtrath in Schwarzenberg, Grubenvorstand.

Betriebsleiter und andere Werksbeamte.	Mannschaftszahl. Beamte und Officianten.	Arbeiter: ständige.	Arbeiter: unständige.	Ausbringen im Jahre 1878. Namen der Producte.	Menge derselben. Centner.	Geldwerth. ℳ	₰	Im Jahre 1878 erfolgte Capital- oder Zubuss-Einzahlung. ℳ	₰	Ueberschuss-Vertheilung. ℳ	₰
Poller, H. G., Schichtmeister in Johanngeorgenstadt. Unger, Ch. H., Steiger.	1	—	—	Wismuth.	0,06	44	20	1165	52	—	—
Oehme, H. A., Schichtmeister in Raschau. Teuchert, C. F., Obersteiger in Oberwildenthal.	1	—	—	Eisenerze.		—	—	604	9	—	—
Poller, H. G., Schichtmeister in Johanngeorgenstadt. Becher, C. F., Obersteiger.	—	3	—	Schaustufen. Silbererze.		10	—	2397	—	—	—
Heymann, Steiger.	—	—	—	Eisenerze.		—	—	—	—	—	—
Wie bei No. 169.	1	1	—	Zinkblende.	.	—	—	668	53	—	—
Oehme, H. A., Schichtmeister in Raschau.	—	—	—	Eisenerze.		—	—	27	93	—	—
Oehme, H. A., Schichtmeister in Raschau. Teuchert, C. F., Obersteiger in Oberwildenthal. Lang, Steiger.	2	10	—	Eisenstein.	7456	3209	81	3081	11	—	—
Mai, A., Obersteiger.	—	—	—	Eisenerze.		—	—	64	40	—	—
Oehme, H. A., Schichtmeister in Raschau. Escher, C. F., Steiger in Beierfeld.	—	1	—	Eisenerze.	.	—	—	91	90	—	—

No.	Name des Berggebäudes.	Amts-gerichts-bezirk.	Orts-verwaltungs-behörde.	Besitzer.	Vertreter des Besitzers.
217	**St. Christoph Fundgrube** bei Breitenbrunn.	Johanngeorgenstadt.	Amtshauptmannschaft Schwarzenberg.	Die Firma Fr. Chr. Fikentscher in Zwickau.	Fikentscher, J. W., in Zwickau, Bevollmächtigter.
218	**St. Christoph Hoffnung Fdgr.** zu Breitenbrunn. (Hat auf die Jahre 1879 und 1880 Betriebsfrist.)	Johanngeorgenstadt.	Amtshauptmannschaft Schwarzenberg.	Potzold, A., Kaufmann in Waldenburg in Schlesien.	Poller, H. G., Schichtmeister in Johanngeorgenstadt, Bevollmächtigter.
219	**St. Georg Stolln** im vorderen Fastenberge. (Ohne Grubenfeld.)	Johanngeorgenstadt.	Amtshauptmannschaft Schwarzenberg.	Königl. Sächs. Staatsfiscus.	Reichelt, H. M., Markscheider in Schwarzenberg.
220	**St. Johannes und Lorenz Fundgr.** am Rehbübel bei Wildenthal.	Eibenstock.	Amtshauptmannschaft Schwarzenberg.	Königin Marienhütte, Actiengesellschaft in Cainsdorf.	Hartung, A. E. A., Bergingenieur in Cainsdorf, Bevollmächtigter.
221	**St. Richard Fundgrube** bei Breitenbrunn. (Hat auf die Jahre 1879 und 1880 Betriebsfrist.)	Johanngeorgenstadt.	Amtshauptmannschaft Schwarzenberg.	Potzold, A., Kaufmann in Waldenburg in Schlesien.	Poller, H. G., Schichtmeister in Johanngeorgenstadt, Bevollmächtigter.
222	**Sechs Brüder Einigkeit Stolln** am Waldbache bei Sosa. (Gelöscht.)	Eibenstock.	Amtshauptmannschaft Schwarzenberg.	Königin Marienhütte, Actiengesellschaft in Cainsdorf.	Hartung, A. E. A., Bergingenieur in Cainsdorf, Bevollmächtigter.
223	**Sechs Brüder Stolln** am Magnetenberge. (Hat bis Schluss des Jahres 1881 Betriebsfrist.)	Schwarzenberg.	Amtshauptmannschaft Schwarzenberg.	Gewerkschaft.	Hartung, A. E. A., Bergingenieur in Cainsdorf, Grubenvorstand.
224	**Stamm Asser Fundgrube** am Graul bei Raschau.	Schwarzenberg.	Amtshauptmannschaft Schwarzenberg.	Staritz, A., Kaufmann in Chemnitz.	—
225	**Treue Freundschaft Fdgr.** am Fürstenberge.	Johanngeorgenstadt.	Amtshauptmannschaft Schwarzenberg.	Gewerkschaft.	Schmidt, M., Kaufmann in Johanngeorgenstadt, Vorsitzender des Grubenvorstandes.

Betriebsleiter und andere Werksbeamte.	Mannschaftszahl. Beamte und Officianten.	Arbeiter: ständige.	Arbeiter: unständige.	Ausbringen im Jahre 1878. Namen der Producte.	Menge derselben. Centner.	Geldwerth. ℳ	₰	Im Jahre 1878 erfolgte Capital- oder Zubuss-Einzahlung. ℳ	₰	Ueberschuss-Vertheilung. ℳ	₰
Poller, H. G., Schichtmeister in Johanngeorgenstadt. Jacob, C. A. W., Steiger.	1	2	—	Kupfer- und Arsenikerze.	.	—	—	1550	—	—	—
Wie bei No. 169.	—	1	—	Silbererze.		—	—	202	96	—	—
Reichelt, H. M., Markscheider in Schwarzenberg. Schneider, Untersteiger bei Vereinigt Feld im Fastenberge.	—	—	—			—	—	—	—	—	—
Oehme, H. A., Schichtmeister in Raschau. Teuchert, C. F., Obersteiger in Oberwildenthal.	1	21	—	Eisenerze.	14442	7582	4	5044	83	—	—
Wie bei No. 169.	—	1	—	Silbererze.		—	—	253	31	—	—
Oehme, H. A., Schichtmeister in Raschau. Wendler, F., Steiger in Pöhla.	—	—	—	Eisenerze.		—	—	2	73	—	—
Oehme, H. A., Schichtmeister in Raschau. Wendler, F., Steiger in Pöhla.	—	—	—	Eisenerze.		—	—	—	—	—	—
Oehme, H. A., Schichtmeister in Raschau. Merkel, F. E., Steiger.	1	—	—	Schwefelerze.	.	—	—	351	62	—	—
Heyn, C. W. A., Schichtmeister in Johanngeorgenstadt. Siegel, A., Steigerdienstversorger.	1	3	—	Wismuth. Formsand.	3,60 .	2448 96	— —	1176	—	—	—

8

No.	Name des Berggebäudes.	Amts-gerichts-bezirk.	Orts-verwaltungs-behörde.	Besitzer.	Vertreter des Besitzers.
226	**Unger's Hoffnung Stolln** am Neudecker Grunde. (Losgesagt.)	Eibenstock.	Amtshauptmannschaft Schwarzenberg.	Heyn, C. W. A., Schichtmeister in Johanngeorgenstadt.	—
227	**Unverhofft Glück Fundgrube** an der Achte. Co.	Schwarzenberg.	Amtshauptmannschaft Schwarzenberg.	Gewerkschaft.	Heyn, C. W. A., Schichtmeister in Johanngeorgenstadt, Vorsitzender des Grubenvorstandes.
228	**Vereinigte Eisenzechen** bei Sosa. (Hat bis zum 5. April 1880 Betriebsfrist.)	Eibenstock.	Amtshauptmannschaft Schwarzenberg.	Krug, H. G., Maschinendirector in Chemnitz.	—
229	**Vereinigte Hoffnung Fundgrube** am Jugler Gebirge.	Johanngeorgenstadt.	Amtshauptmannschaft Schwarzenberg.	Gewerkschaft.	Poller, H. G., Schichtmeister in Johanngeorgenstadt, Vorsitzender des Grubenvorstandes.
230	**Vereinigt Feld** im Fastenberge.	Johanngeorgenstadt.	Amtshauptmannschaft Schwarzenberg.	Gewerkschaft.	Heyn, C. W. A., Schichtmeister in Johanngeorgenstadt, Vorsitzender des Grubenvorstandes.
231	**Vier Brüder Fundgrube** bei Grünstädtel. (Losgesagt.)	Schwarzenberg.	Amtshauptmannschaft Schwarzenberg.	Fritzsch, L., in Grünstädtel.	—
232	**Vorsicht Stolln** bei Schwarzenberg.	Schwarzenberg.	Stadtrath zu Schwarzenberg.	Gewerkschaft.	Borges, G. A., Stadtrath in Schwarzenberg, Grubenvorstand.
233	**Weisser Hirsch Erbstolln** am Hirschstein.	Schwarzenberg.	Amtshauptmannschaft Schwarzenberg.	Blechschmidt, F. Tr., in Bermsgrün.	—
234	**Wildemann Fundgrube** im Fastenberge.	Johanngeorgenstadt.	Amtshauptmannschaft Schwarzenberg.	Gewerkschaft.	Schmidt, M., Kaufmann in Johanngeorgenstadt, Vorsitzender des Grubenvorstandes.

Betriebsleiter und andere Werksbeamte.	Mannschaftszahl. Beamte und Officianten.	Arbeiter: ständige.	Arbeiter: unständige.	Ausbringen im Jahre 1878. Namen der Producte.	Menge derselben. Centner.	Geldwerth. ℳ	Geldwerth. ₰	Im Jahre 1878 erfolgte Capital- oder Zubuss-Einzahlung. ℳ	₰	Ueberschuss-Vertheilung. ℳ	₰
Klug, C., Rechnungsführer in Johanngeorgenstadt. Lang, G. H., in Sosa, Steigerdienstversorger.	—	—	—	Eisenerze.		—	—	98	55	—	—
Poller, H. G., Schichtmeister in Johanngeorgenstadt. Richter, Steiger.	1	10	—	Silber- und Bleierze.	148,8	1096	38	5934	—	—	—
—	—	—	—	Eisenerze.		—	—	—	—	—	—
Heyn, C. W. A., Schichtmeister in Johanngeorgenstadt. Ludwig, A., Steiger bei Gewerken Hoffnung Fundgr.	1	2	—	Silbererze.		—	—	724	50	—	—
Reichelt, H. M., Markscheider in Schwarzenberg. Schlegel, Obersteiger.	7	22	—	Wismuth.	9,90	6646	87	7697	60	—	—
Oehme, H. A., Schichtmeister in Raschau.	—	—	—	Eisenerze.		—	—	119	66	—	—
Oehme, H. A., Schichtmeister in Raschau. Escher, C. F., Steiger in Beierfeld.	1	—	—	Eisenerze.		—	—	400	5	—	—
Reichelt, H. M., Markscheider in Schwarzenberg. Unger, Ch., Steiger in Schwarzenberg.	1	—	—	Silbererze.	.	—	—	114	57	—	—
Poller, H. G., Schichtmeister in Johanngeorgenstadt. Becher, Obersteiger.	2	3	1	Wismuth.	1,75	1190	—	3061	—	—	—

No.	Name des Berggebäudes.	Berginspections-Bezirk.	Amts-gerichts-bezirk.	Orts-verwaltungs-behörde.	Besitzer.	Vertreter des Besitzers.
235	**Wolfgang Erbstolln** am Henneberge. (Besitzt bestätigte Statuten und hat auf die Jahre 1879 und 1880 Betriebsfrist.)	S.	Schwarzenberg.	Amtshauptmannschaft Schwarzenberg.	Gewerkschaft.	Poller, H. G., Schichtmeister in Johanngeorgenstadt, Grubenvorstand.
236	**Zukunft** bei Obersachsenfeld.	S.	Schwarzenberg.	Amtshauptmannschaft Schwarzenberg.	Société anonyme des mines et usines de Hof-Pilsen-Schwarzenberg.	Fritzsche, Bergdirector in Schwarzenberg, Bevollmächtigter.
237	**Zweigler Fundgrube s. Julius Erbstolln** zu Wildenau. (Besitzt bestätigte Statuten und hat auf die Jahre 1879 und 1880 Betriebsfrist.)	S.	Schwarzenberg.	Amtshauptmannschaft Schwarzenberg.	Gewerkschaft.	Poller, H. G., Schichtmeister in Johanngeorgenstadt, Grubenvorstand.

c. Schneeberg-Voigtsberger Abtheilung.

No.	Name des Berggebäudes.	Berginspections-Bezirk.	Amts-gerichts-bezirk.	Orts-verwaltungs-behörde.	Besitzer.	Vertreter des Besitzers.
238	**Anna Fundgr.** am Zotenberge bei Strassberg. (Hat bis Schluss 1881 Betriebsfrist.)	Z.	Plauen.	Amtshauptmannschaft Plauen.	Königin Marienhütte, Actiengesellschaft in Cainsdorf.	Hartung, A. E. A., Bergingenieur in Cainsdorf, Bevollmächtigter.
239	**Augusta's Glück Fdgr. und Erbstolln** an der Göltzschbach bei Pöhl. (Hat bis Schluss des Jahres 1880 Betriebsfrist).	Z.	Plauen.	Amtshauptmannschaft Plauen.	Königin Marienhütte, Actiengesellschaft in Cainsdorf.	Hartung, A. E. A., Bergingenieur in Cainsdorf, Bevollmächtigter.
240	**Bergkappe Fundgr.** am Wittersberge.	S.	Schneeberg.	Stadtrath zu Neustädtel.	Königl. Sächs. Staatsfiscus u. Sächs. Privatblaufarbenwerks-Verein.	Köttig, O. F., Bergrath in Oberschlema und Bonitz, Hammerwerksbesitzer in Schwarzenberg, Bevollmächtigte.
241	**Bornkindel** bei Neidhardtsthal. (Hat bis 8. Mai 1880 Betriebsfrist.)	S.	Eibenstock.	Amtshauptmannschaft Schwarzenberg.	Königin Marienhütte, Actiengesellschaft in Cainsdorf.	Hartung, A. E. A., Bergingenieur in Cainsdorf, Bevollmächtigter.

Betriebsleiter und andere Werksbeamte.	Mannschaftszahl. Beamte und Officianten.	Arbeiter: ständige.	Arbeiter: unständige.	Ausbringen im Jahre 1878. Namen der Producte.	Menge derselben. Centner.	Geldwerth. ℳ.	₰.	Im Jahre 1878 erfolgte Capital- oder Zubuss-Einzahlung. ℳ.	₰.	Ueberschuss-Vertheilung. ℳ.	₰.
Poller, H. G., Schichtmeister in Johanngeorgenstadt. Hoyn, C. W. A., Schichtmeister daselbst, Rechnungsbeamter. Weigel, G. F., Steiger.	1	—	—	Silbererze.		—	—	174	70	—	—
Pilz, F. R., Bergverwalter in Obersachsenfeld.	—	—	—	Eisenerze.		—	—	3	60	—	—
Hoyn, C. W. A., Schichtmeister in Johanngeorgenstadt. Weigel, G. F., Steiger.	1	—	—	Silbererze. Kalkstein.		— 63	— —	596	12	—	—
Hartung, A. E. A., Bergingenieur in Cainsdorf. Obersteiger Vogel in Jocketa, Rechnungsführer. Wagner, H., Steiger in Schönbrunn.	—	—	—	Eisenerze.		—	—	—	—	—	—
Hartung, A. E. A., Bergingenieur in Cainsdorf. Vogel, L., in Jocketa, Obersteiger.	—	—	—	Eisenerze.		—	—	—	—	—	—
Tröger, O. R., Bergverwalter in Neustädtel. Leibiger, F. A., Gruben-Rendant in Schneeberg. Schramm, Obersteiger.	3	49	3	Kobalt- und Nickelerze. Wismutherz.	165 70	5682 27211	90 43	—	—	—	—
Hartung, A. E. A., Bergingenieur in Cainsdorf. Schlegel in Cainsdorf, Rechnungsführer.	—	—	—	Eisenerze.		—	—	54	55	—	—

No.	Name des Berggebäudes.	Berginspections-Bezirk.	Amts-gerichts-bezirk.	Orts-verwaltungs-behörde.	Besitzer.	Vertreter des Besitzers.
242	**Bürgerschacht** zu Zwickau.	S.	Zwickau.	Stadtrath zu Zwickau.	Actiengesellschaft der Zwickauer Bürgergewerkschaft.	Hertwig, Th., Bergdirector in Zwickau.
243	**Daniel s. Siebenschleen Fundgr.** am hohen Gebirge.	S.	Schneeberg.	Stadtrath zu Neustädtel.	Königl. Sächs. Staatsfiscus und Sächs. Privatblaufarbenwerks-Verein.	Wie bei No. 240.
244	**David's Rath Fundgr.** bei Schönfels. (Hatte bis 13. Juli 1878 Betriebsfrist; übrigens gelöscht.)	S.	Zwickau.	Amtshauptmannschaft Zwickau.	Die Stadtgemeinde zu Zwickau.	Der Stadtrath zu Zwickau.
245	**Dreifaltigkeit Stolln** bei Planschwitz. Co. (Ohne Grubenfeld.)	Z.	Oelsnitz.	Amtshauptmannschaft Oelsnitz.	Der Schneeberger Bergbegnadigungsfond.	Dr. Geitner, Stadtrath in Schneeberg, Bevollmächtigter.
246	**Eisenkammer** bei Reiboldsgrün. (Hat bis 3. Januar 1881 Betriebsfrist.)	Z.	Auerbach.	Amtshauptmannschaft Auerbach.	Société anonyme des mines et usines de Hof-Pilsen-Schwarzenberg.	Fritzsche, C. F., Bergdirector in Schwarzenberg, Bevollmächtigter.
247	**Elisabeth Fdgr.** unweit Muldenhammer bei Eibenstock. (Hat bis 30. Juli 1881 Betriebsfrist.)	S.	Eibenstock.	Amtshauptmannschaft Schwarzenberg.	Krug, H. G., Maschinendirector in Chemnitz.	—
248	**Frischglück Fdgr.** und **Erbstolln** zu Stenn.	S.	Zwickau.	Amtshauptmannschaft Zwickau.	Königin Marienhütte, Actiengesellschaft in Cainsdorf.	Hartung, A. E. A., Bergingenieur in Cainsdorf, Bevollmächtigter.
249	**Gesellschaft s. Sauschwart Fundgr.** am Schimmelsberge.	S.	Schneeberg.	Stadtrath zu Neustädtel.	Königl. Sächs. Staatsfiscus und Sächs. Privatblaufarbenwerks-Verein.	Wie bei No. 240.

Betriebsleiter und andere Werksbeamte.	Mannschaftszahl. Beamte und Officianten.	Arbeiter: ständige.	Arbeiter: unständige.	Ausbringen im Jahre 1878. Namen der Producte.	Menge derselben. Centner.	Geldwerth. ℳ	₰	Im Jahre 1878 erfolgte Capital- oder Zubuss-Einzahlung. ℳ	₰	Ueberschuss-Vertheilung. ℳ	₰
Hertwig, Th., Bergdirector in Zwickau.	Steinkohlenarbeiter.			Eisenerze.		—	—	—	—	—	—
Tröger, O. R., Bergverwalter in Neustädtel. Leibiger, F. A., Gruben-Rendant in Schneeberg. Hahn, C. B., Obersteiger.	3	124	5	Kobalt-, Nickel- und Wismutherze.	830	68493	12	—	—	—	—
				Schaustufen.	.	116	—				
—	—	—	—	Eisenerze.		—	—	—	—	—	—
—	—	—	—			—	—	—	—	—	—
Pilz, F. R., Bergverwalter in Obersachsenfeld.	—	—	—	Eisenerze.		—	—	—	—	—	—
Reichelt, H. M., Markscheider in Schwarzenberg.	—	—	—	Eisenerze.	.	—	—	—	—	—	—
Hartung, A. E. A., Bergingenieur in Cainsdorf. Schlegel in Cainsdorf, Rechnungsführer. Meichsner, H., Obersteiger in Stenn.	1	3	—	Eisenstein.	600	324	—	2603	22	—	—
Tröger, O. R., Bergverwalter in Neustädtel. Leibiger, F. A., Gruben-Rendant in Schneeberg. Schaarschmidt, Obersteiger.	4	121	3	Kobalt- und Nickelerze.	605	36430	62	—	—	—	—
				Wismutherze.	415	81818	53				
				Schaustufen.	.	44	90				

No.	Name des Berggebäudes.	Berginspections-Bezirk.	Amts-gerichts-bezirk.	Orts-verwaltungs-behörde.	Besitzer.	Vertreter des Besitzers.
250	**Glückauf Stolln** bei Bockau. (Gelöscht.)	S.	Schwarzenberg.	Amtshauptmannschaft Schwarzenberg.	Horbach, R. A., Kaufmann in Schedewitz.	—
251	**Glücksrad** bei Möschwitz. (Hat bis zum 13. December 1880 Betriebsfrist.)	Z.	Plauen.	Amtshauptmannschaft Plauen.	Gruson, H., Commerzienrath in Buckau b. Magdeburg.	Pilz, F. R., Bergverwalter in Obersachsenfeld.
252	**Grüner Zeuggraben** bei Eibenstock. (Ohne Grubenfeld.)	S.	Eibenstock.	Amtshauptmannschaft Schwarzenberg.	Schneeberger Revierabtheilung.	Revierausschuss zu Schneeberg.
253	**Grüne Tanne vereinigt Feld s. Junge Grüne Tanne Erbstolln** bei Bösenbrunn.	Z.	Oelsnitz.	Amtshauptmannschaft Oelsnitz.	Die Heubner'sche Familien-Stiftung.	Der Stadtrath in Plauen, Verwalter nebengedachter Stiftung.
254	**Gustav Fundgrube** bei Eibenstock. (Hat bis 30. Juli 1881 Betriebsfrist.)	S.	Eibenstock.	Amtshauptmannschaft Schwarzenberg.	Krug, H. G., Maschinendirector in Chemnitz.	—
255	**Hans Georg** bei Röttis. (Hat bis Schluss des Jahres 1880 Betriebsfrist.)	Z.	Plauen.	Amtshauptmannschaft Plauen.	Königin Marienhütte, Actiengesellschaft in Cainsdorf.	Hartung, A. E. A., Bergingenieur in Cainsdorf, Bevollmächtigter.
256	**Hartmann Fdgr.** an der Mühlleite bei Ruppertsgrün.	Z.	Elsterberg.	Amtshauptmannschaft Plauen.	Königin Marienhütte, Actiengesellschaft in Cainsdorf.	Hartung, A. E. A., Bergingenieur in Cainsdorf, Bevollmächtigter.
257	**Heinrich Fundgr.** bei Cunsdorf. (Hat bis Schluss des Jahres 1880 Betriebsfrist.)	Z.	Reichenbach.	Amtshauptmannschaft Plauen.	Königin Marienhütte, Actiengesellschaft in Cainsdorf.	Hartung, A. E. A., Bergingenieur in Cainsdorf, Bevollmächtigter.
258	**Hedwig Fundgrube** bei Thossen. (Hat bis Schluss des Jahres 1881 Betriebsfrist.)	Z.	Plauen.	Amtshauptmannschaft Plauen.	Königin Marienhütte, Actiengesellschaft in Cainsdorf.	Hartung, A. E. A., Bergingenieur in Cainsdorf, Bevollmächtigter.

Betriebsleiter und andere Werksbeamte.	Mannschaftszahl.			Ausbringen im Jahre 1878.				Im Jahre 1878 erfolgte			
	Beamte und Officianten.	Arbeiter: ständige.	Arbeiter: unständige.	Namen der Producte.	Menge derselben.	Geldwerth.		Capital- oder Zubuss-Einzahlung.		Ueberschuss-Vertheilung.	
					Centner.	ℳ	₰	ℳ	₰	ℳ	₰
Stark, M. Th., Obersteiger auf König David Fundgr. Dietrich, C., Steigerdienstversorger.	—	—	—	Silbererze.	.	—	—	77	75	—	—
Pilz, F. R., Bergverwalter in Obersachsenfeld.	—	—	—	Eisenerze.		—	—	—	—	—	—
Mennig, Grabenwärter.	—	—	—			—	—	—	—	—	—
Hering, C.W., Bergdirector in Zwickau. Beuchold, C. H., Steiger.	1	1	—	Kupfererze. Schaustufen.	$192{,}_9$.	2239 4	76 —	467	28	—	—
Reichelt, H. R., Markscheider in Schwarzenberg.	—	—	—	Eisenerze.		—	—	—	—	—	—
Hartung, A. E. A., Bergingenieur in Cainsdorf. Vogel, L., Obersteiger und Rechnungsführer in Jocketa.	—	—	—	Eisenerze.		—	—	63	50	—	—
Hartung, A. E. A., Bergingenieur in Cainsdorf. Vogel, L., Obersteiger und Rechnungsführer in Jocketa.	—	—	—	Eisenstein.	$228{,}_{50}$	151	80	1044	95	—	—
Hartung, A. E. A., Bergingenieur in Cainsdorf. Hellmich, J. G., Steiger in Cunsdorf, zugleich Rechnungsführer.	1	—	—	Eisenerze.		—	—	981	58	—	—
Hartung, A. E. A., Bergingenieur in Cainsdorf. Schlegel in Cainsdorf, Rechnungsführer. Vogel, L., Obersteiger.	—	—	—	Eisenerze.	.	—	—	87	45	—	—

No.	Name des Berggebäudes.	Berginspections-Bezirk.	Amtsgerichtsbezirk.	Ortsverwaltungsbehörde.	Besitzer.	Vertreter des Besitzers.
259	**Heinrich Moritz Fdgr.** bei Tobertitz. (Hat bis zum 12. Februar 1881 Betriebsfrist.)	Z.	Plauen.	Amtshauptmannschaft Plauen.	Königin Marienhütte, Actiengesellschaft in Cainsdorf.	Hartung, A. E. A., Bergingenieur in Cainsdorf, Bevollmächtigter.
260	**Himmelfahrt und Grummetstock vereinigt Feld** bei Gottesberg. (Gelöscht.)	Z.	Klingenthal.	Amtshauptmannschaft Auerbach.	Drugulin, W. E., Buch- und Kunsthändler in Leipzig.	—
261	**Hoffnungsschacht** bei Schedewitz.	S.	Zwickau.	Amtshauptmannschaft Zwickau.	Erzgebirgischer Steinkohlen-Actienverein.	Oppe, H. V., Betriebsdirector in Zwickau.
262	**Isolde vereinigt Feld** zu Hauptmannsgrün. (Hat bis Schluss 1880 Betriebsfrist.)	Z.	Reichenbach.	Amtshauptmannschaft Plauen.	Königin Marienhütte, Actiengesellschaft in Cainsdorf.	Hartung, A. E. A., Bergingenieur in Cainsdorf, Bevollmächtigter.
263	**Knappschaft** bei Sachsgrün. (Hatte bis 4. September 1878 Betriebsfrist und ist zum Erlöschen gekommen.)	Z.	Oelsnitz.	Amtshauptmannschaft Oelsnitz.	Gruson, H., Commerzienrath in Buckau b. Magdeburg.	Pilz, F. R., Bergverwalter in Obersachsenfeld.
264	**König David Fundgr. s. Herder Stolln** zu Oberschlema. Co.	S.	Schneeberg.	Amtshauptmannschaft Schwarzenberg.	Schneeberger Bergbegnadigungsfond.	Dr. Geitner, Stadtrath in Schneeberg, Bevollmächtigter.
265	**Ludwig vereinigt Feld** bei Schönbrunn. (Hat bis Schluss des Jahres 1880 Betriebsfrist.)	Z.	Oelsnitz.	Amtshauptmannschaft Oelsnitz.	Königin Marienhütte, Actiengesellschaft in Cainsdorf.	Hartung, A. E. A., Bergingenieur in Cainsdorf, Bevollmächtigter.
266	**Neugeboren Kindlein Fdgr. s. Segen Gottes Stolln** zu Stenn. (Hat bis Ende Rem. 1880 Betriebsfrist.)	S.	Zwickau.	Amtshauptmannschaft Zwickau.	Königin Marienhütte, Actiengesellschaft in Cainsdorf.	Hartung, A. E. A., Bergingenieur in Cainsdorf, Bevollmächtigter.
267	**Neue Hoffnung** bei Eibenstock. (Hat bis Schluss 1880 Betriebsfrist.)	S.	Eibenstock.	Amtshauptmannschaft Schwarzenberg.	Gruner, Chr. A., in Johanngeorgenstadt.	—
268	**Pohlenz Fundgr.** bei Foschenroda. (Hat bis 2. Februar 1879 Betriebsfrist.)	Z.	Reichenbach.	Amtshauptmannschaft Plauen.	Königin Marienhütte, Actiengesellschaft in Cainsdorf.	Hartung, A. E. A., Bergingenieur in Cainsdorf, Bevollmächtigter.

Betriebsleiter und andere Werksbeamte.	Mannschaftszahl. Beamte und Officianten.	Arbeiter: ständige.	Arbeiter: unständige.	Ausbringen im Jahre 1878. Namen der Producte.	Menge derselben. Centner.	Geldwerth. ℳ	₰	Im Jahre 1878 erfolgte Capital- oder Zubuss-Einzahlung. ℳ	₰	Ueberschuss-Vertheilung. ℳ	₰
Wie bei No. 258.	—	—	—	Eisenerze.		—	—	—	—	—	—
Röder, C. F. L., in Gottesberg, Steigerdienstversorger.	—	1	—	Zinnerze.	.	—	—	990	29	—	—
Oppe, H. V., Betriebsdirector in Zwickau.	Steinkohlenarbeiter.			Eisenstein.		—	—	—	—	—	—
Hartung, A. E. A., Bergingenieur in Cainsdorf. Hellmich, J. G., Rechnungsführer und Steiger.	—	—	—	Eisenerze.		—	—	644	42	—	—
Pilz, F. R., Bergverwalter in Obersachsenfeld.	—	—	—	Eisenerze.	.	—	—	—	—	—	—
Jacobi, F. F., Königl. Bergfactor in Schneeberg. Stark, M. Th., Steiger.	2	7	—	Silbererze.	139,7	522	30	7739	17	—	—
Hartung, A. E. A., Bergingenieur in Cainsdorf. Schlegel, H., in Cainsdorf, Rechnungsführer.	—	—	—	Eisenerze. Flussspath.	. 471,96	— 353	— 97	—	—	—	—
Hartung, A. E. A., Bergingenieur in Cainsdorf. Schlegel, Rechnungsführer in Cainsdorf. Meichsner, H., Obersteiger in Stenn.	2	1	1	Eisenstein.	2902	695	3	8661	95	—	—
—	—	—	—	Eisenerze.		—	—	40	—	—	—
Hartung, A. E. A., Bergingenieur in Cainsdorf. Schlegel, Rechnungsführer in Cainsdorf.	—	—	—	Eisenerze.		—	—	24	95	—	—

9*

No.	Name des Berggebäudes.	Berginspections-Bezirk.	Amtsgerichtsbezirk.	Ortsverwaltungsbehörde.	Besitzer.	Vertreter des Besitzers.
269	**St. Michaelis Stolln** bei Aue.	S.	Schneeberg.	Amtshauptmannschaft Schwarzenberg.	Fischer, J. A., in Aue.	—
270	**Saxonia und Bavaria vereinigt Feld** am Eichberge bei Röttis.	Z.	Plauen.	Amtshauptmannschaft Plauen.	Die Erben des Civilingenieur Hering in Zwickau und die Heubner'sche Familienstiftung.	—
271	**Schaller's Erbstolln s. Graf von Savern vereinigt Feld** bei Pöhl. (Hat bis Schluss 1879 Betriebsfrist.)	S.	Plauen.	Amtshauptmannschaft Plauen.	Königin Marienhütte, Actiengesellschaft in Cainsdorf.	Hartung, A. E. A., Bergingenieur in Cainsdorf, Bevollmächtigter.
272	**Schwalbner Flügel und Zug** in der Filzhaide.	S.	Eibenstock.	Amtshauptmannschaft Schwarzenberg.	Königl. Sächs. Staatsfiscus u. Sächs. Privatblaufarbenwerks-Verein.	Wie bei No. 240.
273	**Segen Gottes Fundgr.** bei Weiters Glashütte.	S.	Eibenstock.	Amtshauptmannschaft Schwarzenberg.	Casper, A. G., in Dresden.	—
274	**Sosa'er Glück Fundgr.** zu Sosa.	S.	Eibenstock.	Amtshauptmannschaft Schwarzenberg.	Königl. Sächs. Staatsfiscus u. Sächs. Privatblaufarbenwerks-Verein.	Wie bei No. 240.
275	**Thekla vereinigt Feld** zu Hauptmannsgrün. (Hat bis zum Schluss 1880 Betriebsfrist.)	S.	Reichenbach.	Amtshauptmannschaft Plauen.	Königin Marienhütte, Actiengesellschaft in Cainsdorf.	Hartung, A. E. A., Bergingenieur in Cainsdorf, Bevollmächtigter.
276	**Tiefer Marks Semmler Stolln** zu Schlema. (Ohne Grubenfeld.)	S.	Schneeberg.	Amtshauptmannschaft Schwarzenberg.	Königl. Sächs. Staatsfiscus u. Sächs. Privatblaufarbenwerks-Verein.	Wie bei No. 240.

Betriebsleiter und andere Werksbeamte.	Mannschaftszahl. Beamte und Officianten.	Arbeiter: ständige.	Arbeiter: unständige.	Ausbringen im Jahre 1878. Namen der Producte.	Menge derselben. Centner.	Geldwerth. M.	Geldwerth. ₰.	Im Jahre 1878 erfolgte Capital- oder Zubuss-Einzahlung. M.	₰.	Ueberschuss-Vertheilung. M.	₰.
—	—	—	—	Eisenerze		—	—	5	90	—	—
Hering, C.W., Bergdirector in Zwickau. Vogel, L., Obersteiger in Jocketa.	—	5	—	Eisenerze.	28720,50	5299	45	392	72	—	—
Hartung, A. E. A., Bergingenieur in Cainsdorf. Vogel, L., Obersteiger und Rechnungsführer in Jocketa.	1	10	—	Eisenerze.	7763	4657	80	1812	86	—	—
Tröger, O. R., Bergverwalter in Neustädtel. Leibiger, F. A., Gruben-Rendant in Schneeberg. Hahn, C. H., Steiger.	1	8	—	Eisenerze.		—	—	6415	30	—	—
—	—	—	—	Zinnerze.		—	—	—	—	—	—
Graff, J. M., Schichtmeister auf Wolfgang Maassen. Leibiger, F. A., Gruben-Rendant in Schneeberg. Unger, C. A., Steiger.	—	5	—	Wismutherze.	10	1684	84	—	—	—	—
Hartung, A. E. A., Bergingenieur in Cainsdorf. Hellmich, J. G., Steiger in Cunsdorf, zugleich Rechnungsführer.	—	—	—	Eisenerze.		—	—	254	18	—	—
Tröger, O. R., Bergverwalter in Neustädtel. Leibiger, F. A., Gruben-Rendant in Schneeberg. Stark, M. Th., Steiger.	—	2	—			—	—	847	82	—	—

No.	Name des Berggebäudes.	Berginspections-Bezirk.	Amts-gerichts-bezirk.	Orts-verwaltungs-behörde.	Besitzer.	Vertreter des Besitzers.
277	**Unverhofft Glück Fdgr. s. Tröster Erbstolln** bei Plauen. (Losgesagt.)	Z.	Plauen.	Stadtrath zu Plauen.	Königin Marienhütte, Actiengesellschaft in Cainsdorf.	Hartung, A. E. A., Bergingenieur in Cainsdorf, Bevollmächtigter.
278	**Vereinsglück-Feld** bei Schedewitz. (Von der Theilnahme am Revierverbande dispensirt.)	S.	Zwickau.	Amtshauptmannschaft Zwickau.	Zwickauer Steinkohlen-Actien-Verein.	Varnhagen, Bergdirector auf Vereinsglück, Bevollmächtigter.
279	**Vorsicht Fundgr.** bei Cainsdorf. (Von der Theilnahme am Revierverbande dispensirt.)	S.	Zwickau.	Amtshauptmannschaft Zwickau.	Königin Marienhütte, Actiengesellschaft in Cainsdorf.	Hartung, A. E. A., Bergingenieur in Cainsdorf, Bevollmächtigter.
280	**Weisser Hirsch s. St. Georg und Fürstenvertrag Fundgr.** zu Schneeberg.	S.	Schneeberg.	Stadtrath zu Neustädtel.	Königl. Sächs. Staatsfiscus u. Sächs. Privatblaufarbenwerks-Verein.	Wie bei No. 240.
281	**Wolfgang s. Priester Fundgr.** am Hintergebirge.	S.	Schneeberg.	Stadtrath zu Neustädtel.	Königl. Sächs. Staatsfiscus u. Sächs. Privatblaufarbenwerks-Verein.	Wie bei No. 240.

Mannschaftszahl. Beamte und Officianten.	Arbeiter: ständige.	Arbeiter: unständige.	Ausbringen im Jahre 1878. Namen der Producte.	Menge derselben. Centner.	Geldwerth. ℳ	Geldwerth. ₰	Im Jahre 1878 erfolgte Capital- oder Zubuss-Einzahlung. ℳ	₰	Ueberschuss-Vertheilung. ℳ	₰
—	—	—	Eisenerze.		—	—	310	64	—	—
Steinkohlenarbeiter.			Eisenstein.	.	—	—	—	—	—	—
Steinkohlenarbeiter.			Eisenstein.	14666	2574	75	—	—	—	—
4	113	5	Kobalt-, Nickel- und Wismutherze.	885	88932	91	—	—	—	—
			Uranpecherz.	36,87	5167	86				
			Schmirgel.	0,25	6	25				
			Quarz.	42	21	—				
			Schaustufen.	.	21	96				
4	140	12	Kobalt- und Nickelerze.	285	11201	50	—	—	—	—
			Wismutherze.	790	126693	47				
			Schaustufen.	.	59	21				
76	839	34		175289,95	562104	96	134968	17	1230	—
299	6859	736		693484,07	4728108	57	591627	87	264180*)	—

– Pf. auf Freikuxe.

No.	Name des Berggebäudes.	Berginspections-Bezirk.	Amtsgerichtsbezirk.	Ortsverwaltungsbehörde.	Besitzer.	Vertreter des Besitzers.

B. Steinkohlenbergbau.

No.	Name des Berggebäudes.	Berginspections-Bezirk.	Amtsgerichtsbezirk.	Ortsverwaltungsbehörde.	Besitzer.	Vertreter des Besitzers.
1	**Anthracitwerk** zu Schönfeld.	D.	Frauenstein.	Amtshauptmannschaft Dippoldiswalde.	Königl. Staatsfiscus.	Königl. Forstrentamt Frauenstein.
2	**von Arnim'sches** Steinkohlenwerk zu Planitz.	Z.	Zwickau.	Amtshauptmannschaft Zwickau.	Gebrüder von Arnim auf Planitz.	Frau von Arnim auf Planitz.
3	**Altcoschützer Steinkohlenwerk.**	D.	Dresden.	Amtshauptmannschaft Dresden.	Klöber, G. H., Gutsbesitzer in Coschütz.	Claussnitzer, F. A., Zimmerling in Burgk, Werksmitpächter und Vertreter.
4	**Beschert Glück** zu Oberhohndorf.	Z.	Zwickau.	Amtshauptmannschaft Zwickau.	Gewerkschaft.	Ebert, E., Kohlenwerksbesitzer in Zwickau, Vorstand.
5	**Bockwa'er Altgemeinde** Steinkohlenwerk.	Z.	Zwickau.	Amtshauptmannschaft Zwickau.	Altgemeinde Bockwa.	Falck, A., in Bockwa.
6	**Bockwa'er Grund-Steinkohlengrube.**	Z.	Zwickau.	Amtshauptmannschaft Zwickau.	Consortium der Bockwa'er Grund-Steinkohlengrube.	Kretzschmar, R., Dr. med. in Bockwa, Bevollmächtigter.
7	**Bockwa-Hohndorf Vereinigt Feld** bei Lichtenstein.	Ch.	Lichtenstein.	Amtshauptmannschaft Glauchau.	Steinkohlenactiengesellschaft Bockwa-Hohndorf Vereinigt Feld bei Lichtenstein.	Falck, A., Kohlenwerksbesitzer in Bockwa, vollziehender Director.

Betriebsleiter und andere Werksbeamte.	Mannschaftszahl. Beamte und Officianten.	männl. Arbeiter: ständige.	un-ständige.	weibl. Arbtr.	Ausbringen im Jahre 1878. Namen der Producte.	Menge derselben. Hectoliter.	Geldwerth. ℳ	₰	Im Jahre 1878 erfolgte Capital- oder Zubuss-Einzahlung. ℳ	₰	Ueberschuss-Vertheilung. ℳ	₰
Städter, E. E. L., Markscheider in Altenberg. Liebscher, Steiger.	1	9	—	—	Anthracit.	4440	6483	—				
Rudert, B. O., Bergdirector in Planitz. Otto, M. B., Betriebsassistent und Markscheider daselbst. Barth, Ch. G., Obersteiger.	18	535	—	—	Steinkohlen.	1859648	902172	—				
					Coaks.	183490	103488	—				
Kieschnick, J., Steiger.	1	5	—	—	Steinkohlen.	2002	849	—				
Siegel. C. J., Schichtmeister in Oberhohndorf. Kretzschmar, Ch. C., und Wagner, D. F., Steiger.	4	125	—	—	Steinkohlen.	536544	230454	—				
Schencke, C. F. M., Markscheider i. Zwickau, Betriebsleiter. Falck, F., Obersteiger u. Expeditionsofficiant. Haupt, J., Unger, C. F., und Lange, G., Steiger.	4	205	—	—	Steinkohlen.	650481	313997	—				
Reichelt, C., Schichtmeister in Bockwa.	3	31	—	—	Steinkohlen.	69151	30742	—				
Richter, H. W., Bergverwalter. Kirbach, C. J., Obersteiger. Schiffel, J. G., Obersteigerdienstversorger.	6	123	—	1	Steinkohlen.	53280	28406	—	517500	—	—	—

No.	Name des Berggebäudes.	Berginspections-Bezirk.	Amtsgerichtsbezirk.	Ortsverwaltungsbehörde.	Besitzer.	Vertreter des Besitzers.
8	**Bockwa'er Wasserhaltungs-Gewerkschaft.**	Z.	Zwickau.	Amtshauptmannschaft Zwickau.	Bockwa'er Wasserhaltungs-Gewerkschaft.	Thost, A., Kaufmann in Zwickau, Vorsitzender.
9	**Brendel's** Steinkohlenwerk in Wurgwitz.	D.	Döhlen.	Amtshauptmannschaftl. Delegation Potschappel.	Brendel, H. E. E., Rittergutsbesitzer in Wurgwitz.	—
10	**Freiherrl. v. Burgk'sche** Steinkohlenwerke im Plauenschen Grunde.	D.	Döhlen.	Amtshauptmannschaftl. Delegation Potschappel.	Freiherr A. v. Burgk, Kgl. Kammerherr auf Burgk.	—
11	**Concordia** zu Niederölsnitz.	Ch.	Stollberg.	Amtshauptmannschaft Chemnitz.	Steinkohlenbauverein Concordia zu Oelsnitz.	Wiede, F. G. A., Bergdirector in Bockwa, Vorstand.
12	**Deutschland** in Oelsnitz.	Ch.	Stollberg.	Amtshauptmannschaft Chemnitz.	Steinkohlenbauverein Deutschland in Oelsnitz.	Schencke, C., Markscheider in Zwickau, vollziehender Director.
13	**F. Ebert's** Steinkohlenwerk in Oberhohndorf.	Z.	Zwickau.	Amtshauptmannschaft Zwickau.	Ebert, F., Markscheider u. Rittergutsbesitzer auf Leubnitz bei Werdau.	—
14	**J. G. Ebert's** Erben Steinkohlenwerk in Bockwa.	Z.	Zwickau.	Amtshauptmannschaft Zwickau.	J. G. Ebert's Erben in Bockwa.	Ebert, E., in Zwickau, Generalbevollmächtigter.
15	**F. Ehrler's und Comp.** Steinkohlenwerk in Oberhohndorf.	Z.	Zwickau.	Amtshauptmannschaft Zwickau.	Ehrler, F., und Comp. in Oberhohndorf.	Ehrler sen., F., Banquier in Zwickau.

Betriebsleiter und andere Werksbeamte.	Mannschaftszahl. Beamte und Officianten.	männl. Arbeiter: ständige.	unständige.	weibl. Arbtr.	Ausbringen im Jahre 1878. Namen der Producte.	Menge derselben.	Geldwerth.		Im Jahre 1878 erfolgte Capital- oder Zubuss-Einzahlung.		Ueberschuss-Vertheilung.	
						Hectoliter.	ℳ	₰	ℳ	₰	ℳ	₰
Wagner, C. F., Markscheider in Zwickau. Wolf, F. H., Lorenz, C. M., Steiger.	4	26	—	—			—	—	133652	—	43416	80
Schönberg, E. M., Betriebsleiter und Steiger.	1	18	—	—	Steinkohlen.	22512	11772	—				
Zobel, L. F., Bergdirector in Burgk. Schaffrath, F., Markscheider in Kleinnaundorf. Seelig, W., Einfahrer. Neumeyer, C. W., in Bannewitz, Klöss, C. G., in Burgk, Freiberg, G. Fr., in Wilmsdorf, Obersteiger.	52	1117	—	117	Steinkohlen.	2352671	1899894	—				
					Coaks.	138929	58350	—				
Büttner, C. H., Bergverwalter in Oelsnitz. Müller, Ch. G., Obersteiger.	5	177	—	—	Steinkohlen.	371483	188562	—	25293	81	—	—
Schneider, G. A., Bergverwalter in Oelsnitz. Graupner, J. H., Obersteiger.	4	144	—	6	Steinkohlen.	206381	132084	—	95568	49	—	—
Ebert, F., Markscheider auf Leubnitz. Bley, C. H., zweiter Betriebsbeamter. Geipel, E. R., Obersteiger.	6	198	—	—	Steinkohlen.	591877	269179	—				
Richter, O., Markscheider in Zwickau. Bauer, Chr. F. R., Obersteiger.	8	159	—	—	Steinkohlen.	688697	340924	—				
Zier, C. M., Bergfactor in Zwickau. Kästner, K. Fr., Steiger.	5	48	—	—	Steinkohlen.	175062	84198	—				

No.	Name des Berggebäudes.	Berginspections-Bezirk.	Amts-gerichts-bezirk.	Orts-verwaltungs-behörde.	Besitzer.	Vertreter des Besitzers.
16	**Einigkeit** in Oberhohndorf.	Z.	Zwickau.	Amtshauptmannschaft Zwickau.	Reichelt, C. G., Schichtmeister in Bockwa.	—
17	**Erzgebirgischer Steinkohlen-Actien-Verein** in Zwickau.	Z.	Zwickau.	Amtshauptmannschaft Zwickau.	Erzgebirgischer Steinkohlen-Actienverein.	Haupt, A., Kaufmann in Dresden, Vorsitzender des Directoriums.
18	**R. Facius's** Steinkohlenwerk in Niederwürschnitz-Kirchberg.	Ch.	Stollberg.	Amtshauptmannschaft Chemnitz.	Facius, R., Kohlenwerksbesitzer in Lugau.	—
19	**C. G. Falk's** Steinkohlenwerk in Bockwa.	Z.	Zwickau.	Amtshauptmannschaft Zwickau.	Falck, C. G., in Bockwa.	Ebert, E. F., in Bockwa.
20	**J. G. Falk's Erben** Steinkohlenwerk in Bockwa.	Z.	Zwickau.	Amtshauptmannschaft Zwickau.	J. G. Falck's Erben.	Thost, G., Ingenieur in Zwickau.
21	**Frisch Glück** zu Oberhohndorf.	Z.	Zwickau.	Amtshauptmannschaft Zwickau.	Consortschaft Frisch Glück.	Kästner, Fl., Gutsbesitzer in Oberhohndorf, Vorstand.
22	**Fritzsche's** Steinkohlenwerk in Bockwa.	Z.	Zwickau.	Amtshauptmannschaft Zwickau.	Fritzsche, Fr. J. Ch. verw., in Bockwa.	—
23	**Fünfnachbargrube** zu Oberhohndorf. (Dieses Werk ist im November 1878 an Vereinigt Feld verkauft worden.)	Z.	Zwickau.	Amtshauptmannschaft Zwickau.	Consortschaft Fünfnachbargrube.	Ebert, E., Kaufmann und Kohlenwerksbesitzer in Zwickau, Vorstand.
24	**Gersdorfer Steinkohlenbau-Verein** in Gersdorf.	Ch.	Hohenstein-Ernstthal.	Amtshauptmannschaft Glauchau.	Gersdorfer Steinkohlenbau-Verein.	Jobst, H., Bergdirector in Gersdorf, vollz. Director. Kaulfers, C. E., in Chemnitz, Director.

Betriebsleiter und andere Werksbeamte.	Mannschaftszahl. Beamte und Officianten.	männl. Arbeiter: ständige.	unständige.	weibl. Arbtr.	Ausbringen im Jahre 1878. Namen der Producte.	Menge derselben. Hectoliter.	Geldwerth. ℳ	₰	Im Jahre 1878 erfolgte Capital- oder Zubuss-Einzahlung. ℳ	₰	Ueberschuss-Vertheilung. ℳ	₰
—	3	16	—	—	Steinkohlen.	13990	7548	—				
Oppe, H. V., Betriebsdirector in Zwickau. Gessler, Cassendirector. Arnold, O., Bergverwalter. Börner, C. M., Markscheider. Kind, E., Andrä, J. H., Deich, J. A., Obersteiger.	36	1177	—	—	Steinkohlen.	3229614	1644576	—	—	—	306930	—
					Coaks.	237599	106370	—				
Schubert, J. K., Obersteiger und Betriebsführer.	2	25	—	2	Steinkohlen.	17403	10987	—				
Schencke, C. F. M., Markscheider in Zwickau. Sättler, Obersteiger.	9	130	—	—	Steinkohlen.	517128	254168	—				
Lorenz, C. T., Schichtmeister. Barth, A. F., Steiger.	3	55	—	—	Steinkohlen.	126530	65716	—				
Würker, E., Markscheider in Zwickau. Popp, C. G., Thümmler, A., Steiger.	5	135	—	—	Steinkohlen.	570102	263597	—				
Richter, O., Markscheider in Zwickau. Oettel, W. B., Steiger.	4	63	—	—	Steinkohlen.	155309	83040	—				
Richter, O., Markscheider in Zwickau. Lenck, C. H., Steigerdienstversorger.	3	28	—	—	Steinkohlen.	95437	52034	—				
Jobst, H., Bergdirector in Gersdorf. Wagner, K. O., Obersteiger. Uhlemann, F. E., Steigerdienstversorger.	7	109	—	4	Steinkohlen.	108022	72243	—	147594	75	—	—

No.	Name des Berggebäudes.	Berginspections-Bezirk.	Amts-gerichts-bezirk.	Orts-verwaltungs-behörde.	Besitzer.	Vertreter des Besitzers.
25	**Gottes Segen** zu Lugau.	Ch.	Stollberg.	Amtshauptmannschaft Chemnitz.	Steinkohlenbau-Verein Gottes Segen zu Lugau.	Geyer, F. A., Rechtsanwalt in Chemnitz, Director.
26	**Günther's Erben** Steinkohlenwerk in Bockwa.	Z.	Zwickau.	Amtshauptmannschaft Zwickau.	G. Günther's Erben.	Günther, J. G., in Bockwa.
27	**HänichenerSteinkohlenbauverein.**	D.	Dresden und Dippoldiswalde.	Amtshauptmannschaft Dresden und Dippoldiswalde.	Hänichener Steinkohlenbau-Verein.	Kanitz, R. P., Börsensensal in Dresden, Vorsitzender des Directoriums.
28	**Hering's und Consorten** Steinkohlenwerk in Bockwa.	Z.	Zwickau.	Amtshauptmannschaft Zwickau.	Hering und Consorten.	Ehrhardt, J. B., Hüttendirector in Cainsdorf, und Teichmann, C., Maschinenmeister in Bockwa. Generalbevollmächtigte.
29	**Herrschel's** Steinkohlenwerk in Bockwa.	Z.	Zwickau.	Amtshauptmannschaft Zwickau.	J. D. Herrschel's Erben in Bockwa.	Herrschel, E., in Bockwa.
30	**Hohndorf,** Steinkohlenbauverein.	Ch.	Lichtenstein.	Amtshauptmannschaft Glauchau.	Steinkohlenbau-Verein Hohndorf.	Singer, Ch. G., Kaufmann in Lichtenstein, Vorsitzender des Aufsichtsrathes.
31	**Kästner's Erben** Steinkohlenwerk in Bockwa.	Z.	Zwickau.	Amtshauptmannschaft Zwickau.	Kästner's Erben.	Kästner, F. G., Oeconom in Zwickau.
32	**Kästner's u. Genossen** Steinkohlenwerk in Reinsdorf.	Z.	Wildenfels.	Amtshauptmannschaft Zwickau.	Kästner, Fl., und Genossen.	Kästner, Fl., in Zwickau, Vertreter.

Betriebsleiter und andere Werksbeamte.	Mannschaftszahl. Beamte und Officianten.	männl. Arbeiter: ständige.	männl. Arbeiter: unständige.	weibl. Arbtr.	Ausbringen im Jahre 1878. Namen der Producte.	Menge derselben.	Geldwerth.		Im Jahre 1878 erfolgte Capital- oder Zubuss-Einzahlung.		Ueberschuss-Vertheilung.	
						Hectolitor.	ℳ	₰	ℳ	₰	ℳ	₰
Weigel, C. E., Bergdirector in Lugau. Kreil, B., Rechnungsschichtmeister. Klemm, G. F., Obersteiger.	19	491	—	13	Steinkohlen.	1214925	620341	—	—	—	21000	—
Richter, O., Markscheider in Zwickau. Herrmann, F., in Bockwa, Steiger.	3	50	—	—	Steinkohlen.	232546	133948	—				
Dannenberg, J., Betriebsdirector in Hänichen. Koch, Cassirer. Frenzel, C., Buchhalter, Patzig, C. A., Fischer, H. W., Neubert, Tr. L., Obersteiger. Bartlau, Schichtmeister.	18	423	12	34	Steinkohlen.	964211	604560	—				
					Coaks.	94458	39011	—				
Wüstner, J. G., Schichtmeister in Bockwa. Vogel, C. W., Obersteiger.	6	90	—	—	Steinkohlen.	255762	132546	—				
Wildfeuer, M., Bergverwalter. Zschalig, G. E., Queck, O., und Vogel, A. F., Steiger.	4	153	—	6	Steinkohlen.	761397	351586	—				
Liebe, G., Bergverwalter. Strauss, F. H., Obersteiger.	4	112	—	6	Steinkohlen.	131204	100108	—	143986	—	—	—
Reichelt, C. G., Schichtmeister in Bockwa. Ziesler, E. M., Obersteiger.	7	68	—	—	Steinkohlen.	308379	146285	—				
Bley, C. H., Bergverwalter in Oberhohndorf. Beyer, C. A., Steiger in Reinsdorf.	6	200	—	—	Steinkohlen.	338572	196179	—				

No.	Name des Berggebäudes.	Berginspections-Bezirk.	Amts-gerichts-bezirk.	Orts-verwaltungs-behörde.	Besitzer.	Vertreter des Besitzers.
33	**C. G. Kästner's** Steinkohlenwerk in Bockwa.	Z.	Zwickau.	Amtshauptmannschaft Zwickau.	Kästner, F., und Kästner, E. C., in Bockwa.	—
34	**Kaisergrube** in Gersdorf.	Ch.	Hohenstein-Ernstthal.	Amtshauptmannschaft Glauchau.	Steinkohlenbau-Verein Kaisergrube in Gersdorf.	Klötzer, D. G., Kohlenwerksbesitzer in Zwickau, vollziehender Director.
35	**Klötzer's** Steinkohlenwerk in Oberhohndorf.	Z.	Zwickau.	Amtshauptmannschaft Zwickau.	Klötzer's, J. G., Erben.	Ehrler, F., Gutsbesitzer in Zwickau.
36	**Der Königin Marienhütte Steinkohlentagebau** in Bockwa.	Z.	Zwickau.	Amtshauptmannschaft Zwickau.	Königin Marienhütte, Actiengesellschaft in Cainsdorf.	Ehrhardt, Br., in Cainsdorf, Director.
37	**Königl. Steinkohlenwerke** zu Zaukeroda.	D.	Döhlen.	Amtshauptmannschaftl. Delegation Potschappel.	Königl. Sächs. Staatsfiscus.	Förster, B. R., Bergmeister in Zaukeroda.
38	**Kraft und Lücke's** Steinkohlenwerk in Bockwa.	Z.	Zwickau.	Amtshauptmannschaft Zwickau.	Reichelt, C. G., Schichtmeister in Bockwa.	—
39	**Kieschnick's und Meichsner's** Steinkohlenwerk in Zaukeroda. (Vorrichtungsbau.)	D.	Döhlen.	Amtshauptmannschaftl. Delegation Potschappel.	Kieschnick, J., Kohlenbau-Unternehmer in Oberpesterwitz und Meichsner, K. G., Bleichereibesitzer in Altchemnitz.	Kieschnick, J., Kohlenbauunternehmer in Oberpesterwitz.

Betriebsleiter und andere Werksbeamte.	Mannschaftszahl. Beamte und Officianten.	männl. Arbeiter: ständige.	männl. Arbeiter: unständige.	weibl. Arbtr.	Ausbringen im Jahre 1878. Namen der Producte.	Menge derselben.	Geldwerth.		Im Jahre 1878 erfolgte Capital- oder Zubuss-Einzahlung.		Ueberschuss-Vertheilung.	
						Hectoliter.	ℳ	₰	ℳ	₰	ℳ	₰
Schencke, C. F. M., Markscheider i. Zwickau, Lorenz, F., Obersteiger.	2	120	—	—	Steinkohlen.	545880	308789	—				
Hey, R. W., Bergverwalter in Gersdorf. Metzler, G. A., Obersteiger.	4	202	—	2	Steinkohlen.	362583	188036	—	85285	48	—	—
Richter, O., Betriebsdirector u. Markscheider in Zwickau. Georgi, C. W., Obersteiger. Meyer, C. F., Steiger.	4	33	—	—	Steinkohlen.	141061	36121	—				
Hartung, A. E. A., Bergingenieur in Cainsdorf.	1	4	—	—	Steinkohlen.	18966	4741	—				
Förster, B. R., Bergmeister in Zaukeroda. Otho, H. C. E., Handelsfactor, Uhde, W. H., Schichtmeister. Hausse, A. R., Markscheider. Georgi, F. M., Bergverwalter. Blochschmidt, C. H., und Neumeyer, C. E. B., Obersteiger.	36	1159	—	30	Steinkohlen.	2541010	2120470	—	—	—	355354	87
					Coaks.	11881	8317	—				
					Cynder.	152954	91772	—				
—	2	30	—	—	Steinkohlen.	17287	7490	—				
Kieschnick, J., Steigerdienstversorger	—	7	—	—	Steinkohlen.	—	—	—				

11

No.	Name des Berggebäudes.	Berginspections-Bezirk.	Amts-gerichts-bezirk.	Orts-verwaltungs-behörde.	Besitzer.	Vertreter des Besitzers.
40	**Lehefeldgrube** in Oberhohndorf.	Z.	Zwickau.	Amtshauptmannschaft Zwickau.	Die Consortschaft Lehefeldgrube.	Ehrler jun., F., in Zwickau, Vorstand.
41	**H. G. List's Erben** Steinkohlenwerk in Bockwa.	Z.	Zwickau.	Amtshauptmannschaft Zwickau.	List's, H. G., Erben.	List, R., Kohlenwerksbesitzer in Bockwa
42	**Lugauer Steinkohlenbau-Verein.**	Ch.	Stollberg.	Amtshauptmannschaft Chemnitz.	Lugauer Steinkohlenbau-Verein.	Seume, Th., Rechtsanwalt in Zwickau, vollziehender Director.
43	**Lugau - Niederwürschnitzer Steinkohlenbau-Verein.**	Ch.	Stollberg.	Amtshauptmannschaft Chemnitz.	Lugau - Niederwürschnitzer Steinkohlenbau-Verein.	Dittmarsch, A. L., in Lugau, Director.
44	**Morgenstern** in Reinsdorf.	Z.	Wildenfels.	Amtshauptmannschaft Zwickau.	Sarfert, Frau J. D. verw., und Wiede, F. G. A., Bergdirector in Bockwa.	Wiede, F. G. A., Bergdirector in Bockwa.
45	**Müller's** Steinkohlenwerk in Zaukeroda.	D.	Döhlen.	Amtshauptmannschaftl. Delegation Potschappel.	Müller, A. F., Kohlenwerksbesitzer in Niederhäslich.	—
46	**Oberhohndorfer** Steinkohlenwerk.	Z.	Zwickau.	Amtshauptmannschaft Zwickau.	Altgemeinde Oberhohndorf.	Kästner, F., in Zwickau, Vorsitzender des Ausschusses.
47	**Oberhohndorfer Forst-Steinkohlenbau-Verein.**	Z.	Zwickau.	Amtshauptmannschaft Zwickau.	Oberhohndorfer Forst-Steinkohlenbau-Verein.	Körner, M. E., Rechtsanwalt in Zwickau, Director.

Betriebsleiter und andere Werksbeamte.	Mannschaftszahl. Beamte und Officianten.	männl. Arbeiter: ständige.	unständige.	weibl. Arbtr.	Ausbringen im Jahre 1878. Namen der Producte.	Menge derselben. Hectoliter.	Geldwerth. ℳ	₰	Im Jahre 1878 erfolgte Capital- oder Zubuss-Einzahlung. ℳ	₰	Ueberschuss-Vertheilung. ℳ	₰
Richter, O., Markscheider in Zwickau. Georgi, C. W., Obersteiger.	3	32	—	—	Steinkohlen.	71281	33296	—				
Schencke, C. F. M., Markscheider i. Zwickau. Franke, C. F., Obersteiger.	5	80	—	—	Steinkohlen.	282360	154861	—				
Scheibner, C. H., Bergdirector in Lugau. Kunze, H., in Lugau, Cassen-Director. Wittig, C. A., Obersteiger.	14	393	—	7	Steinkohlen.	742140	420793	—	69989	23	—	—
Dittmarsch, A. L., Betriebsdirector in Lugau. Leupold, W., Cassendirector daselbst. Bellmann, E. F., Obersteiger.	15	360	—	11	Steinkohlen.	844868	510887	—	32683	29	—	—
Wiede, F. G. A., Bergdirector in Bockwa. Kunz, J. G., Obersteiger.	8	385	—	—	Steinkohlen.	1227077	626388	—				
					Coaks.	129883	55729	—				
Neubert, G. F., in Niederhäslich, Betriebsleiter.	1	15	—	—	Steinkohlen.	2659	1802	—				
Würker, E., Markscheider in Bockwa. Franz, O., Obersteiger.	5	194	—	—	Steinkohlen.	521233	249817	—				
Schmidt, A. E., Betriebsdirector i. Zwickau. Bauer, L., Cassendirector daselbst. Feldmann, Tr. W., Obersteiger.	8	261	—	5	Steinkohlen.	883685	451458	—	—	—	90000	—

No.	Name des Berggebäudes.	Berginspections-Bezirk.	Amts-gerichts-bezirk.	Orts-verwaltungs-behörde.	Besitzer.	Vertreter des Besitzers.
48	**Oberhohndorfer Schader-Steinkohlen-bau-Verein.**	Z.	Zwickau.	Amtshaupt-mannschaft Zwickau.	Oberhohndorfer Schader-Stein-kohlenbau-Verein.	Bülau, E., Rechtsanwalt in Zwickau, Director.
49	**Oelsnitzer Bergbauge-sellschaft.**	Ch.	Stollberg.	Amtshaupt-mannschaft Chemnitz.	Oelsnitzer Berg-baugesell-schaft.	Clauss, R., Rechtsanwalt in Zwickau, vollziehender Director.
50	**Potschappler Actien-verein.** (Zum Erliegen gekommen.)	D.	Döhlen.	Amtshaupt-mannschaftl. Delegation Potschappel.	Der Potschapp-ler Actien-verein, in Li-quidation.	Hänel, A., Rechtsanwalt in Dresden, Mitliquidator.
51	**C. G. Reinhold's** Stein-kohlenwerk in Bockwa.	Z.	Zwickau.	Amtshaupt-mannschaft Zwickau.	Reinhold, C. G., in Bockwa.	—
52	**R. Reinhold's** Steinkohlen-werk in Bockwa.	Z.	Zwickau.	Amtshaupt-mannschaft Zwickau.	Reinhold, R., in Bockwa.	—
53	**Lugauer Bergbaugesell-schaft „Rhenania"** bei Lugau. (Auflässig geworden.)	Ch.	Stollberg.	Amtshaupt-mannschaft Chemnitz.	Lugauer Berg-baugesell-schaft Rhena-nia, in Liqui-dation.	Clauss, R., Rechtsanwalt in Zwickau, vollziehender Director.
54	**C. G. Sarfert's Erben** Steinkohlenwerk in Schedewitz.	Z.	Zwickau.	Amtshaupt-mannschaft Zwickau.	C. G. Sarfert's Erben in Schedewitz und Bockwa.	Wiede, F. G. A., Berg-director in Bockwa.
55	**H. F. Sarfert's Erben** Steinkohlenwerk in Bockwa.	Z.	Zwickau.	Amtshaupt-mannschaft Zwickau.	H. F. Sarfert's Erben.	Sarfert, E., Gutsbesitzer in Bockwa, Bevollmäch-tigter.
56	**J. G. Sarfert's Erben** Steinkohlenwerk in Bockwa.	Z.	Zwickau.	Amtshaupt-mannschaft Zwickau.	J. G. Sarfert's Erben in Bockwa.	Sarfert, H. M., Kohlen-werksbesitzer u. Kaufmann in Zwickau, Generalbevoll-mächtigter.

Betriebsleiter und andere Werksbeamte.	Mannschaftszahl.				Ausbringen im Jahre 1878.				Im Jahre 1878 erfolgte			
	Beamte und Officianten.	männl. Arbeiter: ständige.	männl. Arbeiter: unständige.	weibl. Arbtr.	Namen der Producte.	Menge derselben.	Geldwerth.		Capital- oder Zubuss-Einzahlung.		Ueberschuss-Vertheilung.	
						Hectoliter.	ℳ	₰.	ℳ	₰.	ℳ	₰.
Hering, C. W., Betriebs-Director in Zwickau. Beschoren, F. L. W., Cassendirector. Kind, W., Obersteiger.	10	398	—	—	Steinkohlen.	1082214	499610	—	—	—	64710	—
					Coaks.	107400	28234	—				
Böhmer, E. Th., Betriebsdirector in Oelsnitz. Haserick, F., kaufm. Director in Oelsnitz. Gedschold, E. L., Reviersteiger.	15	374	—	13	Steinkohlen.	685293	370841	—	68643	—	—	—
Pfister, H., Obersteiger und Betriebsleiter.	6	118	—	30	Steinkohlen.	288710	153697	—				
Schencke, C. F. M., Markscheider i. Zwickau. Georgi, L. M., Obersteiger.	2	116	—	—	Steinkohlen.	139211	223523	—				
Richter, O., Markscheider in Zwickau. Lindner, C. H., Steiger.	2	44	—	—	Steinkohlen.	165144	87143	—				
Müller, C. W., Bergverwalter in Lugau. Schmidt, C. L., Obersteiger daselbst.	10	250	—	3	Steinkohlen.	360076	216965	—	41736	72	—	—
Wiede, F. G. A., Bergdirector in Bockwa. Hunger, B. G., Steigerdienst-Versorger.	4	73	—	—	Steinkohlen.	370776	174144	—				
Schencke, C. F. M., Markscheider i. Zwickau. Fischer, C. Tr., Steiger.	3	21	—	—	Steinkohlen.	87410	48173	—				
Wagner, K. Fr., Markscheider in Zwickau. Puschmann, A., Obersteiger.	4	76	—	—	Steinkohlen.	288307	169711	—				

No.	Name des Berggebäudes.	Berginspections-Bezirk.	Amts-gerichts-bezirk.	Orts-verwaltungs-behörde.	Besitzer.	Vertreter des Besitzers.
57	**Scharschuch's** Steinkohlenwerk in Potschappel.	D.	Döhlen.	Amtshauptmannschaftl. Delegation Potschappel.	Scharschuch, C. G., Bergarbeiter in Potschappel.	—
58	**Schmidt's Erben** Steinkohlenwerk in Bockwa.	Z.	Zwickau.	Amtshauptmannschaft Zwickau.	Schmidt's Erben.	Schmidt, C. F., in Bockwa.
59	**Schönberg's** Steinkohlenwerk in Zaukeroda und Wurgwitz.	D.	Döhlen.	Amtshauptmannschaftl. Delegation Potschappel.	Schönberg, M., in Wurgwitz.	—
60	**Fürstl. Schönburg'sche** Steinkohlenwerke in Oelsnitz.	Ch.	Stollberg.	Amtshauptmannschaft Chemnitz.	von Schönburg, Fürst, O. F., auf Waldenburg.	Fürstl. Kanzlei in Waldenburg.
61	**Socke's** Steinkohlenwerk in Oberpesterwitz.	D.	Döhlen.	Amtshauptmannschaftl. Delegation Potschappel.	Socke, A., Gutsbesitzer in Oberpesterwitz.	Vogel, H., in Zaukeroda, Pachter.
62	**Vereinigt Feld** zu Oberhohndorf.	Z.	Zwickau.	Amtshauptmannschaft Zwickau.	Consortschaft Vereinigt Feld.	Ehrler, F., Banquier in Zwickau, Vorstand.
63	**Vereins Glück** zu Oelsnitz.	Ch.	Stollberg.	Amtshauptmannschaft Chemnitz.	Actiengesellschaft des Steinkohlenwerks Vereins Glück zu Oelsnitz.	Flechsig, E., Rechtsanwalt in Zwickau, vollziehender Director.
64	**Winter's** Steinkohlenwerk zu Oberhohndorf.	Z.	Zwickau.	Amtshauptmannschaft Zwickau.	Winter, Gutsbesitzer in Oberhohndorf.	—
65	**Würker's** Steinkohlenwerk in Bockwa. (Auflässig geworden.)	Z.	Zwickau.	Amtshauptmannschaft Zwickau.	Würker, G., in Zwickau.	—

Betriebsleiter und andere Werksbeamte.	Mannschaftszahl. Beamte und Officianten.	männl. Arbeiter: ständige.	un-ständige.	weibl. Arbtr.	Ausbringen im Jahre 1878. Namen der Producte.	Menge derselben. Hectoliter.	Geldwerth. ℳ	₰	Im Jahre 1878 erfolgte Capital- oder Zubuss-Einzahlung. ℳ	₰	Ueberschuss-Vertheilung. ℳ	₰
Ehrlich, F. L., Steiger.	—	1	—	—	Steinkohlen.	2220	418	—				
Schencke, C. F. M., Markscheider i. Zwickau. Timmler, C. W., Steiger.	3	87	—	—	Steinkohlen.	188244	102816	—				
Schönberg, F. H., in Wurgwitz, Betriebsleiter.	1	10	—	—	Steinkohlen.	10237	7200	—				
Krisch, O., Bergdirector in Oelsnitz. Böhme, G., Rechnungsschichtmeister. Mückenberger, C. T., Obersteiger.	8	328	—	7	Steinkohlen.	608500	307769	—				
Vogel, H., in Zaukeroda.	—	4	—	—	Steinkohlen.	3004	1202	—				
Zier, C. M., Factor in Zwickau. Georgi, E. E., Steiger.	2	90	—	—	Steinkohlen.	308705	139949	—				
Turley, B., Bergverwalter in Oelsnitz. Dietze, F. W., Obersteiger.	5	120	—	3	Steinkohlen.	222995	130631	—	53848	30	—	—
Wagner, C. F., Markscheider in Zwickau. Göckeritz, F. H., Obersteiger.	4	96	—	—	Steinkohlen.	305206	158970	—				
Würker, C. E., Markscheider in Bockwa.	3	8	—	—	Steinkohlen.	6547	3860	—				

No.	Name des Berggebäudes.	Berginspections-Bezirk.	Amtsgerichtsbezirk.	Ortsverwaltungsbehörde.	Besitzer.	Vertreter des Besitzers.
66	**Zwickauer Steinkohlenbau-Verein.**	Z.	Zwickau.	Stadtrath zu Zwickau.	Zwickauer Steinkohlenbau-Verein.	Jahn, Br., Rechtsanwalt in Zwickau, Vorsitzender des Directoriums.
67	**Zwickauer Brückenberg Steinkohlenbau-Verein.**	Z.	Zwickau.	Stadtrath zu Zwickau.	Zwickauer Brückenberg Steinkohlenbau-Verein.	Schurtz, C. H., Dr. med. in Zwickau, Director.
68	**Zwickauer Bürgergewerkschaft.**	Z.	Zwickau.	Stadtrath zu Zwickau.	Actienverein der Zwickauer Bürgergewerkschaft.	Urban, J. A., Rechtsanwalt in Zwickau, Vorsitzender des Directoriums.
69	**Zwickau-Oberhohndorfer Steinkohlenbau-Verein.**	Z.	Zwickau.	Amtshauptmannschaft Zwickau.	Zwickau-Oberhohndorfer Steinkohlenbau-Verein.	von Steindel, C. E., technischer Director.

Betriebsleiter und andere Werksbeamte.	Mannschaftszahl. Beamte und Officianten.	männl. Arbeiter: ständige.	männl. Arbeiter: unständige.	weibl. Arbtr.	Ausbringen im Jahre 1878. Namen der Producte.	Menge derselben.	Geldwerth.		Im Jahre 1878 erfolgte Capital- oder Zubuss-Einzahlung.		Ueberschuss-Vertheilung.	
						Hectoliter.	M	Pf.	M	Pf.	M	Pf.
Varnhagen, G. A., Bergdirector in Zwickau. Pinther, M., kaufm. Director. Harnisch, O., Markscheider. Klem, W. L., und Schmidt, E. J., Obersteiger. Oberländer, G. C., und Fritze, O. A. W., Viceobersteiger.	20	806	—	—	Steinkohlen.	2092693	1099800	—	—	—	75000	—
					Briquettes.	Stück. 352000	4752	—				
Berg, F. H., Betriebsdirector in Zwickau. Voigt, H., Kühn, C. G., und Kirbach, J. C. F., Obersteiger.	32	1149	—	43	Steinkohlen.	2811124	1373576	—				
					Coaks.	130993	75572	—				
Hertwig, Th., Bergdirector auf Bürgerschacht. Schreiber, J. M. C., kaufmännischer Director. Troll, C. G., Hünig, W., Halm, E. Tr. L., Zimmermann, C. H. R., Obersteiger.	22	969	—	—	Steinkohlen.	2544479	1342571	—	—	—	175000	—
					Coaks.	148810	79826	—				
von Steindel, C. E., Bergdirector in Zwickau. Kretzschmar, M., kaufmännischer Director. Puschmann, C. Fr., und Tröger, C. J., Obersteiger.	18	737	—	37	Steinkohlen.	1928284	1108216	—	—	—	69600	—
					Coaks.	218216	104232	—				
Sa. B. Steinkohlenbergbau.	513	15395	12	380	Steinkohlen.	39626229	22014912	—	1415781	7	1201011	67
					Coaks.	1401659	659129	—				
					Cynder.	152954	91772	—				
					Briquettes.	Stück. 352000	4752	—				

12

No.	Name des Berggebäudes.	Berginspections-Bezirk.	Amts-gerichts-bezirk.	Orts-verwaltungs-behörde.	Besitzer.

C. Braunkohlenbergbau.

No.	Name des Berggebäudes.	Berginspections-Bezirk.	Amts-gerichts-bezirk.	Orts-verwaltungs-behörde.	Besitzer.
1	**Agnesgrube** zu Zeititz.	Ch.	Wurzen.	Amtshauptmannschaft Grimma.	Die Erben des Rittergutsbesitzers W. E. Schnetger in Machern.
2	**Amaliengrube** zu Zeititz.	Ch.	Wurzen.	Amtshauptmannschaft Grimma.	Friedrich, Ch. A. Th., Steiger in Zeititz.
3	**Anna** zu Skaska.	D.	Camenz.	Amtshauptmannschaft Camenz.	Wolff, J., Kaufmann in Berlin.
4	**Auferstehung** zu Brandis.	Ch.	Grimma.	Amtshauptmannschaft Grimma.	Bröse, C. G. M., Kaufmann in Dresden und Frau verehel. Ernst, P. A., in Brandis.
5	**Bärensprung's und Genossen** Braunkohlenwerk in Frankenau.	Ch.	Mittweida.	Amtshauptmannschaft Rochlitz.	Bärensprung, Kaufmann in Döbeln, und Genossen.
6	**Bartel's** Braunkohlenwerk in Hartau.	D.	Zittau.	Amtshauptmannschaft Zittau.	Bartel, E., Gutsbesitzer in Hartau.
7	**Berthold's** Braunkohlenwerk in Frankenau.	Ch.	Mittweida.	Amtshauptmannschaft Rochlitz.	Berthold, C. O., in Frankenau.
8	**Belohnung** zu Lübschütz.	Ch.	Wurzen.	Amtshauptmannschaft Grimma.	Die Erben des Bürgermeisters G. Douglas in Aschersleben.
9	**Bergmann's Hoffnung** in Schmeckwitz.	D.	Camenz.	Amtshauptmannschaft Camenz.	Noack, A., in Quatitz und Genossen.
10	**Beyrich und Bärensprung's** Braunkohlenwerk in Karcha.	Ch.	Nossen.	Amtshauptmannschaft Meissen.	Beyrich, Kaufmann in Karcha, und Bärensprung, Kaufmann in Döbeln.
11	**Bischoff's** Braunkohlenwerk in Türchau.	D.	Reichenau.	Amtshauptmannschaft Zittau.	Bischoff, J. G., Grundstücksbesitzer in Türchau.

Vertreter des Besitzers.	Betriebsleiter und andere Werksbeamte.	Mannschaftszahl. Beamte und Officianten.	Arbeiter: männl.	Arbeiter: weibl.	Ausbringen im Jahre 1878. Braunkohlen. Hectoliter.	Braunkohlenziegel. Stück.	Geldwerth. ℳ	₰
Schuetger, W. E., Rittergutsbesitzer auf Machern.	Richter, A. R., Bergfactor in Zeititz. Friedrich, J. E. G., Steiger daselbst.	4	70	13	300000		93752	—
—	Friedrich, Ch. A. Th., Steiger in Zeititz.	—	14	—	52000		15690	—
Hirsch, C. M., Obersteiger in Skaska, Bevollmächtigter.	Hirsch, C. M., Obersteiger in Skaska.	1	25	4	132214	.	12604	—
					Briquettes.	5424000	16272	—
Ernst, E., Steiger in Brandis, Bevollmächtigter.	Ernst, E., Betriebsleiter und Steiger.	1	20	—	111160		27019	—
Starke, C., Kaufmann in Mittweida.	Füssel, C. H. H., Betriebsführer in Frankenau.	—	3	—		.	—	—
						100000	900	—
—	Bartel, E., Betriebsleiter.	1	15	2	51526		12447	—
Enge, R. L., in Frankenau, Pachter.	Zwiescher, F. E., Betriebsführer in Frankenau.	—	5	—	9000	.	2820	—
						265000	2120	—
Zimmermann, F. C., in Wurzen, Administrator.	Poppe, J. A., Steiger.	2	26	—	70648	.	18950	—
—	Noack, J., Steiger in Schmeckwitz.	2	23	12	29193		10600	—
Beyrich, Thonwaarenfabrikant in Karcha.	Eulitz, Ch. G., Aufseher in Karcha.	1	3	2	24494	.	3359	—
						555400	5554	—
—	Bischoff, J. G., in Türchau.	—	11	—	25095		5260	—

No.	Name des Berggebäudes.	Berginspections-Bezirk.	Amts-gerichts-bezirk.	Orts-verwaltungs-behörde.	Besitzer.
12	**Böttcher's** Braunkohlenwerk in Altmittweida.	Ch.	Mitt-weida.	Amtshaupt-mannschaft Rochlitz.	Böttcher, E. H., Oeconom in Altmittweida.
13	**Borna-Lobstädt.**	Ch.	Borna.	Amtshaupt-mannschaft Borna.	Actiengesellschaft Braunkohlen-werk Borna-Lobstädt.
14	**Bräuer's** Braunkohlenwerk in Quatitz.	D.	Bautzen.	Amtshaupt-mannschaft Bautzen.	Bräuer, A., Oeconom in Quatitz.
15	**Bretschneider's** Braunkohlen-werk in Borna.	Ch.	Borna.	Stadtrath zu Borna.	Bretschneider, L., Ritterguts-pachter in Bockwitz.
16	**Buchheim's** Braunkohlenwerk in Golzern.	Ch.	Grimma.	Amtshaupt-mannschaft Grimma.	Buchheim, J. F., in Golzern.
17	**Burghardt's** Braunkohlenwerk in Giessmannsdorf.	D.	Rei-chenau.	Amtshaupt-mannschaft Zittau.	Burghardt, E. R., Ritterguts-besitzer auf Giessmannsdorf.
18	**Burkhardt's** Braunkohlenwerk in Türchau.	D.	Rei-chenau.	Amtshaupt-mannschaft Zittau.	Burkhardt, Ch. G., Gutsbesitzer in Türchau.
19	**Belohnung** in Raupenhain bei Borna.	Ch.	Borna.	Amtshaupt-mannschaft Borna.	Hoese, J., Privatier in Leipzig und Hoese, W., auf dem Thon-berge bei Leipzig.
20	**Carlsfeld** zu Zittau.	D.	Zittau.	Stadtrath zu Zittau.	Wagner, E. L., in Zittau.
21	**Crasselt's** Braunkohlenwerk in Altmittweida.	Ch.	Mitt-weida.	Amtshaupt-mannschaft Rochlitz.	Crasselt, C. W., Oeconom in Altmittweida.
22	**Döbener Pfarrleh'ns** Braun-kohlenwerk in Grechwitz.	Ch.	Grimma.	Amtshaupt-mannschaft Grimma.	Das Döbener Pfarrlehn.
23	**Ebermann's** Braunkohlenwerk in Seitendorf.	D.	Ostritz.	Amtshaupt-mannschaft Zittau.	Ebermann, E. J. A., Gutsbe-sitzer in Seitendorf.

Vertreter des Besitzers.	Betriebsleiter und andere Werksbeamte.	Mannschaftszahl. Beamte und Officianten.	Arbeiter: männl.	Arbeiter: weibl.	Ausbringen im Jahre 1878. Braunkohlen. Hectoliter.	Braunkohlenziegel. Stück.	Geldwerth. M	₰
—	Böttcher, E. H., in Altmittweida.	—	2	—	3500	. 140000	700 1120	— —
—	Schilling, F., Obersteiger in Lobstädt. Rauffuss, K. F., Steiger daselbst.	2	14	3	85995 Briquettes.	. 2455000	21499 19026	— —
—	Bräuer, A., in Quatitz.	—	2	—	2950		567	—
—	Meinel, C. R., Steiger auf Rathsgrube, Betriebsleiter.	—	3	—	(Vorrichtungsbau.)		—	—
—	Buchheim, E. J., Steiger und Betriebsleiter.	1	14	—	101535		24729	—
—	Engler, G. E., Steiger in Giessmannsdorf.	2	55	—	167030		40186	—
—	Kroschwald, J. G., Steiger in Türchau.	1	13	—	36340		10065	—
Heuse, H., Privatier in Borna.	Horntrich, W., Obersteiger, Betriebsleiter. Seifert, C., Steigerdienstversorger.	3	24	—	69261		15086	—
—	Radisch, F., Markscheider in Zittau.	—	4	—	.		—	—
—	Römer, J. G., Betriebsleiter in Altmittweida.	—	2	—	2500	. 100000	250 900	— —
Böttcher, C. W., in Brösen, Pachter.	Böttcher, C. W., in Brösen. Böttcher, T., Steiger in Brösen.	1	17	—	62510	.	23468	—
—	Neumann, J. G., Steiger in Seitendorf.	1	21	—	110520		18382	—

No.	Name des Berggebäudes.	Berginspections-Bezirk.	Amts-gerichts-bezirk.	Orts-verwaltungs-behörde.	Besitzer.
24	**von Egloffstein's** Braunkohlenwerk in Mark-Wüstungsstein.	Ch.	Borna.	Amtshauptmannschaft Borna.	von Egloffstein, Freiherr auf Beucha.
25	**Eichler's** Braunkohlenwerk in Giessmannsdorf.	D.	Reichenau.	Amtshauptmannschaft Zittau.	Eichler, C. A. E., Kalkbrennereibesitzer in Friedersdorf.
26	**v. Einsiedel's** Braunkohlenwerk in Crosta.	D.	Bautzen.	Amtshauptmannschaft Bautzen.	von Einsiedel, Graf, C. H. E., Standesherr auf Milkel.
27	**Fiedler's** Braunkohlenwerk in Saritzsch.	D.	Bautzen.	Amtshauptmannschaft Bautzen.	Fiedler, E. M., Rittergutsbesitzer auf Saritzsch.
28	**Frommhold's** Braunkohlenwerk in Witznitz.	Ch.	Borna.	Amtshauptmannschaft Borna.	Frommhold, F., Grundbesitzer in Witznitz.
29	**Frisch Glück** zu Brandis.	Ch.	Grimma.	Amtshauptmannschaft Grimma.	Pfaffendorf, Ch. E., Braunkohlenwerksbesitzer in Brandis.
30	**Frühmesse** zu Lausigk.	Ch.	Borna.	Amtshauptmannschaft Borna.	Das Kirchenlehn zu Lausigk.
31	**Fuchshain,** Braunkohlenwerk.*)	Ch.	Grimma.	Amtshauptmannschaft Grimma.	Braunkohlengewerkschaft Fuchshain zu Leipzig.
32	**Gelbrich's** Braunkohlenwerk in Altmittweida.	Ch.	Mittweida.	Amtshauptmannschaft Rochlitz.	Gelbrich, C. F. E., Gutsbesitzer in Altmittweida.
33	**Germania** zu Zittau.	D.	Zittau.	Amtshauptmannschaft Zittau.	Braunkohlenabbaugesellschaft Germania zu Zittau.
34	**Gebhardt's** Braunkohlenwerk in Olbersdorf.	D.	Zittau.	Amtshauptmannschaft Zittau.	Gebhardt, J. F., in Zittau.

*) Bei diesem Werke wurden im Jahre 1878 1492 Mark 31 Pf. Betriebsüberschuss erzielt.

Vertreter des Besitzers.	Betriebsleiter und andere Werksbeamte.	Mannschaftszahl. Beamte und Officianten.	Arbeiter: männl.	Arbeiter: weibl.	Ausbringen im Jahre 1878. Braunkohlen. Hectoliter.	Braunkohlenziegel. Stück.	Geldwerth. ℳ	₰
Rössner, Frau M. Ch. verw., Pachterin.	Rössner, A., in Beucha.	1	6	6	25200	.	2580	—
						1200000	5400	—
—	Lingke, J., Steiger in Giessmannsdorf.	—	6	—	11000		3050	—
—	Hoffmann, C. W., Inspector in Milkel.	—	8	2	7980		2255	—
Krahl, F., in Saritzsch, Pachter.	Krahl, F., in Saritzsch.	—	1	—	1820	.	364	—
						28100	228	—
Dietze, G., in Witznitz, Pachter.	Dietze, G., in Witznitz.	—	4	2	16000	.	2400	—
						100500	402	—
—	Herrmann, J. K. F., Steiger in Brandis.	1	21	—	93156		23592	—
Lehmann, J. G., Pachter in Lausigk. Säurig, J. W., Afterpachter in Heinersdorf.	Säurig, J. W., in Heinersdorf.	—	6	—	28000	.	2800	—
						1400000	5600	—
Schwarz, F. A., Kaufmann in Leipzig, Vorsitzender.	Gampe, Ch. E., Betriebsführer in Fuchshain.	2	17	3	142686	.	28601	—
						970000	7760	—
—	Irmscher, C. F., Aufseher in Altmittweida.	—	3	1	1900	.	190	—
						95000	855	—
Klug, F. W., Betriebsführer in Zittau, Bevollmächtigter für Sachsen.	Klug, F. W., Betriebsführer in Zittau.	—	5	—			—	—
Bittrich, Chr. E. F., in Olbersdorf, Pachter.	Klug, F. W., Steiger in Zittau.	1	10	—	12376		2599	—

No.	Name des Berggebäudes.	Berginspections-Bezirk.	Amts-gerichts-bezirk.	Orts-verwaltungs-behörde.	Besitzer.
35	**Glückauf** zu Blumroda.*)	Ch.	Borna.	Amtshauptmannschaft Borna.	Braunkohlenactiengesellschaft Glückauf in Borna.
36	**Glückauf** zu Eschefeld.	Ch.	Frohburg.	Amtshauptmannschaft Borna.	Rose, H., und Flemming, A., in Eschefeld.
37	**Glückauf** zu Zittau.	D.	Zittau.	Stadtrath zu Zittau.	Radisch, F., Markscheider in Zittau und Wagner, E. L., daselbst.
38	**Gottes Segen** zu Beiersdorf.	Ch.	Grimma.	Amtshauptmannschaft Grimma.	Wiessner, C. W., Drainagetechniker in Beiersdorf.
39	**Gottes Segen** zu Dittmannsdorf.	Ch.	Borna.	Amtshauptmannschaft Borna.	Dietel, O. H., in Borna.
40	**Gottes Segen** zu Olbersdorf.	D.	Zittau.	Amtshauptmannschaft Zittau.	Riedel, F. W., Gutsbesitzer in Olbersdorf.
41	**Gottes Segen** zu Schmeckwitz.	D.	Camenz.	Amtshauptmannschaft Camenz.	Zieschank, J. A., in Schmeckwitz und Jacob, C. W., in Dahlowitz.
42	**Gottes Segen** zu Zschadrass.	Ch.	Colditz.	Amtshauptmannschaft Grimma.	Donisch, C., Apotheker in Colditz.
43	**Gross's** Braunkohlenwerk in Kleinsaubernitz.	D.	Bautzen.	Amtshauptmannschaft Bautzen.	Gross, G., Gutsbesitzer in Kleinsaubernitz.
44	**Grosse's** Braunkohlenwerk in Golzern.	Ch.	Grimma.	Amtshauptmannschaft Grimma.	Grosse, C. F. E., Steiger in Golzern.
45	**Gute Hoffnung** zu Zschadrass.	Ch.	Colditz.	Amtshauptmannschaft Grimma.	Popp, F. A., Steiger in Zschadrass.

*) Bei diesem Werke wurde im Jahre 1878 9112 Mark 17 Pfg. Betriebsüberschuss erzielt.

Vertreter des Besitzers.	Betriebsleiter und andere Werksbeamte.	Mannschaftszahl. Beamte und Officianten.	Arbeiter: männl.	Arbeiter: weibl.	Ausbringen im Jahre 1878. Braunkohlen. Hectoliter.	Braunkohlenziegel. Stück.	Geldwerth. ℳ	₰
Klobart, O., in Regis, Director.	Friedrich, F., in Blumroda, Steiger.	3	23	—	261418		55028	—
—	Rose, H. und Flemming, A., in Eschefeld.	—	7	2	45000	. 700000	9000 2800	— —
—	Radisch, F., Markscheider in Zittau. Schön, F. E., Steiger.	1	34	—	127339	.	32171	—
—	Beyer, C. F., Obersteiger.	1	33	—	167512		37551	—
—	Weickardt, W., Obersteiger in Dittmannsdorf.	3	37	—	134291	. 3284000	31559 13136	— —
Schnitter, C. J., in Olbersdorf, Pachter.	Wirthig, A., Steiger in Olbersdorf.	1	11	—	54917		9993	—
—	Zieschank, J. A., Steiger in Schmeckwitz.	1	12	4	18000	. 250000	3520 1750	— —
—	Engelhardt, W. F., Steiger in Zschadrass.	1	16	—	38490	. 116400	12332 873	— —
—	Bähr, C. Tr., Steigerdienstversorger i. Kleinsaubernitz.	1	14	4	20007		6000	—
—	Grosse, C. F. E., Steiger in Golzern.	—	10	—	31428		9281	—
—	Popp, F. A., Steiger in Zschadrass.	—	10	—	37700	. 100000	11045 750	— —

13

No.	Name des Berggebäudes.	Berginspections-Bezirk.	Amts-gerichts-bezirk.	Orts-verwaltungs-behörde.	Besitzer.
46	**Hahn und Julius's** Braunkohlenwerk in Grechowitz.	Ch.	Grimma.	Amtshauptmannschaft Grimma.	Hahn, J. T., Gutsbesitzer in Brösen und Julius, C. Tr., Gutsbesitzer in Grechowitz.
47	**Heidrich's** Braunkohlenwerk in Türchau.	D.	Reichenau.	Amtshauptmannschaft Zittau.	Heidrich, H. Th. O., Gutsbesitzer in Türchau.
48	**Heidrich's** Braunkohlenwerk in Türchau.	D.	Reichenau.	Amtshauptmannschaft Zittau.	Heidrich, E. G., Gutsbesitzer in Türchau.
49	**Heinicke's** Braunkohlenwerk in Lausigk.	Ch.	Borna.	Amtshauptmannschaft Borna.	Heinicke, F. H., in Lausigk.
50	**Heinze's** Braunkohlenwerk in Mark-Wüstungsstein.	Ch.	Borna.	Amtshauptmannschaft Borna.	Heinze, J. C. G., in Mark-Wüstungsstein.
51	**Hennig's** Braunkohlenwerk in Türchau.	D.	Reichenau.	Amtshauptmannschaft Zittau.	Hennig, O. J., Gutsbesitzer in Türchau.
52	**Hennings's** Braunkohlenwerk in Altengroitzsch.	Ch.	Pegau.	Amtshauptmannschaft Borna.	Hennings, C. J. Ch., Rittergutsbesitzer auf Ponitz.
53	**Henschel's** Braunkohlenwerk in Commichau.	Ch.	Colditz.	Amtshauptmannschaft Grimma.	Henschel, C. G., Oeconom in Scoplau.
54	**Henschel's** Braunkohlenwerk in Scoplau.	Ch.	Colditz.	Amtshauptmannschaft Grimma.	Henschel, C. G., Oeconom in Scoplau.
55	**Hessel's** Braunkohlenwerk in Mark-Köllsdorf.	Ch.	Borna.	Amtshauptmannschaft Borna.	Hessel, C. A., Oeconom in Mark-Köllsdorf.
56	**Hessel's und Genossen** Braunkohlenwerk in Brösen.	Ch.	Grimma.	Amtshauptmannschaft Grimma.	Hessel, C. E., Oeconom in Brösen, und Genossen.
57	**Hettmann's** Braunkohlenwerk in Puschwitz.	D.	Bautzen.	Amtshauptmannschaft Bautzen.	Hettmann, Frau G., Gartennahrungsbesitzerin in Puschwitz.

Vertreter des Besitzers.	Betriebsleiter und andere Werksbeamte.	Mannschaftszahl. Beamte und Officianten.	Arbeiter: männl.	Arbeiter: weibl.	Ausbringen im Jahre 1878. Braunkohlen. Hectoliter.	Braunkohlenziegel. Stück.	Geldwerth. ℳ	₰
—	Scharf, C., in Grechowitz, Obersteiger. Hähnert, C. G., Steigerdienstversorger.	3	43	—	129075		45660	—
—	Seidler, C., Steiger in Türchau.	1	11	—	9170		1892	—
—	Elger, C. G., Steiger in Türchau.	1	16	—	45470		14204	—
—	Heinicke, F. H., in Lausigk.	—	6	—	24600	.	2460	—
						1230000	5535	
—	Heinze, J. C. G., in Mark-Wüstungsstein.	—	5	1	6300	.	720	—
						200000	900	—
Eichler, K. E., in Türchau, Pachter.	Eichler, K. E., in Türchau.	—	11	1	90800		9755	—
Lorenz, C. F., in Altengreitzsch, Procurist.	Junge, F., Steiger.	3	40	10	274935	.	27493	—
					Briquettes.	10500000	84000	—
—	Henschel, C.R., in Scoplau.	1	26	—	26800	.	7720	—
						160000	1200	—
—	Kluge, W. H., Steigerdienstversorger.	1	27	—	55850	.	15251	—
						260000	1950	—
—	Hessel, C. A., in Mark-Köllsdorf.	—	3	—	3000	.	300	—
						150000	675	—
Hessel, C. E., Oeconom in Brösen.	Hessel, C. E., in Brösen.	1	20	—	44480		17817	—
—	Hettmann, G., in Puschwitz.	—	1	—	240	.	24	—
						8000	60	—

13*

No.	Name des Berggebäudes.	Berginspections-Bezirk.	Amts-gerichts-bezirk.	Orts-verwaltungs-behörde.	Besitzer.
58	**Hilfe Gottes** in Giessmannsdorf.	D.	Rei-chenau.	Amtshaupt-mannschaft Zittau.	Rönsch, C. A., Ortsrichter und Hausbesitzer in Königshain bei Ostritz.
59	**Himmelreichs-Grube** bei Benndorf.	Ch.	Froh-burg.	Amtshaupt-mannschaft Borna.	Firma: Braunkohlenwerk Himmelreich, Piatschock & Co. in Benndorf. Inhaber: Piatschock, W. A., in Frohburg, Hildebrand, B., in Jonitz bei Dessau.
60	**Hoffnung Gottes** zu Berzdorf und Schönau.	D.	Bern-stadt.	Amtshaupt-mannschaft Löbau.	Geissler, E., Fabrikbesitzer in Görlitz.
61	**Hoffnung Gottes** zu Zittau.	D.	Zittau.	Stadtrath zu Zittau.	Rönsch, K. A., Ortsrichter und Hausbesitzer in Königshain bei Ostritz, und Gerlach, A., in Eckardtsberg.
62	**Hofmann's** Braunkohlenwerk in Heinersdorf.	Ch.	Borna.	Amtshaupt-mannschaft Borna.	Hofmann, J. G. H., Oeconom in Heinersdorf.
63	**v. Hohenthal's** Braunkohlenwerk in Altenbach.	Ch.	Wurzen.	Amtshaupt-mannschaft Grimma.	Graf v. Hohenthal auf Schloss Püchau.
64	**Jermiss's** Braunkohlenwerk in Wetro.	D.	Bautzen.	Amtshaupt-mannschaft Bautzen.	Jermiss, Frau A. verw. Gutsbesitzerin in Wetro.
65	**Johanneszeche** in Oppelsdorf, Reibersdorf und Reichenau.	D.	Rei-chenau.	Amtshaupt-mannschaft Zittau.	Die Firma: C. A. Preibisch in Reichenau.
66	**Johannes-Glück** in Schmeckwitz.	D.	Camenz.	Amtshaupt-mannschaft Camenz.	Scheumann, F. A., in Bischofswerda, und Genossen.
67	**Johst's** Braunkohlenwerk in Altmittweida.	Ch.	Mitt-weida.	Amtshaupt-mannschaft Rochlitz.	Johst, Ch. F., Gutsbesitzer in Altmittweida.
68	**Kärnsch's** Braunkohlenwerk in Türchau.	D.	Rei-chenau.	Amtshaupt-mannschaft Zittau.	Kärnsch, E. W., Kretschambesitzer in Türchau.

Vertreter des Besitzers.	Betriebsleiter und andere Werksbeamte.	Mannschaftszahl.			Ausbringen im Jahre 1878.			
		Beamte und Officianten.	Arbeiter: männl.	Arbeiter: weibl.	Braunkohlen.	Braunkohlenziegel.	Geldwerth.	
					Hectoliter.	Stück.	ℳ	₰.
—	Schön, F. E., Steiger in Giessmannsdorf.	1	16	1	51390		10345	—
Piatscheck, W. A., in Frohburg, Bevollmächtigter.	Graul, F., Steiger in Bonndorf. Schmidt, W. F., Fahrgehilfe.	3	32	5	187365 Briquettes.	. 34905 5869775	28299 175 48602	— — —
Lange, J. H., Obersteiger in Schönau, Bevollmächtigter.	Lange, J. H., Obersteiger in Schönau.	5	45	—	154298		39427	—
—	Richter, C. F., Steiger in Zittau. Kober, W., Steiger.	1	22	—	5357	.	1121	—
Säurig, J. W., in Heinersdorf, Pachter.	Säurig, J. W., Pachter in Heinersdorf.	—	2	1	12000	. 600000	1200 2520	— —
Schneider, Güterdirector auf Schloss Püchau.	Grünberg, L. G., Steiger in Altenbach.	3	41	3	170436		38645	—
—	—	—	1	—	1650	. 55000	165 385	— —
Preibisch, K. R., Dr. phil. in Reichenau.	Bischoff, J. G., Bergverwalter in Oppelsdorf.	2	32	—	73741		19539	—
—	Zieschank, J. A., in Schmeckwitz.	1	12	3	28000	. 112000	5860 840	— —
—	Johst, Ch. F., in Altmittweida.	—	1	1	3780	. 182000	462 1547	— —
—	Neumann, E., Steigerdienstversorger.	1	6	—	23100		3395	—

No.	Name des Berggebäudes.	Berginspections-Bezirk.	Amts-gerichts-bezirk.	Orts-verwaltungs-behörde.	Besitzer.
69	**Karthe's** Braunkohlenwerk in Benndorf.	Ch.	Froh-burg.	Amtshaupt-mannschaft Borna.	Karthe, J. G., in Benndorf.
70	**Keiselt's** Braunkohlenwerk in Scoplau.	Ch.	Colditz.	Amtshaupt-mannschaft Grimma.	Keiselt, Frau J. C. verehel., in Scoplau.
71	**Kneschke's** Braunkohlenwerk in Quatitz.	D.	Bautzen.	Amtshaupt-mannschaft Bautzen.	Kneschke, Frau A., verwittwete, in Löbau.
72	**Kneschke's** Braunkohlenwerk in Naundorf.	Ch.	Grimma.	Amtshaupt-mannschaft Grimma.	Kneschke, J. G., Gasthofsbe-sitzer in Naundorf.
73	**Krausse's** Braunkohlenwerk in Heinersdorf.	Ch.	Borna.	Amtshaupt-mannschaft Borna.	Krausse, K. F., in Heinersdorf
74	**Kretzschmar's** Braunkohlenwerk in Heinersdorf.	Ch.	Borna.	Amtshaupt-mannschaft Borna.	Kretzschmar, A., Mühlenbesitzer in Heinersdorf.
75	**Küchler's** Braunkohlenwerk in Tettau.	Ch.	Remse.	Amtshaupt-mannschaft Zwickau.	Küchler, G., Oeconom in Tettau
76	**Kupfer's** Braunkohlenwerk in Thierbaum.	Ch.	Colditz.	Amtshaupt-mannschaft Grimma.	Kupfer, G., in Thierbaum.
77	**Kühlig's** Braunkohlenwerk in Otterwisch.	Ch.	Grimma.	Amtshaupt-mannschaft Grimma.	Kühlig, M. A. C., Braunkohlen-werksbesitzer und Steiger in Zschadrass und Genossen.
78	**Lägel's** Braunkohlenwerk in Mark-Köllsdorf.	Ch.	Borna.	Amtshaupt-mannschaft Borna.	Lägel, Fr. W., Oeconom in Mark-Köllsdorf.
79	**Lange's** Braunkohlenwerk in Heinersdorf.	Ch.	Borna.	Amtshaupt-mannschaft Borna.	Lange, Frau Ch. verehel. Musik director in Lausigk.
80	**Lange's** Braunkohlenwerk in Heinersdorf.	Ch.	Borna.	Amtshaupt-mannschaft Borna.	Lange, Frau Ch. verehel. Musik director in Lausigk.

Vertreter des Besitzers.	Betriebsleiter und andere Werksbeamte.	Mannschaftszahl. Beamte und Officianten.	Arbeiter: männl.	Arbeiter: weibl.	Ausbringen im Jahre 1878. Braunkohlen. Hectoliter.	Braunkohlenziegel. Stück.	Geldwerth. ℳ	₰
Kröber, F. W., in Bubendorf, Pachter.	Kröber, F. W., in Bubendorf.	—	3	—	16000	. 800000	1600 3000	— —
Keiselt, E. J., in Scoplau.	Heinze, G. H., Betriebsleiter. Buchheim, J. G., in Commichau, Aufseher.	2	28	—	30000	. 200000	12710 1400	— —
Petzschke, P., in Quatitz, Geschäftsführer.	Liebscher, J. H., Steiger und Betriebsleiter.	2	11	10	38844	.	9711	—
—	Kneschke, J. G., in Naundorf.	—	3	—	6000	.	1800	—
—	Krausse, K. F., in Heinersdorf.	—	7	—	32520	. 940000	3652 3230	— —
—	Kretzschmar, A., in Heinersdorf.	—	4	3	10200	. 630900	1020 2839	— —
Tracksdorf, A., in Tettau, Pachter.	Tracksdorf, A., in Tettau, Steiger.	—	5	4	23000	. 2000000	3050 10000	— —
—	Raffer, F. E., in Thierbaum, Betriebsleiter.	1	3	3	8440	. 422000	844 2659	— —
Kühlig, M. A. C., Steiger in Zschadrass.	Kühlig, G. K. W., Steiger in Zschadrass.	1	10	—	(Versuchsbau.)	.	—	—
—	Lägel, Fr. W., in Mark-Köllsdorf.	—	1	1	6500	. 300000	700 1300	— —
Seirig, J. G., in Heinersdorf, Pachter.	Seirig, J. G., in Heinersdorf.	—	9	1	33000	. 1100000	3650 4950	— —
Buschmann, A., in Lausigk, Pachter.	Buschmann, A., in Lausigk.	—	3	2	13066	. 800000	1407 3600	— —

No.	Name des Berggebäudes.	Berginspections-Bezirk.	Amts-gerichts-bezirk.	Orts-verwaltungs-behörde.	Besitzer.
81	**Leipziger** Braunkohlenwerke zu Grossstädteln.	Ch.	Zwenkau.	Amtshauptmannschaft Leipzig.	Gesellschaft: Leipziger Braunkohlenwerke zu Grossstädteln.
82	**Lindner's** Braunkohlenwerk in Guhra.	D.	Bautzen.	Amtshauptmannschaft Bautzen.	Lindner, J., Rittergutsbesitzer in Guhra.
83	**Graf zur Lippe's** Braunkohlenwerk in Kleinsaubernitz.	D.	Bautzen.	Amtshauptmannschaft Bautzen.	Graf zur Lippe, Rittergutsbesitzer auf Baruth und Buchwalde.
84	**Lommatzscher** Braunkohlenwerk zu Arntitz.	Ch.	Lommatzsch.	Amtshauptmannschaft Meissen.	Höpfner, F. W., Kaufmann in Niederfähre bei Meissen.
85	**Lori's** Braunkohlenwerk in Heinersdorf.	Ch.	Borna.	Amtshauptmannschaft Borna.	Lori, J. G., in Heinersdorf.
86	**Mansfeld** in Albersdorf.	Ch.	Markranstädt.	Amtshauptmannschaft Leipzig.	Braunkohlenactiengesellschaft Mansfeld zu Albersdorf.
87	Der **Margarethen-Hütte** Braunkohlenwerk zu Quatitz und Grossdubrau.	D.	Bautzen.	Amtshauptmannschaft Bautzen.	Schomburg, H., Kaufmann in Berlin.
88	**Marie** in Borna und Witznitz.	Ch.	Borna.	Stadtrath zu Borna.	Heppner, L., Obersteiger in Borna, und Genossen.
89	**Mescher's** Braunkohlenwerk in Obermerka.	D.	Bautzen.	Amtshauptmannschaft Bautzen.	Mescher, P., Grundstücksbesitzer in Merka.
90	**Möhler's** Braunkohlenwerk in Altmittweida.	Ch.	Mittweida.	Amtshauptmannschaft Rochlitz.	Möhler, E. F., Gutsbesitzer in Altmittweida.
91	**Müller's,** G. L., Braunkohlenwerk in Merka.	D.	Bautzen.	Amtshauptmannschaft Bautzen.	Müller, G. L., Gutsbesitzer in Merka.

Vertreter des Besitzers.	Betriebsleiter und andere Werksbeamte.	Mannschaftszahl. Beamte und Officianten.	Arbeiter: männl.	Arbeiter: weibl.	Ausbringen im Jahre 1878. Braunkohlen.	Braunkohlenziegel.	Geldwerth.	
					Hectoliter.	Stück.	M	₰
Heyder, O., Kaufmann in Kleinstädteln, Wünschmann, A. F., Kaufmann in Leipzig, Vorstandsmitglieder.	Heyder, O., kaufm. Director. Scheffler, A., Obersteiger.	3	35	—	106461		19518	—
—	Lindner, J., in Guhra.	—	2	2	3150	. 105000	315 840	— —
Roolf, J., Rendant in Kleinsaubernitz, Bevollmächtigter.	Frei, J. H., Steiger in Kleinsaubernitz.	2	40	16	235760		42749	—
—	Leubner, H., Obersteiger.	1	3	—	7340		2158	—
—	Lori, J. G., in Heinersdorf.	—	4	2	11000	. 550000	1100 2310	— —
Schröter, W., Factor in Gröbers, Vorstand.	Schmelzer, L., Obersteiger in Albersdorf.	4	65	20	347628	. 5509000	88782 46826	— —
Schomburg, F., zu Margarethen-Hütte in Quatitz, Bevollmächtigter.	Werner, A., technischer Dirigent, Oberaufsichtsbeamter in Quatitz. Jannasch, J. C., Steiger.	3	25	15	72000		25000	—
Heppner, L., Obersteiger in Borna, Bevollmächtigter.	Heppner, L., Obersteiger in Borna.	1	7	4	41680 Briquettes.	. 714000	8336 4998	— —
—	Mescher, P., in Merka.	—	1	—	300	. 7000	59 35	— —
—	Möhler, E. F., in Altmittweida.	—	5	2	16012	. 462000	3509 3927	— —
—	Müller, O., Steiger in Merka.	1	9	7	28000	. 120400	7280 602	— —

14

No.	Name des Berggebäudes.	Berginspections-Bezirk.	Amts-gerichts-bezirk.	Orts-verwaltungs-behörde.	Besitzer.
92	**H. Müller's** Braunkohlenwerk in Heinersdorf.	Ch.	Borna.	Amtshauptmannschaft Borna.	Müller, Frau verehel. in Riesa.
93	**W. Müller's** Braunkohlenwerk in Altmittweida.	Ch.	Mittweida.	Amtshauptmannschaft Rochlitz.	Müller, W., Oeconom in Altmittweida.
94	**Neumann's** Braunkohlenwerk in Zittau.	D.	Zittau.	Stadtrath zu Zittau.	Neumann, E., Gutsbesitzer in Eckardtsberg bei Zittau.
95	**Noack's und Genossen** Braunkohlenwerk in Klix.	D.	Bautzen.	Amtshauptmannschaft Bautzen.	Noack, G., und Genossen in Quatitz.
96	**Niescher's** Braunkohlenwerk in Scoplau.	Ch.	Colditz.	Amtshauptmannschaft Grimma.	Niescher, F. L., Gasthofsbesitzer in Scoplau.
97	**Noack's** Braunkohlenwerk in Quatitz.	D.	Bautzen.	Amtshauptmannschaft Bautzen.	Noack, A. und G., in Quatitz.
98	**Neue Hoffnung** in Quatitz.	D.	Bautzen.	Amtshauptmannschaft Bautzen.	Liebscher, J. H., Braunkohlenwerksbesitzer in Quatitz.
99	**Otto's** Braunkohlenwerk in Naundorf.	Ch.	Grimma.	Amtshauptmannschaft Grimma.	Otto, H., Gärtnergutsbesitzer in Naundorf.
100	**Pötschke's** Braunkohlenwerk in Kleinsaubernitz.	D.	Bautzen.	Amtshauptmannschaft Bautzen.	Pötschke, J. A., Gutsbesitzer in Kleinsaubernitz.
101	**C. A. Posselt's** Braunkohlenwerk in Türchau.	D.	Reichenau.	Amtshauptmannschaft Zittau.	Posselt, C. A., Gutsbesitzer in Türchau.
102	**C. G. Posselt's** Braunkohlenwerk in Türchau.	D.	Reichenau.	Amtshauptmannschaft Zittau.	Posselt, C. G., Gutsbesitzer in Türchau.
103	**Rathsgrube** zu Bockwitz.	Ch.	Borna.	Stadtrath zu Borna.	Commun Borna.

Vertreter des Besitzers.	Betriebsleiter und andere Werksbeamte.	Mannschaftszahl. Beamte und Officianten.	Arbeiter: männl.	Arbeiter: weibl.	Ausbringen im Jahre 1878. Braunkohlen.	Braunkohlenziegel.	Geldwerth.	
					Hectoliter.	Stück.	ℳ	₰
Römer, J. G., in Heinersdorf, Pachter.	Römer, J. G., in Heinersdorf.	—	7	1	23000	. 1000000	2300 4500	— —
—	Tippmann, C. A., Aufseher in Altmittweida.	1	1	—	6350	. 130000	1100 1170	— —
—	Waurich, F. J., Steiger in Zittau.	2	82	3	412000		91740	—
—	Liebscher, J. H., Steiger in Quatitz.	2	9	—	100		25	—
—	Heinze, J. H., Steiger in Seeplau.	1	24	—	68042	. 370000	22553 2775	— —
—	Noack, A. und G., in Quatitz.	—	1	2	—	. 162000	— 729	— —
—	Liebscher, J. H., Steiger in Quatitz.	1	12	5	33689	. 100000	6460 450	— —
—	Otto, H., in Naundorf.	—	9	—	15645		4460	—
—	Wünsche, E., Steiger in Kleinsaubernitz. Hettmann, Untersteiger.	1	11	6	22168		6685	—
—	Penedikt, Ch. F., Steiger in Türchau.	1	8	—	19800		4600	—
—	Horn, E. G., Steiger in Türchau.	1	11	—	63128		10590	—
Bretschneider, L., Rittergutspachter in Bockwitz, Pachter.	Meinel, R., Steiger in Bockwitz.	1	17	3	83100	. 2460000	19084 9840	— —

14*

No.	Name des Berggebäudes.	Berginspections-Bezirk.	Amts-gerichts-bezirk.	Orts-verwaltungs-behörde.	
104	**Reichenberger Kohlenbau-verein** zu Hartau u. Eckardtsberg.	D.	Zittau.	Amtshauptmannschaft Zittau.	Reichen
105	**Renger's und Genossen** Braunkohlenwerk in Türchau.	D.	Reichenau.	Amtshauptmannschaft Zittau.	Renge Türch
106	**Richter's** Braunkohlenwerk in Altmittweida.	Ch.	Mittweida.	Amtshauptmannschaft Rochlitz.	Richte mittw
107	**Rösser's** Braunkohlenwerk in Thierbaum.	Ch.	Colditz.	Amtshauptmannschaft Grimma.	Rösse Thierl
108	**Rötschke's** Braunkohlenwerk in Quatitz.	D.	Bautzen.	Amtshauptmannschaft Bautzen.	Rötscl
109	**Rössner's** Braunkohlenwerk in Mark-Wüstungsstein.	Ch.	Borna.	Amtshauptmannschaft Borna.	Rössn in Bo
110	**Roitsch's** Braunkohlenwerk in Rentnitz.	D.	Ostritz.	Amtshauptmannschaft Zittau.	Roitsc
111	**Scheibler's und Genossen** Braunkohlenwerk in Türchau.	D.	Reichenau.	Amtshauptmannschaft Zittau.	Scheil und G
112	**Schippan's** Braunkohlenwerk in Ragewitz.	Ch.	Grimma.	Amtshauptmannschaft Grimma.	Schip Ragev
113	**Schmaler's** Braunkohlenwerk in Puschwitz.	D.	Bautzen.	Amtshauptmannschaft Bautzen.	Schma besitz
114	**Schmidt's** Braunkohlenwerk in Altmittweida.	Ch.	Mittweida.	Amtshauptmannschaft Rochlitz.	Schmi Altmi
115	**Schmidt's** Braunkohlenwerk in Quatitz.	D.	Bautzen.	Amtshauptmannschaft Bautzen.	Schmi in Qu

Vertreter des Besitzers.	Betriebsleiter und andere Werksbeamte.	Mannschaftszahl. Beamte und Officianten.	Arbeiter: männl.	Arbeiter: weibl.	Ausbringen im Jahre 1878. Braunkohlen. Hectoliter.	Braunkohlenziegel. Stück.	Geldwerth. ℳ	₰
Bischoff, Rechtsanwalt in Zittau, Bevollmächtigter.	Meyer, G., Obersteiger in Hartau.	8	95	14	304323	.	70906	—
Renger, J. G., in Türchau.	Penedikt, C. E., Steiger in Türchau.	1	11	—	19089		4040	—
Werner, W., Thonwaarenfabrikant in Altmittweida, Pachter.	Fuhrmann, C. T., in Altmittweida.	—	1	—	300	.	60	—
Pörschmann, J., in Naunhain, Pachter.	Arnold, C. E., Steiger in Thierbaum.	1	7	6	28500	.	2850	—
						1425000	9975	—
—	Rötschke, A., in Quatitz.	—	3	2	6480		1461	—
—	Rössner, A., in Beucha.	1	3	—	2000	.	200	—
						100000	450	—
—	Reitsch, J. T., in Reutnitz.	—	5	1	1200	.	164	—
						28000	224	—
—	Scheibler, E. G., in Türchau.	1	9	—	18912		4182	—
—	Gerber, W., in Pöhsig.	1	7	—	20000	.	2750	—
						500000	4500	—
—	Schmaler, G., in Puschwitz.	—	1	—	900	.	90	—
						30000	240	—
Enge, C. F., in Altmittweida, Pachter.	Harzdorf, K., in Altmittweida, Betriebsleiter.	—	3	—	3100	.	610	—
						100000	900	—
—	Schmidt, J., in Quatitz.	—	2	—	1200		187	—

No.	Name des Berggebäudes.	Berginspections-Bezirk.	Amtsgerichtsbezirk.	Ortsverwaltungsbehörde.	Besitzer.
116	**Schneider-Heinze's** Braunkohlenwerk in Mark-Wüstungsstein.	Ch.	Borna.	Amtshauptmannschaft Borna.	Schneider-Heinze, Tr., in Mark-Wüstungsstein.
117	**J. A. Scholze's** Braunkohlenwerk in Seitendorf.	D.	Ostritz.	Amtshauptmannschaft Zittau.	Scholze, J. A., Ziegeleibesitzer in Seitendorf.
118	**Schröter's** Braunkohlenwerk in Oppelsdorf.	D.	Reichenau.	Amtshauptmannschaft Zittau.	Schröter, J. G., in Oppelsdorf.
119	**Schubert's** Braunkohlenwerk in Olbersdorf.	D.	Zittau.	Amtshauptmannschaft Zittau.	Schubert, G. A., Gutsbesitzer in Olbersdorf.
120	**Schulze's** Braunkohlenwerk in Quatitz.	D.	Bautzen.	Amtshauptmannschaft Bautzen.	Schulze, J. A., Gärtner in Quatitz.
121	**Sebastian's** Braunkohlenwerk in Thierbaum.	Ch.	Colditz.	Amtshauptmannschaft Grimma.	Sebastian, J. G., in Thierbaum.
122	**Säurig's** Braunkohlenwerk in Mark-Köllsdorf.	Ch.	Borna.	Amtshauptmannschaft Borna.	Säurig, G., Kalkbrennereibesitzer in Mark-Köllsdorf.
123	Des **Königl. Staatsfiscus** Braunkohlenwerk zu Kaditzsch und Grechewitz.*)	Ch.	Grimma.	Amtshauptmannschaft Grimma.	Königl. Sächs. Staatsfiscus.
124	Des **Königl. Staatsfiscus** Braunkohlenwerk in Leipnitz.	Ch.	Leisnig.	Amtshauptmannschaft Döbeln.	Königl. Sächs. Staatsfiscus.
125	**Teichmann's** Braunkohlenwerk in Mark-Wüstungsstein.	Ch.	Borna.	Amtshauptmannschaft Borna.	Teichmann, F. W., Maurer in Mark-Wüstungsstein.
126	**Thieme's** Braunkohlenwerk in Tettau.	Ch.	Remse.	Amtshauptmannschaft Zwickau.	Thieme, H., Gutsbesitzer in Tettau.

*) Bei diesem Werke wurden im Jahre 1878 43257 Mark 48 Pf. Betriebsüberschuss erzielt.

Vertreter des Besitzers.	Betriebsleiter und andere Werksbeamte.	Mannschaftszahl.			Ausbringen im Jahre 1878.			
		Beamte und Officianten.	Arbeiter: männl.	Arbeiter: weibl.	Braunkohlen.	Braunkohlenziegel.	Geldwerth.	
					Hectoliter.	Stück.	ℳ	₰
—	Schneider-Heinze, Tr., in Mark-Wüstungsstein.	—	1	—	80	. 4000	8 18	— —
—	Rothmann, E., Steiger in Seitendorf.	1	22	—	90749		11783	—
—	Feist, J., Steiger in Oppelsdorf.	1	44	—	115449		32772	—
—	Schubert, G. A., in Olbersdorf. Israel, A., Steiger in Olbersdorf.	3	98	2	309598		82600	—
—	Liebscher, H. J., Steiger in Quatitz.	—	1	—	780	. 26000	78 117	— —
—	Müller, J. G., in Thierbaum.	—	3	3	8400	. 420000	840 2646	— —
—	Säurig, G., in Mark-Köllsdorf.	—	6	—	12000	. 600000	1200 2700	— —
örster, B., Bergmeister in Zaukeroda.	Förster, B., Bergmeister in Zaukeroda. Steiger, H. H., Obersteiger. Lehmann, A., Steiger.	5	131	—	626322		148388	—
ittmann, E., auf Hathaus am Hühnerborn bei Leipnitz, Pachter.	Tittmann, E.	—	13	—	30500	. 145500	6825 1164	— —
—	Teichmann, F. W., in Mark-Wüstungsstein.	—	1	—	120	. 6000	12 27	— —
—	Ziegenbein, M., Steiger in Tettau.	1	7	2	18000	. 1600000	3800 8000	— —

No.	Name des Berggebäudes.	Berginspections-Bezirk.	Amts-gerichts-bezirk.	Orts-verwaltungs-behörde.	Besitzer.
127	**v. Uckermann's** Braunkohlenwerk in Luttowitz.	D.	Bautzen.	Amtshauptmannschaft Bautzen.	Uckermann, Freiherr v., Rittergutsbesitzer auf Luttowitz.
128	**Ulbrich's** Braunkohlenwerk in Quatitz.	D.	Bautzen.	Amtshauptmannschaft Bautzen.	Ulbrich, A., Hausbesitzer in Quatitz.
129	**Ulbricht's** Braunkohlenwerk in Altmittweida.	Ch.	Mittweida.	Amtshauptmannschaft Rochlitz.	Ulbricht, C. F., Gutsbesitzer in Altmittweida.
130	**Voigt's** Braunkohlenwerk in Puschwitz.	D.	Bautzen.	Amtshauptmannschaft Bautzen.	Voigt, A., Rittergutsbesitzer in Puschwitz.
131	**Waage's** Braunkohlenwerk in Mark-Köllsdorf.	Ch.	Borna.	Amtshauptmannschaft Borna.	Waage, J. M. F., Kalkbrennereibesitzer in Mark-Köllsdorf.
132	**Weber's und Schrot's** Braunkohlenwerk in Grechowitz.	Ch.	Grimma.	Amtshauptmannschaft Grimma.	Weber, F. M., Oeconom und Schrot, B., in Grechowitz.
133	**Winkler's** Braunkohlenwerk in Borna.	Ch.	Borna.	Stadtrath zu Borna.	Winkler, J. G., Oeconom in Borna.
134	**Wolf's** Braunkohlenwerk in Mark-Köllsdorf.	Ch.	Borna.	Amtshauptmannschaft Borna.	Wolf, J. E., Hausbesitzer in Mark-Köllsdorf.
135	**Wetzig's und Hörig's** Braunkohlenwerk im Timmlitzforste. Firma: „Braunkohlenwerk Timmlitzwald, Tanndorf bei Colditz, Wetzig und Hörig.“	Ch.	Leisnig.	Amtshauptmannschaft Döbeln.	Wetzig, H., Gutsbesitzer in Tanndorf, Bevollmächtigter.
136	**Weichenhain's** Braunkohlenwerk in Seitendorf.	D.	Ostritz.	Amtshauptmannschaft Zittau.	Weichenhain, J., Gutsbesitzer in Seitendorf.
137	**Ziesche's** Braunkohlenwerk in Guhra.	D.	Bautzen.	Amtshauptmannschaft Bautzen.	Ziesche, J., Gutsbesitzer in Guhra.

Vertreter des Besitzers.	Betriebsleiter und andere Werksbeamte.	Mannschaftszahl. Beamte und Officianten.	Arbeiter: männl.	Arbeiter: weibl.	Ausbringen im Jahre 1878. Braunkohlen. Hectoliter.	Braunkohlenziegel. Stück.	Geldwerth. ℳ	₰.
—	Dietrich, Ch. F., Verwalter in Merka. Henke, J. T., Steiger.	2	18	15	40000	. 180000	12500 810	— —
—	Ulbrich, A., in Quatitz.	—	7	8	20727		4188	—
—	Wehner, C. F., in Altmittweida.	—	3	—	4200	. 200000	420 1800	— —
—	Voigt, A., in Puschwitz.	—	3	1	2850	. 114000	285 912	— —
—	Waage, J. M. F., in Mark-Köllsdorf.	—	5	—	12000	. 475000	1200 2137	— —
Weber, F. M., in Grechewitz.	Graunitz, H. W., Steiger.	2	20	—	60934	.	18397	—
—	Winkler, J. G., in Borna.	—	5	4	31000	. 1300000	4850 5200	— —
—	Wolf, J. E., in Mark-Köllsdorf.	—	2	—	14000	. 600000	1600 2700	— —
—	Kühlig, M. A. C., Steiger in Tanndorf.	1	25	—	127645		29516	—
—	Benedict, C. E., Steiger in Seitendorf.	—	8	—	7500	. 350000	816 2975	— —
—	Ziesche, J., in Guhra.	—	1	—	433	. 13000	43 104	— —

15

No.	Name des Berggebäudes.	Berginspections-Bezirk.	Amts-gerichts-bezirk.	Orts-verwaltungs-behörde.	Besitzer.
138	**Zieschwauck's** Braunkohlenwerk in Schmeckwitz.	D.	Kamenz.	Amtshauptmannschaft Kamenz.	Zieschwauck, P., Gutsbesitzer in Schmeckwitz.
139	**Zimmermann's** Braunkohlenwerk in Reutnitz.	D.	Ostritz.	Amtshauptmannschaft Zittau.	Zimmermann, E. Fr., Grundstücksbesitzer in Reutnitz.
140	**Zücker's** Braunkohlenwerk in Türchau.	D.	Reichenau.	Amtshauptmannschaft Zittau.	Zücker, J. G., Häusler in Türchau.
141	**Zur guten Hoffnung** in Zittel.	D.	Reichenau.	Amtshauptmannschaft Zittau.	Krause, E. E., Fabrikant in Zittel bei Reichenau.

Vertreter des Besitzers.	Betriebsleiter und andere Werksbeamte.	Mannschaftszahl. Beamte und Officianten.	Arbeiter: männl.	Arbeiter: weibl.	Ausbringen im Jahre 1878. Braunkohlen.	Braunkohlenziegel.	Geldwerth. ℳ	₰
					Hectoliter.	Stück.	ℳ	₰
—	Zieschwauck, P., in Schmeckwitz.	—	1	—	1000	.	100	—
						30000	225	—
—	Zimmermann, E. Fr., in Reutnitz.	—	1	—	—	.	—	—
						4000	32	—
—	Zücker, J. G., in Türchau.	—	2	—	2404		340	—
—	Rossel, W. E., Steiger in Zittel.	2	38	1	120210		23844	—
	Sa. C. Braunkohlenbergbau.	131	2190	257	8042356	.	1817550	—
						38815105	220773	—
					Briquettes.	24962775	172898	—

II. Am Schlusse des Jahres 1878 beschäftigt gewesenes Personal.

Functionen.	Im Bergrevier				In Summa.
	Freiberg.	Altenberg.	Marienberg.	Schwarzenberg.	
A. Bei dem Erzbergbau.					
a) Technische Beamte und Officianten.					
Betriebsdirectoren, Bergverwalter und Schichtmeister	11	7	2	10	30
Obersteiger	29	4	—	16	49
Steiger	4	8	8	27	47
Unter-, Gäng-, Kunst-, Graben-, Wäsch- und andere Steiger	210	24	4	23	261
b) Kaufmännische u. Rechnungs-Beamte und Officianten.					
Cassen- und Rechnungsführer	25	—	1	1	27
Registerschreiber und Expedienten	17	1	2	7	27
c) Ständige Arbeiter.					
Treibemeister	37	3	1	9	50
Gezeugarbeiter	14	10	2	9	35
Zimmerlinge	436	9	12	99	556
Kunst- und Maschinenwärter	86	8	5	29	128
Bergschmiede	155	8	1	17	181
Bergmaurer	232	2	3	29	266
Doppelhäuer	3053	127	55	457	3689
Lehrhäuer	348	13	15	93	469
Haspelmeister, Treibeleute und Bergknechte	255	9	12	47	323
Grubenjungen	321	11	7	29	368
Poch- und Wäscharbeiter	172	46	7	8	233
Wäschjungen	105	33	—	8	146
Scheide-, Klaube- und andere Jungen	269	—	4	—	273
d) Unständige Arbeiter.	643	56	3	34	736
Summa A.	6422	379	144	949	7894

Functionen.	Berginspectionsbezirk Chemnitz. männl.	Chemnitz. weibl.	Dresden. männl.	Dresden. weibl.	Zwickau. männl.	Zwickau. weibl.	In Summa. männl.	In Summa. weibl.
B. Bei dem Steinkohlenbergbau.								
Technische Beamte und Officianten	80	—	81	—	224	—	385	—
Kaufmännische Beamte u. Officianten	38	—	36	—	84	—	158	—
Arbeiter:								
bei der Gewinnung	1526	—	1528	—	4437	—	7491	—
bei der Förderung	627	—	441	—	1669	—	2737	—
bei der Zimmerung und Mauerung	308	—	241	—	1114	—	1663	—
bei der Maschinen-, Zeug- und Schmiedearbeit	297	—	185	—	670	—	1152	—
bei der Aufbereitung	190	57	278	211*)	584	72	1052	340
bei der Coaks- und Briquette-Fabrikation	—	—	30	—	127	17	157	17
bei den Platzgeschäften . . .	260	21	183	—	700	2	1143	23
Summa B.	3326	78	3003	211	9609	91	15938	380
C. Bei dem Braunkohlenbergbau.								
Technische Beamte und Officianten	52	—	43	—	—	—	95	—
Kaufmännische Beamte u. Officianten	18	—	18	—	—	—	36	—
Arbeiter:								
bei der Gewinnung	244	—	451	—	—	—	695	—
bei der Förderung	533	27	375	15	—	—	908	42
bei der Zimmerung und Mauerung	33	—	20	—	—	—	53	—
bei der Maschinen-, Zeug- und Schmiedearbeit	57	—	41	—	—	—	101	—
bei der Aufbereitung	52	4	27	58	—	—	79	62
bei der Braunkohlenziegelfabrikation	89	42	32	11	—	—	121	53
bei den Platzgeschäften . . .	145	41	88	59	—	—	233	100
Summa C.	1223	114	1098	143	—	—	2321	257
Summa bei dem Erz-, Steinkohlen- und Braunkohlenbergbau . .	.	.	.	.	.	.	26153	637
Anzahl der von diesem Personale zu ernährenden Angehörigen . .	.	.	.	.	.	.	60556	

*) Hierüber 12 Kinder.

III. Classification des Ausbringens bei dem Bergbau im

Bergrevier Freiberg.			Bergrevier Altenberg.			Bergrevier Marienberg.			Bergrevier Schwarzenberg.		
Production.	Geldwerth.		Production.	Geldwerth.		Production.	Geldwerth.		Production.	Geldwerth.	
Centner.	ℳ	₰	Centner.	ℳ	₰	Centner.	ℳ	₰	Centner.	ℳ	₰
496955,13	3972168	6	—	—	—	932,24	60513	41	481,4	3858	44
.	—	—	13,75	9263	—	.	—	—	1322,47	333724	40
.	—	—	.	—	—	.	—	—	2770,0	139822	79
40,18	765	62	0,20	120	50	.	—	—	.	—	—
.	—	—	1696,17	111898	77	0,70	52	75	.	—	—
.	—	—	264,65	1935	90	.	—	—	.	—	—
.	—	—	.	—	—	.	—	—	447,0	1117	50
.	—	—	.	—	—	0,90	4	90	.	—	—
.	—	—	.	—	—	.	—	—	36,87	5167	86
.	—	—	.	—	—	.	—	—	1149,25	4530	—
.	—	—	11355	4258	13	.	—	—	167908	70996	38
.	—	—	.	—	—	.	—	—	661	2091	—
.	—	—	.	—	—	.	—	—	471,96	353	97
5297,3	2458	11	.	—	—	12	6	—	.	—	—
.	—	—	1626	1152	64	.	—	—	42	21	—
.	—	—	.	—	—	.	—	—	.	96	—
.	—	—	.	22	62	.	—	—	.	69	25
.	493	15	.	13	65	.	876	40	.	256	37
502292,61	3975884	94	14955,67	128665	21	945,84	61453	46	175289,95	562104	96
			Berginspectionsbezirk Chemnitz.			Berginspectionsbezirk Dresden.			Berginspectionsbezirk Zwickau.		
.		.	9252329	3298653	—	10896770	4808347	—	41617578	13907912	—
		.	6894810	1086167	—	4295549	731383	—			.

Jahre 1878 nach den verschiedenen Bergproducten.

In Summa.			Namen der Bergproducte.
Production.	Geldwerth.		
Centner.	M.	Pf.	
			A. Erzbergbau.
498368,77	4036539	91	zu den fiscalischen Hüttenwerken bei Freiberg gelieferte Erze mit
			47346,69 Pfd. Silberinhalt,
			87009,73 Ctr. Bleiinhalt,
			399,482 „ Kupferinhalt,
			4,215 „ Nickel- und Kobaltinhalt,
			2636,615 „ Zinkinhalt,
			7602,535 „ Arseninhalt,
			70406,44 „ Schwefelinhalt.
1336,22	342987	40	Wismuth und Wismutherze,
2770,0	139822	79	Kobalt- und Nickelerze,
40,38	886	12	Bleiglanz,
1696,87	111951	52	Zinn,
264,55	1935	90	Wolfram,
447,0	1117	50	Arsenkies,
0,90	4	90	Arsenmehl,
36,87	5167	86	Uranpecherz,
1149,25	4530	—	Ocker- und Farbenerde,
179263,0	75254	51	Eisenstein,
661	2091	—	Braunstein,
471,96	353	97	Flussspath,
5309,3	2464	11	Schwerspath,
1668,0	1173	64	Quarz,
.	96	—	Formsand,
.	91	87	Halden- und Schottersteine und
.	1639	57	Schaustufen.
693484,07	4728108	57	Summa A.
			B. Steinkohlenbergbau.
61766677	22014912	—	geförderte Steinkohlen und Anthracite.
			Aus einem Theile der Steinkohlen wurden dargestellt:
			1401659 Hectoliter Coaks mit einem Werthe von 659129 Mark,
			352000 Stück Briquettes „ „ „ „ 4752 „ und
			152951 Hectoliter Cynder „ „ „ „ 91772 „
			C. Braunkohlenbergbau.
11190359	1817550	—	geförderte Braunkohlen.
			Aus einem Theile derselben wurden dargestellt:
			38815105 Stück Braunkohlenziegel mit einem Werthe von 220773 Mark und
			24962775 „ Briquettes „ „ „ „ 172898 „
73650520,07	28560570	57	Hauptsumme der Production des gesammten Bergwerksbetriebes.

Der angegebene Werth der zu den fiscalischen Hüttenwerken bei Freiberg gelieferten Erze war zusammengesetzt aus:
3413926 Mark 34 Pfg. Bezahlung nach der Erztaxe, als:
3437343 Mark 25 Pfg. geleistete Bezahlung; davon
23416 „ 91 „ nach den Handelspreisen der Metalle zu bewirken gewesene Bezahlungsrestitutionen, nämlich:
4079 Mark 87 Pfg. auf den Kupferinhalt,
5948 „ 32 „ „ „ Zinkinhalt und
22585 „ 65 „ „ „ Arseninhalt.
32613 Mark 84 Pfg. Summe der Restitutionen, nach Abzug von
9196 „ 93 „ Nachzahlung auf den Bleiinhalt der Erze;
524852 „ 57 „ Nachzahlung aus den Hüttenerträgen,
97761 „ — „ in Rücksicht auf den niedrigen Stand des Silber- und des Bleihandelspreises gewährte besondere Silber- und Bleibezahlungszulage von 2 Mark pro Pfund Silber und 1 Mark pro Centner Bleiinhalt der gelieferten Erze derjenigen Gruben, welche im Jahre 1878 nicht Ausbeute vertheilt haben.
4036539 Mark 91 Pfg. Summe, wie Seite 119.

Die Durchschnittswerthe der hauptsächlichen Producte des sächsischen Bergbaues, sowie die durchschnittliche Leistung in der Production pro Mann der Belegschaft gehen aus der hier folgenden Tabelle hervor.

Bergproducte.	Producirte Menge.		Geldwerth derselben.		Durchschnittswerth pro Centner.			
	1877.	1878.	1877.	1878.	1877.		1878.	
	Centner.	Centner.	ℳ	ℳ	ℳ	₰	ℳ	₰
Zu den fiscalischen Hütten bei Freiberg gelieferte silber-, blei-, kupfer-, nickel-, kobalt-, zink-, arsen- und schwefelhaltige Erze	523048	498369	4436896	4036540	8	48	8	9
Eisenerze	140170	179263	71676	75254	—	51	—	42
Kobalt- und Nickelerze	2856	2770	146405	139823	51	26	50	47
Wismuth und Wismutherze	953	1336	297333	342987	312	—	256	72
Zinn	1734	1697	125175	111951	72	19	65	96
Uranpecherz	177	37	64898	5168	366	65	139	67
Manganerze	2541	661	10444	2091	4	11	3	16
Arsenkies	1550	447	2501	1117	1	61	2	49
Schwefel- und Magnetkies	250	—	125	—	—	50	—	—
Wolfram	367	264	2485	1936	6	77	7	33
Zinkblende	—	—	—	—	—	—	—	—
Andere Bergproducte, als Flussspath, Schwerspath, Farbenerde etc.	7522	8640	12652	11241	1	68	1	30
Producte des Erzbergbaues	681168	693484	5170590	4728108	7	59	6	82
Steinkohlen	57996937	61766677	22409897	22014912	—	38	—	35
Braunkohlen	11301046	11190359	1867918	1817550	—	16	—	16
Gesammte Bergwerksproduction	69979151	73650520	29448405	28560570	—	42	—	38
Als durchschnittliche Jahres-Production pro Mann des beschäftigt gewesenen Personals ergeben sich:								
bei dem Erzbergbau	86	87	654	599				
„ „ Steinkohlenbergbau	3512	3785	1358	1349				
„ „ Braunkohlenbergbau	3956	4340	654	705				
bei dem gesammten Bergwerksbetriebe	2567	2749	1080	1066				

IV. Classification der Gruben des Erzbergbaues in Bezug auf Belegung, Production, Capital-Einzahlung und Ueberschuss-Vertheilung.

	Im Bergrevier								Ueberhaupt bei dem Erzbergbau.	
	Freiberg.		Altenberg.		Marienberg.		Schwarzenberg.			
1. Von den im Jahre 1878 bestandenen Gruben des Erzbergbaues waren										
ganz ausser Betrieb . . .	20		12		28		55		115	
zwar in Betrieb, aber nicht in Production	15		11		8		19		53	
in Production, ohne Ueberschuss zu vertheilen . .	20		5		4		34		63	
in Production und Ueberschussvertheilung . . .	5		—		—		1		6	
und es dienten als Stölln und Röschen lediglich der Wasser-Zu- und Abführung	11		11		16		6		44	
Summa der bestandenen Gruben	71		39		56		115		281	
2. Das bei diesen Werken beschäftigt gewesene Personal vertheilt sich	Mann.		Mann.		Mann.		Mann.		Mann.	
auf die zwar in Betrieb, aber noch nicht in Production gestandenen Gruben mit	119		41		39		75		274	
auf die zwar in Production, aber nicht in Ueberschussvertheilung gestandenen Gruben mit	1770		338		99		858		3065	
auf die in Production und Ueberschussvertheilung gestandenen Gruben mit	4472		—		—		13		4485	
auf die lediglich der Wasser-Zu- und Abführung dienenden Stölln und Röschen mit	61		—		6		3		70	
Summa des beschäftigt gewesenen Personals . . .	6422		379		144		949		7894	
3. Die im Jahre 1878 erzielte Production vertheilt sich	ℳ	₰	ℳ	₰	ℳ	₰	ℳ	₰	ℳ	₰
auf die Gruben, welche keine Ueberschüsse vertheilten mit	934159	69	128665	21	61453	46	547036	16	1671314	52
auf die Gruben, welche Ueberschüsse vertheilten mit . .	3041725	25	—	—	—	—	15068	80	3056794	5
Summa der erzielten Production	3975884	94	128665	21	61453	46	562104	96	4728108	57

16

	Im Bergrevier								Ueberhaupt bei dem Erzbergbau.	
	Freiberg.		Altenberg.		Marienberg.		Schwarzenberg.			
	M.	Pf.	M.	Pf.	M.	Pf.	M.	Pf.	M.	Pf.
4. Die im Jahre 1878 erfolgte Capital- oder Zubuss-Einzahlung ist bewirkt worden:										
A. von dem Bergbaue selbst mit	33029	11	—	—	—	—	7263	12	40292	23
B. von dem Königl. Staatsfiscus mit	229623	57	6249	—	11230	50	13451	17	260554	24
C. von Dritten und zwar von Gewerken, Actionären, Gesellenschaften u. Alleinbesitzern mit	101484	79	48774	5	26268	68	114253	88	290781	40
Gesammtbetrag der Einzahlungen	364137	47	55023	5	37499	18	134968	17	591627	87
Die unter A. gedachten Einzahlungen aus den eigenen Mitteln des Bergbaues bestanden lediglich in Betriebszuschüssen von Gruben, welche selbst wieder andere Gruben auf ihre Rechnung betreiben, während Zubussen aus der Gnadengroschencasse nicht gezahlt wurden.										
Die unter B. angegebenen, vom Staate herrührenden Einzahlungen bestanden in:										
M. Pf. 48097 67 gesetzlichen Commun-Bergbau-Geldern	18130	—	6249	—	10267	50	13451	17		
und in 212456 57 Verwendung auf Staats-Unternehmungen, als:										
auf die Einbringung des Rothschönberger Stollns .	16057	7	—	—	—	—	—	—		
auf die Aufnahme des Halsbrückner Bergbaues (Beihilfe Erbstolln) . . .	129411	17	—	—	—	—	—	—	260554	24
auf das Berggebäude Churprinz Friedrich August Erbstolln	61466	77	—	—	—	—	—	—		
auf das Berggebäude Isaak Erbstolln	4558	56	—	—	—	—	—	—		
auf die Unterhaltung fiscalischer Stölln und Wasserleitungen	—	—	—	—	963	—	—	—		

	Im Bergrevier								Ueberhaupt bei dem Erzbergbau.	
	Freiberg.		Altenberg.		Marienberg.		Schwarzenberg.			
	M	Pf	M	Pf	M	Pf	M	Pf	M	Pf
Von den unter C. gedachten Einzahlungen der Gewerken, Actionäre, Gesellschaften und Alleineigenthümer von Gruben kommen:										
M. 193881 Pf. 8 auf den Bergbau auf Silber-, Blei-, Kupfer-Erze etc. und	101235	99	26809	96	18942	83	46892	30	290781	40
96900 M. 32 Pf. auf den Bergbau auf Zinn, Eisenstein und andere Metalle und Mineralien	248	80	21964	9	7325	85	67361	58		
Das Endresultat für die bauenden Gewerken, Actionäre, Gesellenschaften und Alleinbesitzer war daher bei dem Erzbergbau im Jahre 1878										
eine Ueberschuss-Vertheilung bei 6 Gruben von	262950	—	—	—	—	—	1230	—	264180	—
eine Capital- oder Zubuss-Einzahlung bei den sämmtlichen übrigen Gruben von	101484	79	48774	5	26268	68	114253	88	290781	40
mithin für die Gesammtheit dieser Bergwerks-Unternehmer: Netto-Ueberschuss von den Gruben .	161465	21	—	—	—	—	—	—	—	—
mithin für die Gesammtheit dieser Bergwerks-Unternehmer: N.-Zuschuss an die Gruben	—	—	48774	5	26268	68	113023	88	26601	40
Ausserdem wurden im Jahre 1878										
aus Revierfonds als Aequivalente für den Wegfall freien Holzes an Gruben gewährt	—	—	—	—	1724	47	9211	—	10935	47
an Revierabgaben erlassen .	4875	—	—	—	—	—	—	—	4875	—
an fiscalischen Bergwerksabgaben erlassen . . .	813	20	—	—	—	—	—	—	813	20
an Vorschüssen aus Staats- und Reviercassen an Gruben geleistet	155000	—	—	—	—	—	1500	—	156500	—
dagegen auf früher gewährte Vorschüsse von den Gruben an die betreffenden Staats- und Reviercassen restituirt	31246	6	150	—	1024	13	161	30	32581	49

V. Gangbar gewesene Maschinen etc. im Jahre 1878.

A. Bei dem Erzbergbau.

Im Umgange waren:	Im Bergrevier Freiberg.	Alten-berg.	Marien-berg.	Schwar-zenberg.	In Summa.
Dampfkunstgezeuge	7	1	2	2	12
Wassersäulenkunstgezeuge	18	1	3	8	30
Radkunstgezeuge	20	2	3	8	33
Turbinenkunstgezeuge	5	—	—	4	9
Dampfgöpel	23	2	3	1	29
Wasserradgöpel	13	2	1	1	17
Turbinengöpel	3	—	—	4	7
Pferdegöpel	2	—	1	6	9
Fahrkünste	4	—	—	—	4
Dampfpumpen	1	—	—	—	1
Wettersätze und Wettermaschinen	28	—	—	5	33
Ventilatoren	—	—	1	10	11
Erzwalzwerke	3	—	—	—	3
Steinbrechmaschinen	3	2	1	—	6
Pochwerke	39	27	4	8	78
mit Stempeln in nassen Sätzen	504	1339	36	65	1944
Stempeln in trocknen Sätzen	125	—	6	21	152
Spitzkästen	53	—	7	—	60
Wäschen	45	25	4	9	83
mit Stossheerden	156	81	5	8	250
continuirlichen Stossheerden	1	—	4	4	9
gemeinen liegenden Heerden	1	—	3	—	4
Einkehr- und Glauchheerden	19	36	1	36	92
Schlämmgräben	12	64	3	—	79
Schlammrührwerken	12	—	—	13	25
Separationstrommeln	6	—	—	—	6
Setzmaschinen	109	7	—	—	116
und zwar:					
continuirliche und andere durch Maschinen bewegte	91	—	2	—	93
Handsetzmaschinen	18	—	—	4	22
Rättermaschinen	16	1	1	3	21
Erzmahlmühlen	3	—	—	—	3
Erzmengmaschinen	5	—	—	—	5
Reactionsräder	—	—	—	1	1
Classificatoren	5	—	—	—	5
Saug- und Drucksätze in Wäschen	27	—	—	—	27
Becherwerke	3	—	—	—	3
Schöpfräder	6	—	—	—	6
Abläutermaschinen	12	—	—	—	12
Wassermessungsapparate	43	—	—	—	43
Bergschmiedefeuer	63	8	2	11	84
Drehbänke	—	—	—	4	4
Bretschneidemühlen	4	1	—	1	6

B. Bei den Steinkohlenwerken.

Im Umgange waren:	Im Berginspectionsbezirk Chemnitz. Zahl.	Chemnitz. Pferdekraft.	Dresden. Zahl.	Dresden. Pferdekraft.	Zwickau. Zahl.	Zwickau. Pferdekraft.	In Summa. Zahl.	In Summa. Pferdekraft.
Wasserräder zur Wasserhaltung	1	1	1	25	—	—	2	26
Dampfmaschinen:								
zur Förderung	28	2419	16	1014	83	3963	127	7396
„ Wasserhaltung	24	1144	7	280	36	2614	67	4038
„ Förderung u. Wasserhaltung	1	16	2	42	6	108	9	166
„ Fahrung	—	—	1	40	—	—	1	40
„ Wetterversorgung	10	296	7	240	24	378,5	41	914,5
„ Aufbereitung	9	123	7	161	19	375	35	659
„ Briquettefabrikation	—	—	—	—	1	25	1	25
zu anderen Zwecken	5	30	16	272	10	125,5	31	427,5
Dampfpumpen	4	—	11	—	21	401	36	401
Ventilatoren	8	—	6	—	24	—	38	—
Wetteröfen	—	—	3	—	8	—	11	—
Sturzsiebe oder Roste	39	—	33	—	23	—	95	—
Walzwerke	—	—	6	—	3	—	9	—
Brecher	5	—	—	—	10	—	15	—
Becherwerke	38	—	10	—	69	—	117	—
Separationstrommeln	18	—	9	—	32	—	59	—
Aufbereitungsanstalten	13	—	8	—	18	—	39	—
Centrifugalpumpen	11	—	5	—	13	—	29	—
Luftcompressoren	4	—	4	—	—	—	8	—
Dampfelevatoren	3	—	12	—	3	—	18	—
Aufzüge	9	—	—	—	14	—	23	—
Lesetische	17	—	10	—	12	—	39	—
Setzmaschinen	34	—	42	—	77	—	153	—
Schlämmgräben	29	—	20	—	6	—	55	—
Klärsümpfe	66	—	38	—	82	—	186	—
Flutherwäschen	10	—	4	—	25	—	39	—
Schnecken	8	—	6	—	18	—	32	—
Coaksöfen	—	—	95	—	198	—	293	—
Summa B.	.	4029	.	2074	.	7990	.	14093

C. Bei den Braunkohlenwerken.

Im Umgange waren:	Im Berginspectionsbezirk Chemnitz. Zahl.	Chemnitz. Pferdekraft.	Dresden. Zahl.	Dresden. Pferdekraft.	In Summa. Zahl.	In Summa. Pferdekraft.
Rosswerke zur Förderung	1	1	2	2	3	3
dergleichen zur Wasserhaltung	1	1	—	—	1	1
Turbine zur Wetterlosung	1	0,5	—	—	1	0,5
Dampfmaschinen:						
zur Förderung	19	342	9	84	28	426
„ Wasserhaltung	26	439,5	19	277	45	716,5
„ Wasserhaltung und Förderung zugleich	4	28	5	59	9	87
„ Briquettefabrikation	5	155	2	48	7	203
„ Aufbereitung	—	—	1	1	1	1
Wetteröfen	—	—	1	—	1	—
Klärsümpfe	10	—	—	—	10	—
Schlämmgräben	4	—	—	—	4	—
Sturzsiebe oder Roste	176	—	74	—	250	—
Separationstrommeln	9	—	3	—	12	—
Summa C.	.	967	.	471	.	1438

VI. Wasserwirthschaft und Revierstölln.

I. Wasserwirthschaft.

Die Wasserzugänge bei der oberen und unteren Wasserversorgung des Bergreviers Freiberg haben im Jahre 1878 in

51487,8 wöchentlichen Secunden-Litern

bestanden.

Es wurden davon

28061,0 wöch. Sec.-Lit. in die Teiche und Kunstgräben aufgenommen,
9165,0 „ „ bestehenden Verträgen gemäss an verschiedene Interessenten abgegeben und
14261,3 „ „ in die Fluth geschlagen.

Die in die Teiche und Kunstgräben aufgenommenen

28061,0 wöch. Sec.-Lit. gaben mit Hinzurechnung von
1092,4 „ „ Vorrath vom Jahre 1877 überhaupt

29153,4 wöch. Sec.-Lit. als disponibles Wasserquantum für das Jahr 1878.

Von diesem wurden abgegeben:

9639,7 wöch. Sec.-Lit. durch den Kohlbachgraben auf mehrere Brander Gruben und an die Commun Erbisdorf,
16423,3 „ „ durch den Hohebirker Kunstgraben an die Gruben des Brander, Hohebirker und Halsbrückner Reviers und
2085,9 „ „ aus dem Hüttenteiche, und zwar
1620,6 dergl. an die Stadt Freiberg,
465,3 „ an Junge hohe Birke und Himmelfahrt, während
433,1 „ „ im Jahre 1878 durch Verdunstung verloren gingen, so dass am Schlusse dieses Jahres
571,4 „ „ Wasser in Vorrath verblieben sind.

Die Mengen der in den einzelnen Quartalen in die Teiche aufgenommenen reinen Zugänge und vertheilten Aufschläge waren folgende:

	reine Zugänge:	vertheilte Aufschläge:
im 1. Quartale	13557,7 wöch. Sec.-Lit.	6365,4 wöch. Sec.-Lit.,
„ 2. „	6690,2 „ „	7949,0 „ „
„ 3. „	3486,0 „ „	7325,4 „ „
„ 4. „	4327,1 „ „	6509,1 „ „
	28061,0 wöch. Sec.-Lit.	28148,9 wöch. Sec.-Lit.,

Vom Beginn des 3. Quartales an durften die durch Wäschschlämme getrübten Wasser nicht mehr auf den Stolln verfällt werden, um der Verschlämmung des Rothschönberger Stollns vorzubeugen und es musste deshalb das Bedürfniss der Wäschen mit durch Zutheilung von Heerdfluthwasser befriedigt werden, wovon in der zweiten Hälfte des Jahres 2479,2 wöch. Sec.-Lit. abgegeben worden sind.

Diese Heerdfluthwasser, welche in der obigen Aufstellung unter den vertheilten Aufschlägen mit inbegriffen sind, sowie die durch die Einbringung des Rothschönberger Stollns in das Innere des Reviers sonst noch herbeigeführten Aufschlagsveränderungen machten eine gänzlich neue Regulirung der Aufschläge nöthig.

Die Sammelteiche der Revierwasserlaufs-Anstalt sind von Ende Februar bis Mitte Mai 1878 sämmtlich gleichzeitig gefüllt gewesen und haben zu dieser Zeit einen Wasservorrath von 8248,$_{7}$ wöch. Sec.-Lit. à 604,$_{8}$ Cubikmeter oder von 5010586,$_{56}$ Cubikmetern enthalten.

Die Länge der Wasserleitungen an 78523,$_{01}$ Metern hat im Jahre 1878 keine Veränderung erfahren.

II. Revierstölln.

Bei den oberen Revierstölln des Freiberger Bergreviers und insbesondere bei den auf Kosten der Revierwasserlaufs-Anstalt zu unterhaltenden Hauptstollnflügeln von 80668 Metern Gesammtlänge fand im Jahre 1878 ein Ortsbetrieb nicht statt. Dagegen sind in der Sohle des unter dem Namen „Fortsetzung des Rothschönberger Stollns im Innern der Freiberger Revier" bestehenden tiefen Revierstollns in dem genannten Jahre auf Revierkosten 8 Oerter betrieben und vor denselben 422,$_{17}$ Meter neu aufgefahren worden, womit dieser tiefe Revierstolln, unter Einrechnung von 38,$_{78}$ Metern früher zu wenig gerechneter Länge, bis Ende des Jahres 1878 eine Gesammtlänge von

29847,$_{90}$ Metern

erreicht hat.

VII. Aufgefahrene Längen, abgesunkene Teufen etc. bei dem Erzbergbau im Jahre 1878.

Bergrevier.	Auffahrung vor Oertern.			Abteufen und Ueberhauen.			Aufgewältigt.	
	In gutem Erz.	In Pochgängen.	In taubem Gestein.	In gutem Erz.	In Pochgängen.	In taubem Gestein	Auf Stölln und Strecken.	In Schächten.
	Meter.	Meter.	Meter.	Meter.	Meter.	Meter.	Meter.	Meter.
1. Freiberg.								
Auf Gängen	1109,0	1999,47	4997,65	196,65	349,40	274,15	784,0	60
Im Quergestein	—	—	823,8	—	—	72,5	—	—
Ueberhaupt	1109,0	1999,47	5821,15	196,65	349,40	346,65	784,0	60
	8929,92 Meter.			892,70 Meter.				
2. Altenberg.								
Auf Gängen und anderen Lagerstätten	22,68	148	69,80	—	4,60	10,78	7,50	8
Im Quergestein	—	—	65,7	—	—	14,90	—	—
Ueberhaupt	22,68	148	135,50	—	4,60	25,68	7,50	8
	306,24 Meter.			30,28 Meter.				
3. Marienberg.								
Auf Gängen	—	65,7	405,50	—	14,8	22,50	151	48,8
Im Quergestein	—	—	8,5	—	—	—	—	—
Ueberhaupt	—	65,7	414,0	—	14,8	22,50	151	48,8
	479,7 Meter.			37,30 Meter.				
4. Schwarzenberg.								
Auf Gängen und anderen Lagerstätten	482,8	325,0	1344,8	33,6	98,5	305,7	945,5	81,0
Im Quergestein	—	—	364,3	—	—	100,8	—	—
Ueberhaupt	482,8	325,0	1709,1	33,6	98,5	406,5	945,5	81,0
	2516,9 Meter.			538,6 Meter.				
Hauptsumme	1614,48	2538,17	8080,11	230,25	467,30	801,33	1888,0	197,8
	12232,76 Meter.			1498,88 Meter.				
Von 100 Meter Ortslänge, resp. Abteufen und Ueberhauen sind daher betrieben worden:								
auf Gängen des Freiberger Reviers	13,7	24,7	61,6	24,0	42,6	33,4		
auf Lagerstätten des Altenberger Reviers	9,4	61,6	29	—	29,9	70,1		
auf Gängen des Marienberger Reviers	—	13,9	86,1	—	39,7	60,3		
auf Lagerstätten des Schwarzenberger Reviers	22,4	15,1	62,5	7,7	22,5	69,8		

VIII. Andere wichtige Ausführungen, Betriebsvorgänge etc. im Jahre 1878.

A. Erzbergbau.

I. Bergrevier Freiberg.

1) Bei **Alte Hoffnung Gottes zu Kleinvoigtsberg** ist man schon seit einer längeren Reihe von Jahren bemüht gewesen, namentlich durch energischen Forttrieb des 6. Gezeugstreckenortes, theils auf dem Unverhofft Glück Spate, theils im Quergestein, den morgentlichen Theil des Grubenfeldes einer möglichst vollkommenen Aufschliessung und eingehenden Untersuchung zu unterwerfen, mit dem ausgesprochenen Hauptzwecke, daselbst verschiedene, durch auf beiden Ufern des Mulde-Flusses angesetzte Stölln näher gekennzeichnete und östlich vom Neuglück Stehenden vorliegende Erzgänge anzufahren.

Leider sind sämmtliche bisher erzielte Resultate nur unbefriedigend gewesen, indem alle Gänge, welche bis zu dem 380 m vom Neuglück Stehenden in O. aufsetzenden Beständigkeit Morgengange überfahren wurden, sich auf den Anfahrungspuncten von vollständig unbauwürdiger Beschaffenheit zeigten und nicht zu einer weiteren Untersuchung zu verlocken vermochten.

Nur erst der Beständigkeit Morgengang selbst zeigte auf dem Kreuze mit dem Unverhofft Glück Spate ein geringes Erzeinbrechen, während bei weiterer, auf 326 m in NO. ausgedehnter Verfolgung auch er sich grösstentheils nur mit aufgelöstem Nebengestein und zwar in solchem Maasse ausgefüllt erwies, dass die getriebene Strecke nicht ohne Ausbau durch Zimmerung und Mauerung offen erhalten werden konnte.

Bei 75 m östlicher Entfernung vom Beständigkeit Morgengange wurde, nach inzwischen erfolgter Ueberfahrung einer ganz unscheinbaren Gangkluft, wieder ein stehend streichender Gang angetroffen, der, weil wenigstens etwas einbrechenden Schwefelkies, Zinkblende und Bleiglanz zeigend, die Hoffnung aufleben lässt, dass seine fernere Verfolgung zu günstigerem Resultate führen werde, als solche der Beständigkeit Morgengang ergab, und das morgentliche Grubenfeld doch nicht so spärlich von der Natur bedacht sein möchte, als es nach den bisherigen Betriebsresultaten fast erscheinen wollte.

Schon seit längeren Jahren vermochte die nur durch ein Kehrrad betriebene Schachtförderung denjenigen Ansprüchen kaum noch zu genügen, welche in Folge des in immer grössere Teufe (bereits hat der Hauptschacht die ½12. Gezeugstreckensohle erreicht) vorrückenden und sich immer weiter ausbreitenden Betriebes bezüglich des Zutagefördерns der Massen an sie gestellt werden mussten, so dass man sich schliesslich genöthigt sah, die Aufstellung einer kräftigen Förderdampfmaschine ernstlich in Erwägung zu ziehen, und hat man im Jahre 1878 auch die Ausführung der bezüglichen Arbeiten in die Hand genommen, von welchen bis zum Eintritt des Winters noch die Fundamente für den Schornstein, für das Maschinengebäude und für die Maschine nahezu beendet wurden. Die Vollendung des Baues in der zweiten Hälfte des Jahres 1879 steht mit Sicherheit zu erwarten und wird man dann voraussichtlich auch der Frage näher treten, ob nicht bei der erreichten Teufe zur Vermehrung der Arbeitsleistung des Personals, wie zur Besserung der gesundheitlichen Verhältnisse bei demselben der Einbau einer Fahrkunst in den Treibeschacht vorzunehmen sein wird.

2) Bei dem fiscalischen Berggebäude **Beihilfe Erbstolln zu Hals** wurde am 1. Juni 1878 in dasigem Hauptschachte die erste der beiden neu aufgestellten 100pferdigen Wassersäulenmaschinen in Gang gesetzt, an welcher nachverzeichnete Sätze angebaut sind:

bei 80 m Teufe unter dem Rothschönberger Stolln zwei Drucksätze mit je 400 mm Mönchskolbendurchmesser,

von 80 bis 130 m Teufe, auf 6 Satzhöhen, 12 Saugsätze von je 400 mm Kolbendurchmesser,

von 130 bis 160 m Teufe, auf 4 Satzhöhen, 4 Saugsätze von je 350 mm Kolbendurchmesser,

von 160 bis unter 200 m Teufe, auf 6 Satzhöhen, 6 Saugsätze von je 328 mm Kolbendurchmesser.

Nach Erfolg dessen wurden die sämmtlichen, bis zur Beendigung obiger Maschinenbaue zeitweilig sistirten, vom Hauptschachte aus gegen SW. getriebenen tiefen Querschlagsörter bei 130, 160 und 200 m Teufe unter dem Rothschönberger Stolln vom Neuen belegt und nach dem Halsbrückner Spatgange hin weiter fortgebracht, zu dem Zwecke, damit die, nach alten Nachrichten und Rissen, bis unter die 130 m Sohle niederreichenden dortigen alten Grubenbaue anzufahren und zu zäpfen, beziehentlich den genannten Erzgang in frischem Felde auszurichten.

Im Laufe des Jahres wurde nun zuerst mit dem 200-Meter-Streckenorte bei 99 m, dann mit dem 160-Meter-Streckenorte bei 108 m und mit dem 130-Meter-Streckenorte bei 120 m vom Hauptschachte ein hora $10,_7$ bis 11 streichendes und 74 bis 83 Grad gegen NO. fallendes, $0,_3$ m und beziehentlich $0,_8$ m und $1,_8$ m mächtiges, aus feinkörnigem, weissem und grauem Quarz mit Spuren von Schwerspath, Flussspath, Bleiglanz, Schwefelkies und Kupferkies zusammengesetztes Gangtrum angefahren. Da jedoch dieses Gangtrum weder in seiner Streichrichtung, noch in seiner Beschaffenheit mit dem in den höher gelegenen Bauen der Vorfahren bekannt gewordenen, daselbst unter 87 Grad in SW. fallenden Haupttrume des Halsbrückner Spates übereinstimmt, so sind die gedachten Querschläge behufs Erlangung weiterer Aufschlüsse zunächst noch weiter fortgestellt worden, ohne jedoch bis Ende des Jahres 1878 den gedachten Erzgang selbst anzufahren. Inzwischen ist jedoch im Jahre 1879 die Entdeckung gemacht worden, dass der Halsbrückner Spatgang durch das mit den bezeichneten drei Streckenörtern durchfahrene Gangtrum verworfen worden ist und dass also die gedachten drei Querschlagsörter sämmtlich innerhalb der Verwerfungsdistanz zwischen den beiden Ganghälften des Halsbrückner Spates hindurch getrieben worden waren.

Am 20. December 1878 ist auch die 2. Wassersäulenmaschine, genau mit ebensoviel Sätzen, als sich an der ersten finden, und letztere in gleichen Grössen, ausgerüstet, zum ersten Male angelassen worden und steht hiermit nun der Grube eine Maschinenkraft zur Verfügung, welche genügen wird, ganz bedeutende Mengen erschrotener Wasser in kurzer Zeit bis auf den Rothschönberger Stolln zu heben.

3) Bei **Christbescherung Erbstolln bei Grossvoigtsberg** ist mit Hilfe eines im Jahre 1877 gewährten Vorschusses aus der Freiberger Bergbaucasse das $^1/_{22}$. Gezeugstreckenort auf dem Peter Stehenden vom Treibeschachtquerschlage in SW., welches in seiner letzten Untersuchungsperiode nur ziemlich arme Pochgänge geführt hatte und deshalb zur Einstellung gelangt war, wieder in Betrieb genommen worden und hat sich vor demselben bald eine entschiedene Wendung zum Besseren wahrnehmen lassen, indem der Gang sich allmählig bis zu einer Mächtigkeit von 30 cm aufthat, silberhaltigen Schwefelkies, Zinkblende, etwas Bleiglanz und Spuren von Glas- und Rothgiltigerz führte, und ein häufigeres Aushalten von Scheideerzen ermöglichte; diese Beschaffenheit hat der Gang, wenn auch nicht ununterbrochen, sondern mehrmals absetzend, auf eine grössere Länge beibehalten, so dass sich der Anlage von Abbauen ein ansehnliches Mittel darbietet.

Es ist dieses Vorkommen für die betreffende Grube als ein um so wichtigeres zu bezeichnen, als mit ihm ein bisher völlig unverritztes Feld erschlossen worden ist. Bis auf den einen in Rede stehenden Ortsbetrieb war nämlich der südwestlich vom Treibeschachtsquerschlage belegene Theil des Peter Stehenden noch in keiner Sohle, selbst nicht in der des Treue Sachsen Stolln, einer Untersuchung unterworfen worden und dürfte der besprochene Aufschluss nunmehr Veranlassung werden, von jetzt ab dem südwestlichen Grubenfeldtheile ebensogut in den aufzustellenden Betriebsplänen eine Berücksichtigung zu Theil werden zu lassen, wie solche bisher der nördliche allein gefunden hat.

4) Wenn in den letzten Jahren bei dem fiscalischen Berggebäude **Churprinz Friedrich August Erbstolln zu Grossschirma** der Drei Prinzen Spat, besonders in der 9. und 10. Gezeugstrecke zwar noch immer als abbauwürdig, wenn auch nur geringen Gewinn abwerfend, zu gelten hatte, und ein nur geringes Einbrechen des silberreicheren, feinspeisigen Bleiglanzes wahrnehmen liess, so hat dieser Erzgang etwa in der Mitte des Jahres 1878 vor dem aus dem Prinz Albert Schachte in NW. fortgebrachten 10. Gezeugstreckenorte insofern eine bemerkenswerthe Besserung erfahren, als nicht allein wieder ein etwas häufigeres Auftreten von derbem Bleiglanze sich an dem bezeichneten Puncte bemerkbar machte, sondern auch ein öfteres Einbrechen von silberreichem Fahlerz in Erbsengrösse stattfand, so dass, wenn der Gang auf eine grössere Länge gleichmässig derart erzführend fortsetzt, wohl erwartet werden darf, dass der ihm nachfolgende Abbau günstigere ökonomische Resultate, als solche bisher im Durchschnitte waren, ergeben und dadurch zur Besserung der gedrückten finanziellen Lage der Grube beitragen werde.

Im morgentlichen Felde hat man vom Ferdinandschachte aus mit dem in 4. Gezeugstrecke vom Treibeschachte in SW. ausgelängten Querschlage nunmehr auch das hangende Trum des Ludwig Spates angefahren und darin, freilich nicht häufige Spuren von Rothgiltigerz, Fahlerz, Kupferkies und Bleiglanz aufgefunden, welche sich bei der in südöstlicher Richtung auf dem Gange erfolgten Aufschliessung ziemlich gleichmässig erhalten haben.

Jedenfalls geben aber die Erfolge, welche man mit dem in gleicher Richtung auf dem gleichen Gange zu Felde gebrachten Rothschönberger Stollnorte und ganz besonders mit einem bei circa 120 m vom Treibeschachtquerschlage in SO. angesetzten Abteufen erzielt hat, Hoffnung, dass bei weiterer Verfolgung der Gang sich auch in 4. Gezeugstrecke, deren Ort mit Jahresschluss 1878 noch über 90 m von der Oertung jenes Abteufens in NW. zurückstand, günstiger entwickeln und Gelegenheit bieten werde, einen Abbau zu etabliren, der, wie gedachtes Abteufen und von ihm aus die Sohle der Strecke bis zu dem circa 40 m fortgerückten Ort, auch Rothgiltigerz und Fahlerz enthaltende Scheideerze liefern werde.

5) Auf **Gesegnete Bergmanns Hoffnung bei Obergruna** ist der früher mehrfach erwähnte Drei Brüder Morgengang, welcher, wenn auch nicht auf beträchtliche Länge, mit recht günstigem Erfolge über 2. und 4. Gezeugstrecke in Abbau gezogen werden konnte und dessen Erzmittel mittelst Durchschnittschachtes bis in die Sohle der 5. Gezeugstrecke nieder verfolgt worden ist, nunmehr auch, unter Benutzung des Johannes Stehenden als Wegweiser bis an ihn heran, in der 6. Gezeugstrecke, im Wesentlichen nur aus Gneiss mit wenig Schwefelkies und Zinkblende bestehend, angefahren worden und hat man begonnen, auf ihm in südwestlicher Richtung auszulängen.

6) Nach vorgenommenen mehrfachen Meliorationen bei **Gottvertrauter Daniel Erbstolln zu Hohentanne,** ganz besonders nach Aufstellung einer Dampfpumpe in der Sohle der zweiten Gezeugstrecke, welche auf circa 65 Meter seigere Höhe 90—100 Liter Wasser pro Minute hebt, und nach Einführung des in der tiefern Sohle gänzlich mangelnden frischen Wetterzuges konnte endlich in der zweiten Hälfte des Jahres 1878 der Tiefbau in der zweiten Gezeugstrecke durch erneute Belegung der hier auf dem Brauer Morgengange stehenden beiden Oerter wieder aufgenommen werden.

Leider hatte das südwestliche der gedachten beiden Oerter bei seinem Forttriebe eine durchgängig unfreundliche Beschaffenheit des Ganges gezeigt, die auch durch das Herantreten des Carl Morgenganges, der in den oberen Sohlen recht erfreuliche Mittel edler Silbererze geboten und auf dessen Anschaarung man grosse Hoffnung gesetzt hatte, sich nicht besserte. Ob dieses Verhalten vielleicht von dem in der Nähe befindlichen Quarzporphyr beeinflusst ist, mag hier unerörtert bleiben, jedenfalls tritt Porphyr dicht hinter dem Kreuze mit dem Carl Morgengange an den Brauer Morgengang heran, seinen Einfluss in der Zuführung grösserer Wassermengen nachtheilig äussernd, welche die schwache Wasserhaltungsmaschinerie fast vollständig in Anspruch nehmen, weshalb man die Absicht hegt, das gedachte Ort durch ein vor dem Schaarkreuze des Carl Morgenganges aufzustellendes Verspünden zu schliessen.

Günstiger hat sich der Betrieb des nordöstlichen zweiten Gezeugstreckenortes angelassen, vor welchem der Gang, zwischen 20 bis 30 cm in der Mächtigkeit wechselnd, mit einem 2 bis 10 cm breiten Streifen silberreichen Bleiglanzes auftritt, so dass man hier mit Schluss des Jahres 1878 bereits mit der Einleitung eines Abbaues begonnen hat.

7) Bei **Herzog August Fundgrube bei den drei Kreuzen** ist als bemerkenswerthe Ausführung die Heranbringung des Rothschönberger Stollns auf dem Drei Brüder Spate bis zur Feldgrenze mit Beschert Glück Fundgrube zu erwähnen, und ausserdem hervorzuheben, dass der Drei Brüder Schacht bis 6. Gezeugstrecke nieder ab- und aufgewältigt und der Schacht behufs Herstellung eines Sumpfes und einer Treiberolle um weitere 0,5 m verteuft worden ist, um s. Z. in 6. Gezeugstrecke gegen Morgen querschlagsweise auslängen zu können, resp. in nurgedachter Sohle die vorliegenden wichtigen Gänge der Grube zu überfahren und weiter zu untersuchen.

8) Bei **Himmelfahrt Fundgrube vor dem Donatsthore** hat man das seit längerer Zeit schon erstrebte Schaarkreuz des Schwarz-Hirsch Stehenden mit dem Selig-Trost Stehenden in der Abraham-Schachter 8. oder Alt Elisabether ½12. Gezeugstrecke mit einer den gehegten Hoffnungen jedoch wenig entsprechenden, geringen Beschaffenheit angefahren. Hatte man in den letzten Jahren schon mehrfach die Erfahrung machen müssen, dass Gänge, welche in oberen Teufen, so z. B. der Frischglück und der Erzengel Stehende bis zur 8. Gezeugstrecke nieder, sowohl für sich, als ganz besonders auch bei Anschaarungen und Schleppungen sehr schöne Erzmittel für den Abbau geboten hatten, mit weiterem Vordringen in die Tiefe wesentlich ärmer wurden, besonders ihren Gehalt an Bleiglanz grösstentheils verloren und an dessen Stelle fast nur silberleere schwarze Zinkblende und Schwefelkies, verbunden mit wenigen Kupferkies führten, so war diese neueste Anfahrung ganz dazu angethan, den Glauben immer mehr zu befestigen, dass überhaupt mit zunehmender Tiefe die Erzführung der Gänge regelmässig eine Abminderung erleide.

Erst die weiter fortgesetzte Untersuchung der Vereinigung der obengenannten beiden Gänge liess auf wesentliche Besserung der Verhältnisse stossen, indem sowohl die weiter fortgebrachten 8. Gezeugstreckenörter, als ein von 8. Gezeugstrecke nieder angelegtes Abteufen und endlich auch der nicht sehr entfernt vom Anfahrungspuncte mittelst Ueberhauens eingeleitete Förstenbau recht erzhaltige Beschaffenheit und ein nicht unbedeutendes Einbrechen von Bleiglanz ergaben.

Dieses letztere Resultat erinnert daran, dass auch auf anderen Gruben schon mehrfach Gänge, welche durch mehrere Gezeugstrecken hierdurch den ergiebigsten Abbau gestatteten, plötzlich beträchtlich nachliessen, beziehentlich ganz aussagten, um erst bei einer wesentlich tieferen Anfahrung sich wieder erzführend zu zeigen.

Im Thurmhofschachter Revier ist in der ½7. Gezeugstrecke bei 485 m vom Hauptschachte in SW. der Hugo Stehende angefahren worden, welcher in oberen Sohlen einem starken Abbau unterlegen hat. Zunächst zeigte er sich nicht als sehr bauwürdig und erst jenseits seiner Verwerfung durch den Hoffnung Spat fanden sich in dem von letzterem Gange in SW. gelegenen Theile des Hugo Stehenden Bleiglanz, Zinkblende und Schwefelkies im Gemenge zu etwa gleichen Theilen vor, so dass immerhin ein lohnender Förstenbau hier wird betrieben werden können.

Ausserdem hat Durchfahrung bauwürdiger Erzmittel stattgefunden auf dem Rudolph Stehenden mit den 5. Gezeugstreckenörtern vom Erzengel

Stehenden in NO., auf dem Kirschbaum Stehenden in der Rothschönberger Stollnsohle, sowie in der 4., 7. und 8. Gezeugstreckensohle in der Distanz zwischen dem Glückauf Spat und Neuglück Flachen, sowie auf dem Carl Stehenden in dem Ludwigschachter Revier mit dem 5. und 6. Gezeugstreckenorte vom Ludwig Flachen in SW., beziehentlich vom Albrecht Spat in NO.

Von den vorgekommenen besonderen Ausführungen sind folgende hervorzuheben.

Im Thurmhofschachte erfolgte die Anbauung eines eisernen Gestänges an Stelle des sehr wandelbaren hölzernen vom Tage nieder bis 10. Gezeugstrecke d. i. auf 485 m Seigerteufe. Die Verbindung der einzelnen, je 8 bis $8_{,45}$ m langen und 80—100 mm starken Stangen, welche an jedem Ende einen 21 mm vorspringenden Kopf besitzen, ist durch gegossene, der Länge nach getheilte Muffe und darüber geschobene geschmiedete Ringe bewirkt. Die Plunger der Drucksätze sind mit dem Gestänge durch angeschraubte, zwischen aufgeschweissten Bändern sitzende Krumse verbunden.

Zur Leitung des Gestänges im Schachte dienen cylindrische, aus je 2 Hälften bestehende Führungen, die auf Stege aufgeschraubt sind, und zum Auffangen bei etwaigen Gestängbrüchen sind in verschiedenen Teufen Fanglaschen angebracht, die ebenso wie die Krumse zwischen je zwei aufgeschweissten Bändern sitzen.

Das ganze Gestänge wiegt rund 600 Centner und besteht aus 59 Stück Stangen, wovon 10 Stück je 100 mm, 31 Stück je 90 mm und 18 Stück je 80 mm Stärke besitzen.

Im Ludwigschachte hat bei $4_{,75}$ m Höhe über 7. Gezeugstrecke die Aufstellung eines Drucksatzes von 260 mm Plungerdurchmesser und der Anschluss des betreffenden Plungers an das westliche Kunstgestänge stattgefunden. Die bis 5. Gezeugstrecke reichende Steigröhrentour dieses Satzes hat $73_{,32}$ m Höhe.

In demselben Schachte wurde zwischen dem Ludwig Stolln und der 7. Gezeugstrecke auf 269 m Teufe eine Fahrkunst dadurch hergestellt, dass an die beiden Kunstgestänge Tritte und Handhaben angeschlagen, sowie die nöthigen Leitungen angebracht worden sind.

9) Bei **Himmelsfürst Fundgrube hinter Erbisdorf** ist im westlichen Felde nur ein Erzmittel von Bedeutung und zwar auf dem Silberfund Stehenden, mit dem $^1/_2$11. Gezeugstreckenorte vom Neuglück Spat in N. und einem Abteufen unter 9. Gezeugstrecke ebendaselbst aufgeschlossen worden und führt der Gang daselbst bei 3 bis 8 cm Mächtigkeit Schwefelkies, Blende, etwas Bleiglanz und Silberanflug mit $^1/_2$% Silber in erster Scheideprobe und ist dieses Erzvorkommen von um so grösserem Interesse, als dasselbe in einer Entfernung von 450 m nördlich von der Glimmerschieferzone aufsetzt und der Gang in $^1/_2$11. Gezeugstrecke bis jetzt nur silberarmen Bleiglanz geführt hatte.

Im östlichen Felde sind die bedeutendsten Aufschlüsse auf dem Lade des Bundes Flachen gemacht worden, obschon die Oerter in $^1/_2$5., 7. und 9. Gezeugstrecke im Jahre 1878 meist in dem Glimmerschiefer angestanden haben.

Der gesammte Aushieb an abbauwürdiger Gangfläche umfasste im Jahre 1878 bei Himmelsfürst $20175_{,28}$ qm und waren hierbei 628 Mann beschäftigt

Dagegen wurden durch 292 Mann 2404,8 m vor Oertern und 294,4 m in Abteufen und Ueberhauen neu aufgefahren. Der durchschnittliche Werth pro Centner geliefertes Erz betrug 7,527 Mark gegen 9,99 Mark in 1877 und 15,865 Mark in 1871; der durchschnittliche Silbergehalt 11,82 ‰ gegen 13,3 resp. 20,6 ‰.

Von Hauptabteufen ist nur das des Neuschachtes in Betrieb gewesen. Das Tiefste stand mit Jahresschluss 18,4 m unter 9. Gezeugstrecke und wurde im Laufe des Jahres der Schacht noch zwischen 8. und 9. Gezeugstrecke vollends durchgebracht. Man beabsichtigt, den Schacht bis 12. Gezeugstreckensohle — Niveau des Ostseespiegels — oder 61,4 m unter ½11. Gezeugstrecke niederzubringen, um dann in jener Sohle auszulängen.

Der Schacht wird übrigens mit Gerüstförderung und einer Fahrkunst ausgestattet werden, durch welche Einrichtungen für Himmelsfürst wesentlicher Nutzen erwachsen dürfte. Die Aufsattelung des Schachtes wurde nach Kräften fortgesetzt, ist indess noch nicht soweit vorgeschritten, dass die Fundirung der Gebäude und Maschinen erfolgen konnte.

Aus mehrfachen Gründen erschien indess die Aufstellung einer provisorischen Förderdampfmaschine beim Neuschachte dringend nothwendig und ist deshalb daselbst die früher auf dem 1. Lichtloche des Rothschönberger Stollns gestandene 6pferdige Maschine sammt dem Kessel an der Nordwestseite des Schachtes im Niveau der Landsohle montirt, auch die Einhängung der bei der späteren stärkeren Maschine beizubehaltenden 7 Centner schweren, mit Fangvorrichtung versehenen, für Hunde von ⅓ Raummeter Füllung disponirten Fördergerüste, bewirkt worden.

Ueber dem Schachte wurde ein 7,6 m hoher Förderthurm mit dem Scheibenstuhl aufgestellt und der Thurm mit Bretern verschlagen.

Von den Kosten der Anlage entfallen auf das Interimisticum höchstens 6500 Mark. Am 13. December konnte der erste Hund und zwar vom tiefen Segen Gottes Stolln-Füllorte gefördert werden und wird man in ehester Zeit mit der Gerüstförderung zunächst bis 3. Gezeugstrecke vorschreiten können.

Die Aufbereitung ist im Jahre 1878 wenig gestört gewesen, da die Betriebs- und Wäschwasser nur einige Zeit eine Kürzung erfuhren. Um die bedeutenden Massen, die zur Aufbereitung gelangten, zu bewältigen, war man genöthigt, sowohl beim Lade des Bundes Schachte als auch beim Vertrau auf Gott Schachte noch eine Scheidebank einzurichten. Ebenso wurde im Walzwerkgebäude neben dem Trockenpochwerke eine Steinmühle eingebaut, welche Anlage incl. der eines zugehörigen Elevators einen Kostenaufwand von 2320,91 Mark verursacht hat. Die Steinmühle hat namentlich die Aufgabe, die bei der Setzwäsche fallenden verschiedenen Aftern, denen gegenüber das Trockenpochwerk nicht mehr ausreichte, zu zerkleinern und erfüllt dieselbe diese ihre Aufgabe sehr gut.

10) Bei **Junge hohe Birke Fundgrube an der Münzbachhütte** ist durch den Ortsbetrieb in der ¾10. Gezeugstrecke auf dem Junge hohe Birke Stehenden die offene Verbindung zwischen dem Junge hohe Birker Kunst- und Treibeschachte und dem III. Hermannschachte hergestellt worden, in Folge dessen die zeitherige Separat-Wasserhaltung und Förderung im III. Hermannschachte abgeworfen werden konnte.

Zwischen den Kröner Wäschen und der Junge hohe Birker Aufbereitung wurde mit einem Kostenaufwande von 3538 Mark eine 438 m lange, 24 cm im Lichten weite Wasserröhrentour hergestellt, um die in den Kröner Wäschen bereits benutzten Wäschwasser, nach deren möglichster Abklärung im dasigen Wäschsumpfe, für Aufbereitungszwecke bei Junge hohe Birke Fundgrube nochmals benutzen zu können und dadurch an Wassersteuer zu ersparen. Zu gleichem Zwecke wurde mit einem Aufwande von 2421 Mark bei der Junge hohe Birker Poch- und Stossheerdwäsche ein Druck- und Saugsatz angebaut, um das Münzbachwasser empor heben und bei der Aufbereitung mit benutzen zu können.

11) Bei dem im Alleineigenthume der Gewerkschaft von Himmelfahrt Fundgrube befindlichen Berggebäude **Oberes neues Geschrei Fundgrube zu Tuttendorf** ist der Hoffnung Kunst- und Treibeschacht 28,8 m weiter oder bis 41,1 m unter den Rothschönberger Stolln verteuft und bei 40 m dieser Teufe der Betrieb eines Querschlages behufs Anfahrung des circa 60 m nach W. hin vorliegenden Nachtigall Stehenden eingeleitet worden.

12) Bei **Vereinigt Feld bei Brand** endlich wurde in dem vom Rothschönberger Stolln bereits gelösten Mendenschachter resp. dem alten Sonne und Gottes Gaber Grubenfelde, nachdem die Wasser glücklich gezäpft und auf dem Rothschönberger Stolln vollständig abgelaufen waren, mittelst Ortsbetrieb in dem I. Quartale 1878 der offene Durchschlag in den Casparschacht bewirkt und bei der hiernach erfolgten Auslängung auf dem Sonne und Gottes Gabe Stehenden namentlich gegen Süd der Gang dergestalt erzführend ausgerichtet, dass daselbst die Etablirung lohnender umfangreicher Abbaue wohl verhofft werden darf.

II. Bergrevier Altenberg.

Im Altenberger Revier hat das gesammte Zinnausbringen im Jahre 1878 überhaupt in

1657 Centner 51 Pfund

bestanden, und ist gegen das Vorjahr 1877 um 69 Ctr. 19,5 Pfd. gestiegen, hauptsächlich in Folge des im Jahre 1878 stattgehabten ziemlich günstigen Wasserlaufs.

Von dem nurbemerkten Gesammtausbringen kommen auf das **Altenberger Zwitterstockwerk** 1451 Ctr. 13 Pfd. Als Phosphorzinn wurden von diesem Zinnquantum 34 Ctr. 1 Pfd. dargestellt.

Die Zinnpreise sanken im Jahre 1878 leider noch weiter herab und schwankte der Verkaufspreis pro Centner zwischen 60 Mark und 76 Mark. Im Durchschnitt betrug derselbe nur 66 Mark 10 Pfg., während das Phosphorzinn durchschnittlich mit 1 Mark 25 Pfg. pro Pfd. verkauft wurde.

Bei dem Wolfram, von welchem im vorigen Jahre bei **Vereinigt Zwitterfeld Fundgrube** zu Zinnwald ein Quantum von zusammen 264 Ctr. 55 Pfd. zur Verwerthung kam, wurden als Verkaufspreise 7 Mark 50 Pfg. bis 8 Mark pro Ctr. Stückwolfram und 5 Mark 50 Pfg. bis 6 Mark pro Ctr. Schlichwolfram erlangt.

Wie man sich in Folge dieser ungünstigen Conjuncturen im Zinnhandel bei dem im Jahre 1878 immerhin noch durchschnittlich mit 220 Mann belegten Zwitterstockwerke zu fortwährender Beobachtung der strengsten Oeconomie, unter Abstandnahme von neuen Anlagen und Ausführungen genöthigt sah, so ist dies wegen der allgemeinen Nothlage des inländischen Zinnbergbaues auch bei den übrigen, weniger umfangreichen Gruben des Altenberger Bergreviers der Fall gewesen.

Auch bei dem Eisensteinbergbau zu Berggieshübel hatte die Ungunst der Zeitverhältnisse den fortdauernden Stillstand der dortigen Eisensteingruben im Gefolge, mit alleiniger Ausnahme des Berggebäudes **Mutter Gottes vereinigt Feld sammt Gott mit uns und Marie Louise Stolln (Friedrich Erbstolln)** zu Berggieshübel, bei welchem, unerachtet des noch nicht zu Ende geführten Liquidationsverfahrens, in der zweiten Hälfte des Jahres 1878 ein ziemlich lebhafter Betrieb zum Behufe der Gewinnung und Förderung von Magneteisenstein vom Mutter Gotteser Lager stattfand, nachdem man für solchen bei seiner vorzüglichen Güte Gelegenheit zum käuflichen Absatz an zwei grössere Eisenhüttenwerke gefunden hatte.

Um bei dem Magneteisenstein künftig auch das Grubenklein und die ärmeren Abfälle von der Scheidearbeit mit verwerthen zu können, erhielt bei dem vorbemerkten Berggebäude die Aufbereitung insofern eine Erweiterung und Vervollkommnung, als im Herbste des Jahres 1878 im Scheidehause beim Emmaschachte der Einbau einer Setzvorrichtung mit 7 Setzmaschinen und einem mit 4 Sieben versehenen Rätter bewerkstelligt wurde, welche ganz zufriedenstellende Ergebnisse geliefert hat.

Zu gedenken ist übrigens auch noch der am 7. August 1878 der Stadt Altenberg durch den Besuch Sr. Majestät des Königs Albert, in Begleitung Ihrer Majestät der Königin Carola, zu Theil gewordenen Ehre, bei welcher hocherfreulichen Gelegenheit dem geliebten Königspaare die Huldigung der getreuen Bergstadt, unter regster Antheilnahme aller Kreise der Bevölkerung, insbesondere auch der beim feierlichen Empfange in Parade mit aufgestellten Bergknappschaft, aufs Wärmste dargebracht wurde.

Bei diesem hocherfreulichen Besuche geruhte das Hohe Königspaar auch Sein lebhaftes Interesse für den Altenberger Zinnbergbau durch Mitbesichtigung der grossen Binge des Römerschachtes und des Dampfpochwerks der Altenberger Zwitterstocksgewerkschaft zu bethätigen.

III. Bergrevier Schwarzenberg.

Im Schwarzenberger Revier hat man bei **Neue Silberhoffnung Fundgrube bei Raschau** das bisherige Kunstrad nebst Feldgestänge abgeworfen und durch eine Wasserhaltungs- und Förderturbine ersetzt, welche so construirt ist, dass die 36 Liter pro Minute betragenden Aufschlagwasser durch eiserne, 290 mm weite Röhren in einem disponiblen Gefälle von 14 m in den Maschinenraum geführt werden, welcher ebenso wie das Wassereinfallschächtchen durch Ziegelmauer gesichert ist.

Die Turbine mit einfacher stehender Welle und Partial-Beaufschlagung ist so construirt, dass die 9 m lange Welle bis zu Tage ausreicht, wo die

Vorgelege zu der Wasserhaltungs- und Förderungs-Maschinerie direct angeschlossen sind und der Vor- und Rückgang bei der Förderung durch ein Wechselgetriebe mit Frictions-Kuppelung bewirkt wird, so dass es nur des einfachen Aus- und Einrückens der Frictionsconuse bedarf, um ein beinahe augenblickliches Halten oder Umsteuern zu bewirken.

Man fördert mit $1_{,5}$ hl haltenden Hunden, welche in der Haldensohle auf die Gestelle geschoben werden und bedient sich $1^5/_8$ Zoll breiter, aus 105 Fäden von Stahldraht geflochtener Bandseile.

Die Wasserhaltung wird durch doppelt angebaute Gestänge mit einfach angehängten Saugsätzen bewirkt.

Von Versuchen und deren Ergebnissen ist an dieser Stelle noch hervorzuheben, dass bei den Gruben Himmelsfürst Fundgrube, Alte Hoffnung Gottes Erbstolln, Churprinz Friedrich August Erbstolln und Gesegnete Bergmanns Hoffnung Fundgrube im Freiberger Revier eine neue Maschine zum Zerschlagen und gleichzeitigen Mengen der reingewaschenen Erze aufgestellt worden ist, welche der Eisengiesserei- und Maschinenfabrikbesitzer Franz Fröbel in Kleinschirma construirt und angefertigt hat.

Diese an sich höchst einfache Maschine hat sich für die Wäschen bereits als sehr vortheilhaft erwiesen und kostet nur etwa 150 Mark.

B. Steinkohlenbergbau.

Berginspectionsbezirk Chemnitz.

I. Gebirgsaufschlüsse, Vorrichtungs- und Abbaubetriebe, neue Schächte, Ausbau, Durchschläge.

1) **Steinkohlenbauverein Gottes Segen zu Lugau.** Im Jahre 1878 erfolgte der Abbau im II. Flötze hauptsächlich im Ostfelde; auf dem III. und V. Flötze mehr im West-, als im Ostfelde, während die Vor- und Ausrichtungen auf allen Flötzen mit wenig Ausnahmen nur im östlichen Felde betrieben wurden. Bei dem Betriebe eines Querschlages von der östlichen Grundstrecke im V. Flötze aus zur Ausrichtung des tiefsten, östlichen Feldtheiles wurde 4 m unter dem V. Flötze das $0_{,6}$ m mächtige, aus reiner Russkohle bestehende VI. Flötz angefahren, welches bisher nur aus schwachen, durch Zwischenmittel getrennten Kohlenschichten bestehend bekannt war.

2) **Lugau-Niederwürschnitzer Steinkohlenbau-Verein.** Die zum Abbau des nach der Grenze des Grubenfeldes mit dem Areale des Steinkohlenbauvereins Gottes Segen zu Lugau gelegenen Flötztheiles im Jahre 1878 in Angriff genommene Haspelberganlage Nr. 11 ist vollendet und hat hier der Kohlenabbau begonnen. Die Vorrichtungsbaue auf dem oberen Bremsberg Nr. 30 wurden fortgesetzt, und den Bremsberg Nr. 30c hat man bis an die Verwerfung auf 135 m Länge aufgefahren. Im III. Flötz ist die Arbeit des Querschlages vom III. Füllort des Carlschachtes nach der Grenze des Stein-

kohlenbauvereins Gottes Segen zu Lugau zum Abschluss gekommen und die Ausrichtung dieses Flötzes in Angriff genommen worden. Die übrigen Baue des III. Flötzes beschränkten sich auf Ausrichtung eines Flötztheiles zwischen zwei Setzen im östlichen Revier und auf Anlegung eines Bremsberges daselbst, sowie auf den Abbau des durch den Bremsberg Nr. 16 aufgeschlossenen Flötztheiles.

3) **Lugauer Steinkohlenbauverein.** Der Grubenbetrieb im Vertrauenschachte fand im Jahre 1878 in der oberen Querschlagssohle namentlich auf dem II. und IV. Flötze im östlichen Grubenfelde statt und beschränkte sich im Wesentlichen darauf, die in früheren Jahren wegen Wettermangels stehen gelassenen Flötzpartien von der Grenze herein zum Abbau zu bringen. Im südlichen Felde der genannten Sohle wurden die Vorrichtungen zum Abbau der alten Fundgrubner Baue im III. Flötze weiter ausgeführt, auch suchte man sich durch Anwendung von Mauerung gegen die Entzündung der Kohlen in diesem verlassenen Felde zu sichern. Der Abbau dieses Feldtheiles erfolgte von der 44-Meter-Sohle aus auf dem III. Flötze, nachdem die angestellten Untersuchungen ergeben hatten, dass das II. Flötz hier überall abgebaut war. Man wird mit thunlichster Geschwindigkeit diese alten Baue zum Verhau bringen, damit dann das darunter lagernde IV. Flötz, welches zum Abbau schon vorgerichtet ist, in Angriff genommen werden kann. Im südwestlichen Felde des Vertrauenschachtes in der 44-Meter-Sohle wurde der Querschlag nach dem II. Flötze hinter der vorliegenden Hauptverwerfung von ca. 50 m Sprunghöhe fortgeführt, das genannte Flötz in bester Beschaffenheit angefahren und die Grundstrecke auf demselben nach W. auf ca. 120 m bis an eine andere Verwerfung von 40 m Sprunghöhe erlängt. Das ganze Hoffnungschachtfeld ist hier in der Richtung nach den Schächten des Steinkohlenbauvereins Concordia zu Niederölsnitz in Terrassen getheilt, die stufenweise durch Verwerfungen von 40 bis 50 m Sprunghöhe hinausgezogen sind. Die weiteren Feldaufschliessungsarbeiten wurden hier vorläufig eingestellt und will man sich begnügen, die bereits aufgeschlossene, oben 100 m, im Fallen aber gegen 500 m breite Terrasse zum Abbau zu bringen.

Im Hoffnungschachte wurde ein anderweiter Durchschlag mit der 44-Meter-Sohle des Vertrauenschachtes im II. Flötze hergestellt; man setzte die Aufschliessungsarbeiten im Steigen und im Streichen nach W. im III. Flötz fort und nahm den Abbau des II. Flötzes von der Vertrauenschachter Grenze her an der dazwischen liegenden grossen Verwerfung in Angriff. Auch im Hoffnungschachtfelde soll der Betrieb lediglich auf den Abbau des II. Flötzes gerichtet werden.

4) **Lugauer Bergbaugesellschaft Rhenania.** Mit dem zur Untersuchung des I. Flötzes in der Fallrichtung von der südlichen Grundstrecke im II. Flötze aus angelegten Querschlage erreichte man im Monat April 1878 bei 131 m Länge das I. Flötz mit einer Mächtigkeit von 65 cm, also mächtiger, als in der Steigrichtung. Es wurden nun sogleich in südlicher und nördlicher Richtung Streichenstrecken angelegt und von der südlichen Streichenstrecke aus ein Strebbau eingeleitet, um von hier aus, namentlich zur Erzielung durchgreifender Wetterführung, mit der südlichen Grundstrecke im I. Flötze

durchschlägig zu werden: dieser Durchschlag ist auch im März des Jahres 1879 erfolgt.

Der Abbau des II. Flötzes bewegte sich im Jahre 1878 im südwestlichen Theile des Grubenfeldes von der Grenze mit dem Grubenfelde des Steinkohlenbauvereins Gottes Segen zu Lugau herein, während sich die Vorrichtung auf die östliche Steigrichtung und die südliche und südwestliche Streichrichtung erstreckte. Mit den Vorrichtungsarbeiten ist man ziemlich bis an die Grenze mit dem Felde des Carlschachtes des Lugau-Niederwürschnitzer Steinkohlenbauvereins gelangt, an welcher nun der Abbau beginnt. In diesem Theile des Grubenfeldes hat sich das II. Flötz in seiner Beschaffenheit vorzüglich gezeigt, so dass man hier, da übrigens auch die Ablagerung eine ziemlich regelmässige ist, einer vortheilhaften Kohlengewinnung entgegensehen kann. Die in der Fallrichtung des II. Flötzes an der südlichen Grundstrecke und Grenze des Feldes mit dem Grubenfelde des Steinkohlenbauvereins Gottes Segen vorgerichteten und durch eine grosse, für diesen Theil die Abbaugrenze bildende Verwerfung abgeschiedenen Pfeiler sind im Laufe des Jahres 1878 ziemlich abgebaut worden.

Bei dem Betriebe auf dem III. Flötze gestalten sich die Ergebnisse immer am Vortheilhaftesten. Der Abbau fand im Jahre 1878, wie schon früher, in der Hauptsache von der Grenze mit dem Grubenfelde des Steinkohlenbauvereins Gottes Segen nach dem Innern des Rhenaniafeldes statt, sowohl in der Steig-, als in der Fallrichtung, während sich die Vorrichtung, wie schon im Vorjahre, mehr nach der südlichen Grenze d. i. derjenigen mit dem erwähnten Carlschachtfelde zu und zwar von der südlichen Hauptstreichenstrecke, beziehentlich dem mittleren, vom II. nach dem III. Flötze führenden Querschlage aus sowohl im Steigen, als auch im Fallen, und dann vor allen Dingen auch von der tiefen Grundstrecke im III. Flötze aus in nordöstlicher Richtung, d. i. derjenigen nach dem alten Einigkeitschachte zu, erstreckte. Mit diesen Vorrichtungsarbeiten sind in beiden Richtungen recht vortheilhafte Flötztracte aufgeschlossen worden, indem man nur einigen grösseren Verwerfungen begegnete.

Der in der Fallrichtung von der tiefen Grundstrecke im III. Flötze aus angelegte, zweitrümige Haspelberg No. 23, welcher gleichzeitig als Gegenort für den Durchschlag des Victoriaschachtes mit dem Saxoniaschachte No. I dient, hat bis Ende 1878 die Länge von $238,_{3}$ m erreicht. Die dabei gewonnenen Aufschlüsse kann man mit Recht als günstige bezeichnen, denn das Flötz hat nicht allein seine Mächtigkeit beibehalten, sondern es ist auch ziemlich flach und ruhig abgelagert.

Bei dem Saxoniaschachte erfolgte im Jahre 1878 zunächst die Aufgewältigung der diagonalen Hauptwetterstrecke, welche man im März 1879 beendigte; sie hat sich auf eine Länge von $295,_{5}$ m erstreckt. Alsdann trieb man den nach dem Victoriaschacht gerichteten Hauptquerschlag fort, der bis Ende Juni 1878 die Länge von 116 m erreichte, bei welcher man das III., dem Saxoniaschachte zugeworfene Flötz schon antraf, demzufolge der Querschlag statt 220 m nur 116 m Erlängung bedurfte. Vom Flötzanfahrungspuncte aus ging man zunächst mit streichenden Untersuchungsstrecken nach O. und SW. vor, um gleichzeitig einen Durchschlag mit der von der südlichen Grundstrecke im III. Flötze nach der oberen Querschlagssohle führenden Wetterstrecke zu erzielen und dadurch der Wetterführung in kräftigstem Maasse zu Hilfe zu kommen. Dieser Durchschlag erfolgte im April 1879, nachdem die Wetterstrecke 193,₂ m Länge und die südwestliche Streichenstrecke vom Querschlage aus 120 m Länge erreicht hatte. Während der Ausführung dieser Arbeiten setzte man aber auch in der Steigrichtung der östlichen Streichenstrecke bei 10 m Entfernung vom Querschlage eine neue Steigenstrecke im III. Flötze als weitere Durchschlagsstrecke nach dem Victoriaschachte an; bis Ende April 1879 war dieselbe 78,₇ m erlängt.

5) **Steinkohlenbauverein Deutschland zu Oelsnitz.** Der Abbau im II. Flötze wurde im Jahre 1878 über der II. Flötzsohle in dem nordöstlich und südöstlich vom Schachte Nr. I gelegenen und bereits vorgerichteten Feldtheile fortgesetzt. Ueber der nördlichen Grundstrecke des III. Flötzes bewegten sich die Vorrichtungsarbeiten bis 200 m von der östlichen Feldgrenze, wobei nur eine grössere Verwerfung, 100 m von der nördlichen Grenze entfernt, aufgeschlossen wurde, hinter welcher das III. Flötz zerschlagen und unrein auftrat.

Der auf der II. Flötzsohle südlich vom Anfahrungspuncte des Hauptquerschlages gelegene Feldtheil des III. Flötzes wurde im Ganzen 266 m streichend bauwürdig erschlossen und somit im nordöstlichen und südöstlichen Feldtheile des III. Flötzes eine abbauwürdige Fläche von ca. 90000 qm nachgewiesen und theilweise zum Abbau vorgerichtet, so dass im folgenden Betriebsjahre an einzelnen Puncten des nordöstlichen Feldes der Abbau etablirt werden kann.

Als auf der II. Flötzsohle das hier mit dem V. und VI. vereinigte IV. Flötz im Jahre 1878 7,₆₉ m mächtig erschlossen worden war, fuhr man in demselben nördlich und südlich aus, legte ausserdem am Ende des Querschlages von der Sohle des VII. Flötzes einen Bremsquerschlag nach dem IV. Flötze an, welcher dasselbe bei 40 m Erlängung erreichte und auch hier wieder in vorzüglicher Qualität durchfuhr. Man wird nun von hier aus die östlichen Feldgrenzen sobald als möglich zu erreichen suchen, um auch in diesem Flötze mit dem Abbau alsbald beginnen zu können.

Zwei anderweite günstige Aufschlüsse des IV. Flötzes erzielte man mittelst zweier Querschläge in der III. Flötzsohle bei 85 m und 220 m nördlicher Entfernung vom Schachte Nr. I, wo das IV. Flötz in einer Mächtigkeit von 3,₉₁ m, resp. 6,₈₅ m hier mit dem V. und VI. vereint angefahren wurde. Auch von hier aus wird man nach den Feldgrenzen auslängen und die Vorrichtung für den zukünftigen Abbau in Angriff nehmen.

Nachdem bis zum Anfange des Jahres 1879 die querschlägige Ausrichtung auch des untersten VII. Flötzes aus der II. Flötzsohle beendet war, trieb man im VII. Flötze eine Untersuchungsstrecke bis an die 142 m darüber liegende, östlichste Feldgrenze, wobei man die Gewissheit erlangte, dass die Ablagerung der Flötze in diesem Feldtheile eine ungestörte war.

6) **Steinkohlenbauverein Concordia zu Nieder-Oelsnitz.** Im März des Jahres 1878 erfolgte auch auf dem oberen südlichen Querschlage der 563-Meter-Sohle in ca. 320 m Entfernung von den Schächten der Anhieb des I. Flötzes.

Obgleich dieser Querschlag als Förderweg nach den Schächten für ein umfangreiches Kohlenquantum der südlichsten Grubenfeldspitze zu betrachten ist und daher die Vorrichtung dieses Feldtheiles dringend geboten erschien, so musste doch vor der Hand hiervon Abstand genommen und vielmehr wesentlich von hier aus zunächst eine offene Verbindung mit dem Streckennetz des tiefer gelegenen westlichen Grubenfeldtheiles in der 632-Meter-Sohle angestrebt werden. Dieser Durchschlag kam im Anfange des Monats Februar 1879 und mit ihm eine wirksame Ventilation zu Stande, welche nicht nur die Vorrichtung gedachter Südspitze, sondern auch den Abbau westlicher Grubenfeldtheile begünstigen wird.

Das bisher noch wenig bekannte III. Flötz erwies sich auf einem längeren Grundstreckenbetriebe bei gutem Dachgebirge als ein Flötz mit $2_{,5}$ m mächtiger, fast scheerenfreier Russkohle.

7) **Steinkohlenbauverein Oelsnitzer Vereinsglück zu Oelsnitz.** Die Untersuchungs-, Aufschluss- und Feldvorrichtungsarbeiten erreichten im Jahre 1878 gegen Süd die bedeutende Entfernung von 700 m vom Wilhelmschacht, ohne in der Kohlenführung eine Abnahme zu zeigen, im Gegentheil war in jenem Feldtheile eine Zunahme der Flötzmächtigkeit zu constatiren.

Mit dem bei 630 Meter Schachtteufe angehauenen tiefen Querschlage wurde das Flötz in vorzüglicher Beschaffenheit und in seiner früheren Mächtigkeit angefahren und konnten die streichenden Oerter nach N. und S. auf demselben in Angriff genommen werden. Mit diesem Querschlage löst man ungefähr drei Viertheile des gesammten Grubenfeldes.

Der Schacht Nr. II hatte bis zum Jahresschluss 1878 $62_{,5}$ m Tiefe erreicht.

8) **Steinkohlenbauverein Kaisergrube zu Gersdorf.** Die Flötzverhältnisse wurden im Jahre 1878 in gleicher Güte, wie in den Vorjahren, angetroffen, wenn sich auch die Erwartungen, dass die Ablagerung in den auszurichtenden Feldtheilen überall eine ruhige und gleichmässige sei, nicht immer bestätigt haben. Die Ablagerung namentlich des I. Flötzes an der Westgrenze ist durch vielfache Verwerfungen gestört worden. Es sind zwar die einzelnen Sprunghöhen der letzteren nicht gross, doch ist die schnelle Aufeinanderfolge sehr störend und die Ausrichtung derselben ungemein aufhältlich. Bemerkenswerth ist hier die Erscheinung, dass das I. Flötz theilweise wellenförmig abgelagert sich vorfindet, theilweise auch durch kleine muldenförmige Einsenkungen des Hangenden ganz abgedrückt ist, welche Störungen bei dem darunter lagernden II. Flötze nicht vorkommen.

Was den Betrieb in den einzelnen Bausohlen anlangt, so sind in der 600-Meter-Sohle — Bausohle für den Schacht No. I — im Ostfelde des I. Flötzes die Parallelstreckenörter über dieser Sohle bis auf 40 m an die Grenze vorgeschoben und gleichzeitig einige kleine, durch Verwerfungen begrenzte Pfeiler abgebaut worden; ferner ist ein Theil des I. Flötzes, südöstlich vom Schachte No. I gelegen, welcher von zwei grösseren Verwerfungen eingeschlossen ist und ca. 4800 qm Fläche umfasst, zum Abbau vorgerichtet und derselbe auch schon seit einiger Zeit eingeleitet worden. Ein zur Untersuchung des südlich gelegenen, emporgehobenen Feldes vom Bremsschachte A in S. getriebener Querschlag führte insofern zu einem Resultate, als man bei einer Erlängung von 170 m das II. Flötz erreichte, wodurch eine Verwerfungshöhe der südlichen Terrasse von ca. 20 m nachgewiesen ist. Im II. Flötze sind die Parallelstrecken ebenfalls nur noch 40 m von der Ostgrenze entfernt. Im Westfelde bewegte sich der Betrieb in dieser Sohle nur im II. Flötze und wurde hier die Grundstrecke um weitere 180 m theils in der Kohle, theils im Gestein ins Feld getrieben.

In der 621-Meter-Sohle — Bausohle für den Schacht Nr. II — ging der Betrieb hauptsächlich nur im Westfelde um. Man gelangte im I. Flötze mit dem Grundstreckenorte, sowie den Parallelstreckenörtern bis auf 15 m Entfernung von der Grenze mit dem Grubenfelde des Gersdorfer Steinkohlenbauvereins. Nach Erreichung dieser Grenze, die nur noch kurze Zeit erfordert, sind ca. 20000 qm Fläche zum Abbau vorgerichtet. Im II. Flötze trieb man gleichfalls die Grundstrecke sammt der Parallelstrecke bis auf 20 m an die Grenze vor. Beim Auffahren dieser Strecke zeigte sich, dass ausser der Zunahme der Hauptbank des Flötzes — bis zu 3 m — sich auch die Kopfschichten desselben, die fast immer von unreiner und horniger Beschaffenheit angetroffen wurden, bis zu einer Mächtigkeit von 2 m aus schönster Pechkohle bestehend veredelt haben.

9) **Gersdorfer Steinkohlenbauverein.** Die im Betriebsjahre 1878 stattgefundenen Ausrichtungsarbeiten erstreckten sich auf drei gesonderte Feldtheile, von denen der östliche gegenwärtig der wichtigste ist. Nachdem man in der oberen Füllortsohle mit dem Grundstreckenorte auf dem I. Flötze bei ca. 200 m östlicher Entfernung vom Plutoschachte hinter einer Verwerfung das II. Flötz fast direct vorliegend gefunden hat, sind die Ausrichtungsarbeiten daselbst in dem letzteren fortgesetzt worden, wobei man 310 m steigend und 210 m streichend weiter vorwärts gelangt ist. Während steigend nur noch ca. 100 m zur Erreichung der östlichen Feldgrenze mit Kaisergrube aufzufahren sind, kann man die streichende Ausrichtung dieses ca. 400 m flache Höhe haltenden Abbaufeldes noch mindestens 1000 m weit fortsetzen. Das Flötz zeigt in der steigenden Richtung $1_{,8}$ m Mächtigkeit, welche sich im Streichen allmälig auf $2_{,3}$ m erhöht. Die Qualität der Kohle ist nach wie vor eine vorzügliche.

Eine weitere Ausrichtung des II. Flötzes hat in der tiefen Füllortsohle von der Grundstrecke No. 2 fallend in nordwestlicher Richtung bis zu 330 m Entfernung vom Plutoschachte stattgefunden. Der hier zwischen zwei Verwerfungen vorliegende Feldtheil von ca. 7500 qm Flächeninhalt wurde soweit vorgerichtet, das der Abbau begonnen hat. Eine wichtige Aufgabe war es, die Kohlenflötze südlich vom Plutoschachte auszurichten. Es ist zu diesem Zwecke in der tiefen Füllortsohle ein Querschlag angehauen und auf $193_{,6}$ m erlängt, dabei aber die Erfahrung gemacht worden, dass die anfänglich 8 Grad ansteigenden Gebirgsschichten sich allmälig verflachten, dann eine horizontale Lagerung annahmen und sich schliesslich nach der entgegengesetzten, also südlichen Richtung sanft neigten, so dass man gezwungen war, vom gedachten Querschlage aus eine 20 Grad geneigte Fallstrecke anzulegen, mit welcher man nach 56 m Erlängung das I. Flötz angefahren hat. Dieser Anfahrungspunct liegt ca. 100 m westlich vom Merkurschachte und ca. 20 m unter dem Niveau der tiefen Füllortsohle. Von hier aus sind sofort streichende Strecken in der Kohle von O. nach W. in Betrieb genommen worden und hat man sich dem Merkurschachte gegenwärtig bis auf 50 m Entfernung genähert. Das I. Flötz ist in dieser Gegend $3_{,2}$ m mächtig und führt vorwiegend gute Pechkohle, zeigt jedoch, wie oben erwähnt, ein Einfallen nach S., so dass man jedenfalls bei derselben Mulde angelangt ist, in welcher der Werksnachbar, der Steinkohlenbauverein Hohndorf, seine Flötze aufgeschlossen hat. Gleichzeitig ist die Wahrnehmung gemacht worden, dass das I. Flötz, welches im Plutoschachte direct unter dem Rothliegenden lagert, an diesem Puncte schon von $10_{,5}$ m mächtigen Schichten der Kohlenformation überdeckt ist, so dass bei einiger Entfernung weiter nach S. das noch fehlende oberste Flötz zu finden sein dürfte, mit dessen Aufschliessung man sich demnächst zu befassen gedenkt.

Bei dem Merkurschachte, der einige Zeit ausser Betrieb war, hat man bei $608_{,9}$ m Tiefe einen oberen Querschlag angelegt, mittelst dessen man das I. Flötz an der Ostgrenze in seinem höchsten Puncte anzufahren gedenkt. Dieser Querschlag wird nach seiner Fertigstellung als Wetterabzugsstrecke für das östliche Abbaufeld dienen.

10) **Steinkohlenbauverein Hohndorf.** In der Hauptsache richtete sich der Betrieb des Helenaschachtes im Jahre 1878 auf Feldvorrichtungsarbeiten, während der zur Aufschliessung des I. Flötzes dienende südliche Querschlagsbetrieb in II. Sohle gestundet wurde. Vom genannten Schachte aus hat man auf der I. Sohle die östliche Grund- und deren Parallelstrecke im II. Flötze bis zur Markscheide mit dem Grubenfelde des Gersdorfer Steinkohlenbauvereins getrieben und von hier aus den Abbau bereits eingeleitet.

Die Flötzablagerung im östlichen Feldtheil ist eine ausserordentlich ruhige, vom Helenaschachte bis zu der über 300 m entfernten Grenze ist, ausser der bekannten Verwerfung in der Nähe des Schachtes, keine weitere Flötzstörung aufgetreten. Die Flötzmächtigkeit an der Grenze beträgt $3_{,11}$ m. Wenn der westliche Feldtheil, der bis jetzt noch wenig durchfahren ist, ebenso auftritt, so ist das Grubenfeld des Steinkohlenbauvereins Hohndorf zu den ungestörtesten im Lugau-Oelsnitzer Revier zu rechnen.

Alsdann wurde das III. Flötz 32 m unter dem II. Flötz in einer Mächtigkeit von $2_{,4}$ m mit Pech- und Russkohle der reinsten Beschaffenheit angefahren. Das Zwischenmittel der beiden Flötze besteht zum grössten Theil aus Sandstein und Conglomerat.

Den Idaschacht mauerte man von $54_{,4}$ m Tiefe ab bis zu Tage aus.

11) **Steinkohlen-Actiengesellschaft Bockwa-Hohndorf vereinigt Feld zu Hohndorf.** Im Felde des Schachtes No. I waren im Jahre 1878 nur der nördliche und der südliche Querschlag, ein Grundstreckenort im II. Flötz und ein solches im III. Flötz belegt. Mit dem nördlichen Querschlag erreichte man die Länge von $87_{,9}$ m, mit dem südlichen diejenige von $105_{,75}$ m. Der Betrieb der östlichen Grundstrecke im II. Flötze, welche im südlichen Querschlage bei $70_{,2}$ m Entfernung vom Schachte Nr. I angehauen worden ist, musste bei $33_{,0}$ m Erlängung wieder eingestellt werden, weil die damalige kleine Fördermaschine nicht ausreichte, die bei den in Angriff genommenen Arbeiten fallenden Massen zu Tage zu fördern. Die westliche Grundstrecke im III. Flötze, welche man im Monat März 1878 bei 90 m

19

Entfernung vom Schachte im nördlichen Querschlage angehauen hatte, wurde im genannten Jahre bis zu $195_{,7}$ m erlängt. Auf diese ganze Länge zeigt das III. Flötz die nämliche günstige Beschaffenheit und Mächtigkeit, wie an der Aufschlussstelle im Schachte No. I.

Im Schachte No. II wurden die Abteufungsarbeiten in rüstiger Weise fortgesetzt. Die im Schachte No. I bekannten drei abbauwürdigen Flötze wurden hier der Reihe nach bei 815 m, 828 m und 866 m aufgeschlossen. Hiervon zeigten die oberen beiden in der Hauptsache dieselbe Beschaffenheit und Mächtigkeit, wie im Schachte No. I, während das untere Flötz $3_{,5}$ m mächtig, also $0_{,3}$ m mächtiger ist als dort. Wie bekannt, befindet sich im Schachte No. I das obere, als das erste bezeichnete Flötz unmittelbar unter dem grauen Conglomerat, welches die Grenze zwischen dem Rothliegenden und der productiven Steinkohlenformation bildet. Im Schachte No. II dagegen lagert zwischen diesem Flötze und demselben grauen Conglomerate noch eine Partie Kohlengebirge von ca. 45 m Mächtigkeit, in welchem auch und zwar bei 772 m Teufe ein im Schachte No. I vollständig unbekanntes Pechkohlenflötz von $1_{,5}$ m Mächtigkeit auftritt, welches in östlicher und südlicher Richtung vom Schachte No. II ebenfalls als abbauwürdig betrachtet werden kann. Am 12. März 1879 erteufte man im Vorgesümpfe des Schachtabteufens das sogenannte weisse Zeug als den Vorboten des Urgebirges, worauf das Abteufen, nachdem der Schacht die Teufe von 894 m erreicht hatte, eingestellt wurde.

II. Wasserhaltung.

1) **Lugau-Niederwürschnitzer Steinkohlenbauverein.** Im Carlschachte wurden im Jahre 1878 sämmtliche Drucksätze gegen neue dergleichen von $0_{,235}$ m Plungerdurchmesser ausgewechselt.

2) **Steinkohlenbauverein Concordia zu Niederölsnitz.** Im October des Jahres 1878 hat man die noch vom Abteufen der Schächte herrührenden, mit Holzgestänge versehenen Saugsätze gegen Drucksätze von 160, 130, 98, 93 und 30 mm Plungerdurchmesser, die eisernes Gestänge besitzen, ausgewechselt.

3) **Steinkohlen-Actiengesellschaft Bockwa-Hohndorf vereinigt Feld zu Hohndorf.** Im Kunsttrume des Schachtes No. I sind im Jahre 1878 von Tage herein bis zu einer Tiefe von 220 m die alten, defect gewordenen, hölzernen Kunstgestänge abgeworfen und durch neue stabile, eiserne ersetzt worden. Im Kunsttrume des Schachtes No. II wurde bei 416 m und 496 m Tiefe je ein Drucksatz von 150 mm Plungerdurchmesser eingebaut und der obere am 20. Januar, der untere am 3. Juni 1878 in Betrieb genommen.

III. Förderung.

1) **Lugau-Niederwürschnitzer Steinkohlenbauverein.** Auf dem Carlschachte wurde im Sommer 1878 die seiner Zeit auf dem Schachte Nr. I des Steinkohlenbauvereins Königsgrube zu Bernsdorf thätige, zweicylindrige und 80 Pferde starke Fördermaschine aufgestellt.

2) **Lugauer Steinkohlenbauverein.** Im Jahre 1878 errichtete man in der oberen Querschlagssohle eine Seilbahnanlage zwischen dem Hoffnungschachte und dem Vertrauenschachte.

3) **Gersdorfer Steinkohlenbauverein.** Für die Förderung aus der Fallstrecke des südlichen Feldtheiles des Plutoschachtes wurde ein zweicylindriger Lufthaspel aufgestellt.

4) **Steinkohlen-Actiengesellschaft Bockwa-Hohndorf vereinigt Feld.** Auf dem Schachte Nr. I wurde eine definitive Förderanlage geschaffen, welche im I. Theile des vorigen Jahrganges Seite 126 flg. beschrieben worden ist. Alle Theile derselben sind derart construirt, dass damit eine Nettolast von 2000 kg aus einer Teufe von 900 m ohne Gegengewicht und mit einer Fördergeschwindigkeit von 9 m pro Secunde gefördert werden kann.

IV. Dampfkesselanlagen.

Bei dem **Steinkohlenbauverein Concordia zu Niederölsnitz** gelangte für die Zwillingsschachtanlage dieses Vereins im Jahre 1878 ein siebenter Dampfkessel von 54,03 qm Heizfläche und bei dem **Steinkohlenbauverein Oelsnitzer Vereinsglück** auf dem Wilhelmschachte ein sechster Dampfkessel mit 51 qm Heizfläche zum Einbau.

Bei dem **Steinkohlenbauverein Hohndorf** hat man zur Beschaffung der für den Betrieb des Helenaschachtes nunmehr nöthigen Dampfkraft im Jahre 1878 noch zwei Kessel von je 50 qm Heizfläche eingebaut, dementsprechend das Kesselhaus erweitert und einen definitiven Schornstein zur Aufstellung gebracht, sowie auch auf dem Idaschachte zwei Kessel, welche je 55,6 qm Heizfläche besitzen, eingebaut.

Die **Steinkohlen-Actiengesellschaft Bockwa-Hohndorf vereinigt Feld** brachte auf dem Schachte No. II den vierten Siederohrdampfkessel zur Aufstellung und am 31. Juli 1878 in Betrieb; es besteht hier nun die Dampfkesselanlage aus 4 gleichen Siederohrkesseln von je 54,5 qm Heizfläche.

V. Aufbereitung.

1) **Steinkohlenbauverein Kaisergrube zu Gersdorf.** Da die Fluthwäsche durch die in ihr erzielten Waschproducte, welche in Bezug auf Sortirung und Reinheit viel zu wünschen übrig liessen, doch auf die Dauer nicht mehr genügen konnte, die Kohlenconsumenten durch die bereits vielfach bestehenden maschinellen Aufbereitungsanstalten an eine gleichmässige Sortirung gewöhnt sind und es demzufolge schwierig ist, mit durch Handsortirung und Fluthwäschen hergestellten Producten erfolgreich concurriren zu können, so hat man im Jahre 1878 eine mechanische Aufbereitungsanstalt bei dem Schachte No. II errichtet. Dieselbe ist von Lührig erbaut und wurde Mitte December genannten Jahres dem Betriebe übergeben; sie ist für ein Durchsetzungsquantum von 40 000 kg pro Stunde construirt, das erforderlichen Falles wesentlich erhöht werden kann.

Die Kosten dieser Aufbereitungsanstalt incl. derjenigen für Herstellung der Sumpfkohlen- und Schlammbassins betragen 78 600 Mark.

Die Zuführung der durch den 300 m von der Wäsche entfernt liegenden Schacht No. I geförderten Kohlen zu derselben erfolgt durch ein mittelst Maschinenkraft bewegtes Seil ohne Ende auf einer geneigten Ebene, wobei darauf Rücksicht genommen worden ist, dass auch Lasten, wie Holz etc. mit aufwärts bewegt werden können.

2) **Steinkohlenbauverein Hohndorf.** Man errichtete im Jahre 1878 bei dem Helenaschachte eine Fluthwäsche für Knörpel- und Russkohlen, die der derzeitigen Förderung vollkommen entspricht.

VI. Wetterversorgung.

1) **Lugau - Niederwürschnitzer Steinkohlenbauverein.** Um die Werke dieses Vereins mit ausreichenden Wettern zu versorgen, wurde im Jahre 1878 das Sewald'sche Steinkohlenwerk in Niederwürschnitz angekauft. Man stellte zwischen dem dasigen Emilschachte und dem Carlschachte des Vereins mittelst Auffahrung einer 400 m langen Steigenstrecke einen Durchschlag her, der am 28. Juni 1878 erfolgte.

2) **Lugauer Steinkohlenbauverein.** Auf der östlichen Grundstrecke im III. Flötz des Vertrauenschachtes ist im Jahre 1878 mittelst eines ca. 200 m langen Steigortes eine weitere Wetterverbindung mit der oberen Querschlagssohle hergestellt worden.

3) **Steinkohlenbauverein Oelsnitzer Vereinsglück.** Auf dem Wilhelmschachte erfolgte im Jahre 1878 die Aufstellung eines 7 m weiten und 2 m breiten Guibal'schen Ventilators, der von einer besonderen Dampfmaschine bewegt wird.

4) **Gersdorfer Steinkohlenbauverein.** Bei den sämmtlichen Ausrichtungsarbeiten kamen die Wirkungen des seit dem 1. April 1878 im Betriebe befindlichen Luftcompressors in ausgezeichneter Weise zur Geltung, indem die Ventilation vor den einzelnen Arbeitspuncten nichts zu wünschen übrig liess.

VII. Seilfahrung.

Regelmässige Seilfahrung bestand im Jahre 1878:

1) bei dem Johannisschachte des Steinkohlenwerkes von Rud. Facius in Niederwürschnitz,
2) bei dem Carlschachte des Lugau-Niederwürschnitzer Steinkohlenbauvereins,
3) bei dem Saxonia-Schachte der Lugauer Bergbaugesellschaft Rhenania,
4) bei dem Vertrauenschachte und dem Hoffnungschachte des Lugauer Steinkohlenbauvereins,
5) bei den Schächten I und II des Steinkohlenbauvereins Concordia zu Niederölsnitz,
6) bei den Schächten I und II des Steinkohlenbauvereins Deutschland zu Oelsnitz,
7) bei dem Wilhelmschachte des Steinkohlenbauvereins Oelsnitzer Vereinsglück,
8) bei dem Hedwigschachte und dem Friedensschachte der Oelsnitzer Bergbaugesellschaft,

9) bei den Schächten Nr. I und II des Steinkohlenbauvereins Kaisergrube zu Gersdorf,
10) bei dem Plutoschachte und dem Merkurschachte des Gersdorfer Steinkohlenbauvereins,
11) bei dem Helenaschachte des Steinkohlenbauvereins Hohndorf und
12) bei den Schächten Nr. I und II der Steinkohlen-Actiengesellschaft Bockwa-Hohndorf vereinigt Feld.

VIII. Tageanlagen.

1) **Lugauer Steinkohlenbauverein.** Bei dem Vertrauenschachte gelangte im Jahre 1878 das Kesselgebäude zu vollständigem Umbau; ausserdem wurde die Zimmerung im Treibehause mit theilweiser Ersetzung durch Eisen erneuert.

2) **Steinkohlenbauverein Deutschland zu Oelsnitz.** Zum Transport der aus dem Schachte No. I geförderten Kohlen nach der Verladevorrichtung an der Zechenbahn wurde im Jahre 1878 ein 115 m langer Bremsberg über Tage angelegt.

3) **Steinkohlenbauverein Hohndorf.** Die Tageanlage des Idaschachtes erhielt im Sommer 1878 ein Gebäude für die definitive Fördermaschine und die Wasserhaltungsmaschine, für die Expedition und eine Mannschaftsstube, sowie ein Kesselhaus mit definitivem Schornstein. Nach erfolgtem Bau der Maschinenfundamente begann man in demselben Jahre auch noch mit der Montirung der erwähnten Maschinen.

IX. Knappschaftswesen.

Die Verhandlungen zur Gründung einer allgemeinen Knappschaftscasse für das Lugau-Oelsnitzer Steinkohlenrevier haben auch im Jahre 1878 noch nicht die erwünschten Fortschritte gemacht und lässt sich zur Zeit noch nicht bemessen, ob die geplante Vereinigung der einzelnen, an den Werken bestehenden Knappschaftscassen zu Stande kommen wird.

Für dieses Revier waren im Jahre 1878 vier Knappschaftsärzte thätig.

X. Arbeiterwohnungen

wurden im Jahre 1878 einem Theile der Belegschaft gewährt: Seiten des Steinkohlenwerksbesitzers Rud. Facius in Niederwürschnitz, des Lugau-Niederwürschnitzer Steinkohlenbauvereins, des Steinkohlenbauvereins Gottes Segen zu Lugau, des Lugauer Steinkohlenbauvereins, des Steinkohlenbauvereins Concordia zu Niederölsnitz und der Oelsnitzer Bergbaugesellschaft.

XI. Zecheneisenbahnen.

Die wichtigste Vervollkommnung, welche dem Lugau-Oelsnitzer Kohlenwerksrevier im Jahre 1878 zu Theil geworden ist, besteht in der Herstellung der Zechenbahnen nebst Ladeeinrichtungen zur directen Verbindung einzelner Werke mit den Zweiggleisen der Sct. Egidien-Stollberger Staatseisenbahn.

Dieselbe wurde für den Kohlenversandt am 15. October genannten Jahres eröffnet.

Es sind nun mit Werksbahnen ausgerüstet

1) unter Anschluss an die Lugau-Chemnitzer Eisenbahnlinie:

der Neuschacht und der Carlschacht des Lugau-Niederwürschnitzer Steinkohlenbauvereins,
die Zwillingsschächte des Steinkohlenbauvereins Gottes Segen zu Lugau,
der Victoriaschacht der Lugauer Bergbaugesellschaft Rhenania,
der Vertrauenschacht des Lugauer Steinkohlenbauvereins,
der Kaiserin Augusta Schacht des Fürstl. Schönburg'schen Steinkohlenwerkes,

2) unter Anschluss an die Sct. Egidien-Stollberger Eisenbahnlinie:

die Zwillingsschächte des Steinkohlenbauvereins Concordia zu Niederölsnitz,
der Schacht No. I des Steinkohlenbauvereins Deutschland zu Oelsnitz,
der Hedwigschacht der Oelsnitzer Bergbaugesellschaft,
der Wilhelmschacht des Steinkohlenbauvereins Oelsnitzer Vereinsglück,
der Schacht No. II des Steinkohlenbauvereins Kaisergrube zu Gersdorf,
der Helenaschacht des Steinkohlenbauvereins Hohndorf.

Berginspectionsbezirk Dresden.

1) Königliches Steinkohlenwerk im Plauen'schen Grunde bei Dresden.

Oppelschacht. Sowohl das 5. Hauptstrecken- als das Mittelstreckenort über der 5. Hauptstrecke von der 2. Fallstrecke in N. zeigt, nachdem mit denselben die 17. Fallstrecke überfahren worden, den bisherigen Aufschlüssen entgegen, ziemlich weiche Kohlen mit wenig Kämmen, so dass hier dem Abbaue weniger Schwierigkeiten entgegenstehen.

Das 6. Hauptstreckenort von der 2. Fallstrecke in S. steht noch im Verwerfen und ist der Betrieb desselben, so lange die dasigen Verhältnisse durch das von der 20. Fallstrecke aus in der Auffahrung begriffene Gegenort noch nicht klar gelegt, vorläufig ausser Betrieb gestellt worden.

Letzteres steht in guter Kohle, welche jedoch bedeutende Mengen von Kohlensäure aushaucht, so dass zu deren Beseitigung ein Ventilator von Root mit Woolf'scher Maschine hat aufgestellt werden müssen.

Von den im Jahre 1878 ausgeführten Neuanlagen ist das in der Nähe des Oppelschachtes errichtete Krankenhaus zu erwähnen, welches noch vor Eintritt des Winters in Mauerwerk und Dachung fertig gestellt worden ist, sowie der Einbau eines 5. Dampfkessels in dem Kesselhause dieses Schachtes.

Albertschacht. Mit dem Mittelstreckenorte über der 4. Hauptstrecke ist die von der 41. Fallstrecke in N. vorliegende Verwerfung ausgerichtet und das Kohlenflötz hinter derselben in guter Qualität aufgeschlossen worden. Das Einfallen desselben ist hier so unbedeutend, dass die Kohlenmulde sich nunmehr allmählich zu verflachen scheint.

Königin Carolaschacht. Im Schachte No. I wurde der bereits im Jahre 1877 begonnene Einbau einer unterirdischen Wasserhaltungsmaschine mit Ende März vollendet, so dass sie bald darauf in Betrieb genommen werden konnte. Ihre Leistung befriedigt vollkommen.

Nachdem der Schacht Nr. II während der ersten Jahreshälfte von 187,8 m bis 261 m Teufe niedergebracht worden war, wurde vom Schachttiefsten aus mit der Ausmauerung begonnen, womit man am Jahresschlusse bis 177 m heraus gelangte.

Mit der 6. Hauptstrecke hinter dem Hauptverwerfen vom Carolaschachte Nr. II in W., sowie mit der dazu gehörigen Parallelstrecke sind viele Kämme überfahren worden, wogegen in der südöstlich vom Carolaschachte aufgefahrenen 8. Hauptstrecke und der dazu gehörigen Sumpfstrecke das Kohlenflötz von reiner Beschaffenheit und guter Qualität der Kohle aufgeschlossen worden ist.

2) **Freiherrlich von Burgk'sche Steinkohlenwerke.** Segen-Gottesschacht. Auf dem Segen-Gottesschachte steigerte sich in Folge der in Thätigkeit gekommenen mechanischen Wäsch- und Separationsanstalt, sowie des Betriebes eines zum Heben von Coks und Kohlen dienenden Elevators der Dampfverbrauch derartig, dass die vorhandene, aus 8 Kesseln bestehende Kesselanlage eine ausreichende Reserve nicht mehr bot und daher auf eine Vergrösserung derselben Bedacht genommen werden musste. Es wurden daher in dem unmittelbar an das Kesselhaus stossenden Schneidemühlengebäude 2 neue Kessel eingelegt. An das dadurch vergrösserte Kesselhaus ist zugleich auch ein neues Schneidemühlengebäude für ein Gatter von 940 mm Rahmenbreite und 425 mm Hub, eine Kreissäge zum Schlitzen von Pfählen und eine Supportdrehbank zum Vorrichten kleiner eiserner Gegenstände angebaut worden.

Die beiden neu eingelegten, von der König Friedrich August Hütte gefertigten Kessel anlangend, so schliessen dieselben sich selbstverständlich nach Construction und Dimension an die bereits liegenden älteren Kessel an. Sie bestehen daher aus je einem Hauptkessel mit unterliegendem Sieder und beträgt der Durchmesser des ersteren 1,750 m, seine Länge 9,325 m, der Durchmesser des Siederohres dagegen 1,220 m und dessen Länge 8,175 m. Ein solcher Kessel besitzt eine Rostfläche von 3,5 qm, sowie eine Heizfläche von 59,6 qm und arbeitet mit 3 Atmosphären Ueberdruck.

Augustusschacht. Im Reviere des Augustusschachtes wurde im Jahre 1878 der Flötzstreifen, welchen man bei Verfolg der dem Thonschieferrücken vorliegenden Rückenkluft in ca. 72 m seigerer Höhe über der Sohle des Querschlags Nr. IV antraf, weiter in südwestlicher Richtung durch ein Streckenort untersucht. Hierbei zeigte sich das Flötz von einer so verminderten Mächtigkeit und von tauben Mitteln und Kämmen derartig durchsetzt, dass man es zweifelsohne mit demjenigen, nahe am Thonschieferrücken befindlichen südlichen Muldenrand des Hauptflötzes zu thun hat, von welchem aus nach der Steinkohlenbildung die auf diesem Flügel vorgefundenen Gebirgsniederziehungen erfolgt sind. Um das hochgelegene Untersuchungsort wirksam ventiliren zu können, ist demselben die Luft, welche von dem am Durchschnitt W aufgestellten Lufthaspel ausgestossen wird, mittelst einer 75 mm weiten gusseisernen Röhrentour zugeführt worden.

Glückaufschacht. Im Glückaufschachtreviere ist das von der östlichen $12{,}_5$ Lr.-Sohle Nr. III aus nach dem „Rothen Ochsen“ zu getriebene Untersuchungsort (Durchschnitt G) in nordwestlicher Richtung auch in diesem Jahre weiter betrieben worden. Dasselbe war am Jahresschlusse bis auf eine Länge von 300 m vorgerückt, wobei wiederum zahlreiche das Flötz verwerfende Kämme und taube Mittel überfahren wurden, ohne jedoch die erwähnte Hauptverwerfung selbst zu erreichen.

Ueber die Wirkung, welche eine Veränderung in der Schieberstellung auf die Leistung eines Guibal'schen Ventilators auszuüben vermag, sind weitere Versuche angestellt worden. Dieselben lieferten ganz das gleiche Resultat wie die im Jahre 1877 vorgenommenen Versuche.

Zur Untersuchung der Wetter auf ihren Gehalt an Grubengas ist der von Coquillon erfundene stationäre Grisoumeter angeschafft worden.

3) **Hänichener Steinkohlenbauverein.** Beckerschacht. Der Abbau bewegte sich im Beckerschachtreviere im nordwestlichen, sogenannten Tiefbaufelde und zwar über der nordwestlichen Hauptstrecke nach der Hauptverwerfung, sowie in der von dem 1. schwebenden Durchschnitte südöstlich und in der zwischen dem 1. und 3. Durchschnitte gelegenen und durch den 1. Bremsberg in neuester Zeit vorgerichteten Flötzabtheilung.

Beharrlichkeitschacht. Der nordwestlich gelegene, nach dem Liegenden zu verworfene Flötztheil wurde durch ein vom nordwestlichen Querschlage getriebenes Flügelort wieder ausgerichtet.

Im südöstlichen Felde wurden Versuchsbaue zur Feststellung der Grenze der bauwürdigen und zur Ausrichtung verworfener Flötztheile getrieben.

Im nordwestlichen Feldtheile gelangten die Pfeiler vor dem 2. Förderdurchschnitte und die der alten Wetterstrecke, im südöstlichen die Pfeiler zwischen der 10. und 11. Bahnsohle und die über der 11. Bahnsohle nach der Hauptverwerfung bis an den 2. Förderdurchschnitt zum Aushieb.

Ueber Tage ist ein Theerofen zum Theeren der Grubenhölzer gebaut worden.

Der Abbau im Berglustschachte bewegte sich in der Hauptsache über der 4. und 5. Bahnsohle.

Berginspectionsbezirk Zwickau.

I. Neue Aufschlüsse, Schächte und Maschinen.

1) Bei dem **Erzgebirgischen Steinkohlen-Actienverein** erreichte von den beiden Tiefbauschächten der südliche (No. I) bis Ende October die Teufe

von $342_{,1}$ m, der nördliche (No. II) eine solche von $266_{,7}$ m unter der Hängebank. Die Schachtmauerung war zu Ende des Jahres bei ersterem auf $226_{,9}$ m, bei letzterem auf $253_{,7}$ m ausgeführt.

Die Ausmauerung in den oberen wasserführenden Schichten mit Cement zum Zwecke der Wasserabschliessung hat sich vollständig bewährt, die Wasserzugänge haben sich auf ein Minimum — 18 l bei Schacht No. I und 12 l bei No. II — reducirt.

Beim Schachte No. I wurde das Maschinenhaus und das Kesselhaus errichtet, beide massiv, das erstere mit eisernem, das letztere mit hölzernem, mit Eisen verankertem Dachstuhl; die Dachung besteht bei beiden Gebäuden aus Wellenblech.

Im Maschinenhause wurde die definitive, von Ed. Friessner in Zwickau gebaute Fördermaschine aufgestellt und in Betrieb gesetzt. Sie ist eine direct wirkende Zwillingsmaschine mit liegenden Cylindern, Ventilsteuerung und verstellbarer Expansion. Der Kolbendurchmesser beträgt 820 mm, der Kolbenweg 1600 mm. Die Maschine hat Fuss- und Dampfbremse am Festkorbe und Schraubenbremse am Loskorbe, sowie eine Vorrichtung zum selbstthätigen Abschliessen des Dampfes beim Zuhochtreiben der Tonnen oder Fördergestelle. Die Körbe sind Flachseilkörbe.

Bei demselben Schachte fand ferner die Aufstellung des 21 m hohen Seilscheibenstuhls nebst dem Führungsgerüst statt. Das Letztere ist aus Gusseisen, der Stuhl aus Walzeisen construirt.

2) Bei den beiden Schächten des **Oberhohndorfer Schader Steinkohlenbauvereins** wurde das Abteufen zum Zwecke querschlägiger Aufschliessung der Flötze im Ostfelde fortgesetzt und es erreichte der Augustusschacht eine Teufe von $388_{,33}$ m, der Hermannschacht eine solche von 460 m.

3) Bei dem **Steinkohlenwerke von G. Schmidt's Erben zu Bockwa und Hinterneudörfel** hat man das Schichtenkohlenflötz bis in die Nähe der Feldgrenzen zusammenhängend und bauwürdig aufgeschlossen. Erst hier wurden grössere, dem Inneren des Feldes zufallende, zum Theil noch offenklüftige Verwerfungen angetroffen, deren Entstehung offenbar auf den bereits erfolgten Abbau der tieferen Flötze zurückzuführen ist. Ueber dem Schichtenkohlenflötze ist durch Ueberhauen auch das Neukohlenflötz, und zwar ebenfalls in bauwürdiger Beschaffenheit aufgeschlossen worden.

II. Seilfahrung.

Zu denjenigen Schächten, bei welchen regelmässige Mannschaftsförderung eingeführt ist, kamen im Jahre 1878 die beiden Tiefbauschächte des Erzgebirgischen Steinkohlen-Actienvereins hinzu.

III. Cokerei.

Die Cokereianlage beim Einigkeitschachte des Zwickauer Brückenberg-Steinkohlenbauvereins wurde um 6 Oefen vergrössert.

IV. Grubenbrand.

Die im letzten Jahrgange, Seite 174 und 175, specieller geschilderten Verhältnisse bei einer Anzahl Bockwaer Gruben haben auch im Jahre 1878 zu bedeutenden Betriebsstörungen und zu vorläufiger Aufgabe verschiedener Feldtheile geführt.

Neue Grubenbrände hatten der Einigkeitschacht des Zwickauer Brückenberg-Steinkohlenbau-Vereins in seiner ersten Bausohle auf dem Lehkohlenflötze, der Vereinsglückschacht des Zwickauer Steinkohlenbauvereins auf dem Ludwigflötze und der Schacht No. II des Steinkohlenwerks Oberhohndorf auf dem Zachkohlenflötze zu bekämpfen.

C. Braunkohlenbergbau.

Berginspectionsbezirk Chemnitz.

Der bei dem **Braunkohlenwerke von Friedrich Lobegott Niescher zu Scoplau** im März 1878 in dem 6 m mächtigen, kluftreichen Lager nach Verlauf von zwei Jahren im nordwestlichen und südwestlichen Grubenfeldtheile wieder entstandene Grubenbrand wurde ausser durch die übliche wetterdichte, dem Grubenbrande möglichst nahegelegte Abdämmung in den Strecken durch fuderweise Einführung dickflüssigen Lehmes zu demselben mittelst einer Anzahl von Bohrlöchern, die zu diesem Behufe bis auf das Feuer des Kohlenlagers gebohrt worden waren, binnen zwei Wochen vollständig kalt gelegt.

Presssteinfabrikation betrieben im Jahre 1878 die Braunkohlenwerke: Borna-Lobstädt zu Borna, Gewerkschaft Fuchshain zu Fuchshain, Maria zu Witznitz, Himmelreich zu Benndorf, Grube Mansfeld zu Albersdorf, C. Hennings's zu Altengroitzsch und C. W. Rösser's zu Thierbaum.

Berginspectionsbezirk Dresden.

1) Bei dem Braunkohlenwerke **Gottes Segen von Johann Schnitter in Oberolbersdorf** ist, nach erfolgtem Abbau des oberen Flötzes und nach Verteufung der Schächte bis zum II. Flötz, letzteres in Vorrichtung genommen worden.

2) Bei der Braunkohlengrube von **Johann August Scholze in Seitendorf** sind nach Einstellung des Betriebes auf der benachbarten Braunkohlengrube Marienzeche in Reichenau die Tiefbaue des Eduard- und Christliebschachtes ersoffen.

3) Bei der Braunkohlengrube **Hoffnung Gottes zu Zittau von Carl August Rönsch und Genossen** ist am 19. Juni 1878, Abends 6 Uhr, der

Steiger Richter dieser Grube in dem Maschinenschachte eingefahren, um den Wasserstand in der zur Zäpfung der Wasser in dem älteren Schachte im Auffahren begriffenen, aber noch nicht durchschlägigen Verbindungsstrecke zu untersuchen. Als er am Ansetzpuncte der letzteren aus dem vom Maschinenschachte getriebenen, nur 4 m langen Querschlage angekommen ist, haben sich die Wetter an der Lampe des Steigers plötzlich entzündet. Die Strecke ist zwar dadurch mit Feuer erfüllt worden, der Steiger aber demungeachtet unbeschädigt geblieben, weil er sich schnell genug auf die Streckensohle, das Gesicht dieser zugewendet, niedergeworfen hat. Es ist dies das erste bei dem sächsischen Braunkohlenbergbau beobachtete Vorkommen von Schlagwettern.

IX. Magnetabweichung.

Die Magnetabweichung betrug im Jahre 1878

1) in Freiberg,

nach Herrn Bergamtsmarkscheider Neubert daselbst, jedesmal Vormittags 9 Uhr beobachtet:

am 9. Januar	11° 43′ 7″	am 24. Juni	11° 33′ 45″
„ 20. „	11° 43′ 7″	„ 4. Juli	11° 38′ 26″
„ 4. Februar	11° 24′ 22″	„ 7. „	11° 33′ 45″
„ 8. „	11° 33′ 45″	„ 19. „	11° 30′ 4″
„ 11. „	11° 43′ 7″	„ 12. August	11° 33′ 45″
„ 16. „	11° 38′ 26″	„ 29. „	11° 30′ 4″
„ 26. „	11° 43′ 7″	„ 28. September	11° 36′ 53″
„ 4. März	11° 43′ 7″	„ 30. „	11° 43′ 7″
„ 11. „	11° 46′ 14″	„ 3. October	11° 36′ 53″
„ 31. „	11° 43′ 7″	„ 14. „	11° 36′ 53″
„ 12. April	11° 38′ 26″	„ 21. „	11° 43′ 7″
„ 15. „	11° 33′ 45″	„ 1. November	11° 33′ 45″
„ 30. „	11° 33′ 45″	„ 3. „	11° 33′ 45″
„ 10. Mai	11° 33′ 45″	„ 15. „	11° 38′ 15″
„ 20. „	11° 38′ 26″	„ 25. „	11° 33′ 45″
„ 26. „	11° 38′ 26″	„ 6. December	11° 33′ 45″
„ 31. „	11° 33′ 45″	„ 27. „	11° 33′ 45″
„ 5. Juni	11° 33′ 45″	„ 30. „	11° 33′ 45″

2) in Altenberg,

nach Herrn Markscheider Städter daselbst, nach dem täglichen Mittel:

im Januar, „ Februar, „ März	11,85 Grad,
„ April, „ Mai, „ Juni	11,80 Grad,
„ Juli, „ August, „ September	11,70 Grad,
„ October, „ November, „ December	11,60 Grad.

X. Tödtliche Verunglückungen bei dem Bergbau im Jahre 1878.

Unter 1000 Mann des bei dem sächsischen Bergbau beschäftigt gewesenen Personals verunglückten tödtlich im Jahre

	1876:	1877:	1878:
bei dem Erzbergbau . . .	1,02	1,01	0,56
bei dem Steinkohlenbergbau .	4,66	2,30	1,72
bei dem Braunkohlenbergbau .	1,29	1,10	2,72.

Ueber die Veranlassung, resp. Verschuldung der einzelnen Unglücksfälle vom Jahre 1878 geben die hier folgenden Tabellen A, B und C speciellen Nachweis.

Bergrevier oder Berginspections-Bezirk.	Beschäftigte Beamte, Officianten und Arbeiter.	a) durch Steinfall								
		bei der Gewinnung							überhaupt	
		in Folge des Schrämens.	in Folge des Bohrens und Schiessens.	in Folge des Hereintreibens.	in Folge des Bruches von Zimmerung.	in Folge mangelhafter oder fehlender Zimmerung.	in Folge des Raubens von Zimmerung.	in Folge anderer Umstände.	Mann.	d. i. unter 1000.
Freiberg . .	5779	—	1	—	—	—	—	—	1	0,173
Altenberg . .	323	—	—	—	—	—	—	—	—	—
Marienberg .	141	—	—	—	—	—	—	—	—	—
Schwarzenberg	915	—	—	—	—	—	—	—	—	—
Summa	7158	—	1	—	—	—	—	—	1	0,139
Chemnitz . .	3404	—	—	1	—	—	—	—	1	0,294
Dresden . .	3214	—	—	1	1	—	—	2	4	1,244
Zwickau .	9700	1	—	—	—	1	1	—	3	0,309
Summa	16318	1	—	2	1	1	1	2	8	0,490
Chemnitz . .	1337	—	—	1	—	—	—	1	2	1,496
Dresden .	1241	—	—	1	1	—	—	—	2	1,612

uf Veranlassung.

on der Belegschaft																			
chächten					c) in bösen Wettern					d) durch Maschinen						e) durch sonstige Unglücksfälle		Summa.	
durch Einsturz beim Arbeiten in Schächten	durch das Fortgehen von Materialien.	auf sonstige Weise.	überhaupt Mann.	überhaupt d. i. unter 1000.	in schlagenden Wettern.	in Schwaden.	in brandigen Wettern.	überhaupt Mann.	überhaupt d. i. unter 1000.	bei der Strecken- und Bremsberg-Förderung.	bei der Schacht-Förderung.	durch Dampfkessel.	durch sonstige Maschinen.	überhaupt Mann.	überhaupt d. i. unter 1000.	Mann.	d. i. unter 1000.	Mann.	d. i. unter 1000.
ergbau.																			
—	—	—	1	0,173	—	—	—	—	—	—	—	—	—	—	—	—	—	2	0,346
—	—	—	—	—	—	—	—	—	—	—	—	—	—	—	—	—	—	—	—
—	—	—	2	14,184	—	—	—	—	—	—	—	—	—	—	—	—	—	2	14,184
—	—	—	—	—	—	—	—	—	—	—	—	—	—	—	—	—	—	—	—
—	—	—	3	0,419	—	—	—	—	—	—	—	—	—	—	—	—	—	4	0,558
ergbau.																			
—	—	—	—	—	3	—	—	3	0,881	—	—	—	—	—	—	2	0,587	6	1,762
—	1	—	1	0,311	—	—	—	—	—	—	—	—	—	—	—	—	—	5	1,555
—	—	1	6	0,618	3	—	—	3	0,309	4	1	—	—	5	0,515	—	—	17	1,751
—	1	1	7	0,429	6	—	—	6	0,367	4	1	—	—	5	0,306	2	0,123	28	1,715
ergbau.																			
—	—	—	—	—	—	—	—	—	—	—	—	—	—	—	—	—	—	2	1,496
—	—	—	—	—	—	2	—	2	1,612	—	—	—	—	—	—	1	0,806	5	4,030
—	—	—	—	—	—	2	—	2	0,776	—	—	—	—	—	—	1	0,387	7	2,716

B. In Rücksicht au

Bergrevier oder Berginspections-Bezirk.	Beschäftigte Beamte, Officianten und Arbeiter.	Es verunglückte					
		a) ohne irgend ein Verschulden		b) durch eigenes oder Mitverunglückter Verschulden		c) zweifelhaft ob unter a oder b gehörig	
		Mann.	unter 1000.	Mann.	unter 1000.	Mann.	unter 1000.
a) Erz							
Freiberg	5779	—	—	2	0,346	—	—
Altenberg	323	—	—	—	—	—	—
Marienberg	141	1	7,092	—	—	1	7,092
Schwarzenberg	915	—	—	—	—	—	—
Summa	7158	1	0,139	2	0,280	1	0,139
b) Steinkohle							
Chemnitz	3404	1	0,294	5	1,468	—	—
Dresden	3214	2	0,622	1	0,311	2	0,622
Zwickau	9700	8	0,824	9	0,927	—	—
Summa	16318	11	0,674	15	0,919	2	0,123
c) Braunkohle							
Chemnitz	1337	1	0,748	1	0,748	—	—
Dresden	1241	1	0,806	3	2,418	—	—
Summa	2578	2	0,776	4	1,552	—	—

vorliegende Verschuldung.

von der Belegschaft

d) ohne äussere Verletzung, mithin natürlichen Todes		e) durch Verschulden dritter Personen		f) durch Verschulden der Grubenverwaltung				Summa	
				α) in Folge vorschriftswidriger Einrichtungen		β) in Folge vorschriftswidriger Anordnungen			
Mann.	unter 1000.	Mann.	unter 1000.	Mann.	unter 1000.	Mann.	unter 1000.	Mann.	unter 1000.
bergbau.									
—	—	—	—	—	—	—	—	2	0,346
—	—	—	—	—	—	—	—	—	—
—	—	—	—	—	—	—	—	2	14,184
—	—	—	—	—	—	—	—	—	—
—	—	—	—	—	—	—	—	4	0,558
bergbau.									
—	—	—	—	—	—	—	—	6	1,762
—	—	—	—	—	—	—	—	5	1,655
—	—	—	—	—	—	—	—	17	1,751
—	—	—	—	—	—	—	—	28	1,716
bergbau.									
—	—	—	—	—	—	—	—	2	1,496
—	—	—	—	—	—	1	0,806	5	4,030
—	—	—	—	—	—	1	0,388	7	2,716

21

C. Special-Uebersicht der im Jahre 1878 vorgekommenen tödtlichen Verunglückungen.

No.	Tag des Unglücksfalles.	Name des Werkes.	Name des Verunglückten.	Arbeitsverhältniss.	Veranlassung des Unglücksfalles.
		a. Bei dem Erzbergbau.			
		1. Bergrevier Freiberg.			
1	22. Mai.	Gottvertrauter Daniel Erbstolln zu Hohentanne.	Carl Wilhelm Henke.	Doppelhäuer.	Henke ist am gedachten Tage beim Auskratzen eines mit Dynamit besetzt gewesenen, versagt habenden Bohrloch's durch dessen plötzliches Losgehen auf der Stelle tödtlich verunglückt.
2	6. Decbr.	Churprinz Friedrich August Erbstolln zu Grossschirma.	Carl Traugott Börner.	Doppelhäuer.	Hat sich ohne Erlaubniss in den auf dem Fördergestell stehenden Hund gesetzt und sich in diesem hinabhängen lassen, ist aber hierbei in Folge Seilbruchs tödtlich verunglückt.
		2. Bergrevier Marienberg.			
3	8. Jan.	Vater Abraham Fundgrube am Stadtberge zu Marienberg. (Rudolphschacht.)	Oscar Heinrich Fiedler.	Anschläger.	Fiedler ist früh gegen 7 Uhr mit der Treibetonne, in welcher er in dem Rudolphschacht hat einfahren wollen und welche fälschlicher Weise, statt gehangen, aufgeholt und dadurch an einem Balkenunterzuge des Treibehauses von der Schurzkette abgesprengt worden ist, in den genannten Schacht hineingestürzt und hat dabei durch Zerschmetterung und Zerreissung seines Körpers sofort den Tod gefunden.
4	17. August.	Vater Abraham Fundgrube am Stadtberge bei Marienberg. (Rudolphschacht.)	Carl Moritz Baldauf.	Zimmerling.	Ist, wahrscheinlich in Folge eingetretenen Schwindels, beim Einfahren in den Schacht gestürzt und todt aufgefunden worden.

b. Bei dem Steinkohlenbergbau.

1. Berginspectionsbezirk Chemnitz.

No.	Tag des Unglücksfalles.	Name des Werkes.	Name des Verunglückten.	Arbeitsverhältniss.	Veranlassung des Unglücksfalles.
5	12. März.	Friedensschacht der Oelsnitzer Bergbaugesellschaft in Oelsnitz.	Carl Eduard Zückler.	Häuer.	Wurde durch Explosion schlagender Wetter verbrannt und starb am 21. März an den erhaltenen Verletzungen.
6	30. April.	Plutoschacht des Gersdorfer Steinkohlenbau-Vereins in Gersdorf.	Carl Eduard Hofmann.	Häuer.	Wurde durch Explosion schlagender Wetter verbrannt und starb am 11. Mai an den erhaltenen Verletzungen.
7	7. August.	Gottes Segen zu Lugau.	Eduard Anton Endler.	Häuer.	Wurde durch eine plötzlich hereingehende Wand getroffen und, indem ihm dabei der Oberkörper gegen den Unterkörper gedrückt wurde, erstickt.
8	14. August.	Hedwigschacht der Oelsnitzer Bergbaugesellschaft zu Oelsnitz.	Christlieb Schwalbe.	Halbinvalider Tagearbeiter.	Ist in glühende Asche gefallen und hat dabei solche Brandwunden erhalten, dass er am 16. August gestorben ist.
9	30. Septbr.	Concordia zu Niederölsnitz.	Carl Emil Fischer.	Zimmerling.	Wurde durch Explosion schlagender Wetter verbrannt und ist an den erhaltenen Verletzungen, dazugetretenem Eiterfieber und allgemeiner Entkräftung und Abzehrung am 11. November gestorben.
10	19. Novbr.	Oelsnitzer Bergbaugesellschaft zu Oelsnitz.	Robert Louis Schneider.	Tagezimmerling. (Lehrling.)	Ist beim Fördern von Stempeln auf der von der Dampfschneidemühle nach dem Friedensschachte führenden Eisenbahn von zwei von dem übermässig geladenen Hunde herabfallenden Stempeln getroffen, zu Boden geschlagen, und sofort getödtet worden.

No.	Tag des Unglücksfalles.	Name des Werkes.	Name des Verunglückten.	Arbeitsverhältniss.	Veranlassung des Unglücksfalles.
		2. Berginspectionsbezirk Dresden.			
11	9. Jan.	Albertschacht des Königlichen Steinkohlenwerkes zu Niederhermsdorf.	Carl August Bär.	Förderhäuer.	Bär ist im Abteufen des Albertschachtes, unter der dritten Querschlagssohle im Ziehschachte stehend, von dem in diesem hereingehenden eisernen Förderkübel getroffen und in Folge des dabei erlittenen Schädelbruches sofort getödtet worden.
12	17. August.	Albertschacht des Königlichen Steinkohlenwerkes zu Niederhermsdorf.	Ernst Moritz Rüdiger III.	Fördermann.	Ist von unerwartet hereingegangener Dachkohle erschlagen worden.
13	23. August.	Segen Gottes Schacht der Freiherrlich von Burgk'schen Steinkohlenwerke zu Kleinnaundorf.	Carl Böhme.	Häuer.	Wurde von plötzlich hereingegangenem Dachgestein verschüttet und ist an den dabei erlittenen inneren Verletzungen gestorben.
14	4. October.	Augustusschacht der Freiherrlich von Burgk'schen Steinkohlenwerke zu Niederhäslich.	Carl Gottlieb Köstner.	Häuer.	Wurde von unerwartet hereingegangener Dachkohle erschlagen.
15	8. Novbr.	Kunstschacht der Königlichen Steinkohlenwerke zu Zaukeroda und Döhlen.	Ernst Heinrich Ludwig Hammer.	Häuer.	Ist von unvermuthet hereingegangener Dachkohle getroffen und dabei so verletzt worden, dass er kurze Zeit darauf gestorben ist.
		3. Berginspectionsbezirk Zwickau.			
16	12. Februar.	Einigkeitschacht des Zwickauer Brückenberg Steinkohlenbauvereins zu Zwickau.	Otto Ludwig Frotzscher.	Lehrhäuer.	Wurde durch unerwartet hereingegangene Dachkohle erschlagen.

No.	Tag des Unglücksfalles.	Name des Werkes.	Name des Verunglückten.	Arbeitsverhältniss.	Veranlassung des Unglücksfalles.
17	2. März.	C. G. Kästner's Steinkohlenwerk zu Bockwa.	Franz Louis Georgi.	Häuer.	Wurde von einer unerwartet hereingegangenen Wand getroffen, rücklings auf eine Bergwand geworfen und erlitt dabei Bruch des Rückgrates, in Folge dessen er am 3. März gestorben ist.
18	17. März.	Steinkohlenwerk Schmidt's Erben zu Bockwa (Fortunaschacht zu Hinterneudörfel bei Zwickau).	Magnus Louis Oelsner.	Zimmerling.	Ist beim Ausfahren auf dem Gerüst, indem er dieses verlassen wollte, um in den Fahrschacht zu gelangen und nach der Wasserhaltungsmaschine zu sehen, dabei zwischen das plötzlich in Gang gekommene Gerüst und die Schachteinstriche gekommen, zerquetzscht worden und dann in den Schacht gestürzt und in Folge der erlittenen schweren Verletzungen tödtlich verunglückt.
19	9. April.	R. Reinhold's Steinkohlenwerk in Bockwa.	Friedrich Gustav Weissflog.	Kunstwärter.	Ist beim Einfahren auf dem Gerüst in Folge Bruches eines Gliedes der Schurzkette mit dem Gerüst in den 181 m tiefen Schacht gestürzt und so zu Tode gekommen.
20	12. April.	Herrmannschacht des Oberhohndorf-Schader Steinkohlenbauvereins.	Carl Louis Clauss.	Lehrhäuer.	Ist von einem auf dem Bremsberg frei (ohne Seil) hereingehenden Hund mit der Brust gegen einen Mittelbolzen gequetzscht und sofort getödtet worden.

No.	Tag des Unglücksfalles.	Name des Werkes.	Name des Verunglückten.	Arbeitsverhältniss.	Veranlassung des Unglücksfalles.
21	25. April.	Herrmannschacht des Oberhohndorf-Schader Steinkohlenbauvereins.	Christian Friedrich Neef.	Steiger.	Ist von zwei am Seil, aber ohne Gegengewicht und Brems, einen Bremsberg hereingehenden leeren Hunden überfahren, ein Stück geschleppt und dabei innerlich so verletzt worden, dass er noch an demselben Tage gestorben ist.
22	14. Juni.	Hülfe Gottes Schacht des Action-Vereins Zwickauer Bürgergewerkschaft.	Friedrich Wilhelm Brückner.	Fördermann.	Ist von einem auf einem Bremsberg ohne Seil hereingehenden gefüllten Hund geschleift, an einen Mittelbolzen gepresst und dabei so verletzt worden, dass er am 20. Juni gestorben ist.
23	26. Juni.	Steinkohlenwerk Günther's Erben in Bockwa.	Johann Gottfried Ficke.	Steiger.	Hat beim Ausfahren auf dem Gerüst, im Glauben, dass dasselbe anhalten werde, beabsichtigt, dasselbe zu verlassen, hierauf jedoch, da das Gerüst nicht angehalten hat, wieder auf dasselbe zurücksteigen wollen, und ist dabei von der Schachtzimmerung derart auf die obere Querstange des Gerüstes aufgepresst worden, dass er erdrosselt worden ist.
24	27. Juli.	Steinkohlenwerk Bescheert Glück zu Oberhohndorf.	Carl August Schneider.	Häuer.	Erlitt beim Wegschlagen eines Stempels, der beim Umfallen seitwärts auf ihn fiel, solche innerliche Verletzungen im Unterleibe, dass er daran am 1. August gestorben ist.
25	9. August.	Bürgerschacht I des Actionvereins Zwickauer Bürgergewerkschaft.	Wilhelm Dietzsch.	Fördermann.	Wurde von einem leeren auf dem Bremsberge ohne Seil hereingehenden Hunde überfahren und dabei so verletzt, dass er daran am 10. August gestorben ist.

Tag des Unglücksfalles.	Name des Werkes.	Name des Verunglückten.	Arbeitsverhältniss.	Veranlassung des Unglücksfalles.
7. Septbr.	Steinkohlenwerk Schmidt's Erben zu Bockwa (Fortunaschacht zu Hinterneudörfel bei Zwickau).	Carl Ludwig Müller.	Fahrgehülfe.	Ist beim Ausfahren auf dem Gerüst, und zwar auf der Hundebordwand aufrecht stehend, beim Aufgang des Gerüstes jedenfalls von den Oberkanten der langen Hundebordwände abgeschnappt, dadurch ausserhalb des Gerüstes zwischen dieses und die Schachtzimmerung gerathen und, nachdem das Gerüste an ihm vorübergegangen war, in den Schacht abgefallen und hat dabei ausser anderen Verletzungen eine Zertrümmerung des Hinterkopfes erlitten, so dass er sofort gestorben ist.
13. Septbr.	Auroraschacht des Zwickauer Steinkohlenbau-Vereins zu Zwickau.	Heinrich Richard Pilz.	Steiger.	Wurden durch Explosion schlagender Wetter tödtlich verbrannt.
desgl.	desgl.	Carl Herrmann Dietel.	Häuer.	
24. Novbr.	Tiefbauschacht des Erzgebirgischen Steinkohlenbauvereins zu Schedewitz.	Carl Julius Kolobius.	Zimmerling.	Hat beim Ausfahren in der Tonne vorzeitig aus derselben aussteigen wollen, ist dabei in den Schacht gestürzt und hierbei in Folge Zertrümmerung des Hinterschädels sofort getödtet worden.
20. Decbr.	Einigkeitschacht des Zwickauer Brückenberg Steinkohlenbau-Vereins zu Zwickau.	Moritz August Schubert.	Anschläger.	Stürzten beim Ausfahren auf dem Gerüst in Folge Bruches der Oese der Spindel oder Zugstange des Gerüstes mit dem Gerüst in den ziemlich tiefen und ziemlich tief mit Wasser gefüllten Schachtsumpf und haben dabei höchstwahrscheinlich durch Ertrinken ihren Tod gefunden.
desgl.	desgl.	Carl Ernst Sonntag.	desgl.	

No.	Tag des Unglücksfalles.	Name des Werkes.	Name des Verunglückten.	Arbeitsverhältniss.	Veranlassung des Unglücksfalles.
32	25. Decbr.	Oberhohndorfer Steinkohlenwerk zu Oberhohndorf b. Zwickau.	Friedrich Gustav Gnüchtel.	Häuer.	Wurde durch Explosion schlagender Wetter verbrannt und starb am 30. December an den erlittenen Verletzungen.

c. Bei dem Braunkohlenbergbau.

1. Berginspectionsbezirk Chemnitz.

No.	Tag des Unglücksfalles.	Name des Werkes.	Name des Verunglückten.	Arbeitsverhältniss.	Veranlassung des Unglücksfalles.
33	26. Juni.	Braunkohlenwerk Gottes Segen zu Beiersdorf.	Carl Wilhelm Gotthardt Lutze.	Fördermann.	Wurde von einem plötzlich hereingehenden Holzstamme getroffen und dabei so verletzt, dass er am 27. Juni gestorben ist.
34	8. Novbr.	Braunkohlenwerk Rathsgrube zu Beckwitz.	Johann Friedrich Jacob.	Fördermann.	Ist von plötzlich hereingegangener Kohle verschüttet und erstickt worden.

2. Berginspectionsbezirk Dresden.

No.	Tag des Unglücksfalles.	Name des Werkes.	Name des Verunglückten.	Arbeitsverhältniss.	Veranlassung des Unglücksfalles.
35	30. März.	Braunkohlenwerk Gottes Segen zu Olbersdorf.	August Pohl.	Bergarbeiter.	Sind in Schwaden erstickt.
36	desgl.	desgl.	Friedrich Schön.	desgl.	
37	8. Juni.	Ebermann's Braunkohlenwerk in Seitendorf.	Ernst Staub.	Bergarbeiter.	Wurde von hereingegangenen klaren Braunkohlen verschüttet und erstickt.
38	22. Juni.	Braunkohlenwerk Hoffnung Gottes zu Zittau.	August Kober.	Grubenjunge.	Ertrank in plötzlich hereinbrechenden Wassern.
39	23. Decbr.	Renger's und Genossen Braunkohlenwerk in Türchau.	Friedrich Ernst Lindemann.	Häuer.	Ist von, in Folge Bruchs von Zimmerung unvermuthet hereingegangener Dachkohle verschüttet und erdrückt oder erstickt worden.

XI. Bei dem Bergbau im Jahre 1878 bestrittene Ausgaben für Gesundheitspflege.

Diese Ausgaben werden bei dem Erzbergbau für das ständige Personal von den Gruben aus eigenen Mitteln, bei dem Steinkohlen- und Braunkohlen-Bergbau aber von den betreffenden Knappschafts- und anderen Unterstützungscassen gedeckt.

	Belegschaft.	In der Cur befanden sich:	Betrag des Aufwandes für Gesundheitspflege.							
			Curkosten.		Krankenlöhne.		Summa.		Im Durchschnitt pro Mann der Belegschaft.	
	Mann.	Mann.	ℳ	₰.	ℳ	₰.	ℳ	₰.	ℳ	₰.
1. Bei dem Erzbergbau.										
Bergrevier Freiberg . . .	6422	2575	25440	7	39625	4	65065	11	10	13,1
„ Altenberg . .	379	45	563	80	1230	40	1794	20	4	73,4
„ Marienberg . .	144	18	225	75	564	65	790	40	5	49,0
„ Schwarzenberg, als:										
Abthlg. Johanngeorgenstadt	143	5	76	45	275	58	352	3	2	46,1
„ Schneeberg . . .	646	119	2702	29	5241	87	7944	16	12	29,7
„ Scheibenberg . .	160	3	24	50	160	36	184	86	1	15,5
Summa 1.	7894	2765	29032	86	47097	90	76130	76	9	64,4
d. i. **mehr**, weniger als im Jahre 1877	9	**16**	**2280**	**69**	**5683**	**18**	**7963**	**87**	**1**	**1,9**
2. Bei dem Steinkohlenbergbau.										
Berginspection Chemnitz	3404	3539	33542	98	34656	88	68199	86	20	3,5
„ Dresden	3214	1596	23142	9	16808	85	39950	94	12	43,0
„ Zwickau	9700	9613	100950	26	121198	82	222149	8	22	90,1
Summa 2.	16318	14748	157635	33	172664	55	330299	88	20	24,1
d. i. **mehr**, weniger als im Jahre 1877	180	490	**7613**	**73**	12053	9	4439	36	—	4,8
3. Bei dem Braunkohlenbergbau.										
Berginspection Chemnitz .	1337	304	3142	38	2117	35	5259	73	3	93,3
„ Dresden .	1241	414	3296	13	2300	17	5596	30	4	50,9
Summa 3.	2578	718	6438	51	4417	52	10856	3	4	21,1
d. i. **mehr**, weniger als im Jahre 1877 . .	278	**10**	1982	22	1730	55	3712	77	—	89,0
Hauptsumme des Aufwandes für Gesundheitspflege	26790	18231		.		.	417286	67	15	57,6
d. i. gegen 1877 **mehr**, weniger	467	464	.	.		.	188	26	—	**26,0**

22

XII. Zustand der bei dem Bergbau bestehenden Knapp-

A. Knappschafts-Cassen.	Mitgliederzahl.	Cassenbestand vom Jahre 1877.		Einnahme im Jahre 1878. Beiträge der Mitglieder.		Beiträge der Werke.		Zinsen etc.		Summa.	
		ℳ	₰	ℳ	₰	ℳ	₰	ℳ	₰	ℳ	₰
1. Bei dem Erzbergbau.											
Bergrevier Freiberg . . .	5779	1008894	53	111066	75	104136	49	43620	54	258823	78
„ Altenberg . .	323	48608	78	2401	64	2328	43	2693	38	7423	45
„ Marienberg . .	141	51787	51	.	.		.	.	.	13022	42
„ Schwarzenberg, als:											
Abthlg. Johanngeorgenstadt	140	16618	38	.	.		.	.	.	5641	13
„ Schneeberg . . .	597	125867	36	.	.	.	.	.	.	28240	23
„ Voigtsberg . . .	20	44646	—	.	.	.	.	.	.	5454	76
„ Scheibenberg . .	158	54462	37	1732	93	1362	92	5128	—	8223	85
Summe 1. Knappschafts-Cassen bei dem Erzbergbau	7158	1350884	93	115201	32	107827	84	51441	92	326829	62
2. Bei dem Steinkohlenbergbau.											
a. Berginspectionsbezirk Chemnitz.											
Gottes Segen zu Lugau .	510	143285	6	15389	68	6662	9	7014	28	29066	5
Lugauer Steinkohlenbau-Verein	407	90934	37	11046	3	5523	—	5255	77	21824	80
Lugau - Niederwürschnitzer Steinkohlenbau-Verein .	375	142529	49	10432	35	3764	50	18350	83	32547	68
Lugauer Bergbaugesellschaft „Rhenania“	260	26228	40	5917	70	2958	85	4515	24	13391	79
Steinkohlenbau-Verein „Concordia“	182	8841	11	5130	23	2374	68	358	77	7863	68
Steinkohlenbau-Verein „Deutschland“	148	18612	33	4645	85	2866	20	697	4	8209	9
Oelsnitzer Bergbaugesellschaft	389	71137	49	10966	15	4438	34	3486	95	18891	44
Fürstl. Schönburg'sches Steinkohlenwerk . . .	336	53071	24	6140	95	2720	—	3477	1	12337	96
Steinkohlenbau-Verein „Kaisergrube“	206	14760	25	5430	10	2511	20	609	—	8550	30
Gersdorfer Steinkohlenbau-Verein	116	23993	47	1036	42	1754	4	1105	50	6895	96
Hohndorfer Steinkohlenbau-Verein	116	8483	95	3408	3	1555	75	432	47	5396	25
Bockwa - Hohndorfer „Vereinigt Feld“ . . .	129	11494	37	3448	60	1633	56	668	63	5750	79

schafts-, Kranken- und anderen Unterstützungs-Cassen.

Ausgabe im Jahre 1878.								Cassenbestand am Schlusse des Jahres 1878.				Zahl der Pensions-Empfänger.			
Knappschafts-Pension.		Krankenlöhne, Cur- und Medicinal-Kosten.		Sonstige Ausgaben.		Summa.		Ueberhaupt in zinsbaren Capitalien und baar.		Im Durchschnitt pro Mitglied.		Invaliden.	Wittwen.	Waisen.	In Summa.
ℳ	₰	ℳ	₰	ℳ	₰	ℳ	₰	ℳ	₰	ℳ	₰				
258117	10	75	—	8341	54	266533	64	1001184	67	173	24	1251	1943	901	4095
7797	68	69	45	1538	37	9405	50	46626	73	144	35	102	119	34	285
.	.	.	.	.	.	13862	18	50947	75	361	33	98	173	49	320
.	.	.		.	.	7907	57	14351	94	102	51	33	163	48	244
.	.	.	.	.	.	29232	94	124874	65	209	17	64	538	190	792
.	.	.	.	.	.	4308	91	45791	85	2289	59	7	9	22	38
.	.	.	.	.	.	5733	85	56952	37	360	45	17	37	19	73
265914	78	144	45	9879	91	336984	59	1340729	96	187	30	1572	3012	1263	5847
11557	45	9222	33	2492	27	23272	5	149079	6	292	31	25	47	49	121
2087	81	9442	85	2172	38	14003	4	98756	13	242	64	5	6	13	24
16435	86	8229	67	1181	34	25846	87	149230	30	397	94	54	27	51	132
1021	20	5128	46	2817	70	8967	36	30652	83	117	89	1	3	12	16
1640	75	4569	49	274	75	6484	99	10219	80	56	15	—	6	13	19
721	76	3609	35	554	70	4885	81	21935	61	148	21	—	4	8	12
8307	12	8920	77	1817	46	19045	35	70983	58	182	47	18	24	40	82
3331	75	4437	20	383	5	8152	—	57257	20	170	40	14	23	24	61
920	4	3488	64	475	5	4883	73	18426	82	89	45	1	3	5	9
1644	28	2346	93	1937	90	5929	11	24960	32	215	17	2	3	6	11
913	81	3047	72	313	95	4275	48	9604	72	82	79	2	2	10	14
742	89	3172	27	336	80	4251	96	12993	20	100	72	—	6	19	25

	Mitgliederzahl.	Cassenbestand vom Jahre 1877.		Einnahme im Jahre 1878. Beiträge der Mitglieder.		Beiträge der Werke.		Zinsen etc.		Summa.	
		ℳ	₰	ℳ	₰	ℳ	₰	ℳ	₰	ℳ	₰
Niederwürschnitz-Kirchberger Steinkohlenactien-Verein (Facius Werk).	27	75359	71	—	—	—	—	834	28	834	28
Sewald's Braunkohlenwerk (Auflässig geworden.)	—	15082	25	30	36	15	15	524	91	570	42
Hohndorf-Bernsdorfer Steinkohlenbau-Verein . . .	—	6238	98	—	—	—	—	—	—	—	—
Niedererzgebirgischer Steinkohlenbau-Verein „Teutonia"	—	17730	67	—	—	—	—	—	—	—	—
Summe a.	3201	727783	14	86022	45	38777	36	47330	68	172130	49
b. Berginspectionsbezirk Dresden.											
Fiscal. Steinkohlenwerke im Plauen'schen Grunde . .	1195	549684	92	35698	12	35612	12	31124	28	102434	52
Grube „Morgenröthe" (Brendel)	19	15491	67	1485	16	688	69	676	70	2850	55
Freiherrl. von Burgk'sche Steinkohlenwerke . . .	1169	154553	11	56470	18	28586	45	9716	48	94773	11
Hänichener Steinkohlenbau-Verein	441	54324	76	8735	—	4367	50	6867	86	19970	36
Potschappler Actienverein . (Auflässig geworden.)	124	6013	12	—	—	—	—	—	—	—	—
Summe b.	2948	780067	58	102388	46	69254	76	48385	32	220028	54
c. Berginspectionsbezirk Zwickau.											
Zwickauer Steinkohlenbau-Verein	826	311205	30	25402	9	12701	5	15239	25	53342	39
Zwickauer Bürgergewerkschaft	804	310131	68	26431	24	12703	53	13244	80	52379	57
Zwickauer Brückenberg-Steinkohlenbau-Verein .	1181	129623	73	33474	66	16737	34	17890	9	68102	9
von Arnim'sche Steinkohlenwerke	553	246958	29	19718	37	13038	92	11259	8	44016	37
Erzgebirgischer Steinkohlenaction-Verein	1213	545653	72	43440	72	21720	37	23041	1	88202	10
Bockwa-Oberhohndorfer Knappschaftscasse . .	3821	563960	70	117020	10	88753	65	23784	96	229558	71
Oberhohndorfer-Forst-Steinkohlenbau-Verein . . .	269	91824	29	8608	35	3718	21	3977	—	16303	56

Ausgabe im Jahre 1878.								Cassenbestand am Schlusse des Jahres 1878.				Zahl der Pensions-Empfänger.			
Knappschafts-Pension.		Krankenlöhne, Cur- und Medicinal-Kosten.		Sonstige Ausgaben.		Summa.		Ueberhaupt in zinsbaren Capitalien und baar.		Im Durchschnitt pro Mitglied.		Invaliden.	Wittwen.	Waisen.	In Summa.
ℳ	δ	ℳ	δ	ℳ	δ	ℳ	δ	ℳ	δ	ℳ	δ				
—	—	496	54	66154*)	76	66651	30	9542	69	353	43	—	—	—	—
234	20	85	9	15333	38	15652*)	67	—	—	—	—	2	2	4	8
—	—	—	—	—	—	—	—	6238	98	—	—	—	—	—	—
—	—	—	—	17730	67	17730*)	67	—	—	—	—	—	—	—	—
49558	92	66197	31	114276	16	230032	39	669881	24	209	27	124	156	254	534
75836	95	17781	8	3783	70	97401	73	554717	71	464	19	138	283	232	653
2270	32	226	8	200	27	2696	67	15645	55	823	45	6	11	—	17
1689	25	14867	42	14633	55	81190	22	168136	—	143	82	111	388	351	850
7418	50	6748	79	4429	6	18596	35	55698	77	126	30	44	44	55	143
—	—	—	—	6013	12	6013	12	—	—	—	—	—	—	—	—
7215	2	39623	37	29059	70	205898	9	794198	3	269	40	299	726	638	1663
5090	46	18941	31	2484	4	56515	81	308031	88	372	92	60	86	80	226
0997	30	16832	34	3994	4	41823	68	320987	57	399	23	41	56	75	172
8509	35	40730	68	5819	36	75059	39	122666	43	103	86	80	53	120	253
7654	83	17800	92	5149	70	50605	45	240369	21	434	66	44	66	69	179
8487	11	26650	64	6362	2	91499	77	542356	5	447	11	116	116	150	382
9091	69	74110	93	10941	48	224144	10	569375	31	149	1	404	351	491	1246
5888	90	7293	48	880	25	14062	63	94065	22	349	68	10	16	30	56

*) Ist vertheilt worden.

	Mitgliederzahl.	Cassenbestand vom Jahre 1877.		Einnahme im Jahre 1878. Beiträge der Mitglieder.		Beiträge der Werke.		Zinsen etc.		Summa.	
		M.	₰.	M.	₰.	M.	₰.	M.	₰.	M.	₰.
Zwickau-Oberhohndorfer Steinkohlenbau-Verein .	755	160036	29	23090	84	10974	12	6529	18	40594	14
Summe c.	9422	2359694	—	297186	37	180347	19	114965	37	592498	93
Summe 2. Knappschaftscassen bei dem Steinkohlenbergbau	15571	3867544	72	485597	28	288379	31	210681	37	984657	96
3. Bei dem Braunkohlenbergbau.											
a. Berginspectionsbezirk Chemnitz.											
Vacat.											
b. Berginspectionsbezirk Dresden.											
Geissler's Braunkohlenwerk (Hoffnung Gottes) . .	50	1046	84	387	90	193	95	101	14	682	99
Wagner's Braunkohlenwerk	.	. *)	.	.	.	.	.	.	.	.	.
„Glück auf" zu Zittau . .	35	2561	3	189	60	82	90	70	—	342	50
Schubert's Braunkohlenwerk	101	10961	92	1178	12	589	21	491	70	2259	3
Schnitter's Braunkohlenwerk (Riedel)	12	70	58	103	5	.	.	.	.	103	5
Braunkohlenwerk „zur guten Hoffnung"	40	918	36	151	50	16	70	—	69	168	89
Heidrich's Braunkohlenwerk	17	1273	5	191	92	97	46	—	—	292	38
Burkhardt's Braunkohlenwerk	14	1818	89	125	87	62	87	60	—	218	74
G. Posselt's Braunkohlenwerk	12	105	40	53	50	26	—	—	—	79	50
G. Bischoff's Braunkohlenwerk	11	409	30	51	40	10	60	11	—	73	—
Heidrich's in Türchau Braunkohlenwerk	12	—	—	96	15	43	7	6	—	145	22
Hennig's Braunkohlenwerk	11	54	80	64	5	8	—	—	—	72	5
„Hilfe Gottes" zu Giessmannsdorf	17	60	80	128	20	64	10	46	—	238	30
Schröter's Braunkohlenwerk	45	1388	49	256	20	127	65	61	99	445	84
Summe b.	377	20669	46	2980	46	1322	51	848	52	5151	49
Summe 3. Knappschaftscassen bei dem Braunkohlenbergbau	377	20669	46	2980	46	1322	51	848	52	5151	49
Summe A. Bergknappschaftscassen . . .	23106	5239099	11		.		.		.	1316639	7

*) Ist mit der Knappschaftscasse „Glück auf" vereinigt worden.

Ausgabe im Jahre 1878.)								Cassenbestand am Schlusse des Jahres 1878.				Zahl der Pensions-Empfänger.			
Knappschafts-Pension.		Krankenlöhne, Cur- und Medicinal-Kosten.		Sonstige Ausgaben.		Summa.		Ueberhaupt in zinsbaren Capitalien und baar.		Im Durchschnitt pro Mitglied.		Invaliden.	Wittwen.	Waisen.	In Summa.
ℳ	₰	ℳ	₰	ℳ	₰	ℳ	₰	ℳ	₰	ℳ	₰				
10752	39	19329	78	1752	48	31834	65	168795	78	223	57	24	22	39	85
326472	3	221690	8	37383	37	585545	48	2366647	45	251	18	779	766	1054	2599
513245	97	327510	76	180719	23	1021475	96	3830726	72	246	2	1202	1648	1946	4796
83	20	643	70	8	40	735	30	994	53	19	89	2	—	—	2
.	.	.	.	.	.	.	.	.	.	.	.	.	.	.	.
96	90	174	98	101	34	373	22	2530	31	72	29	5	1	3	9
23	25	949	56	88	30	1061	11	12159	84	120	39	2	—	—	2
120	—	46	30	67	85	234	15	—*)	—	—	—	—	2	5	7
—	—	81	75	26	50	108	25	979	—	24	47	—	—	—	—
52	—	14	20	50	—	116	20	1449	23	85	25	—	2	—	2
—	—	25	35	107	—	132	35	1935	28	138	23	—	—	—	—
36	—	16	50	7	50	60	—	124	90	10	40	—	—	2	2
—	—	89	92	—	—	36	92	445	38	40	49	—	—	—	—
—	—	19	60	—	—	19	60	125	62	10	46	—	—	—	—
34	5	6	20	6	—	46	25	80	60	7	32	—	—	—	—
18	—	138	44	54	—	263	44	35	66	2	9	—	—	—	—
52	—	269	2	77	46	398	48	1435	85	31	90	—	2	—	2
515	40	2475	52	594	35	3585	27	22296	20	59	14	9	7	10	26
515	40	2475	52	594	35	3585	27	22296	20	59	14	9	7	10	26
.	.	.		.		1362045	82	5193752	88	226	74	2783	4667	3219	10669

*) 60 Mark 52 Pf. Schuld.

B. Kranken- und andere Unterstützungscassen.	Mitgliederzahl.	Cassenbestand vom Jahre 1877.		Einnahme im Jahre 1878.							
				Beiträge der Mitglieder.		Beiträge der Werke.		Zinsen etc.		Summa.	
		ℳ	₰	ℳ	₰	ℳ	₰	ℳ	₰	ℳ	₰
1. Bei dem Steinkohlenbergbau.											
a. Berginspectionsbezirk Chemnitz.											
Vereins Glück zu Oelsnitz . . .	125	14999	4	3344	7	1672	5	764	19	5780	31
Steinkohlenwerk von Facius „Johannisschacht"	27	Neue Casse.		248	7	124	4	12	93	385	4
Summe a.	152	14999	4	3592	14	1796	9	777	12	6165	35
b. Berginspectionsbezirk Dresden.											
Schönberg's Steinkohlenwerk . .	7	5064	13	311	74	20	—	227	88	559	62
Fiscalisches Anthracitwerk zu Schönfeld*)	10	4574	27	399	90	399	90	188	30	988	10
Summe b.	17	9638	40	711	64	419	90	416	18	1547	72
c. Berginspectionsbezirk Zwickau.											
H. G. List's Erben	85	2090	85	—	—	488	11	—	—	488	11
C. G. Kästner's Steinkohlenwerk .	122	578	26	411	20	200	—	2	40	613	60
Summe c.	207	2669	11	411	20	688	11	2	40	1101	71
Summe 1. Kranken- und andere Unterstützungscassen bei dem Steinkohlenbergbau	376	27306	55	4714	98	2904	10	1195	70	8814	78
2. Bei dem Braunkohlenbergbau.											
a. Berginspectionsbezirk Chemnitz.											
Borna-Lobstädt	17	1047	79	76	60	38	30	30	26	145	16
Glückauf	26	202	40	306	50	155	—	—	—	461	50
Belohnung	27	Neue Casse.		201	64	100	82	2	—	304	46
Himmelreich	35	228	38	194	85	97	43	8	15	300	43
Henning's Braunkohlengrube . .	43	25	44	210	45	180	—	—	—	390	45
Frisch Glück zu Brandis . . .	22	127	38	103	72	—	—	—	—	103	72
Fuchshain	19	511	54	320	—	81	—	22	95	423	95
Döbener Pfarrlehn	18	740	60	—	—	40	—	—	—	40	—
Hessel's Braunkohlenwerk**) . .	21	—	—	—	—	—	—	—	—	—	—
Hahn und Julius's Braunkohlenwerk	46	307	56	467	—	225	—	26	24	718	24
Weber und Schroth's Braunkohlenwerk	22	866	70	56	70	29	—	44	50	130	20

*) Zu dieser Casse gehören auch die fiscalischen Kalkwerke zu Hermsdorf und Zaunhaus.
**) Diese Casse ist aufgelöst worden.

Ausgabe im Jahre 1878.						Cassenbestand am Schlusse des Jahres 1878.			
…ankenlöhne, Cur- und Medicinal-Kosten.		Sonstige Ausgaben.		Summa.		Ueberhaupt in zinsbaren Capitalien und baar.		Im Durchschnitt pro Mitglied.	
M.	δ.	M.	δ.	M.	δ.	M.	δ.	M.	δ.
1922	86	226	79	2526	29	18253	6	146	2
79	69	—	—	79	69	305	35	11	30
2002	55	226	79	2605	98	18558	41	122	9
231	42	71	—	354	42	5269	33	752	76
96	15	49	75	788	75	4773	62	477	36
327	57	120	75	1143	17	10042	95	590	76
157	—	—	—	857	60	1721	36	20	25
302	—	12	73	314	73	877	13	7	18
459	—	12	73	1172	33	2598	49	12	55
2789	12	360	27	4921	48	31199	85	82	97
110	—	—	—	110	—	1082	95	63	70
223	—	—	—	223	—	440	90	16	95
100	75	2	25	103	—	201	46	7	46
122	75	15	1	137	76	391	5	11	17
359	10	—	—	359	10	56	79	1	32
192	—	—	—	192	—	39	10	1	77
462	30	—	—	462	30	473	19	24	90
50	—	—	—	50	—	730	60	40	58
—	—	—	—	—	—	—	—	—	—
135	92	7	—	142	92	882	88	19	19
87	45	—	—	87	45	909	45	41	33

	Mitgliederzahl.	Cassenbestand vom Jahre 1877.		Einnahme im Jahre 1878. Beiträge der Mitglieder.		Beiträge der Werke.		Zinsen etc.		Summa.	
		ℳ	₰	ℳ	₰	ℳ	₰	ℳ	₰	ℳ	₰
Fiscalisches Braunkohlenwerk zu Kaditzsch	136	3527	69	703	20	703	20	239	41	1645	81
Gottes Segen zu Beiersdorf	34	1357	21	447	—	223	50	17	30	687	80
Agnesgrube zu Zeititz	74	1042	98	747	78	353	49	. 8	10	1109	37
Belohnung zu Lübschütz	28	202	87	145	60	—	—	—	—	145	60
von Hohenthal's Braunkohlenwerk*)	44	291	—	—	—	—	—	—	—	—	—
Mansfeld	69	1754	8	552	75	419	—	68	32	1040	7
Summe a.	681	12233	62	4533	79	2645	74	467	23	7646	76
b. Berginspectionsbezirk Dresden.											
Anna zu Skaska	26	545	84	200	20	—	—	47	27	247	47
Johannes Glück	13	289	15	37	20	—	—	12	—	49	20
von Uckermann'sches Braunkohlenwerk	20	817	45	241	46	—	—	—	—	241	46
Müller's Braunkohlenwerk	10	121	24	—	—	15	—	—	—	15	—
Margarethenhütte	28	2099	91	869	19	60	—	87	50	1016	69
Bergmann's Hoffnung*)	25	683	27	—	—	—	—	—	—	—	—
Kueschke's Braunkohlenwerk	13	1069	22	65	55	—	—	—	—	65	55
von Lippe's Braunkohlenwerk	42	391	49	176	61	88	2	4	—	268	63
Ebermann's Braunkohlenwerk	25	60	—	155	—	—	—	—	—	155	—
Neumann's Braunkohlenwerk	84	424	50	505	60	236	—	2	—	743	60
Germania zu Zittau	5	245	98	49	20	24	90	—	—	74	10
Reichenberger Kohlenbau-Verein	103	1887	78	422	80	211	40	87	60	721	80
Bartel's Braunkohlenwerk	16	2379	8	58	—	29	—	—	—	87	—
A. Posselt's Braunkohlenwerk	9	353	35	25	50	12	75	—	—	38	25
Scheibler's und Gen. Braunkohlenwerk	10	115	76	25	85	12	93	4	—	42	78
Segen Gottes zu Giessmannsdorf	57	1135	62	322	73	161	36	—	—	484	9
Eichler's Braunkohlenwerk	6	181	80	46	10	23	5	1	50	70	65
Johanneszeche	34	59	81	154	30	51	43	—	—	205	73
Hennig's Braunkohlenwerk	—	—	—	—	—	—	—	—	—	—	—
Schnitter's (Riedel's) Braunkohlenwerk	—	—	—	—		—	—	—	—	—	—
Summe b.	526	12861	25	3355	29	925	84	245	87	4527	—
Summe 2. Kranken- und andere Unterstützungscassen bei dem Braunkohlenbergbau	1207	25094	87	7889	8	3571	58	713	10	12173	76
Summe B. Kranken- und andere Unterstützungscassen	1583	52401	42	12604	6	6475	68	1908	80	20988	54

*) Diese Casse ist aufgelöst worden.

Ausgabe im Jahre 1878.								Cassenbestand am Schlusse des Jahres 1878.			
Knappschafts-Pension.		Krankenlöhne, Cur- und Medicinal-Kosten.		Sonstige Ausgaben.		Summa.		Ueberhaupt in zinsbaren Capitalien und baar.		Im Durchschnitt pro Mitglied.	
ℳ	₰	ℳ	₰	ℳ	₰	ℳ	₰	ℳ	₰	ℳ	₰
—	—	1267	99	108	—	1375	99	3797	51	27	92
—	—	463	75	241	95	705	70	1339	31	39	39
106	50	979	74	36	—	1122	24	1030	11	13	92
—	—	86	16	—	—	86	16	262	31	9	36
—	—	—	—	291	—	291	—	—	—	—	—
—	—	618	82	118	69	737	51	2056	64	29	80
106	50	5259	73	819	90	6186	13	13694	25	20	10
—	—	168	47	23	—	191	47	601	84	23	14
—	—	33	30	—	—	33	30	305	5	23	46
—	—	132	40	13	56	145	96	912	95	45	64
—	—	10	—	—	—	10	—	126	24	12	62
—	—	799	79	72	—	871	79	2244	81	80	17
—	—	—	—	683	27	683	27	—	—	—	—
—	—	29	60	—	—	29	60	1105	17	85	1
—	—	203	83	—	—	203	83	456	29	10	86
—	—	95	—	—	—	95	—	120	—	4	8
—	—	482	40	43	—	525	40	642	70	7	65
54	—	176	40	22	25	252	65	67	43	13	48
—	—	581	34	27	—	608	34	2001	24	19	42
—	—	26	50	—	—	26	50	2439	58	152	47
—	—	15	—	3	—	18	—	373	60	41	51
—	—	40	15	3	50	43	65	114	89	11	48
—	—	271	20	60	30	331	50	1288	21	22	60
—	—	30	65	—	—	30	65	221	80	36	96
—	—	24	75	—	—	24	75	240	79	7	8
—	—	—	—	—	—	—	—	—	—	—	— *)
—	—	—	—	—	—	—	—	—	—	—	— *)
54	—	3120	78	950	88	4125	66	13262	59	25	21
160	50	8380	51	1770	78	10311	79	26956	84	22	33
1932	59	11160	63	2131	5	15233	27	58156	69	36	73

*) Als Knappschaftscassen aufgeführt.

C. Im Jahre 1878 bei dem Erzbergbau gewährte Unterstützungen für den Schulunterricht an Bergmannskinder.

	Im Bergrevier								Summa.	
	Freiberg.		Altenberg.		Marienberg.		Schwarzenberg.			
a. Unterstützte Bergmannskinder.	Knaben.	Mädchen.	Knaben.	Mädchen.	Knaben.	Mädchen.	Knaben.	Mädchen.	Knaben.	Mädchen.
Durch Zahlung von Schulgeldern wurden am Anfange des Jahres an Bergmannskindern unterstützt	3036	3149	119	116	105	97	501	527	3761	3889
Im Jahre 1878 kamen hierzu durch Aufnahme in die Schule	393	451	17	17	24	22	94	91	528	581
Summe	3429	3600	136	133	129	119	595	618	4289	4470
Dagegen wurden aus der Schule entlassen	428	562	23	23	27	19	72	83	550	687
Mithin blieben am Schlusse des Schuljahres 1878 zu unterstützen .	3001	3038	113	110	102	100	523	535	3739	3783
b. Ergebnisse der Schulcassen.	ℳ	₰	ℳ	₰	ℳ	₰	ℳ	₰	ℳ	₰
Cassenbestand vom Jahre 1877	6868	55	6158	63	1129	58	1213	94	15400	70
Einnahme im Jahre 1878, als:										
Beiträge aus Staatsmitteln . .	5550	—	315	—	1200	—	3810	—	10905	—
Beiträge aus Bergknappschaftscassen	—	—	51	67	—	—	—	—	51	67
Beiträge von der Mannschaft .	9113	16	—	—	—	—	—	—	9113	16
Zinsen und andere Einnahmen .	228	—	—	—	42	60	—	—	270	60
Gesammtbetrag der Einnahme	14891	16	396	67	1242	60	3810	—	20340	43
Summe	21759	71	6555	30	2372	18	5053	94	35741	13
Davon wurden im Jahre 1878 an Ausgaben bestritten	19645	75	396	67	1239	86	3614	77	24897	5
Mithin sind am Schlusse des Jahres 1878 als Cassenbestand verblieben . .	2113	96	6158	63	1132	32	1439	17	10844	8

D. Stiftungscassen und aus denselben im Jahre 1878 gewährte Unterstützungen.

Name der Stiftung, p. der Unterstützung.	Betrag des Capitals am Jahresschlusse 1878.		Im Jahre 1878 gewährte Unterstützungen im Bergrevier									
			Freiberg.		Altenberg.		Marienberg.		Schwarzenberg.		Summa.	
	M.	δ.	M.	δ.	M.	δ.	M.	δ.	M.	δ.	M.	δ.
nann'sche Stiftung zur :erstützung armer Berg- l Hüttenleute, sowie der ttwen und Waisen ver- ·bener dergleichen . .		.	464	10	—	—	—	—	—	—	464	10
di'sche Stiftung zur :erstützung armer Berg- :e zum Besuche eines les	900	—	18	—	—	—	—	—	—	—	18	—
ıpel'sche Stiftung zur ›ung verunglückter und ıker Bergleute . . .	4200	—	205	—	—	—	—	—	—	—	205	—
iesleben'sches Gestift	1275	—	55	7	—	—	—	—	—	—	55	7
r'sches Gestift zur :erstützung Kranker in Bergstiftshäusern . .	3000	—	146	80	—	—	—	—	—	—	146	80
ıd 2. Meissner'sches tift zur Unterstützung ıer Bergmannswittwen			—	—	36	40	—	—	—	—	36	40
ler'sches Gestift . .		.	—	—	52	50	—	—	—	—	52	50
ıpf'sches Legat . .			—	—	12	—	—	—	—	—	12	—
ıng der Altenberger itterstocks-Gewerk- ıaft zur Unterstützung nker und invalider Berg- eiter des Zwitterstock- ·kes, beziehentlich deren ttwen und Waisen . .	1500	—	—	—	14	—	—	—	—	—	14	—
rfürst Moritz'sches stift zur Unterstützung Bergarmuth . . .		.	390	—	446	30	309	75	174	72	1320	77
tz'sches Gestift zur ›ung und Erquickung unglückter oder kranker rgleute	3000	—	142	—	—	—	—	—	—	—	142	—

Name der Stiftung, resp. der Unterstützung.	Betrag des Capitals am Jahresschlusse 1878.		Im Jahre 1878 gewährte Unterstützungen im Bergrevier								Summa.	
			Freiberg.		Altenberg.		Marienberg.		Schwarzenberg.			
	M.	Pf.	M.	Pf.	M.	Pf.	M.	Pf.	M.	Pf.	M.	Pf.
Taube'sches Gestift zur Leistung einer Beihilfe bei Erziehung der Kinder bedürftiger Familien verstorbener Bergleute . .	65775	—	2201	50	120	—	52	50	349	50	2723	50
Werner'sches Gestift zur Unterstützung armer Bergleute und von Bergmanns-Wittwen und Waisen, sowie zu Stipendien für zwei Freiberger Bergschüler .	22575	—	422	10	25	20	63	—	239	40	750	—
Fond für hilfsbedürftige Personen bei dem Bergmannsstande	6300	—	295	10	—	—	—	—	—	—	295	10
Tettau'sches Legat zur Unterstützung der Hinterlassenen verunglückter Bergleute des Obererzgebirges	3862	50	—	—	—	—	—	—	148	40	148	40
Römer'sches Legat zur Unterstützung hochbejahrter Almosenpercipienten im Marienberger Revier . .			—	—	—	—	15	42	—	—	15	42
Freundschafts-Gestift zur Unterstützung der Bergarmuth		.	—	—	—	—	—	—	10	83	10	83
Hesse'sches Gestift zur Unterstützung der Bergarmuth			—	—	—	—	—	—	70	30	70	30
Karstenbruck'sches Gestift zu Unterstützung armer Bergleute . . .	1210	74	—	—	—	—	—	—	36	—	36	—
Zeidler'sches Gestift zur Unterstützung verunglückter Bergleute und von Hinterlassenen dergleichen . .	1080	18	—	—	—	—	12	—	48	21	60	21
Wenk'sches Legat zur Unterstützung armer Bergmanns-Wittwen des Obererzgebirges	3375	—	—	—	—	—	68	—	48	—	116	—

Name der Stiftung, resp. der Unterstützung.	Betrag des Capitals am Jahresschlusse 1878.		Im Jahre 1878 gewährte Unterstützungen im Bergrevier								Summa.	
			Freiberg.		Altenberg.		Marienberg.		Schwarzenberg.			
	M	₰	M	₰	M	₰	M	₰	M	₰	M	₰
Grossschupf'sches Gestift zur Unterstützung kranker Armer im Schneeberger Revier	3 Blaufarbenwerks-Antheile.		—	—	—	—	—	—	84	—	84	—
Milich'sches Gestift zur Unterstützung der Bergarmuth	67005	76	563	—	560	—	570	—	559	—	2252	—
Ziegler'sches Gestift zur Verpflegung armer kranker Bergarbeiter und deren Angehörigen			—	—	—	—	—	—	75	—	75	—
Haldenluster Gestift zur Unterstützung von zwei hilfsbedürftigen Bergleuten			—	—	—	—	—	—	15	—	15	—
Unterstützung aus der Schneeberger Bergamts-Armen- und Hilfscasse			—	—	—	—	—	—	172	—	172	—
Unterstützung aus dem Schneeberger grünen Kirchenkästel			—	—	—	—	—	—	97	20	97	20
Unterstützung hilfsbedürftiger Bergleute zu Neustädtel und Schneeberg zu Anschaffung von Brennmaterialien			—	—	—	—	—	—	115	19	115	19
Summe D.	185059	18	4902	97	1266	40	1090	67	2242	75	9502	79

E. Bergmagazin- und Theuerungszulagen-Fonds.

	Bergmagazincasse zu				Theuerungs-zulagen-Fond im Marienberger und Annaberger Revier.		Summa.	
	Freiberg.		Johann-georgenstadt.					
	ℳ	₰	ℳ	₰	ℳ	₰	ℳ	₰
Einnahme.								
Cassenbestand aus dem Jahre 1877 .	529372	91	115345	11	154139	2	798857	4
Beiträge der Gruben	11529	—	—	—	—	—	11529	—
Capitalzinsen und Nebeneinnahmen .	25634	70	4360	—	6973	75	36968	45
Aus dem Korn- und Mehlverkauf .	—	—	—	—	—	—	—	—
Summe	566536	61	119705	11	161112	77	847354	49
Davon sind im Jahre 1878 an **Ausgaben** bestritten worden:								
Verwaltungskosten	390	—	307	84	375	—	1072	84
Theuerungszulagen und Brodgeldzuschüsse	11376	45	—	—	—	—	11376	45
Zuschüsse an Bergknappschaftscassen	—	—	—	—	4036	—	4036	—
Vorschussrestitution	—	—	—	—	1500	—	1500	—
Andere Ausgaben	99	62	2091	42	2010	32	4201	36
Summe	11866	7	2399	26	7921	32	22186	65
Es verblieben daher als								
Cassenbestand am Jahresschlusse 1878	541410	54	117305	85	153191	45	811907	84
Hierüber:								
Aussenstehende Forderungen . . .	13260	—	—	—	—	—	13260	—
Werth der Getreidevorräthe . . .	—	—	—	—	—	—	—	—
Summe des Activvermögens	554670	54	117305	85	153191	45	825167	84
Dagegen								
Summe des Passivvermögens	—	—	17994	59	5700	—	23694	59
Mithin:								
Nettovermögen am Jahresschlusse 1878	554670	54	99311	26	147491	45	801473	25

Zusammenstellung
des Vermögens der bei dem Bergbau bestehenden Unterstützungscassen und der bei denselben im Jahre 1878 bestrittenen Ausgaben.

Namen der Cassen.	Vermögensbestand am Anfange des Jahres 1878. ℳ	₰	Vermögensbestand am Schlusse des Jahres 1878. ℳ	₰	Vermehrung des Vermögens im Jahre 1878. ℳ	₰	Verminderung des Vermögens im Jahre 1878. ℳ	₰	Betrag der Ausgaben im Jahre 1878. ℳ	₰
A. Knappschaftscassen.										
Bei dem Erzbergbau . .	1350884	93	1340729	96	—	—	10154	97	336984	59
Bei dem Steinkohlenbergbau	3867544	72	3830726	72	—	—	36818	—	1021175	96
Bei dem Braunkohlenbergbau	20669	46	22296	20	1626	74	—	—	3585	27
Summe **A.**	5239099	11	5193752	88	—	—	45346	23	1362015	82
B. Krankencassen.										
Bei dem Erzbergbau . .	—		—	—	—	—	—	—	76130	76
Bei diesem, die Krankenlöhne, Cur- und Medicinalkosten direct aus den Grubencassen selbst bestreitenden Bergbauzweig hatten nach Seite 169 die gedachten Kosten die hier mit aufgerechnete Höhe.										
Bei dem Steinkohlenbergbau	27306	55	31199	85	3893	30	—	—	1921	48
Bei dem Braunkohlenbergbau	25094	87	26956	84	1861	97	—	—	10314	79
Summe **B.**	52401	42	58156	69	5755	27	—	—	91364	3
C. Schulcassen bei dem Erzbergbau	15400	70	10844	8	—	—	4556	62	24897	5
D. Stiftungscassen bei dem Erzbergbau	162495	92	185059	18	22563	26	—	—	9502	79
E. Bergmagazin- und Theuerungszulagen-Fonds bei demselben .	772462	45	801473	25	29010	80	—	—	22186	65
Hauptsumme	6241859	60	6249286	8	7426	48	—	—	1509996	34

Statistische Mittheilungen

über das

Hüttenwesen.

Eisenhüttenwerke.

Ueber das Eisenhüttenwesen in Sachsen theilen wir die nachstehenden, den Betrieb in den Jahren 1877 und 1878 nach der neueren Nomenclatur des Eisens kennzeichnenden Erhebungsresultate mit, welche wir der von dem Kaiserl. Statistischen Amte zu Berlin herausgegebenen Statistik des Deutschen Reiches entnommen haben.

I. Production von Roheisen und Gusswaaren erster Schmelzung.	1877.	1878.
Anzahl der betriebenen Werke	4	2
„ „ beschäftigten Arbeiter	784	175
„ „ in Betrieb gewesenen Hohöfen	4	2
Betriebsdauer derselben während des Jahres in Wochen	112	82
d. i. im Durchschnitt pro Ofen	28	41
Erz-Verarbeitung.	Centner.	Centner.
Inländische Erze	413435	485416
Zollausländische Erze	8439	31038
Summe	421874	516454
Production.		
Holzkohlenroheisen (Masseln, Gusswaaren I. Schmelzung, Bruch- und Wascheisen)	30515	12818
Steinkohlen- und Coaks-Roheisen	130500	147410
	Mark.	Mark.
Werth dieser Production	672588	619739
d. i. im Durchschnitt pro Centner	$4_{,18}$	$3_{,87}$
II. Industrie der Roheisen-Verarbeitung.		
Mit der Roheisen-Verarbeitung beschäftigten sich:		
Eisengiessereien (für Gusswaaren zweiter Schmelzung)	100	107
Schweisseisenwerke (für Schmiedeeisen und Stahl) .	13	11
Flusseisenwerke	2	2
also überhaupt Werke	115	120

Die Zahl der beschäftigten Arbeiter betrug	1877.	1878.
bei den Eisengiessereien	2966	3413
„ „ Schweisseisenwerken	733	769
„ „ Flusseisenwerken	271	176
also überhaupt	3970	4358

Im Gange waren:

	1877.	1878.
bei den Eisengiessereien:		
Kupolöfen	137	110
Flammöfen	4	6
andere Oefen	33	42
bei den Schweisseisenwerken:		
Frischfeuer	6	5
Puddelöfen	10	10
Schweissöfen	24	23
Wärm- und Glühöfen	5	3
andere Oefen	3	2
bei den Flusseisenwerken:		
Bessemerbirnen	4	4
Gussstahlöfen	2	3
Kupolöfen	4	4
Wärm- und Glühöfen	12	12
andere Oefen	7	2

	Centner.	Centner.
Die bei der Roheisen-Verarbeitung erzielte Production bestand in	1298042	1320368
und zwar:		
in Gusswaaren zweiter Schmelzung	748908	722772
„ Fabrikaten von Schweisseisen (Schmiedeeisen und Stahl)	215665	229231
„ Flusseisenfabrikaten	333468	368365
und	Mark.	Mark.
der Werth dieser Production betrug	13348167	12621712
und zwar:		
für Gusswaaren zweiter Schmelzung	8259375	7416025
d. i. pro Centner	11,03	10,26
für Fabrikate von Schweisseisen	1670192	1665387
d. i. pro Centner	7,74	7,27
für Flusseisenfabrikate	3418600	3540300
d. i. pro Centner	10,25	9,62

Fiscalische Silber-, Blei- und Kupferhüttenwerke etc.

Die Production der fiscalischen Hüttenwerke bei Freiberg und der Blaufarbenwerke bei Schneeberg war im Jahre 1878 sowohl hinsichtlich der Summe des Gewichts, als auch hinsichtlich der Summe des Werthes der erzeugten Hütten- und Blaufarbenwerks-Producte und -Fabrikate von der des Vorjahres nur wenig verschieden, obwohl sich bei den verschiedenen Producten und Fabrikaten selbst im Vergleich der beiden Jahre ansehnliche Abweichungen ergaben.

Ganz bedeutende Aenderungen traten aber im Jahre 1878 hinsichtlich der Preise der Producte ein; es gingen nämlich nicht nur die Preise des Bleies, des Kupfers, des Zinkes, der Arsenikalien und anderer Hüttenproducte wesentlich zurück, sondern auch die des Hauptproducts der hiesigen Betriebe, des Silbers, waren so ansehnlich niedriger, dass die Erzlieferung dadurch wesentlich benachtheiligt wurde.

Die Silberhandelspreise schwankten zwischen 73 M. und 80 M. 75 Pf. pro Pfund. Nach den (Geldcours-) Notirungen des Barrensilbers an der Hamburger Börse betrug:

				der Minimalpreis:	der Maximalpreis:
im	Monat	Januar	1878	77 M. 75 Pf.	79 M. — Pf.
„	„	Februar	„	79 „ — „	80 „ 75 „
„	„	März	„	78 „ 50 „	80 „ — „
„	„	April	„	78 „ 75 „	79 „ 25 „
„	„	Mai	„	77 „ 25 „	78 „ 25 „
„	„	Juni	„	76 „ 75 „	78 „ 25 „
„	„	Juli	„	76 „ 50 „	78 „ — „
„	„	August	„	77 „ — „	77 „ 75 „
„	„	September	„	75 „ 50 „	76 „ 75 „
„	„	October	„	73 „ — „	76 „ 15 „
„	„	November	„	74 „ 55 „	75 „ 10 „
„	„	December	„	73 „ 25 „	75 „ 10 „

und das Sinken setzte sich auch im Jahre 1879 bis zum Monat April fort und nur erst im Monat Mai begann eine Aufbesserung; denn es betrug

				der Minimalpreis:	der Maximalpreis:
im	Monat	Januar	1879	73 M. 75 Pf.	75 M. $12^1/_2$ Pf.
„	„	Februar	„	73 „ $37^1/_2$ „	74 „ 25 „
„	„	März	„	72 „ $42^1/_2$ „	74 „ $37^1/_2$ „
„	„	April	„	72 „ $87^1/_2$ „	74 „ 50 „
„	„	Mai	„	74 „ $12^1/_2$ „	75 „ 75 „
„	„	Juni	„	76 „ 25 „	77 „ 50 „
„	„	Juli	„	76 „ $32^1/_2$ „	77 „ 20 „
„	„	August	„	76 „ — „	77 „ — „

		der Minimalpreis:	der Maximalpreis:
im Monat September	1879	76 M. 25 Pf.	76 M. 42½ Pf.
„ „ October	„	76 „ 17½ „	77 „ 87½ „
„ „ November	„	78 „ 12½ „	79 „ 12½ „
„ „ December	„	76 „ 75 „	77 „ 62½ „

Im Jahre 1878 wurden bei den angegebenen Preisschwankungen von den Schmelzhütten im Durchschnitt 77 M. 92 Pf. als Verkaufspreis erzielt, d. s. 2 M. 81 Pf. weniger als im Vorjahre. Gegenüber dem vor Einstellung der Silbergeldausmünzung in Deutschland bestandenen Normalpreise von 89 M. 50 Pf. berechnet sich daher bei denselben auf die nach S. 193 $73417_{,66}$ Pfund betragende Silberproduction ein Werthsverlust von $73417_{,66}$ $(89_{,50}—77_{,92})$ = 850000 M.; es sind dies dem Jahre 1877 gegenüber, bei einer um rund 5000 Pfund gestiegenen Production, ¼ Million Mark mehr.

I. Im Jahre 1878 bestandene Hüttenwerke etc. und deren Belegung.

No.	Namen der Hüttenwerke.	Mannschaftszahl.				
		Werks-Beamte.	Arbeiter			Summe.
			ständige.	unständige		
				männl.	weibl.	
	A. Fiscalische Hüttenwerke bei Freiberg, und zwar:					
	a. Schmelzhütten und chemische Fabriken:					
1	Muldner Schmelzhütte mit Wismuth-Extractionsanstalt .	8	359	154	4	525
2	Halsbrückner Schmelzhütte mit Kupfervitriolfabrik	7	279	70	—	356
3	Goldscheideanstalt zu Halsbrücke					
4	Muldner Zinkhütte .	unter 6 angegeben	14	6	2	22
5	„ Arsenikhütte . . .	2	44	8	1	55
6	Schwefelsäurefabrik . .	2	84	34	2	122
7	Halsbrückner Schwefelsäurefabrik .	1	33	4	6	44
	b. Metallwaarenfabriken und andere Betriebs-Anstalten:					
8	Bleiwaarenfabrik zu Halsbrücke . .	unter 7 angegeben	7	—	4	11
9	Schrotgiesserei zu Freiberg . . .	1	1	4	—	6
10	Thonwaarenfabrik bei der Muldner Hütte . .	unter 5 angegeben	6	—	—	6
11	Ziegelhütte zu Hilbersdorf	desgl.	3	—	—	3
	Summe A.	21	830	280	19	1150
	B. Blaufarbenwerke bei Schneeberg.					
12	Fiscalisches Blaufarbenwerk zu Oberschlema .	8	88	—	—	96
13	Privatblaufarbenwerk zu Pfannenstiel . . .	6	101	—	—	107
	Summe B.	14	189	—	—	203
	Gesammtbelegung	35	1019	280	19	1353
	Anzahl der von denselben ernährten Angehörigen .					2880

II. Maschinen, Oefen und andere Betriebs-Apparate.

Bei den **fiscalischen Hüttenwerken bei Freiberg**, deren Verarbeitungsquantum an Erzen, Gekrätzen und anderen Schmelz- und Scheidegütern im Jahre 1878 überhaupt $582738_{,4309}$ Centner betrug, waren in dem genannten Jahre in Betrieb:

1) bei der Muldner und bei der Halsbrückner Schmelzhütte:

an Maschinen: 5 verticale Wasserräder, 5 Turbinen und 6 Dampfmaschinen mit einer Stärke von überhaupt 149 Pferdekräften zum Betriebe von 6 Cylindergebläsen, 2 Ventilatoren, 4 Pochwerken mit 46 Stempeln, 2 Erzmahlgängen, 3 Siebmaschinen, 1 Kollermühle, 4 Wasserdruckwerken und 16 Schmiedefeuern nebst div. Werkzeugmaschinen:

an Röstapparaten: 24 Röststadeln mit Rauchableitungen in grosse unterirdische Kanäle, 2 dreitheilige, 3 zweitheilige Sinterröstöfen, 6 zweiheerdige, 1 einheerdiger Röstofen und 4 grosse einheerdige Fortschaufelungsöfen;

an Schmelzapparaten: 6 achtförmige Hohöfen, 1 vierförmiger Hohofen, 4 Schmelzflammöfen, 4 Treibeheerde, 2 Silberraffiniröfen, 6 Bleiraffiniröfen, 3 Bleisaigeröfen und 43 Kesselöfen bei den Pattinson'schen Bleientsilberungs-Anstalten;

an Sublimationsapparaten: ein Arsensublimirofen an der Halsbrückner Schmelzhütte;

an Condensations-Vorrichtungen: ober- und unterirdische Flugstaubkammern mit Canalverbindungen von

$5266_{,985}$	cbm	Fassungsraum bei den	Röstöfen,
1332	„	„ „ „	Schachtöfen,
$6065_{,133}$	„	„ „ „	Flammöfen,
$3415_{,6}$	„	„ „ „	Treibeheerden, den Blei- und Silber-Raffinir- und Saigeröfen,
363	„	„ „ dem	Arsensublimirofen an der Halsbrückner Schmelzhütte,

also überhaupt Condensations-Vorrichtungen von $16442_{,718}$ cbm Fassungsraum;

an Extractionsapparaten: ein Kupfersteinextractionsapparat mit 8 Auflösgefässen für Kupferstein und Kupfervitriol, 47 div. Säure- und Laugenbassins, 5 Klärbassins, 4 Filtrirfässchen und 107 Vitriol-Krystallisationskästen von zusammen 536 cbm Fassungsraum, 3 Siedepfannen für Kupfervitriol von 14 cbm und 1 dergleichen für Eisenvitriol von $5_{,5}$ cbm Fassungsraum; ferner 2 Fällapparate und 1 Auflösapparat nebst 16 div. Bassins und 14 Krystallisationskästen für Eisenvitriol mit zusammen 130 cbm Fassungsraum, ausserdem 2 Dampfkessel zum Kochen von zusammen $58_{,5}$ qm Heizfläche an der Halsbrückner Schmelzhütte, sowie ein Wismuthextractionsapparat von 12 Auflösgefässen und mit Fällgefässen von $17_{,41}$ cbm Rauminhalt an der Muldner Schmelzhütte;

an anderen Betriebsvorrichtungen: 1 Bremsberg und 9 Maschinen-Aufzugs-Vorrichtungen mit überhaupt $9625_{,37}$ m Eisenbahn-Verbindung im Innern der beiden Hüttenreviere:

2) bei der Goldscheideanstalt zu Halsbrücke:

1 Goldscheideapparat mit einem gusseisernen Auflöskessel von $0_{,75}$ cbm, 2 gusseisernen Auskochkesseln, ferner 6 Fällgefässen von $6_{,3}$ cbm Rauminhalt, 1 Goldglühofen, 1 Ausglühretorte, 3 Silber- und Goldeinschmelzöfen nebst einem Condensationsapparat für die abziehenden Säuredämpfe mit Bleikammer von 25 cbm Fassungsraum;

3) bei der Muldner Zinkhütte:

3 Fortschaufelungs-Röstöfen, 2 Destillationsöfen von überhaupt 64 Muffeln mit Simens'scher Regenerativ-Gasfeuerung, sowie 1 Raffinirofen;

4) bei der Muldner Arsenikhütte:

9 Destillations-Röhrenöfen, 2 Galeeren-Oefen und 2 Läuteröfen für Rothglas und metallisches Arsen, 2 Sublimir-Röstöfen für Arsenmehl, 20 Kesselöfen für Weiss- und Gelbglas und 1 Kugelmühle für das Mahlen von Rothglas;

5) bei den beiden Schwefelsäurefabriken:

an Maschinen: 1 Turbine und 7 Dampfmaschinen von zusammen $38_{,75}$ Pferdekräften zum Betriebe der Schütttröstöfen, der Säuredruckwerke und der Ventilatoren, sowie 1 Wassertonnenaufzug mit 85 m Eisenbahnverbindung;

an Röstapparaten: 26 Kilns (Schachtröstöfen) und 20 Schütttröstöfen;

an Condensationsapparaten: Flugstaub-Condensationskammern von zusammen 2680 cbm Fassungsraum und 6 Bleikammersysteme mit überhaupt 17 Bleikammern von zusammen $19506_{,047}$ cbm Rauminhalt;

an anderen Betriebsapparaten: 4 Fällthürme mit 5 Schwefelwasserstoffgasentwickelungs-Apparaten zur Säurereinigung, 11 Bleipfannen-Concentrationsapparate, 4 Platinapparate, 1 Salpetersäureapparate und 3 Eisenvitriol-Siedeapparate, letztere mit Krystallisationsgefässen von überhaupt $130_{,85}$ cbm Rauminhalt;

6) bei den Metallwaarenfabriken:

eine Schrotgiesserei-Anlage mit einem $61_{,11}$ m tiefen Schacht, ferner 2 Bleirohrpressen, 1 Bleiblechwalzwerk, 1 Bleidraht-Ziehvorrichtung und 1 Drehercei, betrieben durch 2 verticale Wasserräder von 11 Pferdekräften;

7) bei der Thonwaarenfabrik:

eine 10pferdige Dampfmaschine zum Betriebe einer Mörsermühle, einer Kollermühle und eines Knetwerkes, 2 Handziegelpressen, sowie ein Thonwaaren-Brennofen;

8) bei der Ziegelei:

2 Ziegelbrennöfen mit Trockenhorden.

—

III. Production im Jahre 1878.

Quantität.	Geldwerth.		Namen der Hüttenwerke und der Producte.
Centner.	ℳ	₰	
			A. Fiscalische Hüttenwerke bei Freiberg.
2,7453	383706	88	Feingold in Scheidegold.
734,1766	5720770	37	Feinsilber in Scheidesilber.
30904,78	563302	44	Kupfervitriol.
21,33	14959	53	Wismuth.
147,5	4587	51	Nickelspeise.
6414,07	109420	88	Zink und Zinkstaub.
77059,09	1266397	71	Bleiproducte, als: Probirblei, Weichblei, Antimonblei, Bleiglätte, Bleirauch und Zinnblei.
2224,87	47822	91	Schrotwaaren.
9103,6	160311	84	Bleiblech.
13700,47	249111	74	andere Bleifabrikate, als: Bleiröhren, Bleidraht und div. Bleiapparate.
230625,98	518836	48	Schwefelsäure in verschiedenen Sorten.
16135,455	49086	44	andere Chemikalien, als: Eisenvitriol und schwefelsaures Natron.
20404,89	283406	15	Arsenikalien, als: arsenige Säure, Roth-, Gelb- und Weissglas, sowie metallisches Arsen.
407478,4569	9371720	88	Summe **A.**
			B. Blaufarbenwerke bei Schneeberg.
6535,681	1130634	78	Blaufarbenwaaren.
794,497	317983	43	Nickelproducte und
612,9	441782	72	Wismuth.
7942,978	1890400	93	Summe **B.**
415421,4349	11262121	81	Hauptsumme der Production.

25

IV. Aufwand für Gesundheitspflege bei dem beschäftigten Personal.

A. Bei den Freiberger Hüttenwerken.

Der Aufwand für Gesundheitspflege, welcher bei den fiscalischen Hüttenwerken bei Freiberg nicht aus der Knappschaftscasse bestritten, sondern aus den Mitteln der betreffenden Werke selbst gedeckt wird, bezog sich im Jahre 1878 bei denselben auf $828_{,5}$ durchschnittlich beschäftigte Aufseher und ständige Arbeiter, unter welchen im Laufe des Jahres überhaupt 764 Erkrankungsfälle vorkamen, und zwar:

282 Fälle bei 246 Mann ohne Unterbrechung der Arbeit Seiten der Erkrankten und daher auch ohne Bezug von Krankenlohn, sowie

482 „ „ 374 „ mit Unterbrechung der Arbeit und daher auch mit Bezug von Krankenlohn auf überhaupt 8503 Krankenschichten.

Auf den Mann des durchschnittlich beschäftigt gewesenen ständigen Personals kamen daher:

$0_{,340}$ Erkrankungsfälle ohne Bezug von Krankenlohn,

$0_{,582}$ „ mit „ „ „ und

$10_{,263}$ Krankenschichten, d. i. pro Erkrankungsfall $\frac{10_{,263}}{0_{,582}} = 17_{,631}$.

Der Aufwand betrug:

	überhaupt.		Im Durchschnitt pro Erkrankungsfall.		Im Durchschnitt pro Krankenschicht.		Im Durchschnitt pro Mann des beschäftigten Personals.	
	ℳ	₰	ℳ	₰	ℳ	₰	ℳ	₰
1) an Krankenlöhnen	8026	33	16	$65_{,2}$	—	$94_{,4}$	9	$68_{,8}$
2) „ Honorar der Hüttenärzte	6075	30	7	$95_{,2}$	.	.	7	$33_{,3}$
3) für Medicamente:								
bei den in Krankenlohn gestandenen Kranken	1675	09	3	$47_{,7}$	—	$19_{,7}$	2	$02_{,3}$
bei den Kranken, welche kein Krankenlohn bezogen	734	88	2	$60_{,6}$	.	.	—	$88_{,7}$
4) für Bandagen etc.	359	40	.	.	.	.	—	$43_{,4}$
5) Löhne an Hinterlassene im Dienst Verstorbener	346	20	.	.	.	.	—	$41_{,8}$
Summe des Aufwandes unter A.	17218	10	22	$53_{,7}$	.	.	20	$78_{,2}$
B. Bei den Blaufarbenwerken:								
1) Krankenlöhne aus Werkscassen an 18 Arbeiter auf $19^1/_2$ Wochen	97	50						
2) Curkosten, und zwar:								
aus Werkscassen	12	—						
aus der Knappschaftscasse	62	70						
Summe B.	172	20						
Summe IV.	17390	31						

V. Zustand der bei dem fiscalischen Hüttenwesen bestehenden Knappschafts- und anderen Unterstützungs-Cassen.

A. Hüttenknappschaftscassen.	Bei den fiscalischen Hütten-werken bei Freiberg.		Bei den Blaufarben-werken.		In Summa.	
a. Personalbestand am Schlusse des Jahres 1878.						
Anzahl der activen Mitglieder .	830		189		1019	
„ „ Invaliden . . .	159		8		167	
„ „ Wittwen . . .	303		20		323	
„ „ Waisen . .	151		9		160	
b. Cassen-Ergebnisse im Jahre 1878.	ℳ	₰	ℳ	₰	ℳ	₰
Vermögensbestand am Anfange des Jahres	250640	—	13246	22	263886	22
Einnahmen im Laufe des Jahres:						
Beiträge der Knappschaftsgenossen .	20623	60	813	20	21436	80
Beiträge der Hüttenwerke . .	25489	42	813	20	26302	62
Zinsen und sonstige Einnahmen .	10232	88	838	38	11071	26
Summe der Einnahmen	56345	90	2464	78	58810	68
Ausgaben.						
Knappschaftspensionen	49886	54		.		.
Austrittsgelder	1112	82		.		.
Ausserordentliche Unterstützungen, Verwaltungskosten und sonstige Ausgaben	2669	87	.	.	.	.
Summe der Ausgaben	53669	23	1707	8	55376	31
d. i. pro Mitglied	64	66	.	.	.	.
Vermehrung des Vermögens	2676	67	757	70	3434	37
Knappschaftsvermögen am Jahresschlusse	253316	67	14003	92	267320	59
d. i. pro Mitglied	305	20	.	.	.	.
B. Unterstützungs-Cassen für Schul-Unterricht.	Knaben.	Mädchen.	Knaben.	Mädchen.	Knaben.	Mädchen.
Durch Zahlung von Schulgelderbeiträgen wurden am Anfange des Jahres 1878 Hüttenmannskinder unterstützt . .	50	77	16	13	66	90
Im Laufe des Jahres kamen hinzu durch Aufnahme in die Schule . . .	4	11	2	3	6	14
Dagegen wurden aus der Schule entlassen	13	15	3	2	16	17
Es blieben daher am Schlusse des Jahres zu unterstützen	41	73	15	14	56	87
	ℳ	₰	ℳ	₰	ℳ	₰
Die auf das Jahr 1878 gezahlten Schulgelderbeiträge beliefen sich auf . .	397	35	145	—	542	35
Dieselben wurden gedeckt:						
durch Beiträge aus Staatsmitteln .	270	—	145	—	415	—
und						
durch Uebertragung aus Knappschaftscassen.	127	35	—	—	127	35

Aus der zur Freiberger Hüttenknappschaftscasse gehörigen, die Unterstützung von Hüttenarbeiter-Waisen bezweckenden Oberschiedswardein Sieghardt'schen Stiftung im Betrage von 12721 M. 68 Pf. Capital sind im Jahre 1878 524 M. — Pf. Zinsen zur Vertheilung gelangt.

Bei den fiscalischen Hüttenwerken bei Freiberg und den Blaufarbenwerken sind nach Vorstehendem in dem genannten Jahre, neben den Löhnen, überhaupt noch 73832 M. 97 Pf. für das bei diesen Werken beschäftigte ständige Personal, sowie an Invaliden, Wittwen und Waisen verausgabt worden, nämlich:

17390 M. 31 Pf. Krankenlöhne und Curkosten, zum grössten Theile aus den Werkscassen,
55376 „ 31 „ aus Knappschaftscassen,
542 „ 35 „ „ Schulcassen und
524 „ — „ „ einer Stiftungscasse,

und die beiden Fonds der bestehenden Unterstützungscassen hatten am Schlusse des gedachten Jahres eine Höhe von 280053 M. 77 Pf., welche durch

267320 M. 59 Pf. Vermögen der Hüttenknappschaftscasse und
12733 „ 18 „ Vermögen einer Stiftungscasse

nachgewiesen wird.

Die Königliche Bergakademie zu Freiberg.

Die Bergakademie verfolgt das Ziel, in einem drei- bis vierjährigen Lehrgange eine möglichst vollständige Ausbildung in den berg- und hüttenmännischen Wissenschaften zu gewähren.

Das Nähere über die organischen Einrichtungen derselben ist in einem Statute und in fünf zugehörigen Specialregulativen, von welchen Schriften die neuesten Auflagen in dem Jahrbuche auf 1878 Seite 251 flg. abgedruckt sind und bei der Direction gratis bezogen werden können, von derselben auf Verlangen auch versendet werden, enthalten.

Personal-Nachrichten.

Am 3. März 1879 verschied nach mehrwöchigem Kranksein im Alter von 51 Jahren der ausserordentliche Lehrer für den Unterricht über Gesundheitspflege Dr. med. Rudolph Walther.

An Stelle des Verstorbenen ist nach Verordnung des Königlichen Finanz-Ministeriums vom 2. Mai 1879 Dr. med. Otto Ernst Nippold getreten.

Nächstdem haben vom Königlichen Finanz-Ministerium nach den Verordnungen vom 10. April und 10. Juli 1879 der Oberlehrer am Gymnasium zu Freiberg Dr. phil. Eduard Ulbricht und der Pfarrer an der Nicolaikirche daselbst, Dr. phil. Bernhard Wilhelm Schwarz, der Erstere Erlaubniss zu Abhaltung geschichtlicher Vorlesungen und der Letztere Erlaubniss zu Abhaltung von Vorlesungen aus dem Gebiete der Erdkunde an der Bergakademie erhalten.

Vorlesungen und Uebungen, welche im 114. Lehrjahre 1879/80 angekündigt worden sind.

Höhere Mathematik . . .	wöchentlich	6	Stunden.
Darstellende Geometrie, Vortrag und Uebungen	„	5	„
Ausgewählte Capitel der höheren Mathematik	„	2	„
Mathematische Uebungen (honorarfrei) .	„	2	„
Sphärische Trigonometrie (Sommersemester)	„	2	„
Höhere Gleichungen (Sommersemester) . .	„	2	„
Mechanik mit Repetitorium (Berechnung practischer Aufgaben)	„	7	„
Maschinenlehre	„	4	„
Uebungen im Zeichensaal, 1. Theil (Projectionen und Zeichnung practischer Aufgaben aus der Mechanik)	„	4	„

Uebungen im Zeichensaal, 2. Theil (Berechnungen von Maschinen und dispositionsweise Darstellung derselben)	wöchentlich	4 Stunden.
Geodäsie und Markscheidekunde, Vortrag .	„	3 „
Geodätisches Practicum, Prüfung und Berichtigung der Messinstrumente (Wintersemester) .	„	2 „
Messübungen im Freien (Sommersemester) .	„	6 „
Practische Markscheidekunde, Vortrag (Wintersemester)	„	1 Stunde.
Practicum, in der Grube, im Markscheidersaal und im Freien	„	6 Stunden.
Mathematische Geographie, Vortrag (Sommersemester)	„	2 „
Plan- und Risszeichnen	„	2 „
Anorganische Chemie	„	4 „
Organische Chemie (Sommersemester) .	„	2 „
Chemische Technologie . . .	„	3 „
Qualitativ-chemische Analyse, Practicum	täglich mit Ausnahme Sonnabends.	
Quantitativ-chemische Analyse, Practicum	desgleichen.	
Maassanalyse (Wintersemester) . . .	wöchentlich	1 Stunde.
Technisch-chemische Gasanalyse (Sommersemester) .	„	2 Stunden.
Allgemeine Hüttenkunde . . .	„	4 „
Probirkunde, Vortrag . . .	„	1 Stunde.
„ Practicum . . .	„	1 Vormittag.
Löthrohrprobirkunde, Vortrag	„	2 Stunden.
„ Practicum	„	2 „
Eisenhüttenkunde . . .	„	4 „
Ueber Eisenhüttenanlagen (Wintersemester) .	„	1 Stunde.
Allgemeine mechanisch-metallurgische Technologie (Mechanische Verarbeitung der Metalle) .	„	2 Stunden.
Specielle mechanisch-metallurgische Technologie (Anfertigung besonders wichtiger Metallwaaren — Sommersemester) . . .	„	1 Stunde.
Salinenkunde (Sommersemester)	„	1 „
Eisenprobirkunde		
Vortrag im Wintersemester . .	„	1 „
Practicum im Winter- und Sommersemester	„	1 Nachmittag.
Mineralogie mit Repetitorium . . .	„	5 Stunden.
Mineralogisches Practicum . . .	„	2 „
Krystallophysik (Wintersemester) . . .	„	1 Stunde.
Krystallographisches Practicum (Sommersemester) .	„	1 „
Vorzeigung von Mineralstufen des Werner-Museums (Sommersemester)	„	1 „
Geognosie (Excursionen im Sommersemester) .	„	5 Stunden.
Lagerstättenlehre	„	2 „
Versteinerungslehre . . .	„	2 „

Mikroskopische Untersuchung von Mineralien und Gesteinen (Wintersemester), Vortrag	wöchentlich	1	Stunde.
Practicum	"	1	"
Uebungen im Bestimmen von Gesteinen und Versteinerungen (Sommersemester)	"	2	Stunden.
Experimentalphysik	"	6	"
Physicalisches Practicum	"	2	"
Feuerungskunde	"	1	Stunde.
Meteorologie (Wintersemester)	"	2	Stunden.
Spectralanalyse (Sommersemester)	"	2	"
Bergbaukunde mit Repetitorium (1. Theil)	"	5	"
Bergbaukunde mit Repetitorium (2. Theil)	"	5	"
Bauconstructionslehre und Anleitung zum Veranschlagen		3	"
Zeichnen und Entwerfen von Berg- und Hüttengebäuden	"	4	"
Allgemeine Rechtskunde (Wintersemester)	"	4	"
Bergrecht (Sommersemester)	"	4	"
Berg- und hüttenmännische Rechnungswissenschaft } Bergwerksstatistik }	"	2	
Volkswirthschaftslehre	"	2	"
Gesundheitspflege des berg- und hüttenmännischen Standes	"	2	"
Geschichte des Mittelalters vom culturhistorischen Standpuncte (Wintersemester)	"	2	"
Neueste Geschichte (Sommersemester)	"	2	"
Allgemeine und specielle Orographie mit Einleitung in die Geographie überhaupt		2	
Ausserdem:			
Freihandzeichnen	"	4	"

Personal-Verzeichniss.

Direction.

Director: Oberbergrath, Professor Dr. phil. Hieronymus Theodor Richter, Ritter erster Classe des Königl. Sächs. Verdienst-Ordens, Ritter des Kaiserl. Russ. St. Stanislaus-Ordens zweiter Classe und Ritter des Kaiserl. Oesterreich. Franz-Joseph-Ordens.

Bergakademischer Senat,

zugleich Disciplinar-Behörde.

Oberbergrath Dr. phil. Richter, Vorsitzender, Bergrath Dr. phil. Heinrich Gretschel, Bergamtsrath, Professor Dr. jur. Carl Edwin Leuthold, Professor Dr. phil. Alfred Stelzner,	Mitglieder für das Lehrjahr 1879/80.

Ordentliche Lehrer:

Hieronymus Theodor Richter, Dr. phil., Professor der allgemeinen Hüttenkunde, der Probirkunde und Löthrohrprobirkunde, auch Oberhüttenamts-Assessor, prädic. Oberbergrath.

Julius Albin Weisbach, Dr. phil., Professor der Mineralogie, prädic. Bergrath.

Carl Gustav Kreischer, Professor der Bergbaukunde und Bibliothekar, prädic. Bergrath.

Heinrich Gretschel, Dr. phil., Professor der höheren Mathematik und darstellenden Geometrie, prädic. Bergrath.

Clemens Alexander Winkler, Dr. phil., Professor der Chemie, prädic. Bergrath, Ritter erster Classe des Königl. Sächs. Verdienst-Ordens.

Hermann Undeutsch, Professor der Mechanik und Maschinenlehre.

Alfred Wilhelm Stelzner, Dr. phil., Professor der Geognosie, Lagerstättenlehre und Versteinerungslehre.

Carl Heinrich Adolph Ledebur, Professor der Eisenhütten- und Salinenkunde.

Christian Hugo Theodor Erhard, Dr. phil., Professor der Physik.

Carl Edwin Leuthold, Dr. jur., Bergamtsrath, Professor des Bergrechts und der allgemeinen Rechtskunde.

Carl Gottlieb Gottschalk, Oberhüttenraiter und Oberhüttenamts-Assessor, Professor der berg- und hüttenmännischen Rechnungswissenschaft und Bergwerksstatistik, Ritter zweiter Classe des Königl. Sächs. Verdienst-Ordens.

Max Carl Ludwig Schmidt, Dr. phil., Professor der Geodäsie und Markscheidekunde.

Ausserordentliche Lehrer:

Hugo Emil Schober, Dr. phil., Lehrer der Volkswirthschaftslehre, Hofrath und Professor in Tharandt.

Moritz Müller, Lehrer der Baukunde, Bezirksbaumeister in Freiberg.

Otto Ernst Nippold, Dr. med., für den Unterricht über Gesundheitspflege.

Docenten:

Eduard Ulbricht, Dr. phil., Oberlehrer am Gymnasium zu Freiberg, hält geschichtliche Vorlesungen.

Bernhard Wilhelm Schwarz, Dr. phil., Pfarrer an der Nicolaikirche daselbst, hält Vorlesungen aus dem Gebiete der Erdkunde.

Ueberdiess:

ertheilt der Lehrer am Königlichen Gymnasium, L. Ostückenberg, Unterricht im Freihandzeichnen.

Assistenten bei den analytisch-chemischen und metallurgischen Laboratorien:

Hans Oskar Schulze, Dr. phil.

Louis Burggraf.

Bergakademiesecretär:

Carl Friedrich Albert, prädic. Canzleirath, Ritter zweiter Classe des Königl. Sächs. Verdienst- und Ritter erster Classe des Königl. Sächs. Albrecht-Ordens.

Expedient für die Bibliothek und die Direction:

Ferdinand August Coith.

Hausmeister: Carl Heinrich Kretzschmar.

Aufwärter beim Laboratorium für Hütten- und Probirkunde: Carl Louis Kunis.

Aufwärter beim chemischen Laboratorium: Ernst Adolph Schüttauf.

Aufwärter beim Eisenhüttenlaboratorium: Carl Gottlieb Erler.

Gehilfe bei den practischen Uebungen in der Geodäsie und Markscheidekunde: Robert Heinze.

Bergakademische Niederlage verkäuflicher Mineralien:

Rudolph Benno Wappler, Factor, Ritter zweiter Classe des Königl. Sächs. Albrecht-Ordens.

Bergakademische Modellwerkstatt:

Anton Schumann, Modelleur, prädic. Modellmeister.

Studirende im Lehrjahre 1879/80.

Die im neuen Lehrjahre Inscribirten sind mit * bezeichnet.

Behrens, Julian Eduard Alexander, aus Matusow bei Kiew in Russland.
* Behrle, Albert, aus Herbolzheim in Baden.
de Bessa-Pinto, Antonio, aus Rio de Janeiro.
Block, Henry William Ch., aus St. Louis in Nordamerika.
Bohlmann, Friedrich Ernst Ferdinand Adolph, aus Potsdam.
Botta, Joseph, aus Mailand.
Boy, Eugenio, aus Cagliari in Sardinien.
* Brückner, Ehrhard, aus Zwickau.
Bunny, Frederic, aus St. Kilda bei Melbourne in Australien.
Busse, Ernst, aus Balczowo in Posen.
Cantoni, Angelo, aus Carbonara in Italien.
* Castelli, Filoteo, aus Carunchio in Italien.
* Charleton, A. G., aus St. Heliers in England.
Clar, Otto, aus Herrnskretschen in Böhmen.
* Clark, Maurice E., aus New-Orleans.
Corning, Christoph, aus New-York.
Culmann, Ludwig Adolph, aus Forbach in Lothringen.
* Davidson, Walter, aus London.
Devoto, Enrico, aus Cagliari in Sardinien.
* Dietrich, Richard, aus Nieder-Leisersdorf.
* Dixon, Frank C., aus Madras.
Drude, Adolph Wilhelm Otto, aus Greene in Braunschweig.
Ebert, Bruno, aus Bockwa bei Zwickau.
Eckhardt, Emil, aus Stuttgart.
Edelmann, Hermann Alexander, aus Rochlitz.
Edelmann, Friedrich Bernhard Leopold, aus Bautzen.
* Ellis, Arthur Devonshire, aus Sheffield in England.

* Fell, E. Nelson, aus London.
* Feyerabend, Carl Friedrich, aus Ludwigsburg in Würtemberg.
Fiebig, Otto, aus Gera.
Fikentscher, Georg Julius Wilhelm, aus Zwickau.
Fischer, Heinrich Carl, aus Colditz.
Föhr, Carl Friedrich August Wilhelm, aus Stuttgart.
Freudenberg, Fürchtegott Oswin, aus Rähnitz bei Dresden.
Friedrich, Paul Hermann August, aus Krögis.
Fuchss, Ernst Fürchtegott, aus Chemnitz.
Galli, Johannes, aus Königsberg in Preussen.
Garau-Perpignano, Efisio, aus San Antioco in Sardinien.
Garthwaite, Edwin, H., aus Oakland in Californien.
Gebel, Eduard, aus Lischnitz bei Lauenburg. (Zum Militärdienst beurlaubt.)
Gottschalk, Benjamin, aus Oberthalheim bei Landeck in Schlesien.
* Grassmann, Fritz, aus Frankfurt a. O.
* Günther, Carl Gustav, aus Geithain.
Hamilton, Johann, aus Olviopol, Gouv. Cherson in Russland.
Harada, Toyokitsi, aus Tokio in Japan.
* Hasegawa, Joshinosuke, aus Tokio in Japan.
Heinsius, Max Cölestin, aus Schönhaide.
Henker, Robert, aus Dux in Böhmen.
* Hiller, Franz, aus Jäglitz in Preussen.
Hirsch, Otto, aus Zuben in Würtemberg.
Jackson, Edward, aus Valparaiso.
Iwaya, Riutaro, aus Tokio in Japan.
* Karch, Friedrich Paul, aus Lauterbach bei Marienberg.
Kieckebusch, Carl Gustav Gottlieb Friedrich Wilhelm, aus Luckau N.-L.
Kiesel, Ernst Max, aus Chemnitz.
Kingsley, J. Cook, aus New-York.
Klotz, Ludwig, aus Rothenburg a. d. S.
König, Friedrich Wilhelm, aus Stenn bei Zwickau.
Körner, Guido, aus Weimar.
Korschelt, Franz, aus Berthelsdorf bei Herrnhut.
Krisch, Wilhelm Julius, aus Crefeld.
Kunze, Paul Alfred, aus Ehrenberg. (Zum Militärdienst beurlaubt.)
Lawrence, Henry Lakin, aus Wimbledon bei London.
Lengsfeld, Paul Franz, aus Winzenberg in Preussen.
Leuckart, Hermann Traugott, aus Chemnitz.
Leuthold, Hans, aus Dippoldiswalde.
Lienau, Detlev, aus New-York.
Lindgren, Waldemar, aus Ljungby in Schweden.
* von Ludwiger, Hartwig, aus Etska im Banat.
Märker, Anton Heinrich Carl, aus Wettin.
Mavraki, Agathocles G., aus Athen.
Mc. Cay, Le Roy W., aus Baltimore.
Mc. Nulty, Joseph, aus New-York.
* Meyer, Theodor Albrecht, aus Celle.

Meyer, Victor Julius, aus Leipzig.
* Mladék, Erich, aus Ostrau in Mähren.
Minssen, Ernst, aus Versailles.
Moore, Thomas, aus Edinburg.
Müller, Oscar, aus Steinau a. O.
* Müller, Louis, aus Chihuahua in Mexico.
Münzner, Carl Gotthelf Julius, aus Freiberg.
Netto, Max Adolph, aus Schneeberg.
Neubert, Carl Otto, aus Zwickau.
* Noth, Carl Heinrich Wilhelm, aus Deutschneudorf.
* Oehme, Otto Friedrich, aus Freiberg.
Oertel, Carl, aus Lehesten in Thüringen. (Zum Militärdienst beurlaubt.)
Opitz, Johannes Alexander, aus Aue.
Osgood, Heinrich Blanchard, aus Boston in Nordamerika.
Oshima, Mitsitaro, aus Jwateken in Japan.
Pallisen, Robert André, aus St. Petersburg.
Pannek, Julius, aus Zabrze in Oberschlesien.
Proske, Hermann, aus Grotthau. (Beurlaubt.)
Prössel, Alfred Werner, aus Freiberg.
Rathbone, Edgar P., aus Liverpool.
Raebel, Otto Hermann, aus Cleveland in Nordamerika.
Reinhardt, Carl, aus Horw in der Schweiz.
Reitsch, Adolph, aus Neuhof bei Sohrau.
* De Romana, Manul Henry, aus Ariquipa in Peru.
Baron von der Ropp, Diedrich Erdmann Alfred, aus Mitau in Russland.
Rosenberg, Charles Alberto, aus Valparaiso.
* Scherer, Gustav, aus Kehlheim in Bayern.
* Seemann, Lothar, aus Breslau.
Schiedeck, Franz, aus Leuthen bei Landeck in Schlesien.
Schmidt, Oskar, aus Stuttgart.
Schmidt, Paul Theodor, aus Burgstädt.
Schönert, Manfred Alexis, aus Dresden.
* Schreiber, Curt, aus Leuteritz bei Riesa.
Schulte-Mäter, Friedrich Wilhelm, aus Kirchderne in Westphalen.
Schulze, Heinrich Bruno, aus Jahnsdorf.
Schwarz, Paul Wilhelm, aus Chemnitz.
* Seidel, Otto, aus Ohlau in Preussen.
Seligman, Albert Joseph, aus New-York.
* Sistermans, Frank, aus Chicago.
* Skender, P., aus Galatz in Griechenland.
Steinhäuser, Franz Leopold, aus Elsterberg.
Stohn, Georg, aus Freiberg.
* Strickland, H., aus London.
Stülpner, Franz Alexander, aus Niederwiesa.
* Teichgräber, Robert Georg, aus Freiberg.
* Thomas, S. Henry, aus Christiania.
Tittel, Georg Eduard, aus Freiberg.

26*

Tuason, Allesandro Arturo, aus Manila.
Vasserot, Charles Adolphe, aus Lausanne.
Vetter, Bernhard Joseph, aus Hämmern in Sachsen-Meiningen.
Vicuna, y Correa Cesar, aus Santiago.
* Vogel, John Engelbert, aus St. Louis in Nordamerika.
* Wassiliew, Iwan, aus Irkutsk in Sibirien.
Weiss, Carl Eduard, aus Marienberg.
Willig, Friedrich, aus Frankenthal in Bayern. (Zum Militärdienst beurlaubt.)
* Wodack, Hermann, aus Stubendorf in Schlesien.
Wohlfarth, Albert Bernhard, aus Zwickau.
Yriberry, Pedro, aus Tacna in Peru.
Zäuner, Julius Alexander, aus Zwickau.
* Zerrenner, Woldemar, aus Coburg.
Zimmermann, Paul Christian, aus Korsun bei Kiew in Russland.

Hospitanten:

* Bergmann, Carl, aus Malchin in Mecklenburg-Schwerin.
* Borchers, August, aus Celle.
Eitel, John, aus Sacramento.
Gretschel, Friedrich Hermann, aus Reinsberg.
Mauersberger, Heinrich Eduard, aus Zwickau.
Maslennikoff, Sergius, aus Serpouckoff in Russland.
* Perron, Camillo, aus Aosta in Italien.
* Quensell, Georg, aus Georg-Marienhütte bei Osnabrück.
* Richter, Robert, aus Bräunsdorf.
Thomé, Samuel W., aus Philadelphia.

Nach der Nationalität kommen von den Studirenden:

auf Deutschland .	86 (incl. 42 Sachsen)
„ die Schweiz .	2
„ Russland .	6
„ Griechenland .	2
„ Kleinasien . .	1
„ Ostindien . . .	1
„ Oesterreich-Ungarn .	3
„ Italien . . .	7
„ Nordamerika .	22
„ Mexico . .	1
„ England . .	8
„ Japan . . .	4
„ Schweden . . .	2
	145.

Diplomprüfung.

Zur Schlussprüfung, welche in den Monaten December des vorigen Jahres und im Januar des jetzigen Jahres in der regulativmässigen Weise abgehalten wurde, waren

14 Studirende

zugelassen und erhielten Zeugnisse über bestandene Prüfung:

a) als Berg-Ingenieure:

Hector Coulant aus Genua in Italien,
Frederic Corning aus New-York,
Paul Treutler aus Fürsten-Ellguth bei Lampersdorf in Schlesien,
Carl Eduard Andreas Stephan aus Bautzen,
Heinrich Max Klötzer aus Schedewitz,
Bruno Max Georg Eugen Jähkel aus Zwickau;

b) als Hütten-Ingenieure:

Joseph Reifner aus Theresienstadt,
Adolph Görz aus Mainz,
Clemens Georg Schneider aus Püchau,
Georg Rahts aus Königsberg,
Joseph Magin, aus Berghausen bei Speyer,
Albert Bernhard Wohlfarth aus Zwickau,
Paul Otto Schotte aus Freiberg;

c) als Eisenhütten-Ingenieur:

Heinrich Paul Zetzsche aus Altenburg;

d) als Markscheider:

Carl Eduard Andreas Stephan aus Bautzen,
Heinrich Max Klötzer aus Schedewitz,
Paul Treutler aus Fürsten-Ellguth bei Lampersdorf in Schlesien,
Bruno Max Georg Eugen Jähkel aus Zwickau.

Geschenke.

Im Jahre 1879 hat die Königliche Bergakademie folgende Geschenke erhalten, wofür dieselbe auch an dieser Stelle ihren Dank ausspricht.

a) Für die Bibliothek:

1. Statistisches Jahrbuch des k. k. Ackerbau-Ministeriums, für 1877 3. Heft 2 Lief., für 1878 3. Heft 1. Lief. Wien 1878 und 1879.
2. Berg- und hüttenmännisches Jahrbuch der k. k. Bergakademien zu Leoben, Přibram und Schemnitz, 27. Band, Heft 1—3. Wien 1879.
3. Annales des mines, tome 14 livr. 2 et 3, tome 15 livr. 1—3, tome 16. livr. 1. Paris 1878 et 1879.
4. Topographische Karte des Königreichs Sachsen. Herausgegeben durch das Königliche Finanzministerium. 6. Lief. mit 12 Sectionen und 12 Heften Auszügen aus den Höhenmanualen. Leipzig 1879.
5. Geologische Specialkarte des Königreiches Sachsen. Herausgegeben vom Königlichen Finanzministerium, Section No. 95, 77, 45, 94, 127, 44, 76, 128, 138, 62, nebst zugehörigen Erläuterungen.

No. 1—5 durch das Königliche Finanzministerium zu Dresden.

6. Verhandlungen der k. k. geologischen Reichsanstalt zu Wien, Jahrg. 1878 No. 14—18, Jahrg. 1879 No. 1—13.
7. Jahrbuch derselben Anstalt, Jahrg. 1878 No. 4, Jahrg. 1879 No. 1—3.
8. Abhandlungen derselben Anstalt, Band 12 Heft 1 und Band 7 Heft 5. Wien 1879.

No. 5—8 von der k. k. geologischen Reichsanstalt zu Wien.

9. Beiträge zur Geologie und Paläontologie der Argentinischen Republik. Herausgegeben von A. Stelzner. 2. Theil 3. Abth. Cassel 1878.
10. Egleston. Copper Dressing in Lake Superior. New-York 1878.
11. „ Copper Mining in Lake Superior. New-York 1878.
12. Erhard und Stelzner. Beitrag zur Kenntniss der Flüssigkeitseinschlüsse in Topas. Wien 1879.
13. Knop. Uebersicht über die geologischen Verhältnisse der Umgebung von Baden-Baden. Karlsruhe 1879.
14. Radde. Die Chews'uren und ihr Land. Cassel 1878.
15. Nekrolog Bernhard von Cotta's.

No. 9—15 von Herrn Professor Dr. Stelzner in Freiberg.

16. Mittheilungen aus den Verhandlungen des bergmännischen Vereins zu Freiberg, Sitzung vom 17. Januar und 27. Februar 1879.
17. Verhandlungen der k. k. geologischen Reichsanstalt zu Wien, Jahrg. 1878 No. 15—18, Jahrg. 1879 No. 1—13.

No. 16 und 17 vom bergmännischen Verein zu Freiberg.

18. Sitzungsberichte der naturwissenschaftlichen Gesellschaft Isis in Dresden, Jahrg. 1878 und Januar bis Juni 1879.
19. Naturwissenschaftliche Beiträge zur Kenntniss der Kaukasusländer, auf Grund seiner Sammelbeute herausgegeben von O. Schneider. Dresden 1878.

Nr. 18 und 19 von der naturwissenschaftlichen Gesellschaft Isis in Dresden.

20. Thalén. Untersuchung von Eisenerzfeldern durch magnetische Messungen. Aus Jern-Kontorets-Annaler 1879 übersetzt von Turley. Leipzig 1879.
21. Oefvermasmästareberättelse för 1875—1877. Helsingfors 1876—1878.
22. Wermländska Bergsmanna-föreningens annaler 1866, första häftet 1872. Filipstad 1867, 1873.
23. Frantz. Beruf und Berechtigung Deutschlands und Frankreichs zu Production und Absatz von Eisen und Stahl. Breslau 1877.
24. Bergordnung des Königreichs Polen. Deutsch von Frantz.
25. Jern-Kontorets-Annaler 1878. Stockholm.

No. 20—25 von Herrn Bergverwalter Turley in Oelsnitz.

26. Atti della R. Accademia dei Lincei. Serie terza Vol. III. Roma 1879. Von der R. Accademia dei Lincei zu Rom.
27. von Kokscharow. Materialien zur Mineralogie Russlands, 7. Band pag. 177 bis Schluss, 8. Band pag. 1—32. St. Petersburg 1878.
28. Zur Erinnerung an Dr. Gustav Jenzsch. Dresden 1879.
29. Közleményck, mathematikai es természettudományi, kiadja a magyar tudományos akadémia, szerkeszti Szabó Jósef. 15 kötet. Budapest 1878.

30. Almanach, magyar tudom. akademiai, csillagászatti és közönséges naptárral 1879. Budapest.
31. Értesitöje, a magyar tudományos akadémia. A. m. t. akadémia rendeletéböl szerkeszti a fötitkár. 12 évfolyam, 1—6 szám. Budapest 1878.
32. Értekezések a természet tudományok köréböl. Kiadja a magyar tudományos akadémia. A III. osztály rendeletéböl szerkeszti Szabó Jósef. VIII. kötet, 1—16. szam. Budapest 1877—1878.
33. Értekezések a mathematikai tudományok köréböl. Kiadja a magyar tudományos akademia. A III. osztály rendeletéböl szerkeszti Szabó Jósef. VI. kötet, 1—10. szam. Budapest 1877—1878.
34. Stapff. Materialien für das Gotthardprofil. Schichtenbau des Urserenthales. 1878.
35. Barrande. Brachiopodes. Prag et Paris 1879.
36. 17 kleinere Schriften diversen Inhalts.
No. 27—36 von Herrn Bergrath von Cotta zu Freiberg.
37. Zeitschrift des Königl. sächs. statistischen Bureaus, Jahrgang 1878. Vom Bureau.
38. Zeitschrift des Königl. preuss. statistischen Bureaus, Jahrg. 1878 Heft 3 und 4, 1879 Heft 1 und 2.
39. Preussische Statistik, Heft 48 und 48A. Berlin 1879.
No. 38 und 39 vom Königl. preuss. statistischen Bureau zu Berlin.
40. Spottiswoode. Die Mathematik in ihren Beziehungen zu den anderen Wissenschaften. Uebersetzt von Gretschel.
41. Handbuch der Mathematik. Herausgegeben von Schlömilch unter Mitwirkung von Reidt und Heger. 1. Band 1. und 2. Lief. Breslau 1879.
42. Crookes. Strahlende Materie oder der vierte Aggregatzustand. Deutsch von Gretschel. Leipzig 1879.
43. Schendel. Die Bernoullischen Functionen und das Taylor'sche Theorem. Jena 1876.
44. Thomae. Ueber eine specielle Klasse Abel'scher Funktionen vom Geschlecht 3. Halle 1879.
No. 40—44 von Herrn Bergrath Professor Dr. Gretschel in Freiberg.
45. Binon et Grand fils. Étude sur l'amélioration des procédés de fabrication du zinc. Liége 1878. Von Herrn Oberhüttenraiter Professor Gottschalk in Freiberg.
46. Bulletin de la société de l'industrie minérale. Deuxième serie tome 7 livr. 2—4, tome 8 livr. 1—3. St. Étienne 1878 et 1879.
Von der Société de l'industrie minérale zu St. Étienne.
47. Winkler. Die Untersuchung des Eisenmeteorits von Rittersgrün. Halle 1878.
48. Winkler. Anleitung zur chemischen Untersuchung der Industriegase. 2. Abth. 2. Lief. Freiberg 1879.
No. 47 und 48 von Herrn Bergrath Professor Dr. Winkler in Freiberg.
49. Kreischer. Ueber Blanchet's pneumatische Schachtförderung. 1879.
50. „ Die Lührigsche Kohlenwäsche. 1878. 2 Exemplare.
No. 49 und 50 von Herrn Bergrath Professor Kreischer in Freiberg.

51. Jarolimek. Bergtechnische Mittheilungen von der Weltausstellung in Paris 1878. Wien 1879. Vom Herrn Verfasser.

52. Bruhns. Ueber das meteorologische Bureau für Witterungsprognosen. Leipzig 1879. Vom Herrn Verfasser.

53. Mittheilungen des naturwissenschaftlichen Vereins zu Schneeberg. 1. Heft. Schneeberg 1878. Vom Verein.

54. Commission géologique du Canada. Rapport des opérations de 1876—1877. Montréal 1878. Von Herrn Director Selwyn in Montréal.

55. The Journal of the Iron and Steel Institute. 1878 No 2. London. Vom Institute.

56. Jaarboek van het mijnwezen in Nederlandsch Oost-Indië, 1878 2. deel, 1879 1. deel. Amsterdam. Von der Königl. Niederländischen Gesandtschaft zu Berlin.

57. von Ebner. Ueber die Anwendung der Reibungs-Elektricität zum Zünden von Sprengladungen. Wien 1856.

58. von Wurmb. Ueber Steinsprengungen mittelst Schiesswolle. Wien 1858.

59. von Ebner. Ueber Schiesswolle und ihre Benutzung als Sprengmittel. Wien 1861.

60. Schmid. Diplomatische Beiträge zur Sächsischen Geschichte, 1. Heft. Dresden und Leipzig 1839.

61. von Beust. Ueber den Contacteinfluss der Gesteine auf die Erzführung der Gänge. Freiberg 1861.

62. Müller. Ueber die Dachschieferbrüche in der Gegend von Lössnitz.

63. Die preussischen Bergwerksgesetze vom 12. Mai 1851 und Instruktion des Ministers für Handel, Gewerbe und öffentliche Arbeiten zur Ausführung des Gesetzes vom 12. Mai 1851 über die Verhältnisse der Miteigenthümer eines Bergwerks für den ganzen Umfang der Monarchie, mit Ausnahme der auf dem linken Rheinufer belegenen Landestheile. Breslau 1852.

64. Circular-Verfügung vom 31. März 1852, betreffend die Ausfertigung von Schürf-Erlaubnissscheinen und Muthungen auf die dem Berg-Regal angehörigen Mineralien. 2. Nachtrag zu der Schrift „Das neue Bergrecht.“ Essen 1852.

65. Lanzac. Die Grundregeln der doppelten mercantilischen Buchhaltung zum Selbstunterrichte für Kaufleute und Fabrikanten. Dresden und Leipzig 1841.

66. Lanzac. Die Grundregeln der doppelten öconomischen Buchhaltung zum Selbstunterrichte für Rittergutsbesitzer, Oeconomen und Cameralisten. Dresden und Leipzig 1841.

67. Lampadius. Beiträge zur näheren Kenntniss backender Steinkohlen.

68. von Bose. Sächsisches Jahrbuch für vaterländische Geschichte, Geographie, Statistik und Topographie. Jahrgang 1850. Freiberg 1851.

69. Morgenandachten für Bergleute auf der Grube und im Hause. Nebst einigen Bergfestliedern. Zwickau 1861.

70. Vorläufiger Entwurf eines allgemeinen Berggesetzes für die Preussischen Staaten. Nebst Motiven. Berlin 1862.

71. 600 Bergk Vrthel, Schied und Weisungen bey vorgefallenen Bergwercks-Differentien. Zum Druck gegeben durch Sebastian Span sen. Zwickau 1636.
72. Resolutiones Friedrich August's zu Sachsen, wegen Abstellung und Remedirung derer in Bergwercks-Sachen vorgekommenen Mängel und Gebrechen, sonderlich der Freybergische Revier betr. de dato Leipzig d. 7. Januar 1709. Dresden.
73. Fernere Declaration Friedrich August's, wie es mit dem Schmelzwesen im Obergebirge und zu Schneeberg zu halten. Dresden 1713.
74. von Bose. Handbuch der Geographie, Statistik und Topographie des Königreiches Sachsen. 2 Aufl. Dresden 1847.
75. Neuer Schauplatz der Bergwerkskunde, mit Berücksichtigung der neuesten Fortschritte und Entdeckungen. 8. Thl. Bergrechtslehre. Quedlinburg und Leipzig 1847.
76. Gesangbuch für Berg- und Hüttenleute, nebst einigen Gebeten. 7. Aufl. Halle 1863.
77. Christliche Religionsgesänge für Bergleute zur Andacht auf den Gruben. Freiberg.
78. Butze. Poetische Gedanken über den Bergmannsstand. Freiberg 1843.
79. Haubold. Lehrbuch des Königl. Sächs. Privatrechts. 3. Aufl. von Ph. H. F. Hänsel. 2 Bände. Leipzig 1847 und 1848.
80. Meyer. Erbauliche Betrachtungen für christliche Bergleute. Osterode und Goslar 1846.
81. Delius. Anleitung zu der Bergbaukunst. Wien 1773.
82. Lehmann. Chronik der freien Bergstadt Schneeberg. Schneeberg 1837 bis 1840.
83. General-Gouvernementsblatt für Sachsen. 1.—4. Band, No. 1—121, vom 10. October 1813 bis 1. Juni 1815, in 2 Bänden. Dresden und Leipzig.
84. Gesang- und Gebet-Buch für die Burgker Berg- und Hüttenknappschaft. Dresden 1844.
85. Carpzovius. Opus decisionum illustrium Saxonicarum, causas et quaestiones forenses exhibens. Lipsiae 1690.
86. Carpzovius. Responsa juris Electoralia in serenissimi ac potentissimi archiprincipis etc. libr. VI. Lipsiae 1683.
87. Carpzovius. Jurisprudentia forensis Romano-Saxonica secundum ordinem constitutionum D. Augusti etc. ab Andrea Mylio. Editio novissima. Lipsiae et Francofurti 1684.
88. Corpus juris Saxonici, worinnen alle und iede Ordnungen, Constitutiones, Edicta, Decisiones und Mandata, so von Churfürst Ernsten und Hertzog Albrechten bis auf Johann Georgen den anderen, Churfürsten zu Sachsen, in Kirchen- Consistorial- Policey- Justitien- Cammer- und Berg-Sachen etc. ausgelassen etc. Dresden 1673.
89. Production der Bergwerke, Salinen und Hütten im Preussischen Staate im Jahre 1878. Berlin 1879.

Nr. 57—89 vom Königlichen Bergamte zu Freiberg.

90. Brunner. Loëche-les-Bains, canton du Valais (Suisse) ses eaux thermales et ses environs. 3. édit. française, par L. R. Bienne 1871.
91. Das Kaiserreich Brasilien auf der Wiener Weltausstellung von 1873. Rio de Janeiro 1873.
92. O Imperio do Brazil na exposicão universal de 1876 em Philadelphia. Rio de Janeiro 1875.
93. La revue scientifique. 2. série 4. année 1 et 2. semestre. Paris 1874 et 1875.

Nr. 90—93 von Herrn de Souza durch Herrn Bergrath Professor Dr. Winkler in Freiberg.

94. Regulativ, den nicht unter bergamtlicher Ueberwachung stehenden Betrieb von Steinbrüchen und Gräbereien betr. Von Herrn Bergamtsrath Professor Dr. Leuthold zu Freiberg.
95. El cerro de Mercado de Durango. Mexico 1878. Von Herrn Fr. Weidner in Mexico.
96. Memoir of Lewis D. B. Gordon. Edinburgh 1877. Von Herrn Gordon in Edingburgh.
97. First annual Report of the Commissioner of mineral statistiks of the State of Michigan for 1877—1878 and previous years. Marquette 1879. Von Herrn Ch. E. Wright in Michigan.
98. Mittheilungen vom Freiberger Alterthumsverein 15. Heft. Freiberg 1878. Von Herrn Stadtrath Gerlach in Freiberg.
99. Weisbach, J. A manual of the mechanics of engineering and of the construction of machines. vol. II part 2. Translated by A. Jay du Bois. New York 1878. Von Herrn Bergrath Professor Dr. Weisbach in Freiberg.
100. Ledebur. Die Verarbeitung der Metalle auf mechanischem Wege. 4. und 5. Lieferung. Braunschweig 1879.
101. Ledebur. Das Roheisen, 2. Aufl. Leipzig 1879.
102. Neue Hochofenanlage der Friedrich-Wilhelmshütte zu Mühlheim a. d. Ruhr.
103. Gesammtausstellung der fiscalischen Montanindustrie des Harzes und der Königl. Bergakademie zu Clausthal am 15. Juli 1879.
104. Ueber Giesserei-Roheisen, producirt von der Actiengesellschaft Bergwerksverein Friedrich Wilhelms-Hütte zu Mühlheim a. d. Ruhr.
105. Ueber die Röhrenfabrikation derselben Gesellschaft.

No. 100—105 von Herrn Professor Ledebur zu Freiberg.

106. Berichte der Neu-Russischen naturforschenden Gesellschaft zu Odessa. Band V, Heft 2 und Band VI, Heft 1. Odessa 1879. Von der Gesellschaft.
107. Det Kongelige Norske Frederiks Universitets Aarsberetning for 1876, 1877. Christiania 1877, 1878.
108. Forhandlinger i Videnskabs-Selskabet i Christania 1876—1878. Christiania 1877—1879.
109. Register til Christiania Videnskabsselskabs Forhandlinger 1868—1877. Christiania 1879.
110. Elling Holst. Om Poncelet's betydning for geometrien. Christiania 1878.
111. Kjerulf. Om stratifikationens spor. Christiania 1877.

No. 107—111 von der Königl. Norwegischen Universität zu Christiania.

112. Geologische Karte von Schweden. 10 Blatt mit 10 Heften Erläuterungen. Stockholm 1878 und 1879.
113. Svedmark. Halle-och Hunnebergs Trapp. Stockholm 1878.
114. Linnarsson. De paleozoiska bildningar vid Humlenäs i Småland. Stockholm 1878.
115. Torell. On the causes of the glacial phenomena in the north eastern portion of North America. Stockholm 1878.
116. Nathorst. Om floran i Skånes kolförande bildningar. I. & II. Stockholm 1879.
117. Lindström. Praktiskt geologiska iakttagelser under resor på Gotland 1876—1878. Stockholm 1879.
118. Blomberg och Lindström. Praktisk geologiska undersökningar inom Herjedalen och Jemtland. Stockholm 1879.
119. Linnarsson. Iakttagelser öfver de graptolitförande skiffrarne i Skåne. Stockholm 1879.
120. Linnarsson. Om faunan i lagren med paradoxides ölandicus. Stockholm 1877.
121. Linnarsson. Om faunan i kalken med conocoryphe exsulans. Stockholm 1879.

No. 112—121 vom Bureau géologique de la Suède zu Stockholm.

122. Abhandlungen der Königl. Sächs. Gesellschaft der Wissenschaften zu Leipzig und zwar: philologisch-historische Classe Band 7 no. 8, mathematisch-physische Classe Band 12 no. 2 und 3. Leipzig 1879.
123. Berichte derselben Gesellschaft und zwar: philologisch-historische Classe 1878, 30. Band, mathematisch-physische Classe 1878, 30. Band. Leipzig 1879.

No. 122 und 123 von Herrn Oberbergrath Reich in Freiberg.

124. Report on the inspection of metalliferous mines in Cornwall, Devonshire, Dorsetshire, and part of Somersetshire for the year ended 31 st. Decbr. 1878.
125. Rowe and Foster. Observations on Balleswidden mine.

No. 124 und 125 von Herrn Berginspector Foster in Truro.

126. Posewitz. Petrographische Bemerkungen über den „Grünstein" in Dobschau. Budapest.
127. Posewitz. Neue Eruptivgesteine aus dem Banater Gebirgsstocke. I. Tonalite, II. Diorite. Budapest.

No. 126 und 127 vom Herrn Verfasser.

128. Statistischer Bericht über den Betrieb der unter Königl. Sächs. Staatsverwaltung stehenden Staats- und Privatbahnen auf die Jahre 1874 und 1875. Dresden. Von Herrn Bergdirector Breithaupt in Freiberg.
129. United States geological exploration of the fortieth parallel. Vol. I. Systematic geology by Clarence King. Washington 1878. Vom Herrn Verfasser.
130. Report of the superintendent of the U. S. Coast survey, for the years 1874 and 1875. Washington 1877 and 1878. Von der Coast Survey Office zu Washington.
131. Smithsonian miscellaneous collections. Vol. 13, 14 and 15. Washington 1878.

27*

132. Annual Report of the Board of Regents of the Smithsonian Institution 1877. Washington 1878.

No. 131 und 132 von der Smithsonian Institution zu Washington.

133. Coues. Birds of the Colorado Valley. Washington 1878. Von Herrn F. V. Hayden in Washington.

134. Proceedings of the American Association for the advancement of science, 626. meeting 1877. Salem 1878. Von der Gesellschaft.

135. Proceedings of the American Academy of arts and sciences. Vol. 13 part 2 and 3. Boston 1878. Von der Akademie.

136. Annual Report of the Comptroller of the Currency to the third session of the forty-fifth Congress of the United States. Decbr. 2, 1878. Washington.

137. Poore. Congressional Directory, compiled for the use of congress. First edition. Forty-fifth congress. (Third session.) Washington 1878.

138. Speech of Hon. Abram S. Hewitt of New York, delivered in the House of the Representativs, Febr. 11, 1879. Washington.

No. 136—138 von dem Treasury Department, Office of Comptroller of the Currency zu Washington.

139. Darwins gesammelte Werke. Aus dem Englischen übersetzt von Carus. 12 Bände. Stuttgart 1875—1878. Von Herrn Bergakademist Reifner in Freiberg.

140. Mittheilungen der Oekonomischen Gesellschaft in Sachsen, 1874 bis 1879. 5 Hefte. Dresden.

141. Nachtrag I zum Bibliotheks-Kataloge der genannten Gesellschaft. Dresden 1879.

No. 140 und 141 von der Oekonomischen Gesellschaft in Sachsen.

142. Circulars of information of the Bureau of education, No 1 and 2 1879. Washington.

143. Report of the Commissioner of education for the year 1877 part 2. Washington 1879.

No. 142 und 143 vom Ministerium des Innern zu Washington, Abtheilung für Unterrichtswesen.

144. Katalog der Abtheilung A der Bibliothek der Königl. technischen Hochschule zu Berlin 1879. Von der Anstalt.

145. Katalog der Bibliothek der Königl. polytechnischen Schule zu Hannover 1868, nebst Nachtrag von 1868—1877. Von der Anstalt.

146. Statistischer Bericht über den Betrieb der unter Königl. Sächs. Staatsverwaltung stehenden Staats- und Privateisenbahnen im Jahre 1878. Von der Direction der Königl. Sächs. Staatseisenbahnen.

147. Abhandlungen zur geologischen Specialkarte von Elsass-Lothringen. Band II Heft 1, mit Atlas. Vom Kaiserl. Oberpräsidium für Elsass-Lothringen zu Strassburg.

148. Udsigt over det sydlige Norges geologi. (Mit Atlas.) Christiania 1879. Von Herrn Director Dr. Kjerulf in Christiania.

149. von Kobell. Die Mineralogie. Populäre Vorträge. Frankfurt a. M. 1862.

150. Kaiser. Notizen über das Gewerk Neuberg-Mariazell. 2. Auflage. Wien 1879. Vom Herrn Verfasser.

151. **Sitzungsberichte** der naturforschenden Gesellschaft zu Leipzig, 5. Jahrg. Leipzig 1878. Von der Gesellschaft.
152. **Noth.** Die vier Species in den Elementen der Geometrie. Freiberg 1874 und 1879. Von Herrn Rector Professor Dr. Franke zu Freiberg.
153. **von Studnitz.** Umschau auf dem Gebiete der statistischen und volkswirthschaftlichen Literatur. Dresden 1878. Von Herrn Buchhändler Isensee in Freiberg.
154. **Katalog** der allgemeinen Bibliothek der grossherzogl. hessischen polytechnischen Schule zu Darmstadt 1876. Von der Anstalt.
155. Bücherverzeichniss des Gewerbevereins zu Freiberg. November 1879. Vom Verein.
156. **Geologische Specialkarte** von Preussen und den thüringischen Staaten, Lief. 12 mit 6 Sectionen und 6 Heften Erläuterungen. Berlin 1879.
157. **Abhandlungen** zu dieser Karte, Band III Heft 1, mit Atlas. Berlin 1879.

    No. 156 und 157 von der geologischen Landesanstalt und Bergakademie zu Berlin.
158. 56. **Jahresbericht** der Schlesischen Gesellschaft für vaterländische Cultur. Breslau 1879.
159. **General-Sachregister** zu den Schriften der Gesellschaft von 1804 bis 1876. Breslau 1878.

    No. 158 und 159 von der Schlesischen Gesellschaft für vaterländische Cultur zu Breslau.
160. **Iron,** the journal of science, metals and manufactures. New serie vol. XIII. and XIV. London 1879. Durch Herrn Oberhüttenraiter Professor Gottschalk in Freiberg.
161. **Thonindustriezeitung.** Jahrgg. 1879. Von der Redaction in Berlin.
162. Geschäftsberichte über die Berggebäude Himmelfahrt und Himmelsfürst Fundgr. auf das Jahr 1878. Von Herrn Canzleirath Albert in Freiberg.

b) Für die mineralogische Sammlung:

45 Mineralstufen von Seiten folgender Herren:
Bergingenieur Ferraris auf Sardinien, Dr. Schuchardt in Görlitz, Bergingenieur Schmidl in Mähren, Schichtmeister Graff in Neustädtel, Staatsgeolog von Fellenberg in Bern, Bergverwalter Tröger in Neustädtel, Berginspector Menzel in Zwickau, Oberlehrer Schnorr und Markscheider Wagner ebenda, Bergingenieur Arnemann in Hamburg, sowie von den hiesigen Herren: Oberbergrath Richter, Bergräthen Kreischer und Winkler, Professor Stelzner und den Studirenden Pallissen und Gottschalk, endlich auch von der Chausseeinspection Chemnitz.

c) Für die geognostischen Sammlungen:

eine Suite Foyaite aus der Sierra de Monchique durch Herrn Bergingenieur Albers in Lissabon,

eine Sammlung von Lössconchylien durch Herrn Markscheider Braun in Miesbach, eine Sammlung von Gesteinen und Eisenerzen aus Lothringen durch den Studirenden Herrn Culmann,

eine Suite siebenbürgischer Andesite durch Herrn Professor Koch in Klausenburg,

einige Versteinerungen aus der Pernauischen Juraformation durch Herrn Petersen,

eine Sammlung von Squalidenzähnen aus dem Oberschwäbischen Miocän durch Herrn Pfarrer Probst in Essendorf,

ein Modell zur Erläuterung der Schlierenbildung in eruptiven Gesteinen durch Herrn Dr. Reyer in Gratz,

eine Sammlung Gesteine von der Mündung des Jenisei durch Herrn Ingenieur Serebrenikoff,

zwei grosse Gangstücken vom Sauberg bei Ehrenfriedersdorf durch Herrn Schichtmeister Weiss in Marienberg,

zehn Sectionen der geologischen Specialkarte von Sachsen nebst Erläuterungen, vom Königl. Finanz-Ministerium,

einzelne Gesteine, Erze und Versteinerungen schenkten die Herren Professor Bořicky in Prag, Grubendirector Baldauf in Klostergrab, Bergrath Kreischer in Freiberg, Cas. Konopatzky in Kiew, Dr. Penck in Leipzig, Professor Rosenbusch in Heidelberg, Dr. Stübel in Dresden, Bergdirector Vogel, Bergrath Weisbach und Bergrath Winkler in Freiberg, sowie die Herren Studirenden Botta, Busse, B. Edelmann, Föhr, Freudenberg, Harada, Jackson, Mauersberger, Maslennikoff, Oshima, Stohn, Weiss und Zäuner,

endlich hat Herr Professor Stelzner diejenigen Gesteine, Erze und Versteinerungen den Sammlungen einverleibt, welche er auf Excursionen im Riesengebirge, im Westerwald, in der Eifel und im Mainzer Tertiärbecken zu sammeln Gelegenheit hatte.

d) Für das metallurgische Laboratorium, sowie für die hüttenmännische Sammlung:

von dem Revierausschuss zu Johanngeorgenstadt ein Harkort'scher Löthrohrapparat,

von Herrn Chemiker Schweder in Birmingham eine Sammlung neucaledonischer Nickelerze,

von Herrn K. K. Oberbergverwalter Plaminek in Idria eine Sammlung der dortigen Quecksilbererze.

e) Für die bergmännische Modellsammlung:

das Modell einer Fangvorrichtung für Förderwagen auf geneigten Ebenen, von Herrn Obersteiger J. A. Puschmann in Bockwa bei Zwickau,

eine Mansfelder Grubenlampe von Herrn Assistent Burggraf in Freiberg,

eine chilenische Grubenlampe von Herrn Bergingenieur Fonck in Chile.

f) Für das Eisenhütten-Laboratorium:

eine Sammlung Proben der Schriftgiesserei von Herrn F. A. Brockhaus in Leipzig, eine Sammlung von Proben der Schriftgiesserei von den Herren Schelter und Giesecke in Leipzig,

drei Proben Ferrochrom und Chromstahl von Herrn E. U. Biermann in Hannover,

eine Sammlung Erze und Hüttenproducte der Ilseder Hütte von Herrn Hütteningenieur Sorge in Ilseder Hütte (jetzt Georgs Marienhütte),

eine Sammlung Erze und Hüttenproducte von der Direction der Hüttenberger Eisenwerksgesellschaft zu Klagenfurt,

eine Sammlung Erze und Hüttenproducte von der Direction der Maximilianshütte bei Unterwellenborn,

ein Rohguss (Minerva) in Eisen, von Herrn Oberhütteninspector Schott in Ilsenburg.

g) Für die Sammlung von Apparaten für Geodäsie und Markscheidekunde:

ein Nivellirapparat, bestehend aus einer Hängelibelle mit Schnur und zwei Messstäben, durch Herrn Agner in Grimma.

Personalbestand
bei
dem Bergbaue und dem fiscalischen Hüttenwesen
im Januar 1880.

I. Bei dem Bergbau.

A. Behörde.

Bergamt zu Freiberg.

Bergamtsdirector.

Bernhard Constantin Ludwig Braunsdorf, Ritter erster Classe des Königl. Sächs. Verdienstordens und Officier des Grossherzogl. Toscan. Civilverdienstordens.

Bergamtsräthe.

Carl Gottlieb Lucius, Stellvertreter des Bergamtsdirectors, zugleich Berginspector für das Altenberger Revier.

Richard Kühn, prädic. Oberbergrath, Ritter erster Classe des Königl. Sächs. Albrechtsordens.

Carl Herrmann Müller, prädic. Oberbergrath, Ritter erster Classe des Königl. Sächs. Verdienstordens und des Königl. Sächs. Albrechtsordens.

Dr. jur. Carl Edwin Leuthold.

Berginspectoren
(zugleich ausserordentliche Mitglieder).

In der Uebersicht Seite 1 flg. ist bei jedem dort aufgeführten Berggebäude der Berginspectionsbezirk, in welchem es gelegen, bezeichnet; auch ergiebt sich dadurch und durch Mitangabe des betreffenden Amtsgerichtsbezirkes und der betreffenden Ortsverwaltungsbehörde daselbst, über welche Amtsgerichts- und Ortsverwaltungsbezirke die einzelnen Berginspectionsbezirke sich erstrecken.

Gustav Adolph Netto in Schneeberg.
Friedrich Richard Köttig in Dresden.
Carl Ernst Hermann Menzel in Zwickau.
Franz Robert Heucke, prädic. Bergmeister in Freiberg.
Carl Wolfgang Schulze in Chemnitz.
Conrad Alfred Sickel in Freibergsdorf.

Referendar.

Ernst Moritz Böhme, Bergamtsassessor.

Auditor.

August Friedrich Wappler.

Expedition.

Johann Gotthelf Stiebitz, Gebührencassenrendant.
Friedrich Wilhelm Krauss, Registrator.
Johann Leicht, Registrator-Assistent.
Gustav Robert Schreyer, Gebühren-Controleur.
Heinrich Theodor Zimmermann, Copist.
Johann Carl Eduard Oehme, Aufwärter.
Friedrich August Lange, Bote.
Carl Louis Bräuer, Hausmann im Bergamtsgebäude.

Markscheider-Expedition.

Christian Friedrich Neubert, Bergamtsmarkscheider, Ritter zweiter Classe des Königl. Sächs. Verdienstordens.
Friedrich Hermann Gretschel, Risszeichner und Rissarchivar.

B. Fiscalische Bergwerks-Verwaltungen.

1. Rothschönberger Stolln.

Carl Herrmann Müller, Bergamtsrath, prädic. Oberbergrath, Ritter etc., mit der Administration beauftragt.
Carl August Gläser, Rechnungsführer, prädic. Schichtmeister.
August Friedrich Jobst, Obersteiger, prädic. Bergverwalter, Inhaber des Verdienstkreuzes.

2. Churprinz Friedrich August Erbstolln.

Alexander Theodor Tittel, Betriebsdirector.
Theodor Ewald Hesse, prädic. Königl. Bergfactor, Rechnungsführer.
Carl Christian Friedrich Ziegs, Vice-Obersteiger.

3. Beihilfe Erbstolln und 4. Isaak Erbstolln.

Alexander Theodor Tittel, Betriebsdirector.
Carl August Gläser, Rechnungsführer, prädic. Schichtmeister.
Christian Heinrich Richter, Obersteiger.

5. Fiscalische Stölln im Annaberger Revier.

Friedrich Julius Weiss, Markscheider in Marienberg, Schichtmeister.
Heinrich Ludwig Kircheisen, Steigerdienstversorger.

6. Fiscalische Stölln im Marienberger Revier.

Gustav Louis Hinkel, Schichtmeister.

7. Reitzenhainer Zeuggraben im Marienberger Revier.

Gustav Louis Hinkel, Schichtmeister.

8. Fiscalische Stölln im Johanngeorgenstädter Revier.

Heinrich Moritz Reichelt, Markscheider in Schwarzenberg, Schichtmeister.
Wilhelm Ferdinand Schneider, Steigerdienstversorger.

9. Tiefer Zwiesler Erbstolln zu Berggiesshübel.

Arno Osmar Henker, Schichtmeister- und Steigerdienstversorger.

10. Steinkohlenwerk zu Zaukeroda.

Bernhard Rudolph Förster, prädic. Bergmeister, Director, Ritter erster Classe des Königl. Sächs. Albrechtsordens.
Hermann Carl Emil Otho, Handelsfactor.
Traugott Julius Neubauer, Werks- und Knappschaftscassirer.
August Robert Hausse, Markscheider und Assistent.
Robert Jemelka Griessbach, prädic. Buchhalter, Controleur.
Ferdinand Max Georgi, Bergverwalter.
Christian Friedrich Trülzsch, Maschinenmeister.
Wilhelm Heinrich Uhde, Schichtmeister.
Carl Heinrich Blechschmidt, Obersteiger.
Carl Ernst Berthold Neumeyer, Obersteiger.
August Hermann Eulitz, Obersteiger.
Carl Otto Scheibe, Cassengehilfe.

11. Anthracitwerk zu Schönfeld.

Das Königl. Forstrentamt Frauenstein, mit der Administration beauftragt.
Ernst Ehregott Leberecht Städter, Markscheider in Altenberg, Betriebsleiter.
Carl August Liebscher, Steiger.

12. Braunkohlenwerk zu Kaditzsch.

Bernhard Rudolph Förster, Director der Königl. Steinkohlenwerke zu Zaukeroda, prädic. Bergmeister, Betriebsleiter.
Richard Constantin Schmidt, Bauverwalter und Schulrentbeamter zu Grimma, Cassen- und Rechnungsführer.
Heinrich Hermann Steiger, Obersteiger.

C. Revierausschüsse.

1. Freiberger Revier.

Mitglieder.

Carl Friedrich Albert, Bergakademie-Secretair, prädic. Canzleirath in Freiberg, Ritter zweiter Classe des Königl. Sächs. Verdienstordens und Ritter erster Classe des Königl. Sächs. Albrechtsordens, Vorsitzender.

Friedrich Raimund Sachsse, Stadtrath a. D. und Rechtsanwalt daselbst, stellvertretender Vorsitzender.
Carl Julius Rössler, Stadtrath daselbst.
Alexander Theodor Tittel, Betriebsdirector daselbst.

Ersatzmänner.

Moritz Tränckner, Bürgerschuldirector a. D., Stadtrath in Freiberg, Ritter zweiter Classe des Königl. Sächs. Albrechtsordens.
Robert Moritz Wengler, Betriebsdirector auf Himmelfahrt Fundgrube, Ritter erster Classe des Königl. Sächs. Albrechtsordens und Ritter des Grossherzogl. Toscan. Civilverdienstordens.
Paul Heinicke, Banquier daselbst.
Moritz Münch, Gutsbesitzer in St. Michaelis.
Eugen Wiedemann, Stadtältester in Freiberg.

Expeditions-Personal.

Carl Eduard Wittig, Registrator.
Carl Friedrich Horn, Hausmeister und Bote.

2. Altenberger Revier.

Mitglieder.

Eduard Rüger, Rechtsanwalt und Notar in Dresden, Vorsitzender.
Moritz Einenckel, Kaufmann daselbst, stellvertretender Vorsitzender.
Johann Friedrich Barthold, Lotteriecollecteur daselbst.

Ersatzmänner.

Moritz Grossmann, Uhrenfabrikant in Glashütte.
Gustav Herrmann Wetzlich, Amtsrichter in Meissen.
Richard Fritzsche, Kaufmann in Dresden.

3. Marienberger Revier.

Mitglieder.

Richard Weisbach, Rechtsanwalt in Marienberg, Vorsitzender.
Carl Gottlob Pilz, Bürgerschuloberlehrer in Marienberg, stellvertretender Vorsitzender.
Friedrich Julius Weiss, Markscheider und Schichtmeister in Marienberg.

Ersatzmänner.

Bruno Germann, Bürgermeister in Marienberg.
Gustav Louis Hinkel, Schichtmeister daselbst.
Ludwig Moritz Pilz, Bergverwalter in Freiberg.

4. Schneeberger Revier.

Mitglieder.

Otto Richard Tröger, Bergverwalter in Neustädtel, Vorsitzender.

28*

Otto Friedrich Ferdinand Jacobi, prädic. Königl. Bergfactor, Ritter zweiter Classe des Königl. Sächs. Albrechtsordens, in Schneeberg, stellvertretender Vorsitzender.

Johann Maximilian Graff, Schichtmeister in Neustädtel.

Ersatzmänner.

Louis Pelz, Berg- und Gerichtswundarzt in Schneeberg.

Bernhard Speck, Bürgermeister in Neustädtel.

Albin Edmund Anton Hartung, Bergingenieur in Cainsdorf.

5. Johanngeorgenstädter Revier.

Mitglieder.

Carl Wilhelm Anton Heyn, Schichtmeister in Johanngeorgenstadt, Vorsitzender.

Moritz Schmidt, Kaufmann daselbst, stellvertretender Vorsitzender, Ritter zweiter Classe des Königl. Sächs. Albrechtsordens.

Fedor Degen, Bezirksanstaltsdirector, Ritter zweiter Classe des Königl. Sächs. Verdienstordens, in Döbeln.

Ersatzmänner.

Carl Wilhelm Hering, Betriebsdirector in Zwickau.

Carl Friedrich Wagner, Markscheider daselbst.

Guido Breitfeld, Eisenhüttenwerksbesitzer in Erla.

6. Scheibenberger Revier.

Mitglieder.

Albin Edmund Anton Hartung, Bergingenieur in Cainsdorf bei Zwickau, Vorsitzender.

Curt Edelmann, Hüttenmeister in Pfannenstiel, stellvertretender Vorsitzender.

Constantin Cäsar Kellermann, Rechtsanwalt in Scheibenberg.

Ersatzmänner.

Hermann August Oehme, Schichtmeister, Knappschaftsschreiber in Raschau.

Julius Böhmer, Rechtsanwalt in Hohenstein.

Franz Robert Pilz, Bergverwalter in Obersachsenfeld.

D. Revierbeamte und Officianten.

1. Freiberger Revier.

Carl Julius Braunsdorf, Oberkunstmeister und ausserordentliches Mitglied des Bergamtes, prädic. Bergrath, Ritter erster Classe des Königl. Sächs. Albrechtsordens.

Carl Rudolph Bornemann, Kunstmeister und Stollnfactor in Freiberg, Ritter erster Classe des Königl. Sächs. Albrechtsordens.

Theodor Ewald Hesse, prädic. Königl. Bergfactor daselbst, Schichtmeister bei der Freiberger Revierwasserlaufsanstalt.

Christian Heinrich Schiffner, Bergwardein in Freiberg.

Otto Friedrich Bär, Vice-Bergwardein daselbst.

Heinrich Moritz Röhling, Bergrechnungsrevisor daselbst.

Ernst Wilhelm Hebert, Cassirer bei sämmtlichen Reviercassen des Freiberger Reviers, prädic. Schichtmeister.

Friedrich Wilhelm Strassburger, Materialien-Niederlags-Administrator und Oberschmiedesteiger.

Carl Gottlieb Ulbricht, Werkmeister.

Ernst Julius Pilz, Controleur bei den Reviercassen.

Friedrich August Walther, } Assistenten
Johann August Rechenberger, } in der Bergrevier-Rechnungs-Expedition.

Heinrich Robert Kunis, Rechnungsführer und Expedient in der Expedition der Revierwasserlaufsanstalt.

Carl Adolph Wagner, Expedient bei der Bergknappschaftscasse.

Bernhard Otto Liebscher, } Expedienten
Gustav Albert Marci, } in der Bergrevier-Rechnungs-Expedition.

Hierüber:

Carl August Heinrich Brandes, Procurist } für die Pulverfabrik des Frei-
Carl Ferdinand Kauffenstein, Factor } berger Reviers.

2. Altenberger Revier.

Carl Heinrich Richter, Stollnfactor in Altenberg, Cassirer und Rechnungsführer bei der Revierverwaltungscasse, sowie Knappschaftscassirer.

3. Marienberger Revier.

Friedrich Julius Weiss, Markscheider in Marienberg, Rechnungsführer der vereinigten Theuerungszulagenfonds.

Gustav Louis Hinkel, Schichtmeister in Marienberg, Cassirer der vereinigten Bergknappschaftscasse und Rechnungsführer bei der Revierverwaltungscasse.

4. Schneeberger Revier.

Richard Hahn, prädic. Bergrechnungscalculator, Rechnungsrevisor in Schneeberg, Knappschaftsschreiber bei der Schneeberger und Voigtsberger Bergknappschaftscasse und Rechnungsführer der Bergmagazincasse in Schneeberg.

Otto Friedrich Ferdinand Jacobi, prädic. Königl. Bergfactor in Schneeberg, Rechnungsführer bei der Revierverwaltungscasse.

Augustus Fischer, Communcassenrendant, Defectant der Schneeberger und Voigtsberger Bergknappschaftscassen- und bergknappschaftlichen Schulcassenrechnungen.

5. Johanngeorgenstädter Revier.

Dankegott Friedrich Schlegel, prädic. Bergrechnungscalculator in Johanngeorgenstadt, mit Versorgung der Bergrechnungsrevisor-Geschäfte beauftragt.

Herrmann Gustav Poller, Schichtmeister in Johanngeorgenstadt, Rechnungsführer bei der Revierverwaltungscasse, ingleichen der Johanngeorgenstädter Schurfgeldercasse, provisorischer Verwalter der Bergmagazincasse, der Knappschaftsschreiber- und Zinnhüttenschreiber-Function.

Carl Wilhelm Anton Heyn, Schichtmeister in Johanngeorgenstadt und Vorsitzender des Revierausschusses daselbst, provis. Bergmagazincassen-Controleur.

Carl Klug, Steiger in Johanngeorgenstadt, provis. Rechnungsführer der bergknappschaftlichen Schulanstalt, des bergknappschaftlichen Turfstiches und der Legate.

6. Scheibenberger Revier.

Hermann August Oehme, Schichtmeister in Raschau, Rechnungsführer bei der Revierverwaltungscasse, Knappschaftsschreiber bei der Scheibenberger vereinigten Knappschaftscasse und Rechnungsführer bei der knappschaftlichen Schulcasse.

E. Vorsteher der Bergknappschaften.

1. Bei der Freiberger Bergknappschaftscasse.

Wirkliche Vertreter.

Eduard Wilhelm Neubert, Betriebsdirector auf Himmelsfürst Fundgrube.
Anton August Schulze, Untersteiger in Freiberg.
Friedrich Moritz Oettrich, Zimmerling in Obergruna.
Carl Moritz Büttner, Doppelhäuer in Grossschirma.
Ernst Heinrich Zickmantel, Doppelhäuer in Freiberg.

Stellvertreter.

Friedrich Ernst Dehne, Obersteiger auf Alte Hoffnung Gottes zu Kleinvoigtsberg.
Ernst Louis Schubert, Untersteiger auf Vereinigt Feld bei Brand.
Carl Adolph Schäfer, Rechnungsführer in Grossvoigtsberg.
Ernst Julius Beyer, Doppelhäuer in St. Michaelis.
Friedrich Anton Braunschweig, Doppelhäuer in Freiberg.

2. Bei der Altenberger Bergknappschaftscasse.

Wirkliche Vertreter.

Carl Romanus Mende, Obersteiger in Altenberg.
Carl Gotthelf Mutze, Zimmerling daselbst.
Carl Ehrenreich Ehrhardt, Treibemeister daselbst.

Stellvertreter.

Carl Gotthelf Kirsten, Steiger in Altenberg.
Carl August Seifert, Zimmerling daselbst.
Friedrich August Kästner, Doppelhäuer daselbst.

3. Bei der Marienberger vereinigten Bergknappschaftscasse.

Wirkliche Vertreter.

Heinrich Ludwig Kircheisen, Steiger in Frohnau, für den Annaberger Bezirk.

Gustav Adolph Lissner, Steiger in Lauta, für den Marienberger Bezirk.

Friedrich Julius Weiss, Markscheider in Marienberg, für den Ehrenfriedersdorfer Bezirk.

Stellvertreter.

August Friedrich Mehner, Steiger in Frohnau
Zweiter Vertreter: vacat. } für den Annaberger Bezirk.

Carl Friedrich Eduard Baldauf, Steiger in Wolkenstein,
Ernst Eduard Pilz, Schmiedesteiger in Lauta, } für den Marienberger Bezirk.

Friedrich Louis Kandler, Oberwäscher in Ehrenfriedersdorf,
Gottfried Eduard Kolbig, Häuer in Neundorf, } für den Ehrenfriedersdorfer Bezirk.

4. Bei der Johanngeorgenstädter Bergknappschaftscasse.

Wirkliche Vertreter.

Heinrich Moritz Reichelt, Markscheider in Schwarzenberg.

Dankegott Friedrich Schlegel, prädic. Bergrechnungscalculator in Johanngeorgenstadt.

Carl Friedrich Becher, Obersteiger in Johanngeorgenstadt.

Stellvertreter.

Friedrich August Richter, Steiger in Antonsthal.

Carl Friedrich Teuchert, Obersteiger in Oberwildenthal.

Friedrich Wilhelm Grosser, Steiger in Steinbach.

5. Bei der Schneeberger Bergknappschaftscasse.

Wirkliche Vertreter.

Carl Bruno Hahn, Obersteiger in Neustädtel.

Hermann Friedrich Meichsner, Obersteiger in Stenn bei Zwickau.

Johann Maximilian Graff, Schichtmeister in Neustädtel.

Stellvertreter.

Carl Gottlob Schramm, Obersteiger auf Bergkappe bei Neustädtel.

Carl Heinrich Benthner, Obersteiger in Neustädtel.

Carl August Deichsler, Doppelhäuer und Bergmaurer in Neustädtel.

6. Bei der Voigtsberger Bergknappschaftscasse.

Wirkliche Vertreter.

Johann Gottlieb Hellmich, Obersteiger in Cunsdorf.

Carl Heinrich Wagner, Obersteiger in Schönbrunn.

Louis Vogel, Obersteiger in Jocketa bei Elsterberg.

Stellvertreter.

Carl August Ihme, Steiger in Oberhainsdorf.
Johann Heinrich Hahn, Steiger in Pöhl.
Dritter Stellvertreter: vacat.

7. Bei der Scheibenberger Bergknappschaftscasse.

Wirkliche Vertreter.

Erster Vertreter: vacat.
Friedrich August Wagner, Obersteiger in Rittersgrün.
Friedrich Fürchtegott Wendler, Steiger in Langenberg.

Stellvertreter.

Friedrich August Hartmann, Steiger in Raschau.
Carl Heinrich Krauss, Steiger in Oberscheibe.
Carl August Nestmann, Steiger in Pöhl.

F. Grubenvorstände
und
G. Betriebsbeamte und Officianten
bei dem Privatbergbau.

Diese sind in der Uebersicht Seite 1 flg. bei den betreffenden Berggebäuden selbst aufgeführt.

H. Verpflichtete Markscheider.

(Die mit * bezeichneten sind zugleich Betriebsbeamte.)

1. Für den Erz- und Kohlenbergbau.

* Friedrich Hugo Berg in Zwickau.
Carl Moritz Börner in Zwickau.
Johann Edmund Oscar Choulant in Freiberg.
Georg Moritz Constantin Dietze in Lugau.
* Reinhard Friedemann in Zwickau.
Emil Bruno Happach in Oelsnitz.
* August Robert Hausse in Zaukeroda.
* Ernst Richard Heuchler in Freiberg.
* Ludwig Robert Hey in Gersdorf bei Hohenstein.
Ludwig Adolph Wilhelm Hünich in Zwickau, zugleich Bergschullehrer daselbst.
Carl Robert Luja in Grimma.
Christian Friedrich Neubert in Freiberg, zugleich Bergamtsmarkscheider daselbst.

* Bernhard Moritz Otto in Planitz.
Friedrich Wilhelm Pechstein in Neustädtel.
* Heinrich Moritz Reichelt in Schwarzenberg.
* Otto Richter in Zwickau.
* Ernst Ehregott Leberecht Städter in Altenberg.
* Constantin von Steindel in Oberhohndorf bei Zwickau.
* Friedrich Julius Weiss in Marienberg.

2. Für den Kohlenbergbau.

* Oscar Arnold in Zwickau.
* Ernst Theodor Böhmer in Oelsnitz.
* Carl Friedrich Ebert in Leubnitz bei Werdau.
* Oskar Harnisch in Zwickau.
* Heinrich Klötzer in Zwickau.
Carl Richard Meyer in Döbeln.
Dr. phil. Theodor Meyer in Stollberg.
* Friedrich Radisch in Zittau.
Louis Wilhelm Theodor Ranft in Potschappel.
Friedrich Schaffrath in Dresden.
* Carl Schencke in Zwickau.
* Gustav Adolph Schneider in Oelsnitz.
Adolph Wagner in Dresden.
* Carl Friedrich Wagner in Zwickau.
* Carl Emil Weigel in Lugau.
* Friedrich Gotthelf Anton Wiede in Bockwa.
* Eduard Würker in Zwickau.

II. Bei dem fiscalischen Hüttenwesen.

1. Fiscalische Hüttenwerke bei Freiberg.

Oberhüttenamt.

Oberhüttenverwalter: Kurt Merbach, Ritter erster Classe des Königl. Sächs. Albrechtsordens.

Oberhüttenamts-Assessoren:

Friedrich Wilhelm Schwamkrug, Oberkunstmeister, prädic. Bergrath, Ritter erster Classe des Königl. Sächs. Verdienstordens und des Königl. Sächs. Albrechtsordens.

Dr. phil. Hieronymus Theodor Richter, Director der Bergakademie, Professor, prädic. Oberbergrath, Ritter erster Classe des Königl. Sächs. Verdienstordens, Ritter des Kaiserl. Russ. St. Stanislausordens zweiter Classe und des Kaiserl. Oesterr. Franz-Joseph-Ordens.

Gustav Julius Pilz, Oberhüttenvorsteher, prädic. Bergrath, Ritter erster Classe des Königl. Sächs. Albrechtsordens.

29

Carl Gottlieb Gottschalk. Oberhüttenraiter, zugleich Professor an der Bergakademie, Ritter zweiter Classe des Königl. Sächs. Verdienstordens.

Expedition.

Ernst Woldemar Lippe, Oberhüttenamts-Secretair.
Ernst Richard Beyer, Registrator, Gebühreneinnehmer und Copist.
Carl August Eduard Kleinwächter, Aufwärter.

Hüttenlaboratorium:

Dr. phil. Franz Jacob Arnulf Ludwig Schertel, Vorstand.
Friedrich August Frenzel, Hüttenchemiker.
Ernst Adolph Hofmann, Aufwärter im Laboratorium und Hausmann im Oberhüttenamtsgebäude.

Expedition des Oberhüttenraiters:

Carl Wilhelm Feuereissen, Erzbuchführer.
Alido Manilius Henker, 1. Expedient.
Ernst Robert Richter, 2. Expedient.
Richard Ulbricht, Hilfsexpedient.

Handelsbureau der Königl. Sächs. Hüttenwerke.

Hermann Beck, Handelsfactor.
Hermann Robert Voigt, Cassirer.
Anton Heinrich Schubert. Buchhalter.
Julius Wilhelm Meyer, 1. Commis.
Hermann Oswald Kost, 2. Commis.
Otto Pflugk, Copist und Comptoirdiener.

Schiedswardein.

Heinrich Emil Marhold.

Werksverwaltungen.

a) Muldner Hüttenwerke.

Schmelzhütte.

Carl August Plattner, Oberhüttenmeister.
Carl Robert Grossmann, Hüttenrendant.
Reinhard Schwamkrug, Hüttenbaumeister.
Emil Bernhard Albrecht, Hüttenwardein.
Armin Junge, Vicehüttenmeister.
Friedrich August Chemnitzer, Hilfswardein.

Schwefelsäurefabrik und Zinkhütte.

Carl Heinrich Bauer, Hüttenmeister.
Bernhard Alexander Thiemann, Hüttenrendant.

Arsenikhütte, Thonwaarenfabrik und Ziegelei.

Eduard Oswald Thiele, Hüttenmeister.
Johann Düscher, Hüttenrendant.

b) Halsbrückner Hüttenwerke.

Schmelzhütte mit Goldscheideanstalt.

Carl Eduard Marhold, Oberhüttenmeister.
Gustav Adolph Stiller, Hüttenrendant.
Max Heinrich Hagen, Hüttenbaumeister.
August Klippgen, Hüttenwardein.
Emil Orell, Viechüttenmeister.

Schwefelsäurefabrik und Bleiwaarenfabrik.

Friedrich Adolph Hübner, Hüttenmeister.
Johannes Schwamkrug, Hüttenrendant.

c) Schrotfabrik zu Freiberg.

Bergrath Pilz, mit der Betriebsführung beauftragt.
Buchhalter Schubert bei dem Handelsbureau, mit der Naturalverwaltung und Rechnungsführung beauftragt.

d) Hütten-Assistenten.

Adolph Julius Hugo Kochinke.
Moritz Philipp August Brause.
Carl Wilhelm Dürichen.
Albert Bernhard Wohlfahrt.
Paul Otto Schotte.

2. Fiscalisches Blaufarbenwerk zu Oberschlema.

Blaufarbenwerks-Commission.

Johann Wilhelm Otto Freiesleben, Geheimer Rath und Ministerialdirector a. D. in Dresden, Blaufarbenwerks-Commissar, Comthur erster Classe des Königl. Sächs. Verdienstordens, Ritter erster Classe des Königl. Sächs. Albrechtsordens, Ritter des Königl. Preuss. Rothen Adlerordens dritter Classe und des Grossherzogl. Toskan. St. Josephordens.

Administration des Blaufarbenwerks zu Oberschlema.

Otto Friedrich Köttig, Factor, präd. Bergrath, Ritter erster Classe des Königl. Sächs. Verdienstordens, zugleich mit der Aufsicht über die Communfactorie interimistisch beauftragt.
Anton Müller, Hüttenmeister, zugleich Cassencontroleur.
Rudolph Heymann, Cassirer und Rechnungsführer, zugleich Knappschaftsschreiber.
Arthur Wünsche, Hüttenchemiker.
Curt Julius Alexander Rössler, Hüttenassistent.
Richard Friedrich, Werkmeister.
Christian Traugott Knietzsch, Werksschreiber, Inhaber des Königl. Sächs. Allgemeinen Ehrenzeichens.
Immanuel Immerthal, Werksschreiber.

Im Societäts-Verbande mit dem fiscalischen Blaufarbenwerke steht das Privat-Blaufarbenwerk zu Pfannenstiel.

Vertreter des Privat-Blaufarbenwerks-Vereins.

Dr. Emil Wendler, Rechtsanwalt und Domprobst in Leipzig, Vorsitzender, Ritter erster Classe des Königl. Sächs. Verdienstordens.
Oscar Fedor Oehme, Justizrath und Rechtsanwalt in Leipzig, stellvertretender Vorsitzender.
Carl Emil Bonitz, Drahtwerksbesitzer in Schwarzenberg, Ritter erster Classe des Königl. Sächs. Albrechtsordens.
Dr. med. Carl Hermann Schildbach, Privatdocent und Besitzer einer orthopädischen Anstalt in Leipzig.
Dr. Clemens Alexander Winkler, Bergrath und Professor an der Bergakademie, Ritter etc. zu Freiberg.
Friedrich Moritz Ihle, Geheimer Bergrath und Oberhüttenverwalter a. D., Comthur etc. in Leipzig.

Administration des Privat-Blaufarbenwerks zu Pfannenstiel.

Carl Eduard Faltin, Factor.
Julius Ferdinand Bischoff, Hüttenmeister.
Curt Edelmann, Hüttenmeister.
Louis Heinze, Buchhalter und Cassirer.
August Hermann Lipfert, Werkmeister.
Gustav Schürer, Werksschreiber.

Blaufarben-Communfactorie zu Schneeberg.

Blaufarbenwerks-Communfactor: Vacat.
Augustus Fischer, Blaufarbenwerks-Communcassen-Rendant.

Vorsteher der Hüttenknappschaft zu Freiberg.

Knappschafts-Vorstand.

Oberhüttenamts-Secretair Lippe, Knappschafts-Vorsteher.
Oberhüttenraiter Gottschalk, Knappschafts-Cassirer.

Knappschafts-Verordnete,

gewählt auf die drei Jahre 1879 bis mit 1881.

Johann Carl Keil, Röster.
Carl Gottlieb Baumgart, Schmelzer.
August Hartmann Uhlig, Betriebssteiger.
Carl Friedrich Kästner, Röster.
Franz Moritz Frohse, Vormann.
Louis Alexander Beyer, Betriebssteiger.
Christian August Schreiber, Röster.

Gottlieb Eduard Schöne, Röster.
Christian Friedrich Seipt, Bauschreiber.
Friedrich Wilhelm Schneider, Schmelzer.
Heinrich August Stein, Schmelzer.

Stellvertreter der Knappschafts-Verordneten.

Heinrich Wilhelm Schulze, Werksschreiber.
Friedrich Wilhelm Böhme, Röster.
Friedrich Israel Borrmann, Kammerarbeiter.
Carl Louis Krause, Bausteiger.
Carl Friedrich Marbach, Erzwieger.
Liebreich Schumann, Röster.
Ernst Moritz Lantzsch, Werksschreiber.
Heinrich Anton Langeberger, Schlosser.
Friedrich Wilhelm Grahl, Pattinsonirer.
Carl Otto Franke, Materialiensteiger.
Friedrich Gottlieb Borrmann, Pattinsonirer.
Carl Ernst Welz, Probenstösser.

III. Für Bergbau und Hüttenwesen.

1. Hauptbergcasse.

Adolph Eduard von Beust, Hauptbergcassirer, Oberbergrath, Ritter erster Classe des Königl. Sächs. Verdienstordens.
Carl Wilhelm Bellmann, Hauptbergcassen-Controleur.
Carl August Fischer, Hauptbergcassen-Assistent.
Friedrich Eduard Kunze, Expedient.
Carl Louis Bräuer, Aufwärter und Hausmann im Bergamtsgebäude.

2. Bildungsanstalten.

Bergakademie.

Siehe Personal-Verzeichniss Seite 199.

Bergschule zu Freiberg.

Lehrer.

Christian Friedrich Neubert, Bergamts-Markscheider, Hauptbergschullehrer, Ritter zweiter Classe des Königl. Sächs. Verdienstordens.
Moritz Tränkner, Bürgerschuldirector emer., Ritter zweiter Classe des Königl. Sächs. Albrechtsordens.

August Friedrich Wappler, Bergamtsauditor.
Otto Camillo Henker, Zeichnenlehrer.

Bergschule zu Zwickau.

Bergschul-Comité.

Carl Ernst Hermann Menzel, Berginspector in Zwickau, Vorsitzender.
Florentin Kästner, Kohlenwerksbesitzer in Oberhohndorf bei Zwickau.
Hugo Volkmar Oppe, Betriebsdirector in Zwickau, Ritter erster Classe des Königl. Sächs. Albrechtsordens.
Gustav Adolph Varnhagen, Betriebsdirector daselbst, Ritter erster Classe des Königl. Sächs. Albrechtsordens.
Adalbert Wilhelm Volkmann, Rechtsanwalt in Leipzig.

Lehrer.

Johannes David Wilhelm Schulz, Bergschuldirector.
Ludwig Adolph Wilhelm Hünig, Markscheider.
Adolph Franke, Realschuloberlehrer.

3. Berg- und Hüttenärzte.

Dr. Gustav Ettmüller, Bezirksarzt, prädic. Medicinalrath, Berg- und Hütten-Physicus zu Freiberg, Ritter erster Classe des Königl. Sächs. Albrechtsordens.
Dr. Heinrich Eduard Weickert in Freiberg, Hüttenarzt, sowie Arzt im Bergstift zu Freiberg.
Dr. Theodor Dreschke in Freiberg, Hüttenarzt.
Med. pract. Plättner, Bergstiftsarzt in Brand.
Dr. Joseph August Seltmann, Werksarzt für die fiscalischen Steinkohlenwerke in Zaukeroda.
Dr. Adolph Neumann in Grossburgk, Knappschafts-Oberarzt der Freiherrl. von Burgk'schen Steinkohlenwerke.
Dr. Carl Klemm in Potschappel, Knappschaftsarzt derselben Werke.
Dr. Hugo Pleissner, Knappschaftsarzt der Hänichener Steinkohlenwerke.

In Wartegeld stehende Beamte.

Vacat.

Emeritirt.

Wilhelm Fischer, Bergmeister.
Moritz Liebegott Müller, Hüttenrendant.
Dr. phil. Ferdinand Reich, Oberbergrath, Oberhüttenamtsassessor und Bergakademie-Inspector, Comthur zweiter Classe des Königl. Sächs. Verdienstordens.

Ferdinand Heinrich Steger, Markscheider.
Friedrich August Laue, Bergwardein, Rechnungsrevisor im Marienberger und Scheibenberger Revier.
Friedrich Krämer, Bergamtscopist.
Carl Friedrich Schmiedel, Factor der Königlichen Steinkohlenwerke und Markscheider, prädic. Bergrath, Ritter erster Classe des Königl. Sächs. Verdienstordens.
Moritz Ferdinand Gätzschmann, Professor der Bergbaukunst und ausserordentliches Mitglied des Bergamtes, prädic. Bergrath.
Paul Martin Kressner, Bergamtsassessor, prädic. Bergcommissionsrath.
Franz Wilhelm Fritzsche, Professor der Hütten- und Probirkunde, Oberhüttenamtsassessor, prädic. Bergrath.
Dr. phil. Adolph Eduard Prölss, Professor am Gymnasium zu Freiberg und Lehrer der französischen Sprache an der Bergakademie.
Johann Friedrich Theophilus Grimmer, Oberhüttenmeister, Ritter zweiter Classe des Königl. Sächs. Verdienstordens.
Friedrich Moritz Ihle, Oberhüttenverwalter, prädic. Geh. Bergrath, Comthur erster Classe des Königl. Sächs. Albrechtsordens, Comthur zweiter Classe des Königl. Sächs. Verdienstordens, Ritter des Kaiserl. Russ. St. Stanislausordens zweiter Classe, Ritter des Kaiserl. Oesterreich. Franz-Joseph-Ordens und Offizier des Grossherzogl. Toscan. Civilverdienstordens.
Rudolph Hering, Factor vom Kupferhammer Grünthal, prädic. Bergrath, Ritter erster Classe des Königl. Sächs. Verdienstordens.
Ferdinand Winkler, bergamtlicher Gebührencassen-Rendant, Ritter zweiter Classe des Königl. Sächs. Albrechtsordens und Inhaber der silbernen Medaille des Königl. Sächs. Verdienstordens.
Carl Hattann, Administrator der fiscalischen Hüttenwaldungen etc.
Curt Ernst Freiherr von Manteuffel, Bergwardein.
August Friedrich Erler, Oberbergamts-Registrator.
Carl Eduard Luja, Hauptbergcassen-Controleur, Ritter zweiter Classe des Königl. Sächs. Albrechtsordens.
Kurt Alexander Richter, Berginspector, Ritter zweiter Classe des Königl. Sächs. Verdienstordens.
Julius Magnus Lippmann, Berginspector.
Carl Maximilian Ehregott Edler von der Planitz, Oberbergrath.
Carl Wilhelm Weinhold, Markscheider-Assistent.
Friedrich Wilhelm Lorenz, Hüttenrendant.

Verstorbene.

Friedrich Albert Urban, Apotheker in Brand, Grubenvorstandsmitglied bei mehreren Freiberger Gruben, den 19. April 1879.
Christian Gotthelf Eduard Mücke, Obersteiger emer. in Grossdorfhain, den 5. Mai 1879.
Friedrich Eduard Neubert, Bergamtsassessor a. D. und Markscheider (vormals in Marienberg) in Dresden, den 6. Mai 1879.
Christian Gotthelf Grämer, Steiger in Marienberg, den 6. Juni 1879.

August Ehrenreich Eckert, Hausmann im Bergamtsgebäude und Aufwärter bei der Königl. Hauptbergcasse zu Freiberg, den 21. Juni 1879.

Julius Alexander Schweigert, Bergrechnungsrevisor in Schneeberg, den 8. Juli 1879.

Christian Gottlob Ehnert, Obersteiger in Marienberg, Inhaber des allgemeinen Ehrenzeichens, den 20. Juli 1879.

Gottlieb Friedrich Klemm, Obersteiger auf Gottes Segen in Lugau, den 3. September 1879.

Carl Heinrich Pfeifer, Obersteiger auf Himmelfahrt Fundgrube bei Freiberg, den 4. September 1879.

Dr. phil. Bernhard von Cotta, Professor der Geognosie und Erzlagerstättenlehre, präd. Bergrath, Ritter erster Classe des Königl. Sächs. Verdienstordens, Ritter des Kaiserl. Russ. Sct. Stanislausordens zweiter Classe mit dem Stern, des Kaiserl. Russ. Sct. Annenordens zweiter Classe, des Kaiserl. Oesterreich. Franz-Joseph-Ordens und des Grossherzogl. Weimar'schen weissen Falkenordens, sowie Inhaber des Commandeurkreuzes des Griech. Erlöserordens, den 14. September 1879.

Friedrich Ehregott Fiedler, Obersteiger in Ehrenfriedersdorf, den 15. September 1879.

Ferdinand Kirsten, Obersteiger auf Neugeboren Kindlein s. Segen Gottes Stolln zu Stenn, den 18. September 1879.

Franz Friedrich Hahner, vormaliger Bergamtsaufwärter in Schwarzenberg, den 21. November 1879.

Carl Gotthelf Donat, Kirchenvorsteher und Kaufmann in Marienberg, Mitglied des Verwaltungsrathes der Marienberger Silberbergbau-Actiengesellschaft, den 23. November 1879.

Bruno Ottomar Rudert, Director der von Arnim'schen Steinkohlenwerke in Planitz, den 1. Januar 1880.

Druck von E. Mauckisch in Freiberg.

Taf. I.

Niedererzgebirgischer
Steinkohlenbau-Verein
TEUTONIA.
Abtheilung A.

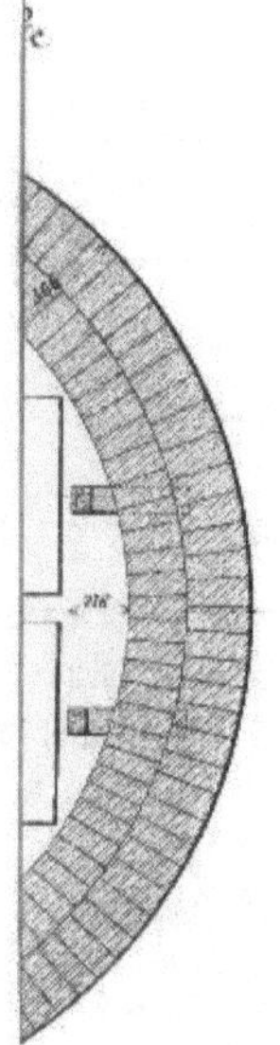

Maassstab 1:50 d.n.Gr.

Fig. 6.

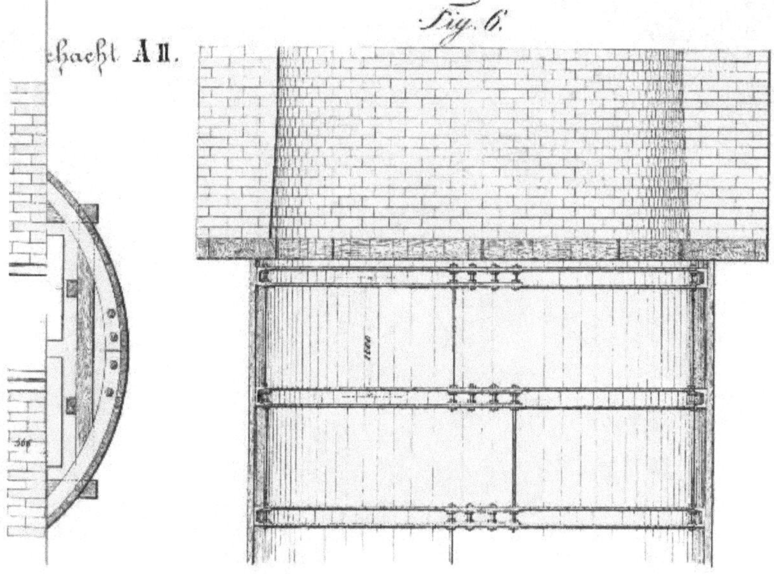

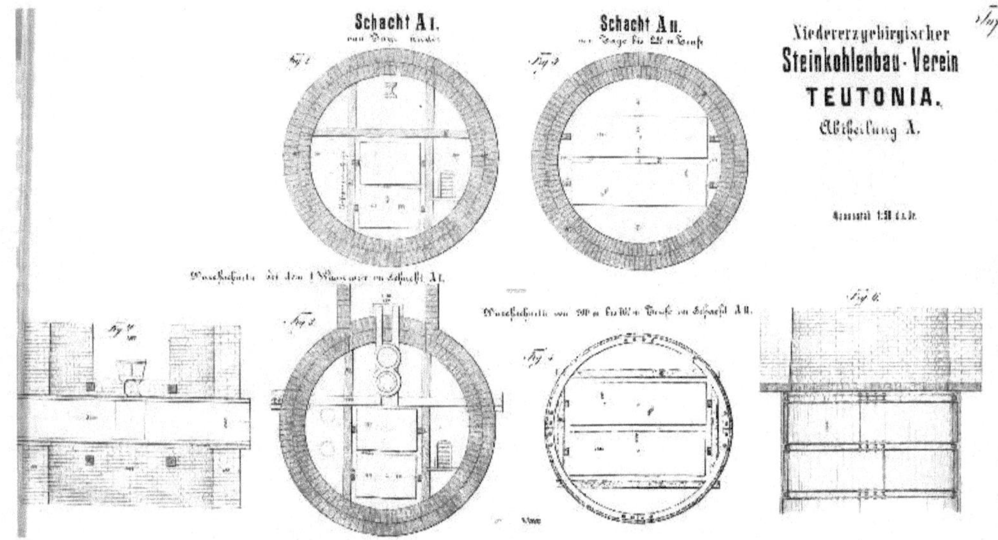
Schacht A I.
Schacht A II.
Niedererzgebirgischer
Steinkohlenbau-Verein
TEUTONIA.
Abtheilung A.

Niedererzgebirgischer
Steinkohlenbau-Verein
TEUTONIA.
Abtheilung B.

Schacht
von Tage

Fig

von den T
die Mauerung übergehend.

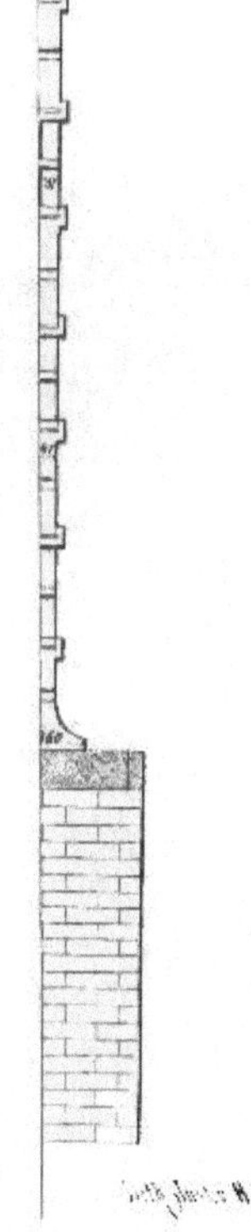

Lith. Anst. v. H. Oeser

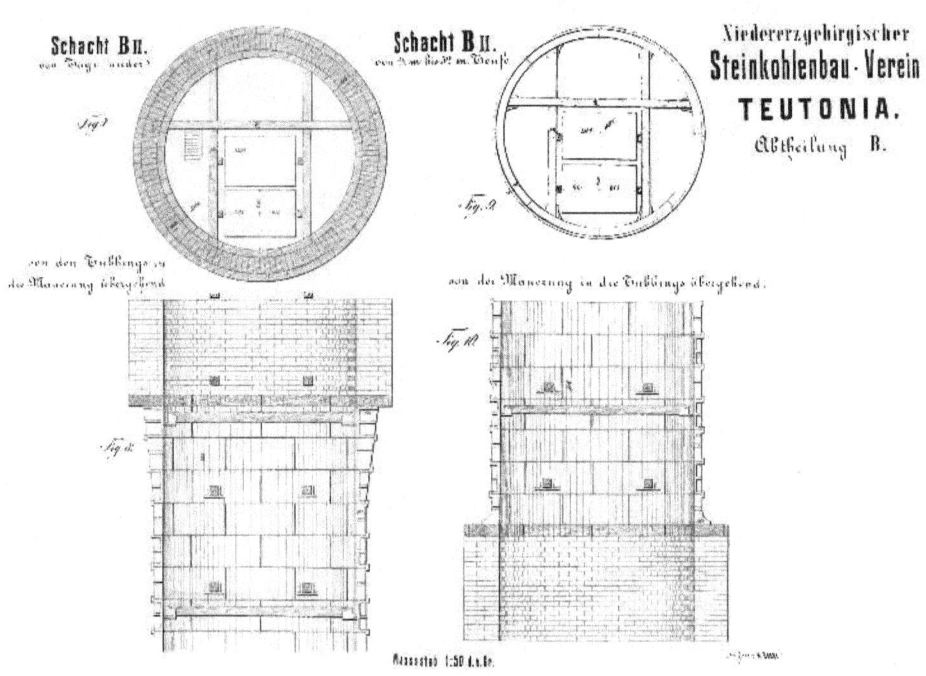
Schacht B II.
Schacht B II.
Niedererzgebirgischer
Steinkohlenbau-Verein
TEUTONIA.
Abtheilung B.
Taf. II
Fig. 2
von den Tubbings in die Mauerung übergehend
von der Mauerung in die Tubbings übergehend.
Maassstab 1:50 d. n. Gr.

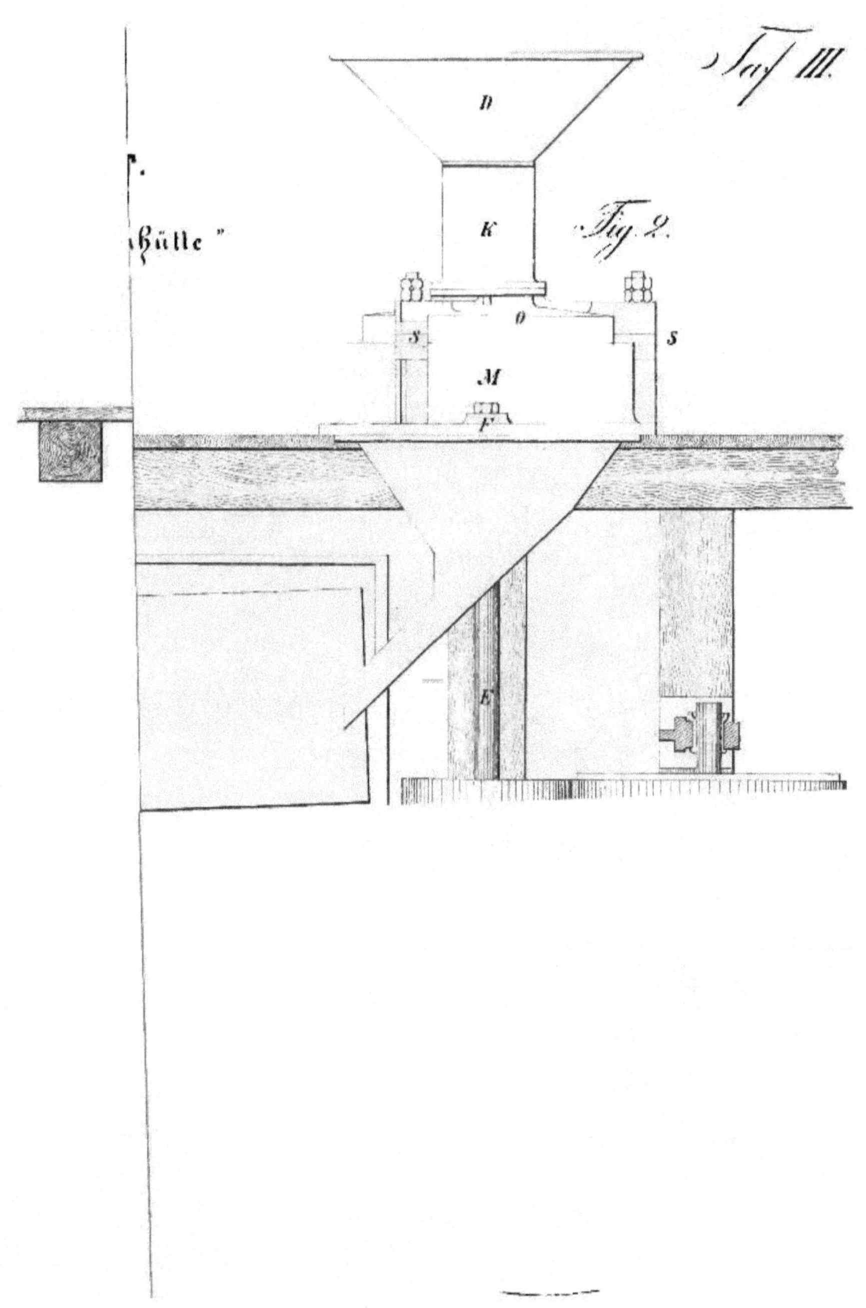
Taf III.
Fig. 2.
D
K
O
S
S
M
F
E
…hütte"

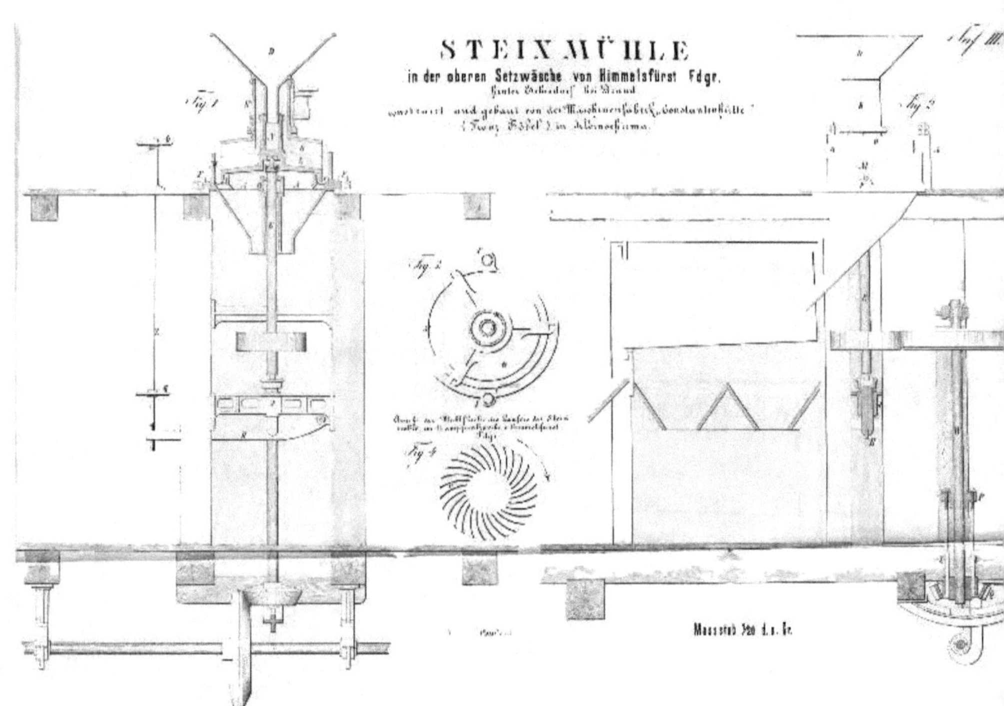
STEINMÜHLE
in der oberen Setzwäsche von Himmelsfürst Fdgr.
Fig. 1
Fig. 2
Fig. 4

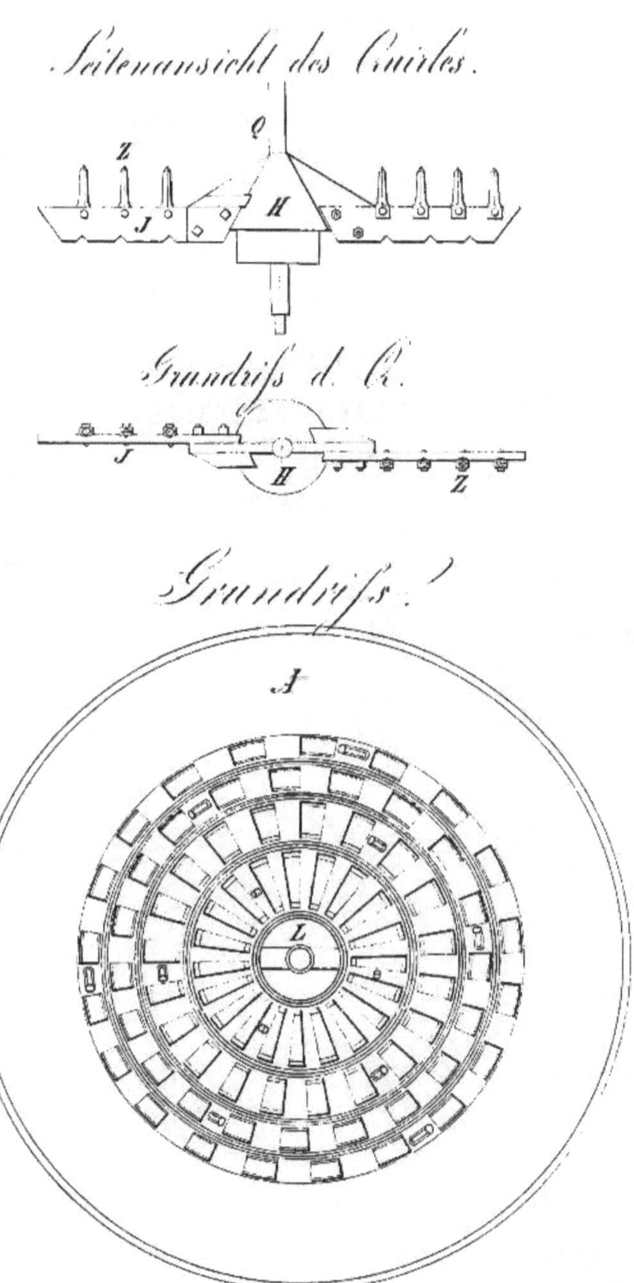
Seitenansicht des Quirles.
Q
Z
J
H
Grundriß d. Q.
J
H
Z
Grundriß.
L

NEUBERT'S

ERZMENGMASCHINE

gebaut
von der Maschinenfabrik F. A. Münzner
in Obergruna.

Massstab 1/40 d.n. Grösse.

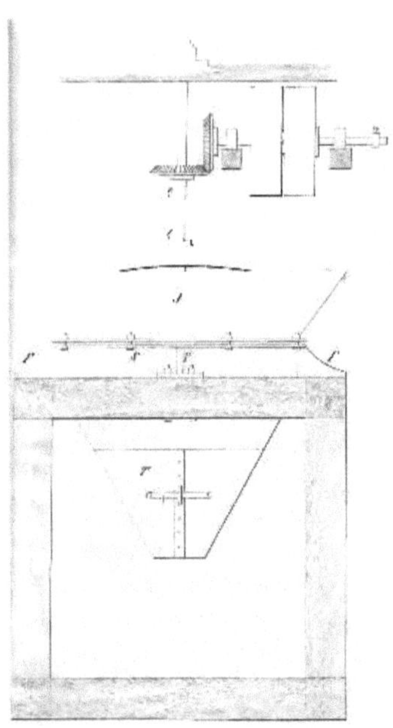

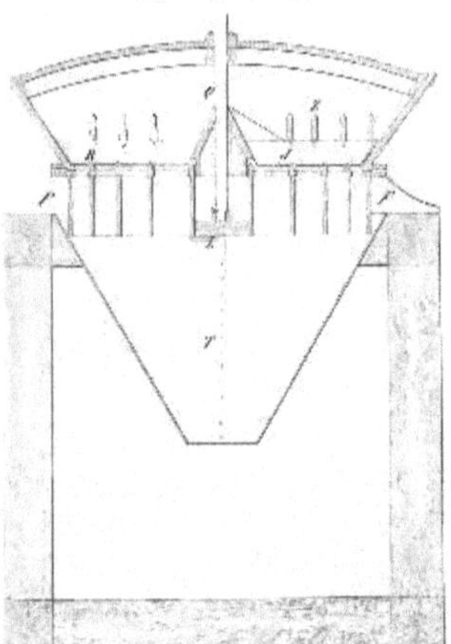

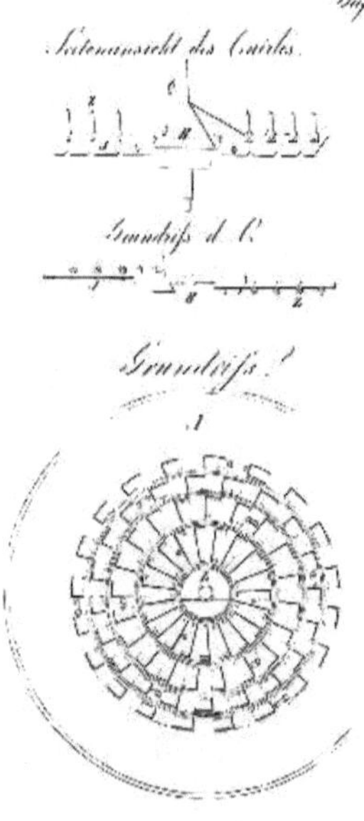

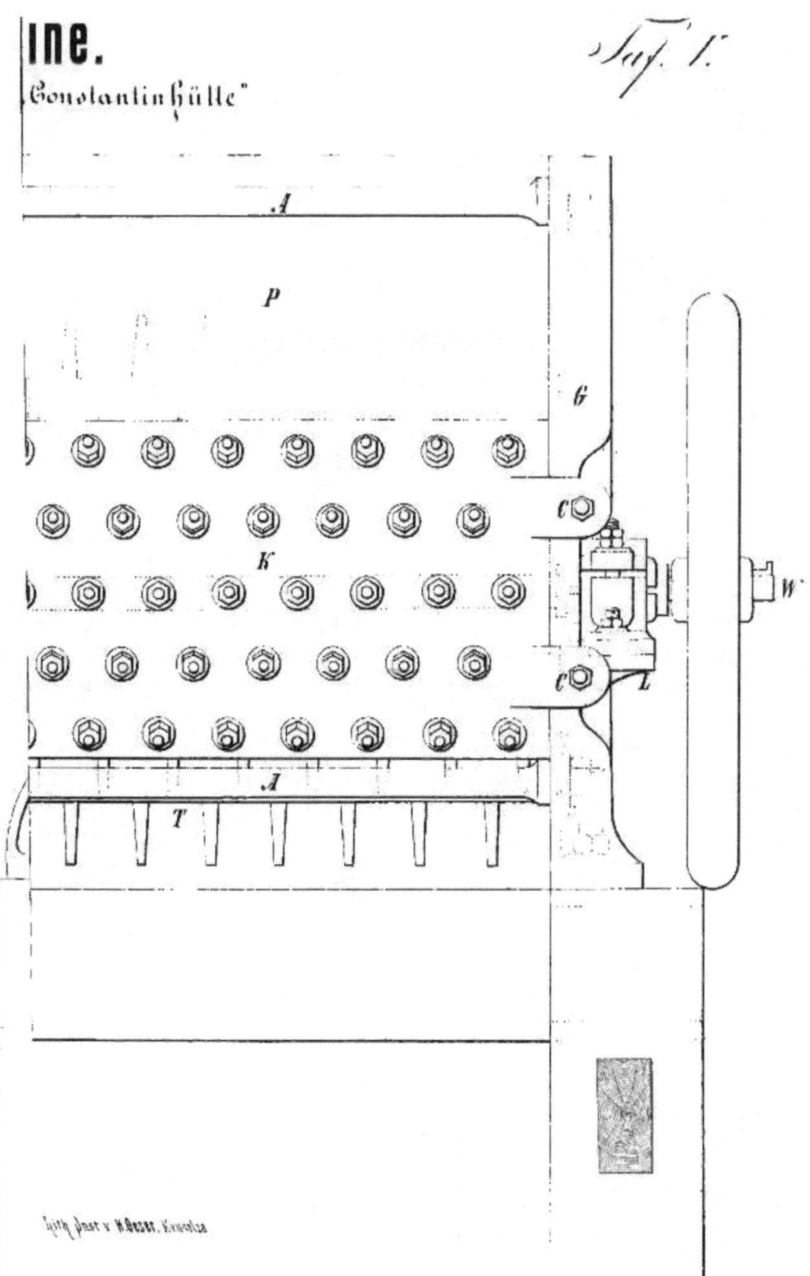
ine.
„Constantinhütte"
Taf. I.
A
P
G
C
K
W
C
L
A
T
Lith. Anst. v. H. Beuer, Krosoba

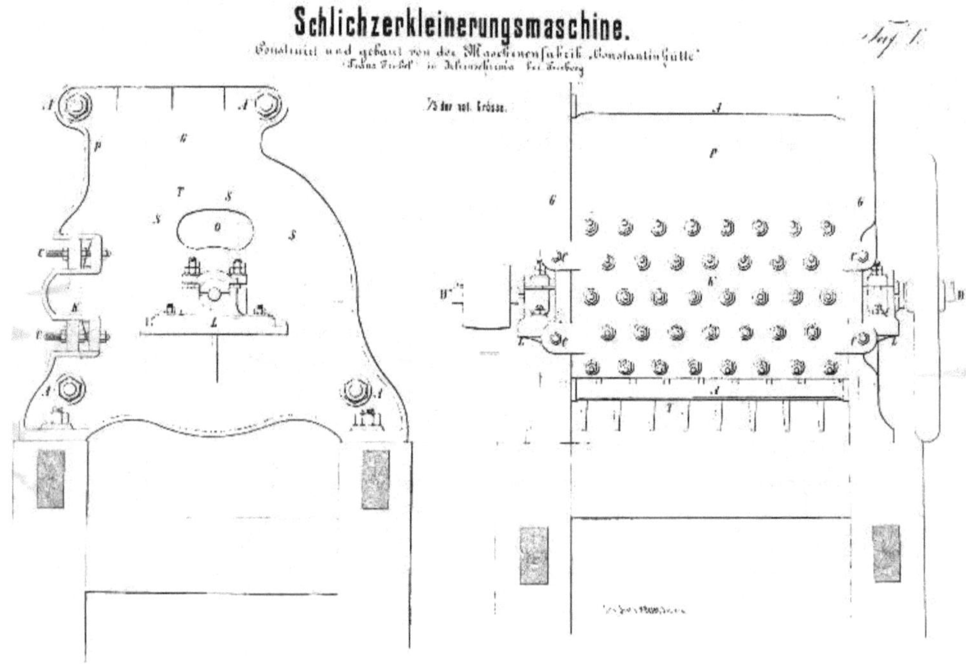
Schlichzerkleinerungsmaschine.
Construirt und gebaut von der Maschinenfabrik „Constantinhütte"
Taf. I.
1/5 der nat. Grösse.

umelsfürst - Pilgr. Taf. VI.

le mit Angabe

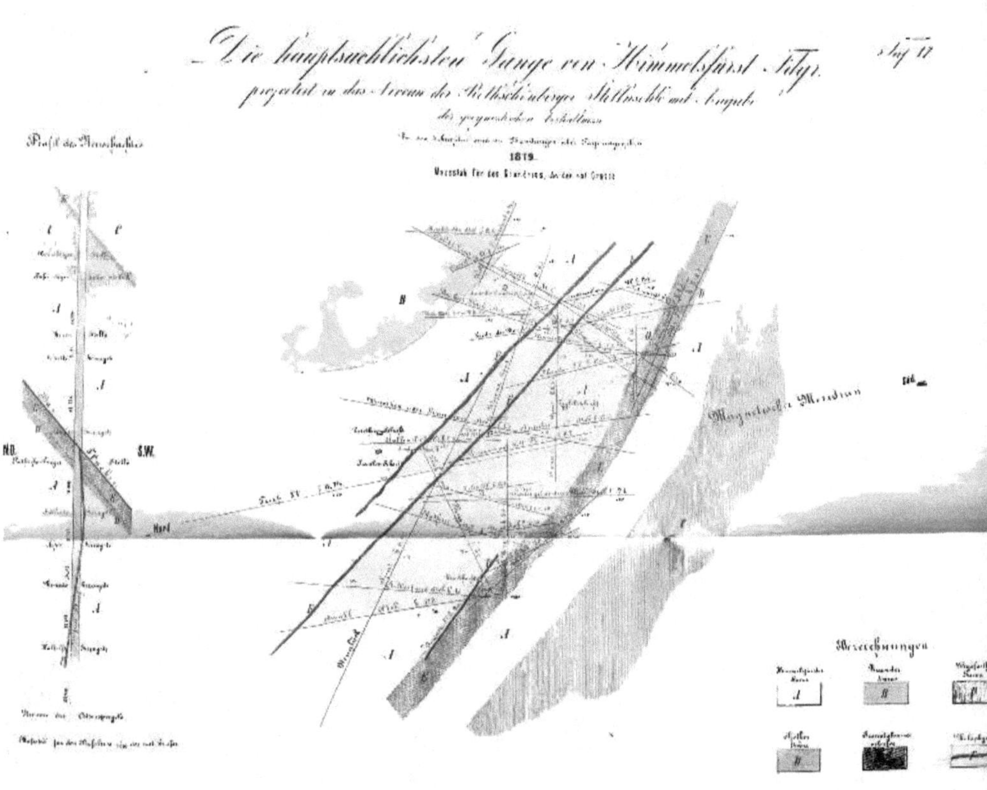

Die hauptsächlichsten Gänge von Himmelsfürst Fdgr.
1819
NO.
S.W.
Magnetische Meridian

Taf. VII.

rer Gase und Dünste.

ere Ansicht.

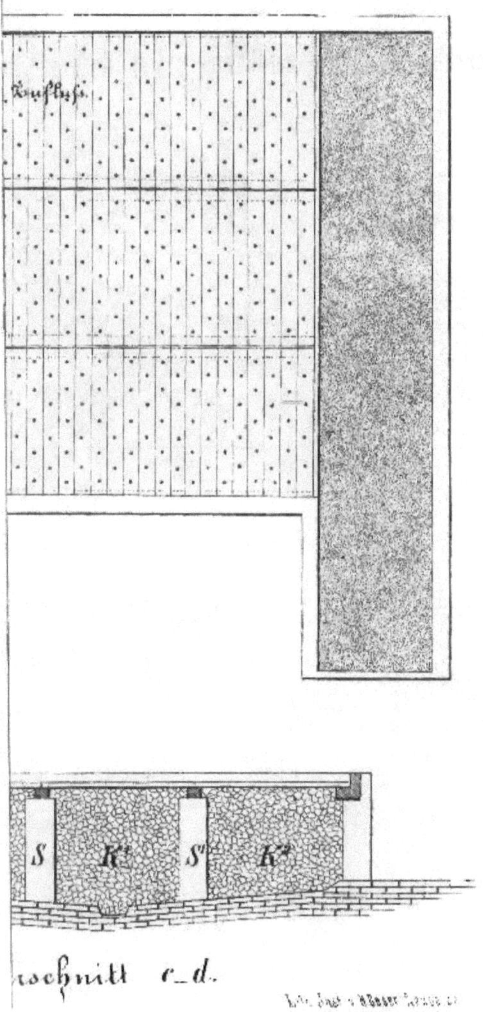

Vorrichtung zur Unschädlichmachung verdünnter saurer Gase und Dünste.

Taf. VII.

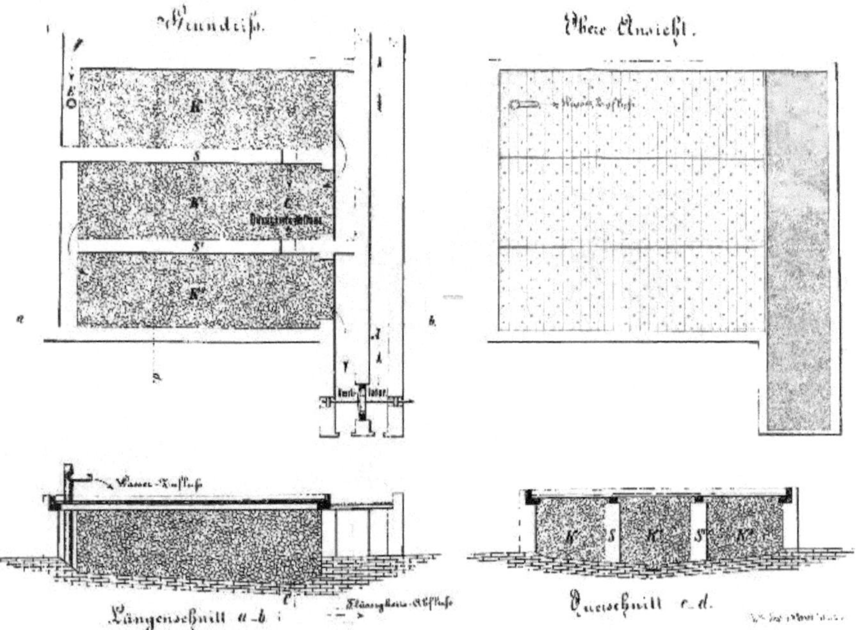

…itäts-Tafel.

Taf. VIII.

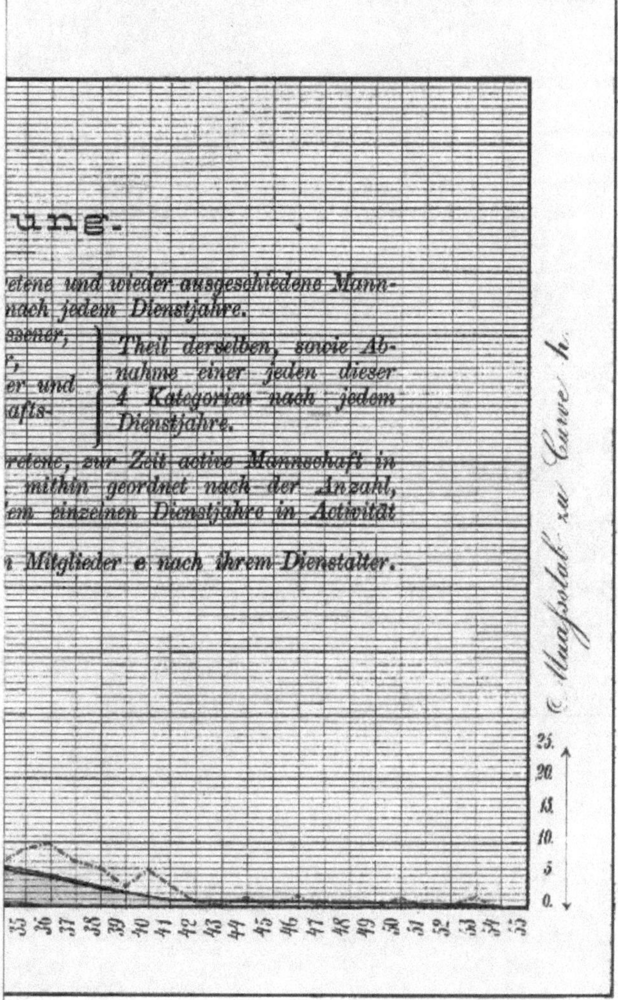

Activitäts- und Invaliditäts-Tafel.

Taf. VIII.

Erklärung.

Curve f — in die Knappschaftscasse eingetretene und wieder ausgeschiedene Mannschaft und Abnahme derselben nach jedem Dienstjahre.

Fläche b — freiwillig abgehender, oder entlassener,
" c — durch Kündigung ausscheidender,
" d — während der Dienstzeit sterbender und
" e — durch Eintritt in die Knappschaftspension ausscheidender

} Theil derselben, sowie Abnahme einer jeden dieser 4 Kategorien nach jedem Dienstjahre.

Curve g — in die Knappschaftscasse eingetretene, zur Zeit active Mannschaft in ihrem Verhältniss zur Curve f, mithin geordnet nach der Anzahl, welche von ihr bis jetzt in jedem einzelnen Dienstjahre in Activität verblieben ist.

Curve h — Anzahl der in Pension tretenden Mitglieder e nach ihrem Dienstalter.

Mannschaftszahl (Maassstab zu b–g)

Maassstab zu Curve h.

Dienstjahre

Taf. IX.

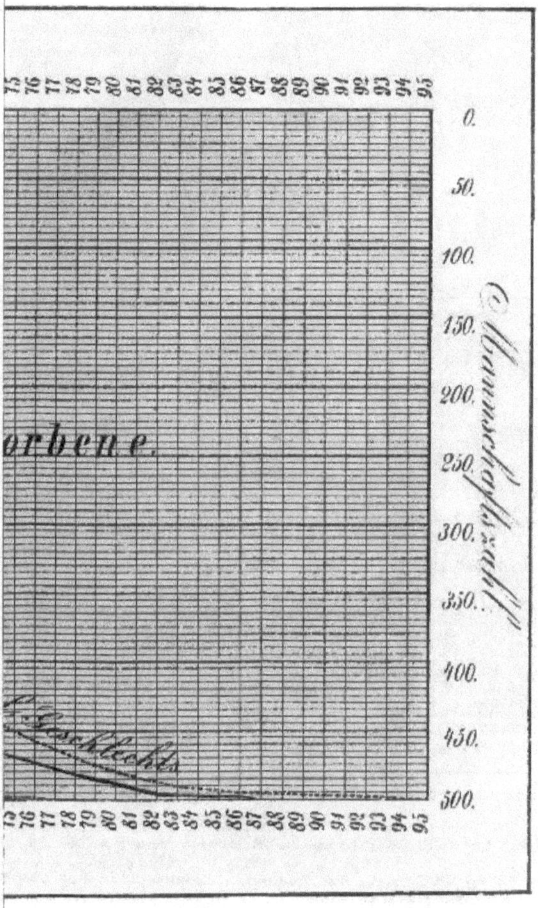

Leben und bis dahin 52 gestorben.

" " " " 106 "

das Leben Beschliessenden.

n Pension tretenden Mannschaft.

Mortalitäts-Tafel.

Taf. IX.

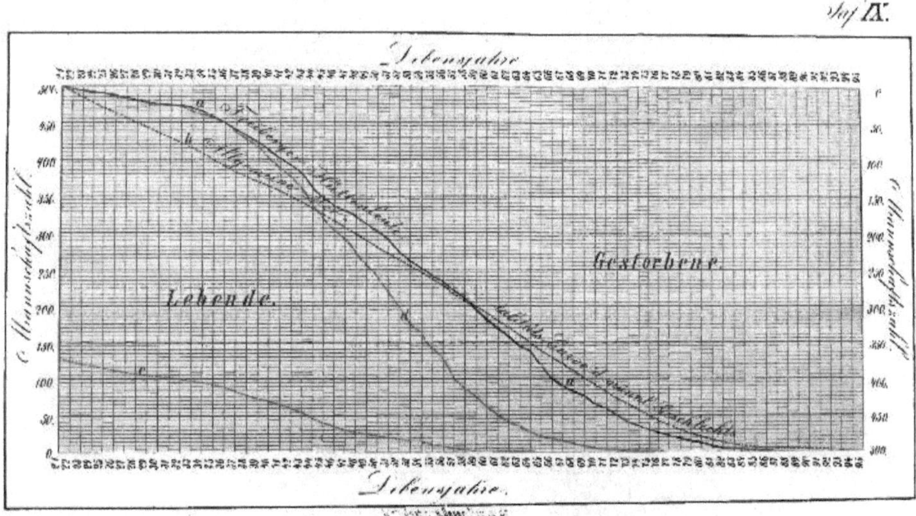

Erklärung.

Zu Curve **a**: *von 500 Mann im Alter von 21 Jahren sind nach dem 36. Altersjahre 448 noch am Leben und bis dahin 52 gestorben.*
Zu Curve **b**: *„ 500 „ „ „ „ 21 „ „ „ „ 36. „ 394 „ „ „ „ „ „ 106 „*
Curve **c** = *Anzahl der von 500 dem hüttenmännischen Beruf Treubleibenden während der Dienstzeit das Leben Beschliessenden.*
Curve **d** = *Activitätsgrenze, d. i. Grenze zwischen der Activitäts- und der Pensionsbezugs-Zeit der in Pension tretenden Mannschaft.*

Zeitfracht Medien GmbH
Ferdinand-Jühlke-Straße 7
99095 Erfurt, Deutschland
produktsicherheit@kolibri360.de